高麗史世家初期篇補遺 2

이 저서는 2011년도 정부재원(교육부)으로 한국연구재단의 지원을 받아 연구되었다
(NRF-2011-812-A00009).

高麗史世家初期篇補遺 2

張 東 翼

景仁文化社

目　次

고려사세가초기편보유 1

일러두기

1. 이 책은 『高麗史』世家篇의 內容을 補完하기 위해 『高麗史』의 餘他 編目과 『高麗史節要』의 내용을 주축으로 하고[轉載], 이에서 빠진 部分을 補正하기 위해 當時의 金石文·古文書·寫經 등의 資料, 中國·日本에서 만들어진 各種 資料 등을 함께 拔萃·整理한 것이다[補遺·補正]. 그리고 新羅·後百濟·渤海 등에 대한 記錄 및 그 외에 관련된 參考資料는 該當年度의 末尾에 添附하였다[參考].

2. 『高麗史』世家篇의 內容과 注釋은 同學 金光哲教授로부터 提供받은 『國譯高麗史』第一册[東亞大學校, 2008年]의 電算化된 草稿[金甲童·全基雄教授의 原稿]를 土臺로 하여 版型의 體制를 바꾸고, 飜譯과 飜譯은 典據를 具體的으로 밝히고, 專門家의 水準에 걸맞게 一部分 또는 全部를 補完·修正하는 동시에 注釋의 項目을 크게 追加하였다.

3. 이 책은 동북아시아 三國의 자료를 網羅하였기에 하나의 年號와 年代表記法만을 사용하기에는 어려움이 있음으로 모든 年代는 西曆으로 換算하였다. 당시에 사용된 太陰曆에 의해 날짜[日付]를 아라비아 숫자로 計算하여 整理하였고, 현재의 太陽曆에 의한 換算은 당시에 사용된 曆의 정확한 내용을 확인할 수 없어 參考資料로서 提示하였다[陽某月某日]. 단 典據로서 史料를 引用할 때는 史料의 年號와 日辰을 그대로 表記하였다.

4. 年月日의 整理는 事件이 일어났던 地域의 曆을 따랐는데, 이는 동북아시아 三國의 曆에 약간의 차이가 있기 때문이다. 그리고 典據의 날짜와 사건이 일어났던 날짜가 동일한 경우는 年月日의 表記를 생략하였고, 原資料에 날짜의 干支가 없는 것은 數字만 표시하였다.

5. 이 책에 인용된 자료의 내용 중에서 中國 正史를 제외한 대부분의 原文은 筆者의 『宋代麗史資料集錄』·『元代麗史資料集錄』·『日本古中世高麗資料硏究』(이상 서울대출판부)에 수록되어 있다. 또 이들 자료를 事件이 일어났고 진행되었던 地域의 國家로 구별하여 정리한 作業으로 필자의 『高麗時代對外關係史綜合年表』(東北亞歷史財團, 2009)가 있다.

6. 人名과 같이 어려운 漢字나 아래한글에 없는 글자는 비슷한 漢字로 바꾸어 植字한 경우도 있음으로 讀者가 引用할 경우 반드시 原典을 확인할 필요성이 있다.

第五章　光宗代의　記事

一.　光宗世家의　構成과　性格

제4대 帝王인 光宗(925~975, 949~975 在位)의 事蹟을 다룬 「光宗世家」는 비교적 단순하게 편찬되었다. 먼저 이에 수록되어 있는 記事와 이를 補完한 資料[轉載·補遺]의 件數를 정리해 보면 다음 〈표 5〉와 같다.

〈표5〉 光宗世家에 수록된 資料의 件數 ( )는 轉載·補遺한 件數

時期	政治	外交	經濟	社會	祭典	其他	轉載	補遺	合計
卽位	2						2		2(2)
1년	2						1	2	2(3)
2년	1					1	4		2(4)
3년	1						1	8	1(9)
4년		1					1		1(1)
5년						1		3	1(3)
6년		2					1	2	2(3)
7년		1					2	2	1(4)
8년	1								1
9년	3						2	4	3(6)
10년		3						10	3(10)
11년	4						4	1	4(5)
12년	1					1	1	2	2(3)
13년		1						2	1(2)
14년	2	1				1	1	2	4(3)
15년	2						1	1	2(2)
16년	2	1						2	3(2)

17년	1						1	1(1)
18년						1	1	(2)
19년	2				1	1	1	3(2)
20년	1						1	1(1)
21년	1					2	2	1(4)
22년						1	2	1(1)
23년	2	1			1	1	6	4(7)
24년	1					3	1	1(4)
25년	3					1	1	3(2)
26년	2						2	2(2)
合計	34	11			7	31	58	52(89)
總書	간략한 履歷							
史論	李齊賢의 論贊							

〈표 5〉와 같이 구성되어 있는 「光宗世家」의 내용을 항목 또는 年度에 따라 간략히 정리하고 설명이 필요한 부분을 정리하면 다음과 같다.

總書 : 이의 내용은 廟號와 諡號, 이름과 字, 父母, 誕生日, 太子册封 등이 매우 간략히 정리되어 있다. 그중에서 諡號의 경우 弘道는 975년(경종 즉위년) 10월 6代 先祖의 尊號를 덧붙여진 것으로 추정되며, 1027년(현종18) 4월 肅憲이, 1056년(문종 10) 10월 懿孝가, 1253년(고종40) 6월 康惠가 각각 덧붙여졌으나 반영되어 있지 않다.

卽位年 : 8개월 반에 걸친 卽位年의 記事는 卽位, 功臣들에 대한 經濟的 給付 등의 2件만 수록되어 있다. 이들 기사를 補充할 수 있는 자료로 轉載가 2件 찾아지는데, 州縣의 歲貢額을 정한 것, 『고려사』의 編纂者가 年代整理[繫年]를 잘못한 것을 바로 잡은 것이다.

1年 : 1년의 記事는 大風, 年號使用[光德] 등에 관한 2件만 수록되어 있는데, 後者는 卽位年으로 옮겨야 바르게 된다. 이들 기사를 補充할 수 있는 자료로 轉載가 1건, 補遺가 2件 찾아지는데, 前者는 城廓築造에 관한 것이고, 後者는 靜眞大師 兢讓의 招致, 廣慈大師 允多塔碑의 建立 등에 관한 것이다.

2年 : 2년의 記事는 寺院創建, 後周의 年號使用 등에 관한 2件만 수록되어 있다. 이들 기사를 補充할 수 있는 자료로 轉載가 4건 찾아지는데, 佛塔災害, 시기가 잘못 정리된 使臣派遣, 城廓築造, 州縣名稱改正 등에 관한 것이다.

3年 : 3년의 記事는 後周에 使臣派遣에 관한 1件만 수록되어 있지만, 이 기사는

중국 측의 자료와 비교해 볼 때 2년으로 옮겨야 한다. 이들 기사를 補充할 수 있는 자료로 轉載가 1件, 補遺가 8件 찾아지는데, 前者는 築城에 관한 것이다. 後者는 後周에 使臣派遣, 後周의 國王册封, 高麗皇后의 日本寺刹에의 寄進, 後周 册封使의 別世, 高麗僧의 後周訪問, 後周使臣의 派遣, 王에 의한 銀字大藏經 造成, 高麗使臣의 後周到着 등에 관한 것이다.

4年 : 4년의 記事는 後周의 使臣到着과 册封에 관한 1件만 수록되어 있다. 이들 기사를 補充할 수 있는 轉載資料로 黃龍寺九層塔의 災害에 관한 1件이 찾아진다.

5年 : 이해의 記事는 寺院創建에 관한 1件만 수록되어 있다. 이들 기사를 補充할 수 있는 자료로 補遺가 3件 찾아지는데, 日本에서 일어난 高麗[新羅]의 襲擊에 대한 風聞, 朗空大師 行寂塔碑의 건립, 黃龍寺金堂丈六佛의 災害 등에 관한 것이다.

6年 : 6년의 記事는 後周에 使臣派遣에 관한 2件만 수록되어 있다. 이들 기사를 補充할 수 있는 자료로 轉載가 1건, 補遺가 2件 찾아지는데, 전자는 景宗의 誕生에 관한 것이고, 후자는 高麗使臣의 後周 到着, 光宗의 檢校太尉 册封 등에 관한 것이다.

7年 : 7년의 記事는 後周 使臣의 到着과 册封에 관한 1件만 수록되어 있다. 이들 기사를 補充할 수 있는 자료로 轉載가 2건, 補遺가 2件 찾아지는데, 전자는 臨津縣의 白雉, 奴婢按檢法 등에 관한 것이고, 후자는 若木郡에서의 量田, 靜眞大師 兢讓의 入寂 등에 관한 것이다.

8年 : 8년의 記事는 毬庭에서 활쏘기를 觀覽한 것 1件만 수록되어 있는데, 이를 보완할 자료는 찾아지지 않는다.

9年 : 9년의 記事는 科擧實施, 及第下賜, 銅을 購買하기 위한 後周 使臣의 到着 등에 관한 3件이 수록되어 있다. 이들 기사를 補充할 수 있는 자료로 轉載가 2건, 補遺가 4件 찾아지는데, 전자는 玄鶴의 出現, 잘못된 時期整理[繫年]의 修訂(광종 10년에서 移動해옴) 등에 관한 것이고, 후자는 後周에서 銅을 購買하기 위해 고려에 使臣派遣, 洞眞大師 慶甫塔碑의 建立, 元宗大師 璨幽의 入寂, 佛日寺의 霹靂과 消災 등에 관한 것이다.

10年 : 이해의 記事는 後周에 使臣派遣, 書籍, 銅을 바치기 위한 使臣派遣(各1件) 등에 관한 3件이 수록되어 있다. 그중에서 後周에의 使臣派遣은 光宗 9년에 이루어진 일이므로 該當年度로 移動시켜야 한다. 또 이들 기사를 補充할 수 있는 補遺資料

가 10件 찾아지는데, 後周에 使臣派遣, 高麗에 파견된 韓半島 出身의 使臣處罰, 求法을 위한 僧侶 智宗의 餞別, 書籍을 가져온 高麗使臣의 到着, 高麗王(光宗)의 册封, 册封使臣의 파견, 銅을 가져온 高麗使臣의 到着, 眞觀禪師 釋超의 龜山禪寺 住席, 海外使程廣記(高麗見聞記)의 編纂, 高麗에서의 佛敎崇尙 등에 관한 것이다.

11年 : 11년의 記事는 及第下賜, 公服制定, 首都·副都의 名稱改定, 誣告事件을 契機로 한 官僚肅淸 등에 관한 4件이 수록되어 있는데, 이들은 당시의 사회가 크게 變化되고 있던 徵表로 이해되고 있다. 또 이들 기사를 補充할 수 있는 자료로 轉載가 4건, 補遺가 1件 찾아지는데, 전자는 成宗의 出生, 城廓築造, 官府改編(2件) 등에 관한 것이고, 후자는 吳越王 錢俶의 天台論疏 求得에 관한 것이다.

12年 : 12년의 記事는 宮闕修理, 及第下賜 등에 관한 2件만 수록되어 있다. 이들 기사를 補充할 수 있는 자료로 轉載가 1건, 補遺가 2件 찾아지는데, 전자는 風雨 등에 관한 것이고, 후자는 宋의 物品下賜, 僧侶 諦觀(체관)의 天台論疏 傳受 등에 관한 것이다.

13年 : 13년의 記事는 宋에 使臣派遣에 관한 1件만 수록되어 있는데, 이 사신은 겨울[冬]에 파견되었다고 하지만 중국 측의 자료와 비교해 볼 때 가을[秋]에 파견되었을 가능성이 있다. 이 기사를 補充할 수 있는 補遺資料로 僧侶 均如의 여름 講說[夏講]과 宋에서 高麗使臣의 到着 등에 관한 2件이 찾아진다.

14年 : 14년의 記事는 政治刷新, 歸法寺의 創建, 宋의 年號使用, 宋 使臣의 遭難 등에 관한 4件이 수록되어 있다. 이들 기사를 補充할 수 있는 자료로 轉載가 1건, 補遺가 2件 찾아지는데, 전자는 濟危寶의 設置에 관한 것이고, 후자는 高麗王(光宗)의 册封, 宋 使臣의 遭難을 高麗使臣으로 잘못 把握한 것 등에 관한 것이다.

15年 : 이해의 記事는 及第下賜, 朴守卿의 別世 등에 관한 2件만 수록되어 있다. 이들 기사를 補充할 수 있는 자료로 轉載가 1건, 補遺가 1件 찾아지는데, 전자는 郡縣改名에 관한 것이고, 후자는 眞觀禪師 釋超의 入寂에 관한 것이다.

16年 : 16년의 記事는 皇太子册封, 宋에 使臣派遣, 徐弼의 別世 등에 관한 3件이 수록되어 있다. 이들 기사를 補充할 수 있는 補遺가 2件 찾아지는데, 宋에 高麗使臣의 到着, 靜眞大師 兢讓塔碑의 建立 등에 관한 것이다.

17年 : 17년의 記事는 及第下賜에 관한 1件만 수록되어 있다. 이들 기사를 補充할 수 있는 補遺資料로서 元宗大師 璨幽塔碑 건립의 1件이 찾아진다.

18年 : 18년은 記事가 전혀 없는데, 이를 補充할 수 있는 자료로 轉載가 1건, 補遺가 1건이 찾아지는데, 前者는 築城에, 後者는 翰林學士 崔行歸(崔彦撝의 2子)가 均如大師의 鄕歌를 漢詩로 飜譯한 것에 관한 것이다.

19年 : 19년의 記事는 寺院創建, 國師·王師의 册封, 王의 懺悔와 放生所 設置 등에 관한 3件이 수록되어 있다. 이들 기사를 補充할 수 있는 자료로 轉載가 1건, 補遺가 1件이 찾아지는데, 전자는 築城에 관한 것이고, 후자는 坦文의 王師册封에 관한 것이다.

20年 : 이해의 記事는 王弟 旭(成宗의 父)의 別世에 관한 1件만 수록되어 있다. 이들 기사를 補充할 수 있는 轉載資料로서 築城에 관한 1건이 찾아진다.

21年 : 21년의 記事는 歸法寺에의 幸次 1件만이 수록되어 있다. 이를 補充할 수 있는 자료로 轉載가 2건, 補遺가 2件 찾아지는데, 전자는 築城, 州縣改名 등에 관한 것이고, 후자는 圓空國師 智宗의 歸國, 泉州人 蔡仁範의 來投 등에 관한 것이다.

22年 : 22년의 記事는 12월 壬寅의 地震에 관한 1件만 수록되어 있는데, 壬寅은 이달에 없는 日辰이다. 이를 補充할 수 있는 補遺資料로서 元和殿에서 大藏經을 講讀한 것, 군현을 개편한 것 등의 2件이 찾아진다.

23年 : 23년의 記事는 地震, 赦免, 及第下賜, 宋에 使臣派遣 등에 관한 4件이 수록되어 있다. 이들 기사를 補充할 수 있는 자료로 轉載가 1件, 補遺가 6件 찾아지는데, 전자는 築城에 관한 것이고, 후자는 宋에 使臣到着, 日本에 2集團의 使臣 派遣과 이에 대한 日本側의 對應(3件), 三重大師 坦文의 皇室을 위한 祝壽, 寂然國師 英俊의 歸國 등에 관한 것이다.

24年 : 24년의 記事는 及第下賜에 관한 1件만 수록되어 있다. 이들 기사를 補充할 수 있는 轉載가 3건, 補遺가 1건이 찾아지는데, 前者는 地變, 陳田開墾에서의 收租規程, 築城 등이고, 後者는 均如大師의 入寂에 관한 것이다.

25年 : 이해의 記事는 及第下賜, 西京人 緣可의 叛逆, 國師 惠居의 入寂 등에 관한 3件이 수록되어 있다. 이들 기사를 補充할 수 있는 補遺資料로서 日本 하카다[博多]에서 이루어진 高麗貨物의 購買에 대한 1件이 찾아진다.

26年 : 26년의 記事는 王의 病患과 崩御 등에 관한 2件만 수록되어 있다. 이들 기사를 補充할 수 있는 자료로서 補遺가 2件 찾아지는데, 法印國師 坦文의 下山과 入寂에 관한 것이다.

　　李齊賢의 **論贊** : 이는『익재난고』권9하, 史贊, 光王에 수록되어 있는 論贊을 轉載한 것인데, 이의 끝 句節을 省略하여 文章이 어색하게 되었다.

二. 光宗世家의 補完과 譯注

　　25년 8개월에 걸쳐 長期間에 在位하면서 고려왕조의 基礎를 확고히 했던「光宗世家」를 轉載하고, 이와 관련된 자료를 보완하면 다음과 같다.

　　　『高麗史』卷第二 世家卷第二 光宗

[光宗總書]

　　原文　光宗·弘道·宣烈·平世·大成大王, 諱昭, 字日華, 定宗母弟. 以太祖
　　　　　八年乙酉生.

　　翻譯　光宗·弘道·宣烈·平世·大成大王은[1] 이름이 王昭이고 字가 日華이며 定宗의
　　　　　친동생[母弟]이다. 태조 8년(乙酉, 925)에 태어났다.

注釋

1) 이에서 廟號인 光宗과 諡號인 文成大王은 그의 死後인 975년(경종 즉위년) 5월에
　 붙여진 것이고, 宣烈은 1002년(목종5) 4월에, 平世는 1014년(현종5) 4월에 각각 덧
　 붙여진[加上] 諡號이다. 그런데 光宗은 1027년(현종18) 4월에 肅憲이, 1056년(문종
　 10) 10월에 懿孝가, 1253년(고종40) 6월에 康惠가 각각 덧붙여졌으나 이 자료에 반
　 영되어 있지 않다. 또 이 자료의 弘道는 덧붙여진 時期가 찾아지지 않는데, 이는

975년(경종 즉위년) 10월 6代 先祖의 尊號를 덧붙일 때 붙여진 謚號일 것이다.

[光宗 卽位年(949) 己酉, 光德元年]
後漢 隱帝 乾祐 2年, 契丹 世宗 天祿 3年

原文 定宗四年 三月丙辰, 受內禪, 卽位.

飜譯 定宗 4년(949) 3월 13일(丙辰) 禪位[內禪]를 받아 卽位하였다(25歲).

原文 秋八月, 命大匡朴守卿等, 攷定國初有功役者, 賜四役者, 米二十五
碩, 三役者, 二十碩, 二役者, 十五碩, 一役者, 十二碩, 以爲例食.

飜譯 8월에[1] 大匡(2品上) 朴守卿[2] 등에게 命하여 國初에 각종 功勞가 있는 사람
을 調査하게 하여, 네 번에 걸쳐 功을 세운 사람[四役者]에게는 쌀 25石을,
세 번에 걸쳐 功을 세운 사람[三役者]에게는 20石을, 두 번에 걸쳐 功을 세
운 사람[二役者]에게는 15石을, 한차례 功을 세운 사람[一役者]에게는 12石
을 주었는데, 이를 해마다 주게 하는 事例로 삼게 하였다[例食].[3]

注釋

1) 이해의 8월은 小盡이고 초하루[朔日]는 壬申이다. 이달은 그레고리曆으로 9월 1일부
터 9월 29일까지이다.

2) 朴守卿은 태조 19년 9월 8일(甲午)의 주석 11)과 같다.

3) 이들 네 等級으로 나누어진 國初 이래의 功臣[功役者]들은 太祖 王建의 創業이래 守
成君主인 光宗의 卽位 때까지 王室을 위해 功勞를 세운 功臣들로 추측된다. 이에
속할 수 있는 人物은 開國功臣(→태조 23년 是歲 參照), 後三國의 統一過程에서 功
이 있었던 三韓功臣, 定宗을 推戴하였던 群臣, 그리고 光宗의 支持勢力으로 構成되
어 있었을 것이다. 이들 功臣 중에서 重疊의 回數에 따라 네 等級[四役]이 決定되었
을 것이다[金甲東 1993年 99~100쪽 ; 東亞大學校 2008年 1책 224쪽].

關聯資料

秋八月, 命大匡朴守卿等, 攷定國初有功役者, 賜米有差, 以爲例食(『고려사절요』권2, 정종 4년 8월).

轉載 (八月) 命元甫式會·元尹信康等, 定州縣歲貢之額(『고려사절요』권2, 정종 4년 8월).

飜譯 (8월에) 元甫(5品上) 式會[1]·元尹(6品上) 信康[2] 등에게 命하여 州縣의 歲貢의 額數를 定하게 하였다.

注釋

1) 式會(生沒年不詳)는 어떠한 인물인지는 알 수 없다. 단지 956년(광종7) 雙冀가 歸化하여 寵愛를 받은 이후에 光宗이 近臣을 徐弼(901~965)에게 보내 功이 있는 者와 없는 者를 下問하자, 徐弼이 '功이 있는 者는 元甫 式會이고, 功이 없는 者는 젊은 무리[若輩]'라고 하였다고 한다(『고려사절요』권2, 광종 15년 7월 ; 『고려사』권93, 열전6, 徐弼).

2) 信康은 태조 18년 6월의 주석 4)와 같다.

關聯資料

定宗四年, 光宗卽位, 命元甫式會·元尹信康等, 定州縣歲貢之額(『고려사』권78, 지32, 食貨1, 田制, 貢賦).

轉載 [1]是歲 建元光德(『고려사』권2, 세가2, 광종 1년).

校訂

1) 이 記事는 광종 1년에 수록되어 있으나 이해로 옮겨와야 바르게 된다. 곧 『고려사』권2, 세가2, 光宗 1年條 및 表1, 年表1에는 950년(庚戌, 광종1)에 '光德'이라는 年號를 사용하였다고 되어 있다. 그런데 谷城의 「大安寺廣慈大師碑」에는 '光德二年歲次庚戌'로 되어 있어, 光德 2年(庚戌)은 950년(광종1)임을 알 수 있다. 또 王寂의 『遼東行部志』에 의하면, 952년(光德4) 가을에 光宗이 發願한 『大般若波羅密多經』의 卷首에 "菩薩戒弟子高麗王王昭, 以我國光德四年歲在壬子秋, 敬寫此經一部, 意者, 昭謬將沖幼獲嗣宗祧機務, 既繁安危所擊, 是以每傾心於天佛, 因勤格以祈求所感心通事無

不邃, 故欲報酬恩德, 輒有此願謹記"의 題銘이 있다고 한다. 이에 의하면 이해, 곧 壬子年은 光德 4年에 해당하는데, 이 내용이 옳다면 光德으로 建元한 해는 광종 즉위년인 949년이 될 것이다.

그렇다면 『고려사』세가와 年表에서 年代整理[繫年]를 잘못한 것은 조선왕조 초기에 『고려사』를 편찬하는 과정에서 고려시대에 행해진 卽位年稱元法을 踰年稱元法으로 再整理하다가 錯誤를 일으킨 것임을 알 수 있다.

飜譯 이해에 光德이라는 年號를 使用하였다.[1]

注釋

1) 이는 光宗이 皇帝國으로서의 自主意識을 表現하고 王權의 威嚴을 보일 目的에서 獨自的인 年號를 制定하였다고 보는 것이 일반적인 見解이다[金甲東 1993年 101쪽 ; 東亞大學校 2008年 1책 225쪽].

唐帝國이 滅亡하고 五代十國이 興期하였을 때 淮南(揚州)에서 吳王 楊行密이 唐의 年號인 天祐를 繼承하였으나 여타의 國家는 모두 稱帝建元하였다. 이러한 趨勢下에서 한반도의 後高句麗(武泰·聖册·水德萬歲·政開)와 後百濟(政開)는 모두 독자적인 年號를 사용하였고, 이를 계승한 太祖 王建도 新王朝를 開創한 후 天授라는 年號를 사용하였다. 『고려사』에 의하면 天授年號는 五代王朝의 册封을 받게 됨으로 中止되었다고 되어 있으나 그렇지 않을 가능성도 있다. 곧 光宗代에 光德이 사용되다가 峻豊으로 바뀐 것은 잘 알려진 사실이다. 그런데 외국의 자료에 의하면 이들 3種의 年號 이외에도 延祥과 幸中이 찾아지고 있는데, 後者는 使用時期를 定宗代로 比定할 수 있음으로 前者는 惠宗代의 年號일 가능성이 있다(→光宗 3년 天曆六年壬子 三月의 注釋 4).

[光宗 元年(950) 庚戌, 光德二年] 閏月 後漢·契丹·高麗·日本⑤
後漢 隱帝 乾祐 3年, 契丹 世宗 天祿 4年

原文 春正月, 大風拔木, 王問禳灾之術. 司天奏曰, 莫如修德. 自是, 常讀貞觀政要. ○[1]建元光德.

校訂

1) 이 記事에서 '建元光德'은 이 句節의 冒頭에 '是年'이 缺落된 것이지만, 이 기사는 1년 전인 광종 즉위년(949)으로 옮겨야 바르게 된다[校訂].

飜譯 1월[1] 큰 바람에 나무가 뿌리째 뽑혔으므로 王이 災殃을 물리치는 術法을 물었다. 司天監이 德을 닦는 것이 무엇보다 必要하다고 建議하자 이후부터는 항상 『貞觀政要』를[2] 읽었다.

注釋

1) 이해의 1月은 大盡이고 초하루[朔日]는 己亥이다. 이달은 그레고리曆으로 1월 26일부터 2월 24일까지이다.

2) 『貞觀政要』10권은 開元 8년(720) 이후 唐의 吳兢(670~749)이 『太宗實錄』을 위시한 여러 資料에서 太宗과 魏徵을 위시한 群臣들이 問答한 言辭를 모아서 10卷, 40篇으로 구성한 後世 帝王의 鑑戒에 對備한 일종의 統治指針書이다. 中宗 神龍 3年(709) 初에 進上되었으나 받아들여지지 않았고, 玄宗 開元(713~741) 初에 이 책의 價値가 알려져 이후 歷代 帝王들이 통치자로서의 자세를 갖추기 위해 많이 읽었다고 한다(『四庫全書總目提要』卷51, 「貞觀政要十卷」; 原田種成 1965年·1975年). 982년(성종1) 1월 行選官御事 崔承老는 成宗에게 올린 上書에서 光宗이 元年(950)부터 8년(957)까지 이 책을 읽으면서 帝王으로서 지녀야할 마음과 태도를 닦은 것에 대해 稱頌하였다(『고려사』권93, 열전6, 崔承老 ; 『고려사절요』권2, 성종 1년 6월).

補遺 遂欲遠迓慈軒, 親瞻慧眼, 以聖朝光德二年春, 馳之駟騎, 寓以龍緘, 敍相遇之必諧, 懇來儀之是望. 大師亦擬出東林, 將朝北闕, 催淨人之晨爨 … 尋於護國帝釋院安下. 詰旦, 上高闢天闈, 別張淨室, 親迎雲毳, 特設齋□ … 諮諏於政道 … 其年四月, 移住舍那禪院, 仍送磨衲袈裟一領, 兼營齋設, 無不精勤 … 於是, 上命兩街僧摠大德法興·內議令[1]太相^{大相}皇甫□□^{光謙}□□, 詣禪局,備傳聖旨, 續遣中使, 送錦緣磨衲袈裟一領, 幷頂踵之節等. 然後, 上領文虎兩班及僧官, 暫出珠宮, 親臨金地, 手擎鵲尾, 面對龍頤. 仍詔翰林學士·太相·守兵部令金岳, 宣綸制曰 …(「聞慶鳳巖寺靜眞大師圓悟之塔碑」).

校訂

1)의 太相은 大相(4品上)의 다른 表記이다.

飜譯　(光宗이) 멀리서 靜眞大師 兢讓을[慈軒][1] 欽慕하다가 親히 大師[慧眼]를 보고자 하여, 이 時期[聖朝]의 光德 2년(950) 봄에 驛馬[馹騎]를 달려 親書[龍緘]를 전달하여 반드시 서로 만나기를 말하고 枉臨하기를 바라는 마음이 懇切하다고 하였다. 大師도 또한 東林을 나가 北闕로 가려고 淨人으로 하여금 아침 供養[晨饌, 신찬]을 재촉하였다. … 이어서 護國帝釋院에[2] 머물렀는데, 다음날 아침에 皇帝가 宮中의 門을 활짝 열어 놓고 별도로 깨끗한 방을 마련하고서 친히 靜眞大師[雲軌]를 맞이하고 供養을 특별히 마련하여 … 政道에 대해 諮問하였다. … 그 해의 4월에 舍那禪院으로[3] 移住하게 하고, 이어서 磨衲袈裟 1領을 보내고 兼하여 供養을 드려서 정성스럽지 않음이 없었다. … 이에 皇帝가 兩街僧摠·大德 法興와[4] 內議令·大相(4品上) 皇甫光謙[5] 등에게 命하여 舍那禪院[禪局]에 나가 聖旨를 전하게 하고, 이어서 使臣을 보내 錦緣磨衲袈裟[6] 1領과 여러 가지의 裝身具[頂踵之飾] 등을 보내었다. 그 후에 皇帝가 文·虎 兩班과[7] 僧官을 거느리고 잠시 宮闕[珠宮]을 나와서 친히 舍那禪院에 枉臨하여 손에 鵲尾香爐를 받들고 靜眞大師[龍頤]를 面對하였다. 이어서 翰林學士·太相(大相, 4品上)·守兵部令 金岳에게[8] 命하여 詔書[綸制]를 宣布하여 말하기를 (내용을 省略함) 라고 하였다.

注釋

1) 靜眞大師 兢讓(878~956)은 公州人으로 俗姓은 王氏, 法名은 兢讓이며, 公州의 土豪[長者, 豪戶]로 불린 亮吉의 아들이다. 어려서부터 儒家를 위시한 여러 學問을 배우다가 公州 南穴院에 들어가 如解禪師의 門下에서 僧侶가 되었다. 897년(乾寧4, 孝恭王1) 鷄龍山 普願精舍에서 比丘戒를 받았고, 이어서 西穴院(公州 位置)의 楊孚禪師에게 나아가 佛法을 배웠다. 900년(光化3, 효공왕4) 海舶[鵠舟]을 따라서 江淮地

域(現 江蘇省)에 上陸하여 谷山의 道緣和尙의 門下에 들어가 修行하다가 924년(龍德4→同光2, 景哀王1) 봄에 幽州·代州를 거쳐 五臺山의 聖地를 參拜하였다. 이후 여러 지역을 巡歷하다가 같은 해 7월에 全州 喜安縣(現 全羅北道 扶安郡)에 到着하여 자취를 숨겼다.

927년(天成2, 경애왕4, 혹은 925년)에 그의 스승 楊孚禪師(혹은 陽孚, ?~917)가 906년(丙寅, 효공왕10)부터 917년(丁丑, 경명왕1)까지 住錫하였던 康州(現 慶尙南道 晉州市) 管內의 伯嚴寺(現 慶尙南道 陜川郡 大陽面 伯岩里 位置)에 들어가 學徒의 育成과 衆生의 敎化에 노력하였다. 이해에 景哀王이 그의 德을 欽慕하여 使臣을 보내와 奉宗大師라는 法號를 내렸다. 935년(淸泰2, 경순왕9) 佛法을 확장하기 위해 鳳巖寺(現 慶尙北道 聞慶市 加恩邑 院北里)로 옮겨 禪室을 만들고 學徒를 訓育하였다.

936년(태조19) 후삼국의 통일이 이루어진 후 王室의 부름을 받지 아니하고 스스로 開京으로 나아갔다가 太祖 王建을 만나 尊崇을 받다가 곧 歸山하였다. 이후 太祖와 惠宗이 使臣을 보내와 書狀과 각종 膳物을 下賜하였고, 定宗은 開京으로 招聘하여 施政의 諮問을 구하고, 그가 歸山하자 磨衲袈裟와 새로 만든 『華嚴經』8帙을 下賜하기도 하였다. 그 후 위의 자료와 같이 950년(光德2, 광종1) 봄에 다시 개경으로 올라가 護國帝釋院·舍那禪院 등에 머물면서 光宗으로부터 크게 尊崇되어 證空大師라는 法號를 下賜받았다. 3년 후인 953년(廣順3, 광종4) 가을에 鳳巖寺에 돌아갔다가 [歸山] 956년(광종7) 8월 79歲로 入寂하였다. 光宗이 이를 듣고서 수차례에 걸쳐 使臣을 보내 弔問하고, 諡號를 靜眞大師로, 塔銘을 圓悟之塔(現在 寶物172號)로 追贈하고 眞影을 그려서 鳳巖寺에 보냈다(「聞慶鳳巖寺靜眞大師圓悟之塔碑」;『삼국유사』권3, 塔像4, 伯嚴寺 石塔舍利 ; 李仁在 2005年).

2) 護國帝釋院은 924년(태조7) 松嶽山의 동쪽 기슭에 창건된 外帝釋院으로 추측되는데, 이에 대해서는 태조 7년 是歲의 주석 1) 外帝釋院과 태조 11년 8월 주석 3)에 說明되어 있다.

3) 舍那禪院은 919년(태조2) 開京에 창건된 所謂 '開京十大寺院' 중의 九龍山에 위치한 舍那寺를 가리키는 것으로 추측된다. 이는 '舍那內院' 또는 '舍那院'으로도 불렸으며, 이곳에 922년(태조5) 僧侶 許越(溟州豪族 金順式의 父)이, 그 이후 어느 시기에 眞澈大師 利嚴(870~936)이 居住하였고, 930년(태조20)에는 印度僧 弘梵三藏(弘梵大師 喹哩嚩日羅, 三藏은 高僧에 대한 美稱)이 이곳에 머물고 있었다(「原州居頓寺圓

空國師勝妙塔碑」). 이후 歷代 帝王들이 山林의 高僧들을 開京으로 招聘할 때 일시 머무는 場所로 이용되었다(「海州廣照寺眞澈大師寶月乘空之塔碑」; 「驪州高達院元宗大師慧眞之塔碑」; 李仁在 2005年).

4) 法興는 이 자료에만 보이는 人物이어서 人的 事項을 알 수 없지만, 그가 띠고 있는 '兩街僧摠·大德'을 통해 볼 때 兩街僧錄司의 長官인 高僧이었을 것이다.

5) 皇甫光謙(皇甫匡謙, 生沒年不詳)은 위의 자료에서 '內議令·太相 皇甫□□'이기에 이름을 알 수 없지만, 「槐山覺淵寺通一大師塔碑」에 '內儀省令匡謙'이 나옴을 통해 볼 때 같은 사람이 분명하다. 그는 956년(광종7) 雙冀가 歸化하여 寵愛를 받은 이후에 光宗이 宰臣 王咸敏·皇甫光謙·徐弼(901~965) 등에게 金酒器를 下賜할 때 徐弼은 辭讓하고 받지 않았다고 한 사실을 보아(『고려사절요』 권2, 광종 15년 7월; 『고려사』 권93, 열전6, 徐弼), 광종(949~975 在位) 初年에 宰相이 되었던 것 같다.

6) 錦緣磨衲袈裟는 袈裟[磨衲]의 테두리[緣]에 비단으로 된 線을 두루는 것으로 이해되는데[李智冠 2004年 419쪽], 光宗代에 王이 金線織成袈裟를 永明延壽(904~975)에게 보낸 것(『咸淳臨安志』 권70, 人物11, 方外, 僧, 延壽; 『禪林僧寶傳』 권9, 永明智覺禪師)과 같은 것일 것이다. 또 宋代에는 고려의 袈裟가 中原에 널리 流通되고 있었고 이것이 文人들의 詩文에 많이 膾炙되었다[張東翼 2000年 375~376쪽].

7) 文·虎 兩班은 文·武 兩班을 가리키는데, 惠宗의 이름인 武字를 避諱한 것이다. 고려시대에는 國初부터 避諱가 철저하게 이루어지고 있었음을 보여주는 자료이다.

8) 金岳(生沒年不詳)은 태조 13년 1월 21일(丙戌)의 주석 1)과 같다.

補遺　光德二年歲次庚戌十月十五日立鐫字文旻(「谷城大安寺廣慈大師碑」).

飜譯　光德 2년 干支[歲次]는 庚戌, 10월 15일(己酉, 陽11월 27日)[1] (廣慈大師 允多의 塔碑를) 建立하였다.[2] 글자를 새긴 사람은 文旻이다.[3]

注釋

1) 이해의 10月은 小盡이고 초하루[朔日]는 乙未이다. 이날은 그레고리曆으로 12월 2일이다.

2) 이 탑비는 大相[太相·前守禮賓令·元鳳令兼知制誥·上柱國·賜紫金魚袋 孫紹가 撰하였고, 沙湌·□□□□前守興文監□卿·賜緋魚袋 □□□具足達이 碑文을 썼다(이는 943년, 태조26년에 건립된 「忠州淨土寺法鏡大師慈燈塔碑」를 통해 類推하였다). 이 碑의

建立時期를 기록한 위의 자료, 곧 '光德二年歲次庚戌'은 950년(광종1)에 光德이라는
年號를 사용하였다고 기록한 『고려사』의 잘못을 바로 잡는데 귀중한 자료로서 이
용되고 있다.

3) 文旻[문민]은 이 자료 외에 찾아지지 않아 어떠한 인물인지는 알 수 없다.

轉載   (光宗元年) 城長青鎭. 秋城威化鎭(『고려사절요』 권2, 광종 1년).

飜譯   (광종 1년에) 長青鎭(位置不明)에[1] 城을 쌓았다. 가을에 威化鎭(現 平安北
道 雲山郡 位置)에 城을 쌓았다.

注釋

1) 長青鎭은 이 자료를 제외하고 확인되지 않아 위치를 알 수 없으나, 이와 類似한 地
名으로 長平鎭(現 咸鏡南道 永興郡 東南쪽 位置)이 찾아지는데, 이의 誤字일 가능
성도 있다.

關聯資料

• 光宗元年, 城長青鎭·威化鎭(『고려사』 권82, 지36, 兵2, 城堡).

• 雲州, 本高麗雲中郡, 一云古遠化鎭, 光宗時, 爲威化鎭(『고려사』 권58, 지12, 지리3,
北界, 安北大都護府, 雲州).

[參 考]

高麗

• 天祐乾祐三年丙月 受具於京城興國寺官壇(「陜川靈巖寺寂然國師慈光塔碑」 ; 碑文에는
'天祐三年'으로 되어 있으나 乾祐 3년, 곧 950년(광종1)의 잘못일 것이다. 이는 같
은 해 3월[丙月] 寂然國師 英俊이 開京[京城] 興國寺의 官壇에서 具足戒를 받은 사실
을 서술한 것이다).

[光宗 2年(951) 辛亥, 光德三年]

後周 太祖 廣順 元年, 契丹 世宗 天祿 5年 : 穆宗 應曆 元年

原文 二年, 創大奉恩寺于城南, 爲太祖願堂, 又創佛日寺于東郊, 爲先妣
劉氏願堂.

飜譯 2년에 大奉恩寺를[1] 開城의 남쪽에 創建하여 太祖의 願堂으로 삼고, 또 佛日
寺를[2] 동쪽의 郊外에 創建하여 先妣 劉氏의[3] 願堂으로 삼았다.

注釋

1) 大奉恩寺는 일반적으로 奉恩寺라고 하며, 951년(광종2) 開京의 皇城 밖 남쪽에 창
건한 禪宗 系列의 사찰이다. 이때 太祖의 眞影(혹은 塑像)을 奉安하였는데, 이후 매
월 초하루에 제사를 올렸다[告朔]. 歷代의 帝王도 해마다 2월 14일·15일에 개최되
는 燈夕會의 첫날에 이곳에 행차하여 太祖의 眞影[聖祖眞]에 禮拜를 올렸는데, 이를
奉恩行香이라고 한다. 또 1038년(정종4) 이래 2월 15일의 연등회가 개최될 때 帝王
이 친히 奉恩寺에 幸次하여 太祖의 眞殿에 香을 올리는 것을 常例로 삼았다[奉恩行
香]. 그리고 6월의 1일[朔日] 또는 2일에 帝王이 이곳에 幸次하여 祭禮를 올렸고(간
혹 法王寺에 幸次), 국가의 重大事가 있을 때도 이곳에 幸次하여 祭禮를 올리고 그
可否를 결정짓기도 하였다.
1232년(고종19) 6월 이래 몽고군의 침입으로 江華島에 遷都한 이후에도 宮殿·毬庭·
寺社의 呼稱을 그대로 사용하였기에 奉恩寺도 再建되어 그 역할을 그대로 유지하였
다. 이곳에 설치된 태조의 御眞[眞影]을 봉안한 殿閣인 眞殿을 孝思觀이라고 하였
는데, 1373년(공민왕22) 5월 일시 景命殿으로 改稱하였다가 다시 孝思觀으로 還
元하였다.(『補閑集』 권上 ; 『고려사』 권44, 세가44, 공민왕 22년 5월 丁卯·권122,
열전35, 伍允孚 ; 韓基汶 2008年 ; 張東翼 2009年b).

2) 佛日寺는 951년(광종2) 光宗이 松林縣(現 開城市 선적리 佛日洞, 옛 長端郡 津西面
景陵里, 판문군 선적리) 法雲山에 創建하여 先妣 神明順聖王太后 忠州劉氏의 願堂
으로 삼은 華嚴宗系列의 王室의 眞殿寺院이다. 이때 佛日寺의 敷地確保를 위해 松
林縣의 治所를 縣의 동북쪽으로 옮겼다고 한다. 1057년(문종11) 4월에 王이 이 사
원에 幸次하여 승려들을 飯僧[供養]하였으며, 1083년(문종37) 7월에 文宗을 이곳의
남쪽 기슭에 있는 景陵에 安葬하였다. 1380년(우왕6) 10월에 禑王이 그 들판에서
사냥하기도 하였다. 화엄종의 고승인 義天·澄儼·宗璘·靈炤와 瑜伽宗의 고승인 德
謙·義光·觀奧 및 天台宗의 고승 教雄 등이 각각 이 사원에서 具足戒를 받았으며,
首座의 승계에 있던 고승이 주지에 임명되었다.

　　부속된 院으로는 龍日院·普生院이 있었으며, 이 사원 터에 北韓의 國寶級文化財 第
35號(혹은 指定古跡 第252號)로 지정된 5層石塔(1960년에 開城 南大門의 서쪽에 위
치한 방직동의 靑年公園으로 移轉됨)을 비롯하여 金剛戒壇[舍利戒壇]·石佛 4軀와
金銅製舍利塔 2基(現在 平壤의 朝鮮中央歷史博物館에 陳列됨)·幢竿支柱 등이 있었
다(『삼국사기』 권35, 雜志4, 지리2, 松岳郡 ; 『고려사』 권56, 지10, 지리1, 松林縣 ;
權相老 編 1975年 ; 中西 亮 1987年 ; 寺刹文化硏究院 編 1992年『北韓의 寺刹硏究』;
韓基汶 1998年 474쪽 ; 社會科學院 考古學硏究所 2009年b).

3) 劉氏(生沒年不詳)는 忠州의 豪族 劉兢達(後日 太師·內史令에 贈職)의 女로서 太祖
王建의 第3妃가 되었다. 926년(同光丙戌→天成1, 태조9) 10월 劉氏가 姙娠을 하자,
太祖가 승려 坦文(900~975)에게 順產을 祈願하도록 하였다고 하는데, 넷째 文元大
王 貞을 임신하였을 때의 일인 것 같다. 그는 太子 泰·定宗·光宗·文元大王 貞·證通
國師, 樂浪公主·興芳公主 등 5남 2녀를 出產하였고, 死後에 神明·順聖太后라는 諡
號를 받았다고 한다(『고려사』 권88, 열전1, 후비1, 태조 ; 「瑞山普願寺法印國師寶乘
之塔碑」).

關聯資料

* 如罷縣 … 今松林縣, 第四葉光宗創置佛日寺於其地, 移其縣於東北(『삼국사기』 권35,
雜志4, 지리2, 松岳郡).
* 光宗創佛日寺于其地, 移縣治於東北(『고려사』 권56, 지10, 지리1, 王京開城府, 松林縣).

轉載　[1]定光宗二年 十月 丙申, 西京重興寺九層塔灾(『고려사』 권53, 지7, 오행1).

校訂

1)의 定字는 光字로 고쳐야 바르게 된다.

飜譯　光宗 2년 10월 8일(丙申, 陽11月 9日)[1] 西京 重興寺의[2] 九層塔에 火災가 있
었다.

注釋

1) 이해의 10月은 大盡이고 초하루[朔日]는 己丑이다.

2) 重興寺는 西京의 並峴에 位置해 있었다고 하며(開京에도 重興寺가 있었음), 1010년

(현종1) 12월에 契丹軍이 침입하여 九層塔을 불살랐다고 한다. 1021년(天禧5, 현종 12) 여름에 智光國師 海麟이 西京[鎬京] 重興寺에서 講說을 한 적이 있다. 또 1053년(문종7) 10월, 1087년(선종4) 10월, 1102년(숙종7) 8월 등에 文宗·宣宗·肅宗 등이 각각 西京에 幸次하였을 때 이곳에 들린 적이 있다.

1130년(인종8) 9월 25일(甲子)에 이곳의 塔이 벼락을 맞았고, 1135년(인종13) 2월에는 妙淸의 亂을 鎭壓하기 위해 출동한 中央軍의 右軍이 이곳의 서쪽에, 前軍이 동쪽에 駐屯하였다고 한다. 1154년(의종8) 9월에 寺刹이 重刱되었고, 1208년(희종4) 5월에 塔의 꼭대기에 雲霧가 둘러싸이고 번개불이 3일간에 걸쳐 치더니, 드디어 寺刹의 기둥[寺柱]이 벼락을 맞았다고 한다(『신증동국여지승람』 권51, 平壤府, 古跡 ; 『고려사』 권53, 지7, 五行1·권98, 열전11, 金富軾 ; 「原州法泉寺智光國師玄妙之塔碑銘」).

關聯資料

冬十月, 西京重興寺九層塔灾(『고려사절요』 권2, 광종 2년).

原文 冬十二月, 始行後周年號.
飜譯 12월에[1] 처음으로 後周의 年號[廣順]를 사용하기 시작하였다.

注釋
1) 이해의 12月은 大盡이고 초하루[朔日]는 戊子이다. 이달은 그레고리曆으로 952년 1월 5일부터 2월 3일까지이다.

轉載 [1]三年二年 遣廣評侍郎徐逢如周, 獻方物[校訂 光宗 3年에서 移動해옴].

校訂
1) 이 記事는 『고려사』에 '光宗 3年'에 수록되어 있으나, 중국 측의 자료와 비교·검토하여 이해로 옮겨왔다. 이의 事由는 '光宗 3年'에서 설명하였다.

飜譯 2年에 廣評侍郎 徐逢을 後周에 보내 方物을 바쳤다.

注釋

1) 徐逢은 중국 측의 자료에 의하면 明年(廣順2, 광종3) 1월 13일(庚午) 사신단 70餘人
   을 引率하고 後周의 太祖를 謁見하고 方物을 바쳤다고 한다. 그렇지만 고려측의 자
   료에서 찾아지지 않아 어떠한 인물인지는 알 수 없다.

轉載 (光宗) 二年, 城撫州六百三間, 門五, 水口二, 城頭八, 遮城三(『고려사』 권82,
   지36, 兵2, 城堡).

飜譯 (광종) 2년에 撫州(現 平安北道 寧邊郡 撫山)에 603間의 城을 쌓았는데, 門
   이 5, 水口가 2, 城頭가 8, 遮城이 3個였다.

轉載 光宗二年, 爲安南都護府(『고려사』 권57, 지11, 지리2, 古阜郡).

飜譯 광종 2년 (瀛州觀察使, 곧 古阜郡을) 安南都護府로 삼았다.

[光宗 3年(952) 壬子]

後周 太祖 廣順 2年, 契丹 穆宗 應曆 2年, 日本 村上 天曆 6年

原文 [1]三年 遣廣評侍郎徐逢如周, 獻方物[校訂 光宗 2年으로 移動함].

校訂

1) 이 記事는 아래에 引用된 중국 측의 자료에 의하면 徐逢은 이해의 1월 13일(庚午)
   에 後周에 到着하였음으로, 이해에 파견된 것이 아니라 951년(광종2) 후반기에 고
   려에서 출발하였을 것이다. 이는 『고려사』의 撰者가 고려시대의 即位年稱元法을 踰
   年稱元法으로 바꾸면서 『光宗實錄』(혹은 『七代史蹟』)에서 '光宗 3年'의 記事를 '光
   宗 2年'으로 改書하지 아니하고 2년에 그대로 두었을 가능성이 있다. 그러므로 이
   기사는 광종 2년으로 옮겨야 바르게 될 것이다[修訂].

補遺 (廣順二年 春正月) 庚午, 高麗王昭, 使其廣評侍郎徐逢來(『新五代史』 권11,

周本紀11, 太祖).

飜譯 (廣順 2년 1월) 13일(庚午, 陽2月 11日)[1] 高麗國王 昭가 廣評侍郞 徐逢을[2] 보내왔다.

注釋
1) 이해의 1月은 小盡이고 초하루[朔日]는 戊午이다.
2) 徐逢은 광종 2년 끝부분의 주석 1)과 같다.

關聯資料
• (廣順二年 春正月) 庚午, 高麗權知國事王昭, 遺使貢方物(『舊五代史』권112, 周書3, 太祖紀3).
• (廣順) 二年 正月, 高麗權知國事王昭, 遺廣評侍郞徐逢等九十七人來, 朝貢(『册府元龜』권972, 外臣部17, 朝貢5).
• 周廣順元年 正月, 遺廣評侍郞徐逢等九十七人來, 朝貢(『五代會要』권30, 高麗).

補遺 (廣順二年 二月) 癸巳, 以權知高麗國事王昭, 爲高麗國王(『舊五代史』권112, 周書3, 太祖紀3).

飜譯 (廣順 2년 2월) 7일(癸巳, 陽3月 5日)[1] 權知高麗國事 王昭를 高麗國王으로 삼았다.

注釋
1) 이해의 2月은 大盡이고 초하루[朔日]는 丁亥이다.

關聯資料
周太祖, 廣順二年 二月, 制權監高麗國事王昭, 可特進·檢校太保·使特節玄菟州都督·上柱國·充大義軍使·封高麗王. 仍令所司請禮册命, 以衛尉卿劉皡充册使, 通事舍人顧彥浦副之. 皡卒於路, 彥浦溺海而死. 以太僕少卿王演, 借衛尉卿, 充高麗國册禮使, 右衛率府呂繼賨, 借將作少監充使副(『册府元龜』권965, 外臣部10, 册封3).
• (廣順元年) 二月, 以權知高麗國事王昭, 爲特進檢校太保·使特節·玄菟州都督·上劉皡柱國·充大義軍使兼 御史大夫·高麗國王, 仍命衛尉卿劉皡·通事舍人顧彥浦, 持節册之, 卒於路, 彥浦溺海而死(『五代會要』권30, 高麗).
• 周廣順元年, 遺使朝貢, 以昭爲特進檢校太保·使特節·玄菟州都督·充大義軍使·高麗王

(『宋史』 권487, 열전246, 外國3, 高麗).

이상의 세 記事는 고려의 使臣 廣評侍郎 徐逢이 後周에 와서 貢物을 바치자, 權知高麗國事 王昭를 고려국왕으로 책봉하였다는 것이다. 그런데 『五代會要』와 『宋史』에서는 그 時點을 廣順元年이었다고 되어 있으나, 『册府元龜』· 『舊五代史』· 『新五代史』, 그리고 『高麗史』에는 廣順二年으로 되어 있어 어느 쪽이 옳은지 판가름하기가 어렵다. 만일 廣順二年說을 취하면, 고려는 책봉으로 받기 이전인 廣順元年 12月에 後周의 年號를 처음으로 사용하게[始行後周年號] 된 셈이므로 廣順元年說을 채택하는 것이 옳을 것이다[校訂事由].

補遺 A. 天曆六年壬子三月, 麟隣新羅國, 長谷寺へ三十三種寶物到來, 昭明王后奉進, 彼國年號幸中六年云(『和漢合運曆』).

B. 大樋皇后, 獻寶財于粟支神國, 摩訶舍那山, 長谷之寺. 跪讚, 曩風靈德, 親據苦身. 竊冀天命, 果施威神. 生佛雖尊, 無緣不救. 貴哉誠哉, 秘石尊容. 靈威通哲, 遠來疎國. 答之無由, 只傳風氣. 聊送寶財, 數成本誓. 逈述其意, 薩埵納受給. 幸中六年二月日. ○其三十三寶物, 花瓶·火舍·閼伽·錫杖·大鈴·大磬·大鏡·栴檀香·沈香·蘇合·麝香·金簾·銀花·水玉·火玉·瑠璃·燈爐·車渠盌·馬腦鉢·豹皮·虎皮·象牙·眞珠瓔珞·犀角·螺貝·龍鬚·獅子頭七穴石·孔雀尾·羊毛莚·三枝竹·二寸丁子·一寸米·土用桶. 土用桶卜ハ何物ソ不審ナリ(『長谷寺靈驗記』 권上, 第12, 新羅國照明王后遁三難送寶物事).

飜譯 A. 天曆 6년 壬子年 3月에[1] 隣近의 高麗國[新羅國]이 長谷寺에 33種의 寶物을 보내왔는데, 昭明王后[大樋皇后]가 받들어 바친 것이었다[奉進]. 그 나라의 年號는 '幸中六年'이라고 하였다.[2]

B. (高麗國의) 大樋皇后가[3] 粟支神國 摩訶舍那山의 長谷寺[하세데라, 奈良縣 櫻井市 初瀬에 위치한 眞言宗 豊山派 總本山]에 寶財를 바쳤다. 拜禮하면서 올린 讚[跪讚]에, "성난 바람 신령한 德에 친히 근거하여 몸을 괴롭히네. 가만히 하늘의 명을 희망하여 과감하게 위엄과 신령스러움을 베풀기를 바라네. 살아있는 부처가 비록 존귀하지만 연고가 없으면 구제할 수가 없다네. 귀중하고 진실하도다. 비밀스런 돌과 존귀한 얼굴이 신령스러움과 위엄이 통하고 밝으니 멀리 생소한 나라에서도 오는구나. 이것을 보답할 방법이

없으니 다만 풍기만 전할 뿐이고, 애오라지 보배의 재물을 보내어 두어 번 본래의 맹세를 이루네. 멀리서 그 뜻을 기술하노니 살타가 받아들이네. 幸中 6年 2월 某日"라고 하였다. 그 33点의 寶物은 花甁·火舍·閼伽·錫杖·大鈴·大磬·大鏡·栴檀香·沈香·蘇合·麝香·金簾·銀花·水玉·火玉·瑠璃·燈爐·車渠盌·馬腦鉢·豹皮·虎皮·象牙·眞珠瓔珞·犀角·螺貝·龍鬚·獅子頭七穴石·孔雀尾·羊毛莚·三枝竹·二寸丁子·一寸米·土用桶인데, 土用桶은 어떠한 물건인지 알 수 없다[不審].[4]

注釋
1) 이해의 3月은 小盡이고 초하루[朔日]는 丁巳이다. 이달은 그레고리曆으로 952년 4월 3일부터 5월 1일까지이다.
2) 이 자료는 編者不明 編 『日鮮關係史料』에도 인용되어 있다.
3) 大樋皇后[대통황후]는 위의 자료에서 昭明王后(A), 照明王后(B)로도 불리었던 것 같은데, 이 시기의 왕후는 光宗의 后妃인 大穆王后 皇甫氏(太祖의 女)가 있어 同一人일 가능성이 없지 않다. 그렇지만 光德이라는 年號를 사용하였음으로 光宗의 后妃는 아니었을 것이다. 그렇다면 幸中이라는 年號를 사용하였을 定宗의 后妃였을 것으로 推定되는 皇后였을 것이다. 이들은 文恭王后 朴氏와 文成王后 朴氏(모두 朴英規의 女)인데, 이들을 大樋皇后로 확정짓기에는 보다 많은 考證이 要請될 것이다 (이에서 日本 資料에서는 皇后로, 『고려사』에서는 王后로 表記되어 있어 일본자료의 내용을 의심할 사람도 있을 것이다. 이는 『고려사』를 편찬할 때 皇后를 王后로 改書하였음을 暫時 잊은 사람에게서 나타날 수 있는 現象일 것이다).
4) 이와 유사한 내용이 『今昔物語集』 권16, 本朝, 新羅后蒙國王咎, 得長谷觀音助語 ; 『宇治拾遺物語』 권14, 新羅國后金榻事에도 수록되어 있다. 이들 자료에서 주목되는 것은 '幸中 6年'이라는 年號인데, 이 자료의 내용이 天曆 6년(952, 光宗3 : 光德3)에 이루어졌다고 한 점을 통해 볼 때, 이해 또는 1년 전을 가리키는 고려의 年號로 推定된다. 만약 이를 951년(光宗2)으로 비정해 본다면, 이해(幸中 6年)는 定宗(945~949 在位)의 6年에 해당하므로 幸中은 定宗 때의 年號일 가능성이 높다.

轉載 春, 城安朔鎭(『고려사절요』 권2, 光宗 3년).

飜譯 봄에 安朔鎭(現 平安北道 雲山郡 位置로 추측됨)에 城을 쌓았다.

關聯資料

(光宗) 三年, 城安朔鎭 ; 『고려사』 권82, 지36, 兵1, 城堡.

補遺 (廣順二年 四月) 甲午, 高麗國册使·衛尉卿劉皡卒(『舊五代史』 권112, 周書3, 太祖紀3).

飜譯 (廣順 2년 4월) 9일(甲午, 陽5月 5日)[1] 高麗國에 파견되는 册封使인 衛尉卿 (從3品) 劉皡가[2] (道中에) 別世하였다.

注釋

1) 이해의 4月은 大盡이고 초하루[朔日]는 丙戌이다.

2) 劉皡(892~952)는 涿州(現 河北省 涿州市·北京市 房山區 地域) 歸義人으로 後晋의 丞相·譙國公 昫의 弟로서 儒學者이지만 술을 좋아하였다고 한다. 後唐 때에 監察御 史·水部員外郎·史館修撰·兵部郎中 등을 역임하였다. 後漢 때에 宗正卿을 거쳐 後 周에서 衛尉卿이 되었다. 이 記事와 같이 952년(廣順2) 봄[春]에 高麗封册使[高麗册 使]로 임명되어 3월에 鄆(鄆城縣, 現 山東省의 西南部 位置)에 이르러 節度使 高行 周로부터 連日 술대접을 받다가 23일(己卯)에 죽었다고 한다(『舊五代史』131, 周書 22, 열전11, 劉皡, 그가 別世한 날짜는 위의 記事와 차이가 있다).

補遺 廣順二年 七月, 高麗僧思泰獻方物(『册府元龜』 권972, 外信部17, 朝貢5).

飜譯 7월에[1] 高麗僧 思泰가[2] 方物을 바쳤다.

注釋

1) 이해의 7月은 小盡이고 초하루[朔日]는 乙卯이다. 이달은 그레고리曆으로 952년 7 월 30일부터 8월 27일까지이다.

2) 思泰는 이 자료 외에 찾아지지 않아 어떠한 人物인지는 알 수 없다. 이때 승려 思 泰가 後周에 파견된 것은 册封使인 衛尉卿 劉皡가 使行 途中에 別世하였고, 通事舍 人 顧彥浦가 海路에서 溺死하였던 것을 慰問하기 위한 것이었다고 추측한 견해도 있다(→광종 4년 2월 관련된 자료인 『五代會要』 권30, 高麗 ; 許仁旭 2013년).

補遺 (廣順二年) 秋九月 乙丑, 太僕少卿王演使于高麗(『新五代史』 권11, 周本紀11, 太祖).

飜譯 (廣順 2년) 9월 12일(乙丑, 陽10月 3日)[1] 太僕少卿(從4品上) 王演으로[2] 하여금. 高麗에 使臣으로 가게 하였다.

注釋

1) 이해의 9月은 大盡이고 초하루[朔日]는 甲寅이다.

2) 王演은 이 자료 밖에 찾아지지 않아 어떠한 인물인지를 알 수 없다. 또 이때 아래 자료와 같이 太子右衛內率[從4品上], 太子右衛率府 呂繼贇이 册封副使로서 파견되었다.

關聯資料

• (廣順) 二年 九月, 復以太僕少卿王演, 借衛尉卿, 充高麗國册禮使, 太子右衛率府呂繼贇 借將作少監, 充使副(『五代會要』 권30, 高麗).

• (廣順二年) 以太僕少卿王演, 借衛尉卿充高麗國册禮使, 右衛率府呂繼贇, 借將作少監充使副(『册府元龜』 권965, 外臣部10, 册封3).

補遺 秋, 王發願寫成銀字大般若波羅密多經一部(『遼東行部志』, 明昌 1년 3월 乙卯).

飜譯 2월에 王이 發願하여 銀字大般若波羅密多經 1部를 寫經하였다.

注釋

1) 이는 金代의 王寂(1128~1194)이 1190년(明昌1, 명종20) 2월 이래 遼東地域을 巡行하다가 3월 1일(乙卯) 懿州 寧昌軍節度使 管內의 寶嚴寺에서 定宗과 光宗이 發願한 두 개의 寫經을 보고서 題記를 引用한 것이다(『遼東行部志』, 明昌 1년 3월, "又大般若波羅密多經一部, 卷首云, 菩薩戒弟子高麗王王昭, 以我國光德四年, 歲在壬子秋, 敬寫此經一部 意者, 昭謬將冲幼, 獲嗣宗祧機務, 旣繁安危所擊, 是以每傾心於天佛, 因勤格以祈求, 所感心通事無不遂, 故欲報酬恩德, 輒有此願謹記").

補遺 (廣順二年 十月) 其月, 淮南送高麗使陳參等到闕見, 勅有司, 賜酒食衣服(『册府元龜』 권980, 外臣部25, 通好).

飜譯 (廣順 2년 10월) 10월에[1] 南唐[淮南]에서[2] 高麗使 陳參[3] 등을 大闕로 보내

謁見하게 하자, 有司에 命하여 酒食·衣服을 下賜하게 하였다.

注釋

1) 이해의 10月은 小盡이고 초하루[朔日]는 甲申이다. 이달은 그레고리曆으로 10월 27
   일부터 11월 24일까지이다.

2) 淮南(現 安徽省 淮南市 地域)은 吳를 繼承하여 江淮地域(淮水의 남쪽에서 揚子江의
   북쪽 사이의 29州, 現 江蘇·安徽·江西省 地域)을 領有하고 있었던 南唐(937~975,
   大唐)을 指稱한다. 당시 南唐은 北方에 위치한 五代에 대해 抵抗的인 姿勢를 維持
   하고 있었기에, 後周는 이들의 國號를 稱하지 않고 地域名으로 代身하고 있었던 것
   같다.

3) 陳參은 이 자료 외에 찾아지지 않아 어떠한 人物인지는 알 수 없다.

[光宗 4年(953) 癸丑] 閏月 後周·契丹·高麗·日本①

　　　　　　　　　後周 太祖 廣順 3年, 契丹 穆宗 應曆 3年

原文 四年, ¹⁾□□⁼ᵉ月 周遣衛尉卿王演·將作少監呂繼贇來, 册王, 爲特進·
檢校大保·使持節玄菟州都督·充大義軍使兼御史大夫·高麗國王.

校訂

1)의 □□에 三月이 缺落되었다. 『均如傳』第6, 感通神異分者에 의하면 光宗이 該當官
廳[有司]에 命하여 册封儀式을 3월에 끝내게 하였으나 雨가 그치지 않아 執行하지 못
하다가 均如의 祈禱에 의해 淸明하게 되어 儀式이 이루어질 수 있었다고 한다("廣順三
年, 宋朝ᵂ朝使至, 將封大成大王. 王命有司各揚厥職, 三月蕆事. 方臨受策, 會愁霖不止,
禮命阻行, … ", 이에서 宋朝는 周朝의 誤謬이다).

飜譯 4년 3월 後周가 衛尉卿 王演과 將作少監 呂繼贇을 보내와 王을 特進(正2
品)·檢校太保·使持節玄菟州都督·充大義軍使兼御史大夫·高麗國王으로 册

封하였다.[1]

注釋

1) 이들은 前年 9월 12일(乙丑) 고려에의 파견이 결정되었음으로 이해의 전반기에 도착하였을 것이다(『新五代史』 권11, 周本紀11, 太祖).

轉載 ([1]定^光宗)四年 十月 乙卯, 慶州黃龍寺九層塔灾(『고려사』 권53, 지7, 오행1).

校訂

1)의 定字는 光字로 고쳐야 바르게 된다.

飜譯 (광종) 4년 10월 8일(乙卯, 陽11月 17日)[1] 慶州 黃龍寺의 九層塔에 火災가 있었다.[2]

注釋

1) 이해의 10月은 小盡이고 초하루[朔日]는 戊申이다.

2) 이때의 火災는 탑이 건립된 645년(선덕여왕14, 貞觀19) 이후에 일어난 세 번째의 落雷에 의한 것이었고, 1012년(현종3) 5월 慶州의 朝遊宮을 撤去하여 修理하였다. 1021년(현종12) 慶州 出身의 宰相 崔沆(972~1024)이 재차 修理하기를 청하고 스스로 監督하여 民弊를 끼치기도 하였다고 한다. 1095년(헌종1) 8월 다시 수리를 하였다는 기록만이 찾지지만 그 이후에도 계속 修理를 하였을 것이다.

또 1238년(고종25) 10월 東京에 침입한 蒙古軍에 의해 불타고 말았고(『三國遺事』 권4, 皇龍寺九層塔에는 불탄 것이 이해의 겨울[冬]로 되어 있고, 『東都歷世諸子記』에는 10월 11일로 되어 있다), 이후 現在까지 再建되지 못하였다(『고려사』 권4, 세가4, 현종 3년 5월 己巳·권10, 세가4, 헌종 1년 8월 甲申·권23, 세가23, 고종 25년 윤4월·권93, 열전6, 崔沆 ; 『삼국유사』 권3, 탑상4, 黃龍寺九層塔 ; 『東都歷世諸子記』).

關聯資料

冬十月, 慶州黃龍寺九層塔灾(『고려사절요』 권2, 광종 4년).

[光宗 5年(954) 甲寅]

後周 世宗 顯德 元年, 契丹 穆宗 應曆 4年, 日本 天曆 8年

補遺 天曆八年 正月 廿五日, 被行除目, 諒闇中陰日內, 任大宰大貳藤原朝忠等, 依
有新羅發來之聞也(『吉記』, 治承 5년 3월 6일).

飜譯 天曆 8년 1월 25일(庚子, 陽3月 2日)[1] 官僚任命이 이루어져서[被行除目], 밤
중에 비가 오는 가운데 大宰大貳 藤原朝忠[2] 등을 임명하였다. 高麗[新羅]가
襲擊해온다는 風聞에 의해서였다.[3]

注釋

1) 이해의 1月은 大盡이고 초하루[朔日]는 丙子이다.

2) 藤原朝忠(후지와라노 아사타다, 910~966)는 헤이안(平安) 시대 中期의 公卿으로 藏
人·左近衛中將·參議·大宰大貳·讚岐守 등을 거쳐 中納言이 되었으며 詩歌에도 能하
였고, 문집으로 『朝忠集』이 있다고 한다.

3) 이 記事의 新羅는 高麗를 가리키는 것으로, 高麗가 日本을 攻擊한다는 風聞은 구체
적인 형편을 유추하기 어렵지만, 9세기 후반 이래 新羅人들의 日本侵掠에 대해 防
禦의 態勢를 소홀히 않고 있었던 日本朝廷의 형편을 보여주는 자료의 하나라고 할
수 있겠다. 이때 大宰大貳에 임명된 藤原朝忠이 같은 해 3월에 辭退하였다고 한 점
(『公卿補任』, 村上天皇, "天曆八年甲寅, 參議, 從四位上, … 藤朝忠四十五, 正月廿五
日兼大貳, 三月大貳辭退, 但謝日不注除目")을 보아 고려의 일본 공격은 사실이 아니
었던 것 같다. 그리고 麗·日 양국의 국교 관계가 이루어지지 않았던 형편 하에서
일본 조정이 고려의 동향을 風聞으로만 듣고 있었는데, 이들 풍문은 兩國을 왕래하
는 商人들을 통해서 전파되었을 것이다.

原文 春, 創崇善寺, 追福先妣.

飜譯 봄에 崇善寺를[1] 創建하여 先妣의 冥福을 빌었다.

注釋

1) 崇善寺는 954년(광종5) 봄에 光宗이 創建하여 先妣 神明順聖王太后 忠州劉氏의 願堂으로 삼은 華嚴宗 계열의 王室 眞殿寺院이다. 華嚴宗의 高僧인 圓明國師 王澄儼이 住持하기도 하였다. 이의 位置는 不明이지만, 現在의 忠淸北道 忠州市 薪尼面 文崇里 862번지 일대의 廢寺址에서 '崇善', '善寺'라는 銘文이 새겨진 기와[瓦]와 발견된 것을 통해 볼 때, 이곳에 위치해 있었을 가능성이 높다. 이 寺址의 規模는 매우 廣大하였고, 이에서 기와를 固定시킨 못[鐵釘]의 腐蝕을 防止하기 위해 못을 덮어씌운 金銅蓮峯이 발견되었다고 한다[忠淸大學博物館 2006年 ; 國立中央博物館 2002年 118쪽].

補遺 是以, 年新月古, 未立碑文, 至後高麗國, 凡平四郡, 鼎正三韓, 以顯德元年七月十五日, 樹此豊碑於太子山者, 良有良緣者乎 … 顯德元年歲在甲寅七月十五日立」(「奉化太子寺朗空白月栖雲之塔碑」).

飜譯 이러한 까닭으로 歲月이 經過하여도 碑石[碑文]을 세우지 못하다가 後高麗가 韓半島[四郡]를 平定하여, 三韓이 安定[鼎正]됨에 따라 顯德 1년 7월 15일에 太子山에 이러한 큰 碑를 세우게 되었으니, 참으로 좋은 因緣이 있었기 때문이다 … 顯德 1년 干支는 甲寅, 7월 15일(丁亥, 陽8월 16日)[1] (朗空大師 行寂의[2] 白月栖雲塔碑를) 建立하였다.[3]

注釋

1) 이해의 7月은 小盡이고 초하루[朔日]는 癸酉이다. 이날은 그레고리曆으로 8월 21일이다.

2) 朗空大師 行寂(832~916)은 王京의 남쪽[京南, 碑文에는 京萬으로 되어 있으나 京南의 誤字로 추측됨] 河南人으로 되어 있지만, 어느 地域인지는 알 수 없다(元宗大師 璨幽도 鷄林 河南人으로 되어 있다). 俗姓은 崔氏, 法名은 行寂이며, 父 佩常은 武藝를 익혀 軍籍[軍旅]에 속해 있었다고 한다. 832년(太和6, 홍덕왕7) 12월 30일(戊子, 陽833年 1月 24日)에 출생하였고, 20代에 伽倻山 海印寺에 들어가 佛法을 배웠다. 855년(大中9, 성덕왕17)에 福泉寺의 官壇에서 具足戒를 받은 후 崛山寺[崛山, 闍崛山, 現 江原道 江陵市 邱井面 鷄山里 位置]의 通曉大師(梵日國師, 810~889)의 門下에 들어가 修行하였다.

870년(咸通11, 경문왕10) 入朝使[備朝使] 金緊榮을 따라 唐에 들어가 長安[上都]에
도착하였다. 勅命에 의해 寶堂寺 孔雀王院에 머물다가 宮闕에 들어가 懿宗을 알현
하기도 하였고, 이어서 五臺山(現 山西省 忻州市 五台縣 位置) 花嚴寺(華嚴寺)의 文
殊菩薩像을 參拜하기도 하였다. 875년(乾符2, 헌강왕1) 成都(現 泗川省 成都市) 靜
衆寺[靜衆精舍]에 있는 新羅人 出身의 無相大師의 影堂을 參拜하고 石霜慶諸
(807~888)를 방문하였다. 이어서 衡山[衡岳, 現 湖南省 衡陽市 南岳區 位置]을 거쳐
曹溪山의 6祖 慧能의 塔과 黃梅縣(現 湖北省 黃梅) 東山寺에 위치한 5祖 弘忍(宏忍,
宏忍은 淸版의 書籍에서 보이는 현상으로 高宗 乾隆帝의 이름인 弘을 避諱한 것이
다)의 遺骨 등을 參拜하였다.

885년(中和5, 헌강왕11) 歸國하여 本山인 崛山寺[崛嶺]로 돌아가 通曉大師에게 인사
를 드린 후 天柱寺·水精寺 등에 머물다가 889년(文德2, 진성왕3) 本山으로 돌아가
通曉大師[崛山大師]를 侍病하였다. 이어서 朔州(現 江原道 春川市)의 建子寺[建子寺
蘭若]에 住錫하였고, 乾寧(894~898) 初 慶州[王城]에 갔다가 光化(898~901) 末에 山
野로 돌아갔다. 906년(天祐3, 효공왕10) 9월 王命을 받아 溟州에서 慶州[京邑]으로
가자 孝恭王이 國師의 禮로서 待接하였다. 다음해 여름에 慶州를 떠나 바닷가를 따
라 南下하여 金海府에 이르자, 知金海府 蘇律熙(金律熙)가 歸依하여 이름이 있는
寺刹[名寺]에 住錫하게 하였다. 915년(貞明1, 신덕왕4) 봄에 神德王의 招聘을 받아
재차 경주에 나가 南山 實際寺에 머물렀다. 같은 해 7월 王京의 支配層인 明瑤夫人
의 請을 따라 石南山寺로 옮겼다가 916년(貞明2, 신덕왕5) 2월 12일(丁酉, 陽3月 18
日)에 入寂하였는데, 俗世의 나이는 85歲, 僧臘은 61歲였다. 神德王이 使臣을 보내
葬禮를 監護하게 하였고, 景明王이 朗空大師라는 諡號와 白月栖雲之塔이라는 塔號
를 내리고, 守兵部侍郎[侍郎] 崔仁渷(崔彦撝)에게 塔碑를 撰하게 하였다고 한다(「奉
化太子寺朗空白月栖雲之塔碑」).

3) 이 탑비는 翰林學士·守兵部侍郎·知瑞書院事·賜紫金魚袋 崔仁渷(崔彦撝)가 撰하였
고, 글씨는 僧侶 端目이 金生의 글씨를 集字하였다. 이 비는 원래 慶尙北道 奉化郡
명호면 太子里 太子寺址에 있다가 1509년(正德4, 中宗4)에 榮州市 休川里로 옮겨졌
고, 1918년 서울로 搬出되어 현재 국립중앙박물관에 소장되어 있다.

補遺   顯德元年甲寅, 黃龍寺九層塔左右金堂丈六佛, 天火亡(『東都歷世諸子記』).

飜譯　顯德 1년(甲寅)에 黃龍寺 9層塔의 左右에 있는 金堂의 丈六佛이[1] 저절로 일어나는 火災[天火]로 亡失되었다.

注釋

1) 丈六佛은 1丈 6尺의 거대한 佛像을 가리킬 것으로 추측되는데, 고려시대의 1尺은 약 31cm 程度였다고 한 것을 감안하면[李宗峯 2001年 83쪽] 거의 5m 정도에 달했을 것이다. 丈六像의 由來는 百濟時代부터 있었으며(『日本書紀』 권19, 欽明, 6년 9월, "是月, 百濟造丈六佛像, 製願文曰, 蓋聞造丈六佛, 功德甚大"), 黃龍寺 金堂의 丈六佛은 574년(진흥왕35, 甲午) 3월(혹은 癸巳, 573년 10월 17일)에 완성된 金銅製의 三尊像으로 무게가 35,007斤이었다고 한다(『삼국유사』 권3, 塔像제4, 黃龍寺丈六). 이 자료와 같이 三尊像이 이때에 亡失되었다가 다시 건립되어 1238년(고종25) 10월 11일(丙辰) 蒙古軍에 의해 黃龍寺의 九層塔·殿宇 등이 燒失될 때 丈六像의 큰 佛像과 두 菩薩像은 모두 녹아 없어지고 작은 釋迦像만이 남게 되었다고 한다(『삼국유사』 권3, 塔像4, 黃龍寺丈六·黃龍寺九層塔 ; 『東都歷世諸子記』, 『삼국유사』에서 "又高宗十六²⁺⁵年戊戌冬月⁺月, 西山蒙古兵火, 塔·寺·丈六·殿宇皆災"는 添字와 같이 고쳐야 바르게 된다).

[參 考]

渤海
- 周顯德元年 七月, 渤海國崔烏斯多等三十人歸化(『五代會要』 권30, 渤海).
- 周顯德中, 其首崔烏斯等三十人歸化, 自後不通中國(『宋會要輯稿』197책, 蕃夷4, 渤海).

[光宗 6年(955) 乙卯] 閏月 後周·契丹·高麗·日本⑨
　　　　　　　　後周 世宗 顯德 2年, 契丹 穆宗 應曆 5年

轉載　景宗 … 光宗長子, 母曰大穆王后皇甫氏. 光宗六年乙卯[1]閏九月丁巳生(『고려사』 권2, 세가2, 景宗, 總論).

校訂

1)은 原文에서 '九月'로 되어 있으나, 이달에는 丁巳가 없고, 다음 달인 '閏九月'에 丁巳가 있음으로 추가하였다[補正].

翻譯   景宗은 光宗의 長子로서 어머니는 大穆皇后[大穆王后] 皇甫氏이다[1]. 광종 6년 乙卯年, 閏9월 22일(丁巳, 陽11月 9日)[2] 태어났다.

注釋

1) 大穆皇后 皇甫氏는 太祖와 神靜皇太后 皇甫氏(皇甫悌恭의 女)의 딸로서 景宗·孝和太子와 千秋夫人(阿志君, 곧 太祖의 子 千秋殿君의 夫人, 後日의 千秋太后, 곧 獻哀王后)·寶華夫人(後日의 獻貞王后, 곧 顯宗의 母), 그리고 公主(成宗妃 文德王后 劉氏) 1人을 낳았다. 956년(광종7) 奴婢按檢法을 실시할 때 그 弊端을 논하였다. 死後에 大穆王后라는 諡號를 받았다(『고려사』 권88, 열전1, 后妃1, 光宗 大穆王后 皇甫氏 ; 金甲童 2010年b).

2) 이해의 閏9月은 小盡이고 초하루[朔日]는 丙申이다. 이날은 그레고리曆으로 11월 14일이다.

原文   六年, 遣大相王融如周, 獻方物.
翻譯   6년에 大相(4品上) 王融을[1] 後周에 보내 方物을 바쳤다.

注釋

1) 王融(生沒年不詳)은 966년(광종17) 翰林學士로서 知貢舉에 임명되어 科舉를 主管한 이래 994년(성종13)까지 11차례에 걸쳐 知貢舉에 임명되어 科舉를 주관하였다. 975년(景宗卽位年) 10월에 '大匡·內議令兼摠翰林'의 관직을 띠고서 政承政丞(前新羅敬順王) 金傅를 尙父[상보]로 책봉하고 都省令의 官號를 내리는 告身[官誥]에 書名하였다. 이어서 「鷰谷寺玄覺禪師碑頌」을 撰하였고, 981년(경종6)에는 大匡·內儀議令·判摠翰林兼兵部令의 관직을 띠고서 王命을 받아 「山淸智谷寺眞觀禪師悟空塔碑」를 찬술하였다. 다음의 중국 측 자료에 의하면 그의 官衙는 '王子·大相'인데, 이는 '王氏로 賜姓을 받은 大相'으로 이해된다. 그렇다면 943년(태조26) 6월에 건립된 「忠州淨

土寺法鏡大師慈燈塔碑」의 碑陰에 나타나는 '孔融佐尹'이 賜姓을 받아 王融으로 改
姓되었을 가능성이 높다.

한편 그의 출신에 대해서 王氏를 下賜받은 신라의 貴族 出身이라는 見解[朴龍雲
1990年 339~332쪽]와 "閩川에서 옷자락을 떨치고 분연히 일어난 王融이라는 사람
이 있어서, 有閩川拂衣者王融"라는 崔承老의 말(「山淸智谷寺眞觀禪師悟空塔碑」)에
依據하여 吳越[閩]에서 高麗에 歸化한 人物이라는 견해가 있다[李基東 1978年 ; 李
樹健 1984年 140·223쪽]. 이들 견해는 어디까지나 추측이므로 보다 구체적인 자료
를 찾아야 할 것이다.

補遺 (顯德二年 冬十月) 戊寅, 高麗使王子[1]太相大相□王融來(『新五代史』 권12,
　　　周本紀12, 世宗).

校訂

1)의 太相은 大相으로 고쳐야 하고, □에 王字가 들어가야 바르게 될 것이다.

翻譯 (顯德 2년 10월) 14일(戊寅, 陽11月 30日)[1] 高麗의 使臣인 王子大相 王融이
　　　왔다.

注釋

1) 이해의 10월은 大盡이고 초하루[朔日]는 乙丑이다.

關聯資料

• (顯德二年 冬十月) 戊寅, 高麗國遣使朝貢(『舊五代史』 권115, 周書6, 世宗紀2).

• (顯德元年) 十月, 高麗國遣王子太相王融來, 貢方物(『册府元龜』 권972, 外臣部17, 朝
　貢5 ; 이에서 '顯德元年'은 '顯德二年'의 잘못일 것이다).

• 顯德二年 十月, (高麗)復遣王子大相王融來, 貢方物(『五代會要』 권30, 高麗).

原文 (六年) 遣廣評侍郎荀質如周, 賀卽位.

翻譯 (6년에) 廣評侍郎 荀質을[1] 後周에 보내 (皇帝의) 卽位를 賀禮하였다.[2]

注釋

1) 荀質은 出身地는 알 수 없으나 이 자료와 같이 955년(광종5) 후반기에 廣評侍郎으로 後周에 파견되어 世宗의 卽位를 賀禮하였던 것 같다(世宗은 前年 1월 21일^{丙申}에 즉위하였음). 이후의 行蹟은 알 수 없으나 976년(경종1) 執政 王詵이 肅淸된 후 左執政이 되어 右執政 申質과 함께 內史令을 兼職하였다고 한다.

2) 이는 世宗 곧 太祖 郭威의 養子인 柴榮(921~959, 954~959 在位)의 卽位를 賀禮한 것이다.

補遺　(顯德二年 十一月) 己亥, 高麗國王王昭, 加開府儀同三司·檢校太尉·依前使持節玄菟州都督·大義軍使, 王如故(『舊五代史』 권115, 周書6, 世宗紀2).

飜譯　(顯德 2년 11월) 5일(己亥, 陽12월 21일)[1] 高麗國王 王昭에게 開府儀同三司(從1品)·檢校太尉·依前[이前과 같이] 使持節玄菟州都督·大義軍使를 더하여 주고, 高麗王位는 以前과 같이 하였다.

注釋

1) 이해의 11월은 大盡이고 초하루[朔日]는 乙未이다.

關聯資料

• 顯德二年 十一月, 以高麗國遣廣評侍郎荀質來, 賀登極, 授其國王王昭開府儀同三司·檢校太尉. 制曰, 姬旦分彊, 肅愼列明堂之位, 武王尊德, 朝鮮受箕子之封, 矧乃代守東藩, 材稱間[聞]世, 襲衣冠而奉正朔, 瞻象魏以走梯航, 推誠遠慕於華風, 重譯來朝於興運, 嘉乃丕績, 宜覃懋恩, 特進檢校太尉·使持節玄菟[元菟]州都督·大義軍節度使·上柱國·高麗國王 王昭, 地控辰韓, 風行日域, 命氏本神偓[神仙]之族, 炳靈分象緯之精. 爲仁自契於太平, 既觀縶已, 述職罔殊於諸夏, 來奉充庭, 朕嗣守鴻圖, 方崇王道, 禮樂征伐之柄, 盡出眇躬, 山河帶礪之盟, 思傳不朽, 但遵聲敎, 豈限遐遙, 俾光壽土之封, 更假自天之寵. 於戲, 儀同三事, 無先開府之尊, 冠弁四梁, 愈見上公之貴, 琢蒼玉爲爾珮, 饒[飾]豐貂爲爾冠, 用報好音, 且彰柔遠, 爾其仰宣朝命, 下慰州民, 泛濟水爲恩波, 還同在藻, 指家山於縱嶺, 免詠式微, 永爲屬國之賓, 無闕外臣之禮, 可授開府儀同三司·檢校太尉·依前使持節玄菟[元菟]州諸軍事·行玄菟[元菟]州都督·充大義軍使·高麗國王, 勳如故(『冊府元龜』 권965, 外臣部10, 冊封3 ; 이 자료는 淸代에 整理된 『全唐文』 권125, 周世宗에「授高麗國王王昭開府儀同三司·檢校太尉制」로 수록되어 있는데, 添字는 달리 表記된 것이다).

- (顯德) 二年 十一月, 高麗復遣本國廣評侍郎筍質來, 貢方物, 稱賀登極(『册府元龜』 권 972, 外臣部17, 朝貢5).

- 顯德二年 十月, (高麗)復遣王子大相王融來, 貢方物, 又遣廣評侍郎筍質來, 賀登極, 其 年 十二月, 授其國王王昭開府儀同三司·檢校太師檢校太尉·高麗國王(『五代會要』 권30, 高麗 ; 이 자료에서 檢校太師는 檢校太尉의 誤字일 것이다).

- 顯德二年, 又遣使來貢, 加開府儀同三司·檢校太尉, 又加太師(『宋史』 권487, 열전246, 外國3, 高麗).

[光宗 7年(956) 丙辰]
後周 世宗 顯德 3年, 契丹 穆宗 應曆 6年

補遺   倉上導行審是內乎矣, 七十六是去, 丙辰年量田使·前守倉部卿藝言·下典奉 休」·算士千達等, 乙卯二月十五日, 宋良卿矣結審是乎, 導行乙用良, 顯德三 年丙辰三月日練」立作良中, 代下田卄七步方卄步, 北能召田·南東渠·西葛頸 寺田, 承孔伍佰肆拾, 結得」肆拾玖負肆束, 同寺位同土犯南田, 長拾玖步東 三步, 三方渠·西文達代, 承孔百四」結得玖負伍束, 右如付置有在等以 … (「若木淨兜寺五層石塔造成形止記」).

飜譯   (若木郡의) 司倉에 있는 帳簿[導行]를 살펴보면, 76年前의 丙辰年(956, 顯德 3, 光宗7)에 量田使·前守倉部卿 藝言과[1] 下典 奉休·算士 千達 등이 乙卯年 (955, 光宗6) 2월 15일(甲寅, 陽3月 11日)[2] 卿 宋良이[3] 結數를 審議한 帳簿 [導行]를 가지고서 顯德 3年(丙辰, 光宗7) 3月 □日[4] 作成한 文書 중에, "代 下田은 (길이) 27步, 넓이 20步로서 북쪽은 能召의 田이고, 남동쪽은 河川 이고, 서쪽은 葛頸寺의[5] 田이다. 面積은 모두 540步이고 結로 換算하면[結 得] 49負 4束이다. 同寺의 位田은 위의 땅[同土]의 남쪽으로 붙어 있는 田으 로 길이 19步, 넓이는[東?] 3步로서 세 방향은 河川이고 서쪽은 文達의 代田 이다. 면적은 모두 104步이고 結로 換算하면 9負 5束이다."와 같이 기록되 어 있다.[6]

注釋

1) 藝言(혹은 朴藝言)은 정종 즉위년 開運 2년 10월 25일(戊子)의 주석 1과 같다.

2) 955년(광종6)의 2월은 大盡이고 초하루[朔日]는 庚子이다.

3) 宋良은 이 자료 외에 찾아지지 않아 어떠한 인물인지는 알 수 없다.

4) 956년(광종7)의 3월은 小盡이고 초하루[朔日]는 甲午이다. 이달은 그레고리曆으로 4
월 19일부터 5월 17일까지이다.

5) 葛頸寺는 現在의 慶尙北道 金泉市 開寧面에 있었던 葛項寺로 추측되고 있다[盧明鎬
等編 2000年. 482쪽].

6) 이의 判讀과 飜譯은 기왕의 업적[申虎澈 1994年・盧明鎬 等編 2000年. 474~484쪽]
에 依據하여 적절히 變改하였다.

補遺   至顯德三年, 秋八月十九日, 忽告衆曰 … 言訖而泊然坐滅, 享齡七十九, 歷夏
六十 … 上聞之震悼, 哭諸寢焉. 乃遣使左僧維大德淡猷・元尹守殿中監韓潤
弼等, 弔以書, 贈以穀及茗醇. 又遣諡號・塔名, 使元輔金俊巖・使副佐尹前廣
評侍郎金廷範等, 贈淨諡曰, 靜眞大師・圓悟之塔, 仍命有司, 寫眞影一舖, 錦
緣・金軸, 不日而成, 幷題讚述. 因令右僧維大德宗乂・正輔金瑛・正衛兵部卿
金靈祐等, 充送眞影使, 兼營齋設(「聞慶鳳巖寺靜眞大師圓悟之塔碑」).

飜譯   顯德 3년 가을 8월 19일(戊寅, 陽9月 25日)에[1] 이르러 갑자기 (靜眞大師兢
讓이) 大衆에게 말하기를 … 말이 끝나자 단정히 앉아 조용하게 入滅하였
는데, 나이는 79歲이고, 僧臘[歷夏]은 60歲였다. … 皇帝가 이를 듣고서 크
게 슬퍼하여 寢食을 잊고서 哭하였다. 이에 左僧維・大德 淡猷와[2] 元尹(6品
上)・守殿中監 韓潤弼[3] 등을 使臣으로 보내어 詔書로서 弔問하고 穀食과 차
[茗]・香[醇]을 贈儀로 下賜하였다. 또 諡號와 塔名을 내리기 위해 正使[使]
元甫(5品上) 金俊巖과[4] 副使[使副] 佐尹(6品下)・前廣評侍郎 金廷範[5] 등을
보내 諡號를 靜眞大師로, 塔銘을 圓悟之塔으로 追贈하였다. 이어서 該當官
廳[有司]에 命하여 眞影 1舖를 그려서 金緣・金軸으로 만들게 하여 數日 내
에 만들자, 아울러 讚述을 짓게 하였다. 곧 右僧維・大德 宗乂,[6] 正輔(正甫,
5品下) 金瑛과[7] 正衛(正位, 7品下)・兵部卿 金靈祐[8] 등을 眞影護送使로 삼
고, 齋를 올리게 하였다.

注釋

1) 이해의 8월은 大盡이고 초하루[朔日]는 庚申이다. 이날은 그레고리曆으로 9월 30일이다.

2) 淡猷는 다른 자료에서 찾아지지 않아 어떠한 인물인지는 알 수 없고, 그가 띤 左僧維는 兩街僧錄司의 僧官職으로 추측된다.

3) 韓潤弼은 다른 자료에서 찾아지지 않아 어떠한 인물인지는 알 수 없지만, 그의 官職인 '守殿中監'은 주목된다. 殿中監은 王室의 譜牒을 管掌하는 殿中省의 長官인데, 이 관서가 唐의 制度를 수용한 成宗代 이후에 설치된 것으로 이해되어 왔지만, 光宗代에 이미 설치되어 있었음을 보여 주는 자료의 하나이다. 이 점은 950년(광종1 : 光德2) 10월에 建立된 「谷城大安寺廣慈大師碑」의 撰者인 孫紹(生沒年不詳)의 官爵인 '太相·前守禮賓令·元鳳令兼知制誥·上柱國·賜紫金魚袋'의 '前守禮賓令'도 같은 範疇에 해당한다.

4) 金俊巖(金遵巖, 生沒年不詳)은 963년(광종14) 10월 大相(4品上)을 띠고서 王命을 받아 歸法寺에 거주하고 있던 坦然에게 王師·弘道三重大師의 徽號를 가지고 간 金遵巖과 같은 人物일 것이다(「瑞山普願寺法印國師寶乘之塔碑」).

5) 金廷範은 다른 자료에서 찾아지지 않아 어떠한 인물인지는 알 수 없다.

6) 宗乂는 다른 자료에서 찾아지지 않아 어떠한 인물인지는 알 수 없다.

7) 金瑛은 다른 자료에서 찾아지지 않아 어떠한 인물인지는 알 수 없다.

8) 金靈祐는 다른 자료에서 찾아지지 않아 어떠한 인물인지는 알 수 없다.

轉載 [1]定光宗七年, 臨津縣獻白雉(『고려사』 권54, 지8, 오행2).

校訂

1)의 定宗은 光宗의 誤字이다.

飜譯 광종 7년에 臨津縣(현 京畿道 坡州市 郡內面)이 흰색의 닭[白雉, 白色野鷄]을 바쳤다.

注釋

1) 白雉는 흰색의 털을 지닌 野鷄인데, 前近代社會의 사람들은 이를 祥瑞스러운 새[瑞

鳥]로 理解하였던 것 같다.

關聯資料

(光宗) 七年, 臨津縣獻白雉(『고려사절요』권2, 광종 7년).

原文 七年, 周遣將作監薛文遇來, 加册王, 爲開府儀同三司·¹⁾檢校大師^{檢校}^{太尉}, 仍令百官衣冠, 從華制. 前大理評使雙冀, 從文遇來.

校訂

1)의 檢校大師는 檢校太尉로 고쳐야 바르게 될 것이고, 光宗이 檢校太師에 임명된 것은 959년(顯德6, 광종10) 9월 13일(乙卯)이다. 또 唐의 三師는 太師·太傅·太保이고, 三公은 太尉·司徒·司空으로서 모두 正1品이며(『舊唐書』권42, 지22, 職官1), 陞進의 順序는 위의 記載에서 逆順이다.

飜譯 7년에 後周가 將作監(從3品) 薛文遇를¹⁾ 보내와 王을 開府儀同三司(從1品)·檢校太尉로 덧붙여 책봉하고 百官의 服式制度[衣冠]를 中國의 制度[華制]를 따르게 하였다. (이때) 前大理評使 雙冀가²⁾ 薛文遇를 따라 왔다.

注釋

1) 薛文遇는 宋 初期에 尙書工部郞中으로 樞密院直學士에 임명된 인물이다. 그는 후일 大司成에 임명되었던 것 같은데, 그가 李太白의 淸平詞에 次韻한 詩가 『역옹패설』 후집1에 수록되어 있다. 이 자료와 같이 그가 高麗에 올 때 前試大理評使(從8品下) 雙冀가 隨從하여 왔다가 고려에 殘留하여 커다란 영향을 주었다.

2) 雙冀(生沒年不詳)는 後周人으로 武勝軍節度巡官·將仕郞(從9品下)·試大理評事(從8品下)를 역임하고 956년(광종7) 封册使 薛文遇를 따라 고려에 왔으나 病으로 殘留하였다. 이후 光宗이 引對하고 뜻에 맞자 그의 才能을 사랑하여 後周에 表를 올려 僚屬으로 삼기를 請하고 擢用하였다. 갑자기 元甫(5品上)·翰林學士에 임명하고 1년이 넘지 않아 文翰[文柄]을 主管하게 하니 當時의 輿論[時議]이 過重하다고 하였다고 한다. 958년(광종9)에 科擧制의 實施를 建議하여 같은 해 5월 知貢擧가 되어 詩·賦·頌·策으로 崔暹 등의 進士를 선발하였다. 다음해의 前半期에 그의 父 侍御史 哲이

淸州守로 在職하다가 고려에서 雙冀가 寵愛를 받고 있다는 소식을 듣고서 고려의 使臣 王兢이 歸國할 때 함께 왔는데, 같은 해 9월에 佐丞(3品上)으로 重用되었다. 雙冀는 이후에도 2차에 걸쳐 知貢擧를 맡아 960년(광종11) 3월에는 崔光範·徐熙 등을, 961년 3월에는 王擧 등을 선발하여 後學들을 勸奬하고 文風을 일으키게 하였다 한다. 이후 그의 行蹟은 記錄에서 漏落되어 알 수가 없다고 하지만, 982년(성종1) 6월 崔承老가 時務策을 바쳐 歷代 帝王의 政績을 評할 때 雙冀가 歸化한 이래 文士 를 尊重하여 恩禮가 너무 隆崇하여 才能이 없는 人物이 卿相으로 발탁되는 風潮가 일어나게 되었다고 한다(『고려사』 권93, 열전6, 雙冀).

關聯資料

- 周遣將作監薛文遇來, 加册王, 爲開府儀同三司·檢校太師^{檢校太尉}. 仍令百官衣冠, 從華制. 前節度巡官·大理評事雙冀, 從文遇而來, 以病留, 及疾愈, 引對稱旨, 王愛其才, 表請爲 僚屬, 遂加擢用, 未踰歲, 授以文柄, 時議不愜(『고려사절요』 권2, 광종 7년).

- 雙冀, 後周人, 仕周爲武勝軍節度巡官·將仕郎·試大理評事. 光宗七年, 從封册使薛文遇 來, 以病留, 及愈, 引對稱旨, 光宗愛其才, 表請爲僚屬, 遂擢用. 驟遷元甫·翰林學士, 未逾歲, 授以文柄, 時議以爲過重(『고려사』 권93, 열전6, 雙冀).

- (光宗)自卽位之年, 至于八載, 政敎淸平, 刑賞不濫, 及雙冀投化以來, 崇重文士, 恩禮過 隆, 由是非才濫進, 不次驟遷, 未浹歲時, 便爲卿相, 或連宵引見, 或繼日延容, 以此圖 歡, 怠於政事, 讌遊靡絶, 於是, 南北庸人, 皆接以殊禮, 所以後生爭進, 舊德漸衰(『고려 사절요』 권2, 성종 1년 6월).

- 『册府元龜』 권965, 外臣部10, 册封3, "顯德二年 十一月, 以高麗國遣廣評侍郎荀質來, 賀登極, 授其國王王昭開府儀同三司·檢校太尉. 制曰, 姬旦分疆, 肅愼列明堂之位, 武王 尊德, 朝鮮受箕子之封, 矧乃代守東藩, 材稱間^間世, 襲衣冠而奉正朔, 瞻象魏以走梯航, 推誠遠慕於華風, 重譯來朝於興運, 嘉乃丕績, 宜覃懋恩, 特進檢校太尉·使持節玄菟^{元菟} 州都督·大義軍節度使·上柱國·高麗國王王昭, 地控辰韓, 風行日域, 命氏本神僊^{神仙}之族, 炳靈分象緯之精. 爲仁自契於太平, 旣觀縶已, 述職罔殊於諸夏, 來奉充庭, 朕嗣守鴻圖, 方崇王道, 禮樂征伐之柄, 盡出眇躬, 山河帶礪之盟, 思傳不朽, 但遵聲敎, 豈限遐遙, 俾 光壽土之封, 更假自天之寵. 於戲, 儀同三事, 無先開府之尊, 冠聳四梁, 愈見上公之貴, 琢蒼玉爲爾珮, 飾豊貂爲爾冠, 用報好音, 且彰柔遠, 爾其仰宣朝命, 下慰州民, 泛濟 水爲恩波, 還同在藻, 指家山於緱嶺, 免詠式微, 永爲屬國之賓, 無闕外臣之禮, 可授開 府儀同三司·檢校太尉·依前使持節玄菟^{元菟}州諸軍事·行玄菟^{元菟}州都督·充大義軍使·高麗

國王, 勳如故". 이 자료는 淸代에 整理된 『全唐文』 권125, 周世宗에 「授高麗國王王
昭開府儀同三司·檢校太尉制」로 수록되어 있는데, 添字는 달리 表記된 것이다.

- 『册府元龜』 권972, 外臣部17, 朝貢5, "(顯德)二年 十一月, 高麗復遣本國廣評侍郞筍質
來, 貢方物, 稱賀登極".
- 『五代會要』 권30, 高麗, "顯德二年 十月, 復遣王子大相王融來, 貢方物, 又遣廣評侍郞
筍質來, 賀登極, 其年 十二月, 授其國王王昭開府儀同三司·檢校太師^{檢校太尉}·高麗國王".
이에서 檢校太師는 檢校太尉의 잘못일 것이다.
- 『宋史』 권487, 열전246, 外國3, 高麗, "顯德二年, 又遣使來貢, 加開府儀同三司·檢校太
尉, 又加太師".

轉載 (是歲) 命按檢奴婢, 推辨是非, 奴背其主者, 不可勝紀. 由是, 陵上之風大行,
人皆嗟怨. 王妃切諫, 不納(『고려사절요』 권2, 光宗 7년).

飜譯 (이해에) 命하여 奴婢를 按檢하여 是非를 살펴 分別하게 하니, 奴婢가 그
主人을 背叛한 者가 헤아릴 수 없었다. 이로 인해 윗사람을 陵蔑하는 氣
風[陵上之風]이 크게 行하여져 사람들이 모두 恨歎하고 怨望하였다. 大穆
皇后[王妃]가[1] 간절히 諫하여도 듣지 않았다.

注釋

1) 陵上之風에서 陵上은 윗사람을 誹謗하거나 凌蔑하는 行爲, 곧 反抗하는 것이다[犯
上]. 『管子』 권15, 治國第48, "人民이 가난하게 生活하면 鄕里에서 살아가는 것을
不安하게 하고 自身의 집을 가볍게 여긴다. 鄕里를 不安하게 하고 自身의 집을 소
중하게 다루지 않으면 윗사람을 업신여기고 禁制를 犯하게 된다. 윗사람을 업신여
기고 禁制를 犯하게 되면 人民을 다스리는 것이 困難하게 된다. 民貧, 則危鄕輕家.
危鄕輕家, 則敢陵上犯禁. 陵上犯禁, 則難治也"[遠藤哲夫 1991년 815쪽].
2) 大穆皇后 皇甫氏는 광종 1년 景宗의 주석 1)과 같다.

關聯資料

光宗七年, 命按檢奴婢, 辨其是非, 奴背其主者, 甚衆. 陵上之風大行, 人皆嗟怨. 后切諫之,
光宗不納(『고려사』 권88, 열전1, 后妃1, 光宗 大穆王后 皇甫氏).

[參 考]

高麗

• [左側面] 退火郡大寺鍾表」夫鍾者三身摠名」也靜如金山應則」天雷猗哉大재曉」度三界之
  群迷女」弟子明好子正朝」壽剛者上求菩提」正路下濟群生昏」衢敬造洪鍾仰歸」梵磬伏願
  今上」聖帝德被有裁次」願國內安泰法界」芒々咸登彼岸」維顯德三季太歲丙辰正月廿五
  日記」
  [右側面] 弼造都令佐丞鄭喧達·公」禁指揮都領釋慧初·釋能會」村主明相·卿庚順·典吉貞·
  見能達·都監典釋能寂·景如·幹如」良吉」
  [撞座] 諸槃事使用道俗幷三百許人」(「退火郡大寺鍾銘」).
  이 鐘이 製作된 1월 25일(己未, 陽3月 10日)은 그레고리曆으로 3월 15일이다. 이 鐘
  은 沖繩縣[오끼나와켄, 琉球] 那覇市 若狹町 1丁目 波上宮에 所藏되어 있었는데,
  1945년 美軍이 일본 제국주의를 타도하기 위해 함포 사격을 가할 때 불타 없어지고,
  龍頭만이 沖繩縣立博物館에 보관되어 있다. 원래의 규모는 높이 81.1cm, 口徑
  57cm이었다고 한다[考古學會 編 1923年·藤田亮策 1959年·文化財保護委員會 編 1964
  年 32~33쪽·坪井良平 1974年 78~80쪽·前田 興 1982年·許興植 1984年 366~367쪽].

[光宗 8年(957) 丁巳]
　　後周 世宗 顯德 4年, 契丹 穆宗 應曆 7年

原文　春正月, 王觀射于毬庭.
飜譯　1월에[1] 王이 毬庭에서[2] 활쏘기를 觀覽하였다.

注釋
1) 이해의 1月은 大盡이고 조하누[朔]日는 己丑이다. 이날은 그레고리曆으로 2월 8일부
   터 3월 7일까지이다.
2) 毬庭은 태조 1년 (9월) 24일(甲午)의 주석 3)과 같다.

[光宗 9年(958) 戊午] 閏月 後周·契丹·高麗·日本⑦
　　　　　　　　　　　後周 世宗 顯德 5年, 契丹 穆宗 應曆 8年

轉載　五月, 玄鶴集[1]含德殿^{咸元殿}(『고려사』 권53, 지7, 五行1).

校訂

1) 咸德殿은 이 자료 외에 찾아지지 않고, 이 記事와 같은 내용을 다룬 『補閑集』에 의하면 含元殿으로 되어 있다. 그러므로 咸德殿은 含元殿의 誤字로 추측된다.

飜譯　5월에 玄鶴이 含德殿에 모여 들었다.[1]

注釋

1) 『고려사절요』에 의하면 이 記事는 科擧가 設行된 다음에 收錄되어 있으나, 『補閑集』에 의하면 科擧에서의 詩題가 「玄鶴呈祥」이었기에 時期整理[繫年]의 順序를 바꾸어야 바르게 될 것이다.

關聯資料

• (五月) 玄鶴集含德殿(『고려사절요』 권2, 光宗 9년 5월).

• 光宗尙儒雅, 擧賢良·文學. 時, 玄鶴來儀於含元殿, 文士皆作贊頌, 學士趙翼頌曰, 伊學軒昂 … 學士雙冀典試春闈, 亦以玄鶴呈祥爲詩題(『補閑集』 권上).

原文　夏五月, 始置科擧, 命翰林學士雙冀, 取進士.
飜譯　5월에[1] 科擧를 처음 設置하고 翰林學士 雙冀에게 명하여 進士를 선발하게 하였다.[2]

注釋

1) 이해의 5월은 大盡이고 초하루[朔日]는 辛巳이다. 이달은 그레고리曆으로 5월 26일부터 6월 24일까지이다.

2) 이때 光宗이 雙冀의 建議를 받아들여 科擧를 실시한 목적은 儒敎的인 識見으로 帝

王을 보필할 수 있는 새로운 官僚層을 확보하여 改革政治를 실시하기 위해서였다고 한다[吳星 1981年 ; 金塘澤 1981年 ; 朴龍雲 1990年 ; 東亞大學校 2008年 1책 234쪽].

關聯資料

- 夏五月, 命翰林學士雙冀, △爲知貢擧, 試以詩·賦·頌及時務策, 取進士, 御威鳳樓, 放榜, 賜甲科崔暹等二人·明經三人·卜業二人及第. 用冀議, 初置科擧, 自此, 文風始興(『고려사절요』 권2, 光宗 9년 5월).

- 光宗九年 五月, 雙冀獻議, 始設科擧, 試以詩·賦·頌及時務策, 取進士, 兼取明經·醫·卜等業(『고려사』 권73, 지27, 선거1, 科目1).

- 光宗九年 五月, 翰林學士雙冀, △爲知貢擧, 取進士, 賜甲科崔暹等二人·明經三人·卜業二人及第(『고려사』 권73, 지27, 선거1, 科目1, 選場).

- 光宗, 始命雙冀, 爲知貢擧, 自後, 命文臣一人, 爲知貢擧(『고려사』 권74, 지28, 선거2, 試官).

- (光宗) 九年, 始建議設科, 遂知貢擧, 以詩賦頌策, 取進士甲科崔暹等二人·明經三人·卜業二人. 自後屢典貢擧, 獎勸後學, 文風始興(『고려사』 권93, 열전6, 雙冀).

- 本朝光王時, 始以詩賦取士(『破閑集』 권上).

[原文] 丙申, 御威鳳樓, 放[1]枋^榜, 賜崔暹等及第.

校訂

1)의 枋은 榜으로 고쳐야 바르게 되며, 『고려사절요』에도 榜으로 되어 있다.

[飜譯] (5월) 16일(丙申, 陽6月 5日) 威鳳樓에[1] 幸次하여 榜目을 내걸고 崔暹 등에게[2] 及第를 下賜하였다.[3]

注釋

1) 威鳳樓는 태조 1년 11월의 주석 3)과 같다.

2) 崔暹(生沒年不詳)은 958년(광종9) 5월에 처음으로 科擧制度가 실시되자, 翰林學士 雙冀의 門下에서 甲科 1人으로 급제하였다. 이후의 歷官은 알 수 없으나 散騎常侍

로서 金審言(?~1018)을 訓育시키다가 自身의 사위로 삼았다고 한다. 993년(성종12) 3월 翰林學士로서 知貢擧가 되어 李維賢 등을 선발하였다. 996년(성종15) 3월 都考試官(知貢擧의 改稱)이 되어 再次 科擧를 主管하여 郭元(?~1029)·尹徵古(尹元載, ?~1021)·徐訥(?~1042) 등을 선발하였다. 그는 靈光(現 全羅南道 靈光郡) 내지 그 부근 지역의 출신의 후백제 계열, 또는 慶州(現 慶尙北道 慶州市) 출신의 신라 6두품 계열로 이해하는 두 見解가 있다(『고려사』권93, 열전6, 雙冀·金審言 ; 東亞大學校 2008年 1책 234쪽).

3) 이해에 甲科 2人이 及第하였다고 하는데, 그중 다른 1人은 晉光仁(1128~1186)의 先祖로서 光文院少監을 역임한 晉兢(生沒年不詳)이었다고 한다(「晉光仁墓誌銘」).

關聯資料

光宗顯德五年, 始闢春闈, 擧賢良·文學之士, 玄鶴來儀(『補閑集』, 序文).

補遺 顯德五年) 秋七月 乙酉, [1]命水部員外郎韓彦卿市銅于高麗(『新五代史』권12, 周本紀12, 世宗).

校訂

1) 命字가 追加되어야 옳게 될 것이다.

翻譯 (顯德 5년) 7월 6일(乙酉, 陽7月 24日)[1] (尙書)水部員外郎(從6品上)[2] 韓彦卿에게[3] 命하여 高麗에서 銅을 購入하게 하였다.[4]

注釋

1) 이해의 7월은 大盡이고 초하루[朔日]는 庚辰이다.

2) 水部는 中國의 古代 이래 渡航[航政] 및 水利를 擔當하던 官職 또는 官署로서 隋代 이래의 工部의 屬司로 位置지워졌다.

3) 韓彦卿(生沒年不詳)은 958년(顯德5) 7월 尙書水部員外郎으로서 尙輦奉御 金彦英과 함께 비단 수천필을 가지고 고려에 건너가서 銅을 購入하여 歸國하였다(『고려사』권9, 세가9, 광종 9년).

4) 이때 韓彦卿이 고려에서의 見聞을 記錄하였던 片鱗이 陶穀(903~970)의 『淸異錄』에 남아 있는데, 당시 고려인들의 言語生活을 이해하는데 중요한 실마리를 제공해 줄

수 있는 자료들로서 다음과 같다[張東翼 2004年 78쪽].

• 世宗時, 水部□□[員外]郎韓彦卿使高麗, 卿有一書曰博學記, 偸抄之得三百餘事, 今抄天部七事, 迷空步障[霧], 威屑[霜], 敎水[露], 冰子[雹], 氣母[虹], 屑金[星], 秋明大老[天河](권上, 天文). 이 자료는 天文·氣候 現象에 관한 高麗人의 語言으로 안개(霧)를 迷空步障으로, 서리(霜)를 威屑로, 이슬(露)를 敎水로, 우박(雹)을 冰子로, 무지개(虹)를 氣母로, 별(星)을 屑金으로, 은하수(天河)를 秋明大老라고 불렀다고 한다. 고려인의 이러한 呼稱은 1103년(崇寧2, 숙종8) 무렵 고려에 파견되었던 것으로 추측되는 孫穆(生沒年不詳)에 의해 편찬된 『鷄林類事』의 내용과는 많은 차이를 보이고 있다. 곧 『鷄林類事』에 의하면 고려인은 안개(霧)는 蒙으로, 서리(霜)와 이슬(露)은 率[서리]로, 우박(雹)은 霍으로, 무지개(虹)는 陸橋로 불렀던 것과 큰 차이를 보이고 있다.

• 高麗博學記云, 酥名大刀圭, 醍醐名小刀圭, 酪名水刀圭, 乳腐名草創刀圭(권上, 藥). 이는 牛乳 제품에 관한 것으로 牛乳 또는 羊乳로 만든 酥를 大刀圭로, 牛酪의 상층부에 엉긴 기름인 醍醐를 小刀圭로, 牛乳 또는 羊乳를 끓여 만든 酪을 水刀圭로, 우유를 발효시켜 단단하게 한 것(乳腐)을 草創刀圭로 각각 불렀다고 한다. 이를 통해 우유 제품은 모두 '刀圭'라는 용어를 붙이고 있었음을 알 수 있는데, 『계림유사』에는 우유 제품에 대한 설명이 없다.

• 博學記云, 度量衡, 有虞所不敢廢, 舜典同一, 度量衡, 孔安國注, 謂丈尺斛斗斤兩, 今文其名曰平一公, 尺度曰大展斗, 量曰半昌王, 又曰吉佃王, 升曰夕十, 遂知雞林人, 亦解離合也(권下, 器具). 이 자료에서 高麗人은 度量衡을 平一公으로, 尺度를 大展斗로, 量을 半昌王 혹은 吉佃王으로, 升을 夕十으로 불렀다고 한다. 孫穆에 의하면 도량형(秤)은 雌字[저불·저울]로, 尺은 作[자]으로, 升은 刀 音堆[되]로 각각 불렀다고 하는 것과 차이를 보이고 있다. 이처럼 중국인에 의한 고려인의 語音 읽기에서 차이를 보이고 있는 것은 시간적인 차이 혹은 공간적인 차이에서 나타나는 것으로 추측되고 있다.

關聯資料

• 其地 産銅·銀, 周世宗時, 遣尙書水部員外郎韓彦卿, 以帛數千匹來, 市銅於高麗, 以鑄錢新五代史』권74, 四夷附錄第3, 高麗).

• (顯德) 五年 七月, 命尙書水部員外郎韓彦卿·尙輦奉御金彦英, 使於高麗, 因命齎帛數千匹, 就彼市銅, 以備鑄錢之用(『五代會要』권30, 高麗).

補遺 顯德五年歲次[1]著雍敦牂八月十五日立, 門生釋繼默鐫字(「光陽玉龍寺洞眞大師寶雲之塔碑」).

校訂

이해의 干支가 戊午이므로 1) 戊의 古甲子인 著雍이 追加되어야 하지만, 당시에 省略하는 경우도 있었다[李智冠 2004年 高麗篇1 368쪽].

解釋 顯德 5년 干支는 戊午, 8월 15일(癸巳, 陽9月 30日)[1] (洞眞大師 慶甫의[2] 寶雲塔碑를) 건립하였다.[3] 門生 승려 繼默이[4] 글자를 새겼다.

注釋

1) 이해의 8월은 大盡이고 초하루[朔日]는 己卯이다. 이날은 그레고리曆으로 10월 5일이다.
2) 洞眞大師 慶甫는 정종 2년 '越三年'의 주석 2와 같다.
3) 이 탑비는 通直郎·正位[正衛, 7品下]·翰林學士·賜丹金魚袋 金廷彦이 撰하고,慶甫의 弟子인 玄可가 글씨를 썼다.
4) 繼默은 이 자료 외에 찾아지지 않아 어떠한 인물인지는 알 수 없다.

補遺 顯德五年歲集[1]著雍敦牂秋八月月缺五日, 大師將化往, 盥浴訖, 房前命衆, 悉至于庭, 迺遺訓曰, 萬法皆空, 吾將往矣 … 言畢入房, 儼然趺坐, 示滅於當院禪堂, 於戲, 應東身者, 九十春, 服西戎者, 六十九夏(「驪州高達院元宗大師慧眞之塔碑」).

校訂

이해의 干支가 戊午이므로 1) 戊의 古甲子인 著雍이 追加되어야 하지만, 당시에 省略하는 경우도 있었다[李智冠 2004年 高麗篇2 46쪽].

飜譯 顯德 5년 간지[歲集]는 敦牂, 가을 8월 25일(月缺五日, 癸卯, 陽10月 10日)[1] 元宗大師 璨幽[大師가)[2] 入寂하고자 하여 목욕을 한 후에 대중에게 房 앞에

모이라고 하였다. 대중이 모두 뜰에 모이자, 이에 遺訓을 내려 말하기를 "萬法은 모두 헛된 것이니 나는 곧 떠나려고 한다."고 하였다. 말이 끝나자 房에 들어가서 儼然히 跏趺坐를 하고서 高達院 禪堂에서 示滅하였다. 오호, 俗世의 나이는 90歲이고, 僧臘은 69歲이다.

注釋

1) '月缺五日'에서 '月缺'이 달이 기우는 5일째를 가리키는 20일을 意味하므로 25일을 나타내는 말이다[李智冠 2004年 高麗篇2 46쪽]. 이날은 그레고리曆으로 10월 15일이다.

2) 元宗大師 璨幽(869~958)는 鷄林의 河南人이라고 하는데, 河南이 어느 地域인지는 알 수 없다(朗空大師 行寂도 河南 出身이다). 俗姓은 金氏, 法名은 璨幽, 字는 道光이고, 父는 倉部郞中·長沙縣令 등을 歷任한 容이다. 869년(咸通10, 경문왕9) 4월 4일(辛卯, 陽5月 18日)에 출생하여 13歲 때인 881년(헌강왕7) 尙州 公山 三郞寺(位置不明)의 融諦禪師의 門下에 들어가 佛法을 배웠다. 이후 融諦禪師의 勸諭로 慧目山(現 京畿道 驪州郡 北內面 上橋里 位置)의 眞鏡大師 審希(855~923)에게 나아가 修行하였다. 22歲 때인 890년(진성왕4) 楊州 三角山 莊義寺(庄義寺, 現 서울시 鍾路區 付岩洞 位置)에서 具足戒를 받았고, 眞鏡大師 審希[本師]가 光州 松溪禪院으로 옮길 때 隨從하였다.

892년(景福1, 진성왕6) 商船[商舶]을 타고 唐에 들어가 舒州 桐城縣 寂住山(現 安徽省)의 投子和尙 大同(819~914)의 門下에 들어가 修行하였다. 이후 여러 곳을 巡歷하다가 921년(貞明7, 경명왕5) 歸還하여 같은 해 7月 康州 德安浦에 도착하여 鳳林寺(現 慶尙南道 昌原市 義昌區 鳳林洞 165에 遺趾가 있음, 慶尙南道 記念物第127號)에 있던 眞鏡大師 審希를 찾아갔다. 이후 三郞寺로 옮겨 3년간 머물다가 開京으로 나아가 太祖 王建을 謁見하자, 太祖가 廣州 天王寺에 住錫하게 하였다. 이어서 慧目山으로 옮겼는데, 太祖가 霞衲衣와 坐具를 下賜하기도 하였다. 이후 惠宗·定宗의 尊崇을 받아 茶와 香, 袈裟·法衣 등을 下賜받기도 하였으며, 光宗으로부터 證眞大師라는 法號를 하사받고 宮闕에 招聘되었다. 이후 開京의 舍那禪院에 머물면서 重光殿에 나가 說法을 하기도 하였으며, 國師로 册封되고 磨衲袈裟·長衫·座具·銀瓶·銀香爐 등을 下賜받았다. 또 天德殿에서 法會를 開催할 때 설법을 하기도 하다가 歸山하여 958년(顯德5, 광종9) 8월 25일(月缺五日, 癸卯, 陽10月 10日) 高達院

禪堂에서 入寂하였다. 俗世의 나이는 90歲이고, 僧臘은 69歲이었는데, 光宗이 使臣을 보내 元宗大師라는 諡號와 慧眞之塔이라는 塔號를 내렸다(「驪州高達院元宗大師慧眞之塔碑」).

原文 是歲, 周遺尙書水部員外郞韓彥卿·尙輦奉御金彥英, 賫帛數千匹來, 市銅.

飜譯 이해에 後周가 尙書水部員外郞 韓彥卿과[1] 尙輦奉御 金彥英을[2] 보내와 비단 수천 필을 가지고 와서 銅을 購入하였다.

注釋

1) 韓彥卿은 이해 7월 6일(乙酉)의 주석 2)와 같다.

2) 金彥英(生沒年不詳)은 958년(顯德5) 7월 尙輦奉御로서 尙書水部員外郞 韓彥卿과 함께 비단 수천필을 가지고 고려에 건너가 銅을 購入하여 歸國하였다. 그는 원래 韓半島人이었는데 明年(顯德6) 7월 14일(丁巳) 高麗王[夷王]에게 臣下라고 稱하였다가 治罪되었다고 한다(→광종 10년 7월 丁巳).

轉載 遺春^{春遺} [是歲] 佐丞王兢·佐尹皇甫魏光如周, 獻名馬, 織成衣襖, 弓劍校訂 光宗 10年에서 移動해옴].[1]

校訂

1)은 『고려사』의 여러 版本에서 遺春으로 되어 있으나, 『고려사절요』에 春遺으로 되어 있음을 보아 春遺의 誤字임을 알 수 있다. 그렇지만 校訂事由를 통해 볼 때, 이들 글자는 是歲로 바꾸어야 할 것이다. 이들 使臣은 중국 측의 자료에 의하면 다음해 곧 광종 10년(顯德6) 1월 6일(壬子, 陽2月 16日)에 이미 後周에 到着하였음을 감안하면, 이때에 파견된 것이 아니라 958년(광종9) 후반기에 파견되었을 것이다. 그러므로 이 자료도 『고려사』의 撰者가 고려시대의 卽位年稱元法을 踰年稱元法으로 바꾸면서 『光宗實錄』(혹은 『七代史蹟』)에서 '光宗 10年'의 記事를 '光宗 9年'으로 改書하지 아니하고 10년에 그대로 두었을 가능성이 있다. 그러므로 이 기사는 광종 9년으로 옮겨야 바르게 될 것이다[校訂事由].

飜譯　10년 봄에 佐丞(3品下) 王兢과[1] 佐尹(6品下) 皇甫魏光을[2] 後周에 보내 좋은 말과 비단으로 짠 웃옷·활·칼 등을 바쳤다.

注釋

1) 王兢은 어떠한 인물인지는 알 수 없으나 958년(광종9) 後周에 파견되어 다음해 1월 6일(壬子) 恭帝를 謁見하고 貢物을 바쳤다. 이때 그가 띠고 있는 官階가 '王子佐丞'임을 보아 '王氏로 賜姓을 받은 佐丞(3品下)'의 高官이었음을 알 수 있다. 그는 이해에 歸還하였는데, 雙冀의 父 侍御史·清州守 雙哲이 따라왔다고 한다.

2) 皇甫魏光(生沒年不詳)은 黃州(現 黃海北道 黃州郡) 출신의 皇甫氏로서 광종 때 佐尹(6品下)을 역임한 관료이다[李樹健 1984年 161쪽].

關聯資料

• 春, 遣佐丞王兢·佐尹皇甫魏光, 如周, 貢方物(『고려사절요』 권2, 光宗 10년 春 ; 校訂 事由에 의해 春은 是歲로 바꾸어야 할 것이다).

• (光宗) 十年, 父侍御[侍御史]哲, 時爲清州守, 聞冀有寵, 隨回使王兢來(『고려사』 권96, 열전6, 쌍기).

補遺　顯德五年 佛日寺內有霹靂(『均如傳』第6, 感通神異分者).
飜譯　顯德 5년에 佛日寺 안에 벼락[霹靂]이 떨어졌다.[1]

注釋

1) 이때 光宗이 天變을 消災하기 위해 均如大師를 불러 21日[三七日] 동안 經典을 講讀[講演]하게 하였다고 한다.

[光宗 10年(959) 己未]

後周 世宗 顯德 6年 : 恭帝 卽位年, 契丹 穆宗 應曆 9年

補遺　(顯德六年 春正月) 壬子, 高麗國王王昭遣使, 貢方物(『舊五代史』 권119, 周

書10, 世宗紀6).

飜譯 (顯德 6년 1월) 6일(壬子, 陽2月 16日)[1] 高麗國王 王昭가 使臣을 보내와 方物을 바쳤다.[2]

注釋

1) 이해의 1월은 小盡이고 초하루[朔日]는 丁未이다.

2) 이때 後周에 도착한 고려의 使臣은 아래의 관련 자료에 의하면 王子佐丞(3品下) 王兢과 佐尹(6品下) 皇甫魏光이다.

關聯資料

• (顯德六年春正月) 高麗王昭遣使者來(『新五代史』 권12, 周本紀12, 世宗).

• (顯德) 六年 正月, 高麗國王王昭, 遣其臣王子佐丞王兢·佐尹皇甫魏光等來, 進名馬及織成衣襖·弓劍·器甲等, 女眞國遣使阿辨等來, 貢方物(『册府元龜』 권972, 外臣部17, 朝貢5).

• (顯德) 六年 正月 壬子, 高麗國王王昭, 遣其臣王子佐丞王兢·佐尹皇甫魏光等來, 進名馬及織成衣襖·弓劍·器甲等, 賜兢等龍衣·銀帶·器·幣有差(『册府元龜』 권976, 外臣部20, 褒異3).

• (顯德) 六年 正月, 高麗國王王昭, 遣使臣王子佐丞王兢·佐尹皇甫魏光等來, 進名馬及織成衣襖·弓劍·器甲等(『册府元龜』 권972, 外臣部17, 朝貢5).

• (顯德) 六年 正月, 又遣其臣王子佐丞王兢·佐尹王皇甫魏光等, 貢名馬·織成衣襖·弓劍等. 女眞國遣使阿辨等來, 貢方物(『五代會要』 권30, 高麗).

原文 遣春^{奉遣}佐丞王兢·佐尹皇甫魏光如周, 獻名馬, 織成衣襖, 弓劍[光宗9년으로 移動함].

補遺 (顯德六年 秋七月) 丁巳, 尙輦奉御金彥英, 本東夷人也, 奉使高麗, 稱臣於夷王, 故及於罪(『舊五代史』 권120, 周書11, 恭帝紀).

飜譯 (顯德 6년 7월) 14일(丁巳, 陽8月 20日)[1] 尙輦奉御 金彥英은 본래 東夷人이었는데, 高麗에 使臣으로 파견되어 高麗王[夷王]에게 臣下라고 稱하였으므로 治罪되게 되었다.

注釋

1) 이해의 7월은 大盡이고 초하루[朔日]는 甲辰이다.

補遺　(顯德) 六年夏, 俓臻轂下, 仰告征期, 光宗聞入洛之言曰, 俞懇請, 詠于鄙之
什, 親置餞筵, 旣敍睽離. 爰遵跋涉, 擊扶搖於九萬, 鵬翼橫天, 經浩渺於三千,
馬銜息浪, 得達吳越國, 先謁永明寺壽禪師(「原州居頓寺圓空國師勝妙塔碑」).

飜譯　顯德 6년 여름에 (圓空國師 智宗이)[1] 開京[轂下]에 이르러 (光宗에게) 출발
한 時期를 告하려고 하였다. 光宗은 開京에 들어왔다는 소식을 듣고서 말
하기를 "더욱 懇請하여 鄙之什을 읊게 하라"고 하고서, 親히 전별연[餞筵]을
베풀고 送別의 詩를 읊으면서 서로 헤어짐을 아쉬워하였다. 이에 산을 넘
고 물을 건너면서, 날개로 바닷물을 치고 9萬里를 나는 大鵬과 같이 하늘을
가로지르고, 아득한 3천리를 달리는 駿馬와 같이 달렸다. 吳越國에 도착하
여 먼저 永明寺의 延壽禪師를[2] 拜謁하였다.[3]

注釋

1) 圓空國師 智宗(930~1018)은 全州(現 全羅北道 全州市) 출신으로 俗姓은 李氏, 法名
은 智宗이며, 行順의 아들이다. 8歲 때인 937년(태조20)에 出家를 決心하였고, 다음
해에 開京의 舍那寺에 居住하고 있던 印度僧 弘梵大師 㗭哩嚩日羅(略稱하여 弘梵三
藏)의 門下에 나가 落髮하고 得度하였다. 그 후 弘梵三藏이 中印度로 돌아가자 따
라가지 못하고, 廣化寺의 景哲和尙의 門下에서 佛法을 배웠다. 946년(開運3, 정종1 ;
碑文에는 '開寶三年', 곧 970년으로 되어 있으나, 開運 3년의 誤字일 것이다) 靈通
寺(開京 五冠山에 위치)의 官壇에서 具足戒를 받았고, 953년(廣順3, 광종4) 曦陽山
(現 慶尙北道 聞慶市 加恩邑 院北里 鳳巖寺)의 超□禪師를 訪問하였다.

顯德(954~959) 初年에 처음으로 擧行된 僧科에 合格하였고, 光宗이 中原의 文物制
度를 受容하여 고려의 風俗을 바꾸려 하자[用夏變夷] 많은 僧侶들이 中原으로 求法
하러 갔다. 이러한 趨勢에 副應하여 智宗도 959년(顯德6, 광종10) 王에게 下直人事
를 告하고 吳越國에 들어가 永明寺의 延壽禪師(904~975)의 門下에 들어가 修行하
였다. 961년(峻豊2, 광종12) 國淸寺(景德國淸寺, 現 浙江省 台州 天台山 位置)의 義
寂[淨光大師]을 방문하였는데, 義寂이 吳越王에게 건의하여 智宗을 天台宗旨를 가르
치는 敎授師로 임명하게 하였다. 968년(개보1, 광종19) 僧統·知內道場功德事 贊寧

(918~999)과 天台縣令[天台縣宰] 任埴 등이 傳敎院에 초청하여 『大定慧論』·『法華經』을 講說하게 하였다.

970년(開寶3, 광종21)에 歸國하여 光宗의 歡待를 받아 大師의 法階를 下賜받고 金光禪院에 住錫하였다. 이어서 光宗末年에는 重大師에 임명되고 磨衲袈裟를 下賜받았고, 景宗이 즉위한 후 三重大師에 임명되고 水精念珠를 하사받았다. 成宗 때에 積石寺로 옮겼다가 慧月이라는 法號를 下賜받았으며, 淳化年間(990~997)에는 宮闕로 초빙되어 磨衲袈裟를 하사받았다. 穆宗으로부터도 優待를 받아 光天·遍炤·至覺·智滿·圓默禪師라는 法號를 하사받아 佛恩寺(宮城의 남쪽)·護國寺·外帝釋院(이상 모두 開京에 위치) 등의 住持가 되었다.

顯宗이 즉위한 후 大禪師에 임명되고 光明寺(開京에 위치한 寺院으로 太祖의 私第)에 住錫하고 寂然이라는 法號를 부여받았고, 1013년(開泰2, 현종4) 가을에 王師로 책봉되었고, 3년 후에 高僧[大德]만이 받을 수 있는 普化라는 法號를 받았다. 이후 疾病에 걸려 顯宗으로부터 자주 藥을 下賜받다가 1018년(天禧2, 현종9) 4월[首夏]에 原州 賢溪山 居頓寺(現 江原道 原州市 부론면 정산리 居頓寺址)로 下山하여 같은 달 17일(壬申, 陽5月 18日) 入寂하였는데, 俗世의 나이는 89歲, 僧臘은 72歲였다. 顯宗이 圓空國師로 追贈하고, 勝妙之塔이라는 塔號를 내렸다(「原州居頓寺圓空國師勝妙之塔碑」).

2) 永明延壽(904~975)는 杭州(現 浙江省 杭州市) 출신으로 俗姓은 王氏이고, 號는 抱一子로서 7歲에 經典을 읽을 수 있었다고 한다. 처음에는 下級官吏가 되었으나 곧 出家하여 『宗鏡錄』120권을 著述하면서 잠시도 쉬지 않고 修行을 거듭하였다고 한다. 吳越王 錢氏가 永明禪寺(혹은 淨慈寺)에 住席하기를 청하자 15년간에 걸쳐 머물면서 門徒가 거의 2,000人에 달했다고 한다. 이때 그의 名聲을 들은 고려의 光宗이 使臣을 파견하여 書信을 보내 弟子의 禮를 표하면서 金線織成袈裟, 紫水晶數珠, 金藻罐 등을 증정하였다고 한다. 또 968년(광종19) 무렵 智宗(圓空國師, 930~1018)·英俊(寂然國師, 932~1014) 등을 위시한 36人의 僧侶를 파견하여 그의 門下에서 수학케 하였다고 한다. 후일 中國佛敎의 靑原 10世로 불리어졌고, 975년(開寶8) 入寂하자 智覺禪師라는 諡號가 내려졌고, 崇寧年間(1102~1106)에 宗照라는 시호가 더해졌다고 한다(『咸淳臨安志』 권70, 人物11, 方外, 僧, 延壽 ; 『禪林僧寶傳』 권9, 永明智覺禪師 ; 「靈巖寺寂然國師慈光塔碑」 ; 李基東 1991年).

3) 이 자료는 圓空國師 智宗이 吳越國 永明寺의 僧侶 延壽를 찾아갈 때의 모습을 서술

한 것인데, 번역은 기왕의 업적[李智冠 2000년 高麗篇2 235~236쪽]에 依據하여 적절히 變改였다.

補遺 (顯德六年 八月) 壬寅, 高麗國遣使朝貢, 兼進別序孝經一卷·越王新義孝經一卷·皇靈孝經一卷·孝經雌[1]□[雄]圖三卷『舊五代史』권120, 周書11, 恭帝紀).

校訂

1)에 雄이 缺落되었다.

飜譯 (顯德 6년 8월) 29일(壬寅, 陽10月 4日)[1] 高麗國이 使臣을 보내와 朝貢하고, 兼하여 『別序孝經』1권[2]·『越王新義孝經』1권·『皇靈孝經』1권·『孝經雄圖』3권을 바쳤다.

注釋

1) 이해의 8월은 小盡이고 초하루[朔日]는 甲戌이다.

2) 『孝經』은 주로 孝道를 論述한 책으로 今文孝經은 18章, 古文孝經은 22章으로 구성되어 있고, 13經 중에서 가장 먼저 '經'字가 붙은 책이 되었다. 이 책의 著者는 많은 書籍에서 孔子(B.C.552~B.C.479)라고 하였으나, 曾子(B.C. 505~B.C.435)의 門人에 의해 編輯된 것으로 理解되고 있다. 今文孝經은 鄭注本 1卷이 있는데, 이것이 後漢의 儒學者인 鄭玄(127~200)의 注인지, 그의 孫 鄭小同의 注인지 분명하지 않다. 唐 玄宗 때에 今文孝經과 古文孝經의 長短點을 둘러싸고 論爭이 심하게 일어났으나 今文의 說이 勝利하게 되었다[諸橋轍次 1976年 第2㢧 297~301쪽 孝經].

3) 『孝經雌雄圖』는 아래의 관련된 자료를 통해 볼 때 日食·月食·日月變·星變 등과 관련된 讖緯書의 하나로 추측된다.

關聯資料

• (顯德六年 八月) 壬寅, 高麗遣使者來(『新五代史』 권12, 周本紀12, 世宗).

• 顯德六年 八月, 高麗國遣使朝貢, 兼進別序孝經一卷·越王孝經新義八卷·皇靈孝經一卷·孝經雌□[雄]圖二卷(『册府元龜』 권972, 外臣部17, 朝貢5).

• (顯德六年) 其年八月, 遣使進別序孝經一卷·越王新義孝經八卷·皇靈孝經一卷·孝經雌□[雄]圖三卷, 別序者, 記孔子所生及弟子, 從學之事. 越王新義者, 以越王爲問目, 二疏注

文之是非. 皇靈者, 止說延年辟災之事, 及志符文, 乃道書也. 雌□雄圖者, 止說月之環
暈, 星之彗孛, 災異之應, 乃讖緯之書也(『五代會要』 권30, 高麗, 이 내용은 龐元英 『文
昌雜錄』 권6, 元豊 8年 7月 16日에도 수록되어 있다).

• (顯德六年) 高麗俗知文字, 喜讀書, 昭進別敍孝經一卷·越王新義八卷·皇靈孝經一卷·孝
經雌圖一卷, 別敍, 敍孔子所生及弟子事迹. 越王新義, 以越王爲問目, 若今正義. 皇靈
述 延年辟穀, 雌□雄圖, 載日食·星變, 皆不經之說(『新五代史』 권74, 四夷附錄第3,
高麗).

原文 [1]秋夏 遣使如周, 進 『別序孝經』一卷·『越王孝經新義』八卷·『皇靈孝
經』一卷·『孝經雌雄圖』三卷.

校訂

1) 고려의 使臣이 後周에 도착하여 각종 書籍을 바친 것은 위의 자료와 같이 같은 해
8월 29일(壬寅, 陽10月 4日)이므로 고려에서 출발한 것은 가을[秋]가 아니라 여름
[夏]이었을 것이다.

翻譯 여름에 使臣을 後周에 보내 『別序孝經』1권, 『越王孝經新義』8권, 『皇靈孝經』
1권, 『孝經雌雄圖』3권을 바쳤다.

補遺 (顯德六年 九月) 乙卯, 高麗王 王昭加檢校太師·食邑三千戶『舊五代史』 권
120, 周書11, 恭帝紀)

翻譯 (顯德 6年 9월) 13일(乙卯, 陽10月 17日)[1] 高麗王 王昭에게 檢校太師를 더
해주고 食邑三千戶로 삼았다.

注釋

1) 이해의 9월은 大盡이고 초하루[朔日]는 癸卯이다.

關聯資料

恭帝, 以顯德六年卽位, 加高麗國王王昭檢校太師·食邑三千戶(『册府元龜』 권965, 外臣部
10, 册封3).

補遺　(顯德六年 九月) 丙寅, 左驍衛大將軍戴交使于高麗(『新五代史』권12, 周本紀
　　　　12, 恭帝).

飜譯　(顯德 6年 9월) 24일(丙寅, 陽10月 28日) 左驍衛大將軍 戴交를[1] 使臣으로
　　　　高麗에 보냈다.

注釋

1) 戴交는 後周의 恭帝(世宗의 第4子 梁王 宗訓, 959~960 在位)가 光宗을 冊封하기 위
　해 보낸 使臣이지만, 어떠한 인물인지는 알 수 없다.

原文　(秋) 周遣左驍衛大將軍戴交·[1]左衛將軍石曦 : 追加來, [2]加王檢校
　　　　太師·食邑三千戶 : 追加.

校訂

1)에 追加된 내용은 『宋史』 권271, 열전30, 石曦, "恭帝卽位, 初爲左衛將軍. 會高麗王
昭加恩, 命曦副左驍衛大將軍戴交充使"에 依據한 것이다.

2)에 追加된 내용은 위의 자료에 依據한 것이다(→『冊府元龜』 권965, 外臣部10, 冊封3).

飜譯　(가을에) 後周가 左驍衛大將軍[1]戴交와 左衛將軍[2] 石曦를[3] 보내왔다.

注釋

1) 이에서 左驍衛는 唐制에서 右驍衛와 함께 左右衛의 役割과 같이 皇帝의 護衛部隊이
　고 大將軍은 正3品이다(『舊唐書』 권44, 지24, 職官3, 武官).

2) 左衛將軍은 唐制에서 右衛將軍과 함께 宮廷의 警衛를 담당하던 武官으로 從3品이다
　(『舊唐書』 권44, 지24, 職官3, 武官).

3) 石曦(920~993)는 幷州太原(現 山西省 太原市, 幷州는 別稱) 出身으로 後晋에서 右
　神武將軍이 되었다가 後周에서 右武衛·左神武衛를 거쳐 959년(恭帝 卽位年) 左衛
　將軍에 임명되어 光宗을 冊封하기 위해 左驍衛大將軍 戴交와 함께 고려에 파견되
　었다. 962년(建隆3, 광종13) 再次 고려에 파견되었고 귀국 후에 左驍衛大將軍에 임
　명되어 秦州(現 甘肅省 東南部의 秦州區)에 파견되었다. 이후 南唐(937~975)의 征

伐을 위시한 여러 戰場에 참여하여 공을 세워 991년(淳化2) 右龍武軍大將軍에 임명되었으나 疾病으로 인해 休暇를 청하였으며 2년 후에 別世하였다(『宋史』권271, 열전30, 石曦).

補遺 (顯德六年 冬十一月) 壬寅[朔], 高麗遣使者來(『新五代史』권12, 周本紀12, 世宗).

飜譯 (顯德 6년 11월) 1일(壬寅, 陽12月 3日)[1] 高麗가 使者를 보내왔다.

注釋

1) 이해의 11월은 大盡이고 초하루[朔日]는 壬寅이다. 이 記事에서 초하루를 가리키는 朔字가 缺落되었다.

關聯資料

• 顯德六年 十一月, 高麗復遣使, 貢銅五萬斤, 紫·白水精各二千顆(『册府元龜』권972, 外臣部17, 朝貢5).
• (顯德六年) 其年 十一月, 遣使貢銅五萬斤, 紫·白水精各二千顆(『五代會要』권30, 高麗).
• 周顯德六年, 高麗遣使者, 貢紫·白水晶二千顆, 永樂大典券八千五百三十(『舊五代史』권138, 外國列傳2, 高麗).
• (顯德) 六年, 昭遣使者, 貢黃銅五萬斤(『新五代史』권74, 四夷附錄3, 高麗).
• 高麗地產銀銅, 周世宗時, 遣尙書水部員外郎韓彦卿, 以帛數千疋, 市銅于高麗, 以鑄錢(『白孔六帖』권6, 銅 ; 이 자료는 『錦繡萬花谷』後集권31, 錢銅에도 수록되어 있다).

原文 [1]冬秋, 遣使如周, 獻銅五萬斤, 紫·白水精各二千顆.

校訂

1) 고려의 使臣이 後周에 도착하여 '銅五萬斤, 紫·白水精各二千顆'를 바친 것은 위의 자료와 같이 같은 해 11월 1일(壬寅)이므로 고려에서 출발한 것은 겨울[冬]이 아니라 가을[秋]이었을 것이다.

飜譯 가을에 使臣을 後周에 보내 銅 5萬斤과 紫水晶과 白水晶 각 2千個를 바쳤다.

原文 (是歲) 周侍御雙哲來, 拜爲佐丞.

飜譯 (이해에) 後周의 侍御史 雙哲이[1] 오자 佐丞(3品下)에 임명하였다.[2]

注釋

1) 雙哲(生沒年不詳)은 後周人으로 956년(광종7) 고려에 와서 光宗으로부터 厚待를 받아 翰林學士에 임명된 雙冀의 父이다. 959년(광종10)의 前半期에 侍御史로서 淸州守[知淸州]로 在職하다가 고려에서 雙冀가 寵愛를 받고 있다는 소식을 듣고서 고려의 使臣을 따라 왔고, 같은 해 9월에 佐丞(3品上)으로 重用되었다.

2) 雙哲은 관련된 자료에 의하면 高麗의 使臣 王兢을 따라서 왔다고 한다. 그렇다면 그는 1년 전에 後周에 파견되었다가 이해의 전반기에 歸國하였던 것으로 추측되는 王兢·皇甫魏光 등과 함께 왔을 것이다.

關聯資料

• 周侍御·淸州守雙哲來, 拜爲佐丞. 哲冀父也, 聞冀有寵, 故隨王兢來(『고려사절요』 권2, 광종 10년).

• (光宗) 十年, 父侍御哲, 時爲淸州守, 聞冀有寵, 隨回使王兢來, 拜佐丞. 此後史逸(『고려사』 권93, 열전6, 雙冀).

補遺 至己未顯德六年, 賜金城北歸山禪寺, 奉命之彼(『釋苑詞林』 권191, 「高麗康州智谷寺眞觀禪師碑」:「山淸智谷寺眞觀禪師悟空塔碑」).

飜譯 顯德 6년(己未)에 이르러 (光宗, 곧 大成大王이) 開京[金城] 북쪽의 龜山禪寺를[1] 下賜하므로 (眞觀禪師 釋超가[2] 智谷寺에서) 命을 받들어 그곳으로 갔다.

注釋

1) 龜山禪寺(歸山寺, 龜山法堂)는 태조 12년 6월 16일(癸丑)의 주석 3)과 같다.

2) 眞觀禪師 釋超(912~964)는 定宗 1년의 開運 3년(丙午)의 주석 1)과 같다.

補遺 海外使程廣記三卷, 南唐如京使章僚撰. 使高麗所記, 海道及其國山川·事跡·
物產甚詳. 史虛白爲作序, 稱己未十月, 蓋本朝開國前一歲也(『直齋書錄解題』
권8).

翻譯 『海外使程廣記』3권은 南唐(937~975)의 如京使 章僚가 지은 것이다. 高麗
에 使臣으로 갔을 때 기록한 것으로 海路[海道] 및 그 나라의 山川·事跡·物
產이 매우 詳細하고, 史虛白(生沒年不詳)이 序文을 지었는데, 己未年(後晋
顯德6, 光宗10) 10월이라고 하는데, 宋[本朝]이 開國하기 1年前이다.[1]

注釋
1) 이 책의 내용 일부는 다음의 關聯資料와 같이 程大昌(1123~1195)의 『程氏演繁露』를
통해 알 수 있다.
關聯資料
• 海外行程記者, 南唐章僚記, 其使高麗, 所經所見也. 中引保太初, 徐弼使事爲證, 卽當
是, 後主末年也. 僚之使也, 會女眞獻馬於麗, 其人僅百餘輩, 在市商物, 價不相中, 輒引
弓擬人, 人莫敢向則, 其强悍有素, 麗不能誰何矣. 麗主王建, 嘗資其馬萬疋, 以平百濟.
則諸家, 謂女眞犯遼初時, 力弱無器械者, 誤也. 予見舊史, 自平遼, 問陸趨高麗者, 多直
東行意, 麗並海與平遼等處, 對東而出, 而明人登航, 商販于麗者, 乃皆微北並東而往耳.
今觀僚所書水程, 乃自海·萊二州, 須得西南風, 乃行, 則麗地之與中國對者, 已在山東之
東矣. 而麗之屬郡, 有康州者, 又在麗南五千里, 乃與明州相對. 康之隣郡, 曰武州, 自產
橘柚. 又明言, 其氣候, 正似餘姚, 則麗之與明, 其斜相對値, 蓋相爲東西, 而微並西北矣
(『演繁露』續集권1).
• 南唐張僚使高麗, 記其所見曰, 麗多銅, 田家餚具, 皆銅爲之. 有溫器, 名服席, 狀如中國
之鎬, 其底方, 其蓋圓, 可容七八升. 案齊雜記云, 竟陵王子良得古器, 小口方腹底平, 可
著六七升, 以示秘書丞陸澄之. 澄之曰, 此名服匿, 單于以賜蘇武子良視其款識, 果如所
言. 夫東夷之謂服席, 卽北狄之謂服匿者也. 語有訛轉, 其實一物也. 僚之回也, 舟至冷
泉, 麗兵來衛, 中有銅器, 晝以供炊, 夜以擊警, 用顏注驗之, 卽刁斗矣. 東夷, 箕子之國
也, 猶知重古三代俎豆, 至漢尚存則刁斗, 尙其傳習, 而近者也. 若銅厮羅, 其義絶不可
曉, 案張僚記, 新羅國一名斯羅, 而其國多銅, 則厮者, 斯聲之訛者也, 名盆以爲厮羅, 其
必由此也. 中國古固有盆矣, 皆瓦爲之, 故可叩擊, 以爲樂節者, 以其有聲也. 相如請秦
王擊缶, 楊惲謂婦本秦也, 拊缶, 而呼烏烏, 皆瓦爲之質, 未至用銅也. 若其以銅爲質, 固

不知始於何時, 然其以斯羅爲名, 而至今仍之, 則斯羅也者, 本其所出以爲之名也, 後世
固有改用. 黃白二金, 且鍛且鑄者矣, 而其易盆名. 以爲斯羅者, 則其祖本由新羅來, 不
可掩也. 於是, 酒器之有豊也, 樂之有阮咸稽琴也, 食品中之有畢羅鏧虜也, 皆本其自而
立之名也. 則易盆名, 以爲厮羅, 自當本之新羅, 無疑也(『程氏演繁露』권1, 服匿·刁斗·
斯羅).

- 章僚回程, 至海州長流縣, 東北百餘里, 船巫, 祭小靑山神, 巫具餠餌, 先作擊擊之聲, 復
撒米一把. 彼俗云, 雞林之地, 祭先皆以米, 或云, 雞林本雞種也, 高麗不烹雞云, 如烹,
卽家有禍, 按此與犬戎諱犬同(『程氏演繁露』권10, 犬戎雞林).

- 章僚, 雅善著述, 後主時, 充如京使, 奉使高麗, 具得其國山川事蹟物產, 譔海外使程廣記
三卷, 春秋續演繁露作海外行程記, 云中間引, 保大初, 徐弼使事爲證, 史虛白爲之序, 大
氏言, 高麗有二京六府九節度百二十郡, 內列十省四部官, 朝服紫丹緋綠靑碧, 俗喜匾頭,
生男, 且日按壓其首, 又言高麗多銅, 田家餹具, 皆銅爲之, 有溫器, 名服席, 狀如中國之
鐺, 其底方, 其蓋圓, 可容七八升, 地志家多稱, 其書爲博洽云, 章僚, 程大昌亦作張僚(『十
國春秋』권28, 南唐14, 列傳, 章僚).

補遺　近以海中高麗國, 雖三韓夷族, 偏尙釋門. 周顯德中遣使齎金, 入浙中, 求慧琳
經音義. 時無此本, 故有闕如(『宋高僧傳』권5, 唐京師西明寺慧琳傳).

飜譯　近來에 바다 가운데의 高麗國이 비록 三韓의 夷族이지만, 佛敎를 崇尙하였
다. 後周 顯德年間(954~959) 使臣을 보내와 金을 가지고서 兩浙 地域(現 浙
江省의 全地域을 위시하여 江蘇省의 南部에 위치한 蘇·錫·常·鎭州·上海
市, 福建省의 閩東地區를 包括한 地域)에 들어가 慧琳의 『經音義』를 求하
였으나,[1] 이때에는 이 책이 없었는데, 이미 이 책이 闕失되었기 때문이다.[2]

注釋

1) 慧琳(737~820)은 疏勒國人으로 俗姓은 裴氏이다. 印度僧으로 長安에 거주하던 不空
三藏(不空金剛, 705~774)에게 나아가 佛法을 배웠고, 이후 首都인 長安의 西明寺에
居住하였다(실제는 長安 大興善寺에 居住하였다고 한다). 그의 名聲은 新羅에도 알
려져 尊崇되었다고 한다. 또 그는 儒學에 관한 基本素養을 지녀서 788년(貞元4) 여
러 音韻書들을 引用하여 佛典 중의 讀音·解義·僻字 등을 注釋하기 시작하여 810년
(元和5) 『一切經音義』100권을 편찬하였다(略稱 『慧琳經音義』). 이 책은 851년(大中

5) 勅命으로 大藏經에 入藏되었으나 後周 初期에 使臣을 吳越에 보내 購買하려고 하였으나 이미 散逸되었다고 한다(『宋高僧傳』 권5, 義解篇2~2, 唐京師西明寺慧琳傳). 그렇지만 이 책은 《大正新脩大藏經》 第54册에 수록되어 있다.

2) 이 資料는 이해(959년)에 該當하는 것은 아니고, 이 時期의 事實을 전하는 것이므로 마지막 時期에 整理하여 두었다.

[光宗 11年(960) 庚申 : 峻豊 1年]

後周 恭帝 1年 : 宋 太祖 建隆 元年, 契丹 穆宗 應曆 10年

原文   春三月 甲寅, 賜崔光範等及第.

飜譯   3月 15일(甲寅, 陽4月 13日)[1] 崔光範 등에게[2] 及第를 下賜하였다.[3]

注釋

1) 이해의 3월은 大盡이고 초하루[朔日]는 庚子이다.

2) 崔光範은 이 자료 외에 찾아지지 않아, 어떠한 인물인지는 알 수 없다.

3) 이는 知貢擧 雙冀가 주관한 科擧인데, 이때 徐熙(942~998)도 甲科로 及第하였다고 한다.

關聯資料

• (光宗) 十一年, 只試詩·賦·頌(『고려사』 권73, 지27, 선거1, 科目1).

• (光宗) 十一年 三月, 雙冀, △爲知貢擧, 取進士, 賜甲科崔光範等七人·明經一人·醫業三人及第(『고려사』 권73, 지27, 선거1, 科目1, 選場).

• 徐熙 … 光宗十一年, 年十八, 擢甲科, 超授廣評員外郎(『고려사』 권94, 열전7, 徐熙).

• 春三月, 賜崔光範等七人·明經一人·醫業三人及第(『고려사절요』 권2, 광종 11년 3월).

原文   [1](三月) 定百官公服.

校訂

1) 이 句節은 3月의 記事에 이어져 있고, 輿服志에도 3月이라고 한다.

飜譯 (이해에) 百官의 公服을 制定하였다.[1]

注釋

1) 당시의 公服은 常服·從省服으로도 불리며 唐代의 官僚 服飾制에 依據하여 綾絹으로 만든 幞頭·曲領大袖·橫襴·革帶·烏皮靴 등으로 構成되어 있었던 것으로 추측된다. 또 고려 초기의 服制는 唐制를 繼承한 宋制와 유사하였을 것으로 추측된다(『宋史』 권153, 지106, 輿服5, 諸臣服下, 公服, "凡朝服謂之具服, 公服從省, 今謂之常服. 宋因唐制, 三品以上服紫, 五品以上服朱, 七品以上服綠, 九品以上服靑. 其制, 曲領大袖, 下施橫襴, 束以革帶·幞頭·烏皮靴").

2) 이는 960년(광종11) 3월 모든 官僚들의 官階와 관직 序列에 따라 體系的인 公服을 制定한 사실을 말한다. 元尹(6品上) 이상은 紫衫, 中壇卿 이상은 丹衫, 都航卿 이상은 緋衫, 小主簿 이상은 綠衫으로 制定하였는데, 紫衫은 官階가 기준이 되고 있는 반면, 丹衫·緋衫·綠衫 등은 官職을 기준으로 삼았던 점이 異彩롭다. 이 제도의 내용은 아래의 관련된 자료에 의하면 1010년(현종1) 12월 이래 契丹軍의 침입으로 顯宗이 南遷할 때 文籍이 흩어져 알 수 없다고 한다[東亞大學校 2008年 1책 238쪽].

關聯資料

• (三月) 定百官公服, 元尹以上紫衫, 中壇卿以上丹衫, 都航卿以上緋衫, 小主簿以上綠衫(『고려사절요』 권2, 광종 11년 3월).

• 高麗太祖開國, 事多草創, 因用羅舊. 光宗, 始定百官公服, 於是, 尊卑上下等威以明, 及顯宗南行, 文籍散逸, 制度施爲, 莫知其詳(『고려사』 권73, 지26, 輿服1).

• 光宗十一年 三月, 定百官公服, 元尹以上紫衫, 中壇卿以上丹衫, 都航卿以上緋衫, 小主簿以上綠衫(『고려사』 권73, 지26, 輿服1, 官服, 公服).

轉載 成宗 … 戴宗第二子, 母曰宣義太后柳氏, 光宗十一年庚申十二月辛卯生(『고려사』 권3, 세가3, 成宗 總論).

飜譯 成宗은 … 戴宗(旭, 太祖의 子)의 둘째 아들이고, 어머니는 宣義太后 柳氏

인데, 광종 11년(庚申) 12월 26일(辛卯, 陽961年 1月 15日)[1] 태어났다.

注釋

1) 이해의 12월은 大盡이고 초하루[朔日]는 丙寅이다. 이날은 그레고리曆으로 1월 20
일이다.

原文 [1](是歲) 改開京爲皇都, 西京爲西都.

校訂

1) 이 句節의 冒頭에 '是歲'가 缺落되었을 것이다.

飜譯 (이해에) 開京을 고쳐 皇都라고 하고 西京을 西都라고 하였다.[1]

注釋

1) 이는 光宗이 王室과 自身의 權威를 높일 目的으로 취한 조처이다. 開京을 皇都라고
한 것은 自身을 中原의 皇帝와 같은 존재로 부각시켜 자신에게 挑戰하는 勢力을 사
전에 牽制하기 위한 목적이 내재되어 있었다고 한다[金甲東 1993年 105쪽 ; 東亞
大學校 2008年 1책 238쪽]. 그렇지만 皇都는 國道·京城을 指稱하므로, 副都인 西都
와 區別하기 위해 開京을 皇都(혹은 上都)라 稱한 것이라고 理解할 수도 있을 것
이다.

關聯資料

• 光宗十一年, 改開京, 爲皇都(『고려사』 권56, 지10, 지리1, 王京開城府).
• 光宗十一年, 改稱西都(『고려사』 권58, 지12, 지리3, 西京留守官 平壤府).

原文 (是歲) 評農書史權信, 譖大相俊弘·佐丞王同等謀逆, 貶之. 自是讒佞
得志, 誣陷忠良. 奴訴其主, 子讒其父, 囹圄常溢, 別置假獄, 無罪而被戮者相
繼. 猜忌日甚, 宗族多不得保, 雖一子伷, 亦自疑阻, 不使親近. 人人畏懼, 莫

敢偶語.

飜譯 (이해에) 評農書史 權信이 大相(4品上) 俊弘과[1] 佐丞(3品下) 王同[2] 등이 叛逆을 圖謀하였다고 讒訴하자 이들을 流配시켰다.[3] 이로부터 讒訴하고 阿諂하는 무리들이 得勢하여 충성스럽고 선량한 사람들을 謀陷하였다. 奴婢가 자기 上典을 告訴하고 자식이 그 아비를 참소하여 監獄[囹圄]이 항상 넘쳐나 별도로 臨時監獄[假獄]을 設置하였고 죄가 없이 죽임을 당하는 者가 줄을 이었다. 猜忌가 날로 심하여져서 왕족[宗族]들도 많이 목숨을 잃었으며 비록 王의 외아들 伷(後日의 景宗)조차도 疑心을 받아 곁에서 모시지 못하였다. 사람마다 서로를 두려워 한 나머지 마주보고 이야기도 나누지 못하게 되었다.

注釋

1) 俊弘(生沒年不詳)은 출신이 불분명하지만 943년(태조26) 6월에 건립된 「忠州淨土寺法鏡大師慈燈塔碑」의 碑陰에 '俊弘佐尹'이 나타나는 점을 보아 忠州地域의 豪族出身으로 추측된다. 또 그는 「槐山覺淵寺通一大師塔碑」에 '內奉省令俊弘'이 나옴을 통해 볼 때 이 시기 이전에 內奉省令을 歷任하였을 것이다[蔡尙植 1982年].

2) 王同(生沒年不詳)은 太祖의 姻戚이거나 重要 據點地域의 豪族出身으로 추측되고 있다[金甲東 1993年 105~106쪽 ; 東亞大學校 2008年 1책 239쪽].

3) 이는 960년(광종11) 評農書史라는 下級官職에 있던 權信(生沒年不詳)이 高級官僚인 大相 俊弘과 佐丞 王同 등을 참소한 사실을 말한다. 이 사건을 계기로 光宗이 豪族勢力을 대대적으로 肅淸하게 되었다고 한다[金甲東 1993年 105~106쪽 ; 東亞大學校 2008年 1책 239쪽].

轉載 (是歲) 城濕忽, 陞爲嘉州, 城松城, 陞爲拓州(『고려사절요』 권2, 광종 11년).

飜譯 (이해에) 濕忽에 城을 쌓고 昇格시켜 嘉州(現 平安北道 雲田郡)로 삼고, 松城에 城을 쌓고 승격시켜 拓州(位置不明)라고 하였다.

關聯資料

• (光宗) 十一年, 城濕忽及松城(『고려사』 권82, 지36, 병2, 城堡).

• 嘉州, 本高麗信都郡 一云古德縣, 光宗十一年, 城濕忽, 陞爲嘉州(『고려사』 권58, 지12,

지리3, 北界, 安北大都護府, 嘉州).

• ^徐熙又奏曰, 自契丹東京, 至我安北府, 數百里之地, 皆爲生女眞所據, 光宗取之, 築嘉州·
松城等城(『고려사』 권94, 열전7, 徐熙 : 이는 성종 12년 閏10월 契丹 蕭恒德의 侵入
때 割地論이 提起되자, 徐熙가 반대하면서 말한 句節의 一部이다).

轉載   衛尉寺, 掌儀物·器械, ··· 光宗十一年, 改內軍爲掌衛部(『고려사』 권76, 지
30, 百官1, 衛尉寺).

飜譯   衛尉寺는 儀物과 器械를 管掌하였다. ··· 광종 11년에 內軍을 改編하여 掌
衛部라고 하였다.

轉載   小府寺, 掌工技·寶藏. 太祖仍泰封之制, 置物藏省, 有令·卿, 光宗十一年, 改
爲寶泉(『고려사』 권76, 지30, 百官1, 小府寺).

飜譯   小府寺는 工技와 寶藏을 管掌하였다. 太祖가 泰封의 制度를 계승하여 物藏
省을 두었는데 令과 卿이 있었다. 광종 11년에 개편하여 寶泉이라고 하였
다.

補遺   建隆元年, 吳越王錢俶, 遣使往高麗·日本, 求遺逸敎乘論疏(『佛祖統紀』 권23,
歷代傳敎表第9).

飜譯   建隆 1년에 吳越王 錢俶이[1] 使臣을 高麗·日本에 보내 (中原에서) 散逸된
天台宗의 여러 佛典[敎乘論疏]을 求하였다.

注釋

1) 錢俶(錢弘俶, 929~988, 948~978在位)은 吳越의 第2代 國王 錢元瓘(887~ 941,
932~941 在位)의 아들로 948년에 卽位하였다(第5代 國王). 初名은 弘淑이고 자는
文德이며, 960년(建隆1) 宋으로부터 天下兵馬大元帥에 임명되었고, 978년(太平興
國3) 宋에 귀부하여 許王에 封해졌다가 鄧王으로 改封되었고, 諡號는 忠懿이다
(『新五代史』 권67, 吳越世家7, 錢鏐 ; 『宋史』 권480, 열전239, 세가3, 錢俶 ; 周炅
美 2006年).

關聯資料

• 法華言句二十卷, 右唐僧智顗撰, 智顗居天台山, 號天台敎, 五代兵亂, 其書亡, 錢俶聞,

高麗有本, 厚賂因賈人求得之, 至今盛行於江淅(『郡齋讀書志』後志2, 釋書類).

• 初吳越, 天台智者教有錄, 而多闕, 師謂錢氏曰, 日本國有之. 錢氏用師之言, 貽書致金, 求寫其經本, 今其教盛行江左(『乾道四明圖經』권11, 智覺禪師眞贊幷序 ; 이와 유사한 내용이 『釋門正統』권2, 山門記主荊溪尊者世家, 義寂에 수록되어 있다).

[光宗 12年(961) 辛酉 : 峻豊 2年] 閏月　宋·契丹·高麗·日本③

宋 太祖 建隆 2年, 契丹 穆宗 應曆 11年

補遺　建隆二年 三月, 賜王昭衣帶·鞍馬(『玉海』권154, 朝貢, 錫予外夷).

飜譯　建隆 2년 3월에[1] 王昭(光宗)에게 衣帶·鞍馬를 下賜하였다.

注釋

1) 이해의 3월은 小盡이고 초하루[朔日]는 乙未이다. 이달은 그레고리曆으로 3월 25일부터 4월 22일까지이다.

轉載　光宗十二年 四月朔, 大風雷雨, 水溢街衢, 漂沒人家, 水變爲赤(『고려사』권53, 지7, 오행1).

飜譯　光宗 12년 4월 1일(朔, 癸巳, 陽5月 17日)[1] 크게 바람이 불고 雷雨가 내려 물이 길[街衢]에 넘쳐 人家가 漂沒하였고, 물이 붉게 변하였다.

注釋

1) 이해의 4월은 大盡이고 초하루[朔日]는 癸巳이다. 이달은 그레고리曆으로 5월 22일부터 6월 20일까지이다. 또 이날(癸巳朔) 宋·契丹·日本 등에서 모두 日食이 있었기에 고려에서도 日食이 이루어졌을 것이다(『宋史』권1, 본기1, 태조1, 乾隆 2년 4월 1일 ; 『遼史』권6, 본기6, 穆宗上, 應曆 11년 4월 1일 ; 『日本紀略』後篇4, 村上, 應和 1년 4월 1일).

關聯資料　夏四月, 大水漂沒人家, 水變爲赤(『고려사절요』권2, 광종 12년 4월).

原文 十二年, 修宮闕, 移御正匡王育第.

飜譯 12년에 宮闕을 修理하게 되어 正匡(2品下) 王育의[1] 집으로 居處를 옮겼다 [移御].[2]

注釋

1) 王育은 태조 10년 1월 13일(乙亥)의 주석 1)과 같다.

2) 이 記事와 연결된 다음의 記事가 4월에 일어난 일임을 보아, 이 記事는 4月 또는 그 以前에 일어난 事實일 것이다.

關聯資料

• 是歲, 置修營宮闕都監, 移御正匡王育第(『고려사절요』 권2, 광종 12년).

• 光宗十二年, 置修營宮闕都監(『고려사』 권77, 지31, 百官2, 諸司都監各色, 宮闕都監).

原文 (四月) 賜王擧等及第.

飜譯 (4월에)[1] 王擧[2] 등에게 及第를 下賜하였다.

注釋

1) 『고려사』世家編에는 '四月'이 脫落되어 있으나 『고려사』 권73, 지27, 選擧1, 科目에는 '四月'이 記錄되어 있다. 이해의 4월은 大盡이고 초하루[朔日]는 癸巳이다. 이달은 그레고리曆으로 5월 22일부터 6월 20일까지이다.

2) 王擧는 이 자료 외에는 찾아지지 않아 어떠한 인물인지는 알 수 없다.

關聯資料

• 十二年 四月, 雙冀, △爲知貢擧, 取進士, 賜王擧等七人·明經一人及第(『고려사』 권73, 지27, 선거1, 科目1, 選場).

• (是歲) 賜王擧等七人, 明經一人, 及第(『고려사절요』 권2, 광종 12년).

補遺 建隆二年, 高麗國, 遣使沙門諦觀, 持天台論疏, 至螺溪(『佛祖統紀』 권23, 歷代傳敎表, 第9).

飜譯 建隆 2년에 高麗國이 僧侶 諦觀을[1] 보내와 天台論疏를 가지고 螺溪에[2]

이르렀다.

注釋

1) 諦觀(체관, 生沒年不詳)은 961년(乾隆2) 光宗의 明을 받아 吳越에 건너가 智顗
(538~597)의 天台敎籍을 傳受해 준 僧侶이다. 곧 前年에 吳越의 第5代 國王 錢俶
(錢弘俶, 929~988, 948~978 在位)이 사신을 고려에 파견하여 天台敎籍을 구하자,
다음해에 광종이 諦觀을 파견하여 전수해 주게 하였다고 한다. 이때 諦觀은 螺溪
의 義寂(生沒年不詳)을 찾아가 10년에 걸쳐 佛法을 배우다가 入寂하였다고 하며,
그의 死後에 저서인 『天台四敎儀』가 發見되었다고 한다.

2) 螺溪는 吳越의 僧侶 義寂이 머물고 있던 天台國淸寺(現 浙江省 天台縣 位置)를 가
리킨다.

關聯資料

• 案二師口義云, 吳越王遣使, 以五十種寶, 往高麗求敎文. 其國令諦觀來奉諸部, 而智論
疏·仁王疏·華嚴骨目·五百門等. 不復至, 據此則知, 海外兩國, 皆曾遣使, 若論敎文復
還, 中國之寶, 則必以高麗諦觀來奉敎卷爲正(『佛祖統紀』 권8, 興道下, 八祖紀第4, 十
五祖螺溪淨光尊者大法師).

• 法師諦觀, 高麗國人, 初吳越忠懿王, 因覽永嘉集, 同除四住之語, 以問詔國師, 詔曰, 此
是敎義, 可問天台義寂. 卽召問之, 對曰, 此智者, 妙玄位妙中文, 妙玄旣散失不存, 未審
何緣知之, 必寂師先曾見殘編耳, 唐末敎籍, 流散海外, 今不復存. 於是, 吳越王遣使致
書, 以五十種寶, 往高麗求之. 其國令諦觀, 來奉敎乘, 而智論疏·仁王疏·華嚴骨目·五百
門等, 禁不令傳. 且戒觀師, 於中國求師問難, 若不能答, 則奪敎文以回. 觀師旣至, 聞螺
溪善講授, 卽往參謁, 一見心服, 遂禮爲師. 嘗以所製四敎儀藏於篋, 人無知者. 師留螺
溪十年, 一日坐亡, 後人見故篋放光, 開視之, 唯此書而已. 由是盛傳諸方, 大爲初學發
蒙之助云, 述曰, 吳越王航海取敎, 實基於同除四住之語, 及觀師製四敎儀, 至明圓敎中,
故特標永嘉云者, 所以寓當時之意, 俾後人無忘發起也. 此書卽荊溪八敎大意, 觀師略加
修治, 易以今名, 沒前人之功, 深所不可(『佛祖統紀』 권10, 諸祖旁出世家5-2, 淨光法師
旁出世家, 法師諦觀 ; 이 자료의 축약이 권52, 歷代會要志19-2, 諸國朝貢에 수록되어
있다. "高麗沙門諦觀, 持天台論疏, 至中國謁螺溪法師").

• 僧義寂, 居天台國淸寺, 善弘敎法. 忠懿王常閱永嘉集, … 今惟海東高麗, 闡敎方盛, 全
書在彼, 王卽遣國書, 贊幣使高麗, 求取一家章疏, 高麗君, 乃命國僧諦觀報聘, 以天台

教部 還歸于我, 諦觀旣至, 禀學義寂, 于螺谿之上, 王爲建定慧院, 賜義寂, 號淨光大師, 東還敎藏悉付于義寂, 未幾卒, 追諡九祖, 釋典又言, 義寂嘗語德韶, 智者之敎, 惟新羅有善本, 願籍大力致之, 德韶以聞忠懿王, 乃遣使航海, 傳寫而還, 所傳與此畧異(『十國春秋』 권89, 吳越 13, 僧義寂).

- 義寂, 十國春秋, 居天台國淸寺, 善弘敎法. 忠懿王, 遣使高麗求取一家章疏, 高麗君, 乃命國僧諦觀報聘, 以天台敎部還歸於我, 諦觀旣至, 禀學義寂於螺溪之上, 王爲建定慧院, 賜義寂號淨光大師, 卒追諡淨祖(『浙江通志』 권200, 仙釋3, 台州府, 義寂).

[參 考]

吳越

- 旖旎山, 高麗舶主王大世, 選沉水近千斤, 疊爲旖旎山, 象衡岳七十二峰, 錢俶許黃金五百兩, 竟不售(『淸異錄』 권下, 薰燎).

이 자료는 中國 歷代의 香水(薰燎)의 설명에서 旖旎山의 예를 든 것으로, 高麗舶主 王大世가 지닌 깃발이 나부끼는 모양으로 衡山을 연출한 旖旎山을 吳越王 錢俶 (948~978 在位)이 구득하려 하였으나 뜻을 이루지 못하였다고 한다. 이 시기는 淸代 吳任臣에 의하면 961년(乾隆2) 12월에 있었던 일이라고 한다(『十國春秋』 권81, 吳越5, 忠懿王世家 上, 乾隆 2년 12월). 이에서 주목되는 것은 '高麗舶主 王大世'인데, 王大世의 國籍 및 人的 事項은 구체적으로 알 수 없다. 단지 그가 '高麗舶主'라고 되어 있는 점을 보아, 舶賈라는 말이 '외국으로부터 들어온 商人'을 지칭하는 점을 감안하면 고려와의 무역에 종사하고 있었던 인물로 추정된다. 이 자료를 통해 고려 초기에도 강남 지역과의 국제 무역이 일정하게 이루어지고 있었음을 알 수 있다.

[光宗 13年(962) 壬戌 : 峻豊 3年]
宋 太祖 建隆 3年, 契丹 穆宗 應曆 12年

補遺 峻豊三年壬戌, 於京都法王寺, 均如太大德夏講(『均如傳』).

飜譯 峻豊 3年(壬戌) 京都 法王寺에서[1] 大德[太大德] 均如가 여름 講說[夏講]을

하였다.

1) 法王寺는 태조 2년 3월의 주석 2)와 같다.

補遺　建隆三年 十一月 丙子, 三佛齊國王釋利耶·高麗國王昭, 並遣使來, 貢方物 (『續資治通鑑長編』 권3, 建隆 3年 11月 丙子).

飜譯　建隆 3년 11월 22일(丙子, 陽12月 21日)[1] 三佛齊의[2] 國王 釋利耶와 高麗國 王 昭가 각각 使臣을 보내와 方物을 바쳤다.[3]

注釋
1) 이해의 11월은 大盡이고 초하루[朔日]는 乙卯이다. 이때 고려의 사신단이 宋에 도착 한 時點이 관련 자료에는 10월, 11월, 12월로 각기 記錄되어 있으나, 이는 筆寫 또 는 組版過程에서 誤字 또는 脫字가 발생하였기 때문이다. 筆者의 經驗에 의하면 月日은 『續資治通鑑長編』과 『宋史』本紀의 내용이 비교적 정확하므로 11월 丙子(22 일)가 옳을 듯하다.
2) 三佛齊는 唐代에는 室利佛逝로 記錄되었던 Srivijaya國으로 현재의 수마트라 섬에 있었던 國家이다. 7세기후반에 등장하여 14세기말까지 存續하면서 東西交通의 要 衝이었던 마라스카 海峽을 장악했던 交易國家였다고 한다[白石晶子 1964年 ; 深見 純生 1987].
3) 이때 宋에 도착한 고려의 사신은 아래의 관련 자료에 의하면 廣評侍郎 李興祐·副使 李勵希·判官 李彬 등이었다고 한다.

關聯資料
• 建隆三年 十一月 丙子, 三佛齊國遣使李麗林等來獻, 高麗國遣李興祐等來朝方物(『宋 史』 권1, 본기1, 太祖1).
• 建隆三年 十月, 昭遣其廣評侍郎李興祐·副使李勵希·判官李彬等來, 朝貢(『宋史』 권 487, 열전246, 外國3, 高麗).
• 建隆三年 十二月 二十三日, 三佛齊國王釋利烏耶, 遣使李麗林, 高麗國王王昭, 遣使廣 評侍郎李興祐等來, 貢方物(『宋會要輯稿』199冊, 蕃夷7, 歷代朝貢).
• (建隆三年 十一月) 高麗來貢, 其王王昭也(『皇朝編年綱目備要』 권1).

• 이들 자료와 유사한 내용이 『文獻通考』권325, 四裔考2, 高句麗 ; 『玉海』권154, 朝貢, 錫予外夷 ; 『寶慶四明志』권6, 敍賦下, 市舶 ; 『群書考索』後集권64, 財賦門, 貢獻, 四夷方貢 ; 『宋史全文』권1 등에도 수록되어 있다.

補遺 建隆三年, 再使高麗, 遷左驍衛大將軍, 護秦州屯兵(『宋史』권271, 열전30, 石曦).

飜譯 (石曦는)[1] 建隆 3년에 다시 高麗에 使臣으로 파견되었고,[2] (歸國 후에)左驍衛大將軍으로 옮겨서 秦州(現 甘肅省 東南部의 秦州區)를 保護하기 위해 軍士를 이끌고 가서 駐屯하였다.

注釋

1) 石曦는 광종 10년 秋의 주석 2)와 같다.

2) 이해에 宋의 使臣이 고려에 도착한 記事가 찾아지지 않는 것은 『칠대실록』의 消盡에 起因할 것이다.

原文 [1]冬秋 遣廣評侍郎李興祐等如宋, 獻方物.

校訂 1) 『고려사』世家編에는 겨울에 廣評侍郎 李興祐 등을 宋에 파견하였다고 되어 있어 중국 측의 자료와 차이를 보이고 있다. 이해의 11월 22일(丙子, 陽12月 21日)에 고려의 사신단이 宋에 도착하여 方物을 바치고 있음을 보아, 이들은 2~3개월 전인 가을에 고려에서 출발하였을 것이다. 이는 『七代實錄』의 灰塵으로 인해 파견된 정확한 시기를 알지 못하여, 『七代實錄』을 復元하는 과정에서 중국 측의 자료에 의거하여 11월에 파견한 것처럼 잘못 기술한 결과로 추측된다.

飜譯 겨울에 廣評侍郎 李興祐 등을 宋에 보내 方物을 바쳤다.

[參 考]

高麗

• 維峻豊三年太歲壬戌二月二十九日鑄成(「淸州龍頭寺鐵幢竿記」; 淸州 龍頭寺의 鐵幢竿 記가 만들어진 것을 記錄한 것이다; 許興植 1984年 374~376쪽).

[光宗 14年(963) 癸亥 : 峻豊 4年] 閏月 宋·契丹·高麗·日本⑫
　　　　　　　　　　　　　　　　　宋 太祖 建隆 4年 : 乾德 元年, 契丹
　　　　　　　　　　　　　　　　　穆宗 應曆 13年

補遺　(建隆) 四年春, 降制曰, 古先哲后, 奄宅中區, 曷嘗不同文軌於萬方, 覃聲敎於四海. 顧予凉德, 猥被鴻名, 爰致賓王, 宜優錫命. 開府儀同三司·檢校太師·玄菟州都督·充大義軍使·高麗國王昭, 日邊鍾粹, 遼左推雄, 習箕子之餘風, 撫朱蒙之舊俗. 而能占雲候海, 奉贄充庭, 言念傾輸, 實深嘉尙. 是用賜之懿號, 酬以公田, 載推柔遠之恩, 式獎拱辰之志. 於戲, 來朝萬里, 美愛戴之有孚. 柔撫四封, 庶混幷之無外. 永保東裔, 聿承天休. 可加食邑七千戶, 仍賜推誠順化保義功臣(『宋史』 권487, 열전246, 外國3, 高麗).

飜譯　(建隆) 4년 봄에 制書를 내려 말하기를, "옛날 先輩 哲人들의 後裔들이 문득 中原의 區域 안에 집을 짓고 살면서 어찌 일찍이 萬方에 文章과 法度를 같이 하지 않으며, 四海에까지 帝王의 名聲과 敎化를 뻗치지 않았겠소? 돌아보건대 내가 보잘것없는 덕으로 외람되게 큰 이름을 입어 이에 外國의 諸侯를 招致하여[賓王] 마땅히 優待하는 命令을 내리오. 開府儀同三司(從1品)·檢校太師·玄菟州都督·充大義軍使·高麗國王 昭는 해 가장자리에서 精粹를 모으고 遼東의 왼쪽에서 英雄으로 추대되었으며 箕子가 남긴 風俗을 익히고 朱蒙의 옛 풍속을 어루만져서 능히 구름을 점치고 바다를 측량하면서 건너와서 폐백을 받들고 天子의 뜰에 朝會하는데 말과 생각을 한 점의 숨김도 없이 다 드러내었으니 실로 깊이 가상하다고 하겠소. 이로써 아름다운 稱號를 下賜하고 公田으로써 보답하여 이에 먼 곳에 있는 사람을 편안

하게 어루만져주는 은혜를 미루어서 진실로 뭇별들이 북두성을 에워싸듯이 天子의 덕에 歸向하려는 뜻을 獎勵하오. 아아! 萬里 밖 먼 곳에서 朝會를 오니 사랑하고 推仰함에 믿음이 있는 것을 아름답게 여기고 四方의 封土를 편안하게 어루만짐에 거의 한데 어울려 統一되어 소외됨이 전혀 없게 하여 영원히 東邦의 後裔들을 보존하고 이에 하늘의 아름다움을 繼承하였으니, 食邑 7,000戶를 더하고 推誠順化保義功臣의 爵號를 下賜하오."라고 하였다.[1]

注釋

1) 이 내용은 『宋史』 권1, 본기1, 太祖1에는 脫落되고 없다. 그러나 이와 유사한 내용이 『文獻通考』 권325, 四裔考2, 高句麗^{高麗}에 수록되어 있다.

關聯資料

皇朝建隆三年, 遣使來朝, 錫以功臣之號, 仍加食邑(『寶慶四明志』 권6, 敍賦下, 市舶).

原文 夏六月, 還御宮, 詔曰, 朕比爲重修大內, 久在離宮, 心存警備, 事異尋常, 百官奏事, 多不親聽. 慮恐衆心, 或生疑阻, 其爲軫念, 寢食難忘. 今者, 修營功畢, 聽政有所, 凡爾百僚, 各敬爾事, 依舊進奏, 毋得稽留. 庶幾, 魚水同歡, 毋致君臣相阻.

翻譯 6월에[1] 宮闕로 돌아와서 詔書를 내려 말하기를, "朕이 요즈음 宮闕의 重修를 위해 오랫동안 離宮(王育의 第)에 있었으므로 警備에 마음이 쓰이고 일 처리도 보통 때와 달라서 百官들이 아뢰는 일을 직접 듣지 못한 적이 많았소. 이로 인해 사람들이 행여 마음에 疑懼心을 품을까 염려되었고, 그 걱정거리를 잠자고 먹을 때에도 잊지 못하였소. 이제 宮闕 修理를 마쳤고 政事를 들을 곳도 생겼으니 여러 百官[百僚]들은 각기 맡은 일에 精誠을 다하고 遲滯[稽留]함이 없이 옛날처럼 아뢰도록 하시오. 임금과 신하는 물과 물고기처럼 같이 즐기어[魚水同歡][2] 서로 疑心하는 일이 없어야 할 것이오."라고 하였다.

注釋

1) 이해의 6월은 大盡이고 초하루[朔日]는 辛巳이다. 이달은 그레고리曆으로 6월 29일 부터 7월 28일까지이다.

2) 魚水同歡(魚水之歡)은 태조 1년 6월 16일(丁巳)의 注釋 4와 같다.

關聯資料

夏六月, 還御宮, 下詔曰, 久在離宮, 百官奏事, 多不親聽, 慮恐衆心, 或生疑阻, 今者, 修營功畢, 聽政有所, 凡爾百僚, 各敬爾事, 依舊進奏, 庶幾魚水同歡, 毋致君臣相阻(『고려사절요』권2, 광종 14년 6월).

原文 秋七月, 創歸法寺.

飜譯 7월에[1] 歸法寺를[2] 創建하였다.[3]

注釋

1) 이해의 7월은 小盡이고 초하루[朔日]는 辛亥이다. 이달은 그레고리曆으로 7월 29일 부터 8월 26일까지이다.

2) 歸法寺는 963년(광종14) 7월 開京의 炭峴門 밖에(現 開城市 龍興洞 位置) 창건된 사찰로서 華嚴宗 系列에 소속된 王室의 眞殿寺院이다(『東史綱目』권6上, 光宗 21년). 968년(광종19) 均如에 대한 正秀의 讒訴事件으로 한 차례 重修를 시작하여 그 다음 해에 완공하였다. 當時에 광종은 귀법사를 창건하여 개경 내 화엄종의 중심도량으로 삼고, 性相融會나 敎禪一致의 사상을 가진 均如·正秀·坦文 등 화엄종 승려들을 머물게 하여 자신의 개혁정치를 위한 이론적 바탕을 제공받고자 하였다. 均如는 이 사찰의 境內에 있는 總持院에 居住하였다고 한다. 후일 肅宗의 아들인 見性寂炤首座 玄應이 이 사찰의 住持가 되기도 하였는데, 1170년(의종24) 武臣에 의한 쿠데타가 일어나자 귀법사의 승려들은 왕실 및 다른 사원세력과 연계하여 무인정권에 항거하다가 큰 타격을 입기도 하였다[閔賢九 1973年]. 또 해마다 여름철에는 私學 十二徒의 生徒들이 더위를 피하여 山林에서 勉學할 때 이곳 歸法寺와 龍興寺에서 머물렀다고 한다(『均如傳』第8, 譯歌現德分者 ; 『補閑集』권中 ; 金龍善 1981年 ; 金杜珍 1984年 ; 韓基汶 1998年 ; 東亞大學校 2008年 1책 242~243쪽).

3) 다음의 관련된 자료에서 제시된 「瑞山普願寺法印國師寶乘之塔碑」에 의하면 이해의

9월에 創建되었다고 한다.

關聯資料

是歲 秋九月, 以新刱歸法寺, 水潺湲而練遶, 山巖崿而屛開, 像殿□□□□□時, 乃開土宴居之淨境, 寔眞人栖息之淸齋, 遂請大師住焉. 大師往居之(「瑞山普願寺法印國師寶乘之塔碑」；光宗이 歸法寺를 創建하고 法印國師 坦文을 居住하게 한 모습).

轉載 (秋七月) 置濟危寶.
飜譯 (7월에) 濟危寶를[1] 設置하였다.

注釋

1) 濟危寶는 963년(광종14) 설치된 貧民救濟機關으로 일정한 財貨를 基金으로 하여 그 利殖을 가지고서 運營되었던 것으로 추측된다. 이의 官員으로 文宗代에 副使(7品以上)와 錄事(丙科權務)가 각각 1人씩 설치되어 있었다고 하며, 1391년(공양왕3)에 革罷되었다고 한다. 이에는 罪囚들이 隷屬되어 각종 勞役에 從事하기도 하였던 것 같다(『고려사』 권71, 지25, 樂2, 俗樂, 濟危寶·권77, 지31, 백관2, 諸司都監各色).

關聯資料

濟危寶, 光宗十四年, 始置(『고려사』 권77, 지31, 백관2, 諸司都監各色).

補遺 乾德元年 九月 甲寅, 登州言, 高麗國王昭, 遣使時贊等入貢, 涉海値大風, 船破, 從人溺死者九十餘人, 贊僅而獲免. 詔勞卹之(『續資治通鑑長編』 권4).
飜譯 乾德 1년 9월 5일(甲寅, 陽9月 25日)[1] 登州(現 山東省 蓬萊)에서 報告하기를 "高麗國王 昭가 使臣 時贊 등을 보내어 入貢하게 하였으나 바다를 건너다가 大風을 만나 선박이 파괴되어 隨從人의 溺死者가 九十餘人이었지만 時贊만이 간신히 모면하게 되었습니다."고 하자, 詔書를 내려 이들을 慰勞하게 하였다.[2]

注釋

1) 이해의 9월은 小盡이고 초하루[朔日]는 庚戌이다.
2) 이 자료에는 海路에서 遭難을 당한 사신단이 高麗의 사신단으로 되어 있으나, 실제는 송의 사신단으로서 중국 측 자료가 잘못 편찬된 것이다[杜撰]. 1780년(正祖4) 朝

鮮에서 편찬된 『御定宋史筌』에서 宋의 使臣으로 訂定하였다.

關聯資料

- (建隆四年) 其年九月, 遣使時贊等來貢, 涉海値大風, 船破, 溺死者七十餘人, 贊僅免, 詔加勞卹(『宋史』 권487, 열전246, 外國3, 高麗).
- (建隆四年 九月) 甲寅, 登州言, 高麗國王昭, 遣使時贊等入貢(『宋史全文』 권1).
- 建隆四年, 來貢(『元豊類藁』 권31, 高麗世次).

原文　冬十二月, 行宋年號.

飜譯　12월에[1] 宋의 年號(乾德)를 使用하였다.

注釋

1) 이해의 12월은 大盡이고 초하루[朔日]는 己卯이다. 이달은 그레고리曆으로 12월 24일부터 964년 1월 22일까지이다.

關聯資料

冬十二月, 始行宋年號(『고려사절요』 권2, 광종 14년 12월).

原文　[1](是歲) 宋遣册命使時贊來, 在海遇風, 溺死者九十人, 贊獨免. 王特厚勞之.

校訂

1)에 '是歲'가 缺落되었을 것이다.

飜譯　(이해에) 宋이 册命使 時贊을 보내왔는데 바다에서 풍랑을 만나 溺死한 사람만도 90人이나 되었는데, 時贊만이 홀로 죽음을 면했으므로 王이 특별히 그를 크게 慰勞하였다.[1]

注釋

1) 중국 측의 자료와는 달리 海路에서 遭難을 당한 사신단이 宋의 사신단이었음을 明

示한 것은 정확한 記述이지만, 原文의 冒頭에 '是歲'가 脫落되었다.

[參 考]

高麗

- 代伐」昭大王當縣聰規沙干」峻豊四年癸亥九月十八日古弥縣」西院鑄鍾記」徒人名疏同院
  主」人領玄和尙信嚴」長老曉玄上坐」欣直鄕」又言鄕」大百士」羅州只未百士」(「古弥縣西
  院鐘」).

  이 鐘은 廣島縣[히로시마켄] 竹原市 竹原町 上市 3791번지의 照蓮寺에 所藏되어 있
  는 것으로, 규격은 높이 60.5cm, 口徑 41.0cm이다[考古學會 編 1923年·藤田亮策
  1959年·坪井良平 1974年 80~81쪽·每日新聞社 編 1976年 376쪽·許興植 1984年 376~
  377쪽].

[光宗 15年(964) 甲子]
　　宋 太祖 乾德 2年, 契丹 穆宗 應曆 14年

原文　春三月, 賜金策等及第, 御天德殿, 宴群臣, 命策赴宴.

飜譯　3월에[1] 金策[2] 등에게 及第를 下賜하고, 天德殿에[3] 행차하여 臣下들과 饗
　　宴하면서 金策에게 命하여 잔치에 참석하게 하였다.

注釋

1) 이해의 3월은 大盡이고 초하루[朔日]는 丁丑이다. 이달은 그레고리曆으로 4월 20일
　부터 5월 18일까지이다.

2) 金策(生沒年不詳)은 964년(광종15) 3월 翰林學士 趙翌이 주관한 과거에 합격하였
　다. 그의 行蹟은 연대기에서 찾아지지 않으나, 『高麗列朝登科錄』에 의하면 光州人
　으로 曾祖는 軾, 祖는 吉, 父는 順으로 되어 있다. 또 그의 曾孫인 金義元(1071~
　1153)의 墓誌銘에도 그의 世系와 最終官職이 확인되고 있는데, 이에 의하면 羅州
　光陽縣人으로 祖는 重大匡 佶, 父는 三重大匡 峻이며, 金策의 최종관직은 左僕射·

翰林學士로 되어 있다. 조선시대에 정리된 前者보다는 고려시대에 만들어진 後者
가 더 實相에 가까울 것으로 판단되지만, 金策의 父·祖가 띠고 있는 官階는 후일
追贈된 것으로 보는 것이 좋을 것이다.

한편 旣往의 업적에서는 金策이 在京官人의 子弟로서보다는 土姓鄕職者의 子弟 出身
의 鄕貢進士일 가능성이 높다고 보았지만[李樹健 1984年 209~210쪽], 그의 祖父인
重大匡 佶은 934년(淸泰1, 태조17) 8월 入貢使로 後唐에 도착한 金吉과 같은 인물
로 추정되므로 在京官人의 後孫일 가능성이 높다(『高麗列朝登科錄』前編권1 ;「金元
義墓誌銘」;『册府元龜』권972, 外臣部17, 朝貢 ; 東亞大學校 2008年 1책 244쪽).

3) 天德殿은 태조 11년 (9월) 25일(丁酉)의 주석 2)와 같다.

關聯資料

- (光宗) 十五年, 復試以詩·賦·頌及時務策(『고려사』권73, 지27, 선거1, 科目1).
- (光宗) 十五年 三月, 翰林學士趙翌, △爲知貢擧, 取進士賜金策及明經·卜業各一人及第
  (『고려사』권73, 지27, 선거1, 科目1, 選場).
- (光宗) 十五年, 御天德殿, 宴群臣, 命新及第金策釋褐, 賜公服赴宴(『고려사』권74, 지
  28, 선거2, 科目2, 凡崇獎之典).
- 春三月, 賜金策及明經·卜業各一人及第, 王御天德殿, 宴群臣, 命策釋褐, 賜公服赴宴
  (『고려사절요』권2, 광종 15년 3월).
- 翰林學士趙翌, △爲知貢擧, 試以詩·賦·頌及時務策, 取金策及明經·卜業各一人. 王御天
  德殿, 宴群臣, 命策釋褐, 賜公服赴宴. 且特開儀鳳門, 賜內馬, 使紫門指□諭扶鞍而出,
  以示人(『高麗列朝登科錄』前編권1 ; 指字의 다음에 諭字가 缺落된 것으로 추측된다).

原文 秋八月 壬子, 大匡朴守卿卒.

飜譯 8월 9일(壬子, 陽9월 17일)[1] 大匡(2品上) 朴守卿이[2] 別世하였다.

注釋

1) 이해의 8월은 大盡이고 초하루[朔日]는 甲辰이다. 이날은 그레고리曆으로 9월 22일
   이다.
2) 朴守卿은 태조 19년 (9월) 8일(甲午)의 주석 11)과 같다.

關聯資料

- 光宗十五年, 子佐丞承位·承景·大相承禮等, 被讒下獄, 守卿憂□而卒(『고려사』 권92, 열전5, 朴守卿).

- 秋八月, 司徒朴守卿卒. … 至是, 子承位·承景·承禮, 被讒下獄, 憂恚而卒(『고려사절요』 권2, 광종 15년 8월 ; 이때 朴守卿의 官爵은 司徒가 아니고 『고려사』와 같이 大匡이며, 司徒는 後日의 追贈職이다).

補遺 粵乾德二年歲在甲子, 壽年五十有三, 夏臘三十有八, 厭其妄轍之途, 復我本原之趣. 九月 二日, 上堂謂衆曰, 無生者眞本, 無往者法身 … 乃端然示滅而已哉(『釋苑詞林』 권191, 「高麗康州智谷寺眞觀禪師碑」 : 「山淸智谷寺眞觀禪師悟空塔碑」).

飜譯 乾德 2년 干支는 甲子에 (眞觀禪師 釋超의)[1] 俗世의 나이는 53歲이고, 僧臘은 38歲였는데, 妄想에 젖어 眞理에 벗어나는 것을 싫어하여 眞理[本原]의[2] 길로 되돌아간다고 하였다. 9월 2일(乙亥, 陽10月 10日)[3] 說法을 하기 위해 法堂에 들어가 大衆들에게 말하기를, "생겨남이 없는 것이 참다운 根本이고, 떠나감이 없는 것이 바로 法身이다. …"라고 하고 단정히 앉아 示滅하고 말았다.

注釋

1) 眞觀禪師 釋超는 정종 1년 丙午開運三載의 주석 1)과 같다.

2) 本原은 事物의 根本, 萬物의 根源을 가리킨다. 『春秋左氏傳』, 昭公 9년에 "나와 伯父의 관계는 衣服에 冠冕이 있고. 나무에 뿌리가 있고, 물에 根源이 있고, 人民에 一族의 長老[謀主]가 있는 것과 같다. 我在伯父, 猶衣服之有冠冕, 木水之有本原, 民人之有謀主也"라고 하였다. 또 『管子』 권14, 水地제39, "그런 까닭으로 물은 특히 德性을 具備하고 있어 萬物을 生成하는 本原이고, 모든 生物을 産出하는 根本[宗主]이다. 故曰, 水者何也水具材也, 萬物之本原也, 諸生之宗室宗主也". "戴望校正, 引王引之曰, 本原, 根荄·宗室, 皆謂根本也"라고 하였다[鎌田 正 1994年 1346쪽 ; 遠藤哲夫 1991年 732쪽].

3) 이해의 9월은 小盡이고 초하루[朔日]는 甲戌이다. 이날은 그레고리曆으로 10월 15일이다.

轉載　咸昌郡 … 景德王, 改爲古寧郡, 光宗十五年, 爲咸寧郡(『고려사』권57, 지11,
　　　　지리2, 尙州牧, 咸昌郡).

飜譯　咸昌郡은 景德王이 고쳐서 古寧郡이라고 하였는데, 光宗 15년에 咸寧郡으
　　　　로 改稱하였다.

關聯資料

『경상도지리지』, 尙州道, 咸昌縣, "景德王時, 改名古寧郡, 在高麗靈宗^{顯宗}時, 稱咸寧郡,
屬尙州任內, 光宗時, 乾德甲子, 改稱咸昌郡". 이 記事에서 靈宗은 顯宗의 誤字일뿐만아
니라 顯宗과 光宗의 順序도 바뀌어 있음을 보아 內容에서도 誤謬가 있을 것이다.

[光宗 16年(965) 乙丑]

　　宋 太祖 乾德 3年, 契丹 穆宗 應曆 15年

補遺　乾德三年 正月 乙酉, 高麗國王昭遣使來, 貢方物(『續資治通鑑長編』권6).

飜譯　1월 13일(乙酉, 陽2月 17日)[1] 高麗國王 昭가 使臣을 보내와 方物을 바쳤다.[2]

注釋

1) 이해의 1월은 小盡이고 초하루[朔日]는 癸酉이다. 朝鮮總督府中樞院 1932年 『朝鮮
　　史』3-1編, 39쪽에서 이 記事의 日辰를 甲戌이라고 하였는데, 錯誤일 것이다.

2) 이 기사는 宋·元版의 『續資治通鑑長編』에는 수록되어 있지 않으므로(『宋板續資治
　　通鑑長編』(中華全國圖書館文獻縮微複製中心 1995年) ;『續資治通鑑長編』(『中華再造
　　善本』金元編, 史部 所收 : 中國國家圖書館所藏의 元刊本) 등의 卷6, 乾德3年 正月
　　條), 後世에 이 책을 再版하는 과정에서 『宋史』의 내용을 통해 補筆하였을 가능성
　　이 있다.

關聯資料

• 乾德三年 正月 乙酉, 高麗國王遣使來, 朝獻(『宋史』권2, 본기2, 태조2).

• 乾德三年 正月, 獻錦罽·刀劍(『玉海』권154, 朝貢, 獻方物, 建隆高麗來貢·錫予外夷).

[原文]　春二月, 加子伷元服, 立爲[1]王太子·內史諸軍事·內議令·正胤[正胤·內史諸軍事·內議令], 宴群臣于長生殿.

校訂

1)의 '王太子·內史諸軍事·內議令·正胤'은 『고려사절요』와 같이 '正胤·內史諸軍事·內議令'의 잘못일 것이다. 이는 皇太子를 指稱하는 王太子와 正胤이 함께 使用되지 않았을 것이기 때문이다. 또 '內史諸軍事'를 中原의 制度와 같이 '內外諸軍事'로 고쳐야 한다는 견해가 提示되어 있는데[鄭求福 1993年], 說得力이 있는 推測으로 판단된다.

[翻譯]　2월에[1] 아들 伷에게 冠禮를 행하고[元服],[2] 正胤·內外諸軍事·內議令으로 삼고(11歲), 臣下들을 長生殿에서[3] 饗宴하였다.

注釋

1) 이해의 2월은 大盡이고 초하루[朔日]는 壬寅이다. 이달은 그레고리曆으로 3월 11일부터 4월 9일까지이다.

2) 元服은 冠을 가리키는 것으로 前近代社會에서 행해진 冠禮를 '加元服'으로 表記하였다. 그러므로 '加元服'은 男子가 成人이 되어 冠을 着用하는 儀式이다(王族은 15歲, 士大夫는 20歲, 女子는 15歲). 『禮記』, 冠義第43d에 "또 冠을 쓰게 되면 賓客으로부터 字를 받게 되는데, 이것도 成人이 될 때의 慣習이다. 已冠而字之, 成人之道也라고 하였다[竹內照夫1993年 912쪽].

3) 長生殿이 어떠한 殿閣인지는 알 수 없으나 饗宴의 場所로 이용되었고, 이의 後園에 아름다운 百葉杜鵑花가 있었다고 한다(『補閑集』 권上). 1009년(목종12) 1월 千秋殿이 불타자 獻哀太后[千秋太后]가 이곳으로 移御하였다고 한다(『고려사』 권88, 열전1, 后妃1, 景宗 獻哀王太后 皇甫氏).

關聯資料

春二月, 加子伷元服, 立爲正胤·內史諸軍事·內議令, 宴群臣于長生殿(『고려사절요』 권2, 광종 16년 2월).

原文 (是歲) 遣大[1]承^丞內奉令王輅如宋, 獻方物, 帝授輅尙書左僕射, 食實封三百戶, 幷賜官誥.

校訂

1)의 承字는 『고려사』의 여러 版本에서 '承'字이지만, 『고려사절요』에는 丞字로 되어 있는데, 後者가 옳다.

飜譯 (이해에)[1] 大丞(3品上)·內奉令 王輅를[2] 宋에 보내 方物을 바치게 하자, 皇帝가 王輅에게 尙書左僕射·食實封 3百戶를 除授하였으며 아울러 官誥도 내려주었다.

注釋

1) 『고려사』世家編에는 위의 자료와 같이 '春二月'의 記事에 붙여져 있으나, 中國 측의 자료에 의하면 고려의 사신은 이해의 1월 13일(乙酉)에 宋에 도착하여 있었다. 그러므로 『고려사』세가편의 記述方式대로 한다면 이 文章의 冒頭에 '是歲'가 있어야 할 것인데 脫落되었던 것 같다.

2) 王輅는 이 자료 외에 찾아지지 않아 어떠한 인물인지는 알 수 없다.

補遺 乾德三年歲在乙丑五月辛未朔二十一日辛卯立 彫割業僧臣遈律奉勅刻字」(「聞慶鳳巖寺靜眞大師圓悟之塔碑」).

飜譯 乾德 3년 干支는 乙丑, 5월 초하루는 辛未, 21일(辛卯, 6월 23일)[1] (靜眞大師 兢讓의 圓悟塔碑를) 建立하였다.[2] 彫割業의 僧侶[彫割業僧]인 臣 遈律이[3] 勅書를 받들어 刻字하였다.

注釋

1) 이해의 5월은 小盡이고 초하루[朔日]는 辛未이다. 이날은 그레고리曆으로 6월 28일이다.

2) 이 탑비는 奉議郎·正位[正衛]·翰林學士·前守兵部卿·賜丹金魚袋 李夢游가 撰하고, 文林郎·翰林院書博士 張端說이 碑文과 篆額을 썼다.

3) 遈律은 이 자료 외에 찾아지지 않아 어떠한 인물인지는 알 수 없다. 그가 稱하고

있는 彫割業僧의 彫割業은 佛教의 宗派가 아니라 彫割 곧 刻字僧[彫刻]을 담당한 僧侶이라는 意味를 지니고 있을 것이다.

原文 秋七月 丙午, 內議令徐弼卒.

飜譯 7월 □일(丙午)[1] 內議令 徐弼이[2] 別世하였다(65歲).

注釋

1) 이해의 7월은 小盡이고 초하루[朔日]는 己巳이다. 이달에는 丙午가 없고, 丙子(7일), 丙戌(17일), 丙申(27일)이 있으므로, 이달이 옳다면 丙午는 誤字일 것이다.

2) 徐弼(901~965)은 利川(現 京畿道 利川市) 出身으로 사냥꾼에게 쫓긴 사슴을 구해주었다는 說話에 나오는 徐神逸의 아들이라고 한다. 또 그는 各種 管理業務를 擔當하던 刀筆吏로서 起家하여 光宗代에 大匡(2品上)·內議令이 되었다고 한다. 그가 이 地位에 오른 것은 950년(광종1)에 大匡·內議令이었던 皇甫光謙의 後任者로 추측되므로 光宗(949~975 在位)의 在位 初半이었을 것이다. 956년(광종7) 雙冀가 歸化하여 寵愛를 받은 이후의 시기에 光宗이 宰臣 王咸敏·皇甫光謙·徐弼 등에게 金酒器를 下賜하였는데, 徐弼은 辭讓하고 받지 않았다고 한다. 또 이때 光宗이 그에게 近臣을 보내 功이 있는 者와 없는 者를 下問하자, '功이 있는 者는 元甫 式會이고, 功이 없는 者는 젊은 무리[若輩]'라고 하였다고 한다. 當時에 광종이 投化한 漢人들을 優待하여 臣僚의 第宅과 딸[女]을 取하여 그들에게 주자, 徐弼이 自身의 第宅을 그들에게 줄 것을 建議하여 王의 노여움을 받기도 하였다. 그렇지만 이를 계기로 광종이 臣僚들의 第宅을 빼앗지 않았다고 한다. 965년(광종15) 7월 65歲로 別世하자, 貞敏이라는 諡號가 내려졌다. 994년(성종13) 4월과 1027년(현종18) 4월 歷代功臣들을 太廟에 配享할 때 劉新城과 함께 光宗의 廟庭에 배향되었고, 그 사이에 重大匡·太師·內史令 등에 追贈되었다(『고려사』 권93, 열전6, 徐弼 ;「徐恭墓誌銘」). 한편 그는 保代年間(943~957) 初期 南唐(937~975)에 使臣으로 파견되었던 것으로 보인다(『演繁露』續集권1 ;『十國春秋』 권28, 南唐14, 列傳, 章僚).

關聯資料

• (光宗) 十六年卒. 年六十五, 諡貞敏, 累贈三重大匡·太師·內史令(『고려사』 권93, 열

전6, 徐弼).

[光宗 17年(966) 丙寅] 閏月 宋·契丹·高麗·日本⑧

宋 太祖 乾德 4年, 契丹 穆宗 應曆 16年

原文 十七年, 賜崔居業等及第.

飜譯 17년에 崔居業[1] 등에게 及第를 下賜하였다.

注釋

1) 崔居業은 966년(광종17) 翰林學士 王融의 門下에서 甲科 1人으로 及第하였으나, 이
   자료 외에 찾아지지 않아 어떠한 인물인지는 알 수 없다.

關聯資料

• 十七年, 翰林學士王融, △爲知貢擧, 取進士, 賜甲科崔居業等二人及第(『고려사』권73,
   지27, 선거1, 科目1, 選場).

• 賜崔居業等二人及第(『고려사절요』권2, 광종 17년).

補遺 始丙寅年, 鄧工碑塔, 終至丁丑年, 功畢也(「驪州高達院元宗大師慧眞之塔碑).

飜譯 丙寅年(966, 광종17) 碑塔工事(元宗大師 璨幽의 慧眞塔碑)를 시작하여 丁丑
   年(977, 景宗2)에 工役을 마쳤다.

[參 考]

宋

• 乾德四年 七月, 鎭州進伶官二十八人, 習高麗部樂, 賜衣物銀帶遣還(『玉海』권108,
   音樂, 乾德高麗樂府 ; 乾德 4년 7월에 鎭州가 樂工[伶官] 28人을 바치자, 高麗部樂
   을 習得하게 하고 衣物·銀帶를 下賜하여 돌려보냈다고 하는데, 어떠한 내용인지
   알 수 없다.

[光宗 18年(967) 丁卯]
宋 太祖 乾德 5年, 契丹 穆宗 應曆 17年

轉載 十八年, 城樂陵郡(『고려사절요』 권2, 광종 18년).
飜譯 (光宗) 18년에 樂陵郡(現 平安北道 寧邊郡)에 城을 쌓았다.

關聯資料
(光宗) 十八年, 城樂陵郡(『고려사』 권82, 지36, 兵2, 城堡).

補遺 有翰林學士·內議承旨·知制誥·淸河崔行歸崔行歸者, 與師同時. 鑽仰日久, 及
此歌成, 以詩譯之, 其序云, … 宋曆八年周正月日謹序(『均如傳』第8, 譯歌現
德分者).
飜譯 翰林學士·內議承旨·知制誥·淸河人 崔行歸는 均如大師와 年齡이 비슷한 사
람으로 大師를 欽慕한 지가 오래이다. 이 노래가 만들어지자 그것을 漢詩로
飜譯하였는데, 그 序文에 말하기를, … 宋의 紀元 8年 正月 某日, 삼가 序文
을 쓴다.

注釋
1) 이에서 宋曆 8년은 967년(乾德5, 광종18)에 해당한다.

[參 考]

高 麗
• □^乾德五年丁卯三月十日」□石□成內□」兩柱□大和上在」位光和上鑄□」□和上供養」村
合任成之」(「星州石佛坐像銘」; 嶺南大學校 博物館에 所藏된 佛像의 銘文이지만, 어
떠한 내용인지는 파악하기가 어렵다 ; 許興植 1984年 390쪽).

[光宗 19年(968) 戊辰]
宋 太祖 乾德 6年 : 開寶 元年, 契丹 穆宗 應曆 17年

轉載   夏五月, 城威化鎭(『고려사절요』 권2, 광종 19년).
翻譯   5월에[1] 威化鎭(現 平安北道 雲山郡 位置)에 城을 쌓았다.

注釋
1) 이해의 5월은 大盡이고 초하루[朔日]는 癸未이다. 이달은 그레고리曆으로 6월 4일부터 7월 3일까지이다.

關聯資料
(光宗) 十九年, 城威化鎭(『고려사』 권82, 지36, 兵2, 城堡).

原文   十九年 創弘化·遊巖·三歸等寺.[1]

校訂
1) 『고려사』世家篇에 의하면, 광종 19년의 記事는 弘化寺를 위시한 3개의 사찰 건립, 惠居와 坦文의 册封, 그리고 光宗의 懺悔에 의한 放生所의 설치 등으로 구성되어 있다. 이들이 동시에 이루어진 것이 아니고 이해에 이루어진 것이기에 3개로 나누어 정리하였다.

翻譯   19년에 弘化寺[1]·遊巖寺[2]·三歸寺[3] 등을 創建하였다.

注釋
1) 弘化寺는 968년(광종19) 開城에 창건된 사원으로 所屬宗派는 분명하지 않다. 1073년(문종27) 3월에 王이 행차하였으며, 1174년(명종4) 1월 開城에 위치한 重光寺(1012년, 현종3 開創, 慧日重光寺)·弘護寺(開京의 동쪽)·歸法寺 등의 僧徒들과 함께 武人政權에 抗爭하기도 하였다. 한편 948년(정종3) 禪宗僧侶 惠居國師가 이곳에서 轉藏法席을 主管하였음을 보아 禪宗 系列의 寺院일 가능성이 있다[閔賢九 1973年 ;

東亞大學校 2008年 1책 248쪽].

2) 遊巖寺는 이 자료 외에 찾아지지 않아 어떠한 寺刹인지는 알 수 없다.

3) 三歸寺는 이 자료 외에 찾아지지 않아 어떠한 寺刹인지는 알 수 없다.

原文　(十月)[1] 以僧惠居爲國師, 坦文爲王師.

校訂

1) 이때 王師에 冊封된 坦文의 塔碑인 「瑞山普願寺法印國師寶乘之塔碑」에 의하면 冊封 時期는 이해의 10월로 되어 있다. 이해의 10월은 小盡이고 초하루[朔日]는 辛亥이다. 이달은 그레고리曆으로 10월 30일부터 11월 27일까지이다.

飜譯　僧侶 惠居를[1] 國師로[2] 삼고, 坦文을[3] 王師로[4] 삼았다.

注釋

1) 惠居(899~974)는 정종 1년 가을[秋]의 주석 1)과 같다.

2) 國師는 고려시대 王師와 함께 一般 僧階의 上位에 위치하면서 나라의 스승이 된 大德高僧으로, 당시 대표적인 佛敎宗團의 高僧이 冊封되었다. 이의 冊封은 帝王이 百姓들의 불교사회의 대표적인 지도자인 高僧을 尊崇하고 있다는 象徵的 意識을 통하여 敎權과 統治權의 葛藤을 피하고, 부처님의 威力을 빌려 百姓의 敎化를 달성할 수 있을 것이라고 믿었기 때문일 것이다[東亞大學校 2008年 1책 248쪽].

3) 坦文은 태조 4년 龍德元年의 주석 1)과 같다.

4) 王師는 태조 23년 7월 18일(壬午)의 주석 2)와 같다.

補遺　是歲 冬十月 … 大王以大師釋門宗主, 險道導師, 演組纊之秘宗, 化扶桑之□□, 於是, 眞崇道德, 深感大慈, 迺遣緇素, 重使奉疏, 請爲王師 … 使太相金遼巖等, 奉徽號爲王師·弘道三重大師. 翌日, 大王躬詣內道場, 拜爲王師(「瑞山普願寺法印國師寶乘之塔碑」).

飜譯　이해의 10월에 大王(光宗)은 法印國師 坦文[大師이][1] 釋門의 宗主이고, 험

한 길을 걸어가는 衆生의 案內者[險道導師]이며, 修多羅의[2] 秘宗을 演說하고 扶桑의 生民을 敎化하였다고 생각하였다. 이에 (大王이 大師의) 道德을 숭상하고 큰 慈悲에 깊이 感動하여 僧侶와 俗人[緇素]의 使臣을 거듭 보내어 詔書를 보내고 王師가 되기를 청하였다. … 大相[太相, 4品上] 金遵嚴[3] 등으로 하여금 徽號를 받들고 가서 王師·弘道三重大師라고 하였다. 다음 날에 大王이 친히 내도량[內道場]에 나가 王師로 冊封하였다.[4]

注釋

1) 坦文은 태조 4년 龍德元年의 주석 1)과 같다.

2) 修多羅[sutra]는 佛敎에서 특별한 의미가 없이 常套的으로 사용하는 經典을 指稱하는 單語이다. 이는 漢子로 契經으로 翻譯되며, 이의 上契는 여러 부처[諸佛]의 妙理를, 下契는 衆生의 敎法[根機]를 가리키는 것이라고 한다.

3) 金遵嚴(金俊嚴)은 광종 7년(顯德3) 가을 8월 19일(戊寅)의 주석 4)와 같다.

4) 이의 번역은 기왕의 업적[李智冠 2000년 高麗篇2 93쪽]에 依據하여 적절히 變改하였다.

原文 (是年) 王信讒多殺, 內自懷疑, 欲消罪惡, 廣設齋會. 無賴輩詐爲出家, 以求飽飫, 丐者坌至. 或以餠餌·米豆·柴炭, 施與京外道路, 不可勝數. 列置放生所, 就傍近寺院, 演佛經, 禁屠殺, 肉膳亦買市廛以進.

翻譯 (이해에) 王이 讒訴를 믿고 사람을 많이 죽인 후 良心의 가책을 받고는 罪를 씻어보려고 齋會를[1] 크게 열었다. 이때 無賴輩들이 거짓으로 僧侶가 되어 배를 불리고자 하였으며 求乞하는 者가 모여들었다. 어떤 때는 간혹 떡과 쌀과 땔감을 서울과 지방의 길거리에서 나누어 주곤 했는데 그 수를 헤아릴 수 없을 지경이었다. 放生所를[2] 널리 設置하고 附近의 寺院에 나아가 佛經을 講論케 하였으며 屠殺을 禁止했기 때문에 王의 飯饌으로 쓸 고기도 市廛에서 사다가 드렸다.

注釋

1) 齋會의 意味는 不分明하지만, 各種 佛敎行事에서 僧侶를 모아 祭禮[設齋]를 實施한

후 飮食物과 物品을 供養하기 때문에 이를 齋會라고 하였던 것 같다. 이 記事와 같이 光宗이 擧行하였다는 各種 齋會는 억울하게 죽은 靈魂의 極樂往生을 祈願하던 水陸齋·遷度齋 등과 같은 祭禮이었을 것이다.

2) 放生所에서 放生은 人間에게 잡혀서 屠殺될 動物들을 自然狀態로 되돌려 보내는 行爲이다. 이는 佛敎에서 뿐만 아니라 儒敎·道敎에서도 나타나는 樣相으로 無故하게 生靈을 죽이지 않아야 한다[不殺生]는 觀念의 所産이다. 또 放生은 人間이 여타 生靈에게 베푸는 美德이라고 생각하여 日常生活 내지는 宗敎儀式의 하나로서 이루어졌는데, 佛敎界에서는 個人의 德目을 增進시키고, 來世를 위한 功德思想의 하나로서 널리 행하여 졌다. 그래서 『梵網經』의 菩薩戒 중에 이에 대한 戒가 있고, 寺院의 부근에 放生池가 만들어지기도 하였다. 그리고 이 記事와 같이 敦篤한 信仰心을 가지고 있었던 光宗은 新池(位置不明)와 穴口·摩利山(以上 現 仁川市 江華郡) 등의 물고기 잡는 곳[魚梁]을 放生場所로 삼았음이 崔承老의 五代政績評에 言及되어 있다 [東亞大學校 2008年 1책 249쪽].

關聯資料

是歲, 創弘化·遊巖·三歸等寺, 王信讒多殺, 內懷疑懼, 欲除罪業, 廣設齋會, 無賴之徒, 詐爲出家, 以求飽飫, 丐乞者, 坌至求食, 或以餠餌·米豆·柴炭, 施與京外道路, 不可勝數, 列置放生所, 就傍近寺院, 開演佛經, 禁斷屠殺, 至於內膳, 亦買市廛以進(『고려사절요』 권2, 광종 19년).

[參 考]

高 麗

• 乾德六年 春三月日, 利涉大洋, 旋登彼岸, 行至吳越國, 謁永明寺主延壽禪師(「陝川靈巖寺寂然國師慈光塔碑」; 寂然國師 英俊이 永明寺의 僧侶 延壽를 찾아가는 모습).

[光宗 20年(969) 己巳] 閏月　宋·契丹·高麗·日本⑤
　　　　　　　　　　　宋 太祖 開寶 2年, 契丹 穆宗 應曆 17年 : 景宗 保寧 元年

原文 冬十一月, 王弟旭卒.

飜譯 11월에[1] 王의 동생 王旭(後日의 戴宗, 成宗의 父)이[2] 別世하였다.

注釋

1) 이해의 11월은 大盡이고 초하루[朔日]는 甲辰이다. 이달은 그레고리曆으로 12월 17
일부터 970년 1월 15일까지이다.

2) 王旭(?~969)은 太祖의 아들로 어머니는 神靜王太后 皇甫氏이고, 黃州院君으로 冊封
되었다. 太祖妃 貞德王后 柳氏(貞州人 德英의 딸) 所生의 宣義王后와 婚姻하였으며,
아들은 孝德太子·成宗·敬章太子 등이고, 딸은 景宗妃가 된 獻哀王太后 皇甫氏·獻貞
王后 皇甫氏이다. 그는 黃州院君으로 있을 때 興王寺(開京의 남쪽 德水縣)에 머물
고 있던 廣慈大師 允多(864~945)에게 書狀을 보내 弟子가 되기를 請하였다고 한다.
960년(광종20) 11월에 別世하였고, 981년(成宗 卽位年) 11월에 成宗이 睿聖·宣慶太
王으로 追尊하고, 廟號를 戴宗이라고 하였다. 1002년(목종5) 4월 先代의 帝王과 后
妃에게 徽號를 덧붙여 올릴 때 和簡, 1014년(顯宗5) 3월 이후에 恭愼, 1027년(현종
18) 4월 顯獻이라는 諡號(徽號·尊號)가 덧붙여졌다[加上](『고려사』 권90, 열전3, 宗
室1, 太祖, 戴宗 旭 ; 「谷城大安寺廣慈大師碑」).

關聯資料

• 戴宗旭, 光宗二十年卒, 子孝德太子·成宗·敬章太子(『고려사』 권90, 宗室1, 太祖, 戴
宗旭).

轉載 (光宗) 二十年, 城長平鎭, 五百三十五間, 門四. 城寧朔鎭. 城泰州, 八百八十
五間, 門六, 水口一, 城頭三十七, 遮城四(『고려사』 권82, 지36, 兵2, 城堡).

飜譯 (光宗) 20년, 長平鎭(現 咸鏡南道 永興郡 位置)에 535間의 城을 쌓았는데,
門이 4個였다. 寧朔鎭(現 平安北道 義州郡 位置)에 城을 쌓았다. 泰州(現
平安北道 泰川郡)에 885間의 城을 쌓았는데, 門이 6, 水口가 1, 城頭가 37,
遮城이 4個였다.

關聯資料

• 長平鎭, 古稱古叱達, 光宗二十年, 始築城堡, 有鎭將(『고려사』 권58, 지12, 지리3, 東

界, 長平鎭).

- (是歲) 城寧朔鎭(『고려사절요』 권2, 광종 18년).

[光宗 21年(970) 庚午]
宋 太祖 開寶 3年, 契丹 景宗 保寧 2年

轉載 二十一年, 城安朔鎭(『고려사절요』 권2, 광종 18년 ; 『고려사』 권82, 지36, 兵2, 城堡).

飜譯 21년에 安朔鎭(現 平安北道 雲山郡 位置)에 城을 쌓았다.

關聯資料

延州, 本高麗密雲郡, 一云安朔郡, 光宗二十一年, 更今名, 爲知州(『고려사』 권58, 지12, 지리3, 北界, 安北大都護府, 延州).

轉載 泰州, 本高麗光化縣, 一云寧朔, 一云連朔. 光宗二十一年, 稱泰州防禦使(『고려사』 권58, 지12, 지리3, 北界, 安北大都護府, 泰州).

飜譯 泰州(現 平安北道 泰川郡)는 본래 高麗의 光化縣이고, 다른 이름은 寧朔, 또는 連朔이다. 광종 21년에 泰州防禦使로 改稱하였다.

原文 二十一年, 幸歸法寺.

飜譯 1년, 歸法寺에 幸次하였다.[1]

注釋

1) 이때 崔知夢이 王을 隨從하여 歸法寺에 갔다가 술을 마시고 失禮하여 隈傑縣(位置 不明)에 流配되었다고 한다. 이후 최지몽은 11년 후인 980년(경종5)에 召還되어 大匡(2品上)·內議令에 任命되었다고 하는데, 이를 逆算하면 이해에 해당한다.

關聯資料

光宗朝, 從幸歸法寺, 被酒失禮, 貶于隄傑縣凡十一年(『고려사』 권92, 열전5, 崔知夢.

補遺 (開寶) 三年, 攘袂而興, 泛盃而渡, 已叶易東之志. 人稱居右之才, 光宗視以羅什如秦, 馬騰入漢, 益厚優賢之意, 彌敦奬善之仁, 初署大師, 延請居於金光禪院(「原州居頓寺圓空國師勝妙塔碑」).

飜譯 (開寶) 3년에 (圓空國師 智宗이) 소매를 떨치고 일어나 歸國 길에 올라 배를 타고 바다를 건넜으니, 이미 동쪽으로 돌아오는 것으로 뜻을 바꾼 것이었다. 사람들은 높은 자리에 있을 材木이라고 稱頌하였는데, 光宗이 마치 鳩摩羅什(Kumarajiva, 344~413)이 前秦에 오고, 馬騰(?~212)이 漢에 오는 것과 같이 여기고, 賢人을 우대하는 뜻을 더욱 두텁게 하여 善人을 勸奬하는 仁義를 돈독히 하였다. 처음으로 大師의 法階를 附與하고 招聘하여 金光禪院에[1] 住錫하게 하였다.[2]

注釋

1) 金光禪院은 이 자료 외에 찾아지지 않아 어떠한 禪院인지는 알 수 없다. 단지 이 자료에 의해 圓空國師 智宗(930~1018)이 中原에서 歸國하자 光宗이 金光禪院에 住錫하게 하였다고 한 점을 보아 開京에 있었던 寺院임을 알 수 있다.
2) 이 자료는 圓空國師 智宗이 江南地域을 巡歷하다가 歸國하자 光宗이 厚待한 모습을 그린 것이다. 이의 번역은 기왕의 업적[李智冠 2000년 高麗篇2 242쪽]에 依據하여 적절히 變改였다.

補遺 光宗御宇之乾德八年, 觀我明庭, 應玆□□, □□□□, □宗駐留, 便賜官告一通, 拜爲禮賓省郎中. 仍賜第宅一區幷藏獲·田莊□□□□□諸物等, 凡其所須並令官給(「蔡仁範墓誌銘」).

飜譯 (蔡仁範이) 光宗의 在位時期인 乾德 8년(→開寶3, 970, 광종21)에 우리의 朝廷에 오자, 이에 머무르게 하고서 官告 1通을 下賜하여 禮賓省 郎中으로 삼고 이어서 第宅 1區와 奴婢[藏獲]·田莊 등의 여러 물건들을 下賜하고, 그 외에 필요한 것들은 모두 官廳에서 支給하라고 命하였다.[1]

注釋

1) 이 자료는 宋의 泉州人 蔡仁範(934~998)의 묘지명의 일부이다. 이에 의하면 蔡仁範
이 泉州(現 福建省 晉江縣地域)의 持禮使를 따라 어떤 地域으로 가다가 高麗에 도
착하자, 光宗이 優待하고 禮賓省 郎中으로 임명한 것을 記錄한 것이다. 이후 蔡仁
範은 고려에서 계속 仕宦하여 成宗代에 閤門의 官職을 거쳐 尙書禮部侍郎이 되었
고, 998년(목종1, 統和16)에 65歲로 死亡하자 禮部尙書에 追贈되었다고 한다. 그의
前妻인 崔氏의 아들은 內史侍郎同內史門下平章事·監修國史에 임명되었다고 한다.
이 墓誌銘이 만들어진 太平 4년(1024, 현종15)에 이러한 職位에 있었던 人物은 蔡
忠順(?~1036)이므로, 蔡仁範의 長子는 蔡忠順으로 추측된다[金龍善 2006年 6쪽]. 이
점은 1005년(목종8) 宋의 溫州文士(閩人) 周佇가 商舶을 따라와 來投하자, 學士 蔡
忠順의 建議에 의해 머물게 하고 禮賓注簿로 임명하였다고 하는 점을 통해 어떤 示
唆点을 얻을 수 있을 것이다(『고려사』 권94, 열전7, 周佇).

[參 考]

渤海

• (開寶三年 九月) 丙辰, 登州言, 女眞國遣使入朝, 安定國王烈萬華附表貢方物, 安定國本
  馬韓之種, 爲契丹所攻破, 其首帥糾合餘衆, 保於西鄙, 自稱安定國公(『續資治通鑑長編』
  권11).

• (開寶三年 九月) 丙辰, 女眞國遣使齋安定國王烈萬華表, 獻方物(『宋史』 권2, 본기2, 太
  祖2).

• 安定國本馬韓之種, 爲契丹所攻破, 其酋帥糾合餘衆, 保于西鄙, 建國改元, 自稱安定國,
  開寶三年, 其國王烈萬華表因女眞遣使入貢, 乃附表貢獻方物(『宋史』 권491, 열전250,
  外國7, 安定國).

[光宗 22年(971) 辛未]
    宋 太祖 開寶 4年, 契丹 景宗 保寧 3年

補遺　乾德九年歲次辛未十月二十一日, 於元和殿, 開讀大藏經時, 皇帝陛下詔曰, 國內寺院, 唯有三處, 只有不動, 門下弟子, 相續住持, 代代不絶, 以此爲矩. 所謂高達院·曦陽院·道峯院, 住持三寶, 須憑國主之力, 所以釋迦如來出世道, 佛法付囑國王大臣. 是以我皇帝陛下, 情深敬重, 釋門妙理, 共結良因, 軌矩恒流 … 始丙寅年, 剙工碑塔, 終至丁丑年, 功畢也(「驪州高達院元宗大師慧眞之塔碑).

飜譯　乾德 9년 干支는 辛未, 10월 21일(癸未, 陽11月 11日)[1] 元和殿에서[2] 大藏經을 講讀할 때, 皇帝陛下께서 詔勅을 내려 말하기를 "國內의 寺院 중에서 오직 三處만을 (元宗大師 璨幽의 宗風을 繼承하여 他 宗團으로) 바꾸지 말게 하고[只有不動], 門下의 弟子들이 住持를 相續하여 代代로 끊어지지 않게 하고, 이것을 規則[矩]으로 하시오."라고 하였다. 이른바 高達院·曦陽院·道峯院 등인데, 이들 三寶의 住持는 國主의 힘에 依支하여야 하는데, 그 까닭은 釋迦如來가 세상에 나와서 佛法을 國王과 大臣에게 부탁하였기 때문이다. 이로써 우리 皇帝陛下께서도 깊은 情誼로 釋門의 妙理를 공경하고 중하게 여겨 함께 좋은 因緣을 맺어 이 규칙이 영원히 전해지도록 하였다. … 丙寅年(966, 광종17) 碑塔工事를 시작하여 丁丑年(977, 景宗2)에 工役을 마쳤다.

注釋

1) 이해의 10월은 大盡이고 초하루[朔日]는 癸亥이다. 이날은 그레고리曆으로 11월 16일이다.

2) 元和殿은 궁궐의 殿閣 중의 하나이지만, 이 자료와 983년(성종2) 11월 13일(甲子, 陽12月 19日) 동짓날[日南至] 이곳에서 群臣들의 賀禮를 받았다는 記事만이 찾아지고 있어 어떠한 성격의 殿閣인지는 알 수 없다(『신증동국여지승람』 권5, 開城府下, 古跡, 元和殿에도 내용이 같다).

原文　冬十二月 壬寅, 地震.

飜譯　12월 □일(壬寅)[1] 地震이 發生하였다.[2]

注釋

1) 이해의 12월은 小盡이고 초하루[朔日]는 癸亥이다. 이달에는 壬寅이 없고, 壬申(10일), 壬午(20일)가 있는데, 12월이 옳다면 이들 兩日 중의 하나일 것이다. 아니면 11월 壬寅(10일, 陽9月 30日)일 가능성도 있다.

2) 일본에서는 이달에 地震이 보이지 않고, 3월 4일(己亥), 4월 6일(辛未), 7월 6일(己亥) 등에 地震이 있었다고 한다(『日本紀略』後篇6, 圓融院, 天祿 2년 : 『日本史料』 1~12, 353쪽).

關聯資料

• 冬十二月 壬寅, 地震(『고려사절요』 권2, 광종 22년).

• 光宗二十二年 十二月 壬寅, 地震(『고려사』 권55, 지9, 五行3).

補遺　光宗開寶辛未, 改臨海郡爲金海府(『경상도지리지』, 晉州道, 金海都護府).

飜譯　光宗 22년(開寶 辛未)에 (臨海郡을) 金海府로 改編하였다.[1]

注釋

1) 이는 신라하대의 金官小京이 940년(태조23) 郡縣의 名稱이 개정될 때 金海府가 되었다가 그 후 어느 시기에 臨海縣으로 降等되었다고 한다. 그러다가 다시 臨海郡으로 昇格한 후 이때 다시 김해부로 승격된 조치이다. 이때 이루어진 餘他 郡縣의 升降은 알 수 없다.

[光宗 23年(972) 壬申] 閏月　宋・契丹・高麗・日本②
　　　　　　　　　　　　　宋 太祖 開寶 5年, 契丹 景宗 保寧 4年, 日本 圓融 天祿 3年

原文　春二月, 地震.

飜譯　2월에[1] 地震이 發生하였다.[2]

注釋

1) 이해의 2월은 小盡이고 초하루[朔日]는 壬戌이다. 이달은 그레고리曆으로 2월 23일 부터 3월 22일까지이다.

2) 日本에서는 이해의 閏2월 14일(甲辰, 陽4월 5日) 午前 3時에서 5時 사이에[寅刻] 大地震이 있었다(『日本紀略』後篇6, 圓融院 天祿 3년 閏2월 14일).

關聯資料

春二月, 地震(『고려사절요』 권2, 광종 22년 ; 『고려사』 권55, 志9, 五行3).

補遺　春, 國師惠居辭退(「惠居國師碑」 : 許興植 1986年 582쪽 所收).

飜譯　봄에 國師 惠居가[1] 辭退하였다.

注釋

1) 惠居는 정종 1년 가을[秋]의 주석 1)과 같다.

原文　秋八月, 赦.

飜譯　8월에[1] 사면령을 내렸다.

注釋

1) 이해의 8월은 小盡이고 초하루[朔日]는 戊子이다.

補遺　(開寶五年) 八月 庚寅, 高麗國王王昭, 遣使獻方物(『宋史』 권3, 本紀3, 太祖3).

飜譯　(開寶 5년) 8월 3일(庚寅, 陽9월 13日) 高麗國王 王昭가 使臣을 보내와 方物을 바쳤다.[1]

注釋

1) 이때의 고려 使臣團은 아래의 관련된 자료에 의하면, 正使·內議侍郞 徐熙, 副使·內奉卿 崔鄴, 判官·廣評侍郞 康禮, 錄事·廣評員外郞 劉隱 등이다.

關聯資料

• 開寶五年, 遣使以方物來獻, 制加食邑, 賜推誠·順化·守節·保義功臣. 進奉使內議侍郎徐熙加檢校兵部尙書, 副使內奉卿崔鄴加檢校司農卿, 並兼御史大夫, 判官廣評侍郎康禮試少府少監, 錄事廣評員外郎劉隱加檢校尙書金部郎中, 皆厚禮遣之(『宋史』권487, 열전 246, 外國3, 高麗).

• (開寶五年) 八月 三日, 高麗國王王昭, 遣使貢方物(『宋會要輯稿』199책, 蕃夷7, 歷代朝貢).

• (光宗) 二十三年, 奉使如宋, 時不朝宋十數年. 熙徐熙至, 容儀中度, 宋太祖嘉之, 授檢校兵部尙書(『고려사』권94, 열전7, 徐熙).

原文 是歲, 賜楊演等及第.

飜譯 이해에 楊演[1] 등에게 及第를 下賜하였다.[2]

注釋

1) 楊演은 이 자료 외에 찾아지지 않아 어떠한 인물인지는 알 수 없다.

2) 이는 972년(광종23) 9월 5일(辛酉, 陽10월 14일) 知貢擧 王融과 同知貢擧 金柷가 主管한 科擧에 楊演·柳邦憲 등이 급제한 사실을 말한다.

關聯資料

• (光宗) 二十三年, 王融, △爲知貢擧, 金柷△爲同知貢擧, 取進士, 賜楊演等四人及第(『고려사』권73, 지27, 選擧1, 科目1, 凡選場).

• (光宗)二十三年, 增置同知貢擧, 尋罷之(『고려사』권74, 지28, 선거2, 試官).

• 乾元乾德十年壬申開寶五年九月 五日(辛酉, 陽10월 14일), 一擧中科首, 勑可攻文博士(「柳邦憲墓誌」; 乾元은 乾德을 달리 表記한 것인데, 그 事由는 알 수 없다).

• 王融, △爲知貢擧, 金柷△爲同知貢擧, 始增置同知貢擧, 尋罷, 取四人(『高麗列朝登科錄』前編권1).

補遺 (天祿三年 九月) 廿三日己卯, 太宰府言上, 高麗國南涼原府使者, 著着對馬嶋之由(『日本紀略』後編6, 圓融院).

飜譯 (天祿 3년 9월) 23일(己卯, 陽11月 1日)[1] 다자이후[太宰府, 現 福岡縣 太宰府市 位置]가 報告하기를 高麗國 南原府使가 對馬嶋에 도착하였다고 하였다.

注釋

1) 이해의 9월은 大盡이고 초하루[朔日]는 丁巳이다.

補遺 天祿三年 十月 七日^{太宰府言上高麗船來由}, 大宰府言上, 高麗國船一艘到來對馬嶋之由, 高麗南原府使咸吉兢. 同月十五日^{同船來事} 重言上, 高麗國船一艘到同嶋之由, 高麗金海府使李純達. 件二个船, 州各殊, 年號不同, 有公家定, 彼日記·雜書等在別(『親信卿記』).

飜譯 天祿 3년 10월 7일(癸巳, 陽11月 15日)[1] 다자이후[太宰府]가 高麗國船 1艘가 對馬嶋에 到來한 事由와 高麗의 南原府使 咸吉兢에[2] 대해 報告하였다[言上]. 같은 달 15일(辛丑, 陽11月 28日) 다시 高麗國船 1艘가 같은 섬에 도착한 사유와 高麗 金海府使 李純達에[3] 대해 보고하였다. 이들 2船의 州名이 각각 다르고 年號의 表記도 같지 않아,[4] 朝廷[公家]의 評議[陣定]가[5] 있었다. 그들의 日記와 雜書 등 別途로 記錄한다.[6]

注釋

1) 이해의 10월은 大盡이고 초하루[朔日]는 丁亥이다.

2) 咸吉兢은 다른 자료에 찾아지지 않아 인적 사항을 알 수 없다.

3) 李純達은 다른 자료에 찾아지지 않아 인적 사항을 알 수 없다. 이에서 咸吉兢과 李純達이 띠고 있는 南原府使와 金海府使가 주목되는데, 이는 당시에 韓半島의 南部 地域에서 조차 中央의 政令이 잘 執行되고 있다는 것을 反映해 준다. 또 이는 983년(성종2) 2월 12牧을 설치를 地方官 派遣을 통한 中央集權化의 실마리로 생각하고 있는 學者들에게 어떤 刺戟을 줄 수 있을 것이다. 弓裔와 甄萱에 의해 새로운 政權이 創出된 이래 後三國의 統一戰爭過程에서 都護府·都督府·州郡縣 등의 설치를 통해 中央集權化는 계속 이루어져 왔고, 일부의 地方勢力(豪族)이 半分權的인 位相을 지니고 있었던 地域은 現在의 慶尙道 그것도 洛東江 동쪽이었을 것이다.

4) 年號가 같지 않다는 것은 당시에 고려가 宋의 年號인 開寶와 고려의 연호인 峻豊을

함께 사용했을 가능성이 있다.

5) 陣定(진노사마메)은 헤이안(平安) 중기 이래 일본 조정에서 행한 政務를 評議하고 執行했던 형식의 하나로서, 陣議(儀)·仗議(儀)라고도 한다.

6) 이때 고려의 두 사신단이 이어서 일본에 도착한 것은 험난한 大韓海峽을 건너서 외교 관계가 이루어지지 않은 일본에 사신단이 반드시 도착할 수 있도록 하기 위한 고려의 세심한 배려로 추측된다. 이는 1367년(공민왕16) 같은 목적을 띤 고려의 두 사신단이 비슷한 시기에 일본에 도착한 것과 같은 범주일 것이다[張東翼 2007年].

補遺   天祿三年 十月 廿日, 諸卿定申太宰府言上高麗國牒送事, 宰府可賜封^{報?}符者 (『百練抄』 권4).

飜譯   天祿 3년 10월 20일(丙午, 陽11월 28日) 여러 公卿들이[諸卿] 다자이후[太宰府]가 報告한[言上] 高麗國이 牒을 보낸 일을 評議[陣定]하여 보고하자 다자이후로 하여금 答書[返牒]를 보내게 하였다.

原文   (是歲) 遣內議侍郞徐熙等如宋, 獻方物, 帝制加王食邑, 賜推誠·順化·守節·保義功[1]臣號. 授熙檢校兵部尙書, 副使·內奉卿崔業檢校司農卿, □^北兼御史大夫[2], 判官·廣評侍郞康禮檢校少府少監, 錄事·廣評員外郞劉隱檢校尙書金部郞中, 並賜官誥.

校訂

1)의 '臣號'는 亞細亞文化社本의 『고려사』에는 '號臣'으로, 東亞大學本의 『고려사』와 『고려사절요』에는 '臣號'로 되어 있으나 後者가 옳다.

2) 『宋史』 권487, 열전246, 外國3, 高麗에 의하면 並字가 더 있다.

飜譯   (이해에) 內議侍郞 徐熙[1] 등을 宋에 보내 方物을 바치자 황제가 왕에게 食邑을 더해주고 推誠順化守節保義의 功臣號를 내렸다[制].[2] 徐熙에게 檢校兵部尙書兼御史大夫를, 副使인 內奉卿 崔業에게[3] 檢校司農卿兼御史大夫을, 判官인 廣評侍郞 康禮에게[4] 檢校小府少監을, 錄事인 廣評員外郞 劉隱

에게[5] 檢校尙書·金部郞中을 각각 주고 아울러 官誥도 하사하였다.[6]

注釋

1) 徐熙(徐曦, 942~998)는 利川人으로 어릴 때의 字[小字]는 廉允(혹은 光允)이며, 大匡·內議令 徐弼(901~965)의 아들이다. 960년(광종11) 3월 知貢擧 雙冀의 門下에서 18歲의 나이로 甲科에 及第하여 廣評員外郞에 超授되었다. 이후의 歷官은 분명하지 않고, 972년(광종23, 開寶5) 8월 內議侍郞으로 進奉使로서 宋에 도착하자 太祖가 10餘年間 朝會를 하지 않던 고려가 來貢하여 왔음으로 기뻐하여 가상히 여겨 檢校兵部尙書兼御史大夫에 임명하였다고 한다. 983년(성종2) 5월 佐丞(3品下)으로서 兵官御事에 임명되었고, 이해에 成宗이 微行하여 西京의 永明寺에 놀러 가려고 할 때 上疏하여 諫하자, 이에 中止하고 鞍馬를 下賜하였다고 한다.

이어서 內史侍郞平章事[內史侍郞]에 임명되었는데, 993년(성종12) 10월 契丹이 侵入하자 中軍使로 임명되어 北界에 파견되었다. 閏10월에 敵將 蕭恒德(蕭遜寧)이 蓬山郡을 공격하자, 서희가 이를 防禦하기 위해 가서 蕭恒德(蕭遜寧)을 遭遇하였는데, 蕭恒德이 書狀을 보내 降服을 요구하였다. 서희가 書狀을 읽고 돌아와서 "가히 和親할만합니다."라고 보고하자, 成宗이 허락하였다. 이때 여러 臣下 가운데서 西京以北 領土의 一部를 契丹에 割讓하려는 意見도 있었으나[割地論], 서희는 이에 반대하고 事態의 推移를 좀 더 살펴보자고 하였다. 兩軍이 對峙하고 있는 가운데 蕭恒德이 大臣을 파견하여 面對하자고 하자, 서희가 自請하여 蕭恒德의 陣營에 나가서 對等한 立場에서 談判에 응하였다. 兩者가 모두 高句麗를 繼承하였다는 意見을 提示하면서 韓半島 北部地域의 領有를 주장하였으나, 서희는 고려가 고구려의 繼承國임을 분명히 하였다. 이와 함께 蕭恒德의 要求事項인 宋과의 外交關係의 斷絶과 形式上이나마 契丹에의 臣屬을 受容하여 兩國의 講和가 이루어지게 되었다.

이어서 門下侍郞平章事[平章事]에 轉補되었고, 994년(성종13) 門下侍郞平章事[平章事]로서 軍隊를 이끌고 女眞을 攻擊하여 逐出하고, 長興(現 平安北道 泰川郡 位置)·歸化(位置不明) 2鎭과 郭州(現 平安北道 郭山郡)·龜州(現 平安北道 龜城郡으로 추측됨)의 2州에 城을 쌓았다. 다음해에 다시 軍士를 거느리고 가서 安義(現 平安北道 龜城郡 位置)·興化(現 平安北道 義州郡 位置)의 2鎭에 城을 쌓았다. 이 시기에 太保·內史令에 임명되었고, 996년(성종15) 宣州(現 平安北道 宣川郡)·孟州(혹은 猛州·孟城, 現 平安南道 孟山郡)의 2州에 城을 쌓았으나, 이해에 病이 들어 開國寺에

머물고 있었는데, 成宗이 친히 問病하였다. 다음해 病으로 職事에 勤務하지 못했음에도 불구하고 致仕祿이 내려 졌으며, 998년(목종1) 7월에 別世하였다(57歲). 章威라는 諡號가 내려졌고, 1027년(현종18) 4월 崔承老·崔亮·李知白·李夢游 등과 함께 成宗의 廟庭에 配享되었고, 1033년(덕종2) 10월 歷代의 功臣들이 追贈될 때 太師에 追贈되었다. 또 그는 현재 京畿道 利川市 官庫洞 설봉공원내의 설봉서원에 配享되어 있다(『고려사』권94, 열전7, 徐熙 ; 『宋史』권487, 열전246, 外國3, 高麗 ; 「徐鈞墓誌銘」 ; 「徐恭墓誌銘」).

2) 『說文』에 '制가 裁이다.'고 하였는데, 이는 裁斷이라는 의미에서 派生되어 帝王의 命令을 뜻한다. 秦始皇이 처음으로 命을 制로 바꾸었고, 秦漢時期에서 隋代를 거쳐 唐의 初期까지 制와 詔는 같은 의미로 사용되었다. 唐의 初期에는 王言의 正式名稱인 詔書가 制書와 함께 사용되었으나, 則天武后(689~705 在位) 때에 武后의 이름인 武照의 '照'字를 避諱하여 詔書를 制書로 改稱하였다(『舊唐書』6, 則天武后紀, 載初元年 ; 『資治通鑑』권204, 天授 元年 11월 丁亥 ; 中村裕一 2003年 8~11쪽). 則天武后가 崩御하고 中宗이 復位한 후(705년 1월) 則天文字는 廢止되었지만(2월), '制'字는 '詔'字의 復舊에도 불구하고 그대로 사용되어 詔書와 制書가 混用되어 宋代로 이어졌고, 이후 官僚의 任用에서 制書가 그대로 사용되었다.

3) 崔業(生沒年不詳)은 어떠한 인물인지는 알 수 없으나 972년(광종23, 開寶5) 8월 內奉卿으로 進奉副使로서 宋에 도착하여 檢校司農卿兼御史大夫에 임명되었다고 한다(『宋史』권487, 열전246, 外國3, 高麗).

4) 康禮(生沒年不詳)는 어떠한 인물인지는 알 수 없으나 972년(광종23, 開寶5) 8월 廣評侍郎으로 進奉判官으로서 宋에 도착하여 試少府少監에 임명되었다고 한다(『宋史』권487, 열전246, 外國3, 高麗).

5) 劉隱(生沒年不詳)은 어떠한 인물인지는 알 수 없으나 972년(광종23, 開寶5) 8월 廣評員外郎으로 進奉錄事로서 宋에 도착하여 檢校尙書金部郎中에 임명되었다고 한다. 또 그는 忠州劉氏로 추측되기도 한다(『宋史』권487, 열전246, 外國3, 高麗 ; 李樹健 1984年 184쪽).

6) 이 자료의 原典으로 추측되는 관련자료(『宋史』권3, 본기3, 태조3)에 의하면, 이 사실은 같은 해 8월 3일(庚寅, 陽9월 18日)에 있었던 일이다. 이때 徐熙와 崔業이 모두 御史大夫를 겸직하여 임명되었다.

轉載 (光宗) 二十三年, 城雲州(『고려사』 권82, 지36, 병2, 城堡).

翻譯 (광종) 23년에 雲州(威化鎭, 現 平安北道 雲山郡)에 城을 쌓았다.

補遺 開寶五年, 大師^{弘道三重大師} ^{坦文}特爲儲后, 年齊鶴算, 日盛龍樓, 扶玉扆以儲休, 佐瑤圖而演慶, 迺入千佛道場焚禱(「瑞山普願寺法印國師寶乘之塔碑」).

翻譯 開寶 5년(972)에 大師(王師·弘道三重大師 坦文)가 특별히 太子[儲后]의 長壽 와 健康을 祝壽하고, 皇帝를 補佐하여 儲君[儲休]의 위치를 바르게 하고 宗室 [瑤圖]을 扶持하여 慶事를 성취하도록 하기 위하여 (歸法寺의) 千佛道場에 들 어가 香을 사르며 祈禱하였다.[1]

注釋

1) 이 자료는 法印國師 坦文(900~975)이 王師로서 歸法寺에 머물고 있을 때의 일을 기 록한 것이다.

補遺 泊返西宮, 便擬東還. 奧以光宗大王, 開寶五年壬申, 來歸也, 鶴返遼城, 鳳儀 丹穴. 君臣仰標, 同羅什之歸秦, 緇素趨風, 似摩騰之入漢. 詔令安下於禪師(「 陜川靈巖寺寂然國師慈光塔碑文」).

翻譯 (寂然國師 英俊이[1]) 마침 中國에 使臣으로 갔다가 本國으로 돌아오는 一行 을[2] 만나 문득 돌아올 결심을 하였다. 光宗大王 開寶 5年 壬申(972)에 歸國 하니 鶴이 遼城에 돌아오며 鳳凰이 丹穴에 있는 것과 같은 모습이었다. 君 臣들이 推仰하여 鳩摩羅什(Kumarajiva, 344~413)이 前秦[秦]에 온 것과 같았 으며, 僧侶와 庶民[緇素]이 모두 趨慕하니 摩騰(馬騰, ?~212)이 後漢[漢]에 들어온 것과 같았다. 詔勅을 내려 禪師를 편안하게 모시도록 하였다.[3]

注釋

1) 寂然國師 英俊(932~1014)은 京山府(現 慶尙北道 星州郡) 출신으로 俗姓은 金氏, 法 名은 英俊이고, 仁處의 아들이다. 932년(長興3년 壬辰, 태조15 ; 碑文에는 '廣順二 年壬辰'으로 되어 있지만 壬辰年은 長興 3년이다) 1월 8일(庚寅, 陽2月 16日) 戰亂 을 피해 原州管內의 興法寺에 居住하고 있던 母 呂氏에게서 태어났다. 13歲 때인 944년(혜종1) 安定縣(現 全羅南道 長興郡) 天關寺(天冠寺)의 崇攽和尙의 門下에 나

아가 佛法을 배웠다. 950년(乾祐3, 광종1 ; 비문에는 '天祐三年'으로 되어 있으나 乾祐 3년의 잘못일 것이다) 3월[丙月]에 開京[京城] 興國寺의 官壇에서 具足戒를 받은 후 道峯山 寧國寺의 慧炬國師의 門下에 들어가 修行하였다.

968년(乾德6, 광종19) 3월에 吳越國에 들어가 永明寺(淨慈寺, 現 浙江省 杭州市 位置)의 僧侶 延壽(904~975)의 門下에서 修行하다가 972년(開寶5, 광종23) 후반기에 高麗의 使臣 徐熙 一行이 歸還할 때 歸國하였다. 1년 후에 王命으로 福林寺의 住持가 되었고, 成宗으로부터 法階와 法號를 下賜받고 師子山寺(現 江原道 寧越郡 영주면 興寧寺)로 옮겼다. 988년(端拱1, 성종7) 詔勅을 받아 開京으로 나가 成宗을 謁見하여 磨衲袈裟를 下賜받았다. 997년(統和15, 목종 즉위년) 11월 穆宗이 즉위하여 禪師로 册封하고 普法寺[報法寺, 現 京畿道 開豊郡 대성면 고읍리 位置]에 머물게 하였다. 이어서 大禪師에 册封되고 內帝釋院에 住錫하였으나, 1011년(統和29, 현종2) 4월[仲呂月] 老衰·病弱하여 山中으로 돌아가기를 청하였다. 이에 顯宗이 加壽縣(嘉壽縣, 現 慶尙南道 陜川郡 三嘉面) 靈巖寺에 居住하게 하고, 道俗의 使臣을 파견하여 護送하였다. 1014년(開泰3, 현종5) 6월 22일 入寂하였는데, 俗世의 나이는 83歲, 僧臘은 69歲였다. 顯宗이 使臣을 파견하여 朝儀를 내리고, 이어서 寂然國師라는 諡號와 慈光之塔이라는 塔號를 내렸다(「陜川靈巖寺寂然國師慈光之塔碑銘」).

2) 이해의 後半에 歸國한 고려의 사신단은 正使·內議侍郎 徐熙, 副使·內奉卿 崔業, 判官·廣評侍郎 康禮, 錄事·廣評員外郎 劉隱 등이었다.

3) 이 자료는 寂然國師 英俊(932~1014)이 宋에서 歸國하였을 때의 일을 기록한 것이다[許興植 1986年 615쪽].

[光宗 24年(973) 癸酉]

宋 太祖 開寶 6年, 契丹 景宗 保寧 5年

原文 春二月, 賜白思柔等及第.
飜譯 2월에[1] 白思柔 등에게[2] 及第를 下賜하였다.

注釋

1) 이해의 2월은 小盡이고 초하루[朔日]는 丙戌이다. 이달은 그레고리曆으로 3월 13일부터 4월 10일까지이다.

2) 白思柔(生沒年不詳)는 水原白氏로 추측되며, 973년(광종24) 2월 王融이 주관한 과거에서 甲科 1人으로 급제하였다. 이후의 歷官은 알 수 없으나 991년(성종10) 2월에 知貢擧로서 崔沆 등을 선발하였고, 같은 해 10월에는 宋에 謝禮使로 파견되었다. 이때 같은 해 4월에 韓彦恭이 太宗으로부터 받아온 大藏經을 위시한 각종 書籍에 대한 謝禮를 위해 파견되었는데, 다음해 2월 歸還 길에 八角海口에서 宋이 使臣으로 파견한 陳靖·劉式 등을 만나 함께 歸國하였다. 그렇지만 그를 隨從했던 孔目吏 張仁詮이 高麗의 機密을 宋에 漏泄하였다고 한다. 995년(성종14) 3월에 再次 지공거가 되어 李子琳(李可道, 賜姓을 받아 王可道) 등을 선발하였다(『宋史』 권487, 열전246, 外國3, 高麗 ; 『淡庵集』附錄下, 白文寶行狀 ; 李樹健 1984年 219쪽 ; 閔賢九 1987年 ; 朴龍雲 1990年 329쪽).

關聯資料

• 春二月, 賜白思柔等二人及第(『고려사절요』 권2, 광종 24년 2월).

• (光宗) 二十四年 二月, 王融, △^爲知貢擧取進士, 賜白思柔等二人及第(『고려사』 권73, 지27, 선거1, 科目1, 選場).

轉載　光宗二十四年 二月 壬寅, 連理木, 生于京城德瑞里(『고려사』 권54, 지8, 오행2).

翻譯　光宗 24년 2월 17일(壬寅, 陽3月 24日) 連理木이[1] 京城 德瑞里에서 생겨났다.

注釋

1) 連理木은 連理枝라고도 하며, 줄기가 다른 두 나무의 가지가 서로 연결되어 나무의 결[木理]이 하나로 합해 진 것을 가리킨다. 이는 다른 나무의 가지가 서로 密着되어 있다고 하여 相思樹하고도 하는데, 夫婦間의 琴瑟, 兄弟間의 友愛가 깊은 것을 象徵한다. 『晉書』 권6, 帝紀6, 中宗元帝, 建武 1년 6월 丙寅 司空·幷州刺史 劉琨, 幽州刺史·左賢王 段匹磾 등 180人이 올린 上書에 "뿔이 한 개 있는 짐승과 가지가 붙어 있는 나무[連理之木]는 좋은 조짐[吉兆]으로 받아들이는데, 대개 많은 種類가 있다.

一角之獸, 連理之木, 以爲休徵者, 蓋有百數"라는 句節이 있다. 이와 對稱되는 槪念으로 한 뿌리에 나서 서로 부딪치는 가지는 相磨木 혹은 磨友木이라고 한다(『동국이상국집』권12, 相磨木, 俗云磨友木也).

補遺 以開寶六年六月十七日□時, 示滅于歸法寺, 葬於八德山. 山在歸法寺之東南, 去寺百許步, 豊且秀者, 是也, 報年□□□五十一, 僧臘□□□三十七(『均如傳』 第10, 變易生死分者).

飜譯 開寶 6년 6월 17일 某時에 (均如大師가) 歸法寺에서 入寂하니 八德山에 葬事하였다. 山은 歸法寺의 東南쪽에 있고, 절에서 100餘步 떨어진 숲이 울창하고 수려한 곳이 바로 그곳이다. 俗世의 나이는 51歲, 僧臘은 37歲이다.[1]

注釋

1) 年齡은 均如(923~973)의 生涯에 의해 類推하였다.

轉載 光宗二十四年 十二月, 判, 陳田墾耕人, 私田, 則初年, 所收全給, 二年, 始與田主半分, 公田, 限三年全給, 四年, 始依法收租(『고려사』권78, 지32, 食貨1, 田制 租稅).

飜譯 광종 24년 12월에[1] 制[判]을[2] 내려, "耕作되지 않는 田畓[陳田]을 開墾한 사람은 私田에서는 첫해에 收穫의 全部를 支給하고, 2년에 비로소 田主와 半分하고, 公田에서는 3년까지 전부를 지급하고, 4년에 비로소 法에 依據하여 租를 거두게 하시오."라고 하였다.

注釋

1) 이해의 12월은 小盡이고 초하루[朔日]는 辛巳이다. 이달은 그레고리曆으로 974년 1월 2일부터 30일까지이다.

2) 判은 中原의 前近代社會에서 司法機關이 決定[裁決]한 決案·判案을 指稱한다. 그런데 『고려사』에서 사용된 判은 帝王의 命令인 制勅을 意味하는데, 이는 원래 『고려실록』에서의 '下制曰', '下制', '制曰' 등을 『고려사』의 編纂者가 判으로 改書하였던 것으로 推測된다. 그래서 『고려사』의 最終編纂段階에서 實際와 같이 還元하는 과정에서 原狀復舊를 못하였기에 制曰과 判曰이, 制와 判이 混用되어 있다.

轉載 (光宗) 二十四年, 城和州一千十四間, 門六, 水口三, 重城一百八十間. 城高州 一千十六間, 門六, 城長平·博平二鎭及高州. 又修信都□城, 城嘉州一千五百 十九間, 城安戎鎭(『고려사』 권82, 지36, 병2, 城堡).

飜譯 (광종) 24년에 和州(現 咸鏡南道 永興郡)에 1,014間의 城을 쌓았는데, 門이 6, 水口가 3個이고 重城이[1] 180間이었다. 高州(現 咸鏡南道 高原郡)에 1,016間의 城을 쌓았는데, 門이 6개였다. 長平(現 咸鏡南道 永興郡 位置)· 博平(現 咸鏡南道 永興郡 位置)의 2鎭 및 高州에 城을 쌓았다. 또 信都城 (現 平安北道 博川郡 嘉山面 位置)을 修理하였다.

注釋

1) 重城은 城郭의 안쪽이나 바깥쪽에 2重으로 城壁을 쌓은 것으로 地形이 낮은 곳[低 地帶]에 주로 쌓았다.

關聯資料

• 是歲, 城長平·博平二鎭及高州, 又修信都城(『고려사절요』 권2, 광종 24년).

[參 考]

高 麗

• 光廟二十四年, 禪師始來于慶雲山, 創蘭若, 曰百巖禪院, 時, 大宋開寶六年也(「眞樂公重 修淸平山文殊院記」; 이는 中原出身의 僧侶 永玄이 慶州地域에서 慶雲山에 와서 百 巖禪院을 건립한 記事이다).

[光宗 25年(974) 甲戌] 閏月 宋·契丹·高麗·日本⑩
宋 太祖 開寶 7年, 契丹 景宗 保寧 6年, 日本 天延 2年

原文 春三月, 賜韓蘭卿等及第.

飜譯 3월에[1] 韓蘭卿 등에게[2] 及第를 下賜하였다.

注釋

1) 이해의 3월은 小盡이고 초하루[朔日]는 庚戌이다. 이달은 그레고리曆으로 4월 1일부터 29일까지이다.

2) 韓蘭卿(生沒年不詳)은 楊州(現 京畿道 楊州市) 출신으로 974년(광종25) 3월 지공거 王融이 주관한 과거에서 甲科 1人으로 급제하였다. 989년(성종8)에 選官侍郎으로 兵官郎中 魏德柔와 함께 宋에 파견되어 太宗으로부터 2人이 함께 金紫光祿大夫에 임명되었다. 이보다 먼저 王治(成宗)가 僧侶 如可에게 表를 가지고 謁見하게 하여 大藏經을 요청했는데, 이에 이르러 下賜하고 함께 歸國하게 하였다고 한다. 1007년(목종10) 7월에 平章事로서 穆宗의 後宮 邀石宅宮人 金氏·吏部侍郎 金諾 등과 함께 慶州人 融大로부터 壓良爲賤된 奴婢를 賂物받았다가 楊州에 流配되기도 하였다. 그의 딸 萱英은 顯宗의 後宮이 되었다(『고려사』 권88, 열전1, 后妃, 穆宗 宮人 金氏·顯宗 宮人 韓氏 ; 『宋史』 권487, 열전246, 外國3, 高麗 ; 李樹健 1984年 219쪽).

關聯資料

• (光宗) 二十五年 三月, 王融, △爲知貢擧, 取進士. 賜韓蘭卿等二人及第(『고려사』 권73, 지27, 선거1, 科目1, 選場).

• 春三月, 賜韓蘭卿等二人及第(『고려사절요』 권2, 광종 25년).

補遺 天延二年 閏十月 卅日甲戌, 高麗國交易使·藏人所出納國雅, 相具貨物參入. 其中彼國馬一疋, 葦毛似本朝駄馬, 不可爲貢賒(『日本紀略』後編6).

飜譯 天延 2년 閏10월 30일(甲戌, 陽12월 16日)[1] 高麗國交易使·藏人所出納 國雅(혹은 高麗貨物使 雅章)가 여러 貨物을 갖추어 가져왔는데, 그중에서 그 나라의 馬 1匹은 葦毛가[2] 日本의 駄馬와 같아서 購買[貢賒]할 수 없었다.[3]

注釋

1) 이해의 閏10월은 大盡이고 초하루[朔日]는 乙巳이다.

2) 葦毛는 말의 털 색깔을 가리키는데, 白毛에 褐色·짙은 褐色 등의 여러 색깔이 섞여 있는 것이다. 連錢葦毛·白葦毛·黑葦毛·山鳥葦毛·花葦毛 등이 있다고 한다(『和名類聚抄』, 牛馬, 牛馬毛).

3) 이 자료의 高麗貨物使, 高麗國交易使는 실제로 高麗에 파견된 것이 아니고 다자이후(大宰府)에 파견되어, 고려 사신단 또는 商人들이 일본에 가져온 고려의 産物을

購入했던 것으로 추측된다[森克己 1975年 419쪽].

關聯資料

天延二年 閏十月 □□貨物使還參 卅日, 高麗貨物使雅章還參事, 在解文(『親信卿記』).

原文 是歲, 西京居士緣可, 謀叛伏誅.

飜譯 이해에 西京의 居士 緣可가[1] 叛逆을 꾀하다가 處刑을 당하였다.

注釋

1) 緣可는 이 자료 외에 찾아지지 않아 어떠한 인물인지는 알 수 없다.

原文 (是歲) 僧惠居死, 以坦文爲國師.

飜譯 (이해에) 僧侶 惠居가[1] 入寂하였음으로[死][2] 坦文을[3] 國師로 삼았다.[4]

注釋

1) 惠居는 정종 1년 가을[秋]의 주석 1)과 같다.

2) 『고려사』의 編纂者가 佛敎界의 最高指導者였던 國師 惠居의 入寂을 大夫의 죽음인 '卒'字로 表記하지 아니하고 '死'字로 表記한 것은 典故에 어두웠거나, 아니면 僧侶에 대한 偏見을 가지고 있었기 때문일 것이다. 『고려사』에서 官人의 죽음을 卒이 아닌 '死'字로 表記한 事例가 더러 보이는데 주로 嬖幸·內僚·方技 등의 出身이다(충렬왕대의 金義光·張舜龍·曹允通·印侯 등).

3) 坦文은 태조 4년 龍德元年의 주석 1)과 같다.

4) 惠居는 974년(광종25) 2월 15일(甲午)에 入寂하였고(「惠居國師碑」), 坦文은 975년(開寶8, 광종26) 1월 이후에 國師로 册封되었으므로(「瑞山普願寺法印國師寶乘之塔碑」), 이 記事는 적절한 記述이라고 할 수 없다.

轉載 (光宗) [1]□□□□二十五年 城嘉州一千五百十九間, 城安戎鎭(『고려사』 권82, 지36, 병2, 城堡).

飜譯 (광종) 25년 嘉州(現 平安北道 雲田郡)에 1,519間의 城을 쌓고, 安戎鎭(現 平安南道 安州郡 文石面 位置)에 城을 쌓았다.[2]

校訂

1) 原文에는 "(光宗) 二十四年, 城和州一千十四間, 門六, 水口三, 重城一百八十間. 城高州一千十六間, 門六, 城長平·博平二鎭及高州. 又修信都□城. □□□□二十五年, 城嘉州一千五百十九間, 城安戎鎭"으로 되어 있으나 二十五年이 缺落되었던 것 같다. 이는 安戎鎭의 築城은 974년(광종25)에 이루어졌다고 한 점을 통해 類推할 수 있다.

關聯資料

• 安戎鎭, 光宗二十五年, 築城(『고려사』권58, 지12, 지리3, 北界, 安北大都護府, 安戎鎭).

[光宗 26年(975) 乙亥]

宋 太祖 開寶 8年, 契丹 景宗 保寧 7年

補遺 開寶八年 春正月, 大師以適當衰兒, 請歸故山, 大王尙慊別慈顔, 請住歸法寺 … 大王躬詣道場, 服冕拜爲□國師, □之以避席之儀, 展之以書紳之禮, 于以問道, 于以乞言(「瑞山普願寺法印國師寶乘之塔碑」).

飜譯 開寶 8년 1월에[1] 法印國師 坦文[大師]이 衰弱해지게 되어 (王에게) 지난날에 居住하던 山寺[故山]로 돌아가기를 청하자, 光宗[大王]은 大師와 離別하는 것을 아쉬워하여 歸法寺에 住錫할 것을 청하였다 … 光宗[大王]이 친히 道場에 나아가 禮式을 갖추어[服冕] 國師로 삼고, 避席의 禮儀를 드리고 書紳의 禮를 하고서 佛法을 물어 말해 주기를 청하였다.

注釋

1) 이해의 1월은 大盡이고 초하루[朔日]는 癸酉이다. 이달은 그레고리曆으로 2월 19일부터 3월 20일까지이다.

補遺　開寶八年龍集乙亥春三月十九日, 大師將化往, 盥浴訖, 房前命衆, 迺遺訓曰, 人有老少, 法無先後, 雙樹告滅, 萬法歸空, 吾將遠遊, 爾曹好住, 如來正戒, 護之勗之哉, 言畢入房, 儼然趺坐, 示滅于當寺法堂, 俗年七十六, 僧臘六十一(「瑞山普願寺法印國師寶乘之塔碑」).

飜譯　開寶 8년 干支는 乙亥, 3월 19일(辛卯, 陽5月 2日)[1] 法印國師 坦文[大師]이[2] 入寂하려고 목욕을 하고 나서 방 앞에 大衆을 모으게 하였다. 이어서 遺訓을 내려 말하기를, "사람은 老少가 있으나 佛法에는 先後가 없고, (釋迦牟尼도) 婆羅雙樹 밑에서 入滅을 말하였으니 萬法은 모두 헛 것이다. 나는 곧 멀리 떠나려 하니 너희들은 잘 지내면서 如來의 正戒를 잘 保護하고 勉勵하여야 한다."고 하였다. 말을 마치고 房으로 들어가 儼然하게 跏趺坐를 하고서 歸法寺의 法堂에서 入滅하였는데, 俗世의 나이는 76歲, 僧臘은 61歲였다.

注釋

1) 이해의 3월은 大盡이고 초하루[朔日]는 癸酉이다. 이날은 그레고리曆으로 5월 7일이다.
2) 坦文은 태조 4년 龍德元年의 주석 1)과 같다.

原文　夏五月, 王不豫.
飜譯　5월에[1] 왕의 몸이 편찮았다[不豫].

注釋

1) 이해의 5월은 大盡이고 초하루[朔日]는 壬申이다.

原文　甲午, 薨于正寢. 在位二十六年, 壽五十一. 王卽位之初, 禮待臣下, 明於聽斷, 恤貧弱, 重儒雅. 夙夜孜孜, 庶幾治平. 中歲以後, 信讒好殺, 酷信佛法, 奢侈無節. 諡曰大成, 廟號光宗, 葬于松嶽北麓, 陵曰憲陵, 穆宗五年加諡宣烈, 顯宗五年加平世, 十八年加肅憲, 文宗十年加懿孝, 高宗四十年加康惠.

翻譯 (5月) 23일(甲午, 陽7月 4日)[1] 正寢에서 薨去하였다. 26년 동안 在位하였으며 나이 51歲이다. 王이 즉위한 처음에는 臣下를 禮遇하고 政治를 잘 處理하였으며 가난하고 약한 者를 돌보아 주고 선비들을 尊重하였다. 밤낮으로 쉼 없이 政務에 힘쓰니 거의 太平聖代가 찾아온 듯하였다. 그러나 中半 이후로는 讒訴를 믿어 사람들을 많이 죽였고 지나치게 佛敎를 信奉하였으며 奢侈하여 節制가 없었다. 諡號를 大成이라고 하고 廟號를 光宗이라고 하였으며 松嶽山의 북쪽 기슭에 葬事지내고 陵號를 憲陵이라고 하였다. 목종 5년(1002) 宣烈을, 현종 5년(1014) 平世를, 같은 왕 18년에 肅憲을, 문종 10년(1056) 懿孝를, 고종 40년(1253) 康惠를 각각 諡號에 덧붙였다.[2]

注釋

1) 이날은 그레고리曆으로 7월 9일이다.

2) 光宗은 定宗의 同母弟이지만, 어떠한 事由인지는 알 수 없으나 太祖의 後宮 信州院夫人 康氏(信州人 阿湌 起珠의 女)에 의해 養育되어 아들이 되었다(『고려사』 권88, 열전1, 后妃1, 太祖 信州院夫人 康氏).

關聯資料

• (五月) 甲午, 薨于正寢, 上諡曰大成, 廟號光宗, 葬憲陵(『고려사절요』 권2, 광종 26년 5월 甲午).

• 光宗朝, 後漢承祐元年己酉卽位, 宋開寶八年乙亥薨, 在位二十六年(『高麗列朝登科錄』 前編권1 ; 光宗의 卽位年은 後漢 乾祐 2年(己酉, 949)인데, '承祐元年'으로 表記한 事由를 알 수 없다).

原文 李齊賢贊曰, [1]光宗光王之用雙冀, 可謂立賢無方乎. 冀果賢也, 豈不能納君於善, 不使至於信讒濫刑耶. 若其設科取士, 有以見[1]光宗光王之雅, 有用文化俗之意. 而冀亦將順以成其美, 不可謂無補也. 惟其倡以浮華之文, 後世不勝其弊, [2]故宋徐奉使就譔圖經, 言取士用詩賦論三題, 不策問時政, 視其文章, 髣髴唐之餘弊云.

校訂

1)의 '光宗'은 『익재난고』 권9하, 史贊, 光王에는 '光王'으로 되어 있다. 2)『익재난고』
에는 2)에 밑줄을 친 부분이 더 들어 있는데, 이렇게 해야 끝 글자인 '云'과 調和를 이
룬다.

飜譯 李齊賢이 論評하여 말하기를, "光宗이 雙冀를[1] 등용한 것은 賢人을 씀에 基
準이 없었다고 말할 수 있으리라. 雙冀가 과연 賢明하였다면 어찌 임금을
착한 길로 引導하지 못하고 讒訴를 믿어 刑罰을 濫用하는 것을 막지 못했
는가? 科擧를 설치하여 선비를 선발한 것 같은 일을 본다면 光宗이 높은 뜻
을 가지고 文治로 風俗을 敎化하려 했음을 알 수 있다. 그리고 雙冀가 그의
뜻에 따라 그 훌륭한 일을 이루려 했으니 보탬이 없었다고 말할 수는 없다.
다만 內實이 없이 겉치레만한 文章만을 唱導했으니 後世에 끼친 弊害를 이
루 다 헤아릴 수가 없었다. 그러므로 宋의 使臣 徐兢이 『高麗圖經』을 撰하
면서 '人材를 뽑을 때 詩·賦·論의 3題만을 使用하고, 時政의 策問을 하지
않았다. 그 文章을 보니, 唐代의 餘弊와 비슷하다'고 하였다."라고 하였다.

注釋

1) 雙冀는 광종 7년 原文 7월의 주석 2)와 같다.

[參 考]

吳越

• 杭人, 號抱一子, 七歲誦經, 感羣羊跪聽, 始爲吏, 一日棄其業出家, 著宗鏡錄一百二十
卷, 日課一百八事, 未嘗暫廢. 吳越王錢氏, 請住永明禪寺, 卽淨慈寺, 凡十五年, 聚徒幾
二千人. 道播海外, 高麗國王遣使, 齎書敍弟子禮, 奉金線織成袈裟·紫水晶數珠·金藻罐
等爲獻,開寶八年入滅, 號智覺禪師,崇寧中, 追諡宗照(『咸淳臨安志』 권70, 人物11, 方
外, 僧, 延壽).
이 자료는 五代 때 활약했던 杭州(現 浙江省 杭州市) 출신의 승려로 중국 불교의 靑
原 10世인 永明寺(淨慈寺, 現 浙江省 杭州市 位置)의 僧侶 延壽(904~975, 號는 抱一
子)에 대한 기록이다. 그의 명성을 들은 고려왕이 사신을 파견하여 서신을 보내 弟

子의 禮를 표하면서 金線織成袈裟·紫水晶數珠·金藻罐 등을 증정하였다고 한다. 이
때의 고려왕은 光宗(949~975 在位)인데, 그는 智宗(圓空國師, 930~1018)·寂然國師
英俊(932~1014) 등을 위시한 36人의 僧侶를 파견하여 그의 門下에서 修學케 하였다
고 한다(「陜川靈巖寺寂然國師慈光塔碑」; 李基東 1991年). 이 자료와 관련된 자료로
다음이 있다.

- 智覺禪師者, 諱延壽, 餘杭王氏子, … 智覺乘大願力, 爲震旦法施主, 聲被異國, 高麗遣
僧, 航海問道, 其國王投書, 敍門弟子之禮, 奉金絲織成伽黎·水晶數珠·金藻餠等, 幷僧
三十六人, 親承印記, 相繼歸本國, 各化一方(『禪林僧寶傳』권9, 永明智覺禪師; 이와
유사한 내용이 『五燈會元』권10, 臨濟宗, 靑原下十世, 天台韶國師法嗣;『釋門正統』
권8, 護法外傳, 延壽;『景德傳燈錄』권26, 吉州靑原山行思禪師, 第十世, 天台山德韶
國師法嗣, 杭州永明寺延壽禪師에도 收錄되어 있다).

- 延壽, 號抱一子, 幼在俗誦經, 感諸少年(諸羊)跪聽, 後捨業爲僧, 聚徒講道, 傳播高麗 遣
使盡弟子禮, 奉金線織(紫)袈裟·(紫)水晶數珠·金藻罐爲獻·唐(宋)開寶(間)入滅, 號智覺
大師, 崇寧歲, 追諡宗照禪師 … (『夢梁錄』권17, 歷代方外僧). ( )은 版本에 따라 달
리 表記된 것이다.

- 師道播海外, 高麗國王致書獻物, 敍弟子禮(『佛祖統紀』권26, 淨土立敎志12-1, 法師
延壽)

- 高麗國君, 遣三十六僧來中國, 學永明壽禪師, 至今法眼一宗盛行海外(『佛祖統紀』권52,
歷代會要志19-2, 諸國朝貢).

- 詩偈幾千萬言傳播海外, 高麗國王致書敍弟子禮, 奉金線織成袈裟·紫水晶數珠·金澡瓶爲
獻(『武林西湖高僧事略』, 五代智覺壽禪師).

- 僧延壽 字冲立 本姓王 餘杭人也 … 延壽聲被異國, 高麗王常投書問道, 執弟子禮, 奉金
絲織成伽梨·水晶數珠·金澡瓶等, 遣僧三十六人, 親承印證, 相繼歸國, 各化一方(『十國
春秋』권89, 吳越13, 僧延壽).

- 靑原下分曹洞雲門法眼三宗, 法眼當五季時, 高麗國王遣沙門三十六人, 傳永明之道, 相
次以歸, 遂以開寶八年, 絶乎中國, 而傳乎高麗, 今僅存曹洞雲門二家焉(『釋門正統』권
3, 弟子志).

第六章 景宗代의 記事

一. 景宗世家의 構成과 性格

　제5대 帝王인 景宗(955~981, 975~981 在位)의 事蹟을 다룬 「景宗世家」는 비교적 단순하게 편찬되었다. 먼저 이에 수록되어 있는 記事와 이를 補完한 資料[轉載·補遺]의 件數를 정리해 보면 다음 〈표 6〉과 같다.

〈표6〉 景宗世家에 수록된 資料의 件數 ( )는 轉載·補遺한 件數

時期	政治	外交	經濟	社會	宗敎	其他	轉載	補遺	合計
卽位	2					1		1	3(1)
1년	2	3	1			1	3	3	7(6)
2년	1	1					1	3	2(4)
3년		1				1		3	2(3)
4년	2	1					1	2	3(3)
5년	2						3	3	2(6)
6년	4							1	4(1)
合計	13	6	1			3	8	16	21(23)
總書	간략한 履歷								
史論	李齊賢의 論贊								

　〈표 6〉과 같이 구성되어 있는 「景宗世家」의 내용을 항목 또는 年度에 따라 간략히 정리하고 설명이 필요한 부분을 정리하면 다음과 같다.

　總書 : 이의 내용은 廟號와 諡號, 이름과 字, 父母, 誕生日, 太子冊封 등이 매우

간략히 정리되어 있다. 먼저 제시된 4개의 諡號에서 첫 번째인 '至仁'은 덧붙여진[加上] 時期가 찾아지지 않는데, 이는 後代에 덧붙일 때 붙여진 諡號일 것이다. 또 景宗의 生辰이 '閏九月丁巳'인데 '九月丁巳'로 되어 있어 閏字가 缺落되었다.

卽位年 : 6개월에 걸친 즉위년에는 3건의 記事만이 수록되어 있는데, 즉위 이후에 이루어진 諸般施策의 내용을 압축한 기사, 政丞 金傅(敬順王)를 尙父로 책봉한 勅書, 6代 祖上[考妣]의 尊號(諡號)를 덧붙인 기사 등이다. 이들 기사를 補充할 수 있는 자료로서 당시 국가적인 사업으로 이루어졌을 元宗大師 璨幽의 慧眞塔碑의 건립에 대한 자료가 찾아진다.

1年 : 元年의 기사는 7건이 수록되어 있는데, 王族에 대한 우대, 11월 宋의 使臣에 의한 册封, 官僚의 肅淸과 任命 2건, 田柴科의 制定, 賓貢學生의 派遣 등이다. 그중에서 11월 宋의 使臣에 의한 册封은 中原의 開封府에서 같은 달의 13일에 책봉이 이루어졌고, 30일에 사신의 파견이 결정되었음으로 이 기사는 다음해[明年]에 수록되어 있어야 할 것인데, 『七代事跡』 혹은 『高麗史』의 편찬자가 年代整理[繫年]을 잘못한 결과일 것이다. 이들 기사를 補充할 수 있는 자료는 轉載가 3건, 補遺가 3건인데, 前者는 墓制, 地變(2건)에 관한 것이고, 後者는 宋과의 外交關係에서 이루어진 朝貢과 册封에 관한 것이다.

2年 : 2년의 기사는 科擧 施行과 宋에의 사신 파견의 2건만 수록되어 있다. 이들 기사를 補充할 수 있는 자료는 轉載가 1건, 補遺가 3건인데, 前者는 國初의 開國功臣 및 歸順城主 등에게 勳田을 지급한 것이고, 後者는 宋에의 사신 파견과 賓貢學生의 及第, 元宗大師 璨幽의 塔碑 建立에 관한 것이다. 그리고 11월 宋의 使臣에 의한 册封은 이해의 1월로 移動하여 왔다.

3年 : 3년의 기사는 政丞 金傅(敬順王)의 別世, 宋 使臣 張泊의 來聘 등의 2건이 수록되어 있다. 그중에서 後者는 中國側의 자료에 의하면 979년(太平興國4, 경종3)에 있었던 일이므로 明年으로 移動시켜야 한다. 이들 기사를 補完할 수 있는 자료는 補遺가 3건인데, 그중 2건은 宋에의 사신 파견과 송에서 이루어진 景宗의 册封에 관한 것이고, 나머지 1건은 法印國師 坦文의 塔碑를 建立한 것이다.

4年 : 4년의 기사는 科擧 施行, 宋의 使臣 王僎의 來聘, 渤海人의 來投 등의 3건이 수록되어 있다. 그중에서 後者는 중국 측의 자료에 의하면 979년(太平興國4, 경종4) 年末 또는 980년(太平興國5, 경종5) 1월에 있었던 일이라고 한다. 이들 기사를 補完

할 수 있는 자료는 轉載가 1건, 補遺가 2건인데, 前者는 城郭의 築造이고, 후자는 송
사신의 來聘에 관한 것이다. 그리고 3年의 記事 중 宋의 使臣 張泊의 來聘은 이해로
移動하여 왔다.

5年 : 5년의 기사는 官僚의 任命, 謀叛事件 등의 2건이 수록되어 있다. 이들 기사
를 補完할 수 있는 자료는 轉載가 3건, 補遺가 3건인데, 전자는 利息, 穆宗의 誕生,
地變 등이고, 후자는 宋 使臣의 來聘, 송에의 使臣 및 賓貢學生의 파견 등에 관한 것
이다. 그리고 宋의 使臣 王僎의 來聘은 이해로 옮겨와야 한다.

6年 : 6년의 기사는 景宗의 病患(2건), 遺詔, 그리고 崩御와 관련하여 年齡·性品·
治績·諡號의 加上 등에 관한 4건이 수록되어 있다. 이들 기사를 補完할 수 있는 자료
는 補遺가 1건인데, 각각 宋에의 사신 파견에 대한 것이다.

李齊賢의 論贊 : 이는 『익재난고』권9하, 史贊, 景王에 수록되어 있는 論贊을 전
재한 것인데, 字句에 약간의 차이가 있을 뿐이다.

二. 景宗世家의 補完과 譯注

6년 2개월 정도의 비교적 짧은 기간에 걸친 「景宗世家」를 轉載하고, 이와 관련된
資料를 補完하면 다음과 같다.

『高麗史』卷第二 世家卷第二 景宗

[景宗總書]

原文 景宗·至仁·成穆·明惠·獻和大王, 諱伷, 字長民, 光宗長子. 母曰大穆

王后皇甫氏. 光宗六年乙卯[1]閏九月丁巳生, 十六年立爲太子.

校訂

1)은 原文에서 '九月'로 되어 있으나, 이달에는 丁巳가 없고, 다음 달인 '閏九月'에 丁巳가 있음으로 追加하였다[補正].

飜譯　景宗·至仁·成穆·明惠·獻和大王은[1] 이름이 伷이고 字는 長民이며 光宗의 맏아들로 어머니는 大穆王后 皇甫氏이다. 광종 6년 乙卯年(955), 閏9월 22일(丁巳, 陽11月 9日)[2] 태어나서, (광종) 16년(965)에 太子가 되었다.[3]

注釋

1) 이에서 廟號인 景宗과 諡號인 獻和大王은 그의 死後인 981년(성종 즉위년) 7월에 붙여진 것이고, 成穆은 1002년(목종5) 4월에, 明惠는 1014년(현종5) 4월에 각각 덧붙여진[加上] 諡號이다. 그런데 景宗은 1027년(현종18) 4월에 順熙가, 1056년(문종10) 10월에 靖孝가, 1253년(고종40) 6월에 恭懿가 각각 덧붙여졌으나 이 記事에 반영되어 있지 않다. 또 이 자료의 至仁은 덧붙여진 時期가 찾아지지 않는데, 이는 後代에 덧붙일 때 붙여진 諡號일 것이다.
2) 이날은 그레고리曆으로 11월 14일이다.
3) 이해의 2월에 正胤·內史諸軍事內外諸軍事·內議令으로 冊封되었다.

[景宗 卽位年(975) 乙亥]
宋 太祖 開寶 8年, 契丹 景宗 保寧 7年

原文　(光宗) 二十六年 五月甲午, 光宗薨, 王卽位, 大赦, 還流竄, 放囚繫, 洗痕累. 拔淹滯, 復官爵, 蠲欠債, 減租調. 毀假獄, 焚讒書.

飜譯　(광종) 26년 5월 23일(甲午, 陽7月 4日) 光宗이 薨去하자 王이 卽位하여 大赦免令을 내려 流配간 사람들을 放還하고 罪囚들을 釋放하였으며 억울하게

連坐된 사람들의 罪를 容恕해 주었다. 허물로 인해 停滯되어 있는 人材를
拔擢하며 官爵을 回復시키고 밀린 부채[欠債]를 免除하고, 租와 調를 減免
하고, 임시로 설치한 監獄[假獄]을 헐고 讒訴한 文書를 불살라 버렸다.

注釋

1) 이해의 閏9月은 小盡이고 초하루[朔日]는 丙申이다. 이날은 그레고리曆으로 11월 14
   일이다.

關聯資料

• 太子卽位, 大赦, 還流竄, 放囚繫, 洗痕累, 拔淹滯, 復官爵, 蠲欠債, 減租調, 毁假獄, 焚
  讒書, 中外大悅.(『고려사절요』 권2, 광종 26년 5월 甲午).
• 光宗二十六年, 景宗位, 蠲欠債, 減租調(『고려사』 권80, 지34, 식화3, 賑恤, 恩免之制).

原文 1)冬十月 甲子, 加政丞金傅爲尙父, 制曰, 姬周啓聖之初, 先封呂望, 劉
漢興王之始, 首冊蕭何. 自此大定寶宇, 廣開基業, 立龍圖二十代, 蹴麟趾四
百年. 日月重明, 乾坤交泰. 雖自無爲之主, 亦關致理之臣. 觀光順化衛國功
臣上柱國樂浪王政丞, 食邑八千戶金傅, 世處鷄林, 官分王爵, 英烈振凌雲之
氣, 文章, 騰擲地之才. 富有春秋, 貴居茅土, 六韜三略, 拘入胸襟, 七縱五申,
攝歸指掌.
我太祖, 始脩睦隣之好, 早認餘風, 尋頒駙馬之姻, 內酬大節. 家國旣歸於一
統, 君臣宛合於三韓, 顯播令名, 光崇懿範. 可加號尙父都省令, 仍賜推忠順
義崇德守節功臣號, 勳封如故, 食邑通前, 爲一萬戶.

校訂

1)의 '冬'字는 여러 版本 『高麗史』에는 '各'字와 같이 刻字되어 있으나 '冬'의 誤字이다.

飜譯 10월 26일(甲子, 陽12월 1日)[1] 政丞 金傅를 尙父[상보]로 삼고,[2] 制書를 내
려 말하기를, "周[姬周]가[3] 開國하자 먼저 呂望을[4] 諸侯로 册封했고 漢[劉
漢]은[5] 王業을 일으키자 먼저 蕭何를[6] 諸侯로 册封하였소. 이로부터 天下

를 완전히 平定하고 王業의 基礎를 넓게 열어 모두 20代에 걸쳐 4백년간 國家를 存續시켰오. 그 동안 해와 달은 더욱 밝게 빛났고 하늘과 땅은 陰陽이 調和하여 平安하였오. 이는 自然의 法則에 따라 나라를 다스린 현명한 君主의 德澤이지만, 또한 열심히 君主를 도와 政治에 힘쓴 臣下의 功勞 때문이기도 하오. 觀光順化衛國功臣·上柱國·樂浪王·政丞·食邑 8千戶를 받은 金傅는 대대로 鷄林에 살며 벼슬은 國王의 地位를 누렸소. 빼어난 功烈은 하늘의 구름을 능가할 기상을[7] 떨쳤고 文章은 땅에 던지면 음악소리가 날 정도로 재주를[8] 드날렸소. 앞길이 창창한 나이에 封土를 받은 諸侯의 귀한 신분으로 『六韜三略』을[9] 가슴에 품고 자유자재로 적과의 승부를 가렸으며 거듭 잘 타일러[七縱五申][10] 잡고 돌려보냄을 제 마음대로 하였소.

우리 太祖께서 처음 이웃 나라와 友好關係를 맺으면서 진작 新羅의 遺風을 인정해 주었고, 얼마 뒤 金傅를 駙馬로 삼아 그 큰 節介에 報答하였소. 나라가 하나로 통일되고 임금과 신하는 완연히 三韓에서 화하니 金傅의 훌륭한 이름은 널리 퍼졌고 아름다운 모범은 높이 추앙받게 되었소. 이에 稱號를 더하여 尙父[상보]·都省令으로 삼고 推忠順義崇德守節功臣의 稱號를 내려주며 勳封은 以前 것과 같이 하고, 食邑은 以前 것과 合하여 1萬戶로 하오."라고 하였다.[11]

注釋

1) 이해의 10월은 大盡이고 초하루[朔日]는 己亥이다.

2) 政丞 金傅(혹은 金溥, 敬順王)가 尙父·都省令에 임명된 것은 그가 景宗의 丈人[獻肅王后 金氏의 父]이었기에 '아버지로 받든다'라는 의미의 尙父에 임명되었을 것이다. 또 都省令에서 都省은 특별히 따로 있었던 官府가 아니라 935년 金傅가 投降하여 왔을 때 그 位相이 太子와 百官의 上位에 위치해 있었기에 最高官府[都省]의 우두머리라는 意味를 지니고 있었을 것이다. 그의 딸이 王妃로 冊封된 것은 景宗이 慶州 出身(옛 新羅出身) 官僚들의 支持를 바탕으로 이루어졌으며, 그 결과 慶州를 緣故地로 하고 있던 官僚의 정치적 입지가 강화되었다고 본 견해도 있다[金甲東 1993, 121~122쪽 ; 東亞大學校 2008年 1책 264쪽].

3) 周의 宗室의 姓氏가 姬이므로 姬周라고도 불렀다. 周의 先祖인 后稷의 이름은 弃인데, 成長하여 農耕을 좋아하여 五穀를 잘 耕作하니 人民들이 그의 方式을 따라 배

웠다고 한다. 이로 인해 요임금[帝堯]이 弃를 農師로 삼았고, 순임금[帝舜]은 弃를 邰(現 陜西省 位置)에 分封하고, 號를 后稷(后稷에서 稷은 農事를 管理하는 사람, 后는 君 또는 長을 指稱한다)이라고 하니, 따로 姓氏를 姬라고 하였다고 한다. 后稷의 父 帝嚳은 黃帝의 曾孫으로 本姓은 公孫氏, 다른 姓氏는 姬이다(『史記』 권4, 周本紀第4 ; 吉田賢抗 1995年 1册 145쪽 ; 東亞大學校 2008年 1책 264쪽).

4) 呂望(生沒年不詳)은 呂尙·姜尙·太公望·姜太公 등으로 불렸는데, 本姓은 姜氏이지만 祖上들이 夏·商代에 呂(現 河南省 南陽宛縣의 서쪽으로 推定)에 分封되었으므로 呂尙이라고도 하였다고 한다. 貧窮하고 年老하였으나 周의 西伯(文王으로 追贈)의 知遇를 받아 스승으로 待接을 받고 太公望으로 불렸다(文王의 父인 季歷[太公]이 기다렸던 사람[待望]이라는 뜻으로 붙여진 呼稱). 武王의 스승[師]으로 尙父라고 불리면서 武王을 勸諭하여 殷의 紂王을 攻擊하게 하여 滅亡시키고 天下를 平正하였다. 이후 齊(現 山東省 一帶)의 營丘(現 山東省 臨淄의 남쪽지역, 故城은 山東省 靑州 昌樂縣에 位置)에 分封되어 政治를 刷新하고 富國安民에 힘써 向後 齊가 大國으로 發展할 수 있는 터전을 마련하였다. 이후 周에 돌아가 周公 旦·召公 奭과 함께 太師가 되어 周王朝의 政務를 補佐하다가 죽었는데, 100餘歲에 이르렀던 것으로 推測된다(『史記』 권32, 齊太公世家第2 ; 東亞大學校 2008年 1책 264쪽).

5) 漢의 姓氏가 劉氏이므로 劉漢이라고 불렸다. 漢 高祖 劉邦이 布衣에서 起家하였기에 그의 父인 太公以前은 姓名[名字]을 알 수 없다고 한다[吉田賢抗 1995年 2책 505쪽 ; 東亞大學校 2008年 1책 264쪽].

6) 蕭何(?~B.C.193)는 沛郡 豊縣(現 江蘇省 徐州府 沛縣) 出身으로 秦의 刀筆吏로 仕進하다가 劉邦을 도와 行政的 手腕을 發揮하여 楚漢의 爭覇戰에 있어 큰 功績을 세웠다. 劉邦이 秦의 首都 咸陽을 점령하였을 때 그곳에서 秦의 律令과 圖書를 거두어 天下의 要塞, 戶口의 多少, 地域의 强弱, 人民의 疾苦 등을 把握하기도 하였고, 劉邦이 項羽에게 패하여 위기에 봉착하였을 때마다 關中(現 陜西省)을 군건히 지켜 漢의 승리에 결정적으로 기여하기도 하였다. 漢이 天下를 統一한 후 論功行賞을 할 때 酇侯(酇은 現 湖北省 光化縣의 北部)에 册封되었고, 呂后(劉邦의 後妻)와 함께 淮陰侯(淮陰은 現 江蘇省 淮安縣의 西北 30里) 韓信을 策略으로 除去하기도 하였으며, 그 자신도 수많은 危機에 逢着하였지만 교묘히 피해 나갔다(『史記』 권53, 蕭相國世家第23 ; 『漢書』 권39, 열전9, 蕭何·曹參傳第9).

7) 凌雲之氣는 구름 위로 솟아오를 超脫한 氣像을 말한다. 『史記』 권117, 司馬相如列

傳第57에 "司馬相如(蜀 省都 出身의 前漢 景帝·武帝 때 辭賦에 能하였던 官人)가 「大人之頌」(「大人賦」)을 演奏하자 武帝[天子]가 크게 기뻐하였다. 뛰어올라 구름 위로 솟아오를 氣像이 있었으니 天地 사이에 노니는 마음과 같았다. 相如旣奏大人之頌, 天子大說. 飄飄有凌雲之氣, 似游天地之間意."라고 하였다. 『漢書』권57下, 司馬相如傳제27下에도 같은 내용이 있다[東亞大學校 2008年 1책 265쪽].

8) 擲地之才는 文翰의 能力이 뛰어남을 가리킨다. 『晉書』권56, 열전26, 孫楚, 綽에 "(孫綽, 314~371이) 일찍이 「天台山賦」를 지었는데 글이 매우 잘 지어졌다. 친구인 范榮期에게 보이면서 말하기를, '그대가 한번 땅에 던져보면 마땅히 돌과 쇠소리를 낼 것이오.' 嘗作天台山賦, 辭致甚工, 以示友人范榮期云, 卿試擲地, 當作金石之聲也."라고 하였다[東亞大學校 2008年 1책 265쪽].

9) 『六韜三略』은 六韜와 三略을 합친 兵書이다. 六韜 6권은 周의 太公望 呂尙이 撰한 것으로 文韜·武韜·龍韜·虎韜·豹韜·犬韜 등으로 나누어진다. 이의 文體가 古代의 그것과 차이가 있어 後世人이 莊子의 金版六韜를 模倣하여 지은 僞書라고 한다. 또 三略 3권은 黃石公이 下邳(하비, 現 江蘇省 邳縣) 흙다리(坯上, 土橋)에서 張良에게 준 秘訣로서(『史記』에는 이것이 太公의 兵法이라고 하였는데, 事實이 아님) 上略·中略·下略으로 되어 있지만, 그 文體가 秦漢時代의 것이 아니어서 後世의 僞作이라고 한다. 그렇지만 이 책은 孫吳兵法과 함께 兩大兵書로서 推仰을 받았고, 韓半島에서도 軍士訓練의 指針書로 이용되었다(『史記』권55, 留後^{張良}世家第25 ; 吉田賢抗 1993年 7책 1043쪽 ; 諸橋轍次 1968年 1책 188쪽·2책 69쪽 ; 東亞大學校 2008年 1책 265쪽].

10) 七縱五申은 七縱七擒과 같은 말인데, 七縱은 蜀漢의 諸葛孔明이 孟獲을 일곱 번 석방하였다가 일곱 번 사로잡은 故事이며(『三國志』권35, 蜀書5, 諸葛亮), 五申은 三令五申 곧 命令이 3回, 說明이 5回라는 뜻으로 軍令(訓令)을 여러 차례에 걸쳐 거듭 내린다는 뜻이다(『史記』권65, 孫子·吳起列傳第5 ; 諸橋轍次 1968年 1책 188쪽 ; 東亞大學校 2008年 1책 265쪽).

11) 이 자료의 原形은 『三國遺事』권2, 紀異第2, 金傅大王에 수록되어 있는데, 이에 나타난 告身의 發給節次를 통해 고려초기의 中央官制運營의 一面을 類推할 수 있다[李基白 1975年·木下禮仁 1979年·邊太燮 1981年·張東翼 1982年·矢木 毅 2009年].

關聯資料

• 勅, 姬周啓聖之初, 先封呂主, 劉漢興王之始, 首册簫^蕭何, 自大定寰區, 廣開基業, 立龍

圖三十代, 躡麟趾四百年. 日月重明, 乾坤交泰, 雖自無爲之主, 亦開致理之臣. 觀光順化衛國功臣上柱國樂浪王政承[丞]食邑八千戶金傅, 世鷄林, 官分王爵, 英烈振凌雲之氣, 文章騰擲地之才, 富有春秋, 貴居茅土, 六韜三畧, 恂入胸襟, 七縱五申, 撮歸指掌. 我太祖始修睦鄰之好, 早認餘風, 尋時頒駙馬之姻, 內酬大節, 家國旣歸於一統, 君臣宛合於三韓. 顯播令名, 光崇懿範, 可加號尙父都省令, 仍賜推忠愼義崇德守節功臣號, 勳封如故, 食邑通前爲一萬戶, 有司擇日備禮册命, 主者施行. 開寶八年十月日. 大匡內議令兼摠翰林臣翮[融]宣奉行, 奉勅如右, 牒到奉行. 開寶八年十月日. 侍中署, 侍中署, 內奉令署, 軍部令署, 軍部令無署, 兵部令無署, 兵部令署, 廣坪[評]侍郎署, 廣坪侍郎無署, 內奉侍郎無署, 內奉侍郎署, 軍部卿無署, 軍部卿署, 兵部卿無署, 兵部卿署. 告推忠愼義崇德守節功臣尙父都省令·上柱國樂浪都王·食邑一萬戶金傅, 奉勅如右, 符到奉行. 主事無名, 郞中無名, 郞中無名, 主事無名, 書令史無名, 孔目無名. 開寶八月十日下(『三國遺事』 권2, 紀異第2, 金傅大王 ; 政承은 政丞과 같은 말로서, 일반적으로 承과 丞은 混用되었기에 고려초기에에는 佐丞이 佐承으로 表記되기도 하였다. 그 외는 添字와 같이 修訂하여야 바르게 된다).

• 敎, 姬周啓聖之初, 先封呂望, 劉漢興王之始, 首册簫[蕭]何, 此大定寰區, 廣開基業, 立龍圖三十代, 躡麟趾四百年. 日月重明, 乾坤交泰, 雖自無爲之主, 亦闢v致理之臣. 觀光順化衛國功臣上柱國樂浪王政丞食邑三千戶金傅, 處鷄林, 官分王爵, 英烈振凌雲之氣, 文章騰擲地之才, 富有春秋, 貴居茅土, 六韜三畧, 拘入胸襟, 七縱五申, 撮歸指掌. 我太祖頃載睦鄰之好, 早認餘風, 尋時頒駙馬之姻, 內酬大節, 家國旣歸於一統, 君臣宛合於三韓. 顯播令名, 光崇懿範, 可加號尙父都省令, 仍賜推忠順義崇德守節功臣號, 勳封如故, 食邑通前爲一萬戶, 有司擇日備禮册命, 主者施行(『東文選』 권25, 新羅王金傅加尙父都省令官誥敎書).

• 冬十月, 加政丞金傅, 爲尙父·都省令, 食邑一萬戶(『고려사절요』 권2, 광종 26년 10월).

原文 是月, 加上六代考妣尊號.

飜譯 이달(10월)에 6代 祖上[考妣]의 尊號(諡號)를[1] 덧붙였다.[2]

注釋

1) 尊號는 秦代以來 현재의 帝王의 父를 生沒에 관계없이 太上皇로, 祖母와 母를 各各

太皇太后, 皇太后로 稱號를 높여 받드는 것이었다. 그러다가 唐代에 이르러 '太上皇·太皇太后, 皇太后'라는 尊敬의 意味가 있음에도 不拘하고, 다시 이들 글자 위에 德을 나타내는 修飾語인 몇 글자를 덧붙이게 되었다[冠稱]. 이의 方式은 諡號와 같았으며, 國家에 慶事가 있을 때 生前 및 死後에도 계속 이루어졌는데[諸橋轍次 1976年 第4冊 367~371쪽 追尊及び皇后の尊號其の他], 高麗時代에도 唐制를 受容하여 같은 形式으로 施行되었다. 또 尊號는 廣狹의 두 意味가 있었는데, 廣義는 글자 그대로 받드는 名號로서 稱號·廟號·諡號 등이 그것이다. 狹義는 當代에 살아있는 帝王에게 올리는 號로서, 諡號에 對應하는 槪念으로 바꾸게 되었다(『十七史商榷』 권76, 尊號·諡法·廟號·陵名 ; 淸 秦蕙田 『五禮通考』 권130, 上尊號 ; 戶崎哲彦 1990·1991年). 이 記事에서 尊號는 廣義의 槪念으로 使用되었다.

2) 이때 太祖에게 應運이, 惠宗에게 仁德이, 定宗에게 至德이, 光宗에게 弘道가 각각 덧붙여진 것으로 추측된다.

關聯資料

(是月) 加上六代尊號(『고려사절요』 권2, 광종 26년).

補遺 開寶八年龍集[1]淵獻十月日立 刻字 李貞順(「驪州高達院元宗大師慧眞之塔碑).

校訂

1) 이해의 干支가 乙亥이므로, 古甲子인 旃蒙·大淵獻으로 記載되어야 하지만, 당시에 省略하는 경우도 있었다[李智冠 2004年 高麗篇2 52쪽].

飜譯 開寶 8년 干支[龍集]는 乙亥, 10월 某日에 (元宗大師 璨幽의 慧眞塔碑를) 建立하였다.[1] 李貞順이[2] 글씨를 새겼다.

注釋

1) 이 탑비는 光祿大夫·大丞[太丞, 3品上]·翰林學士·內奉令·前禮部使·參知政事·監修國史 金廷彦이 撰하고, 奉議郎·佐尹(6品下)·前軍部卿兼內議承旨舍人 張端說이 碑文과 篆額을 썼다. 이 비는 원래 京畿道 驪州郡 北內面 高達寺의 遺址에 있었으나, 현재는 여러 조각으로 깨어져 국립박물관에 소장되어 있다고 한다[寶物 第7號].

2) 李貞順은 이 자료 외에 찾아지지 않아 어떠한 인물인지는 알 수 없다.

[參 考]

高麗

• 開寶八年, 於福興寺官壇, 受具(「榮州浮石寺圓融國師碑」 ; 이는 圓融國師 決凝이 開京
九龍山에 위치한 福興寺의 官壇에서 具足戒를 받은 事實을 敍述한 것이다).

宋

• 裴長史, 新羅國人, 忘其名, 後主朝, 行建州長史. 開寶八年, 王師, 攻金陵未下, 建州守
査元方, 知長史善伎術, 進赴金陵, 五月路由歙州, 長史託疾不行, 密告刺史龔 愼儀·監
軍輇鎬曰, 有狀託以附, 奏言, 金陵事者五, 一金陵, 立春節後出災, 謐寧無事. 二潤州不
過九月當陷, 三朱令贇舟師, 氣候不過池州. 四江州血氣覆城, 明年春末夏初, 血塗原野,
五大朝明年十月, 有大喪, 後皆如其言(『景定建康志』 권50, 拾遺).

이 자료는 十國 중의 하나인 南唐(937~975)의 後主 李煜(961~975 在位) 때에 建州長
史를 역임했던 新羅人 裴某가 975년(開寶8) 歙州刺史 龔 愼儀(龔愼儀)와 監軍 輇鎬
에게 金陵에서 장차 일어날 國難을 豫言한 것을 기록한 것이다. 이를 통해 볼 때 唐
이 멸망한 이후 五代十國時代에도 新羅人들이 中國에 殘留하면서 官僚로 仕宦하고
있었음을 알 수 있다[張東翼 2000年 105쪽].

[景宗 元年(976) 丙子]

宋 太祖 開寶 9年 : 太宗 太平興國 元年, 契丹 景宗 保寧 8年

轉載 景宗元年 二月, 定文·武兩班墓制, 一品方九十步, 二品八十步, 墳高並一丈六
尺, 三品方七十步, 高一丈, 四品方六十步, 五品方五十步, 六品以下並三十步,
高不過八尺(『고려사』 권85, 지39, 刑法2, 禁令).

飜譯 경종 1년 2월에[1] 文·武 兩班의 墓地의 制度를 정하였는데, 1품은 (垈地의)
四方이 90步, 2品은 80步로 하되, 墳墓의 높이는 1·2품 모두 1丈 6尺으로
하고, 3品은 (垈地의) 四方이 70步, 분묘의 높이는 1丈으로 하고, 4品은 四

方이 60步로, 5品은 四方이 50步로, 6品 이하는 모두 30步로 하되, 높이는 8尺을 넘지 못하게 하였다.

注釋

1) 이해의 2월은 大盡이고 초하루[朔日]는 戊戌이다. 이달은 그레고리曆으로 3월 9일부터 4월 7일까지이다.

關聯資料

春二月, 定文·武兩班墓制(『고려사절요』 권2, 경종 원년 2월).

轉載　景宗元年 五月 壬辰, 京山府獻白鵲(『고려사』 권54, 지8, 五行2).

飜譯　5월 26일(壬辰, 陽6月 26日)[1] 京山府(現 慶尙北道 星州郡)가 흰색의 까치[白鵲]를 바쳤다.

注釋

1) 이해의 5월은 小盡이고 초하루[朔日]는 丁卯이다.

2) 白鵲은 흰색의 털을 가진 까치인데, 前近代社會의 사람들은 이를 祥瑞로운 새로 인식하였던 것 같다(『舊唐書』 권37, 지17, 五行, "貞觀初, 白鵲巢于殿庭之槐樹, 其巢合歡如腰皷, 左右稱賀. 太宗曰, 吾常笑隋文帝好言祥瑞. 瑞在得賢, 白鵲子何益於事. 命掇之, 送于野").

原文　夏六月 庚申, 黃州院二郎君, 並加元服, 改院號爲明福宮.

飜譯　6월 25일(庚申, 陽7月 24日)[1] 黃州院의 두 郎君에게[2] 모두 冠禮를 행하고, 院의 名稱을 고쳐 明福宮이라고[3] 하였다.

注釋

1) 이해의 6월은 大盡이고 초하루[朔日]는 丙申이다.

2) 두 사람의 郎君은 구체적으로 알 수 없으나 戴宗 旭의 아들인 孝德太子·成宗·敬章太子 중에서 孝德太子와 成宗을 가리키는 것 같다. 成宗은 960년(광종11) 12월 26일(辛卯)에 태어났음으로 이때 나이가 17歲이고, 2歲가 많을 것으로 추측되는 그의

형 孝德太子는 19歲가 되었을 것임으로 冠禮를 행할 時期이다. 또 太祖의 아들인 戴宗 旭의 어머니가 神靜王太后 皇甫氏(黃州人 皇甫悌恭의 女)이므로 黃州院郞君으로 冊封되었음을(「谷城大安寺廣慈大師碑」) 감안하면 이러한 추측은 적절할 것이다.

3) 明福宮은 神靜王太后 皇甫氏가 거주하던 殿閣으로서 그 후 어느 시기에 黃州院으로 改稱되었다가 이때 還元하였던 것으로 추측된다.

補遺 (開寶九年 九月) 庚午, 權高麗國事王仙, 遣使來, 朝獻(『宋史』 권3, 本紀3, 태조3).

飜譯 (開寶 9년 9월) 7일(庚午, 陽10月 2日)[1] 權高麗國事 王仙가 使臣을 보내와 朝貢을 바쳤다.

注釋

1) 이해의 9월은 大盡이고 초하루[朔日]는 甲子이다.

關聯資料

• 開寶九年 九月 丁卯(4일, 陽9月 29日), 庚午(7일), 高麗國王王昭卒, 其子仙, 權領國事. 庚午, 遣使趙尊禮入貢, 且請命(『續資治通鑑長編』 권17).

• 昭卒, 其子仙權領國事, (開寶) 九年, 仙遣使趙遵禮奉土貢, 以父沒當承襲, 來請朝旨. 授仙檢校太保·玄菟州都督·大義軍使, 封高麗國王(『宋史』 권487, 열전246, 外國3, 高麗).

• (開寶) 九年 九月, 王仙貢闘錦·漆甲·白氎(『玉海』 권154, 朝貢, 獻方物).

• 是歲, 高麗王昭死, 弟子仙立(『皇朝編年綱目備要』 권2, 太平興國 1년).

• 是歲, 高麗國王昭卒, 弟子仙襲立(『皇朝十朝綱要』 권1, 開寶 9년 ; 이들 두 자료에서 弟는 子로 고쳐야 바르게 된다).

原文 冬十一月, 宋遣左司禦副率于延超·司農寺丞徐昭文, 冊王爲光祿大夫·檢校大傅·使持節玄菟州諸軍事·玄菟州都督·大順軍事·食邑三千戶[校訂 景宗 二年으로 移動함].

校訂

1) 이 기사는 아래에 轉載된 중국 측의 자료에 의하면, 이해의 11월 13일(乙亥) 宋에서

景宗이 册封되었고, 같은 달 30일(壬辰)에 册封을 위해 左司禦副率 于延超과 司農
寺丞 徐昭文이 파견되었다. 그러므로 이들 使臣은 같은 해 12월 또는 다음해의 1월
에 고려에 도착하였을 것이다.

補遺　開寶九年 十一月 乙亥, 以權知高麗國事王伷爲高麗國王(『續資治通鑑長編』
　　　　권17).

飜譯　11월 13일(乙亥, 陽12月 6日) 權知高麗國事 王伷를 高麗國王으로 삼았다.

關聯資料

- (開寶九年 十一月) 乙亥, 命權知高麗國事王伷爲高麗國王(『宋史』 권4, 본기4, 太宗1).
- 太平興國元年 十一月 乙亥, 王伷封高麗國王制, 國家外簿四海, 咸建五長, 端委弁冕, 所
以封越天命, 析圭胙土, 所以寵綏藩臣, 矧乃元菟之墟. 蓋有滄波之險, 屬賢王之卽世,
有令嗣以代興, 不忘請命之恭, 宜擧念功之典. 權知高麗國事王伷, 家傳韜略, 代濟忠純,
稟王正而靡違, 奉國珍而相繼, 限於溟渤, 密邇□□, 介然一心, 彌堅於石席, 逮玆累世,
不絶於梯航, 艱疚所鍾, 嗣襲無替, 宜推殊寵 俾撫舊邦, 用加王爵之封, 克追先正之美.
可光祿大夫·檢校太保·[1]使持節[2]元菟州都督·天順軍使·封高麗國王·食邑三千戶(『宋大
詔令集』 권237, 政事90, 四裔10, 高麗 ; 1) 使字가 缺落되었고, 2)의 '元菟'는 '玄菟'
가 옳을 것이다. 이는 淸版의 書籍에서 보이는 현상으로 淸의 聖祖(康熙帝, 1662~
1722 在位)의 이름인 玄字를 避諱하기 위해 '玄'字를 元字로 改字했던 결과이다. 이
자료는 976년(太平興國1, 경종1) 송이 경종을 고려국왕으로 책봉한 조서인데, 고려
측의 자료에는 詔書의 내용은 생략된 채 송의 사신단이 파견되어 왕을 '光祿大夫·
檢校太傅·使持節玄菟州諸軍事·玄菟州都督·天順軍使·食邑三千戶'로 임명하였다는
기사만이 수록되어 있다. 또 고려측의 자료에서는 책봉의 내용에서 이 자료에 나타
난 '太保'가 '太傅'로 달리 表記되어 있고, '玄菟州諸軍事'가 더 들어 있다).

補遺　開寶九年十一月 壬辰, 遣太子左司禦副率于延超·司農寺丞徐昭文, 使高麗, 昭
　　　　文未見(『續資治通鑑長編』 권17).

飜譯　開寶 9년 11월 30일(壬辰, 陽12月 23日) 太子左司禦副率(從8品) 于延超와[1]
　　　　司農寺丞(從8品?) 徐昭文을[2] 使臣으로 高麗에 보냈다. 徐昭文은 어떠한 사

람인지 찾아지지 않는다[未見].

注釋

1) 于延超는 어떠한 인물인지를 알 수 없으나 같은 이름으로 966년(乾德4) 2월 22일
   (丁巳) 契丹의 天德軍節度使 于延超가 投降해 온 사실이 있다(『宋史』 권2, 본기2,
   太祖2, 乾德 4년 2월, "丁巳, 契丹天德軍節度使于延超與其子來降).

2) 徐昭文은 이 자료의 著者인 李燾(1115~1184)도 人的 事項을 알 수 없다고 하였다.

關聯資料

• 太宗卽位, 加檢校太傅, 改大義軍爲大順軍, 遣左司禦副率于延超·司農寺丞徐昭文, 使其
  國. ○佹遣國人金行成入, 就學於國子監(『宋史』 권487, 열전246, 外國3, 高麗).

原文 (冬十一月) 遣使如宋, 賀卽位.
飜譯 (11월에) 使臣을 宋에 보내어 皇帝의 卽位를 賀禮하였다.[1]

注釋

1) 이해의 10월 20일(癸丑) 太祖가 崩御하고(50歲), 皇弟 光義(太宗)가 卽位하였다(『宋
   史』 권3, 本紀3, 태조3, 開寶 9년 10월 癸丑·권4, 본기4, 태종1, 太平興國 1년 10
   월 癸丑).

轉載 景宗元年 十一月, 鵂鶹, 白日, 滿空飛鳴(『고려사』 권53, 지7, 오행1).
飜譯 景宗 1년 11월에 수리부엉이[鵂鶹]가 대낮에 하늘 가득히 괴상한 소리를 지
      르며 날아갔다.

注釋

(十一月) 鵂鶹, 白日, 滿空飛鳴(『고려사절요』 권2, 경종 원년 11월).

原文 (冬十一月) 放執政王詵于外. 王嘗許先朝被讒人子孫復讎, 遂相擅殺,
      復致冤號. 及是, 詵托以復讎, 矯殺太祖子天安府院郎君. 於是, 貶詵, 仍禁擅

殺復讎.

翻譯 (11월에) 執政[1] 王詵을[2] 外方으로 追放하였다. 王이 卽位하자 光宗 때 讒訴를 당해 禍를 입었던 사람의 子孫들에게 復讎하는 것을 許諾했는데, 그 결과 함부로 殺戮을 저지르는 바람에 다시 억울하다고 呼訴하는 사람이 생겨났다. 이때 王詵이 復讎한다는 핑계로 王命을 憑藉하여 太祖의 아들 天安府院郎君을 죽였다. 이에 王詵을 내치고 함부로 죽이거나 復讎하는 것을 禁止하였다.

注釋

1) 執政은 國政을 總括하던 宰相을 가리키는데, 고려초기에는 執政이라는 官職이 이 자료와 같이 976년(경종1) 11월에 처음으로 나타난다. 이 시기 이전에 宰相을 무엇으로 呼稱하였는지는 알 수 없으나 宰臣·宰輔라고 하였고, 이들의 複數로 여러 宰相을 諸宰·諸宰臣이라고 하였다. 그 이외에도 당시의 職制에 없는 左丞相이 사용되기도 하였다[張東翼 2012年a].

그런데 執政이 경종 때에 처음으로 사용되었는지는 알 수 없으나 王詵이 治罪되면서 左·右執政으로 分化되어 그 權力이 分散되는 동시에, 이들을 궁궐 안에 있는 內史房의 內史令을 兼職하게 하여 帝命을 효과적으로 전달할 수 있게 하였다고 이해되고 있다. 이 左·右執政制는 983년(성종2) 3월 唐前期의 政治制度를 답습한 3省 6部制를 實施하기 以前까지 存續하였던 것 같으며, 그 사이에 이 職責에 임명된 인물은 荀質(左執政·內史令), 申質(右執政·內史令), 崔知夢(左執政·守內史令), 李夢游(左執政, 성종 2년 12월에 이 관직을 띠고 있었으나 前職일 것임) 등이었다[李泰鎭 1972年 ; 盧鏞弼 1989年 ; 金甲東 1993年 123쪽 ; 東亞大學校 2008년 1책 267쪽].

2) 王詵(生沒年不詳)은 구체적으로 어떠한 인물인지는 알 수 없으나, 이때 執政으로서 國政을 총괄하던 위치에 있었던 점을 감안하면 宗室[開城王氏] 또는 大豪族의 後裔로 추정된다. 外戚인 黃州皇甫氏들과 긴밀한 관계를 맺고서 경종 즉위 이후 정권을 장악하고 光宗代에 이루어진 諸般施策을 改革하였던 것 같다. 그 과정에서 獨斷을 행하다가 天安府院郎君(太祖 11妃 天安府院夫人 林氏의 아들인 孝成太子 琳珠 또는 그의 동생인 孝祗太子 某의 아들로 추측됨)을 죽이게 되어 外方으로 逐出되었던 것 같다[李泰鎭 1972年 17쪽 ; 李樹健 1984年 141·219쪽 ; 東亞大學校 2008年 1책 267~268쪽].

原文 (冬十一月) 以荀質·申質爲左·右執政, 皆兼內史令, 元甫壽餘爲近臣, 知御廚事.

飜譯 (11월에) 荀質과[1] 申質을[2] 左·右執政으로 삼아 모두 內史令을[3] 兼하게 하고, 元甫(5品上) 壽餘를[4] 近臣으로 삼아 수라간[水剌間, 御廚]의 事務를 담당하게 하였다.

注釋

1) 荀質은 광종 1년 주석 1)과 같다.

2) 申質은 구체적인 行蹟은 알 수 없으나 이 자료와 같이 976년(경종1) 執政 王詵이 肅淸된 후 右執政이 되어 左執政 荀質과 함께 內史令을 兼職하였다고 한다.

3) 內史令은 宮闕 내에 설치된 內史房의 長官으로 추측되며, 이러한 성격의 內史令은 左·右執政制와 함께 983년(성종2) 3월까지 存續하였던 것 같다. 그 사이에 이 職責에 임명된 인물은 太子 荀質(左執政·內史令), 申質(右執政·內史令), 崔知夢(左執政·守內史令) 등이 찾아진다. 이것이 처음 나타난 時期에 대해서 965년(광종16) 2월 景宗이 太子로 冊封될 때[李泰鎭 1972년], 975년(경종1) 11월[盧鏞弼 1989년]이라는 두 見解가 있다. 前者의 경우 '內史諸軍事^{內外諸軍事}·內議令'에서 內史를 內議令과 같은 位相의 內史令으로 파악한 결과인데, 이는 『고려사』가 지닌 限界에 의한 것이다. 또 內史令이 內議令의 後身[邊太燮 1971년 2~6쪽] 또는 그 前身[盧鏞弼 1989년]이라는 두 견해가 있다[東亞大學校 2008年 1책 268쪽].

4) 壽餘(韋壽餘, 942?~1012)는 沁州 江華縣 出身으로 光宗代 때부터 司膳을 담당하였으나 승진하지 못하다가 976년(경종1) 11월 元甫(5品上)로서 王의 側近에서 御廚를 맡았다. 이때 그가 경종의 近臣된 이유는 왕권강화 과정에서 파생되는 사태를 예방하기 위한 조처라고 파악한 견해도 있다. 1009년(현종 즉위년) 10월 門下侍郞平章事에 임명되었고, 1011년(현종2) 5월 致仕를 청하였으나 几杖을 下賜받아 계속 在職하였다. 다음해 2월 門下侍中·上柱國·江華縣開國子·食邑五百戶에 임명되었으나 4월에 別世하였다. 諡號는 安恭이고 內史令에 追增되었다.(『고려사』 권94, 열전7, 韋壽餘 ; 金甲東 1993年 123쪽 ; 東亞大學校 2008年 1책 268쪽).

原文 (冬十一月) 始定各品田柴科.

飜譯 (11월에) 처음으로 各品의 田柴科를 制定하였다.[1]

注釋

1) 이는 경종 원년(976) 11월 職官·散官에게 官品과 人品에 따라 田地와 柴地(樵採地)를 지급하였던 始定田柴科의 시행 사실을 말한다(『고려사』권78, 식화지, 田制, 田柴科 ; 姜晉哲 1991年 ; 金塘澤 1981年 ; 黃善榮 1986年 ; 金載名 1993年).

關聯資料

• 始定職, 散官各品, 田柴科, 勿論官品高低, 但以人品定之, 紫衫以上, 作十八品, 一品, 給田·柴, 各一百一十結, 以次遞降, 文班丹衫以上作十品, 緋衫作八品, 綠衫作十品, 武班丹衫以上作五品, 雜業丹衫以上作十品, 緋衫以上作八品, 綠衫以上作十品, 皆給田柴有差(『고려사절요』권2, 경종 원년 11월).

• 景宗元年十一月, 始定職散官各品田柴科, 勿論官品高低, 但以人品定之, 紫衫以上, 作十八品 一品, 田柴各一百一十結, 以下 省略함(『고려사』권78, 지32, 食貨1, 田制, 田柴科).

原文 是歲, 遣金行成如宋, 入學國子監.

飜譯 이해에 金行成을[1] 宋에 보내 國子監에 入學하게 하였다.

注釋

1) 金行成(?~990)은 976년(경종1, 開寶9) 11월 宋에 파견되는 使臣을 따라서 中原에 들어가 國子監에 입학하여 977년(太平興國2) 進士第에 급제하였다. 이후 宋의 官僚가 되어 990년(淳化1) 11월 安州通判으로 在職하다가 病死하였다(『宋史』권487, 열전246, 外國3, 高麗, 天禧5年).

關聯資料

• 是歲, 遣金行成如宋, 入學國子監, 遂登第(『고려사절요』권2, 경종 원년).

• 金行成, 高麗景宗元年, 如宋入學, 二年登第(『高麗列朝登科錄』前編권1).

• 開寶九年, 是歲, 高麗國人金行成, 始入學於國子監(『續資治通鑑長編』권17 ;『羣書考索』後集권30, 士門, 蕃學).

- (開寶九年) 十一月, 徐昭文往使, 遣金行成就學胄監(『玉海』 권154, 朝貢, 獻方物).
- 太宗時, 遣金行成就學胄監, 興國二年擢第(『玉海』 권154, 朝貢, 獻方物, 錫予外夷).
- 是歲, 高麗國人金行成, 始入學於國子監(『羣書考索』後集권30, 士門, 蕃學, 宋朝 太宗興國元年十二月己未).
- (開寶 九年) 是歲, 高麗國人金行成, 始入學於國子監(『宋史全文』 권2).
- (淳化 1年) 十一月 丁丑 知安州侍御史李範上言 故殿中通判州事金行成 本高麗人 賓貢 擧進士中第 高麗國土表乞放還 行成 自以筮仕中朝 思有以報 不願歸本國 父母垂老在海外 且暮思念之 恨祿養弗及 命畵工圖(繪)其像 置於正寢 行成與妻 更居旁室 晨夕定省上食 未嘗少懈 行成疾且革 召臣及州官數人 至其臥內 泣且言曰 外國人仕(任)中朝 爲五品官 佐郡政 被病且死 無以報主恩 暝目於泉下 亦有餘恨 二子宗敏宗訥皆幼 家素貧無他親可依 行委溝壑矣 行成旣死 其妻誓不嫁 養二子 織履以自給 臣竊哀之 詔以宗敏 爲太廟齋郞 禮部卽與收補 俾安州月以錢三千米五石給其家 長吏常歲時存問 無令失所(『續資治通鑑長編』 권31, 淳化 1년 11월 丁丑).

[景宗 2年(977) 丁丑] 閏月 宋·契丹·高麗·日本⑦
宋 太宗 太平興國 2年, 契丹 景宗 保寧 9年

原文 1)冬十一月正月, 宋遣左司禦副率于延超·司農寺丞徐昭文, 册王爲光祿大夫·檢校1)大傅太保·使持節玄菟州諸軍事·玄菟州都督·大順軍2)事使·食邑三千戶[校訂 景宗 元年에서 移動해옴].

校訂
1) 이 기사는 前年의 12월 또는 이해의 1월에 이루어진 것으로 추측된다.
2)의 大傅는 『宋大詔令集』에는 太傅가 三公인 太師·太傅·太保 중의 3번째 序列인 太保로 되어 있는데, 979년(太平興國3, 경종3) 12월 宋이 景宗을 檢校太傅로 任命하는 동시에 食邑 1千戶를 더하고 있음을 보아 太保의 잘못일 것이다. 2)의 事는 『고려사절요』에는 使로 되었는데, 使로 바꾸어야 바르게 된다.

飜譯　1월에[1] 宋이 左司禦副率 于延超와 司農寺丞 徐昭文을 보내와 王을 冊封하여 光祿大夫(從2品)·檢校太傅·使持節玄菟州諸軍事·玄菟州都督·大順軍使·食邑 3千戶로 삼았다.

注釋

1) 이해의 1월은 大盡이고 초하루[朔日]는 壬戌이다.

原文　春三月, 御東池龍船, 親試進士, 賜高凝等及第.
飜譯　3월에[1] 동쪽 연못[東池]의[2] 龍船에 行次하여 친히 進士를 試驗하고 高凝[3] 등에게 及第를 下賜하였다.

注釋

1) 이해의 3월은 小盡이고 초하루[朔日]는 壬戌이다. 이달은 그레고리曆으로 3월 28일부터 4월 25일까지이다.

2) 東池(現 開城市 滿月臺 동쪽 左倉洞 位置)는 고려 초에 新築하였고, 이에 대한 崔承老의 詩文도 전해지고 있다. 이는 1280년(충렬왕6) 1월에 王과 王妃가 함께 東池를 觀覽하고 觀音寺에 幸次하였다고 한 점을 보아 宮闕의 外廓에 있었던 것으로 추측된다. 또 이곳에 龜齡閣이라는 亭子가 있었고 이곳에 射臺가 있었다(『補閑集』 권上 ; 『고려사』 권6, 세가6, 靖宗 7년 12월 辛巳). 또 東池는 1980년대의 發掘報告書에 의하면 남북 270m, 동서 190m, 둘레 약1,030m 정도였다고 한다[開城發掘組 1986年].

3) 高凝(生沒年不詳)은 977년(경종2) 3월 親試에서 甲科 1人으로 及第하였고 이후의 歷官은 알 수 없다. 1007년(목종10) 6월 禮部侍郎으로 知貢擧가 되어 趙元 등을 선발하였다.

關聯資料

• 春三月, 御東池龍船, 親試進士, 賜高凝等六人及第, 卽令釋褐(『고려사절요』 권2, 경종 2년 3월).

• 景宗二年, 親試進士(『고려사』 권73, 지27, 선거1, 科目1).

• 景宗二年 三月, 親試進士, 賜甲科高凝等三人·乙科三人及第(『고려사』 권73, 지27, 선

거1, 科目1, 選場).

• 以王融, 爲讀卷官, 親試, 則稱讀卷官(『고려사』 권74, 지28, 선거2, 科目2, 試官).

• 景宗二年, 親試進士, 卽令釋褐(『고려사』 권74, 지28, 선거2, 科目2, 崇奬之典).

• 二年, 御東池樓船, 親視^試, 三月, 王融爲讀卷官, 取甲科三人·乙科三人, 卽令釋褐(『高麗列朝登科錄』前編 권1).

轉載 景宗二年 三月, 賜開國功臣及向義歸順城主等勳田, 自五十結至二十結, 有差(『고려사』 권78, 지32, 食貨1, 田制 功蔭田柴).

飜譯 景宗 2년 3월에 開國功臣[1] 및 向義歸順한 城主 등에게 勳田을[2] 下賜하였는데, 50結에서 20結에 이르기까지 差等이 있게 하였다.

注釋

1) 開國功臣의 冊封은 918년(태조1) 8월 11일(辛亥, 陽9月 18日) 행해졌다.

2) 勳田은 唐의 均田制에서 功勳이 있는 人物들에게 지급한 土地인데, 이것이 고려에서 어떻게 運用되었는지는 알 수 없다. 太祖 王建이 功勳이 현저한 人物들에게 지급한 土地로 추측되며, 이것이 功蔭田柴와 系譜的으로 연결된다는 견해[姜晉哲 1980年]와 연결되지 않는다[洪承基 1997年]는 두 견해가 있다[權寧國 等 1996年 111쪽].

關聯資料

(三月) 賜開國功臣及向義歸順城主等, 勳田有差(『고려사절요』 권2, 경종 2년 3월).

原文 是歲, 遣¹⁾子如宋, 獻良馬·甲兵.

校訂

1)은 여러 版本의 『고려사』에서 한결같이 子字로 되어 있으나 『고려사절요』에는 使字로 되어 있다. 이 文章을 통해 볼 때 使字가 적절한 것으로 보인다[東亞大學校 2008年 1冊 524쪽]. 그렇지만 이 자료의 原典인 다음의 補遺資料(『續資治通鑑長編』 권18)를 통해 볼 때 『고려사』의 子字가 옳고, 이는 '遣其子元輔□□'를 縮約한 것으로 理解되어야 할 것이다. 그리고 『고려사절요』의 '使'字는 編纂者가 『고려사』世家의 내용을 校

勘할 때 改書한 것으로 추측된다.

翻譯 이해에 元輔(5品上) □□를 宋에 보내 좋은 말[良馬]과 갑옷을 바쳤다.

補遺 太平興國二年 十二月 辛巳, 高麗國王伷, 遣[1]其子元輔來, 修貢, 賀登極(『續
      資治通鑑長編』권18).

校訂

1)의 '其子元輔'는 '其王子元輔某'를 잘못 記載한 것으로 추측되며, 이는 '賜姓을 받은
[王子] 官等이 元輔인 某'를 指稱하는 것으로 보는 것이 옳을 듯하다.

翻譯 太平興國 2년 12월 25일(辛巳, 陽978年 2月 5日)[1] 高麗國王 伷(景宗)가 그
      의 아들 元輔(5品上) 某를 보내와 貢物을 바치고 (太宗의) 登極을[2] 賀禮하
      였다.

注釋

1) 이해의 12월은 小盡이고 초하루[朔日]는 丁巳이다.
2) 宋 太宗(趙光義)은 그의 형 太祖(趙匡胤)로부터 傳位를 받아 976년(開寶9, 太平興國
   1) 10월 20일(癸丑)에 즉위하였다고 한다. 太祖의 死因이 분명하지 않아 趙光義에
   의해 變을 당하였던 것으로 추측되고 있다.

關聯資料

• (太平興國二年 十二月) 辛巳, 高麗國王使其子元輔來, 賀卽位(『宋史』권4, 본기4, 태
  종1).

• 太平興國二年, 遣其子元輔, 以良馬·方物·兵器來貢. 其年, 行成擢進士第(『宋史』권
  487, 列傳246, 外國3, 高麗).

• (太平興國二年) 十二月 二十五日, 高麗國王伷, 遣子元輔, 以良馬·方物·兵器來貢(『宋
  會要輯稿』199책, 蕃夷7, 歷代朝貢).

• 興國二年, 貢馬(『玉海』권154, 朝貢, 獻方物).

補遺 始丙寅年, 郢工碑塔, 終至丁丑年, 功畢也(「驪州高達院元宗大師慧眞之塔碑」).

翻譯　丙寅年(966, 광종17)에 碑塔工事(元宗大師 璨幽의 慧眞塔碑)를 시작하여 丁
　　　　丑年(977, 景宗2)에 工役을 마쳤다.[1]

注釋

1) 이 塔碑의 前面에는 975년(경종 즉위년) 10월에 건립되었다고 되어 있고, 이 자료
　　는 碑陰에 새겨진 것이다. 이로 통해 볼 때 이 탑비는 975년에 실제로 건립되지 못
　　하였거나 아니면 이해에 再建立되었던 것으로 추측된다.

補遺　太宗時, 遣金行成就學胄監, 興國二年擢第(『玉海』 권154, 朝貢, 獻方物,
　　　　錫予外夷).

翻譯　太宗 때에 (고려가) 金行成을[1] 보내와 國子監에서 勉學하게 하였는데, 太平
　　　　興國 2년 及第하였다.

注釋

1) 金行成은 경종 1년 是歲의 주석 1)과 같다.

[參 考]

高麗

• 太平二年七月廿九日古石」佛在如賜乙重脩爲今上」皇帝萬歲願(「廣州磨崖藥師像銘」) ; 太
　平興國을 太平으로 略稱한 것이 特異하며, 帝王인 景宗을 皇帝로 表記한 것은 당시
　의 事情을 그대로 반영하고 있는 것이다 ; 許興植 1986年 411쪽).

[景宗 3年(978) 戊寅]
　　　　宋 太宗 太平興國 3年, 契丹 景宗 保寧 10年

原文　夏四月, 政丞金傅卒, 謚敬順.

翻譯　4월에[1] 政丞 金傅가 別世하자 謚號를 敬順이라고 하였다.

注釋

1) 이해의 4월은 大盡이고 초하루[朔日]는 乙卯이다. 이달은 그레고리曆으로 5월 15일
   부터 6월 13일까지이다.

關聯資料

「崇巖山聖住寺事蹟」, "王太祖, 統合三國時, 金傅大王治海西來, 傷嘆曰, 大朗惠和尙同祖
聖骨也. 聖住禪院, 乃先祖所建願刹也. 率宮奴來居之. 王太祖以公主處之, 賜爵土田, 奉
饋三道食邑. 金傅大王終身于玆, 陵基·靈祠, 今在山頂矣. 自文聖大王, 歷憲安景文王, 憲
康王至金傅大王十一代也"[黃壽永 1968年].

이 자료에 의하면 金傅가 고려에 歸附한 이래 忠淸南道 保寧郡 所在의 聖住寺에 隱居
하였다고 한다. 이러한 그의 聖住寺에의 은거는 開城에서 일어난 豪族들의 항쟁의 와
중을 피하기 위한 것으로 추측된다. 한편 事蹟의 내용 중 그가 聖住寺에서 卒하였고
그의 陵 및 靈祠가 聖住山에 있었다는 기록은 어떤 착오에 의한 것이 아닐까 한다. 곧
『신증동국여지승람』에 의하면 聖住山이 위치한 藍浦縣條에 그러한 사실이 보이지 않
고, 그의 陵은 長湍府 南 8里에 있었다고 한다(現 京畿道 漣川郡 百鶴面 高良浦里 위
치). 또 1746년(英祖22) 長湍에서 그의 墓誌와 神道碑가 발견되었다고 한다(『英祖實錄』;
『承政院日記』, 英祖 22년 10월 丙子, 23년 4월 己卯). 이러한 점을 감안 할 때, 「崇巖
山聖住寺事蹟」에 수록된 그의 陵 所在에 대한 기록은 잘못된 것 같다[張東翼 1982年].

補遺   太平興國三年龍集攝提四月日立 金承廉刻字(「瑞山普願寺法印國師寶乘之
塔碑」).

飜譯   太平興國 3년 干支[龍集]는 戊寅[攝提],[1] 4월 某日에 (法印國師 坦文의 寶乘
塔碑를) 建立하였다.[2] 金承廉이[3] 글씨를 새겼다.

注釋

1) 이해의 干支가 戊寅이므로 1)이 古甲子인 著雍·攝提格으로 記載되어야 하지만, 당
   시에 省略하는 경우도 있었다[李智冠 2004年 高麗篇2 116쪽].

2) 이 탑비는 光祿大夫·大丞[太丞, 3品上]·翰林學士·前內奉令 金廷彦이 撰하고, 儒林
   郎·司天臺博士 韓允이 碑文과 篆額을 썼다.

3) 金承廉은 이 자료 외에 찾아지지 않아 어떠한 인물인지는 알 수 없다.

補遺　太平興國三年 十月 甲寅, 高麗國王仙遣使來, 貢方物及兵仗(『續資治通鑑長編』권19).

飜譯　太平興國 3년 10월 2일(甲寅, 陽11月 5日)[1] 高麗國王 仙가 使臣을 보내와 貢物과 兵仗을 바쳤다.

注釋

1) 이해의 10월은 小盡이고 초하루[朔日]는 癸丑이다.

關聯資料

• (太平興國三年 十月 癸丑朔) 高麗國王遣使來貢(『宋史』권4, 본기4, 태종1 ; 이 자료에는 癸丑으로 되어 있으나 甲寅이 옳을 것이다).

• (太平興國) 三年, 又遣使貢方物·兵器, 加仙檢校太師, 以太子中允·直舍人院張泊, 著作郞·直史館勾中正爲使(『宋史』권487, 열전246, 外國3, 高麗 ; 宋의 使臣 張泊 등이 고려에 파견된 것은 太平興國 4년 1월이다).

• (太平興國三年) 十月 二日, 高麗國王仙, 遣使貢方物兵器(『宋會要輯稿』199책, 蕃夷7, 歷代朝貢).

• (興國) 三年, 貢方物·兵器(『玉海』권154, 朝貢, 獻方物).

補遺　太平興國三年 十二月 戊辰, 高麗國王王仙檢校太傅加食邑制, 王者, 懋建皇極, 寵綏列藩, 矧玆[1]元菟玄菟之墟, 介于滄海之外, 漢平朝鮮之地, 聿在提封. 唐擧遼水之師, 亦疲征伐. 自帝圖之肇起, 勵臣節以彌堅, 稟正朔於天朝, 輸職貢於王府, 冠蓋相望, 車書大同. 不有進俾之恩, 曷彰柔遠之道, 天順軍使大順軍使·光祿大夫·檢校太保·持節元菟玄菟州都督·上柱國·高麗國王·食邑二千戶王仙, 弓裘襲慶, 象緯炳靈, 奄有三韓, 逮玆累世, 善繼先志, 煦嫗及乎一方, 夤畏簡書, 鞮譯來於萬里, 勤懇備至, 嘉獎不忘, 宜擧寵章, 以顯忠烈, 可檢校太傅, 加食邑一千戶(『宋大詔令集』권237, 政事90, 四裔10, 高麗).

校訂

1) '元菟'는 '玄菟'를 改書한 것인데, 이는 淸의 聖祖(康熙帝, 1662~1722 在位)의 이름인 玄字를 避諱하기 위해 玄字를 元字로 改字했던 결과이다.

2) 天順軍使는 大順軍使의 誤字일 것인데, 이는 『宋大詔令集』을 活字本으로 만들 때

생긴 誤謬일 것이다(『宋史』권487, 열전246, 外國3, 高麗, "太宗卽位, 加檢校太傅, 改大義軍爲大順軍, 遣左司禦副率于延超·司農寺丞徐昭文, 使其國").

飜譯 太平興國 3년 12월 17일(戊辰, 陽979年 1月 18日)의[1] 高麗國王 王伷에게 檢校太傅를 下賜하고 食邑을 더해 주는 制書. "王者는 치우침이 없는 中正한 法度를 힘써 세우고 여러 藩邦國들을 寵愛로 보살펴 편안하게 하는 것인데 하물며 이 玄菟의 터가 滄海의 바깥에 끼어 있음에랴? 漢은 朝鮮의 땅을 평정하여 이에 자기 疆域에 두었고, 唐은 遼東에 軍士를 動員했으나 征伐로 疲困하게 되었소. 帝王의 圖籙이 처음으로 일어남으로부터 臣下의 節介를 힘써서 더욱 굳게 하며, 우리나라[天朝]로부터 曆法을 받아 사용하고[稟正朔] 朝貢을 王府에다 실어옴에 使臣들의 往來가 끊어지지 아니하여 수레와 책이 크게 같았소. 나아가 보탬이 되는 은혜가 있지 아니하면 어찌 먼 곳에 사는 사람들을 편안하게 해주는 도가 드러나겠소? 大順軍使·光祿大夫(從2品)·檢校太保·持節元菟玄菟州都督·上柱國高麗國王·食邑二千戶 王伷는 祖上에게 경사스러운 職位를 물려받아 日月과 五星이 밝게 靈氣를 발산하여 문득 三韓을 所有하여 이에 여러 世代를 이어왔소. 先祖들의 뜻을 잘 계승하여 따뜻하게 보살펴 기름이 한 지방에까지 파급되고 경계의 명을 적은 글을 공경하고 두려워함에 번역한 말이 萬里에까지 전해왔다. 부지런하고 정성됨이 지극히 갖추어져서 칭찬과 장려를 잊지 아니하니 마땅히 爵位를 나타내는 章服을 들어서 忠烈을 顯彰함에 檢校太傅와 食邑 1000戶를 더할 만하오."[2]

注釋

1) 이해의 12월은 小盡이고 초하루[朔日]는 壬子이다.

2) 이 자료는 978년(太平興國3, 경종3) 宋이 景宗을 檢校太傅로 임명하는 동시에 食邑 1千戶를 더한 詔書인데, 고려측의 자료에는 詔書의 내용은 생략된 채 宋의 사신단이 파견되어 온 기사만이 수록되어 있다(『고려사』권2, 세가2, 경종 3년). 이를 통해 볼 때 『고려사』에 수록된 景宗 1년의 記事에서 보이는 '太傅'는 '太保'의 잘못임을 알 수 있다.

原文　¹⁾[是歲] 宋遣太子中允張洎來, 聘[校訂 景宗 四年으로 移動함].

校訂

1) 이 기사는 중국 측의 자료에 의하면 979년(太平興國4)에 있었던 일이므로『고려사』
의 편찬에서 보이는 杜撰의 한 사례가 될 것이다[補正].

[景宗 4年(979) 己卯]

宋 太宗 太平興國 4年, 契丹 景宗 保寧 11年 : 乾亨 元年

補遺　太平興國四年 正月 丁亥, 命太子中允·直舍人院張洎, 著作佐郎·直史館華陽
　　　勾中正, 使高麗(『續資治通鑑長編』 권20).

飜譯　1월 7일(丁亥, 陽2月 6日)¹⁾ 太子中允·直舍人院 張洎와²⁾ 著作佐郎·直史館
　　　華陽人 勾中正에게³⁾ 命하여 高麗에 使臣으로 가게 하였다.

注釋

1) 이해의 1월은 小盡이고 초하루[朔日]는 辛巳이다.

2) 張洎(934~997)는 滁州 全椒人으로 吳越國에서 進士及第를 한 후 校書郎·監察御史·
中書舍人 등을 역임하였고, 南唐(937~975)이 宋軍의 공격을 받을 때 皇帝 李煜
(961~975 在位)의 側近에서 끝까지 死守를 勸誘하였다. 南唐이 975년(開寶8) 宋에
歸附한 후 太祖 趙匡胤에 의해 誅殺될 地境이었으나 '詞色不變'으로 太子中允에 임
명되었다. 이어서 太宗에 의해 文筆能力[文雅]으로 直舍人院으로 발탁되었고, 979년
(太平興國4) 고려에 파견되었다가 歸國하여 復命한 후 戶部員外郎·知相州事로 外職
에 나갔다. 이어서 右諫議大夫를 역임하고 980년(太平興國5) 4월 中大夫·中書舍人·
翰林學士·權主判吏部流內銓兼判昭文館·柱國·淸河縣開國男·食邑三百戶·賜紫金魚袋
로서 당시 刊行되고 있던 開寶版大藏經을 潤文하기도 하였다. 그는 文翰은 뛰어 났
으나 時事에 迎合하였고, 舊主 李煜과도 疏遠한 관계에 있었다고 한다(『太宗皇帝實
錄』 권80, 至道 3년 1월 己丑 ;『宋史』 권267, 열전26, 張洎 ; 南鮮寺所藏『佛說護國
尊者所問大乘經』 권1, 題記, 寫經). 그가 西海의 험난한 海道를 橫斷할 때 보았다는

龍에 대한 見聞도 남아 있다(『皇朝類苑』 권60, 廣知博識, 見龍, "張洎使高麗, 方泛
舟海中, 因問舟人, 龍可識乎. 對曰, 常因雲起, 多見垂尾, 於波瀾間, 動搖伸縮, 良久,
雨大作, 未嘗見其全體及頭足也. 洎因冠帶焚香祝, 以見眞龍, 時天晴霽, 忽有龍見於水
際, 少頃漸多, 以至彌望, 矗然無數, 洎甚震駭, 良久而沒, 楊文公談苑").

3) 勾中正(구중정, 929~1002)은 益州 華陽人으로 蜀에서 進士試에 급제하고 宋에 歸附
한 후 曹州錄事參軍에 임명되었고, 이어서 著作佐郎·直史館 등을 역임하였다. 979
년(太平興國4) 고려에 張洎와 함께 加恩使로 파견되었다가 돌아와 左贊善大夫·著作
郎에 승진한 후 太常博士·屯田郎中 등을 역임한 후 官職에서 물러나 隱居하였다.
그는 字學·古文에 精通하였고 書藝에도 능하였고 文翰을 즐겼다고 한다(『宋史』 권
441, 열전200, 文苑3, 句中正 ; 『書史會要』 권6, 宋, 勾中正).

關聯資料

• 上卽位, 以文雅選直舍人院, 未幾使高麗, 復命改戶部員外郎, 出知相貝二州(『太宗皇帝實
錄』 권80, 至道 3년 1월 己丑)

• (太平興國) 四年 春正月 丁亥, 命太子中允張洎·著作佐郎句中正, 使高麗, 告以北伐(『宋
史』 권4, 本紀4, 太平興國 元年 正月 丁亥).

• (太平興國) 三年, 又遣使貢方物·兵器, 加伾檢校太師, 以太子中允·直舍人院張洎, 著作
郎·直史館勾中正爲使(『宋史』 권487, 열전246, 外國3, 高麗).

原文 春三月, 賜元徵衍等及第.

飜譯 3월에[1] 元徵衍[2] 등에게 及第를 下賜하였다.

注釋

1) 이해의 3월은 小盡이고 초하루[朔日]는 庚辰이다. 이달은 그레고리曆으로 4월 5일부
터 5월 3일까지이다.

2) 元徵衍(혹은 元徵演·元證衍, 生沒年不詳)은 979년(경종4) 3월에 知貢擧 王融의 門
下에서 甲科 1人으로 급제하였다. 『高麗列朝登科錄』에 의하면 原州人으로 父는 克
猷이고, 最終官職은 僕射였다고 한다. 또 元傅(?~1287)의 列傳과 그의 孫子 元善之
(1288~1337)·元忠(1290~1337)의 墓誌銘에 의하면, 原州人[北原人] 克猷가 太祖 王
建을 도와서 三韓을 平定함에 있어 功을 세워 三韓功臣에 책봉되고, 正義大夫·兵部

令에 이르렀다고 한다. 또 克猷의 아들 徵演은 左僕射에 이르렀다고 한다. 이들 세 자료는 대체로 같은 사실을 전하는 것으로 판단되므로, 元徵衍은 原州人으로 中央에 진출했던 豪族勢力의 後裔일 가능성이 있을 것이다.

그의 歷官은 분명하지 않으나 중국 측의 자료에 의하면 元證衍으로 表記되어 있고, 992년(성종11, 淳化3) 28일(戊子) 馬·漆甲·細箭 등을 바쳤다고 한다. 이때 宋의 使臣 劉式·陳靖 등이 귀국할 때 이들을 護送하여 함께 宋에 들어갔고, 登州의 安香浦口에서 風波를 만나 船舶이 부서지고 貨物의 一部를 분실하였다고 한다(『고려사』권107, 열전20, 元傅 ;「元善之墓誌銘」; 李樹健 1984年 193쪽 ;『宋史』권487, 열전246, 外國3, 高麗 ;『玉海』권154, 朝貢, 獻方物).

關聯資料

(景宗) 四年 三月, 王融, △爲知貢擧, 取進士, 賜甲科元徵衍等及第(『고려사』권73, 지27, 선거1, 科目1, 選場).

原文 [1]夏六月, 宋遣供奉官·閤門祗候王僎來, 册王爲侍中, 加食邑一千戶 [校訂 景宗 五年으로 移動함].

校訂

1) 이 기사는 중국 측의 자료에 의하면 979년(太平興國4) 또는 980년(太平興國5)에 있었던 일이라고 한다[補正].

補遺 (太平興國) 四年, 復遣供奉官·閤門祗候王僎, 使其國(『宋史』권487, 열전246, 外國3, 高麗).

飜譯 (太平興國) 4년에 다시 供奉官·閤門祗候 王僎을 高麗[其國]에 使臣으로 보냈다.[1]

注釋

1) 이 기사는『續資治通鑑長編』에 의하면 980년(太平興國5) 1월에 있었던 일로 기록되어 있음을 보아, 이해의 年末에 이루어진 일로 판단된다.

原文   是歲, 渤海人數萬來投.

飜譯   이해에 渤海人 數萬人이 來投하여 왔다.[1]

注釋

1) 『고려사』에 의하면 938년(태조21)에 渤海遺民이 來投한 이후 이들에 관한 記事가 없는데, 이 시기에 갑자기 數萬人이 來投한 事由가 疑問의 對象이 되어 있다고 한다. 이때의 발해유민은 발해국의 후신인 定安國에서 來投해 온 人物들이다[李孝亨 2002年·2004年].

轉載   (是歲) 城淸塞鎭(『고려사절요』 권2, 경종 4년).

飜譯   (이해에) 淸塞鎭(現 平安北道 熙川郡 位置)에 城을 쌓았다.

關聯資料

景宗四年, 城淸塞鎭(『고려사』 권82, 지36, 兵2, 城堡).

轉載   [1][是歲] 宋遣太子中允張洎來, 聘[校訂 景宗 三年에서 移動해옴].

校訂

1) 위에 인용된 여러 補遺資料에 의하면 太平興國 3년(978, 경종3) 12월 17일(戊辰)에 景宗을 檢校太傅로 임명하는 동시에 食邑 1千戶를 더한 詔書를 發給하였다. 이어서 다음해 1월 7일(丁亥) 太子中允·直舍人院 張洎와 著作佐郎·直史館 華陽人 勾中正에게 命하여 高麗에 使臣으로 가게 하였다. 또 『고려사』에 의하면 경종 4년 6월에 供奉官·閣門祗候 王僎이 와서 景宗을 책봉하였다고 하는데, 『宋史』에 의하면 "(太平興國) 四年, 復遣供奉官·閣門祗候王僎, 使其國"라고 하여 再次[復] 王僎이 파견되었다고 한다(권487, 열전246, 外國3, 高麗). 그러므로 이 자료는 경종 4년(979)으로 옮겨야 한다[校訂事由].

飜譯   (이해에) 宋이 太子中允 張洎를 보내와 聘問하였다.

[參 考]

渤 海

- 太平興國四年, 太宗平晉陽, 移兵幽州, 其酋帥大鷥河率小校李勘等十六人·部族三百騎 來降, 以鷥河爲渤海都指揮使(『宋史』 권491, 열전250, 외국7, 渤海國).
- 太宗 太平興國四年, 太宗征幽州, 渤海首帥大鷥河率小校李勳等十六人·部族三百騎來 降, 詔以鷥河爲渤海都指揮使(『宋會要輯稿』197책, 蕃夷4, 渤海).

[景宗 5年(980) 庚辰] 閏月 宋·契丹·高麗·日本③
宋 太宗 太平興國 5年, 계단 景宗 乾亨 2年

補遺 平興國五年 正月 庚辰, 遣供奉官·閣門祇候王僎, 使高麗(『續資治通鑑長編』 권21).

飜譯 太平興國 5년 1월 5일(庚辰, 陽1월 25日)1) 供奉官·閣門祇候(從8品) 王僎을 2) 보내어 高麗에 使臣으로 가게 하였다.

注釋

1) 이해의 1월은 小盡이고 초하루[朔日]는 丙子이다.

2) 王僎(生沒年不詳)은 開封府 浚義人으로 雲·應等州兵馬都監·均州團練使 등을 역임한 王侁(?~994)의 弟이다. 이 자료와 같이 980년(太平興國5) 1월 供奉官·閣門祇候로서 고려에 파견되었다가 귀국하였다. 이후 交阯征伐에 참여하였다가 敗하여 誅殺되었 다(『송사』 권274, 열전33, 王侁, 僎).

轉載 夏四月, 定米布出息, 米十五斗, 息五斗, 布十五尺, 息五尺, 以爲恒式(『고려사 절요』 권2, 경종 5년 4월).

飜譯 4월에1) 쌀과 베[布]의 利息을 정하여 쌀 15斗에 利息은 5斗로, 베 15尺에 利息은 5尺으로 정하여, 항상 지켜져야 할 法式[恒式]으로 하였다.

注釋

1) 이해의 4월은 大盡이고 초하루[朔日]는 癸酉이다.

關聯資料

凡公私借貸, 以米十五斗, 取息五斗, 布十五匹尺, 取息五尺, 以爲恒式(『고려사절요』 권79, 지33, 식화2, 借貸 ; 이에서 匹은 尺으로 고쳐야 할 것이다).

轉載 穆宗·宣讓大王 … 景宗長子, 母曰獻哀太后皇甫氏. 景宗五年庚辰, 五月 壬戌生(『고려사』 권3, 세가3, 穆宗總論).

飜譯 穆宗·宣讓大王은 景宗(26歲)의 長子이고, 어머니는 獻哀太后 皇甫氏(17歲)이며, 景宗 5年(庚辰), 5월 20일(壬戌, 陽7月 5日)에[1] 태어났다.

注釋

1) 이해의 5월은 小盡이고 초하루[朔日]는 癸卯이다. 이날은 그레고리曆으로 7월 10일이다.

補遺 太平興國五年 六月 [1]壬子壬午, 高麗王伷遣使來, 貢方物(『續資治通鑑長編』 권21).

校訂

1)의 壬子는 『宋史』에는 壬午로 되어 있는데, 이달에는 壬子가 없음으로 壬午가 옳을 것이다.

飜譯 태평흥국 5년 6월 11일(壬午, 陽7月 25日)[1] 高麗王 伷가 使臣을 보내와 方物을 바쳤다.

注釋

1) 이해의 6월은 大盡이고 초하루[朔日]는 壬申이다.

關聯資料

• (太平興國五年) 六月 壬午, 高麗國王遣使來貢(『宋史』 권4, 본기4, 태종1).

• (太平興國) 五年 六月, 再遣使貢方物(『宋史』 권487, 열전246, 外國3, 高麗).

• (太平興國五年) 六月 七日, 高麗國王王伷, 遣使貢方物(『宋會要輯稿』199책, 蕃夷7, 歷代朝貢).

原文　夏六月·宋遣供奉官·閤門祗候王僎來, 册王爲侍中, 加食邑一千戶[校訂 景宗 四年에서 移動해옴].

翻譯　6월에[1] 宋이 供奉官·閤門祗候(從8品) 王僎을 보내와 王을 侍中으로[2] 册封하고 食邑 1千戶를 덧붙여 주었다.[3]

注釋

1) 이해의 6월은 大盡이고 초하루[朔日]는 戊申이다. 이달은 그레고리曆으로 7월 2일부터 7월 31일까지이다.

2) 이때 경종이 侍中에 임명되었다고 하지만, 이해의 冒頭에서 遺載된 『宋大詔令集』에 의하면 檢校太傅로 되어 있다(『宋大詔令集』 권237, 政事90, 四裔10, 高麗, 太平興國 三年 十二月 戊辰).

3) 王僎이 고려에 도착한 것은 중국 측의 자료에 의하면 980년(太平興國5)의 초반으로 추측되므로, 이 자료는 『고려사』의 편찬에서 보이는 杜撰의 한 사례가 될 것이다.

轉載　景宗五年 十二月, 杜鵑花開(『고려사』 권53, 지7, 오행1).
翻譯　景宗 5년 12월에[1] 杜鵑花가 피었다.

注釋

1) 이해의 12월은 大盡이고 초하루[朔日]는 庚午이다. 이달은 그레고리曆으로 981년 1월 14일부터 2월 12일까지이다.

原文　五年, 以崔知夢爲內議令.
翻譯　5년에 崔知夢을[1] 內議令으로 삼았다.[2]

注釋

1) 崔知夢(907~987)은 太祖 7년 是歲 주석 1)과 같다.

2) 崔知夢은 970년(광종21) 光宗이 歸法寺에 幸次하였을 때 술을 마시고 失禮를 犯하여 以後 약 11년間에 걸쳐 隈傑縣(位置不明)에 貶黜되어 있다가, 이때 召還되어 大匡·內議令·東萊郡侯·食邑一千戶·柱國에 임명되고 各種 物品을 下賜받았다(『고려사』 권92, 열전5, 崔知夢).

關聯記事

• 是歲, 以崔知夢, 爲大匡·內議令·東萊郡侯·食邑一千戶柱國. 一日知夢奏曰, 客星犯帝座, 願王申戒宿衛, 以備不虞. 未幾, 王承等謀逆, 事覺伏誅, 賜知夢御衣金帶(『고려사절요』 권2, 경종 5년).

• 景宗五年, 召還, 授大匡·內議令·東萊郡侯·食邑一千戶·柱國, 賜銀器·錦被褥帳·衣馬·幞頭·犀帶(『고려사』 권92, 열전5, 崔知夢).

原文 (是歲) 王承等, 謀逆伏誅.

飜譯 (이해에) 王承 등이 叛逆을 꾀하다가 處刑당하였다.[1]

注釋

1) 이때 叛逆을 圖謀했던 王承은 어떠한 人物인지를 알 수 없어 政變의 내용도 알 수 없다. 그래서 그를 976년(경종1) 11월 外方으로 追放된 執政 王詵과 연결된 人物 또는 皇甫氏의 一族으로 추측하는 見解도 있다. 한편 占星을 통해 政變을 豫見한 大匡(2品上)·內議令 崔知夢은 이로 인해 褒賞을 받았는데, 이후 武勳豪族勢力·外戚勢力은 쇠퇴하게 되었고 新羅系列·文臣官僚勢力이 浮上하였다는 見解도 있다[金甲東 1993年 124쪽 ; 全基雄 1996年 226~228쪽 : 東亞大學校 2008年 1책 273쪽].

關聯資料

一日, 知夢奏曰, 客星犯帝座, 願王申戒宿衛, 以備不虞. 未幾, 王承等謀逆, 伏誅, 賜御衣·金帶(『고려사』 권92, 열전5, 崔知夢).

補遺 太平興國五年, 高麗康戩擧進士, 初肄業國學(『玉海』 권116, 選擧, 科擧,

咸平賓貢).

翻譯 太平興國 5년에 高麗의 康戩이[1] 進士試에 應擧하였고, 처음으로 國學에 들어가 勉學하였다.

注釋

1) 康戩(?~1006)은 980년(경종5) 이전에 宋의 國子學에 들어가 修學하다가 980년(太平興國5) 4월 進士試에 合格하여 及第를 하사받았다. 이후 宋의 官僚로 진출하여 蘇易簡(958~996)의 推薦으로 嶺南東路轉運使가 되었고, 996년(至道2) 7월에는 參知政事 寇準(961~1023)을 彈劾하기도 하였다. 이후 工部郎中(正6品)을 거쳐 京西轉運使로 在職하다가 別世하였다(『宋史』 권487, 열전246, 外國3, 高麗, 天禧 5年).

關聯資料

• (康)戩, 高麗人, 國子學附肄業, 太平興國五年, 登進士第, 歷官以淸白聞, 其爲轉運使, 蘇易簡所薦也(『續資治通鑑長編』 권40, 太宗 至道 2년 7월 丙寅).

• 眞宗景德三年 夏四月 丙戌, 錄故京西轉運使·工部郎中康戩子希齡爲奉禮郎, 給俸終喪. 戩異國人, 數上章言事, 以竭誠自任, 故優其禮秩, 非常制也(『續資治通鑑長編』 권60, 眞宗 景德 3년 4월 丙戌).

[景宗 6年(981) 辛巳]
宋 太宗 太平興國 6年, 契丹 景宗 乾亨 3年

補遺 (太平興國六年 四月) 丙戌, 高麗國遣使來, 貢方物(『續資治通鑑長編』 권22).

翻譯 (太平興國 6년 4월) 19일(丙戌, 陽5月 25日)[1] 高麗國이 使臣을 보내와 貢物을 바쳤다.

注釋

1) 이해의 4월은 小盡이고 초하루[朔日]는 戊辰이다.

關聯資料

• (太平興國六年) 四月 丙戌, 高麗國遣使來貢(『宋史』 권4, 본기4, 태종1).

- (太平興國) 六年, 又遣使來貢(『宋史』 권487, 열전246, 외국3, 고려).
- (太平興國六年) 四月 二十四日, 高麗國遣使貢方物(『宋會要輯稿』199책, 蕃夷7, 歷代 朝貢).
- (興國) 六年 四月, 貢名馬·闕錦·白氎·弓劍(『玉海』 권154, 朝貢, 獻方物).

原文　夏六月, 王不豫.
飜譯　6월에[1] 왕의 몸이 편찮았다[不豫].

注釋
1) 이해의 6월은 大盡이고 초하루[朔日]는 丙寅이다. 이달은 그레고리曆으로 7월 9일부터 8월 7일까지이다.

原文　秋七月, 王疾彌留.
飜譯　7월에[1] 王의 病患이 점점 危篤해졌다.

注釋
1) 이해의 7월은 小盡이고 초하루[朔日]는 丙申이다. 이달은 그레고리曆으로 8월 8일부터 9월 5일까지이다.

原文　甲辰, 召堂弟開寧君治, 內禪, 遺詔曰, 一生一死, 賢哲難逃, 或短或脩, 古今皆是. 寡人承四朝之餘烈, 受三韓之霸圖, 獲保山川土地, 務安宗廟社稷, 日愼一日, 首尾七年. 因此勤勞, 遂成疾疹, 冀怡神於釋負, 將傳聖以紓憂. 正胤開寧君治, 國之親賢, 予所友愛, 必能奉祖宗之大業, 保國家之昌基. 咨爾公卿·宰臣, 其敬保我介弟, 永綏我大邦. 寡人每覽禮經, 至男子不死婦人之手, 未嘗不臨文嘆仰, 至于今日, 左右嬪御, 已令屏去. 倘儻或不延, 歘至大期, 更何所恨. 服紀輕重, 合依漢制, 以日易月, 十三日周祥, 二十七日大祥,園陵制度, 務從儉約. 其西京·安東·安南·登州等諸道, 膺應鎭守之任, 有軍旅之權者, 所寄非輕, 豈宜暫曠. 不許離任赴闕, 各於任所擧哀, 三日釋服, 其餘, 並委嗣君處分.

翻譯　(7월) 9일(甲辰, 陽8月 11日) 사촌 동생[堂弟]인 開寧君 治(後日의 成宗)를 불러 帝位를 물려주고[內禪] 遺詔를 내려 말하기를, "태어나고 죽는 것은 아무리 賢明한 사람[賢哲]도 避하기 어려운 것이며, 사람에 따라 壽命이 짧고 긴 것은 예나 지금이나 다 마찬가지이오. 내가[寡人] 4代에 걸친 先王께서 남긴 事業을 繼承하고, 三韓을 다스릴 方道를 傳授받아 山川과 土地를 保全하고 宗廟와 社稷을 安定시키려고 前後 7年間이나 매일 勤愼하며 살아왔소. 이러한 勞苦로 인해 드디어 病을 얻게 되었는데, 이제 무거운 짐을 벗어버리고 精神을 가라앉히고 王位를 물려줌으로써 근심을 풀까 하오. 太子[正胤] 開寧君 治는 나라의 어진 宗親이고 내가 아끼는 사람이니 반드시 祖宗의 大業을 받들고 國家의 기틀을 保全할 수 있을 것이오. 아, 여러 公卿과 宰臣들은 나의 큰 동생[介弟]을[1] 恭敬하고 輔弼하여 길이 우리의 큰 나라를 便安하게 하시오.

寡人이 『禮記』(禮經)을 볼 때마다 '男子는 婦人의 손에서 죽지 않는다'고[2] 한 句節에 이르러서는 感歎하지 않은 적이 없었기에 오늘에 이르러 左右의 妃嬪들을 다 물러가게 하였소. 설혹 더 이상 살지 못한 채 갑자기 죽음[大期]에 이르더라도 다시 무슨 恨이 있겠소? 喪服을 입는 期限은 漢의 制度에 依據하여 하루를 한 달로 計算하여, 13일 만에 小喪[周祥]을 지내고 27일만에 大喪을 지낼 것이며 王陵의 制度는 儉約함을 따르도록 힘쓰시오. 西京·安東·安南·登州(現 江原道 安邊郡) 등 여러 방면[諸道]에서 防禦任務를 맡아 軍隊를 指揮하는 者는 맡은 임무가 중요하니 잠시라도 맡은 곳을 비워서야 되겠소? 臨地를 떠나 宮闕로 오는 것을 허락하지 않을 것이니 各各 臨地에서 哀悼하고 사흘 만에 喪服을 벗도록 하시오. 그 이외의 일은 다 開寧君 治의 處分에 맡기오."라고 하였다.[3]

注釋

1) 介弟는 他人의 동생에 대한 敬稱 또는 큰 동생[大弟]을 가리키는 개념이라고 한다. 『春秋左氏傳』, 襄公 26년에 伯州犁라는 사람이 鄭의 大夫 皇頡에게 "저 사람은 王

子 圍(公子圍, 恭王의 아들, 後日의 靈王)라고 하는데, 우리 王[君]의 貴重한 큰 동
생이다. 夫子爲王子圍, 寡君之貴介弟也"의 注에서 '介는 큰 것을 말한다. 介, 大也'
로 되어 있다고 한다[鎌田 正 1994年 3책 1073쪽 ; 諸橋轍次 1968年 1책 594쪽].

2) '男子不死于婦人之手'는 『禮記』, 喪大記第22의 冒頭인 "사람이 病으로 危篤하면 먼
저 집의 內外를 掃除한다. … 죽는 사람이 男子라면 女子의 손을 接觸하지 말게 하
고, 죽는 사람이 女子라면 男子의 손을 接觸하지 말게 한다. 또 죽은 사람이 君主
또는 그 夫人이라면 正殿(路寢, 路는 大·正을 가리킴)에서 죽게 하고, 大夫 또는 그
의 婦人이라면 正室(適寢, 適은 正을 가리킴)에서 죽게 한다. 疾病, 內外皆掃, … 男
子不死于婦人之手, 婦人不死于男子之手. 君·夫人卒于路寢, 大夫·世婦卒于適寢, …"
에서 따온 것이다[竹內照夫 1993年 659쪽].

3) 『고려사절요』에는 遺詔의 冒頭가 省略된 채 수록되어 있는데, 添字는 이에서 달리
表記된 글자이다.

關聯資料

(景宗) 六年 七月, 王疾彌留, 甲辰, 遺詔, 服紀, 以日易月, 十三日周祥, 二十七日大祥,
西京·安東·安南·登州等諸道鎭守, 各於任所, 擧哀, 三日釋服(『고려사』 권64, 지18, 禮6,
凶禮 國恤).

原文 丙午, 薨于正殿, 在位六年, 壽二十六. 王溫良仁惠, 不好遊戲. 末年,
厭倦萬機, 日事娛樂, 沈溺聲色. 且好圍碁, 昵近小人, 疎遠君子, 由是, 政敎
衰替. 諡曰獻和, 廟號景宗, 葬于南畿山麓, 陵曰榮陵, 穆宗五年加諡成穆,
顯宗五年加明惠, 十八年加順熙, 文宗十年加靖孝, 高宗四十年加恭懿.

飜譯 (7월) 11일(丙午, 陽8月 13日)[1] 正殿에서 薨去하니 在位가 6年이고 나이 26
歲였다. 王은 성품이 따뜻하고 어질었으며 놀이 따위는 즐기지 않았다. 그
러나 말년에는 정치에 염증을 내어 매일 오락을 일삼고 酒色에 탐닉하였다.
또 바둑을 좋아하며 小人들을 가까이 하고 君子들을 멀리하니 이 때문에
정치와 교화가 점점 쇠퇴해졌다.
諡號를 獻和라고 하고 廟號를 景宗이라고 하였으며 개경 남쪽의 산기슭에
장사지내고 陵號를 榮陵이라고 하였다. 목종 5년(1002) 成穆을, 현종 5년

(1014) 明惠를, 같은 왕 18년에 順熙를, 문종 10년(1056) 靖孝를, 고종 40년
(1253) 恭懿를 각각 諡號에 덧붙였다.

注釋

이날은 그레고리曆으로 8월 18일이다.

關聯資料

丙午, 薨于正寢, 上諡曰獻和, 廟號景宗, 葬榮陵(『고려사절요』 권2, 경종 6년 7월 丙午).

原文　李齊賢贊曰, 滕文公問井地於孟子, 孟子曰, 仁政必自經界始. 經界
不正, 井地不均, 穀祿不平. 是故暴君汚吏, 必慢其經界. 經界旣正, 分田制
祿, 可坐而定也. 三韓之地, 非四方舟車之會, 無物産之饒, 貨殖之利, 民生所
仰, 只在地力. 而鴨綠以南, 大抵皆山, 肥膏不易之田, 絶無而僅有也, 經界之
正若慢, 則其利害, 比之中國, 相萬也. 太祖繼新羅衰亂, 泰封奢暴之後, 萬事
草創, 1)日不暇給, 止而爲口分之法. 歷四世, 2)景宗景王作田柴之科, 雖有疎略,
亦古者世祿之意3)□也. 至於九一而助, 什一而賦, 4)與夫及所以優君子·小人
者, 則不暇論也. 後世屢欲理之, 終於苟而已矣. 盖其初, 不以經界爲急, 撓其
源, 而求流之淸, 何可得也. 惜乎, 當時群臣, 未有以孟子之言, 講求法制, 啓
迪而力行之也.

校訂

1) 『익재난고』 권9하, 史贊, 景王에는 '日不暇給'은 없고, 止는 而로 되어 있다. 2) □
에 也字가 缺落되었다. 『익재난고』와 『고려사절요』 권2에는 들어 있다. 또 『익재난
고』에는 3)의 景宗이 景王으로, 4)의 與夫가 及으로 달리 表記되어 있다.

飜譯　李齊賢이 論評하여 말하기를, "滕의 文公이1) 井地에2) 관해 孟子에게 묻자,
孟子는 '어진 政治는 반드시 땅의 境界를 성확히 싯는 일로부터 시삭뇌니
境界가 바르지 않으면 井地가 均等하지 못하고 官吏들의 祿俸도 公平하지
못하게 됩니다. 그러므로 暴君과 汚吏는 언제나 그 境界의 劃定을 제멋대

로 하였습니다. 境界가 바르게 정해져 있다면 土地를 나누고 祿俸을 정하는 일은 아주 쉽게 決定할 수 있는 것입니다.'고[3] 對答하였다.

三韓의 땅은 四方에서 배와 수레가 모여드는 곳이 아니므로 物産의 豊足함이나 商業을 통해 얻는 利益이 없었으니 百姓들은 오로지 土地의 生産力만을 믿고 있을 뿐이다. 그리고 鴨綠江 以南은 대개가 山地이므로 肥沃하고 해마다 農事를 지을 수 있는 土地가 거의 없으니 境界의 劃定을 정확히 하지 않는다면 그로 인해 입을 損害는 中國에 비하여 훨씬 클 것이다. 太祖는 衰弱하고 어지러운 新羅와 奢侈하고 强暴한 泰封을 이어 나라를 세웠으니 모든 일이 草創期였고 하루도 넉넉한 時間이 없는지라 다만 口分法만을[4] 施行하는데 그쳤다.

그 후 4代를 거쳐 景宗이 田柴科를 만들었으니 비록 疏略하다 하더라도 또한 옛날에 있었던 世祿의 趣旨와 附合하는 것이다. 生産物의 9분의 1을 稅金으로 거둘 것인가, 혹은 10分의 1을 거둘 것인가 하는 問題와 君子와 小人을 豊足하는 것은 미처 論議할 겨를이 없었던 것이다. 後世에 거듭하여 이를 바로잡고자 하였으나 끝내 彌縫策에 그치고 말았다. 대개 그 始初에 境界를 바로 잡는 일을 急先務로 삼지 않았으니 그 根源을 混濁하게 하고서 맑은 물줄기를 구한들 어찌 可能할 수 있겠는가? 애석하다. 당시의 여러 臣下들이 孟子의 말을 따라 법을 制定할 방도를 찾고 사람들을 깨우쳐서 강력히 시행하지 못하였다."라고 하였다.

注釋

1) 滕(등, 現 山東省 藤縣의 西南部에 位置, 姓은 姬, 爵은 侯)의 文公은 定公의 아들로서 戰國時代의 明君으로 이름이 있었다. 그는 世子로 있을 때 楚에 往還하던 도중에 宋에 머물고 있던 孟子(孟軻, B.C.385~B.C.302 推測)를 두 차례에 걸쳐 만났다고 한다. 이때 맹자로부터 性善說에 대해 가르침을 받았다. 그 후 定公이 別世하자 然友를 鄒에 파견하여 맹자에게 喪禮에 대해 묻고서 3年喪(25개월 혹은 27개월)을 행하였지만 兄弟와 百官이 모두 반대하여 실천하지 못하였지만 그 뜻은 관철시켰던 것 같다. 이후 다시 맹자로부터 王道, 곧 仁義·仁政의 實現을 통해 社會와 人間生活을 바르게 만들어야 한다는 訓育을 받았다. 이어서 丁田制에 대해서도 가르침을 받았다(『孟子』, 藤文公章句上).

2) 井地는 夏·殷·周代에 實施되었다는 井田制에서 구획된 土地인 井田을 말한다. 사방 9百畝의 土地를 1里로 정하고 井字 모양으로 9等分하여 中央의 한 區域을 公田으로, 주변의 8區域을 私田으로 각각 나눈 다음, 8家가 각 私田을 耕作하여 그 生產物을 가지게 하면서 동시에 8家가 中央의 公田을 共同耕作하여 그 收穫物을 國家에 바치게 한 制度이다. 이에서 力役을 負擔하는가 아닌가에 따라 收田이 이루어졌기에, 力役은 收田에 대한 反對給付의 絶對的인 條件이 되었다. 따라서 力役을 負擔하지 않은 女子에게는 支給되지 않았다. 또 稅制로서 助法은 公田에서의 集團的 賦役勞動이 賦課되었다고 하는데(『孟子』, 藤文公章句上), 이에 대한 諸家의 見解에서 一致를 보지 못하고 있고, 井田制가 實際로 施行되었는가에 대한 贊反의 見解도 많이 提示되었다[谷口義介 1985年 ; 佐竹靖彦 1998年 ; 東亞大學校 2008年 1책 276쪽].

3) 이 句節은 『孟子』, 藤文公章句上에 있는 내용을 그대로 轉載한 것이다.

4) 口分法은 940년(태조23) 高麗王朝의 開創과 後三國統一過程에서 有功한 朝臣과 軍士들에게 善惡과 功勞의 大小에 따라 지급한 役分田으로 推測된다(『고려사』 권78, 食貨志, 田制, 田柴科 ; 東亞大學校 2008年 1책 276~277쪽).

[參 考]

高麗

• 太平興國六年辛巳二月十三日」元□□道俗香徒等廿人」上道」(「利川磨崖半跏像銘」 ; 許興植 1986年 428~429쪽).

第七章 成宗代의 記事

一. 成宗世家의 構成과 性格

제6대 帝王인 成宗(960~997, 981~997 在位)의 事蹟을 다룬 「成宗世家」는 고려초기의 여러 世家 중에서 「太祖世家」와 함께 비교적 상세하게 편찬되었다. 먼저 이에 수록되어 있는 記事와 이를 補完한 資料[轉載·補遺]의 件數를 정리해 보면 다음 〈표7〉과 같다.

〈표7〉 成宗世家에 수록된 資料의 件數 ( )는 轉載·補遺한 件數

時期	政治	外交	經濟	社會	祭典	其他	轉載	補遺	合計
卽位	1				3		2	1	4(3)
1년	2	1			1		4	2	4(6)
2년	9	2	1		5	2	12	1	19(13)
3년	4	1			1		2	4	6(6)
4년	1	2				1	1	4	4(5)
5년	3	1					8	4	4(12)
6년	4				1	1	6		6(6)
7년	3	1		1	1		4	4	6(8)
8년	3	1			2	3	5	1	9(6)
9년	5	2					2	3	7(5)
10년	4	2			1	2	2	3	9(5)
11년	3	2			2		8	4	7(12)
12년	4	1			1		5	5	6(10)
13년	3	5			1		4	8	9(12)
14년	4	3				1	5	4	8(9)

15년	1	2	1			1	4	4	5(8)
16년	4						2	4	4(6)
合計	58	26	2	1	19	11	76	56	117(132)
總書	간략한 履歷								
史論	李齊賢의 論贊								

〈표 7〉과 같이 구성되어 있는 「成宗世家」의 내용을 항목 또는 年度에 따라 간략히 정리하고 설명이 필요한 부분을 정리하면 다음과 같다.

總書 : 이의 내용은 廟號와 諡號, 이름과 字, 父母, 誕生日, 卽位 등이 매우 간략히 정리되어 있다.

卽位年 : 5개월에 걸친 즉위년에는 4건의 記事만이 수록되어 있는데, 卽位에 따른 赦免과 文武官의 陞階, 先考·先妣의 追諡, 八關會의 雜戲廢止와 法王寺에의 幸次 등이다. 이들 자료를 補充할 수 있는 자료로서 轉載가 2건, 補遺가 1건이 찾아지는데, 前者는 官僚의 父母忌日 休暇, 郡縣의 名稱變更이고, 後者는 宋에의 朝貢 등이다.

1年 : 1년의 記事는 官制改革, 求言, 宋에 襲位要請, 節日制定 등에 관한 4件이 수록되어 있다. 이들 記事를 補充할 수 있는 자료로 轉載가 4건, 補遺가 2件이 찾아지는데, 前者는 着帽, 貸付利殖, 父母忌日休暇, 宰相任命 등에 관한 것이고, 後者는 宋에 襲位의 要請과 이의 許諾 등에 관한 것이다.

2年 : 2년의 記事는 祈穀祭, 籍田禮, 太祖妃의 崩御와 卒哭, 節日名稱變更, 官僚賜宴과 物品下賜, 官僚任命, 官制制定과 12牧設置, 宋의 册封, 酒店設置 등에 관한 19件이 수록되어 많은 분량을 차지하고 있다. 이들 기사를 補充할 수 있는 자료로 轉載가 12건, 補遺가 1件이 찾아지는데, 전자는 州郡公須田의 制定, 胥吏職의 名稱變更, 州縣의 邑格升降(6건), 築城(2건), 驛長式의 制定, 西京幸次 등에 관한 것이고, 후자는 契丹의 高麗征伐準備에 관한 것이다.

3年 : 3년의 記事는 祈雨祭, 及第下賜, 官僚交替, 軍人服色制定, 築城, 宋에 使臣派遣 등에 관한 6件이 수록되어 있다. 이들 기사를 補充할 수 있는 자료로 轉載가 2건, 補遺가 4件이 찾아지는데, 전자는 官僚致仕, 築城에 관한 것이고, 후자는 日本에 漂流한 高麗人(2건), 契丹使臣의 往來, 宋에 使臣派遣 등에 관한 것이다.

4年 : 4년의 記事는 宋의 册封·及第下賜·宋의 使臣 韓國華의 助兵要求, 寺院의 建立制限 등에 관한 4件이 수록되어 있다. 이중에서 韓國華의 助兵要求는 時期整理[繫

年]에 失敗한 것으로 明年(성종5)으로 옮겨야 바르게 된다. 이들 기사를 補充할 수 있는 자료로 轉載가 1건, 補遺가 5件이 찾아지는데, 전자는 五服制에 의한 休暇에 관한 것이고, 후자는 宋의 册封과 使臣派遣, 契丹의 高麗征伐準備(3건)이다.

5年 : 5년의 記事는 契丹使臣의 到着, 及第下賜, 王言의 名稱改正, 施政敎書 등에 관한 4件이 수록되어 있다. 이들 기사를 補充할 수 있는 자료로 轉載가 8건, 補遺가 4件이 찾아지는데, 전자는 勸農·賑貸·興學·逃亡奴婢贖徵 등에 관한 敎書 각 1通, 守令의 率家赴任, 宋에 賓貢學生派遣, 郡縣改編, 그리고 성종 4년의 韓國華의 助兵要求 記事의 移動[校訂] 등에 관한 것이고, 후자는 宋의 册封, 賓貢學生派遣, 築城, 郡縣의 所屬變更 등에 관한 것이다.

6年 : 6년의 記事는 公文樣式의 制定, 5部坊里制의 實施, 村長의 名稱改定, 及第下賜, 八關會停止, 宰相의 死亡 등에 관한 6件이 수록되어 있다. 이들 기사를 補充할 수 있는 자료로 轉載가 6건이 찾아지는데, 이는 禁放火山野, 進士選拔, 州縣의 兵器收去, 放良奴婢의 還賤, 州縣의 升降, 符瑞 등에 관한 것이다.

7年 : 7년의 記事는 官僚의 奉事·及第下賜, 宋의 册封, 宰相任命, 屠殺禁止, 5廟制實施 등에 관한 6件이 수록되어 있다. 이들 기사를 補充할 수 있는 자료로 轉載가 4件, 補遺가 4件이 찾아지는데, 전자는 踏驗損實, 災免, 進士選拔, 地方行政執行 등에 관한 것이고, 후자는 宋의 册封과 使臣派遣, 宋에 使臣派遣, 高僧招致 등에 관한 것이다.

8年 : 8년의 記事는 官僚의 疾病治療, 興學敎書, 及第下賜, 宋에 使臣派遣, 太廟建立(2件), 宰相死亡, 彗星出現, 忌日에의 謹身 등에 관한 9件이 수록되어 있다. 이들 기사를 補充할 수 있는 자료로 轉載가 5건, 補遺가 1件이 찾아지는데, 전자는 兩界兵馬使制의 整備, 進士選拔, 考課式의 制定, 興學, 州縣升降 등에 관한 것이고, 후자는 宋의 册封에 관한 것이다.

9年 : 9년의 記事는 孝行襃賞, 西京幸次(2건), 開寧君의 册封, 興文敎書, 宋의 册封, 宋에 使臣派遣 등에 관한 7件이 수록되어 있다. 이들 기사를 補充할 수 있는 자료로 轉載가 2건, 補遺가 3件이 찾아지는데, 전자는 官僚의 施政建議, 軍營設置 등에 관한 것이고, 후자는 宋의 册封, 宋에 使臣派遣, 皇后의 日本寺刹에의 寄進 등에 관한 것이다.

10年 : 10년의 記事는 安慰使의 派遣, 及第下賜, 西京幸次, 女眞族의 逐出, 宋에

使臣의 派遣과 歸還, 社稷壇의 建立, 旱魃(2건) 등에 관한 9件이 수록되어 있다. 이들 기사를 補充할 수 있는 자료로 轉載가 2건, 補遺가 3件이 찾아지는데, 전자는 孤兒救恤, 中樞院設置 등에 관한 것이고, 후자는 契丹의 築城, 宋에 使臣派遣, 郡縣의 改稱, 金海府에서의 量田 등에 관한 것이다.

11年 : 11년의 記事는 宗室 郁의 流配, 郡縣의 改稱, 興學敎書, 宋의 册封, 宋에 使臣派遣, 太廟完工과 祭禮擧行(2件) 등에 관한 7件이 수록되어 있다. 이들 기사를 補充할 수 있는 자료로 轉載가 8건, 補遺가 4件이 찾아지는데, 전자는 興學敎書, 人材推薦, 起復式의 制定, 田租收取式의 制定, 漕運船價의 決定, 賓貢學生의 歸還, 天文, 符瑞 등에 관한 것이고, 후자는 賓貢學生의 及第, 宋에 朝貢, 太廟의 祭器造成, 契丹의 高麗征伐準備 등에 관한 것이다.

12年 : 12년의 記事는 契丹의 侵入(4건), 宋의 册封, 及第下賜 등에 관한 6件이 수록되어 있다. 이들 기사를 補充할 수 있는 자료로 轉載가 5건, 補遺가 5件이 찾아지는데, 전자는 常平倉設置, 進士選拔, 州縣公須柴地式의 制定, 契丹의 侵入, 州縣의 改編 등에 관한 것이고, 후자는 宋에 朝貢·宋의 册封(2건), 宗室 郁의 流配, 宋에 書籍要請, 太廟의 祭器造成 등에 관한 것이다.

13年 : 13년의 記事는 契丹年號의 使用, 覆試實施, 勾當使의 任命, 거란과의 築城議論, 거란에 사신파견, 송에 사신파견, 거란 사신의 도착, 거란에 進樂, 太廟에 功臣配享 등에 관한 9件이 수록되어 있다. 이들 기사를 補充할 수 있는 자료로 轉載가 4건, 補遺가 8件이 찾아지는데, 전자는 進士選拔, 孤兒救恤, 築城, 勾當使의 設置 등에 관한 것이고, 후자는 거란에 사신파견(3건), 거란사신의 도착, 송에 사신파견(2건), 거란에 進樂, 州縣改編 등에 관한 것이다.

14年 : 14년의 記事는 官僚의 文翰能力向上, 官制改稱, 10道整備, 及第下賜, 거란에 使臣派遣(3건), 宰相死亡 등에 관한 8件이 수록되어 있다. 이들 기사를 補充할 수 있는 자료로 轉載가 5건, 補遺가 4件이 찾아지는데, 전자는 進士選拔, 文散階의 改稱, 武散階의 實施, 開城府制의 整備, 築城 등에 관한 것이고, 후자는 거란에 使臣派遣과 朝貢(3건), 거란의 册封, 契丹語의 習得을 위한 童子派遣 등에 관한 것이다.

15年 : 15년의 記事는 及第下賜, 거란의 册封, 거란에 使臣派遣, 鑄錢, 宗室郁의 死亡 등에 관한 5件이 수록되어 있다. 이들 기사를 補充할 수 있는 자료로 轉載가 4건, 補遺가 4件이 찾아지는데, 전자는 進士選拔, 官僚休暇, 築城, 事審官式의 制定

등에 관한 것이고, 후자는 거란에 請婚, 거란에 使臣파견, 契丹語의 習得을 위한 童子派遣, 日本에 漂流된 高麗人 등에 관한 것이다.

16年 : 16년의 記事는 東京幸次(3건), 成宗崩御 등에 관한 4件이 수록되어 있다. 이들 기사를 補充할 수 있는 자료로 轉載가 2건, 補遺가 4件이 찾아지는데, 전자는 大良院君(後日의 顯宗)의 歸京, 進士選拔 등에 관한 것이고, 후자는 日本에 보낸 高麗牒(3건), 거란에 使臣派遣 등에 관한 것이다.

二. 成宗世家의 補完과 譯注

16년 3개월에 걸쳐 比較的 長期間에 걸쳐 在位하면서 中國的인 支配秩序를 韓半島에 受容하려고 努力하여 支配體制를 唐·宋의 政治構造로 轉換시킨 「成宗世家」를 轉載하고, 이와 관련된 자료를 補完하면 다음과 같다.

『高麗史』 卷第三 世家卷第三 成宗

[成宗總書]

原文 成宗·康威·章憲·文懿大王, 諱治, 字溫古, 戴宗第二子, 母曰宣義太后柳氏, 光宗十一年庚申十二月辛卯生, 景宗六年七月甲辰, 受內禪卽位.

飜譯 成宗·康威·章憲·文懿大王은[1] 이름은 治이고 字는 溫古이며 戴宗의[2] 둘째 아들이고, 어머니는 宣義太后 柳氏이다. 광종 11년(庚申, 960) 12월 26일(辛卯, 陽961년 1월 15일)[3] 태어났으며 경종 6년(981) 7월 9일(甲辰, 陽8月 11日) 帝位를 물려받아[內禪] 즉위하였다.

注釋

1) 이에서 廟號인 成宗과 諡號인 文懿大王은 그의 死後인 997년(목종 즉위년) 10월에
   붙여진 것이고, 康威는 1002년(목종5) 4월에, 章憲은 1014년(현종5) 4월에 각각 덧
   붙여진[加上] 諡號이다. 그런데 成宗은 1027년(현종18) 4월에 光孝가, 1056년(문종
   10) 10월에 獻明이, 1253년(고종40) 6월에 襄定이 각각 덧붙여졌으나 이 자료에 반
   영되어 있지 않다.

2) 戴宗은 王旭(?~969, 太祖의 子)으로 광종 20년 11월 주석 2)와 같다.

3) 이날은 그레고리曆으로 1월 20일이다.

[成宗 卽位年(981) 辛巳]

宋 太宗 太平興國 6年, 契丹 景宗 乾亨 3年

原文　八月 癸未, 御威鳳樓, 大赦, 陞文·武官一階.

翻譯　8월 19일(癸未, 陽9월 19日)[1] 威鳳樓에[2] 幸次하여 大赦免令을 내리고 文官
　　　과 武官의 品階를 한 등급씩 올려 주었다.

注釋

1) 이해의 8월은 大盡이고 초하루[朔日]는 乙丑이다. 이달은 그레고리曆으로 9월 6일부
   터 10월 5일까지이다.

2) 威鳳樓는 태조 원년 11월의 주석 3)과 같다.

關聯資料

• 八月, 御威鳳樓, 大赦, 放三年役, 減租稅之半, 陞文武官一階(『고려사절요』 권2, 경종
  6년).

• 景宗六年, 成宗卽位, 放三年役, 減租稅之半(『고려사』 권80, 지34, 식화3, 賑恤, 恩免
  之制).

原文　冬十一月 丁酉, 追[1]諡諡先考, 遂謁陵.

校訂

1) 『고려사』에서 諡(익)은 諡(시)를 잘못 刻字한 것이다.

飜譯　11월 3일(丁酉, 陽12月 2日)[1] 先考(旭, 太祖의 子)의 諡號를 追贈한 후, 그 陵에 參拜하였다.[2]

注釋

1) 이해의 11월은 小盡이고 초하루[朔日]는 乙未이다.

2) 이때 戴宗(成宗의 考)의 神主를 어디에 奉安하였는지는 알 수 없으나, 漢의 故事에 依據하여 別廟[立廟置園]를 건립하여 配享하였을 것으로 추측된다. 成宗이 景宗의 大統을 이어 받을 때 弟로서 後嗣가 되었을 것이고, 그의 世系는 皇考 光宗으로 이어졌을 것이다. 그렇지만 위의 記事에서 戴宗이 '先考'로 表記되어 있으므로 追諡[追號]를 할 때 많은 논란이 있었을 것이다. 이러한 王室의 世系와 관련된 重大事를 『고려사』의 편찬자는 간단한 記事로 處理하고 말았다.

關聯資料

冬十一月, 追尊先考, 爲宣慶大王, 廟號戴宗, 陵曰泰陵, 遂謁陵(『고려사절요』 권2, 경종 6년).

原文　是月, 王以八關會雜技不經, 且煩擾, 悉罷之.

飜譯　이달에 王이 八關會에서[1] 演戲되는 雜技들이 荒誕하고[不經], 亂雜하고 混亂[煩擾]고 하면서 모두 없애게 하였다.

注釋

1) 八關會는 太祖 元年 11월의 수석 2)와 같다.

2) 不經은 荒誕스럽고 日常의 道理[常理]에 맞지 않다는 意味이다(『史記』 권74, 孟子荀卿列傳第14, "騶衍睹有國者益淫侈, 不能尙德若大雅整之於身, 施及黎庶矣. 乃深觀陰陽消息, 而作怪迂之變, 終始大聖之篇, 十餘萬言, 其語閎大不經").

3) 煩擾는 亂雜하고 混亂한 것을 가리킨다(『管子』 권17, 禁藏第53, “內無煩擾之政, 外
　　無彊敵之患也”).

原文 　(是月) [1]□□戊申14日 幸法王寺行香, 還御毬庭, 受群臣朝賀.

校訂

이날의 日辰比定은 太祖王建의 御眞이 奉安되어 있는 法王寺에의 幸次는 八關會의 小
會日(14일)에 이루어지기 때문이다.

飜譯　(11월 14일[戊申]) 法王寺에[1] 幸次하여 焚香하고 돌아와서 毬庭에 거동하여
　　　　臣下들의 賀禮를 받았다.

注釋

1) 法王寺는 태조 2년 3월의 주석 2)와 같다.

轉載　景宗六年 十二月, 制, 父母忌, 依書儀, 給暇一日兩宵(『고려사』 권64, 지18,
　　　　禮6, 凶禮, 百官忌暇).

飜譯　성종 1년(경종6) 12월에[1] 制書를 내려, “父母의 忌日에는 『書儀』에[2] 依據하
　　　　여 하루 낮과 이틀 밤[一日兩宵]에 걸쳐 休暇를 주게 하시오.”라고 하였다.[3]

注釋

1) 이해의 12월은 大盡이고 초하루[朔日]는 甲子이다. 이달은 그레고리曆으로 982년 1
　月 3일부터 2월 1일까지이다.

2) 『書儀』는 前近代社會에서 士大夫들의 書札에 대한 모델[典範] 또는 각종 典禮에 대
　한 儀注인인 書册을 가리킨다. 곧 各種의 公文·書翰 등의 書式을 기록한 책으로 10
　餘種이 있었다고 한다. 『隋書』 권33, 지28, 經籍2에는 蔡超의 『書儀』2권과 王弘의 『書
　儀』 10권이, 『舊唐書』 권46, 지26, 經籍上에는 裴矩·虞世南의 『大唐書儀』 10권과
　朱儔의 『書儀注』 3권이 있었다고 한다. 이들 서적은 現存하지 아니하지만, 司馬光
　의 『書儀』10권을 통해 『書儀』라는 책의 性格을 類推할 수 있다(『四庫總目提要』;

蔡雄錫 2009年 111쪽).

3) 이달은 成宗 卽位年 12月인데, '景宗六年'으로 表記된 것은『고려사』의 편찬자가 그 이전에 편찬된 편년체의『고려사』를 기전체로 변환하는 과정에서 연대를 잘 정리하지 못하였기 때문이다. 이러한 사례는 諸志에서 散見된다(事例 :『고려사』권47, 지1, 天文1, 月五星凌犯及星變, 穆宗 12年 3月 庚午·권54, 지8, 五行2, 穆宗 12年 6月·권55, 지9, 오행3, 穆宗 12年 9月·권64, 지18, 예6, 諸臣喪, 顯宗 22년 8월).

轉載   太祖二十三年, 更今名^{京山府}, 景宗六年, 降爲廣平郡(『고려사』권57, 지11, 지리2, 京山府).

飜譯   태조 23년에 지금의 名稱으로 바꾸었고(京山府), 경종 6년에 (邑格을) 降等하여 廣平郡으로 삼았다.[1]

注釋

1) 이 조치가 景宗의 在位期間에 이루어졌는지, 아니면 成宗 卽位以後에 이루어졌는지는 알 수 없으나 관련된 자료를 통해 볼 때 後者일 가능성이 있다.

關聯資料

『慶尙道地理志』, 尙州道, 星州牧官, "成宗時, 太平興國辛巳, 降爲廣平郡".

補遺   (興國六年) 十二月, 貢騂·角弓·漆甲·大箭·馬五十匹(『玉海』권154, 朝貢, 獻方物).

飜譯   (太平興國 6년) 12월에 (고려가) 赤黃色의 말[騂]·角弓·漆甲·大箭·馬 50匹을 바쳤다.[1]

注釋

1) 고려측의 기록에는 宋에 使臣을 파견된 記事가 찾아지지 않아서 파견된 始點을 알 수 없으나 도착이 12월임을 보아 9월 내지 10월에 파견되었을 것이다.

[參 考]

渤海

- (太平興國六年 七月) 丙申, 上將大擧伐契丹, 遣使賜渤海王詔書, 令發兵以應王師, 其略云, 聞爾國本是大藩, 近年頗爲契丹所制, 爾迫于兇醜屈膝事之, 讒慝滋多誅求無已, 雖欲報怨, 力且不能, 所宜盡出族帳, 助予攻取, 俟其剪滅, 當行封賞, 幽·薊土宇, 復歸中朝, 沙漠之外, 悉以相與, 然渤海竟無至者(『續資治通鑑長編』 권22).

- (太平興國六年) 七月 丙午, 詔渤海琰府王, 助討契丹(『宋史』 권4, 본기4, 태종1).

- (太平興國) 六年, 嗣烏舍城浮渝府渤海琰府王詔曰, 朕纂紹丕構, 奄有四海, 普天之下, 罔不率俾, 矧太原封域, 國之保障, 頃因竊據, 逐相承襲, 倚遼爲援, 曆世逋誅. 朕前歲親提銳旅, 盡護諸將, 拔幷門之孤壘, 斷匈奴之右臂, 眷言弔伐, 以蘇黔黎. 蠢玆北戎, 非理構怨, 輒肆荐食, 犯我封略. 一昨出師逆擊, 斬獲甚衆, 今欲鼓行深入, 席捲長驅, 焚其龍庭, 大殲醜類. 素聞爾國密邇寇讐, 迫於吞幷, 力不能制, 因而服屬, 困於率割. 當靈旗破敵之際, 是鄰邦雪憤之日, 所宜盡出族帳, 佐予兵鋒. 俟其剪滅, 沛然封賞, 幽·薊土宇, 復歸中朝, 朔漠之外, 悉以相與, 勗乃協力, 朕不食言. 時將大擧征契丹, 故降是詔諭旨(『宋史』 권491, 열전250, 외국7, 渤海國).

- 太平興國中, 太宗方經營遠略, 討擊契丹, 因降詔其國, 令張掎角之勢, 其國亦怨寇讐侵侮不已, 聞中國用兵北討, 欲依王師以攄宿憤, 得詔大喜(『宋史』 권491, 열전250, 외국7, 安定國).

- (太平興國) 六年冬, 會女眞遣使來貢, 路由本國, 乃托其使附表來上云, 安定國王臣烏玄明言, 伏遇聖主洽天地之恩, 撫夷貊之俗, 臣玄明誠喜誠抃, 頓首頓首, 臣本以高麗舊壤, 渤海遺黎, 保據方隅, 涉歷星紀, 仰覆露鴻鈞之德, 被浸漬無外之澤, 各得其所, 以遂本性. 而頃歲契丹恃其强暴, 入寇境土, 攻破城砦, 俘略人民, 臣祖考守節不降, 與衆避地, 僅存生聚, 以迄于今. 而又扶餘府昨背契丹, 並歸本國, 災禍將至, 無大於此, 所宜受天朝之密畫, 率勝兵而助討, 必欲報敵, 不敢違命, 臣玄明誠懇誠願, 頓首頓首. 其末題云, 元興六年十月日, 安定國王臣玄明表上聖皇帝前. 上答以詔書曰, 勅安定國王烏玄明, 女眞使至, 得所上表, 以朕嘗賜手詔諭之, 且陳感激. 卿遠國豪帥, 名王茂緒, 奄有馬韓之地, 介于鯨海之表, 疆强敵吞幷, 失其故土, 沉冤未報, 積忿奚伸, 矧彼獯戎, 尙搖蠆毒, 出師以薄伐, 乘夫天災之流行, 敗衂相尋, 滅亡可待. 今國家已于邊郡廣屯重兵, 只俟嚴冬, 卽申天討. 卿若追念累世之恥, 宿戒擧國之師, 當予伐罪之秋, 展爾復仇之志, 朔漠

底定, 爵賞有加, 宜思永圖, 無失良便. 而況渤海願歸於朝化, 扶餘已背於賊庭, 勵乃宿
心, 糾其協力, 克期同擧, 必集大勳. 尙阻重溟, 未遑遣使, 倚注之切, 鑒寐寧忘. 以詔付
女眞使, 令齎以賜之(『宋史』권491, 열전250, 외국7, 安定國).

- (太平興國) 六年 七月, 賜烏舍城浮渝府渤海玟府王, 詔曰, 朕奄遺萬邦, 光被四表, 無遠
弗屆, 無思不服. 惟契丹小醜,, 介於北荒, 糺合姦凶, 侵搖邊鄙. 朕昨提統旅, 往征幷明,
而契丹擧國興師, 犯闕爲寇, 疆吏來告, 我伐用張, 尋於涿鹿之墟, 破其十萬餘衆, 斬首數
萬級, 奪車帳萬餘乘, 令國將蕩卷, 乘勝長驅, 深入收碣石之舊, 壞焚龍庭之故墟, 壞除腥
膻廓, 淸氣祓聞. 爾渤海國, 爰從前代, 本是大蕃, 近年以來, 頗爲契丹所制, 侵漁爾封,
略塗炭, 爾人民無協比之恩, 有幷吞之志. 朕聞汝迫於兇醜, 屈膝事之, 讒慝滋多, 誅求
無藝, 雖欲報怨, 力且不能, 今靈旗破虜之秋, 是汝國復讐之日, 所宜盡率部族, 束應王
師, 俟逆黨剪平, 當大行封賞. 幽·薊之地, 入於朝廷, 朔漠之外, 悉以相與, 汝能効順.
朕不食言, 今遣使諭意. 渤海大國, 近年役服於契丹, 至是帝將發師大擧, 故先令告諭俾
之, 發兵爲應也(『宋會要輯稿』197책, 蕃夷4, 渤海).

[成宗 元年(982) 壬午] 閏月 宋·契丹·高麗·日本⑫
宋 太宗 太平興國 7年, 契丹 景宗 乾亨 4年

原文 春三月 庚戌, 改百官號.
翻譯 3월 18일(庚戌, 陽4月 14日)[1] 百官의 稱號를 고쳤다.

注釋
1) 이해의 3월은 小盡이고 초하루[朔日]는 癸巳이다.

關聯資料
- 春三月, 改百官號, 以內議省爲內史·門下□省, 廣評省爲御事都省(『고려사절요』권2, 성
종 1년 3월 , □에 省字가 缺落되었을 것이다).
- 門下府 … 國初, 稱內議省, 成宗元年, 改內史門下省(『고려사』권76, 지30, 百官1, 門
下府).
- 尙書省 … 成宗元年, 改廣評省, 爲御事都省(『고려사』권76, 지30, 百官1, 尙書省).

轉載　夏四月, 令男子十歳以上, [1]著帽(『고려사절요』 권2, 성종 원년 4월 ;『고려
　　　　사』 권85, 지39, 刑法2, 禁令).

校訂

1)의 著의 俗字는 着인데, 着字를 著字와 비슷하게 쓰거나 刻字하는 경우가 많이 찾아
진다(『字學』).

翻譯　4월에[1] 男子 10歳 이상은 帽子를 쓰게 하였다.

注釋

1) 이해의 4월은 大盡이고 초하루[朔日]는 壬戌이다. 이달은 그레고리曆으로 5월 1일부
　터 5월 30일까지이다.

原文　夏六月 甲申, 制曰, 后德惟臣, 古今所同. 朕新摠萬機, 恐有闕政, 其
　　　　京官五品以上, 各上封事, 論時政得失.

翻譯　6월 24일(甲申, 陽7月 17日)[1] 制書를 내려 말하기를, "帝王의 德[后德]은 오
　　　　직 臣下의 輔弼에 달렸다는 것은 예나 지금이나 같다. 朕이 새롭게 모든 政
　　　　事[萬機]를[2] 總括함에 있어서 혹시라도 잘못된 다스림이 있을까 憂慮되니,
　　　　京官 5品 이상은 각기 封事를[3] 올려 지금의 정치[時政]의 잘잘못을 論하시
　　　　오."라고 하였다.

注釋

1) 이해의 6월은 小盡이고 초하루[朔日]는 辛酉이다.

2) 萬機는 政權을 擔當한 人物이 處理하여야 할 各種의 중요한 事務[萬端의 事務]를 가
　리킨다. 『書經』, 皐陶謨[禹와 皐陶의 問答]의 "편함과 탐욕으로 나라를 다스립시오.
　나날의 모든 政事[萬機]를 조심하고 두려워하십시오. 無敎逸欲, 有邦. 兢兢業業, 一
　日二日万機."에 대한 孔安國傳에 "機, 微也, 言當戒惧萬事之微"가 있다고 한다.

3) 封事는 密封한 奏章을 가리킨다. 漢代의 章奏는 모두 密封을 하지 않고 올렸으나
　秘密事項을 上奏할 때는 漏泄을 방지하기 위해 黑色口袋를 사용하였다고 한다. 이

때 검은 비단의 봉투[皁囊]를 密封하였기에 封事라고 불렀다고 한다. 唐代에도 秘密
을 上奏할 때 密封하였다고 하는데, 이로 인해 封奏·封章·封疏 등으로 표현된 上書
文을 奉事라고 하였다. 封事는 현실 정치[時政]의 문제점을 지적하고 이를 혁신하기
위해 이루어지는 것임으로 이의 내용에 帝王이 忌避하는 내용이 있어도 處罰하지
않았다고 하지만 실제는 그렇지 않은 경우도 많았다. 이 記事와 같이 成宗의 命에
응하여 崔承老가「五代政績評」과「時務二十八條」의 上書를 올렸다고 한다(『고려사』
권93, 열전6, 崔承老 ; 東亞大學校 2008年 1책 2284쪽).

關聯資料

六月, 制曰, 后德惟臣, 朕新摠萬幾, 恐有闕政, 其京官五品以上, 各上封事, 論時政得失.
正匡·行選官御事·上柱國崔承老, 上書, 略曰, (以下 省略함)(『고려사절요』 권2, 성종 1
년 6월, 이 記事에서 崔承老가 띠고 있는 '行選官御事'에서 行職이 後代에 실시된 行守
法에 의한 '秩高職卑'의 行職인지, 아니면 해당 官職에 適任者가 없어 他官의 在職者가
一時 攝行하고 있었는지를 알 수 없다).

補遺   太平興國七年 九月 癸丑, 權知高麗國王治, 遣使來貢方物, 且言其兄伷死, 求
襲位(『續資治通鑑長編』 권23).

飜譯   太平興國 7년 9월 25日(癸丑, 陽10月 14日)[1] 權知高麗國王 治가 使臣을 보
내와 方物을 바치고, 또 그의 兄 伷[景宗]가 薨去[死]하였다고 하면서 王位의
繼承[襲位]을 要請하였다.[2]

注釋

1) 이해의 9월은 大盡이고 초하루[朔日]는 己丑이다. 이달은 그레고리曆으로 9월 25일
부터 10월 24일까지이다.

2) 이때의 고려 사신은 아래의 관련된 자료에는 金全이라고 되어 있으나 고려측의 자
료에 의하면 侍郎 金昱이다(→이해의 是歲 參照).

關聯資料

• (太平興國) 七年 伷卒, 其弟治知國事, 遣使金全奉金銀線闘錦䄬襖·金銀飾刀劍弓矢·名
馬·香藥來貢, 且求襲位. 授治檢校太保·玄菟州都督·充大順軍使·封高麗國王, 以監察御
史李巨源·禮記博士孔維奉使(『宋史』 권487, 열전246, 외국3, 고려 ; 이하의 記事를 통
해 太平興國 7년에 景宗이 崩御한 것으로 理解될 수도 있으나, 이는 景宗이 붕어한

사실이 이해에 中原에 報告되었기 때문이다).

- 太平興國七年 九月, 遣使來貢, 制以治爲王(『元豐類藁』 권31, 高麗世次).
- (太平興國七年) 九月 八日, 權知高麗國事王治, 遣使金全貢方物(『宋會要輯稿』199책, 蕃夷7, 歷代朝貢).
- 高麗國王伷卒, 以其弟治襲位(『皇朝十朝綱要』 권2, 太平興國 7년).
- 高麗王伷死, 弟治立, 遣李巨源·孔維使之, 治問禮于維, 維對以君臣父子之道, 升降等威 之序, 治喜曰, 今日復遺中國夫子矣(『皇朝編年綱目備要』 권3).
- (太平興國七年) 是歲, 高麗王伷死(『宋史全文』 권3).

轉載　冬十月, 制, 令民間貸債出息者, 子母相侔, 更勿取息(『고려사절요』 권2, 성종 원년 10월 ;『고려사』 권79, 지33, 食貨2, 借貸).

飜譯　10월에[1] 制書를 내려 民間에서 (財貨를) 빌려주고 利子를 받을 때[出息], 利子가 借用한 額數와 같아지면[子母相侔][2] 더 이상 利子를 받지 못하게 하였다.

注釋

1) 이해의 10월은 大盡이고 초하루[朔日]는 己未이다. 이달은 그레고리曆으로 10월 25 일부터 11월 23일까지이다.

2) 子母相侔에서 子母은 利子와 元金을 가리키고, 相侔(상모)는 相等, 곧 同一하다는 意味이다.

補遺　(太平興國七年 十二月) 戊寅, 高麗國王伷卒, 其弟治遣使求襲位, 詔立治爲高 麗國王(『宋史』 권4, 본기4, 태종1).

飜譯　(太平興國 7년 12월) 21일(戊寅, 陽983年 1月 7日)[1] 高麗國王 伷가 죽자, 그 의 동생 治가 使臣을 보내와 王位의 繼承을 청하자, 詔書를 내려 治를 세워 高麗國王으로 삼았다.[2]

注釋

1) 이해의 12월은 大盡이고 초하루[朔日]는 戊午이다.

關聯資料

• 太平興國七年 十二月 戊寅, 權知高麗國王治, 封高麗國王, 命監察御史李巨源 巨源未見, 著作佐郎·直史館單貽慶奉使, 上喜, 訪求辭學之士, 初得須城趙鄰幾, 擢掌制誥, 才數月卒. 上嘆其窮薄, 因問近臣, 誰可繼鄰幾者. 楊守一與貽慶有舊, 力薦之, 由主簿召對, 令中書試文稱旨, 卽命以官, 上知貽慶貧, 故使副巨源使高麗, 貽慶以母老辭, 乃留不行. 詔國子博士雍丘孔維代之, 貽慶萊州人也. 高麗王治, 問禮於維, 維對以君臣父子之道, 升降等威之序. 治喜曰, 吾今日, 復見中國夫子也(『續資治通鑑長編』권23).

• (是歲) 高麗王伷死, 弟治立, 遣李巨源·孔維使之, 治問禮於維, 維對以君臣父子之道, 升降等威之序, 治喜曰, 今日復見中國夫子矣(『皇朝編年綱目備要』권3, 太平興國 7年).

• 太平興國七年 十二月 戊寅,「王治拜官封高麗國王詔」, 並建萬國, 著於方冊之訓, 垂厥百世, 存乎帶礪之盟, 矧乃辰韓故墟, 聲敎攸曁, 屬英王之云没, 有介弟以丕承, 聿遵嗣襲之文, 式擧酬庸之命. 權知高麗國事王治, 世保海隅, 心存王室, 敦友弟以無爽, 紹堂構而克恭, 守臣云亡, 所部寧謐, 遠修貢於王府, 來請命於天朝 事大之心, 固推忠而斯至, 柔遠之義, 在懋賞以爲先, 宜啓眞王之封, 式進上公之秩 併疏井賦, 用示寵章. 可光祿大夫·檢校太保·持節元玄菟州諸軍事·元^玄菟州都督·充天順軍使^{大順軍使}·上柱國·食邑二千戶, 仍封高麗國王(『宋大詔令集』권237, 政事90, 四裔10, 高麗 ; 天順軍使는 大順軍使의 잘못일 것이다).

이 자료는 982년(太平興國7, 성종1) 宋이 成宗을 高麗國王으로 册封한 詔書인데, 고려측의 자료에는 이 册封詔書가 보이지 않는다. 이 책봉조서와 함께 보내진 것으로 추측되는 983년(성종2, 太平興國8) 3월 22일(戊寅)의 조서는 내용을 달리하고 있다(『고려사』권3, 세가3, 성종 2년 3월 戊寅).

轉載 成宗元年 十二月, 制, 百官遇父母忌, 給暇一日兩宵, 祖父母忌, 無親子, 則亦依父母例(『고려사』권64, 지18, 禮6, 凶禮, 百官忌暇).

飜譯 성종 1년 12월에[1] 制書를 내려, "百官이 父母의 忌日을 당하면 하루 낮과 이틀 밤[一日兩宵]에 걸쳐 休暇를 주게 하고, 祖父母의 忌日에 親子가 없으면 또한 父母의 例에 따르게 하시오."라고 하였다.

注釋
1) 이해의 12월은 大盡이고 초하루[朔日]는 甲子이다.

關聯資料

成宗元年, 判^制, 兩親忌, 給暇一日兩宵, 祖父母遠忌, 無親子者, 亦依此例(『고려사』 권84, 지38, 刑法1, 公式, 官吏給暇. 이에서 判은 制로 고쳐야 바르게 된다).

原文　是歲, 遣侍郎金昱如宋, 告嗣位, 帝詔報曰, 省所上表, 兄高麗國王伷, 去年七月內薨謝, 權以國務, 令臣主持事. 具悉. 卿世濟英¹⁾材, 家傳亮節, 習禮樂詩書之道, 識安危理亂之機. 奄鍾手足之悲, 諒極肺腸之痛. 而乃稟元昆之理命, 撫先政之舊封, 一方之士庶安寧, 萬室之蒸黎愛戴. 越重溟而奉表, 望雙闕以傾心, 無虧事大之儀, 頗得爲臣之禮. 更宜善修刑政, 恭守憲章, 勿忘兢慎之規, 永保延長之慶, 竚期命使, 別議加恩. 睠注所深, 寢興無舍.

校訂

1)의 '材'字는 東亞大學本에는 '林'字로 되어 있지만 亞細亞文化社本에는 '材'字인데, 意味上으로 볼 때 '材·才'字가 옳을 것이다.

飜譯　이해에 侍郎 金昱을¹⁾ 宋에 보내 王位를 이어받은 사실을 알리자 宋 太宗[帝]이 詔書를 내려 回報하기를, "올린 表를 살펴보고서 卿의 兄인 高麗國王 伷(景宗)가 지난해 7월에 薨去[薨謝]하면서 '臣에게 임시로 國政을 主管하게 하였습니다.'라고 한 사실을 자세히 알았소. 卿은 대대로 英材를 배출하고 높은 절조를 이어온 집안 태생으로 올바른 禮節과 音樂 및 詩와 書法을 익혔으며 國家의 安危와 治亂의 要諦를 알고 있을 것이오. 갑자기 兄弟를 잃은 비통함이야 폐와 창자를 에는 듯할 것이지만 맏형이 남긴 遺訓을 받들어 先代가 다스리던 封土를 便安하게 하니 온 나라의 士族과 庶民들이 安定되고 모든 百姓들[萬室之蒸]은 卿을 공경히 추대하였소. 먼 바다 너머로 表를 올려 우리 京都[雙闕]를²⁾ 바라보고 마음을 기울이며 큰 나라를 섬기는 儀禮에 소홀함이 없으니 臣下로서의 禮法을 잘 지켰소. 政令과 刑罰을 잘 처리할 것이며 法律을 삼가 지키면서, 신중한 자세를 잊지 말아 국가의 기업을 이어가는 경사를 영원토록 누리시오. 册封의 使臣을 간절히 기

대할 것이므로 별도로 의논한 후 恩寵을 더할 것이오. 卿을 지극히 사랑[睠注]하여³⁾ 자나 깨나 잊지 않고 있겠소."라고 하였다.

注釋

1) 金昱은 중국 측의 자료에는 金全으로 되어 있으나, 이 자료 외에는 찾아지지 않아 어떠한 인물일지를 알 수 없다.

2) 雙闕은 宮闕의 兩側에 있는 左·右 宮門의 望樓를 가리키는데, 이는 宮闕을 의미하게 되었다. 『春秋左氏傳』, 莊公 21年에 "鄭伯享王于闕西辟"에 대한 注釋에 '鄭玄云, 觀闕也, 釋宮云, 觀謂之闕, 郭璞云, 宮門雙闕'이 있다고 한다. 또 雙闕은 京都를 가리키는데, 이는 曹植(曹操의 次子)의 詩인 「贈徐干」에 "聊且夜行游, 彼双闕間."이 있다. 또 杜甫의 「承間河北諸道節度入朝歡喜口号絶句」의 十句節에 "意氣卽歸雙闕舞, 雄豪復遣五陵知."가 있는데, 이에 대한 仇兆螯의 注釋인 "雙闕, 謂都中."이 있다고 한다[諸橋轍次 1968年 11冊 1018쪽].

3) 睠注[권주]는 眷注·睠顧·眷顧라고도 하며 사랑을 내려주는 것을 말한다. 이 記事에서는 帝王이 諸侯와 臣民들에게 特典을 베풀어 주는 것을 말한다. 『詩經』, 小雅, 谷風之什의 小明에 "저 (故鄕에 있는) 妻[共人]를 생각하면서, 먼 곳을 끊임없이 쳐다보니 그리움만 떠오른다. 念彼共人, 睠睠懷顧"라고 하였다[東亞大學校 2008年 1책 285쪽].

原文 (是歲) 以王生日, 爲千春節, 節日之名, 始此.

飜譯 (이해에) 王의 生日을 千春節이라고 했으니, 節日의¹⁾ 名稱이 이로부터 비롯되었다.²⁾

注釋

1) 節日은 특정한 날짜[日辰, 日付]를 指定하여 이를 記念日로 삼거나 忌避하는 날짜를 가리킨다. 이는 曆法에 따른 四時風俗, 宗敎와 信仰, 迷信, 祭祀, 出生 등과 관련되어 人間이 정한 특정한 날짜이다. 이 記事에서의 節日은 帝王과 皇太子의 誕生日을 가리키는데, 帝王이 生存해 있을 때는 聖節·聖上聖節·至元節 등으로 불렀다.

　　歷代 帝王의 生日로 千春節→千秋節(成宗)·長寧節(穆宗)·仁壽節→應天節(德宗)·長

齡節(靖宗)·成平節(文宗)·長興節(順宗, 太子時)·天元節(宣宗)·大元節(肅宗)·咸寧節(睿宗, 太子時 昌寧節)·慶龍節(仁宗, 太子時 永貞節·安貞節)·河淸節(毅宗)·乾興節(明宗)·咸成節(神宗)·壽成節(熙宗, 太子時 壽祺節)·光天節(康宗, 太子時 天禧節)·慶雲節(高宗)·咸寧節(元宗)·壽元節(壽天聖元節, 忠烈王, 太子時 壽元節) 등이 찾아진다.

이날은 元正(正旦)·冬至·八關會 등의 날짜와 같이 東西 兩京(東京·西京)·兩界兵馬使·4都護府·8牧 등의 界首官이 神聖帝王이라는 稱號를 사용하여 賀表를 올리고, 해당 지역의 佛寺에서 祝壽道場을 開設하였다고 한다(『보한집』권下·『고려사』권7, 세가7, 문종 즉위년 12월 丙午·권16, 세가16, 인종 16년 2월 壬午).

2) 成宗의 生日은 12월 26일이다.

轉載 成宗元年, 加左執政·守內史令·上柱國, 賜弘文·崇化·致理功臣號, 爵其父母(『고려사』권92, 열전5, 崔知夢).

飜譯 성종 1년에 (崔知夢을)[1] 左執政·守內史令·上柱國으로 삼고, 弘文·崇化·致理功臣의 號를 下賜하고, 그의 父母에게도 爵號를 주었다.

注釋

1) 崔知夢(907~987)은 太祖 7년 是歲 주석 1)과 같다.

[成宗 2年(983) 癸未]

宋 太宗 太平興國 8年, 契丹 聖宗 統和 元年

原文 春正月 辛未, 王祈穀于圓丘, 配以太祖.

飜譯 1월 14일(辛未, 陽3월 1日)[1] 王이 圓丘에서[2] 豊年을 祈願하는 祭祀를 지내고 太祖를 配享하였다.

注釋

1) 이해의 1월은 大盡이고 초하루[朔日]는 戊午이다.

2) 圓丘는 圜丘·園丘·圓丘壇·圜壇이라고도 하며, 帝王이 하늘[昊天上帝]에 祭祀를 지내

던 하늘 모양의 둥근 祭壇[天壇]이다. 이는 王城의 남쪽[南郊]에 位置하여 있었기에 帝王이 이곳에서 祭祀를 擧行하는 것을 郊天이라고 하였다. 郊天은 南郊의 圓丘에서 행하는 것이기에 南郊라고도 하지만, 南郊와 圓丘의 祭祀를 별도의 祭祀로 區分하는 見解도 있다(鄭玄의 說). 『周禮』, 春官, 大司樂에 "겨울에 이르면 땅 위의 둥근 언덕에서 아뢴다. 冬日至 於地上之圜丘 奏之"라고 하였다. 正月의 첫 辛日에 豊作을 祈願하는 祈穀祭와 4월 중의 祈雨祭의 형태로 거행되었다고 한다(『고려사』 권59, 예지, 吉禮 大祀, 圜丘 ; 東亞大學校 2008年 1책 286쪽).

原文 乙亥, 躬耕籍田, 祀神農, 配以后稷. 祈穀籍田之禮, 始此.

飜譯 (1월) 18일(乙亥, 陽3月 5日) 몸소 籍田을[1] 갈고 神農氏를[2] 祭祀지내면서 后稷을[3] 配享하였다. 豊年을 祈願하며 친히 자전[籍田]을 가는 儀式은 여기에서 始作되었다.

注釋

1) 籍田은 帝王이 農耕의 示範을 보이기 위해 設定한 儀禮用 土地이다. 곧 매년 正月 驚蟄[啓蟄]에 帝王이 郊祀를 시행하고서 后稷을 祭祀하고 籍田에 나아갔다. 이곳에서 諸侯 또는 臣僚를 거느리고 쟁기[따비, 耒耜]를 들고서 初耕式을 擧行하였다. 이는 親耕이라고 하는 一種의 典禮로서 農耕을 중요시하는 祈穀[祈年] 行爲였지만 每年 實施된 것은 아니었다고 한다. 또 이곳에서 生産된 收穫物은 御廩에 貯藏되었다가 太廟의 祭需用으로 사용되었다고 한다(『春秋左氏傳』, 襄公 7년 ; 『禮記』, 月令第6, 孟春之月 ; 谷口義介 1985年). 고려시대에도 中原의 儀典을 그대로 受容하여 1월 乙亥에 先農壇에서 先農祭를 지내고 친히 籍田을 경작하였다. 『詩經』, 周頌, 閔予小子之什, 載芟의 詩序에 "載芟, 春籍田, 而祈社稷也"가 있고, 毛傳에 "籍田, 甸師氏所掌, 王載耒耜所耕之田. 天子千畝, 諸侯百畝. 籍之言借也, 借民力治之, 故謂之籍田, 朕親率耕, 以給宗廟粢盛"의 顔師古注에 "韋昭曰, 籍, 借也. 借民力以治之, 以奉宗廟, 且以勸率天下, 使務農也"가 있다고 한다(『고려사』 권62, 예지, 吉禮 中祀, 籍田 ; 石川忠久 2000年 下册 363쪽 ; 동아대학교 2008년 1책 286쪽).

2) 神農은 「高麗世系」마지막 論贊의 주석 12)의 炎帝와 같다.

3) 后稷은 경종 즉위년 10월 26일(甲子)의 주석 3)과 같다.

關聯資料

成宗二年 正月 乙亥, 王耕籍田, 祀神農, 配以后稷. 籍田之禮, 始此(『고려사』 권62, 지 16, 예4, 吉禮中祀 籍田).

原文 丁丑, 宴群臣於天德殿, 賜物有差.

飜譯 (1월) 20일(丁丑, 陽3月 7日) 신하들을 위해 天德殿에서[1] 잔치를 베풀고 물품을 차등이 있게 내려주었다.

注釋

1) 天德殿은 태조 11년 (9월) 25일(丁酉)의 주석 2)와 같다.

原文 甲申, 以崔承老爲門下侍郎平章事.

飜譯 (1월) 27일(甲申, 陽3月 14日) 崔承老를[1] 門下侍郎平章事로 삼았다.

注釋

1) 崔承老는 태조 21년 끝부분인 崔承老의주석 1)과 같다.

原文 二月 戊子[1][朔] 始置十二牧, 詔曰, 天高爲大, 分象緯以著明, 地厚無疆, 列山川而播氣. 庶望首天之類, 咸悉樂生, 足地之流, 無不[2]遂姓遂性. 見一夫之冒罪, 則意甚泣辜, 聞百姓之居貧, 則情深責己. 雖身居宮禁, 而心遍蒸黎. 旰食宵衣, 每求啓沃. 聽卑視遠, 冀籍賢良. 爰憑方伯之功, 尤[3]恊協閭閻之望, 効虞書之十二牧, 延周祚之八百年.

校訂

1)의 戊子에 朔이 缺落되었다. 이해의 2월은 小盡이고 초하루[朔日]는 戊子이기에 '戊子朔'으로 記載하여야 옳을 것이다. 이처럼 『고려사』에서는 朔日이 缺落된 사례가 많이 찾아진다.

2)의 遂姓은 遂性이 옳을 것이고, 3)의 恊은 協이 옳을 것이다.

飜譯　2월 1일(戊子, 陽3月 18日) 처음으로 12牧을 設置하고 詔書를 내려 말하기를, "높고도 큰 하늘은 해와 달과 별을 흩어놓아 그 밝음을 드러내고, 두텁고 넓은 땅은 산과 내를 벌려놓아 그 氣運을 퍼뜨리오. 내가 바라는 바는 하늘을 이고 땅을 밟고 사는 무리들이 다 삶을 즐기고 자신의 本姓을 쫓도록 하는 것이오. 한 사람이라도 罪를 범한 것을 보면 그 허물을 크게 슬퍼하고[泣辜][1] 百姓이 가난하게 산다는 말을 들으면 마음 속 깊이 自身을 責望하오. 비록 내 몸은 宮闕[宮禁]에 살고 있지만 마음은 언제나 모든 百姓들에게 있소. 부지런히 政事를 돌보면서 늘 신하들의 忠告[啓沃]를[2] 구하고 있으며, 백성들의 實情을 듣고 널리 보면서 현명한 이들의 힘을 빌리려고 하오. 이에 守令[方伯]들의 勞苦에 의지해 백성들의 소망에 부응하고자 虞書의[3] 12牧을 본받아 시행하노니 周가 8백년간 持續했듯이 우리의 國運도 길이 이어질 것이오."라고 하였다.

注釋

1) 泣辜는 泣罪, 禹泣 등과 같은 말로서 仁慈한 帝王이 罪人을 보고 허물을 슬퍼하는 것을 말한다. 夏의 禹임금[帝禹]이 罪人을 보고 수레에서 내려 울었다는 故事에서 비롯되었다. 『南齊書』 권40, 열전21, 竟陵文宣王 子良에 "禹가 울면서 仁慈함을 나타내고 素饌을 먹고 儉約하였다. 禹泣辜表仁, 菲食旌約"고 한다(『說苑』 권1, 君道, "禹出見罪人, 下車問而泣之, … 禹曰, 堯舜之人, 皆以堯舜之心爲心, 今寡人爲君也, 百姓各自以其心爲心, 是以痛之也"; 諸橋轍次 1968年 6책 1065쪽 ; 池田秀三 1991年 52쪽 ; 동아대학교 2008年 1책 288쪽).

2) 啓沃은 『書經』, 商書 說命上(僞古文) "(殷의 高宗[武丁]이 傅說에게 命하여) 그대의 心中을 열어, 朕의 心中에 부어넣어 주라. 啓乃心, 沃朕心"라는 내용이 있다. 이는 臣僚가 至誠으로 마음을 열어 帝王의 마음을 일깨워 준다는 뜻이다[諸橋轍次 1968年 2책 1064쪽 ; 동아대학교 2008년 1책 288쪽].

3) 虞書는 『書經』의 篇名으로, 이에는 堯典·舜典·大禹謨·皐陶謨·益稷 등으로 구성되어 있는데, 그중 大禹謨는 僞作古文이라고 한다. 그리고 『書經』, 虞書 舜典에 "12州의 境界를 明確히 하고, 12山을 鎭山으로 封하였으며, 냇가를 浚渫하였다. 肇十有二州 封十有二山, 濬川"이라고 하여, 帝舜 때에 全國을 12州로 나누어 州牧[群牧]을 設置하고 巡狩하였다고 한다[동아대학교 2008년 1책 288쪽].

關聯資料

• 二月, 始置十二牧, 罷今有·租藏, 今有·租藏者, 並外邑使者之號□也(『고려사절요』권2, 성종 2년 2월 ; □에 也字가 들어가야 좋을 것이다).

• 今有·租藏, 外邑使者之號□也, 國初有之, 成宗二年罷(『고려사』권77, 지32, 백관2, 外職, 今有·租藏).

• 成宗二年, 初置十二牧, 州其一也(『고려사』권56, 지10, 지리1, 廣州牧).

• 成宗二年, 初置十二牧, 州其一也(『고려사』권56, 지10, 지리1, 忠州牧).

• 成宗二年, 初置十二牧, 州其一也(『고려사』권56, 지10, 지리1, 淸州牧).

• 成宗二年, 初置十二牧, 州其一也(『고려사』권56, 지10, 지리1, 公州).

• 成宗二年, 初置十二牧, 州其一也(『고려사』권57, 지11, 지리2, 晉州牧).

• 成宗二年, 初置十二牧, 尙州, 其一也(『고려사』권57, 지11, 지리2, 尙州牧).

• 成宗二年, 初置十二牧, 州其一也(『고려사』권58, 지12, 지리3, 安西大都護府 海州).

• 成宗二年, 初置十二牧, 州其一也(『고려사』권58, 지12, 지리3, 黃州牧).

原文 A 三月 戊寅, 宋遣¹⁾大中大夫太中大夫·光祿少卿李巨原, 朝議大夫·將作少監孔維來, 册王. 詔曰, 王者, 闢四海以爲家, 一六合而光宅. 揆文敎而奮武衛, 式固鴻基, 立萬國而親諸侯, 咸遵茂典. 其有三韓舊域, 百濟遺封, 地控鯨津, 誠尊象闕. 屬英王之捐館, 位固難虛, 聞令季以撫封, 才堪厥任. 言念承宗之美, 宜頒命德之文. 權知高麗國事王治, 鳳穴分華, 蟠桃並秀. 禀星雲之²⁾間氣, 出作時英, 懋文武之兼才, 彌光世德, 洎丕承於景烈, 能善繼於貞規. 遵魏闕之風猷, 則虔修禹貢, 奠艮宮之土宇, 則靜撫周藩. 爰議寵綏, 適符利建. 是命超加帝保, 大啓王封, 眞一字於日中, 鎭三山於海上. 階勳並錫, 食賦俱優, 倂示便蕃, 允光奇傑. 爾其纘乃舊服, 承予厚恩, 嚴六德以有邦, 謹四封而事大. 長爲外屛, 肅奉中區, 斯謂永圖, 勿忘丕訓. 可特授光祿大夫·檢校太保·使持節玄菟州諸軍事·玄菟州都督·充大順軍使·上柱國·食邑二千戶, 仍封高麗國王(이 記事는 分量이 많아 A, B로 나누었다).

校訂

1)의 大中大夫는 太中大夫(從4品上)로 고쳐야 바르게 된다.

2) 聞은 間의 正字이고, 間은 俗字이다.

飜譯 3月 22일(戊寅, 陽5月 7日)[1] 宋이 大中大夫(從4品上)·光祿少卿 李巨原과[2] 朝議大夫(正5品下)·將作少監 孔維를[3] 보내와 王을 冊封하고 詔書를 내려 말하기를, "帝王이 된 사람은 四海를 열어 한 집안으로 삼고 天下를 統一하여 넓게 차지하는 법이오. 文敎를 準則으로 하여 武衛를 떨치는 것은 國家의 基礎를 공고히 하는 것이며, 諸侯들에게 각기 나라를 나누어 주고 그들을 친밀히 하는 것은 그 모두가 빛나는 典禮를 좇는 일이오. 高麗는 三韓의 옛 疆域과 百濟가 남긴 封土를 차지하고 있으면서 땅이 큰 바다[鯨津]를 끼고 멀리 떨어져 있음에도 불구하고 성심껏 皇帝의 勅命[象闕]을[4] 받들어 왔소. 현명한 王이 세상을 떠나니 그 자리를 비워두기가 참으로 어려운 터에 遺訓을 따라 그 아우가 封土를 다스리게 되니 그 才能은 所任을 감당할 만하오. 王位가 훌륭히 繼承되었으니 덕을 갖춘 王을 冊封[命德]하는[5] 詔書를 내려야 마땅하오.

權知高麗國事 治는 文才가 가득한 집안[鳳穴]에서[6] 그 빛을 나누어 받았고 蟠桃山과[7] 함께 빼어난 사람이오. 성운의 정기를 타고 나서[星雲之間氣][8] 당대의 빼어난 영웅이 되고, 문무를 겸한 재주를 성대히 겸비해 조상의 덕을 크게 빛내었으며, 선대의 찬란한 덕업[景烈]을 계승하니 올바른 규범을 능히 이어 받았소. 상국 조정의 가르침을 준봉하여 공손히 朝貢[禹貢]을[9] 보내오고, 동북쪽의 강역에[艮宮之土宇][10] 도읍을 정하여 우리의 번국[周藩]들을[11] 안정시켰소. 이에 위무할 방법을 의논한 결과 제후로 봉하고 봉토를 주는 것[利建]이[12] 합당하다고 하오. 이에 따라 특별히 帝保로[13] 올리고 封土를 크게 分封하며 東方[日中]의[14] 王[一字]으로[15] 봉함으로써 동쪽 邊境[三山]을[16] 두루 鎭撫하고자 하오. 品階와 勳爵을 아울러 주고 食邑도 넉넉히 내려 나의 寵愛함[便蕃]을[17] 誇示함으로써 그대의 걸출함을 빛나게 하오. 그대는 옛 領土를[舊服][18] 繼承하고 나의 두터운 은혜를 받았으니 六德을[19] 엄수하여 나라를 보존하고 疆域의 境界[四封]를[20] 준수하여 大國을 섬기도록 하시오. 길이 우리의 울타리가 되어 中國을 공경히 받드는 것이야말로 항구적인 계책이 되리니 이 큰 가르침을 잊지 마시오. 이에 특히 光祿

大夫(從2品)·檢校太保·使持節玄菟州諸軍事·玄菟州都督·充大順軍使·上柱國·食邑 2千戶를 주며 高麗國王으로 책봉하오."라고 하였다.

注釋

1) 이해의 3월은 小盡이고 초하루[朔日]는 丁巳이다.

2) 李巨原(生沒年不詳)은 어떠한 인물인지는 알 수 없다.

3) 孔維(928~991)는 開封府 雍丘人으로 字는 爲則이고, 966년(乾德4) 九經으로 급제하여 國子祭酒·工部侍郞 등을 역임하였다. 그가 고려에 왔을 때 成宗이 禮에 대해 묻자, 君父·臣子의 道理와 升降等威之序로 답하자 成宗이 칭찬하여 今日에 다시 공자를 보는 것과 같다고 하였다고 한다(『송사』권431, 열전190, 孔維, "(太平興國) 七年, 使高麗, 王治問禮於維, 維對以君父臣子之道, 升降等威之序, 治悅, 稱之曰, 今日復見中國之夫子也". 이와 같은 내용의 기사가 『東都事略』권113, 열전96, 孔維에도 수록되어 있다.

4) 象闕은 象魏·魏闕이라고도 하며, 옛날 象(法)을 높은 城門에 揭示한 것에서 유래된 말로서, 宮闕 밖에 法令을 揭示하는 곳, 또는 宮闕·朝廷·皇帝의 命令 등을 가리킨다. 南朝 齊의 王融, 「永明九年策秀才文」에 "雖言事必史, 而象闕未箴"이, 唐 許渾의 「汴河亭」이라는 詩文에 "百二禁兵辭象闕, 三千宮女下龍舟"라는 句節이 있다고 한다[諸橋轍次 1968年 10책 659쪽 ; 東亞大學校 2008年 1책 288쪽].

5) 命德은 하늘의 命과 帝王의 德을 말하거나 德을 가진 사람에게 내리는 冊命을 가리킨다[東亞大學校 2008年 1책 288쪽].

6) 鳳穴은 鳳凰의 居處로 文才가 넘치는 地域을 譬喩한 말이다[東亞大學校 2008年 1책 288쪽].

7) 蟠桃山은 현재의 河南省 洛陽市 欒川縣에 위치한 산이다. 이 자료에서는 傳說에 나오는 山으로서 扶桑과 같은 뜻으로 東海에 있다는 仙山, 곧 高麗를 指稱한다[東亞大學校 2008年 1책 288쪽].

8) 星雲之間氣는 星雲의 精氣를 말한다. 『西湖古今楹聯』, 對聯謎語, 詩三百에 "豪傑은 한 世代 만에 한번 나와 특수한 氣運에 관련되니 그것을 間氣라 한다. 豪傑間世一出, 關乎殊特之氣運, 謂之間氣"라고 하였다. 또 『太平御覽』권360, 人事部1, 敍人에 引用된 『春秋演孔圖』에는 "正氣爲帝, 間氣爲臣, 秀氣爲人"이라는 句節이 있다고 한다[東亞大學校 2008年 1책 289쪽].

9) 禹貢은 태조 16년 3월 자료 B의 주석 8)과 같다[東亞大學校 2008年 1책 289쪽].

10) 艮宮之土宇에서 艮은 封名으로 東北方을 가리키며, 土宇는 疆土, 國土를 指稱한다. 따라서 東北쪽의 國土를 가리킨다.『史通』권10, 內篇, 雜述에 "九州土宇, 萬國山川, 物産殊宜, 風化異俗"이라는 句節이 있다[東亞大學校 2008年 1책 289쪽].

11) 周藩은 周의 諸侯[藩籬, 邊藩], 곧 中國의 諸侯國이란 뜻이다[東亞大學校 2008年 1책 289쪽].

12) 利建은 天子가 諸侯를 힘으로 制壓하기보다 德으로 懷柔함이 좋다는 뜻이다.『易經』上經, 屯卦, 卦辭에 "屯難의 世上이므로 軍士를 보낼 필요가 없이 諸侯를 封建하여 다스리게 하는 것이 좋다. 屯, 元亨, 利貞. 勿用有攸往. 利建侯."라고 하였다. 이는 "屯難을 견디어 내기 위해서 時運[時]을 기다려야 여러 가지의 일[諸事]이 크게 亨通하게[元亨] 된다. 그렇지만 어디까지나 貞正을 지키는 것이 좋다. 坎險을 앞에 두고 움직이는 것이기에 일을 급하게 가볍게 생각하여 前進하지 말라(輕擧妄動하지 말라)."라는 뜻이다[今井宇三郎 1194年 上册, 196쪽]. 이로 인해 利建은 諸侯를 分封하여 派遣하는 것을 가리키게 되었다.『魏書』권21上, 열전9上, 獻文六王上, 咸陽王禧에 "利建雖古, 未必今宜, 經野由君, 理非下請. 邑采之封, 自有別式"이라는 句節이,『隋書』권39, 열전4, 于義, 宣敏에 "若使利建合宜, 封樹得所, 巨猾息其非望, 巨奸杜其邪謀."의 句節이 있다.

13) 帝保는 三師(太師·太傅·太保)의 가운데 3位의 宰相인 太保를 말한다[東亞大學校 2008年 1책 289쪽].

14) 日中은 東方을 말한다.『尙書』, 堯典(現存의 堯典은 孟子가 읽은 堯典과는 別個의 戰國時代 또는 그 以後에 만들어진 것으로 推測된다 : 高津純也 2007年) "日中의 星鳥를 殷의 仲春으로 삼는다 日中星鳥 以殷仲春."이라고 하였고, 孔安國傳에 "日中은 春分을 일컫는다. 日中, 謂春分之日."라고 하였다. 또 疏에는 "하루 밤낮을 가운데 나누는데 있어서 시각이 정확히 같다 於日晝夜中分 刻漏正等."라고 하여 봄은 동쪽 방향을 의미한다. 이 記事에서 日中은 高句麗가 日子天孫의 王室이므로 日中之子라고 하였는데, 高麗가 高句麗의 繼承者라 하여 日中之子의 國土란 뜻으로 해석된다[諸橋轍次 1968年 5册 730쪽 ; 東亞大學校 2008年 1책 289쪽]

15) 一字는 높은 지위의 諸侯인 一字王이라고 할 수 있다(『金史』권55, 지36, 백관1, 凡封王, "親王母·妻, 封一字王者, 舊封王妃, 爲正·從一品, 次室封王夫人"; 淸 袁枚,『隨園隨筆』, "遼史有一字王稱, 蓋如趙王·魏王之類, 皆國王也. 若郡王, 則必二字,

如. 混同郡王, 蘭陵郡王之類, 較一字王爲卑"). 그런데 이 자료에서 宋 太宗의 詔書에 보이는 一字를 一字王으로 解釋하는 데에는 여러 가지 문제가 있어 확실히 단정하기 어려운 점도 있다. 『春秋正義序』에 보이는 "一字가 아름다운 것은 아름다운 칭찬이 주어지는 것과 같은 점이 있기 때문이다. 一字所嘉, 有同華褒之贈."라고 한 것과 같이 春秋筆法의 一字褒貶의 一字로 飜譯할 수도 있다[諸橋轍次 1968年 1册 24쪽 ; 東亞大學校 2008年 1책 289~290쪽].

16) 三山은 여러 가지 의미가 있는데, 여기서는 三山·五岳(泰山·華山·衡山·嵩山·恒山) 중의 三山[三神山], 곧 中國 古代 神話에서 神仙이 居住하고 있다고 믿었던 三座山인 蓬萊山·瀛州山·方丈山을 가리킨다[東亞大學校 2008年 1책 290쪽].

17) 便蕃은 빈번함을 말하며 친밀함을 의미한다. 『春秋左氏傳』, 襄公 11년 12월에 "詩經, 小雅 采叔에 (美德이 있어 自然에 和樂하여) 즐길 수 있는 君子는 天子의 나라를 잘 다스린다. 즐길 수 있는 君子는 다양한 幸運[福祿]이 모여든다. 才能이 있는 사람들이 帝王의 左右에 빈번[便蕃]하게 멀리서부터 모여든다. 詩曰, 樂只^{혹은只}君子, 殿天子之邦. 樂只君子, 福祿攸同. 便蕃左右, 亦是帥從."라 하였고, 그 注釋에 "便蕃은 빈번하다는 뜻이다. 먼 곳에서 사람들이 서로 이끌고 와서 服從하여 빈번하게 周邊에 있는 것이다. 便蕃數也, 遠人相率來服從, 便蕃然在左右."라고 하였다[諸橋轍次 1968年 1책 774쪽 ; 鎌田 正 1994年 921쪽 ; 東亞大學校 2008年 1책 290쪽].

18) 舊服은 九服의 槪念에서 派生한 單語일 가능성이 있으며, 九服은 帝禹 때에 天下를 五服으로 區劃한 것에 起源을 두고 있다. 『書經』, 夏書, 禹貢에 의하면 五服은 甸服·侯服·綏服·要服·荒服이다. 곧 王城에서 五百里 以內의 地域을 甸服이라고 하고, 그중에서 百里이내의 지역은 總(藁, 혹은 穗)을 納付하고, 그 다음의 二百里 以內는 銍을 납부하고, 三百里 이내는 秸(갈)을, 四百里 이내는 粟을, 五百里 이내는 米를 각각 納付한다. 그 바깥의 五百里(王城에서 五百里에서 千里까지)를 侯服이라고 한다.

이중에서 百里까지를 太子의 采邑으로 하고, 그 다음의 二百里(王城에서 六百里에서 七百里까지)을 男의 邦으로 하고, 그 나머지의 三百里를 諸侯의 封地로 한다. (侯服의 바깥의) 五百里를 綏服이라고 한다. 그 안쪽의 三百里는 文敎를 위해, 그 바깥의 二百里는 武威를 위해 使用한다. (綏服의 바깥의) 五百里를 要服이라고 한다. (그 안쪽의) 三百里를 夷의 居住地로 하고, (그 바깥의) 二百里를 罪人을 放流

하는 地域[蔡]으로 한다. (要服의 바깥) 五百里를 荒服이라고 한다. (그 안쪽의) 三百里를 蠻의 居住地로 하고, (그 바깥의) 二百里를 罪人을 放流하는 地域[流]으로 한다.

이 五服制度는 周公 때 9服制度로 개편되었다고 한다. 『周禮』에 의하면 九服은 侯服·甸服·男服·采服·衛服·蠻服·夷服·鎭服·蕃服이다. 그러므로 이 자료에서의 舊服은 舊土 또는 본래의 領土를 가리키는 것으로 理解할 수 있을 것이다.

19) 六德은 智·仁·聖·義·忠·和를 가리킨다. 『周禮』, 地官, 大司徒에 "鄕里의 세 가지의 美德으로 모든 百姓을 敎化하여 賓興의 法으로 삼는데, 그 첫째가 六德으로 智·仁·聖·義·忠·和이다. 以鄕三物敎萬民, 而賓興之, 一曰六德, 智仁聖義忠和"라고 하였다[東亞大學校 2008年 1책 290쪽].

20) 四封은 四境과 같은 말로 四方의 國境을 뜻한다. 『春秋左氏傳』, 襄公 21년에 "季孫이 말하기를 나는 四封을 가졌다. 季孫曰 我有四封."라 하였고, 『國語』 권21, 越語下에 "越王 句踐이 卽位한 3年(B.C.494) 吳를 征伐하려고 하였다. … 句踐[王]이 말하기를 '范蠡[범려는 나를 위해 나라를 지켜라'라고 하니, 범려가 말하기를 '越國 내의[四封之內] 人民을 다스리는 일은 범려는 (大夫) 種에 미치지 못합니다. 國外의[四封之外] 敵國과의 牽制와 交涉의 決斷은 種이 范蠡에 미치지 못합니다'라고 하였다. 越王句踐卽位三年, 而欲伐吳. … 王曰, 范蠡爲我守於國. 范蠡對曰, 四封之內, 百姓之事, 范蠡不如種也. 四封之外 敵國之制, 立斷之事, 種亦不如范蠡也."라고 하였다. 또 『戰國策』, 楚卷第5에 "四封이 侵犯하지 않는다. 四封不侵."라고 하였고, 『管子』 권7, 大匡第18에 "(桓公三年) 桓公은 이에 國中[四封]에 命을 내려 軍備를 整齊하게 하고, 關所와 市場의 課稅를 增額시켰다. (桓公三年) … 乃令四封之內 修兵, 關市之政征侈之."라고 하였다[諸橋轍次 1968年 3책 43쪽 ; 東亞大學校 2008年 1책 290쪽].

原文 B 王受册, 詔文武官僚·將校·僧道·三軍·萬姓等曰, 上天以雨露均霑, 滋成萬物, 王者以仁恩普及, 撫養群生. 況欲令人改過自新, 須得棄瑕舍垢 不穀謬將虛薄, 獲嗣宗祧, 旰食宵衣, 每積憂勤之念, 踢天蹐地, 尤增兢愼之心. 道貴守常, 情專事大. 所以差馳使价, 特申述職之誠, 俾執幣圭, 代表朝宗

之懇, 今者, 果蒙鶂艦, 涉鰌溟之浪, 便到國城, 皇華臨菟郡之鄕, 遽宣帝命, 官崇一品, 位陟三師. 莫不驟加茅土之封, 實荷彤旅之寵, 旣致一身之榮幸, 合旌萬姓之忻懽. 於是, 議獄緩刑, 原情肆眚. 爰布如綸之旨, 式覃委轡之恩, 可自大平興國八年三月二十二日昧爽前, 已發覺未發覺, 已結正未結正犯罪人, 相鬪殺以下罪, 無輕重, 皆悉赦之.

飜譯 王이 册名을 받고서 文武官僚·將校·僧侶·道士·三軍[1] 및 모든 百姓[萬姓]들에게 詔書를 내려 말하기를, "하늘은 비와 이슬을 고루 내림으로써 萬物을 자라게 하고, 임금은 어진 恩惠를 널리 미치게 함으로써 百姓들을 養育하는 법이오. 하물며 사람들로 하여금 잘못을 고치고 스스로를 새롭게 만들려면 반드시 과거의 허물부터 버릴 수 있게 해야 하오. 내가[不穀] 부족한 資質에도 불구하고 王位[宗祧]를[2] 繼承하게 되니 衣食을 제때 하지 못하고 政務에 바삐 움직이면서도[旰食宵衣][3] 매양 근심과 걱정이 쌓여 惶悚하고[踢天蹐地][4] 불안한 마음에 더욱 戰戰兢兢하고 있소[兢愼之心]. 나는 常軌를 지키는 것을 원칙으로 삼고 大國을 한결같이 받들려는 마음을 지니고 있소. 이에 절차에 따라 급히 使臣을 보내어 특별히 예를 갖추어 天子에게 나의 責務를 아뢰었으며[述職][5] 幣帛[幣圭]을[6] 보내 우리 祖宗의 精誠을 表示하게 한 바 있오. 이제 과연 天子의 艦船[鶂艦]이[7] 大洋[鰌溟]을[8] 건너 우리나라의 都城에 도착하였으며 使臣이 우리 땅으로 와 나의 관작을 1品으로 높이고 地位를 三師로[9] 올린다는 皇帝의 명령을 전달하였소. 갑자기 諸侯의 册封을 받은데다가 덧붙여 功勞를 세운 諸侯에게 주는 恩寵[彤旅之寵]까지[10] 입었으니 이는 一身의 榮譽일 뿐만 아니라 온 百姓들과 더불어 기뻐해야 마땅한 일이오. 이에 따라 獄事를 再檢討해 刑罰을 輕減하고 情狀을 참작해 허물을 容恕해 주려 하오. 이에 詔勅을 내려 罪囚를 赦免하는 恩典을 베푸노니[委轡之恩],[11] 太平興國 8年(성종3, 983) 3월 22일 새벽 이전에 이미 발각되었거나 아직 발각되지 않은 犯罪者와 이미 判決을 받았거나 아직 判決을 받지 않은 犯罪者 가운데 서로 다투다 남을 죽인 罪 이하는 輕重을 가리지 말고 모두 赦免하시오."라고 하였다.

注釋
1) 三軍은 태조 16년 3월 자료 B의 주석 6)과 같다.

2) 宗祧(종조)는 宗廟와 祧廟(조묘)의 合成語이다. 『禮記』, 祭法第23에 '遠廟를 祧라고 하고, 二祧가 있는데 四時에 한번 씩 祭祀를 지낼 뿐이다. 遠廟爲祧 有二祧 享嘗乃止'라고 하였다. 이 祧廟(遠廟)는 宗廟에 配享했던 祖先이 親盡했을 때(五廟說은 四屬以外, 七廟說은 六屬以外), 宗廟의 북쪽에 東西의 二室을 만들어 그들의 神主를 옮긴[遷主] 別廟[不遷廟]이다. 그러므로 이 記事에서의 宗祧는 宗廟와 같은 意味로 해석하여도 無妨할 것이다.

3) 旰食宵衣은 宵衣旰食라고도 하는데, 새벽에 일어나 옷을 입고 해 저문 뒤에 저녁을 먹는다는 意味로 國事의 處理에 부지런한 것을 가리킨다. 一般的으로 帝王이 政事에 充實함을 稱頌하는 語套이다. 南朝 陳 徐陵의 「陳文帝哀册文」에 "勤民聽政, 旰衣宵食"라는 句節이 있다(『徐孝穆集箋注』 권5 : 東亞大學校 2008年 1책 291쪽).

4) 踏天蹐地는 踏地蹐天이라고도 하며, 땅이 꺼질까 발끝으로 디디고 하늘에 부딪칠까 몸을 움츠린다는 뜻으로, 황공하고 몸 둘 곳이 없다는 의미이다. 곧 惶悚하고 不安한 모습을 가리킨다. 『詩經』, 小雅, 節南山之什의 正月에 "하늘이 높다고 하여도 (지금의 세상에서) 감히 몸을 굽히지 않을 수 없고, 땅이 두텁다고 하여도 (지금의 세상에서) 감히 살살 걷지 않을 수 없다. 謂天蓋高, 不敢不局, 謂地蓋厚, 不敢不蹐."라 하였다. 또 唐 王維의 「謝除太子中允表」에 "伏謁明主, 豈不自愧于心, 仰側群臣, 亦復何施其面. 踏天內省, 無地自容."의 구절이 있다고 한다(『王右丞集箋注』 권16 : 東亞大學校 2008年 1책 291쪽).

5) 述職은 諸侯가 天子에게 朝會할 때 자기가 맡은 職務에 관하여 報告하는 것을 말한다. 『孟子』, 梁惠王章句下에 "(晏子가 齊 景公의 質問에 答하기를) 天子가 諸侯의 國에 가는 것을 巡狩라고 합니다. 巡狩라는 것은 諸侯가 지키는 곳을 돌아보는 것입니다. 諸侯가 天子에게 나아가 朝覲하는 것을 述職이라고 합니다. 述職이라는 것은 諸侯가 自身의 職務를 보고하는 것입니다. 天子適諸侯曰巡狩. 巡狩者, 巡所守也. 諸侯朝於天子曰述職. 述職者, 述所職也."라고 하였다. 이처럼 述職은 원래 諸侯가 天子에게 職務[職守]를 보고하는 것이지만, 점차 外官이 中央政府에 行政全般에 걸쳐 報告하고 要請하는 것을 가리키는 것으로 바뀌게 되었다[東亞大學校 2008年 1책 291쪽].

6) 幣圭는 幣帛과 같은 뜻으로, 『詩經』, 大雅, 蕩之什, 韓奕에 "韓侯(武王의 後裔)가 天子를 拜謁할 때[入覲] 큰 笏[介圭]을 바친다. 들어가 天子를 拜謁하면[入覲], 天子는 韓侯에게 物品을 下賜한다. 韓侯入覲, 以其介圭. 入覲于王, 王錫韓侯."라는 句節이

있다. 天子의 介圭(玠圭)는 1尺 2寸의 큰 玉으로 만든 笏로서, 諸侯를 册封할 때 받는다[東亞大學校 2008年 1책 291쪽].

7) 鷁艦[익함]은 鷁이라는 白鷺와 비슷한 커다란 새, 곧 風波에 잘 견디어 낸다는 새의 머리모양의 形狀을 뱃머리[船首]로 한 큰 船舶을 말한다[東亞大學校 2008年 1책 292쪽].

8) 海鰌[해추]는 미꾸라지(鰍魚)의 一種으로 모습은 두렁허리(鱔)와 같으나 조금 적고 靑黑色이며 비늘은 극히 微細하다고 한다(『本草綱目』 권44, 鱗四, 鱒魚, "海鰌生海中, 極大. 江鰌生江中, 長七八寸, 泥鰌生湖池, 最小, 長三四寸, 沈於泥中). 또 鰌溟이란 큰 바다를 말한다.

9) 三師는 官職·軍事·宗敎·天文 등에서 여러 가지의 意味가 있으나 여기서는 官職을 가리킨다. 원래 周代에 太師, 太傅, 太保를 설치하고 三公이라고 하였는데, 權力이 매우 커서 後代의 宰相과 같았다. 이후 계속 설치되었으나 점차 名譽職[虛銜]으로 변하여 政務를 擔當하지 않았고, 나이가 많은 名望大臣에게 주어진 勳號와 같은 것으로 變質되었다. 北魏 때에 太師, 太傅, 太保를 三師라고 稱하였고, 隋·唐代 이래 官僚를 9品 18等級으로 區分할 때 모두 正1品官이 되었다.

그렇지만 隋에서는 太師·太傅·太保가 政務를 管掌하지 아니하여 府僚도 설치되지 아니하였으며, 皇帝와 함께 着席하여 治國의 道理를 論議하였던 地位에 있었던 名譽職이었다. 唐代에도 이를 계승하여 各 1員을 설치하였으나 適任者가 없을 때는 闕位로 두었고, 職務는 太子를 輔導하는 정도였다[陶希聖 編校 1973年].

10) 彤旅之寵[동로지총]의 彤[동]은 붉은 색의 활, 旅[노]는 검은 색의 활이다. 그래서 彤旅之寵은 天子가 붉은 색의 활과 검은 색의 활을 功勞가 있는 諸侯에게 내려주는 것을 의미한다(『左傳』, 僖公 28년 ; 東亞大學校 2008年 1책 292쪽).

11) 委轡之恩(위비지은)은 罪囚를 赦免하는 特典이다. 말[馬]의 자갈[轡]을 버린다는 것은 말을 自由의 몸으로 만든다는 뜻에서 나온 말이다[東亞大學校 2008年 1책 292쪽].

原文 癸未, 御詳政殿, 賜文·武元尹以上, 馬人一匹.
飜譯 (3월) 27일(癸未, 陽5月 12日) 詳政殿에[1] 행차하여 文·武官의 元尹(6品上)

以上에게 각각 말 한 필씩을 내려주었다.

注釋

1) 詳政殿은 태조 26년 6월 2일(戊申)의 주석 1)과 같다.

原文　夏五月 戊午, 以佐丞徐熙爲兵官御事, 大相鄭謙儒爲工官御事.

飜譯　5월 3일(戊午, 陽6月 16日)[1] 佐丞(3品下) 徐熙를[2] 兵官御事로, 大相(4品上) 鄭謙儒를[3] 工官御事로 삼았다.

注釋

1) 이해의 5월은 小盡이고 초하루[朔日]는 丙辰이다.

2) 徐熙는 광종 23년 是歲의 주석 1)과 같다.

3) 鄭謙儒는 初期의 歷官은 알 수 없으나 이 記事와 같이 983년(성종2) 5월 大相(4品上) 工官御事에 임명된 것만 찾아진다.

原文　甲子, 博士任老成至自宋, 獻太廟堂圖一鋪幷記一卷·社稷堂圖一鋪幷記一卷·文宣王廟圖一鋪·祭器圖一卷·七十二賢贊記一卷.

飜譯　(5월) 9일(甲子, 陽6月 22日) 博士 任老成이[1] 宋으로부터 와서 「太廟堂圖」1폭[鋪]과 記文 1권, 「社稷堂圖」1폭[鋪]과 記文 1권, 『文宣王廟圖』1폭[鋪]·『祭器圖』1권·『七十二賢贊記』1권을 바쳤다.

注釋

1) 任老成(生沒年不詳)은 이 記事와 같이 983년(성종2) 5월 博士로서 宋에서 歸國하여 儒學에 관련된 典籍을 바쳤다는 것만이 찾아진다. 그를 長興任氏로 比定한 見解도 있다[李樹健 1984年 215쪽].

原文 是月, 賜崔行言等及第.

飜譯 5월에 崔行言[1] 등에게 及第를 下賜하였다.

注釋

1) 崔行言(生沒年不詳)은 983년(성종2) 5월 知貢擧 王融이 주관한 과거에 합격하고, 成宗이 친히 실시한 覆試에 及第하였다. 이후의 行蹟은 알 수 없으나 尙書右僕射[상서우복야, 상서우보야]에 이르렀다. 그의 딸이 成宗의 後宮이 되어(延昌宮夫人 崔氏) 後日의 元和王后(顯宗妃)를 낳았는데, 이로 인해 崔行言은 1017년(현종8) 12월에 尙書左僕射[상서좌복야, 상서좌보야]에 追贈되었다(『고려사』 권88, 열전1, 后妃, 成宗 延昌宮夫人 崔氏·顯宗 元和王后 崔氏).

關聯資料

• 賜崔行言等五人及第(『고려사절요』 권2, 성종 2년 5월).

• 成宗二年, 始臨軒覆試, 然不爲常例, 親試·覆試, 例用詩·賦(『고려사』 권73, 지27, 선거1, 科目1).

• 成宗二年 五月, 王融, △爲知貢擧, 取進士, 賜崔行言等五人及第(『고려사』 권73, 지27, 선거1, 科目1, 選場).

• 五月, 王融, △爲知貢擧, 取五人, 始臨軒覆試, 然不爲常例(『高麗列朝登科錄』前編권1).

原文 (是月) 始定三省·六曹·七寺.

飜譯 (5월에) 처음으로 三省·六曹·七寺[칠시]를 定하였다.

原文 六月 庚寅, 以光祿卿薛神祐爲刑官御事.

飜譯 6월 6일(庚寅, 陽7월 18일)[1] 光祿卿[2] 薛神祐를[3] 刑官御事로 삼았다.

注釋

1) 이해의 6월은 小盡이고 초하루[朔日]는 乙酉이다.

2) 光祿卿은 光祿寺의 長官으로 光祿寺卿으로 불리며 宮闕의 門을 管掌하면서 皇室의 膳食·帳幕 등의 器物을 擔當하였다.

3) 薛神祐(生沒年不詳)는 983년(성종2) 6월에 光祿卿으로 刑官御事에 임명되었는데, 다음해 5월에 刑官의 문기둥이 벼락을 맞았음으로 罷職되었던 것으로 추측된다.

轉載 成宗二年 六月, 定州·府·郡·縣·舘·驛田. 千丁以上州縣, 公須田三百結, 五百丁以上, 公須田一百五十結, 紙田十五結, 長田五結, 二百丁以上, 缺, 一百丁以上, 公須田七十結, 紙田十結, 一百丁以下, 公須田六十結, 長田四結, 六十丁以上, 公須田四十結, 三十丁以上, 公須田二十結, 二十丁以下, 公須田十結, 紙田七結, 長田三結, 鄕·部曲, 千丁以上, 公須田二十結, 一百丁以上, 公須田十五結, 五十丁以下, 公須田十結, 紙田三結, 長田二結, 大路驛, 公須田六十結, 紙田五結, 長田二結, 中路驛, 公須田四十結, 紙田·長田各二結, 小路驛, 公須田二十結, 紙田二結, 大路, 田五結, 中路四結, 小路三結(『고려사』권78, 지32, 食貨1, 田制, 公廨田柴).

翻譯 成宗 2년 6월에 州·府·郡·縣·舘·驛의 田을 정하였는데 1,000丁 이상의 州縣은 公須田 300結, 500丁 이상은 公須田 250結·紙田 15結·長田 5結, 200丁 이상은 缺落되었고, 100丁 이상은 公須田 70結·紙田 10結, 100丁 이하는 公須田 60結·長田 4結, 60丁 이상은 公須田 40結, 30丁 이상은 公須田 20結, 20丁 이하는 公須田 10結·紙田 7結·長田 3結로 하였다. 鄕·部曲으로 1,000丁 이상은 公須田 20結, 100丁 이상은 公須田 15結, 50丁 이하는 公須田 10結·紙田 3結·長田 2結로 하였다. 大路驛은 公須田 60結·紙田 5結·長田 2結로 하며, 中路驛은 公須田 40結·紙田·長田 各各 2結로 하고, 小路驛은 公須田 20結·紙田 2結로 하며, 大路舘은 田 5結, 中路舘은 4結, 小路舘은 3結로 하였다.[1]

注釋

1) 이 규정에서 缺落된 부분을 再構成하여 復元을 시도한 업적이 있다[安秉佑 1994年 151~152쪽 ; 權寧國 等 1996年 122~123쪽].

原文 秋七月 壬戌, 明福宮大夫人皇甫氏薨.

飜譯   7월 9일(壬戌, 陽8月 19日)[1] 明福宮大夫人 皇甫氏가[2] 薨去하였다.

注釋

1) 이해의 7월은 大盡이고 초하루[朔日]는 甲寅이다. 이날은 그레고리曆으로 8월 24일이다.

2) 明福宮大夫人 皇甫氏(?~983)는 黃州(現 黃海北道 黃州郡) 出身으로 後日 太尉·三重大匡(1品上)·忠義公으로 追贈된 皇甫悌恭의 딸로서 太祖의 第4妃이다. 旭(成宗의 父, 戴宗으로 追尊)과 大穆皇后(光宗妃, 景宗의 母)를 낳았고, 明福宮大夫人으로 册封되었다. 983년(성종2) 7월 別世하자 成宗이 일찍이 어머니인 宣義太后(太祖妃 貞德王后 柳氏의 女)를 잃고 祖母인 皇甫氏의 養育을 받았기에 哀慕의 情을 극진히 하고, 神靜大王太后라는 諡號를 올렸다고 한다. 962년(목종5) 4월 7일(壬申)에 定憲, 974년(현종5) 3월에 懿敬, 1027년(현종18) 4월에 宣德, 1056년(문종10) 10월 14일(壬戌) 慈景, 1140년(인종18) 4월 柔明, 1223년(고종10) 10월 貞平이라는 諡號[徽號·尊號]가 덧붙여졌다고 한다(『고려사』 권88, 열전1, 后妃1, 太祖, 神靜王太后 皇甫氏 ; 이들 諡號가 덧붙여진 事實은 『고려사』世家篇에서 빠진 내용을 보완할 수 있을 것이다).

關聯資料

• 秋七月 壬戌, 明福宮大夫人皇甫氏薨. 王早喪宣義太后, 而長於后, 故哀慕盡禮, 悲動左右(『고려사절요』 권2, 성종 2년 7월 壬戌).

• 神靜王太后 皇甫氏 … 初封明福宮大夫人, 成宗二年 七月薨. 成宗早喪宣義太后, 長於后故, 哀慕盡禮, 率百僚, 臨于殯殿, 上諡曰, 神靜大王太后(『고려사』 권88, 열전1, 后妃1, 太祖 神靜王太后 皇甫氏).

原文   癸酉, 率百官, 詣殯堂哭臨.

飜譯   7월 20일(癸酉, 陽8月 30日) 百官을 거느리고 殯堂으로 가서 哭을 하였다.

關聯資料

癸酉, 率百僚, 詣殯堂哭臨, 上諡曰神靜王太后, 陵曰壽陵(『고려사절요』 권2, 성종 2년 7월 癸酉).

原文 九月 戊午, 以佐丞李知白爲諫議大夫.

翻譯 9월 6일(戊午, 陽10月 14日)[1] 佐丞(3品下) 李知白을[2] 諫議大夫로 삼았다.

注釋

1) 이해의 9월은 大盡이고 초하루[朔日]는 癸丑이다.

2) 李知白(혹은 李智伯·李知伯, 生沒年不詳)은 출신을 분명히 알 수 없으나, 983년(성종2) 9월 佐丞(3品下)으로 諫議大夫에 임명되었고, 이어서 民官御事를 역임하였다. 993년(성종12) 윤10월에 契丹軍이 侵入하자, 그들에게 降服하여 西京以北 地域을 割讓하고 岊嶺(절영, 現 黃海北道 黃州郡 龜洛面과 鳳山郡 山水面 및 瑞興郡 所沙面·木甘面 사이에 있는 고개인 慈悲嶺의 다른 이름)으로 境界를 삼자는 割地降服論이 提起되자 知信州事로서 徐熙 등과 함께 반대하였다.
이때 그는 成宗이 華風을 崇尙하여 고려 土着的인 여러 制度를 폐지한 것을 復設하면 國家가 保存될 수 있다고 建議하여 燃燈·八關·仙郎 등의 일들이 끊어지지 않게 되었다고 한다[不絶]. 995년(성종14) 10월 거란에 도착하여 方物을 바치기도 하였다. 1027년(현종18) 4월 崔亮·崔承老·李夢游·徐熙 등과 함께 成宗의 廟廷에 配享되었으며, 1033년(덕종2) 10월 大匡(2品上)으로 追贈되었다(『익재난고』 권9하, 史贊, 成王 ; 金甲東 1993年 ; 具山祐 2003年).

原文 冬十月 己亥, 置酒店六所, 曰成禮·曰樂賓·曰延齡·曰靈液·曰玉漿·曰喜賓.

翻譯 10월 17일(己亥, 陽11月 24日)[1] 酒店 6個所를 설치하고 成禮店·樂賓店·延齡店·靈液店·玉漿店·喜賓店이라는 名稱을 붙였다.

注釋

1) 이해의 10월은 小盡이고 초하루[朔日]는 癸未이다.

補遺 (統和元年 冬十月) 丁酉, 上將征高麗, 親閱東京留守耶律末只所總兵馬. 丙午, 命宣徽使兼侍中蒲領·林牙肯德等將兵東討, 賜旗·鼓及銀符(『遼史』 권

10, 본기10, 聖宗1).

飜譯 (統和 1년 10월) 15일(丁酉, 陽11月 22日) 皇帝[上]가 高麗를 정벌하기 위해 친히 東京留守[1] 耶律末只가[2] 거느리고 있는 兵馬를 점검하였다. 24일(丙午, 陽12月 1日) 宣徽使兼侍中 蒲領과[3] 林牙[4] 肯德[5] 등에게 軍隊를 거느리고 동쪽을 토벌하게 하면서 旗·鼓 및 銀符를[6] 하사하였다.[7]

注釋

1) 東京은 現 遼陽省 遼陽市 地域에 위치해 있었는데, 이곳은 契丹이 高麗를 控制하던 據點都市로서 中央의 委任을 받아 고려와 관계된 事務를 獨自的으로 遂行하였던 것으로 추측된다.

2) 耶律末只(혹은 耶律抹只)는 字는 留隱인데, 契丹의 皇族이므로 宮城에 入侍하여 景宗(969~982 在位)이 즉위하자 林牙에 임명되었다. 979년(乾亨1) 契丹이 北漢을 支援하기 위해 宋의 河東을 공격할 때 都統 南府宰相 耶律沙의 예하에 들어갔으나 3월에 白馬嶺(現 山西省 盂縣 북쪽)에서 패배하였다. 6월에 宋이 승리를 틈타 燕을 공격하자 耶律末只는 奚兵을 거느리고 參戰하여 功을 세워 전번의 敗北를 雪辱하였다. 같은 해의 겨울에 都統 韓匡嗣가 宋을 공격할 때 滿城에 패배하였는데, 抹只의 部隊[部伍]는 秩序整然하게 撤收하여 褒賞[璽書褒諭]을 받고 南海軍節度使에 임명되었다. 다음해에 樞密副使에 임명되었고 統和(983~1012) 初에 東京留守에 임명되었다. 986년(統和4) 3월 宋將 曹彬·米信 등이 공격해 오자 東京留守로서 帝命을 받아 軍士를 거느리고 南京에서 對備하다가 聖宗(971~1031, 983~1031在位)이 도착하자 耶律休哥와 더불어 逆戰하여 승리하여서 開遠軍節度使에 임명되었다. 이후 漆水郡王에 册封되었다가 이 직을 띠고서 988년(통화6) 7월 大同軍節度使에 임명되었다. 當時에 國家가 州民의 1斗粟을 5錢으로 購買하였는데, 같은 해 8월 抹只는 朝廷에 청하여 6錢으로 고치자 部民이 便하게 여겼다고 한다. 그는 統和末에 別世하였다고 한다(『遼史』권84, 열전14, 耶律抹只).

3) 蒲領은 구체적인 人的 事項을 알 수 없으나 이 記事와 같이 983년(統和1) 10월 宣徽使兼侍中으로서 林牙 肯德 등과 함께 聖宗(971~1031, 983~1031在位)으로부터 高麗征伐의 命을 받았으나 실제로 征伐이 斷行되지 않았던 것 같다. 986년(統和4) 3월 宋將 曹彬·米信 등이 공격해 오자 北院宣徽使로서 帝命을 받아 燕의 南[燕南]으로 달려가 耶律休哥와 더불어 軍事를 議論하였다. 같은 달 19일(丁亥) 南征都統에

임명되어 副都統 耶律休哥와 함께 宋軍을 방어하였고, 4월 10일(戊申) 統軍·宣慰使로서 宋軍이 退却하였다고 보고하였다. 15일(癸丑) 이후 宋將 曹彬·米信 등이 拒馬河를 건너와 契丹軍과 對峙하자 涿州 동쪽 50里에 駐蹕하고 있던 聖宗이 宣徽使 蒲領 등에게 水道를 嚴重하게 지켜 宋軍이 涿州에 이르지 못하게 하였다. 21일(己未) 耶律休哥와 함께 聖宗을 謁見하였고 5월에 宋軍을 大敗시켜 勝利를 거두자 襃賞을 받았으나 宋國王에 册封된 副都統 耶律休哥에 미치지 못하였다. 989년(統和7) 5월 宣徽使로 軍士를 거느리고 宋의 侵入에 對備하라는 帝命을 받았으나 以後의 行蹟은 찾아지지 않는다.

4) 林牙는 契丹國의 文翰을 擔當하던 官職으로 北面 行軍官職의 하나이다. 軍政을 擔當한 樞密院의 主要據點地域에의 派遣機關인 行樞密院에 北面官으로 都林牙·林牙承旨·林牙·左右林牙 등이 있었는데, 모두 文翰을 管掌하였기에 文官이 任命되었다고 한다(『遼史』권45, 지15, 百官1, 北面, 北面朝官, 大林牙院, 掌文翰之事, 北面都林牙, 北面林牙承旨, 北面林牙, 左林牙, 右林牙", 권46, 지16, 百官2, 北面行軍官, "行樞密院, 有左·右林牙, 有參謀").

5) 肯德은 이 자료 외에 찾아지지 않아 어떠한 인물인지는 알 수 없다.

6) 銀符는 銀으로 製作된 位階·身分·職責 등을 表示하는 虎符이다. 虎符는 高位官僚 또는 武將들의 신분을 나타내는 虎頭모양의 牌, 곧 符信(證明書·許可證)이다. 이는 중국 고대의 皇帝가 軍士를 동원하여 將帥를 파견할 때 사용하던 兵符로서 靑銅 또는 黃金으로 만들어 엎드린 늙은 호랑이 모양(伏老虎形狀)을 새긴 令牌이므로 虎符라고 한다. 중간의 반을 截斷하여 하나는 將帥에게 지급하고 하나는 皇帝가 보관하다가 두 개의 虎符가 동시에 사용되어야 軍士의 出動이 가능하였다. 隋代에는 麟符, 唐代에 虎字를 避諱하여 魚符 혹은 兎符(토부)라고 하다가 후에 다시 龜符를 사용하였고, 南宋 때에 다시 虎符를 사용하였고, 元代에 虎頭牌를 사용하다가 후일 銅牌로 바뀌어 졌다[張東翼 2013年b].

7) 이때 蕭排押의 弟인 蕭恒德(蕭遜寧)도 宣徽使 耶律阿沒里를 따라 從軍하였다고 하지만(『遼史』권88, 열전18, 蕭排押·恒德), 契丹의 軍士가 高麗를 침입하였던 흔적은 찾아지지 않는다. 추측하건대 고려의 接境地域인 鴨綠江 一帶에 居住하고 있던 女眞族을 討伐한 것을 이렇게 表現하였던 것 같다.

原文 十一月 甲子, 日南至, 王御元和殿, 受朝賀, 宴群臣於思賢殿.

飜譯 11월 13일(甲子, 陽12月 19日)[1] 동짓날[日南至]이어서[2] 王이 元和殿에[3] 행
　　　차하여 賀禮를 받고, 群臣들을 思賢殿에서[4] 饗宴하였다.

注釋

1) 이해의 11월은 大盡이고 초하루[朔日]는 壬子이다.

2) 日南至는 冬至日을 가리키는데, 夏至 이후에는 太陽[日]이 북쪽에서 남쪽으로 移動
　　하고, 冬至 이후에는 다시 남쪽에서 북쪽으로 移動하기 때문에 冬至日을 日南至라
　　고 한다. 『春秋左氏傳』, 僖公 5년, "春, 王正月辛亥朔, 日南至", "杜預注, 周正月, 今
　　十一月, 冬至之日, 日南極". ; 『新五代史』 권2, 梁本紀2, 太祖下, 開平 3년 "冬十一
　　月, 甲午, 日南至, 告謝于南郊"가 있다.

3) 元和殿은 광종 22년 10월 21일 주석 2)와 같다.

4) 思賢殿은 궁궐의 殿閣 중의 하나이지만, 이 記事를 제외한 여타의 기록이 없어 어
　　떠한 성격의 殿閣인지는 알 수 없다(『신증동국여지승람』 권5, 開城府下, 古跡, 思賢
　　殿에도 내용이 같다).

原文 十二月 [1]丁未, 以千春節, 改爲千秋節, 賜群臣宴.

校訂

1) 原文에는 이날의 날짜[日付]가 수록되어 있지 않지만, 成宗의 生日이 12월 26일이므
　　로 이날의 干支가 丁未이기에 追加하였다.

飜譯 12월 26일(丁未, 陽984年 1月 31日)[1] (成宗의 生日인) 千春節을 千秋節로
　　　名稱을 바꾸고, 群臣에게 宴會를 내렸다.

注釋

1) 이해의 12월은 大盡이고 초하루[朔日]는 壬午이다.

<u>轉載</u>　(是月) 改州·府·郡·縣史職銜(『고려사절요』 권2, 성종 2년 12월).

<u>飜譯</u>　(12월에) 州·府·郡·縣의 吏職의 職銜을[1] 고쳤다.

注釋

1) 職銜은 職位와 官銜을 가리킨다.

關聯資料

• 成宗二年, 改州府郡縣吏職, 以兵部爲司兵, 倉部爲司倉, 堂大等爲戶長, 大等爲副戶長, 郎中爲戶正, 貟外郎爲副戶正, 執事爲史, 兵部卿爲兵正, 筵上爲副兵正, 維乃爲兵史, 倉部卿爲倉正(『고려사』 권75, 지29, 選擧2, 銓注, 鄕職).

原文　是[1]歲月, 臨軒覆試, 賜姜殷川等及第.

校訂

1) 이 기사는 『고려사절요』와 『고려사』 選擧志에 의하면 12월로 되어 있음으로 '是歲'는 '是月'로 고치는 것이 좋을 것이다.

飜譯　12월에 平臺에 臨御하여[臨軒][1] 覆試를 실시하고 姜殷川(姜邯贊)[2] 등에게 及第를 下賜하였다.

注釋

1) 臨軒은 「進高麗史箋」의 주석 3)과 같다.

2) 姜殷川(948~1031)은 姜邯贊(혹은 姜邯瓚)의 初名으로 本貫은 衿川이고, 태조 때 三韓壁上功臣에 冊封된 弓珍의 아들이다. 983년(성종2) 12월 崔承老·李夢游·劉言儒·盧奕 등이 주관한 科擧에서 甲科 1人로 及第하였는데, 以後의 歷官은 분명하지 않고 1010년(현종1) 以前에 禮部侍郎에 이르렀다고 한다. 1010년(현종1) 11월 契丹의 侵入으로 西京이 陷落되자, 群臣들이 降服하기를 議論할 때 혼자서 반대하며 顯宗에게 南遷을 建議하였다. 다음해에 國子祭酒를 거쳐 같은 해 6월 翰林學士承旨·左散騎常侍에 임명되었고, 1012년(현종3) 東北面行營兵馬使로 赴任하였다.

1014년(현종5) 中樞院使로서 社稷壇의 修理와 儀注의 撰定을 청하였고, 吏部尙書에

임명되었다. 1018년(현종9) 5월 內史侍郞平章事로서 西京留守에 임명되었고, 같은 해 10월 西北面行營都統使에 임명되었다. 12월 蕭排押에 의한 契丹의 제3차 侵入이 이루어지자 上元帥가 되어 副元帥·大將軍 姜民瞻과 함께 軍士 208,300人을 거느리고 寧州에 本陣을 두고 防禦하다가 興化鎭·慈州 등에서 敵軍을 격파하였다. 1019년(현종10) 1월 開京에 도달한 敵軍을 後方에서 공격하여 退却하게 하였다. 2월 契丹兵이 龜州로 退却하자 邀擊하여 크게 승리하였다. 이 戰功으로 11월 檢校太尉·門下侍郞同內史門下平章事에 승진하고, 推忠恊謀安國功臣·天水縣開國男·食邑三百戶에 册封되었다. 다음해에 致仕를 청하여 許諾을 받았고(73歲), 特進·檢校太傅·天水縣開國子·食邑五百戶가 더해 졌다. 또 이해에 開京에 羅城을 쌓기를 청하여 參知政事 李可道가 담당하게 되었다.

1021년(현종12, 天禧5) 5월에는 平章事의 職銜으로 興國寺(現 京畿道 開城市 滿月洞에 位置했던 寺刹, 현재 開城博物館의 境內로 옮겨짐)의 石塔을 조성하였고, 王命을 받아 玄化寺(大慈恩玄化寺)의 大藏經을 安置한 「大藏經記」를 修撰하였다. 1029년(현종20) 11월 羅城을 築造한 李可道 등이 褒賞됨과 연관되어 1030년(현종21) 5월 門下侍中의 職銜이 더해졌다. 1031년(德宗 卽位年) 6월 開府儀同三司·推忠恊謀安國奉上功臣·特進檢校太師·侍中·天水郡開國侯·食邑一千戶에 册封되었으나, 같은 해 8월 84歲로 別世하였다. 仁憲이라는 諡號가 내려졌고, 1033년(덕종2)에 先代의 功臣을 追贈할 때 大丞에 追贈되었다. 후일 顯宗의 廟庭에 配享되었고, 1067년(문종21) 3월 崔沆과 함께 守太師兼中書令에 追贈되었다. 또 그는 현재 京畿道 光明市 所下洞 忠顯書院에 配享되어 있다(『고려사』 권94, 열전7, 姜邯贊 ; 「開城興國寺塔銘」 ; 「開豊玄化寺碑」).

關聯記事

• 命取進士, 王臨軒覆試, 賜姜殷川等三人·明經一人及第. 覆試自此始, 殷川卽邯贊也(『고려사절요』 권2, 성종 2년 12월).

• (成宗二年) 十二月, 正匡崔承老·左執政李夢游·兵官御事劉彦儒·左丞盧奕, 取進士, 王覆試, 賜甲科姜殷川·乙科二人·明經一人及第(『고려사』 권73, 지27, 선거1, 科目1, 選場).

• 姜仁憲公邯贊, 太平七年壬午, 擢甲科第一人(『補閑集』 권上).

轉載　寧州, 成宗二年, 稱寧州·安北大都護府(『고려사』 권58, 지12, 지리3, 安北大
都護府 寧州).

飜譯　寧州(現 平安南道 安州郡)는 성종 2년에 寧州·安北大都護府로 改稱하였다.

轉載　順州, 成宗二年, 稱順州防禦使(『고려사』 권58, 지12, 지리3, 北界, 安北大都
護府, 順州).

飜譯　順州(現 平安南道 順川郡)는 성종 2년에 順州防禦使로 改稱하였다.

轉載　殷州, 成宗二年, 稱殷州防禦使(『고려사』 권58, 지12, 지리3, 北界, 安北大都
護府, 殷州).

飜譯　殷州(現 平安南道 順川郡 殷州)는 성종 2년에 殷州防禦使로 改稱하였다.

轉載　肅州, 成宗二年, 稱今名, 爲防禦使(『고려사』 권58, 지12, 지리3, 北界, 安北
大都護府, 肅州).

飜譯　肅州(現 平安南道 肅川郡)는 성종 2년에 지금의 名稱으로 바꾸었고, 防禦使
로 삼았다.

轉載　慈州, 成宗二年, 改今名, 爲防禦使(『고려사』 권58, 지12, 지리3, 北界, 安北
大都護府, 慈州).

飜譯　慈州(現 平安南道 順川郡 慈山面)는 성종 2년에 지금의 名稱으로 바꾸었고,
防禦使로 삼았다.

轉載　溟州 … (太祖) 二十三年, 又以爲溟州, 成宗二年, 稱河西府(『고려사』 권58,
지12, 地理3, 東界, 溟州).

飜譯　溟州(現 江原道 江陵市)는 태조 23년에 다시 溟州라고 하였는데, 성종 2년
에 河西府라고 불렀다.

轉載　成宗二年, 判^制, 諸驛長, 大路四十丁以上, 長三, 中路十丁以上, 長二, 小路,
亦依中路例, 差定(『고려사』 권82, 지36, 兵2, 站驛).

校訂

1) 이에서 判은 制로 고쳐야 바르게 된다.

飜譯　성종 2년에 制[判]을 내려, "여러 驛長은 大路로서 40丁 이상은 長 3人을,
中路로서 10丁 이상은 長 2人을, 小路는 中路의 例에 따라 (長을) 設置하시
오[差定]"라고 하였다.

轉載　成宗二年, 城樹德鎭二百三十五間, 門四, 水口一, 城頭·遮城各九(『고려사』
권82, 지36, 兵2, 城堡).

飜譯　성종 2년에 樹德鎭(現 平安南道 陽德郡 位置)에 235間의 城을 쌓았는데, 門
이 4個, 水口가 1個, 城頭와 遮城이 각각 9個였다.

關聯資料

樹德鎭, 成宗二年, 築城(『고려사』 권58, 지12, 지리3, 北界, 安北大都護府, 樹德鎭).

轉載　隘守鎭, 古稱梨柄, 成宗二年, 築城(『고려사』 권58, 지12, 地理3, 東界, 隘守
鎭).

飜譯　隘守鎭(現 咸鏡南道 高原郡 位置)은 옛적에는 梨柄이라고 하였는데, 성종
2년에 城을 쌓았다.

轉載　成宗二年, 由佐丞拜兵官御事, 從幸西京. 成宗欲微行遊永明寺, 熙上疏諫, 乃
止, 賜鞍馬以賞之(『고려사』 권94, 열전7, 徐熙).

飜譯　성종 2년 (徐熙는) 佐丞(3品下)으로 兵官御事에 임명되어 王의 幸次를 따라
西京에 갔다. 成宗이 微行하여 永明寺에[1] 놀러 가려고 할 때 徐熙가[2] 上疏
하여 諫하자, 이에 중지하고 鞍馬를 賞으로 下賜하였다.

注釋

1) 永明寺는 平壤[西京]의 天下의 絶景이라고 하는 錦繡山(현 平壤市 位置) 浮碧樓의
서쪽에 위치한 寺刹로서 승려[上人] □興이 創建하였다고 한다. 宣宗·肅宗·睿宗·仁
宗·毅宗 등의 帝王이 행차하기도 하였는데, 이곳에서 龍船을 大同江에 띄우고 遊覽
하였다(『파한집』 권中 ; 『신증동국여지승람』 권51, 平壤府, 佛宇).

2) 徐熙는 광종 23년 是歲의 주석 1)과 같다.

關聯資料

成宗朝, 從幸西京, 成宗欲微行, 往永明寺, 熙上疏諫, 成宗乃止, 賜鞍馬, 以賞之(『고려사절요』 권2, 목종 1년 7월 徐熙卒記).

[參　考]

高　麗

• 「太平興國」八年歲次」己未年」二月卄日」(「石製舍利壺銘」 ; 許興植 1986年 429~430쪽).

[成宗 3年(984) 甲申]
　　宋 太宗 太平興國 9年 : 雍熙 元年, 契丹 聖宗 統和 2年

原文　春三月 庚申, 始行雩祀.

飜譯　3월 10일(庚申, 陽4月 13日)[1] 처음으로 祈雨祭[雩祀]를[2] 지냈다.

注釋

1) 이해의 3월은 大盡이고 초하루[朔日]는 辛亥이다.

2) 雩祀는 전근대사회에서의 祈雨祭인데, 일반적으로 4월[仲夏] 또는 5월[孟夏]에 거행하지만, 旱魃에 의해 때때로 실시하였다. 山川·百源(모든 물의 根源)에게 祭祀를 올렸는데, 盛大한 奏樂과 歌舞를 갖추어 비를 빌었다고 한다(『禮記』, 月令第6, "仲夏之月, 命有司爲民, 祈祀山川·百源. 大雩, 帝用盛樂. 乃命百縣, 雩祀百辟·卿·士有益於民者, 以祈穀實. 鄭玄注, "衆, 水始所出爲百源". "雩, 吁嗟求雨之祭也" ; 『春秋左氏傳』, 桓公 5年 ; 秋田成明 1942年 243쪽 ; 曾鞏, 『郊配策』, "冬至祀昊天, 夏至祀皇地祇, 孟夏雩祀, 用太祖配").

原文　是月, 賜李琮等及第.

翻譯　이달(3월)에 李琮[1] 등에게 及第를 下賜하였다.

注釋

1) 李琮은 984년(성종3) 3月 知貢擧 王融의 門下에서 乙科 1人으로 及第하였으나, 이
　　자료 외에 찾아지지 않아 어떠한 인물인지는 알 수 없다.

關聯資料

• (三月) 賜李琮等三人及第(『고려사절요』 권2, 성종 3년 3월).

• (成宗) 三年 三月, 王融, △爲知貢擧, 取進士, 賜乙科李琮·丙科二人及第(『고려사』 권
　　73, 지27, 선거1, 科目1, 選場).

補遺　同永觀二年 四月 三日, 高麗人船來著着筑前國早良郡事(『小記目錄』 권16, 異
　　朝事).

翻譯　永觀 2년 4월 3일(癸未, 陽5月 6日)[1] 高麗人의 船舶이 筑前國[치쿠젠쿠니]
　　早良郡[사와라군, 現 福岡縣 福岡市 西部地域]에 到着하였다.

注釋

1) 이해의 4월은 小盡이고 초하루[朔日]는 辛巳이다.

補遺　同永觀二年 四月 廿一日, 高麗國人事(『小記目錄』 권16, 異朝事).

翻譯　永觀 2년 4월 21일(辛丑, 陽5月 24日) 高麗國人에 대해 議論하였다.[1]

注釋

1) 이상의 두 記事는 내용의 題目만 남아 있어 어떠한 상황인지는 알 수 없다.

原文　夏五月 庚戌朔, 震刑官門柱, 責御事·侍郎·郎中·[1]員外□郎, 並罷
　　之. 以主農卿李謙宜爲御事, 禮官侍郎韓彥恭·內史舍人崔延澤, 並爲侍郎, 殿
　　中丞朴俊光·民官員外郎韓光黙爲郎中, 考功員外郎黃至仁爲員外郎.

校訂

1)의 □에 郎字가 들어가야 바르게 되지만, 간혹 員外郎을 員外로 줄여서 表記하는 경우도 있음으로, 郎字가 없어도 無妨하다.

飜譯　5월 1일(庚戌, 陽6月 2日)¹⁾ 刑官의 문기둥[門柱]이 벼락을 맞았으므로, 御事·侍郎·郎中·員外郎을 問責하여 모두 罷職하였다. 主農卿 李謙宜를²⁾ 刑官御事로, 禮官侍郎 韓彦恭과³⁾ 內史舍人 崔延澤을⁴⁾ 함께 刑官侍郎으로, 殿中丞 朴俊光과⁵⁾ 民官員外郎 韓光黙을⁶⁾ 刑官郎中으로, 考功員外郎 黃至仁을⁷⁾ 刑官員外郎으로 任命하였다.

注釋

1) 이해의 5월은 大盡이고 초하루[朔日]는 庚戌이다. 『高麗史』의 世家에서 처음으로 朔日이 表示된 곳으로, 이때 高麗에서 使用된 曆이 宋의 曆과 同一하였음을 보여주는 첫 事例이다.

2) 李謙宜(生沒年不詳)는 태조 때 三韓功臣이 된 淸州李氏 李希能의 아들로, 984년(성종3) 5월 主農卿으로 刑官御事에 임명되었다. 같은 해 후반기에 王命을 받아 鴨綠江 강변에 關城을 쌓다가 이를 妨害하는 女眞軍의 攻擊을 받아 被擄되고 그의 隸下軍의 2/3가 돌아오지 못하였다고 한다. 후일 功臣으로 追贈되었다고 한다(『고려사』 권99, 열전12, 李公升).

3) 韓彦恭(940~1004)은 湍州(과거 京畿道 長湍郡) 출신으로 光祿少卿 韓聰禮의 아들이다. 15歲 때인 954년(광종5)에 光文院의 書生이 되었으며, 곧 이 官署의 承事郎이 되었다가 內承旨에 轉職되었다. 이때 進士科에 應試하기를 청하였으나 及第하지 못했다고 한다. 이후 內議承旨舍人을 거쳐 禮官侍郎에 임명되었다. 984년(성종3) 5월 1일(庚戌, 陽6月 2日) 刑官의 문기둥[門柱]에 벼락이 떨어지게 되어, 刑官의 모든 官員이 파면될 때 刑官侍郎에 轉任되었다. 990년(성종9) 후반기에 兵官侍郎으로 在職하다가 謝恩使로 宋에 파견되어 12월 14일(乙卯) 太宗을 謁見하고 馬·漆弓·漆甲·神龜壽樽 등의 貢物을 바치고 金紫光祿大夫(正3品)·檢校兵部尙書兼御史大夫에 임명되고 銀帶를 下賜받았다. 다음해 4월에 歸國하였는데, 이때 太宗으로부터 『開寶版大藏經』(『蜀本大藏經』) 481函 2,500卷을 위시한 御製의 『秘藏詮』·『逍遙詠』·『蓮華心輪』 등과 같은 각종 書籍을 받아서 왔다. 곧 禮官侍郎·判禮賓省事에 임명되었다가

같은 해 10월 兵官侍郎으로 成宗에게 宋의 樞密院은 우리나라의 宿直하는 官吏[員吏]의 職과 같다고 하며 추밀원의 설치를 건의하여 中樞院이 처음으로 설치되게 되고 中樞院副使에 임명되었다. 이어서 中樞院使·殿中監·知禮官事를 거쳐 參知政事·上柱國에 임명되었다.

997년(목종 즉위년)에 內史侍郎平章事에 임명되었고, 1001년(목종4) 門下侍中에 昇進하였다. 같은 해 11월 穆宗이 中原府(現 忠淸北道 忠州市)에 幸次하였다가 歸還하면서 그의 貫鄕인 長湍에 이르러 그의 功勞를 襃賞하여 長湍을 湍州로 승격시켰다. 1002년(목종5) 7월 上疏를 올려 금속화폐의 사용에 따른 폐단을 건의하였는데, 목종이 이를 수용하여 茶店·酒店 등을 제외한 일반 백성들의 교역에서는 從前처럼 物品貨幣를 이용하게 하였다. 이후 開國侯·食邑一千戶·監修國史가 더해졌으며 1003년(목종6) 疾病에 걸렸다가 다음해 6월 6일(己未) 門下侍中으로 在職하다가 別世하였다. 이때 穆宗이 賻儀로서 米 5百石·麨麥 3百石·平布 8百匹·中布 4百匹·茶 2百角 등을 下賜하고, 內史令에 증직시키고 貞信이라는 諡號를 내리고 禮葬하였다고 한다. 1027년(현종18) 4월에 歷代의 功臣들을 太廟에 配享할 때 崔肅(崔承老의 子)·金承祚 등과 함께 穆宗의 廟庭에 배향되었고, 1033년(덕종2) 10월 先代功臣들을 追贈할 때 太傅에 贈職되었다(『고려사』 권64, 지18, 禮6, 凶禮, 諸臣喪·권93, 열전6, 韓彦恭 ; 『玉海』 권154, 朝貢, 錫予外夷).

4) 崔延澤은 이 자료 외에 찾아지지 않아 어떠한 인물인지는 알 수 없으나 內史舍人이 되었다. 984년(성종3) 5월 1일(庚戌, 陽6월 2日) 刑官의 문기둥[門柱]에 벼락이 떨어지게 되어 모든 官員이 파면될 때 刑官侍郎에 轉任되었다.

5) 朴俊光은 어떠한 인물인지는 알 수 없으나 殿中丞이 되었다. 984년(성종3) 5월 刑官의 문기둥[門柱]에 벼락이 떨어지게 되어 모든 官員이 파면될 때 刑官郎中에 轉任되었다.

6) 韓光黙은 어떠한 인물인지는 알 수 없으나 民官員外郎이 되었다. 984년(성종3) 5월 刑官의 문기둥[門柱]에 벼락이 떨어지게 되어 모든 官員이 파면될 때 刑官郎中에 轉任되었다.

7) 黃至仁은 어떠한 인물인지는 알 수 없으나 考功員外郎이 되었다. 984년(성종3) 5월 刑官의 문기둥[門柱]에 벼락이 떨어지게 되어 모든 官員이 파면될 때 刑官員外郎에 轉任되었다.

關聯資料

- 夏五月, 震刑官門柱. 御事·侍郎·郎中·員外, 並責罷(『고려사절요』권2, 성종 3년 5월).
- 成宗三年 五月 庚戌朔, 震刑官門柱(『고려사』권53, 지7, 오행1).

補遺　大遼統和二年, 翰林學士耶律純, 以議地界事, 奉國書, 使於高麗遼東. 至其國, 頗聞國師精於星躔之學, 具重幣, 設威儀求見, 屢請不從. 一日, 自請於高麗國王曰, 臣奉國書來此, 稔聞國師富於道德·星命之學, 願借玉音, 得遂一見, 以請所學, 何啻昌黎之遇大顚也. 國王遂命一見, 旣見之後, 往復數回, 前請曰, 微生, 跧伏北方, 聞國師深於星命之度, 今日天幸, 得瞻毫相願, 北面從師, 聞以一二, 以聳北方之學者, 亦是三生夙昔之幸, 不知可乎. 國師曰, 何不可之有, 但學士平生論學, 有何所得, 吾與學士從長商摧而已. 何以師爲曰, 膚學得於生剋, 制化之外, 亦有十條, 前有六條, 看根本, 後四條. (中略) 今以授子, 子欲行之, 當誓於天地鬼神, 不可輕泄此天機玄妙, 吾得海上異人所傳, 而未嘗泄, 今子得吾之傳, 若不寶而重之, 必招譴於天, 不可逃也. 乃對師焚香設誓, 三日後, 國師遂以諸論八篇與夫二百字眞經·二十五題授之, 百拜而寶之. 大遼統和二年八月十三日, 耶律純自識(耶律純『星命總括』, 星命總括序文).

飜譯　大遼 統和 2年에 翰林學士 耶律純은 땅의 境界를 論議하는 일로써 國書를 받들고 高麗 遼東에 使臣으로 갔다. 그 나라에 이르러 國師가 별자리의 位次에 관한 學問에 精通하다는 所聞을 자못 듣고는 幣帛을 성대하게 갖추고 위엄을 띠고서 謁見을 요구함에 여러 번을 요청해도 따르지 아니하였다. 하루는 高麗國王에게 自請하여 말하기를, "臣이 國書를 받들고 여기에 와서 國師가 道德과 星命의 學問에 精通하다는 말을 익숙하게 듣고 원컨대 귀한 말씀을 빌려서 한번 알현하고 배울 바를 요청함이 어찌 昌黎 韓愈가 僧侶 大顚을 만나는 일 정도뿐이겠습니까?"라고 하였다. 國王이 드디어 한번 만나보기를 명령하였고, 이미 만나 본 뒤에도 여러 차례를 往復하였다. 앞서 요청하기를 "보잘 것이 없는 書生이 北方에 엎드려서 國師께서 星命의 法度에 造詣가 깊다는 말을 들었는데 오늘 하늘이 요행함으로 휴규을 터놓고 추호와 같은 의리를 분명하게 분석하고픈 소원을 얻었으니 弟子가되어 스승으로 모시고 한두 가지를 들음으로써 北方의 學者들을 鼓舞케 하

는 것이고, 또한 이것이 三生에서 언제나 바라던 행복이었는데 國師를 알지 못함이 옳겠습니까?"라고 하였다. 國師가 말하기를 "무슨 不可함이 있겠는가? 다만 學士가 평생 論議한 學問에 얻는 바가 무엇이 있겠는가? 내가 學士로 더불어서 충분히 논의하여 결정할 뿐이지 어떻게 스승이 될 수 있겠는가?"라고 하니 말하기를, "나의 천박한 學問이 相生과 相剋에서 얻은 것인데 制化의[1] 밖에 또한 열 가지 條目이 있는데 앞에 있는 여섯 條目은 根本을 보았고, 뒤의 네 條目은 (中略) 지금 이것을 그대에게 주노니 그대가 이것을 행하고자 한다면 마땅히 天地鬼神에게 맹세를 하고 이 天機의 玄妙함을 가히 가볍게 누설하지 말지어다. 이것은 내가 바다 위의 신이한 사람에게 전수받은 것으로 나도 일찍이 누설하지 아니했는데, 지금 그대도 내가 전해준 것을 만약 寶物로 소중하게 여기지 아니하면 반드시 하늘의 譴責을 초래하여 어디로도 도망갈 수가 없을 것이요."라고 하였다. 이에 스승을 상대하여 香을 사르며 盟誓하는 자리를 설치하였고, 3일 뒤에 國師가 드디어 諸論 8篇과 二百字眞經·二十五題의 秘法을 이 사람에게 傳授하니 절을 백 번이나 하면서 이를 寶物로 여겼다. 大遼 統和 2년 8월 13일(庚寅, 陽9월 10日)[2] 耶律純이 記錄한다.[3]

注釋

1) 制化는 星命家에서 五行이 서로 相生·相剋함을 가리키는 것이다.
2) 이해의 8월은 大盡이고 초하루[朔日]는 戊寅이다.
3) 이 자료에 의하면 거란의 使臣 耶律純(生沒年不詳)이 983년(統和2) 고려에 파견되었을 때, 高麗의 國師 某가 星躔之學에 밝음을 듣고서 방문을 청하였으나 허락 받지 못했다고 한다. 이에 高麗國王을 통해 面談을 허락 받고 弟子의 禮로서 國師를 만나 소기의 성과를 거두게 되어 諸論 8篇·二百字眞經 등을 전수 받게 되었다고 한다. 이 事實이 麗·遼 兩國의 年代記에서 찾아지지 않을 뿐만 아니라 耶律純의 存在도 확인되지 않아 그 형편을 구체적으로 알 수 없다[張東翼 2000年 541~542쪽]. 이에 나타난 高麗國師는 어떠한 인물인지는 알 수 없으나, 成宗·穆宗 때의 國師였던 弘法大禪師(法名不明, 穆宗代에 入寂)일 가능성도 있다(「忠州開天山淨土寺故國師弘法大禪師之碑」).

補遺   (雍熙元年) 十一月 壬子, 高麗國王王治遣使, 以方物來貢(『太宗皇帝實錄』 권 31).

翻譯   (雍熙 1년) 11월 6일(壬子, 陽12月 1日)[1] 高麗國王 王治가 使臣을 보내와 貢物을 바쳤다.[2]

注釋

1) 이해의 11월은 小盡이고 초하루[朔日]는 丁未이다.

2) 이때 宋에 도착한 고려의 사신은 다음의 관련 자료에 의하면 韓遂齡이다.

關聯資料

• (雍熙元年) 十一月 壬子, 高麗國王遣使來貢(『宋史』 권4, 본기4, 태종1).

• 雍熙元年, 遺使韓遂齡, 以方物來貢(『宋史』 권487, 열전246, 外國3, 高麗).

• (雍熙元年) 十一月 一日, 高麗國王王治, 遣使貢方物(『宋會要輯稿』199책, 蕃夷7, 歷代 朝貢).

• (太平興國) 九年 十二月^{十一月}?, 貢闊錦·龍鳳袍·弓甲·御馬(『玉海』 권154, 朝貢, 獻方物).

原文   是歲, 始定軍人服色.

翻譯   이해에 처음으로 軍人들의 衣服의 樣式[服色]을 定하였다.[1]

注釋

1) 이와 같은 내용의 記事가 『고려사』 권85, 지39, 刑法2, 禁令에도 수록되어 있다.

原文   (是歲) 命刑官御事李謙宜, 城鴨綠江岸, 以爲關城. 女眞以兵遏之, 虜謙宜而去, 軍潰不克城, 還者三之一.

翻譯   (이해에) 刑官御事 李謙宜에게 命하여 鴨綠江 기슭에 城을 쌓아 關城으로[1] 삼게 하였다. 女眞이 軍士를 동원하여 沮止하고서 李謙宜를 사로 잡아가니, 軍隊가 潰滅되어 城을 쌓지 못하였으며, 歸還한 軍士는 3분의 1에 시나시 않았다.

注釋

1) 關城은 據點都市의 外廓에 설치된 城栅[城墻]에 重點을 두고서 건설된 城郭을 가리
킨다.

原文 (是歲) 遣韓遂齡如宋, 獻方物.

飜譯 (이해에) 韓遂齡을[1] 宋에 보내어 方物을 바쳤다.

注釋

1) 韓遂齡(生沒年不詳)은 984년(성종3, 太平興國9) 11월에 宋에 도착하여 闕錦·龍鳳
袍·弓甲·御馬 등의 進貢物을 바쳤고, 다음해의 5월 이전에 歸國하였던 것 같다. 이
보다 먼저 契丹이 고려의 國境을 經由하여 女眞을 征伐하였는데, 여진이 고려가 契
丹을 引導하였다고 宋에 報告하였다. 이때 太宗이 韓遂齡에게 女眞이 바친 書狀[木
契]을 보여주며 고려가 捕虜로 잡은 女眞人을 歸還시키라고 하였다고 한다(『玉海』
권154, 朝貢, 獻方物 ; 『고려사』 권3, 세가3, 성종 4년 5월).

轉載 (成宗) 三年, 知夢年七十八, 三上表乞骸, 不允. 又上書固請, 乃命除朝, 赴內
史房視事如舊(『고려사』 권92, 열전5, 崔知夢).

飜譯 (성종) 3년에 崔知夢이 78歲가 되어 세 번에 걸쳐 表를 올려 致仕를 빌었으
나[乞骸] 許諾하지 않았다. 또 書狀을 올려 굳이 請하자, 이에 朝會에의 參
席을 免除하여 주고 內史房에 나와서 政務를 그대로 擔當하라고 하였다.

轉載 (成宗) 三年, 城文州五百七十八間, 門六(『고려사』 권82, 지36, 병2, 城堡).

飜譯 (成宗) 3년에 文州(現 咸鏡南道 文川郡)에 578間의 城을 쌓았는데, 門이
6個였다.

[參 考]

渤 海

• (太平興國九年) 三月 壬子朔, 宴[1]中書門下·翰林學士·文武常侍參官·節度使·[2]觀察禦

團練使·刺史·諸軍校·百夫長以上·外國 蕃客于大明殿, … 因召渤海都指揮使大鸞河,
慰撫久之. 謂殿前都指揮使劉廷翰曰, 鸞河渤海豪將, 投身歸我, 朕甚嘉之, 夷狄之俗,
以射獵馳逐爲樂, 待秋涼, 當與馬數十匹, 令出遊獵, 以遂其性, 仍賜酒及錢十萬. 鸞河
渤海之酋帥也, 上征幷汾, 首率小校李勳等十六人·部族三百騎來降, 上憐其忠順, 故有
是賜(『太宗皇帝實錄』 권29).

이 記事에서 1)의 '中書門下'는 中書省과 門下省을 가리키는데, 이들 兩省은 各各 詔
勅의 起草, 詔勅의 審議를 담당한 別個의 宰相 官府였으나 그 役割이 긴밀한 관계에
있었다. 高麗王朝가 典型으로 삼았던 唐의 制度에 있어서 諫官인 左·右諫議大夫,
左·右拾遺, 左·右補闕 등은 左는 門下省에, 右는 中書省에 所屬되어 宰相의 口舌의
役割을 擔當하였다. 이로 인해 兩省을 呼稱할 때 줄여서 '中書·門下'라고 한다. 이러
한 典故에 어두워 『高麗史』에서 '中書·門下省'으로 連稱된 것에 바탕을 두고서, 이
를 單一省으로 理解하여 2省 6部制說을 主張하는 見解와 이에 대해 批判的인 見解
도 提示되었다[朴龍雲 2000年 ; 李貞薰 2007年a].

2)의 '觀察禦團練使'는 '觀察·防禦·團練使'의 略稱으로 '觀察使·防禦使·團練使'를 指
稱한다.

• (太平興國) 九年春, 宴大明殿, 因召渤海大鸞河, 慰撫久之. 上謂殿前都校劉廷翰曰, 鸞
河渤海豪將, 束身歸我, 嘉其忠順, 夫夷落之俗, 以馳騁爲樂, 候高秋戒候, 當與馬數十
匹, 令出郊遊獵, 以遂其性, 因以繒錢十萬幷酒, 賜之(『宋史』 권491, 열전250, 외국7,
渤海國).

[成宗 4年(985) 乙酉] 閏月 宋·高麗⑨ 遼·日本⑧
宋 太宗 太平興國 10年 : 雍熙 2年, 契丹 聖宗 統和
3年

補遺 (雍熙二年 春正月) 甲戌, 制加高麗國王王治檢校太傅(『太宗皇帝實錄』 권32).
飜譯 (雍熙 2년 1월) 29일(甲戌, 陽2月 21日)[1] 制書를 내려 高麗國王 王治에게
檢校太傅를 더해 주었다.

注釋

1) 이해의 1월은 大盡이고 초하루[朔日]는 丙午이다.

補遺　(雍熙二年 二月) 壬午, 以翰林侍書左拾遺王著·翰林侍讀著作郞呂文仲使高
　　　麗(『太宗皇帝實錄』 권32).

飜譯　(雍熙 2년 2월) 7일(壬午, 陽3月 1日)[1] 翰林侍書·左拾遺 王著와[2] 翰林侍讀·
　　　著作郞 呂文仲으로[3] 高麗에 使臣으로 가게 하였다.

注釋

1) 이해의 2월은 小盡이고 초하루[朔日]는 丙子이다.

2) 王著(?~990)는 省都(現 四川省 成都市) 出身으로 字는 知微이다. 后蜀 때에 明經으
로 及第하여 平泉縣·百丈縣·永康縣의 主簿를 거쳐 960년(建隆1) 蜀이 滅亡하자 宋
에 入仕하여 隆平縣主簿에 任命되어 11년간 在職하다가 976년(太平興國1) 書法에
能하다고 徵召되어 朝廷의 命令을 刪定하였다. 2년 후에 推薦을 받아 衛尉寺丞이
되었다가 史館祗候를 거쳐 981년(太平興國6) 이래 著作左郞·翰林侍書·翰林侍讀 등
을 역임하고, 985년(雍熙2) 左拾遺가 되어 高麗에 使臣으로 파견되었다. 988년(端
拱1) 殿中侍御史에 임명되고 다음해에 呂文仲과 함께 金紫를 下賜받았으나 다음해
에 別世하였다. 그는 書法에 능하여 筆迹이 심히 아름다웠다고 한다(『송사』 권296,
열전55, 王著 ;『書史會要』 권6, 宋, 張著).

3) 呂文仲(生沒年不詳, ?~1007 前後)은 歙州 新安縣(現 安徽省 徽州) 출신이며 字는 子
藏이다. 南唐(937~975)에서 進士로 及第하여 臨川縣尉가 되었다가 宋으로 들어가
太宗 初에 著作佐郞으로 翰林侍讀에 임명되었다. 이후『太平御覽』·『太平廣記』·『文
苑英華』 등의 편찬에 참여하여 太宗의 知遇를 받았고, 眞宗 때에 工部郞中·翰林院
侍讀學士·刑部侍郞·集賢院學士 등을 역임하였다. 또 그는 985년(雍熙2) 著作佐郞으
로 고려에 파견되었을 때 應對에 능하고, 淸淨하여 요구하는 바가 없어 모든 사람
이 기뻐하였고, 後日 高麗에 使臣으로 파견된 사람이 있으면 반드시 그의 安否를 물
었다고 한다(『宋史』 권296, 열전55, 呂文仲, "其使高麗也, 善於應對, 淸淨無所求, 遠
俗悅之, 後有使高麗者, 必詢其出處").
당시 고려에 파견된 사신으로 그를 제외하고 呂端(935~1000), 呂祐之(947~1007) 등
과 같은 呂氏들이 있었는데, 成宗은 992년(淳化3) 사신으로 파견되어 온 劉式(948~

997)에게 宋도 唐과 같이 族望이 숭상되고 있는가를 下問하였다고 한다(『新安志』 권6, 敍先達, 呂侍郞, "呂侍郞文仲, 字子臧, 新安人. 南唐時, 第進士, 爲大理評事, 歸朝, 累遷少府監丞, 修太平御覽·廣記·文苑英華, 轉著作佐郞 …太平興國八年, 始以文仲爲侍讀, … 嘗使高麗, 淸潔無所求, 遠人悅之. 每使至, 必詢其出處. 時呂端·呂祐之, 亦嘗爲使, 三人皆寬厚文雅. 國主王治, 嘗對使者劉式語, 及中國用人, 必應以族望, 如唐之崔盧李鄭者, 式言惟賢是用, 不拘族姓, 治曰, 何姓呂者, 多君子也.";『송사』 권296, 열전55, 呂文仲).

關聯資料

(雍熙) 二年, 加治檢校太傅, 遣翰林侍書王著·侍讀呂文仲充使(『宋史』 권487, 열전246, 外國3, 高麗).

原文 夏五月, 宋遣[1]大太常卿王著·秘書監呂文仲來, 加册王. 詔曰, 朕居域中之大, 以天下爲家, 萬國來庭, 適協觀賓之象. 三韓舊地, 素爲禮讓之邦, 玉靈交卜於剛辰, 金印宜加於寵命. 用旌世德, 光我朝恩. 大順軍使·光祿大夫·檢校太保·使持節玄菟州都督·上柱國·高麗國王·食邑二千戶王治, 溟渤炳靈, 蓬壺誕秀. 紹弓裘於先正, 斯謂象賢, 慕聲敎於華風, 彌觀亮節. 而自瞻雲北闕, 燾土東藩, 化行而海不揚波, 惠合而人皆受賜. 加以航琛作貢, 書契同文, 衣冠襲鄒魯之容. 帶礪保山河之誓, 屹爲外屛, 僉曰賢臣. 是宜均灑澤以疇庸, 遣皇華而錫命. 尊爲漢傅, 進彼侯封, 常安百濟之民, 永茂長淮之族. 於戲, 日月所照, 貴在於無私, 雷雨之行, 是稱於覃慶. 爾其冠仁佩義, 移孝資忠, 服大國之榮光, 享眞王之異數, 奠玆震位, 肅奉天朝. 可特授檢校太傅·依前使持節玄菟州諸軍事·玄菟州都督·充大順軍使·高麗國王·加食邑一千戶·散官勳如故.

王受册, 敕曰, 皇天在上行春, 敷生植之功, 王者守中濟世, 播惠和之德. 大信, 不約四時而長養靡虧, 至道, 無爲萬象而經綸有度. 莫不大爐貞觀, 合璧重明. 寡人忝守宗祧, 實多蒙眛, 宵衣軫慮, 恧負重以兢兢, 乙夜觀書, 懷御奔而亹亹. 守常是切, 事大斯勤, 所以遣獻鵠籠, 遠越浮天之險, 聯將鳥迹, 寫陳任土之儀. 今者, 龍綸鳳綍之書, 光揚震域, 馹騎星軺之命, 禮重仁邦. 授一品以居高, 陟三師而寄重. 旣致邦家之慶幸, 合旌黎庶之忻懽, 美覃作解之恩, 用慰[2] 含靈^{含靈}之望. 可大赦境內, 准大朝南郊赦旨, 改大平興國十年, 爲雍熙二年. 於戲, 憂庶政則更約漢章, 念群生則恒垂禹泣. 更賴宰衡厥辟, 方嶽勳臣, 肅整朝儀, 重綏民望, 必使戴我日月, 並樂昇平, 處我乾坤, 大同文軌. 赦書日行五百里, 敢以赦前事言之者, 以其罪, 罪之.

校訂

1)의 '大'는 여러 版本의 『고려사』에서 모두 '大'字로 되어 있으나 '太'字가 옳을 것이다. 어떠한 事緣으로 인한 것인지 알 수 없으나, 『고려사』에서 대부분의 '太'字는 '大'字로 改書되어 있지만, 간혹 그렇지 않은 곳도 있다. 이는 中國 歷代의 여러 典籍에서도 마찬가지의 現狀인데, 이들 典籍이 만들어질 當時에 '大'字와 '太'字가 通用되었는지, 아니면 板本(板木)에서는 '太'字로 雕造하였으나, 印刷過程에서 '大'字로 印出되었을 可能性도 없지 않다.

2)는 여러 版本의 『고려사』에서 舍靈으로 되어 있으나 含靈의 誤字일 것이다.

翻譯　5월에[1] 宋이 太常卿 王著와 秘書監 呂文仲을 보내와 王의 官爵을 더해주고 詔書를 내려, "朕이 城中의 큰 國家에 居處하면서 天下를 한 집으로 삼으니 수많은 국가[萬國]가 入朝해 오니 이는 賓貢의 法度에 걸맞은 일이오. 三韓의 옛 땅은 본래부터 禮義의 나라이니, 신령스러운 거북[玉靈]으로[2] 吉日[剛辰]을[3] 占을 쳐서 金印을 줌으로써 寵愛함을 표해야 마땅할 것이오. 이에 卿의 나라가 대대로 이어온 功德을 顯彰함으로써 우리 朝廷의 恩寵을 빛내려고 하오.
大順軍使·光祿大夫(從2品)·檢校太保·使持節玄菟州都督·上柱國·高麗國王·食邑二千戶 王治는 큰 바다와 같은 신령한 氣運을 받고 蓬萊山[蓬壺]처럼[4] 훌륭한 人材로 태어났소. 先王으로부터[5] 王業[弓裘]을[6] 물려받았으니 先王의 어진 德을 본받았다고 하겠으며, 中國의 風俗이 지닌 敎化의 氣風을 欽慕하니 그 높은 節操를 알 수 있겠소. 스스로 天子[北闕]를[7] 숭앙하여 은총이 먼 동쪽 땅을 덮으니 德化가 행해져서 바다는 風波조차 일지 않고,[8] 은혜를 듬뿍 받아 사람마다 은택을 받았소. 덧붙여 寶物을 싣고 와서 貢物로

바치고 中國과 같은 文字를 사용하며, 衣冠은 儒家의 단정한 맵시를[9] 襲用
하고 皇室의 恩惠를 받아 舊土를 보전할 盟誓를[10] 지키니 中國의 울타리로
우뚝 솟아 다들 卿을 어진 臣下라고 일컫소. 恩澤을 고루 베풂으로써 功勳
에 보답[疇庸]해야[11] 마땅하니 이에 使臣을 보내어 冊命을 내리오. 卿의 官
爵을 漢傳로[12] 높여주고 侯爵으로 승진시키나니 百濟의 백성을 늘 편안하
게 하고 길이 高麗의[13] 겨레를 융성하게 하시오. 아, 임금의 은택은 공평하
게 두루 미쳐야 하며 임금이 관용을 베풀면 이는 큰 경사[覃慶]라고 稱頌하
는 법이오. 그대는 仁義를 늘 잊지 않고 충효를 실행하면서, 큰 나라의 영광
을 쫓아 실질적인 왕으로서의 특별한 예우[異數]를 누리며 동방에 도읍을
정하여 중국을 공경히 받들고 있소. 이에 특별히 檢校太傅로 임명하고, 以
前과 같이 使持節玄菟州諸軍事 · 玄菟州都督 · 充大順軍使 · 高麗國王으로 삼
고, 食邑 1千戶를 더하며, 散 · 官勳은[14] 以前과 같이 하오.”라고 하였다.
王이 冊命을 받고서 赦免令을 내리면서 말하기를, “하늘[皇天]은 위에 있으
면서 季節을 循環시킴으로써 萬物을 生育하는 功德을 펴며, 王者는 청정한
마음을 지키면서[守中][15] 世上을 救濟함으로써 은혜로운 德을 베풀게 될 것
이오. 季節의 循環을 굳이 약속하지 않더라도 언제나 萬物을 기르는 일에
어김이 없는 것이 하늘의 큰 믿음이며,[16] 萬象에 아부하는 일이 없어도 天
下를 다스림에 일정한 法度가 있는 것이 帝王의 지극한 道理이오. 이로써
天地[大爐]는 밝아져 올바른 도가 널리 퍼지게 되고[大爐貞觀],[17] 해와 달은
같이 떠올랐고 광명을 더하게[18] 되는 법이오. 내가[寡人] 외람되게도 王位
를 지키고 있으나 실로 어리석음이 많은지라 아침에 일찍 일어나 옷을 입으
며 맡겨진 중책을 생각하면 어쩔 줄 모르고 근심에 잠기며, 깊은 밤에[19] 글
을 볼 때마다 위태로운 생각이[20] 감돌아 저절로 부지런을 떨게 되오. 외교
관계를 정확히 지키고 上國을 근실히 섬기기 위해 멀고 험한 길[浮天之險]
을 건너 진귀한 貢物을[21] 바쳐왔으며, 또한 表文[鳥迹]을[22] 올려 우리의 풍
토에 맞는 토산물을[23] 올릴 일에 대해 보고해 왔던 것이오. 이에 따라 최근
大子는 詔勅을 보내와[24] 우리나라를 높이 평가하였으며 사신편에[25] 전날한
명령을 통해 우리나라[仁邦]를[26] 예우하면서 寡人에게 1品이라는 높은 지위
를 내리고 三師라는 중임을 맡겼소. 나라에 경사가 닥쳤으니 백성들의 기쁨

도 함께 드높여야 할 것이므로, 이에 百姓을 구원하는 선한 恩典을[27] 베풀어 사람들[28]의 열망에 부합하려 하오. 이제 宋이 南郊에서 大赦를 시행한 뜻[南郊赦旨]을[29] 좇아 國內에 大赦를 내릴 것이며, 그리고 太平興國 10년(985)을 雍熙 2년(985)으로 고치려 하오. 아, 寡人은 백성들이 가혹한 정치로 고생할 것을 근심해 간소한 법령을[30] 펼 것이며 백성들의 억울한 사정을 걱정해 옛날 禹임금처럼 슬픈 눈물을[31] 그치지 못하오. 여러 宰相들과[32] 地方 守令[方嶽][33] 및 勳臣들의 힘을 빌려 朝廷의 질서를 엄격히 바로잡고 백성들의 여망에 크게 부응함으로써 기필코 내가 다스리는 백성들로 하여금 다함께 태평성대를 누리게 할 것이며, 또한 그들로 하여금 모든 제도의[34] 혜택을 같이 하도록 하겠소. 이 赦免을 하루에 5백리씩 신속히 전달할 것이며 赦免令 以前의 罪過를 말하는 者는 赦免을 받은 者가 받았던 罰과 같은 罰을 내릴 것이오."라고 하였다.

注釋

1) 이해의 5월은 大盡이고 초하루[朔日]는 甲辰이다.

2) 玉靈은 玉靈夫子라고도 하며, 神靈스러운 거북[神龜]을 指稱한다[東亞大學校 2008年 1책 297쪽].

3) 剛辰은 陽辰이라고도 하며, 子日·寅日·辰日·午日·申日·戌日을 六陽辰이라 한다(『蘇文忠公全集』, 東坡後集권3, 郊祀慶成詩一首, "大祀乾坤合, 剛辰日月明"; 東亞大學校 2008年 1책 297쪽).

4) 蓬壺는 戰國時代以來 渤海上에 있었다는 傳說의 三神山 가운데 蓬萊山을 말하는데, 이들 三神山은 모두 甁의 형태를 지녔다고 믿고서 壺字를 붙였다고 한다. 그들의 꼭대기[頂上]의 색깔[物色]은 모두 흰색이며, 黃金·白銀으로 만들어진 宮闕에 珠玉의 나무[珠釬之樹]가 자라서[叢生], 能히 長生不老할 수 있었다는 觀念을 人間에게 賦與하였다고 한다. 또 東晉의 王嘉(?~390)가 지었다는 怪奇小說인 『拾遺記』, "三壺, 則海中三山也. 一曰方壺, 則方丈也. 二曰蓬壺, 則蓬萊也. 三曰瀛壺, 則瀛州也. 形如壺器"; 東亞大學校 2008年 1책 297쪽).

5) 先正은 先政으로도 表記하며, 先代의 賢明한 人物[賢臣], 현명한 帝王[君長]을 가리키는데, 이 記事에서는 先代의 帝王을 가리킨다(『書經』, 說命下, "昔先正保衡伊尹, 作我先王", 孔傳, "正, 長也. 言先世長官之臣"; 『聞見後錄』 권3, "世謂先正論三江以味

別, 自孔子删定書^{書經}以來, 學者不知也"; 『禮記』, 緇衣第33, "詩^{詩經}云, 昔吾有先正, 其言明且淸", 鄭玄注, "先正, 先君長也").

6) 弓裘는 유능한 冶匠과 弓匠은 父兄으로부터 自然的으로 家業을 習得한다는 말로서, 父子世代相傳으로 家業을 繼承하는 것을 가리킨다(『禮記』, 學記第18, "良冶之子, 必學爲裘, 良弓之子, 必學爲箕"; 東亞大學校 2008年 1책 298쪽).

7) 北闕은 中原의 古代 宮殿의 北面에 위치한 門樓인데, 이곳에서 臣僚들이 帝王을 謁見하거나 國政을 上奏하였다고 한다. 이러한 유래로 인해 北闕은 宮闕[宮禁] 또는 朝廷의 別稱으로 사용되었다(『漢書』 권1下, 高帝紀1下, 7년 2월, "蕭何治未央宮, 立東闕·北闕·前殿·武庫·太倉", 顏師古注, "未央殿, 雖南嚮向, 而上書奏事·謁見之徒, 皆詣北闕, 公車·司馬亦在北焉").

8) 海不揚波는 聖君의 다스림으로 인해 바다에 물결이 일어나지 않고 고요함에 比喩한 것으로 太平無事를 指稱한다(『韓詩外傳』, "成王之時, 越裳氏, 重九譯而至, 獻雉於周公. 周公曰, 吾何以見賜也. 譯曰, 吾受命, 國之黃髮曰, 久矣, 天之不迅風疾雨也, 海不波溢也, 三年於玆矣. 意者, 中國殆有聖人, 盍往朝之, 於是來也": 東亞大學校 2008年 1책 298쪽).

9) 鄒魯之容은 鄒魯之風과 같은 말로서, 鄒는 孟子(B.C.385~B.C.302 推定)의, 魯는 孔子(B.C.552~B.C.479)의 出身 國家를 가리킨다. 鄒·魯는 혼란했던 春秋戰國時代에 文物制度와 禮義가 溫存해 있었던 諸侯國이다. 그래서 文物制度와 國家의 紀綱이 반듯한 나라의 모습을 鄒魯之容이라고 한다. 『莊子』, 雜編, 天下第33에 "또 道가 詩·書·禮·樂에 具現되어 있는 것에 대해서는 鄒·魯의 儒者와 縉紳先生들이 충분히 이것을 明確하게 하고 있다. 其在於詩書禮樂者, 鄒魯之士·縉紳先生, 多能明之"라고 하였다[市川安司 1994年 802쪽].

10) 帶礪는 黃河가 허리띠와 같이 가늘어지고 泰山이 숫돌과 같이 평평해지더라도 영원히 변하지 않는다는 盟誓이다. 『史記』 권18, 高祖功臣侯者年表第6의 序文에, "太史公이 말하기를, '옛날에 人臣의 功은 5品이 있었는데, 德에 의해 宗廟를 세우고 社稷을 정한 것을 勳이라 하고, 言에 의해 功績을 세운 것을 勞라 하고, 힘을 쓴 것을 功이라 하고, 그 等級을 명백히 한 功績을 伐이라 하고, 歲月을 거늡한 것을 閱이라고 한다. 封爵의 盟誓에는 '譬喩하건대 黃河가 띠처럼 가늘게 되고, 泰山이 숫돌과 같이 平坦해지도록 나라는 영원히 平安하여 이 작위를 먼 子孫[苗裔]에게까지 미치게 하자.'라고 되어 있다. 처음에는 누구라도 나라의 根本을 堅固히 하려고

하지만, 그러다가 그 子孫에 이르면 漸次로 衰微해진다. 太史公曰, 古者人臣功有五品. 以德立宗廟·定社稷曰勳, 以言曰勞, 用力曰功, 明其等曰伐, 積日曰閱. 封爵之誓曰, 使黃河如帶, 泰山若厲, 國以永存, 爰及苗裔. 始未嘗不欲固其根本. 而枝葉稍陵夷衰微也"라고 하였다. 又『困學紀文』에 의하면,『楚漢春秋』에 "高祖(劉邦)가 侯를 冊封하는 丹書鐵券을 下賜하면서 말하기를 '黃河를 허리띠와 같이 하고, 泰山을 숫돌과 같이 하여도 漢에 宗廟가 있다. 너희들은 世上을 끊어서는 안된다.'라는 말이 있다"고 한다[東亞大學校 2008年 1책 298쪽].

11) 疇庸은 賢人을 選拔하여 任用한다는 意味, 疇는 酬와 通用되기에 功勞에 報答한다는 의미의 두 가지가 있는데, 여기서는 後者에 해당할 것이다(『書經』, 堯典, "帝曰, 疇咨, 若時登庸", 孔傳, "疇, 誰, 庸, 用也. 誰能咸熙庶績, 順是事者, 將登用之";『六臣注文選』권38, 爲范尙書讓吏部封侯第一表, "五侯外戚, 且非舊章, 而臣之所附, 唯在恩澤. 旣義異疇庸, 實榮乖儒者", 李周翰注, "疇, 酬, 庸, 功也").

12) 漢傳는 漢의 太傅이다(『初學記』권5, 地部上, 總載山第2, "又 陶朱范蠡가 越의 宰相을 辭讓하고, 留侯張良가 漢의 師傅를 辭讓했다. 又陶朱高揖越相, 留侯願辭漢傅"; 東亞大學校 2008年 1책 299쪽).

13) 長淮之族에서 長淮는 中國의 淮河流域을 指稱하므로 長淮之族은 淮河 주변에 살던 古代의 東夷族을 의미한다. 여기서 長淮之族은 932년(태조16) 3월 5일(辛巳) 後唐의 明宗이 太祖 王建을 책봉한 詔書에는 高麗王室을 長淮茂族으로 表記한 것과 같은 範疇에 속한다. 그러므로 長淮茂族과 長淮之族은 高麗王朝를 가리키는 것으로 이해된다. 그리고 淮河流域은 中國 東部에 위치하며 長江[揚子江]과 黃河의 兩流域의 中間에 位置하며 河南·安徽·江蘇·山東·湖北의 5省을 經由하여 黃海에 이른다[東亞大學校 2008年 1책 299쪽].

14) 散·官勳에서 散[散官, 文散階]은 開府儀同三司·特進官·光祿大夫(文官의 境遇) 등과 같은 臣僚들의 位階를, 官勳은 臣僚들의 經歷과 功績에 따라 부여받은 上柱國·柱國 등과 같은 勳職을 指稱한다.

15) 守中은 마음 속[內心]의 虛無淸靜한 狀態를 維持한다는 뜻이다(『老子道經』上, 虛用第5, "天地之間, 其猶橐籥乎. 虛而不屈, 動而愈出. 多言數窮. 不如守中", 王純甫注, "中也者, 中也, 虛也, 無也, 不可言且名者也"). 이곳에서는 中道, 즉 中至正之道(皇極)를 지킨다는 뜻이다[東亞大學校 2008年 1책 299쪽].

16) 大信은 가장 진실하고 두터운 信義를 가리킨다.『禮記』, 學記第18에 "君子가 말하

기를 큰 人物[大德]에게는 特別한 才能이 없고, 큰 學者[大道]에게 특별한 知識과 技術이 없고, 信義가 두터운 사람은 誓約을 하지 않고, 긴 時間에 걸친 現狀에는 한결같음이 없다(긴 시간에 걸치면 現狀도 자주 變化한다). 이 네 가지를 잘 살피는 것이 가히 學問의 根本을 아는 것이라고 할 수 있다. 君子曰, 大德不官, 大道不器, 大信不約, 大時不齊, 察於此四者, 可以有志於本矣."라고 하였고, 그 疏에 "큰 믿음은 聖人의 믿음을 말하고, 맺는 것은 기대하고 바란다는 것이다. 大信, 謂聖人之信也, 約謂期要也."라고 하였다[東亞大學校 2008年 1책 299쪽].

17) 大爐貞觀에서 大爐(大鑪)는 天地의 뜻으로, 『莊子』內篇, 大宗師第6에 "만약 지금 天地를 큰 火爐로 생각하여, 造物主를 훌륭한 큰 대장장이[大冶]로 比定한다면 무엇으로 變해도 좋을 것이 아닐까?(모든 것을 造物主에게 맡겨 두어도 좋을 것이다) 今, 以天地爲大鑪, 以造化爲大冶, 惡乎往而不可哉."라고 하였다. 또 貞觀은 天地의 바른 道가 이루어진다는 뜻이다. 『易經』, 繫辭下傳, 第一章에 "易의 理法에서 吉凶은 正道[貞]을 確然하게 지키는 것이 항상 이길 수 있는 것이라고 한다. 天地의 道는 항상 整然하고 確固한 것이다. 吉凶者, 貞勝者也. 天地之道, 貞觀者也."의 疏에 "하늘은 덮고 땅은 싣는 道로 올바른 것으로 하나가 될 수 있기 때문에, 그 공은 사물이 관찰될 수 있는 것이다. 天覆地載之道, 以貞正得一, 故其功可爲物之所觀也."라고 하였다[東亞大學校 2008年 1책 300쪽].

18) 合璧重明은 해와 달이 겹쳐 있어 밝다는 뜻이다(『漢書』권21上, 律曆志1上, "日月如合璧, 五星如連珠"; 東亞大學校 2008年 1책 300쪽).

19) 乙夜는 五夜 가운데 하나로, 二更(밤 9시에서 11시)이다. 帝王의 學問을 강조한 儒敎的 傳統에서 帝王이 甲夜(밤 7시에서 9시) 政務를 마치고 就寢 전인 乙夜의 시간에 讀書를 하였다(『漢舊儀』, "五夜는 甲夜·乙夜·丙夜·丁夜·戊夜이다. 五夜者, 甲夜·乙夜·丙夜·丁夜·戊夜"; 『後漢書』志第26, 百官3, 少府, 左右丞, 劉昭注引, 蔡質漢儀曰 "凡中宮漏夜盡, 鼓鳴則起, 鐘鳴則息. 衛士甲乙徹相傳, 甲夜畢, 傳乙夜, 相傳盡五更"; 『資治通鑑補』권75, 魏紀7, 邵陵厲公 嘉平 元年, "羲兄弟默然不從, 自甲夜至五鼓". 元胡三省注, 夜有五更, 一更爲甲夜, 二更爲乙夜, 三更爲丙夜, 四更爲丁夜, 五更爲戊夜". ; 東亞大學校 2008年 1책 300쪽).

20) 御奔은 달리는 말을 타는 것과 같이 위태로운 것을 말한다(『文選』권46, 三月三日曲水詩序(王融 作), "念負重於春氷, 懷御奔於秋駕", "李善曰, 鄧析子曰, 明君之御民若乘奔而無轡 履氷而負重也"; 東亞大學校 2008年 1책 300쪽).

21) 鵠籠은 먼 지방의 귀한 貢物이다.『論衡』권18, 濟世第56에 "畵工이 옛 사람을 그리기를 좋아 하지만, 秦漢의 사람은 功勞와 操行이 不可思議하고 珍貴하기에 그리지 않는다. 現在의 사람을 그리려고 하지 않는 것은 옛날을 높게 여기고 지금을 낮게 여기기 때문이다. 白鳥를 貴하게 여기고 닭을 賤하게 여기는 것은 白鳥는 멀리 있고 닭은 가까이 있기 때문이다. 畵工好畵上古之人, 秦漢之士, 功行譎奇, 不肯圖. □□□不肯圖近世之士者, 尊古卑今也. 貴鵠賤鷄, 鵠遠而鷄近也."라고 하였다[山田勝美 1994年 1220쪽 ; 東亞大學校 2008年 1책 300쪽].

22) 鳥迹(혹은 鳥跡)은 黃帝 軒轅氏의 史官이었다는 滄頡이 새의 발자국을 보고 처음으로 文字를 만들기 시작하였다는 故事에서 文字를 의미한다(淸代 曾國藩,「致劉孟容書」, "古聖觀天地之文, 獸迒鳥迹而作書契" ; 東亞大學校 2008年 1책 300쪽).

23) 任土는 土地의 産物에 따른다는 말이다(『書經』, 夏書, 禹貢, 序, "禹別九州, 隨山濬川, 任土作貢" ; 東亞大學校 2008年 1책 301쪽).

24) 龍綸鳳綍은 綸言이라고도 하며, 帝王의 詔勅을 가리킨다.『禮記』, 緇衣第33에 "孔子가 말하기를, 帝王의 言事[王言]는 微細하여 한 줄기의 生絲와 같지만, 그것이 일단 말해지면 낚싯줄과 같이 커진다. 王言은 낚싯줄과 같아도, 그것이 일단 말해지면 喪輿의 줄[綍]과 같이 커진다. 子曰, 王言如絲, 其出如綸. 王言如綸, 其出如綍."라고 하였다[東亞大學校 2008年 1책 301쪽].

25) 馹騎는 驛騎, 곧 驛馬이며, 星軺는 使臣이 타는 수레[車] 또는 使臣을 指稱한다[東亞大學校 2008年 1책 301쪽].

26) 仁邦은 東方으로 高麗를 指稱한다.『後漢書』권85, 東夷列傳第75에 "王制에 '東方을 夷라고 한다. 夷는 恭敬하는 것이다. 어질고 살리는 것을 좋아함을 말하는데, 萬物은 恭敬하는 곳에서 産出된다. 王制云, 東方曰夷. 夷者, 柢柢也, 言仁而好生, 萬物柢柢地而出."라고 하였다[東亞大學校 2008年 1책 301쪽].

27) 作解之恩은 비와 이슬의 恩惠라는 뜻이다.『易經』, 下經, 解에 "하늘과 땅이 閉塞의 極에 이르르면 그것을 弛緩시키는 우레[雷, 震]와 비[雨]가 일어나고, 雷雨가 일어나면 百果·草木은 일제히 껍질[殼]을 깨트리고 發芽한다. 天地解而雷雨作, 雷雨作而百果·草木皆甲坼"이라고 하였다. 또『舊唐書』권177, 열전127, 豆盧瑑에 "乾符 6年 吏部侍郎 崔沆과 함께 같은 날 平章事에 除授되었는데, 制書가 내려지는 날, 큰 바람과 우레와 비가 내려 나무가 뽑혔다. 左丞 章蟾이 전(瑑)과 親하여 찾아가 그것을 祝賀하였다. 전의 말이 우레와 비의 기이함에 이르자, 蟾이 말하기를

'이것은 相公께서 장마가 풀리도록 한 祥瑞로움 때문입니다.'라고 하자, 선이 웃으면서 '장마가 어찌 이리 심한가?'^{乾符}六年 與吏部侍郎崔沆同日拜平章事, 宣制日, 大風雷雨拔樹, 左丞韋蟾與璩善, 往賀之. 璩言及雷雨之異, 蟾曰, 此應相公爲霖作解之祥也. 璩笑曰, 霖何甚耶."라고 하였다고 한다[東亞大學校 2008年 1책 301쪽].

28) 含靈은 靈性을 간직하고 있는 人類나 生靈을 말한다(『宋書』 권27, 지17, 符瑞上, 序文, "含靈獨秀, 謂之聖人"; 東亞大學校 2008年 1책 301쪽).

29) 南郊赦旨는 宋이 南郊에서 大赦免令을 施行한 趣旨를 말한 것으로, 宋 太宗 원년(976) 12월 21일(甲寅)의 大赦免을 의미하는 것이다(『宋史』 권4, 본기4, 태종1, 開寶 9년 12월 甲寅, "大赦, 改是歲爲太平興國元年"; 東亞大學校 2008年 1책 301쪽).

30) 漢章은 漢 高祖 劉邦의 「約法三章」을 말한다. 『史記』 권8, 高祖本紀第8, 漢 元年 10月에 "여러 縣의 父老와 豪傑들을 불러서 말하기를 '父老 여러분, 秦의 苛酷한 法에 苦生한 것이 오래 되었습니다. 時事를 誹謗한 者는 族滅되었고, 詩書와 같은 先王의 法을 말하는 者는 處刑되었습니다. 내가 諸侯들과 約束하기를 먼저 秦[關中]에 들어간 者는 秦[關中]의 王이 된다고 하였습니다. 나는 당연히 秦[關中]의 王이 될 것입니다. 그렇다면 여러 父老와 約束하겠는데, 法은 三章뿐입니다. 사람을 죽인 자는 死刑에 처하며, 사람을 다치게 하거나 도둑질한 者는 상당한 罪에 처하고, 그 외의 秦法은 모두 除去하겠습니다.'라고 하였다. 이에 官吏와 人民들이 모두 安心하고 從前의 業務에 從事하였다. 召諸縣父老·豪傑曰, 父老苦秦苛法久矣. 誹謗者族, 偶語者弃市. 吾與諸侯約, 先入關者王之, 吾當王關中. 與父老約, 法三章耳, 殺人者死 傷人者及盜抵罪, 餘悉除去秦法, 諸吏人皆安堵如故."라고 하였다. 이는 B.C.206年에 沛公 劉邦이 秦의 首都 咸陽을 陷落하고 覇上(現 陝西省 西安府 咸寧縣의 동쪽)으로 물러나 陣을 친 後, 隣近地域의 人民들을 招諭하여 秦의 苛酷한 法을 일체 革罷하고 統治의 基本方針을 밝혀 吏民을 安心하게 한 故事이다.

31) 禹泣은 성종 2년 2월 1일의 주석 1)과 같다.

32) 宰衡은 周公이 太宰가 되었고, 伊尹이 阿衡이 된 것에서 유래한 말이다. 王莽에게 宰衡이라는 號를 더한데 대하여 『漢書』 권12, 平帝紀第12, 4年 여름[夏], "安漢公(王莽)에게 號를 더하여 宰衡이라고 하였나. 加安漢公, 號曰宰衡."고 하였고, 그 注에 "應邵가 말하기를 '周公은 太宰가 되었고 伊尹은 阿衡이 되었는데, 伊尹과 周公의 尊稱을 가져다가 王莽에게 더하였다.'라고 하였다. 應邵曰, 周公爲太宰, 伊尹爲阿衡, 采伊周之尊, 以加莽."라고 하였다[東亞大學校 2008年 1책 302쪽].

33) 方嶽은 중국의 四方의 큰 山岳을 가리키는데, 東岳은 泰山(岱山, 山東省의 中部에 位置), 西岳은 華山(陝西省 渭南市 境內에 위치, 西安市 동쪽 120km), 南岳은 霍山(山西省 霍州市 境內에 위치, 혹은 衡山 : 湖南省 衡陽市 南岳區에 위치), 北岳은 恒山(혹은 太恒山, 山西省 大同市에 위치)이다(『書經』, 周官, "王乃時巡, 考制度于四岳, 諸侯各朝于方岳,大明黜陟", 孔傳, "覲四方諸侯, 各朝于方岳之下, 大明考績黜陟之法. 按舜典, 四岳羣牧 ; 孔穎達疏, "釋山云, 泰山爲東岳, 華山爲西岳, 霍山爲南岳, 恒山爲北岳"; 『春秋左氏傳』, 昭公四年, "四岳,晉杜預注, 東岳岱, 西岳華, 南岳衡, 北岳恒). 또 方嶽은 '四岳羣牧'과 같이 地方의 州牧을 가리키기도 한다(『資治通鑑』 권72, 魏紀4, 烈祖明皇帝, 中之上, 太和 5年 10월, "寵爲汝南太守·豫州刺史二十餘年, 有勳方岳. 及鎭淮南, 吳人憚之").

34) 文軌는 文字와 車軌의 合成語로서, 帝王이 天下를 一律的으로 統治하는데 쓰이는 중요한 手段을 가리킨다. 『中庸』第五段(『禮記』, 中庸第31과 同一함) "孔子가 말하기를, … 天子의 地位에 있지 않으면 禮義를 定하는 것을 圖謀하지 아니하고, 度量衡을 統一하지 아니하고, (共通의) 文字를 定하지 아니한다. (그렇지만) 지금은 天下의 수레의 規模가 同一하고, 文書에 (共通의) 文字를 使用하고, 사람들의 行爲도 同一하게 되었다. 子曰 … 非天子不議禮, 不制度, 不考文. 今天下車同軌, 書同文, 行同倫"이라고 하였다.

關聯資料

夏五月, 宋遣大常卿王著·秘書監呂文仲來, 加册王, 爲檢校太傅, 依前使持節玄菟州諸軍事·玄菟州都督·充大順軍使·高麗國王, 加食邑一千戶, 散官勳如故. 王受册 敕(『고려사절요』 권2, 성종 4년 5월).

原文 (是月) 賜秦亮等及第.

飜譯 (5월에) 秦亮[1] 등에게 及第를 下賜하였다.

注釋

1) 秦亮은 985년(성종4) 5월 知貢擧 王融의 門下에서 乙科 1人으로 及第하였으나, 이 자료 외에 찾아지지 않아 어떠한 인물인지는 알 수 없다.

關聯資料

• 賜秦亮等三人及第(『고려사절요』권2, 성종 4년).

• (成宗) 四年 五月, 王融, △爲知貢舉, 取進士, 賜乙科秦亮·丙科二人及第(『고려사』권 73, 지27, 선거1, 科目1, 選場).

原文 1)(是月) 宋將伐契丹, 收復燕薊, 以我與契丹接壤, 數爲所侵, 遣監察 御史韓國華, 賷詔來, 諭曰, 朕誕膺丕構, 奄宅萬邦, 草木虫魚, 罔不被^蒙澤, 華夏蠻夷^{蠻貊}, 罔不率從^俾, 蠢玆北虜, 侵敗王略^{敢拒皇威}, ^{偭江沙漠之中}, ^{遷延歲月之} ^命. 幽薊之地, 中朝土彊^{本被皇風}, 晉漢多故^{向以晉漢多虜}, 戎醜盜據^{戎醜因而盜據詩曰}, 我彊我理, ^{南東其畝}, 今國家, 照臨所及, 書軌大同, 豈使齊民, 陷諸獷俗^{玆胡虜}. 今 已董齊師旅, 殄滅^{誅滅}妖氛, 元戎啓行, 分道間出, 即期誅剪^翦, 以慶渾^混同. 惟 王久慕華風, 素懷明略, 效忠純^{輸此忠勤}之節, 撫^{撫玆}禮義之邦. 而接彼犬戎^{此犬} ^羊, 罹^困於薦毒, 舒泄積忿^憤, 其在玆乎, 可^{便可}申戒師徒, 迭相^{相爲}掎角, 協^叶比 隣國, 同力盪平^{底平}, 奮其一鼓之雄, 截此垂亡之虜. 良時不再, 王其圖之. 應 虜獲生口·牛羊·財物·器械, 並給賜本國將士, 用申勸賞.

○王遷延不發兵, 國華諭以威德. 王始許發兵西會, 國華乃還. ○先是, 契丹 伐女眞, 路由我境, 女眞謂我導敵構禍, 貢馬于宋, 因誣譖, 高麗與契丹, 倚爲 勢援, 摽掠生口. 韓遂齡之如宋也, 帝出女眞所上告急木契, 以示遂齡曰, 歸 語本國, 還其所俘. 王聞之憂懼, 及國華至, 王語曰, 女眞貪而多詐, 前冬, 再 馳木契, 言契丹兵, 將至其境, 本國猶疑虛僞, 未即救援. 契丹果至, 殺掠甚 衆. 餘族遁逃, 入于本國懷昌·威化·光化之境, 契丹兵追捕, 呼我戍卒, 言女 眞, 每寇盜我邊鄙, 今已復讎, 整兵而回. 於是, 女眞來奔者, 二千餘人, 皆資 給遣還. 不意, 反潛師奄至, 殺掠吾吏民, 驅虜丁壯, 沒爲奴隷. 以其世事中朝, 不敢報怨, 豈期反相誣告, 以惑聖聰. 本國世禀正朔, 謹修職貢, 深荷寵靈, 敢 有二心, 交通外國. 況契丹介居遼海之外, 復有二河之阻, 無路可從. 且女眞 逃難, 受本國官職者, 十數人尙在, 望召赴京闕, 令入貢之使庭辨, 庶幾得實, 願達天聰. 國華許諾.

校訂

1) 이 記事에서 添字는 『太宗皇帝實錄』에서 차이를 보이는 글자이다. 이 기사는 『宋史』
   권487, 열전246, 外國3, 高麗에 수록되어 있는 자료와 文體나 語句가 거의 비슷하지
   만, 약간의 차이가 있다. 또 宋 太宗의 詔書는 986년(雍熙3) 2월 4일(癸卯, 陽3월
   17日) 發給된 것이므로(『太宗皇帝實錄』 권35), 『고려사』를 편찬할 때 연대정리[繫
   年]에 실패한 하나의 사례가 될 것이다. 그래서 이 기사는 다음해 2월 4일로 轉載해
   야 하므로 옮겨서 설명하기로 한다[補正].

補遺　(統和三年) 秋七月 甲辰朔, 詔諸道繕甲兵, 以備東征高麗(『遼史』 권10, 본기
      10, 聖宗1).

飜譯　(統和 3년) 7월 1일(甲辰, 陽7월 21日)[1] 諸道에 命을 내려 甲兵을 갖추어
      동쪽으로 高麗 征伐을 準備하게 하였다.

注釋

1) 이해의 7월은 小盡이고 초하루[朔日]는 甲辰이다.

關聯資料

統和三年 秋七月, 詔諸道各完戎器, 以備東征高麗(『遼史』 권115, 열전45, 二國外紀,
高麗).

補遺　丁卯, 遣使閱東京諸軍兵器及東征道路(『遼史』 권10, 본기10, 聖宗[1]).

飜譯　7월 24일(丁卯, 陽8월 13日) 使臣을 보내어 東京(現 遼陽省 遼陽市)의 諸軍
      의 兵器와 고려를 征伐할[東征] 道路를 點檢하게 하였다.

補遺　八月 癸酉朔, 以遼澤沮洳, 罷征高麗(『遼史』 권10, 본기10, 聖宗1).

飜譯　8월 1일(癸酉, 陽8월 19日)[1] 遼東地域에 물이 氾濫하여[遼澤沮洳] 高麗征伐
      을 罷하였다.

注釋

1) 이해의 8월은 小盡이고 초하루[朔日]는 癸酉이다.

關聯資料

八月, 以遼澤沮洳, 罷師(『遼史』권115, 열전45, 二國外紀, 高麗).

原文 冬十月, 禁捨家爲寺.

飜譯 10월에[1] 집을 喜捨해 寺院으로[2] 삼는 것을 禁止시켰다.

注釋

1) 이해의 10월은 大盡이고 초하루[朔日]는 辛丑이다. 이달은 그레고리曆으로 11월 20 일부터 12월 19일까지이다.

2) 이 記事에서의 寺院은 貴族이나 官僚들이 자신의 집을 喜捨하여 만든 個人의 願堂 (혹은 願刹)을 말한다. 個人에 의해 私的으로 건립된 願堂은 신라시대에 건립되기 시작하여 고려 말까지 지속되었으며, 돈독한 신앙을 가진 사람들에 의해 이루어졌 다. 이는 祖上의 眞影을 奉安하여 冥福을 祈願하는 目的에서 이루어졌으나 점차 個 人의 在家佛者[居士]로서의 修道處 또는 來世를 위한 삶의 마무리 場所로도 활용되 었다[韓基汶 1998年 289~290쪽 ; 東亞大學校 2008年 1책 306쪽].

轉載 是歲, 新定五服給暇式, 斬衰·齊衰三年, 給百日, 齊衰期年, 給三十日, 大功九 月, 給二十日, 小功五月, 給十五日, 緦麻三月, 給七日(『고려사절요』권2, 成 宗 4년 ;『고려사』권84, 지38, 刑法1, 公式, 官吏給暇).

飜譯 이해에 새로 五服給暇式을[1] 定하였다. 斬衰[참최]와 齋衰[재최] 3년은 100일 을 (休暇를) 주고, 齋衰 朞年은 30일을 주고, 大功 9개월은 20일을 주고, 小 功 5개월은 15일을 주고, 緦麻[시마] 3개월은 7일을 주었다.[2]

注釋

1) 五服制度는 전근대사회의 父系家族을 중심으로 이루어진 가족제도에서 형성된 儀 禮이다 이는 父의 宗族[父系]이 重視되어 그 親屬의 範圍가 高祖以下의 男系後孫 및 그의 配偶者가 하나의 親族單位로 구성되었다. 곧 家父長[親族單位의 首長]의 4 代祖인 高祖에서 玄孫에 이르기까지 9世代를 일반적으로 本宗九族으로 稱한다. 이 범위내의 親族을 直系親族과 傍系親族으로 나누어 有服親族이라고 부르며, 特定 親族

이 死亡하였을 때 짊어져야 할 服喪의 期間과 喪服의 形態에도 차이가 있었다. 親屬關係가 가까운 사람은 服喪의 負擔이 무겁게, 약간 떨어진 사람[疏者]는 服喪이 가볍게, 그리고 傍系로 갈수록 점차 遞減되었다. 이를 上殺, 下殺, 그리고 傍殺이라고 하였으며, 服喪의 期間은 3年·朞年·大功九月·小功五月·緦麻三月 등의 다섯 가지가 있었다(『禮記』, 喪服小記第15).

2) 이 자료에 대한 注釋은 기왕의 업적에서 상세히 다루어져 있고[蔡雄錫 2009年, 112~113쪽], 고려에서 시행된 五服制度는 『고려사』 권64, 지18, 禮6, 凶禮, 五服制度에 상세히 정리되어 있다[盧明鎬 1981年].

關聯資料

成宗四年, 初定此制(『고려사』 권64, 지18, 禮6, 凶禮, 五服制度).

[參 考]

高 麗

• (1行)雍熙二年乙酉十月十三日□成白」(2行)□住方□宅?」(3行)念之法師」(2·3行의 下段)□□□□□」阿□□□□□□□□」(高靈郡 開津面 開浦里 87의 「高靈開浦洞石造觀音菩薩坐像銘」: 慶尙北道有形文化財第118號 ; 어떠한 내용인지는 파악하기가 어렵다 ; 정은우 2010年).

[成宗 5年(986) 丙戌]
宋 太宗 雍熙 3年, 契丹 聖宗 統和 4年

原文 春正月, 契丹遣厥烈來, 請和.

飜譯 1월에[1] 거란[契丹]이 厥烈을[2] 보내와 和親을 要請하였다[請和].

注釋

1) 이해의 1월은 大盡이고 초하루[朔日]는 庚午이다. 이달은 그레고리曆으로 2월 17일부터 3월 17일까지이다.

2) 厥烈은 『遼史』에서 찾아지지 않아 어떠한 人物인지를 알 수 없다.

3) 請和는 和親을 要請하는 것을 의미한다(『춘추좌씨전』, 襄公 4년 冬, "楚人使頓間陳而侵伐之, 故陳人圍頓. 無終子嘉父使孟樂如晋, 因魏莊子^{魏絳}納虎·豹之皮, 以請和諸戎").

補遺　(雍熙三年) 二月 癸卯, 賜高麗國王王治詔曰, 朕誕膺丕構, 奄宅萬方, 草木虫魚^{昆蟲}, 罔不蒙澤, 華夏蠻貊, 罔不率俾, 蠢玆北虜^{邊裔}, 敢拒皇威, 倔江沙漠之中, 遷延歲月之命, 幽薊之地, 本被皇風. 向以晉漢多虞, 戎醜因而盜據, 詩曰, 我彊我理, 南東^{東南}其畝. 今國家照臨所及, 書軌大同, 豈使齊民, 陷玆胡虜^{於强敵}, 今已董齊師旅, 誅滅妖氛, 元戎啓行, 分道間出, 即期誅翦, 以慶混同. 惟王久慕華風, 素懷明略, 輸此忠勤之節, 撫玆禮義之邦, 而接此犬羊□□, 困於蠆毒, 舒泄積憤^悶, 其在玆乎, 便可申戒師徒, 相爲犄角, 叶比隣國, 同力底平, 奮其一鼓之雄, 戡此垂亡之虜^敵, 良時不再, 王其圖之. 應擄獲生口·牛羊·財物·器械, 並給本國將士, □□□□^{用申賞勸}. 遣監察御史韓國華, 齎詔諭之^{齎詔以諭之}. 高麗西與契丹接境, 常爲虜所侵, 上知之, 故降是詔(『太宗皇帝實錄』권35 ; 이 記事에서 添字는 『宋大詔令集』에서 달리 表記된 것이다).

飜譯　(雍熙 3년) 2월 4일(癸卯, 陽3月 17日)¹⁾ 高麗國王 王治에게 詔書를 내려 말하기를, "… [詔書의 內容은 아래 5월의 資料와 大同小異하기 때문에 省略한다] …"라고 하였다. 監察御史 韓國華를 파견하여 詔書를 가지고 가서 타이르게 하였다. 高麗는 서쪽으로 契丹과 接境하고 있어 항상 契丹의 侵入을 받았는데, 皇帝가 이를 알고 있었음으로 이 詔書를 내렸다.

關聯資料

• 朕誕膺丕構, 奄宅萬方, 草木昆蟲, 罔不蒙澤, 華夏蠻貊, 罔不率俾, 蠢玆邊裔, 敢拒皇威, 倔江沙漠之中, 遷延歲月之命, 幽薊之地, 本被皇風. 向以晉漢多虞, □□□□, □□^{戎醜}^{因而盜據}. 詩曰, 我彊我理, 東南其畝. 今國家照臨所及, 書軌大同, 豈使齊民, 陷於强敵, 今已董齊師旅, 誅滅妖氛, 元戎啓行, 分道間出, 即期誅翦, 以慶混同. 惟王久慕華風, 素懷明略, 輸此忠勤之節, 撫玆禮義之邦, 而接此□□, 困於蠆毒, 舒泄積悶, 其在玆乎, 便可申戒師徒, 相爲犄角, 叶比隣國, 同力底平, 奮其一鼓之雄, 戡此垂亡之敵, 良時不再, 王其圖之. 應擄獲生口·牛羊·財物·器械, 並給本國將士, 用申賞勸. 遣監察□^御史韓國

華, 齎詔以諭之(『宋大詔令集』권237, 政事90, 四裔10, 高麗, 北伐遣使諭高麗詔, 雍熙三年二月癸卯).

- (雍熙) 三年 出師北伐, 以其國接契丹境, 常爲所侵, 遣監察御史韓國華, 齎詔諭之曰, 朕誕膺丕構, 奄宅萬方, 華夏蠻貊, 罔不蒙澤, 華夏蠻貊, 罔不率俾, 蠢玆北裔, 侵敗王略, 幽薊之地, 中朝土彊, 晉·漢多虞, 夤緣盜據. 今國家照臨所及, 書軌大同, 豈使齊民, 陷諸獷俗. 今已董齊師旅, 殄滅妖氛, 惟王久慕華風, 素懷明略, 效忠純之節, 撫禮義之邦. 而接彼邊疆, 罷於蠆毒, 舒泄積憤, 其在玆乎, 可申戒師徒, 迭相掎角, 協比隣國, 同力盪平, 奮其一鼓之雄, 戕此垂亡之寇. 良時不再, 王其圖之. 應俘獲生口·牛羊·財物·器械, 並給賜本國將士, 用申勸賞. 先是, 契丹伐女眞國, 路由高麗之界, 女眞意高麗誘導構禍, 因貢馬來愬于朝, 且言高麗與契丹結好, 倚爲勢援, 摽略其民. 不復放還. 泊高麗使韓遂齡入貢, 太宗因出女眞所上告急木契, 以示遂齡, 仍令歸白本國, 還其所俘之民. 治聞之憂懼, 及國華至, 令人言國華曰, 前歲冬末, 女眞馳木契來告, 稱契丹興兵入其封境, 恐當道未知, 宜豫爲之備. 當道與女眞爲隣國, 而路途遐遠, 彼之情僞, 素知之矣, 貪而多詐, 未之信也. 其後又遣人告曰, 契丹兵騎已濟梅河. 當道猶疑不實, 未暇營救. 俄而契丹雲集, 大擊女眞, 殺獲甚衆. 餘族敗散逃遁, 而契丹壓背追捕, 及于本國西北德昌·德成·威化·光化之境, 俘擒而去. 時有契丹一騎, 至德米河北, 大呼關城戍戌卒而告曰, 我契丹之騎也, 女眞每寇我邊鄙, 率以爲常, 今則復仇已畢, 整兵回矣. 當道雖聞師退, 猶憂不測, 內以女眞避兵來奔二千餘衆, 資給以歸之. 女眞于勸當道, 控梅河津要, 築治城壘, 以爲防遏之備, 亦以爲然. 方令行視興功, 不意, 女眞潛師奄至, 殺略吏民, 驅掠丁壯, 沒爲奴隸. 轉徙他方, 以其歲貢中朝, 不敢發兵報怨, 豈期反相誣構, 以惑聖聽. 當道世稟正朔, 踐修職貢, 敢有二心, 交通外國. 況契丹介居遼海之外, 復有大梅·小梅二河之阻, 女眞·渤海本無定居, 從何徑路, 以通往復, 橫羅讒謗, 憤氣塡膺, 日月之明, 諒垂昭鑒. 間者, 女眞眞逃難之衆, 罔不存恤, 亦有授以官秩, 尙在當國, 其職位高者, 有勿屈尼于·郎元·尹能達·郎老正·衛迦耶夫等數十人, 欲望召赴京闕, 與當道入貢之使庭辯其事, 則丹石之誠, 庶幾昭雪. 國華諾之, 乃命發兵西會. 治遷延未卽奉詔, 國華屢督之, 得報發兵而還, 具錄女眞之事以奏焉(『宋史』권487, 열전246, 外國3, 高麗).

- 雍熙中, 假太常少卿使高麗, 時太宗將北征, 以高麗接遼境, 屢爲其所侵, 命齎詔諭之, 且令發兵西會, 旣至, 其俗頗獷驁, 恃險遷延, 未卽奉詔, 國華移檄, 諭以朝廷威德, 宜亟守臣節, 否卽天兵東下, 無以逃責, 於是, 俯伏聽命, 使還, 賜緋魚(『宋史』권277, 열전36, 韓國華).

• 公諱國華, 字某, 其先深州博野人 … 雍熙元年, 遷監察御史, 三年, 假太常少卿使高麗, 還拜右拾遺直史館, 賜五品服 … 雍熙中, 王師北伐, 聞高麗與契丹, 嘗爲仇怨, 會公諭旨以分虜勢, 公至, 其王治畏虜, 無報復意, 公爲陳中國威略, 動以禍福, 乃承詔, 然遷延師期. 公曰, 兵不卽發, 不若勿奉詔, 出不及虜境, 不若勿發兵, 口語激切, 又繼以書至十返. 治憚公堅正, 知大國不可欺, 乃命其大相韓光·元輔趙抗, 兵二萬五千, 以侵虜, 且俾光等, 率將校詣公, 公猶留館, 須其兵出境 乃復命(『河南先生文集』권16, 故太中大夫右諫議大夫 … 韓公^{國華}墓誌銘).

• 諱國華, 字光弼, 幼而警絶, 鄉擧進士, 太宗初□□平興國二年, 甲秩授大理評事 … 以監察御史, 召彈擊有稜角巖, 然望高于臺閣屬. 天子議復燕薊剞庭臣曰, 安得勇而善辭令者, 爲我諭高麗出兵西攻契丹, 以分其力, 則吾事可不勞而集. 旣曰, 非韓某不可, 卽假以太常少卿爲使. 公馳軻至其國, 其王負固不時奉詔, 公坐館舍, 遺王書責以慢命, 且稱朝廷威德之盛, 諸僭僞, 悉已擒滅, 遂欲北取故疆, 以雪晉恥, 而委王以方面者, 其意不已重乎, 王惟我中國是賴, 可以得志諸□雖暫勤而衆, 實王長世之利也, 今若不勉, 天子怒, 一日大兵東出, 先誅不用命者, 如決海灌爝火, 王其無悔. 王大恐奔走率職, 明日遺太相韓光·元輔趙抗, 領兵數萬, 度浿江, 以侵契丹, 且令光等, 率諸將, 詣館門聽命, 公待以陪臣禮, 爲指畫方略, 銜勒而慰遣之. 師期未集, 公又累與王書, 獎激礜礪, 使不得少懈. 復問曰, 深入攻之邪姑挑戰也. 王報曰, 已深入矣, 公得其肝膽, 遂復命. 天子大喜, 拜右拾遺·直史館, 面賜五品服章, 兼判登聞院(『金石萃編』권25, 大宋故太中大夫行右諫議大夫 … 韓公^{國華}神道碑銘).

原文 三月, 賜崔英藺及第.

翻譯 3월에[1] 崔英藺에게[2] 及第를 下賜하였다.

注釋

1) 이해의 3월은 大盡이고 초하루[朔日]는 己巳이다. 이달은 그레고리曆으로 4월 17일부터 5월 16일까지이다.

2) 崔英藺은 986년(성종5) 3월에 知貢擧 李夢游의 門下에서 及第하였으나, 이 자료 외에 찾아지지 않아 어떠한 인물인지는 알 수 없다.

關聯資料

- (成宗) 五年 三月, 李夢游, △^爲知貢擧, 取進士, 賜崔英藺等及第(『고려사』 권73, 지27, 선거1, 科目1, 選場).
- 三月, 賜崔英藺及第(『고려사절요』 권2, 성종 5년 3월).

原文 (是月) 始以詔稱敎.

翻譯 (3월에) 처음으로 (帝王의 命인) 詔를 (親王의 命인) 敎로 바꾸었다.[1]

注釋

1) 高麗王朝 前期에 文物制度의 規範으로 삼았던 唐의 制度에서 帝王의 命[王言]은 制·勅·册 등이 있었고, 그 외에 身分에 따라 令(皇太子)·敎(親王과 公主)·符(尙書省→州, 州→縣, 縣→鄕) 등이 있었다(『大唐六典』卷1, 尙書都省, 左右司郎中·員外郎, "凡上之所以逮下, 其制有六, 曰制·勅·册·令·敎·符, 天子曰制, 曰勅, 曰册, 皇太子曰令, 親王·公主曰敎, 尙書省下於州, 州下於縣, 縣下於鄕, 皆曰符"). 그렇다면 이 時期에 敎를 칭하였다는 것은 國初以來 皇帝國을 稱하던 고려가 스스로 親王으로 分封된 諸侯國의 封建國家를 自處하게 되었던 셈이다. 그렇지만 972년(開寶5) 2월 南唐의 國主(後周 때에 帝號를 廢止하고 國主를 稱했음) 李煜이 宋의 壓力을 피해 儀制를 格下시킬 때, 中書門下省을 左右內侍府로, 尙書省을 社會府로, 王으로 册封하였던 子弟를 公으로 格下시켰던 그러한 조치는 취하지 않았다.

轉載 夏五月, 敎曰, 國以民爲本, 民以食爲天, 若欲懷萬姓之心, 惟不奪三農之務, 咨爾十二牧·諸州鎭使, 自今至秋, 並宜停罷雜務, 專事勸農, 予將遣使檢驗, 以田野之荒闢, 牧守之勤怠, 爲之襃貶焉(『고려사절요』 권2, 成宗 5년 5월 ; 『고려사』 권79, 지33, 食貨2, 農桑).

翻譯 5월에[1] 敎書를 내려 말하기를, "나라는 人民을 근본으로 삼고, 人民은 먹는 것을 하늘로 삼는다. 만약 모든 人民[萬姓]의 마음을 기쁘게 하려면 오직 三農의[2] 時期를 빼앗지 않아야 한다. 너희 12牧과 여러 州·鎭의 使는 지금부터 가을까지 모든 雜務를 中止하고 오로지 農事를 장려하는 데만 힘써야

할 것이다. 내가 장차 使臣을 보내어 田野가 황폐한지 개간되었는지, 牧守
가 부지런한지 怠慢한지를 調査하여 褒賞하고 貶黜할 것이다."라고 하였다.

注釋

1) 이해의 5월은 大盡이고 초하루[朔日]는 戊辰이다. 이달은 그레고리曆으로 6월 15일
   부터 7월 14일까지이다.

2) 三農은 平地農·山農·澤農의 農事를 가리킨다(『周禮注疏』 권2, 天官, 太宰, "鄭司農
   云, 三農, 平地·山·澤也"). 그런데 『事林廣紀』에 의하면 三農은 山農·澤農·平地農
   으로서 山農은 獵戶를, 澤農은 漁夫를, 平地農은 現在의 農民을 指稱한다(『事林
   廣記』).

轉載 ¹⁾(是年) 宋將伐契丹, 收復燕薊, 以我與契丹接壤, 數爲所侵, 遣監察御史韓國
華, 賫詔來, 諭曰, 朕誕膺丕構, 奄宅萬邦, 草木虫魚, 罔不被澤, 華夏蠻夷^{蠻貊},
罔不率從^俾, 蠢玆北虜^喬, 侵敗王略, 幽薊之地, 中朝土彊, 晉漢多故^虞, 貪緣盜
據, 今國家, 照臨所及, 書軌大同, 豈使齊民, 陷諸獷俗. 今已董齊師旅, 殄^殄滅
妖氛, 元戎啓行, 分道間出, 卽期誅剪^翦, 以慶渾^混同. 惟王久慕華風, 素懷明
略, 效忠純之節, 撫禮義之邦. 而接彼犬戎^{邊疆}, 罹於蠆毒, 舒泄積憤, 其在玆
乎, 可申戒師徒, 迭相掎角, 協比隣國, 同力盪平, 奮其一鼓之雄, 戡此垂亡之
虜. 良時不再, 王其圖之. 應虜^俘獲生口·牛羊·財物·器械, 並給賜本國將士,
用申勸賞. ○王遷延不發兵, 國華諭以威德. 王始許發兵西會, 國華乃還. ○
先是, 契丹伐女眞, 路由我境, 女眞謂我導敵構禍, 貢馬于宋因誣譖,, 高麗與
契丹, 倚爲勢援, 摽掠生口, 韓遂齡之如宋也, 帝出女眞所上告急木契, 以示,
遂齡曰, 歸語本國, 還其所俘, 王聞之憂懼, 及國華至, 王語曰, 女眞貪而多詐,
前冬再馳木契, 言契丹兵將至其境, 本國猶疑虛僞, 未卽救援. 契丹果至, 殺掠
甚衆. 餘族遁逃, 入于本國懷昌·威化·光化之境, 契丹兵追捕, 呼我戍卒言, 女
眞每寇盜我邊鄙, 今已復讎, 整兵而回. 於是, 女眞來奔者二千餘人, 皆資給遣
還. 不意, 反潛師奄至, 殺掠吾吏民, 驅虜丁壯, 沒爲奴隷. 以其世事中朝, 不
敢報怨, 豈期反相誣告, 以惑聖聰. 本國世稟正朔, 謹修職貢, 深荷寵靈, 敢有
二心, 交通外國. 況契丹介居遼海之外, 復有二河之阻, 無路可從. 且女眞逃

難, 受本國官職者, 十數人尙在, 望召赴京闕, 令入貢之使庭辨, 庶幾得實, 願達天聰. 國華許諾.

校訂

1) 이 記事는 『高麗史』 권3, 세가3, 성종 4년 5月에서 轉載하여 온 것이다[補正]. 이에서 詔書에서의 添字는 『宋史』 권487, 열전246, 外國3, 高麗에서 차이를 보이는 것이다.

翻譯　(이해에) 宋이 거란[契丹]을 정벌하여 燕州와 薊州 地域[燕薊]을[1] 收復하려고 하면서, 우리가 거란과 國境을 접해 있어 자주 侵攻을 받으므로 監察御史 韓國華를[2] 보내어 詔書를 가져와 타이르기를, "朕이 帝位[丕構]를[3] 繼承하여 萬邦을 統治하게 되니 草木과 微物[魚虫]들도 恩澤을 입지 않은 것이 없으며 中原[華夏]과 오랑캐[蠻夷]가 모두 服從하건만 저 어리석은 거란[北虜]만은 王土[王略]를 함부로 侵掠하였소. 幽州와 薊州地域은 원래 中國의 領土이지만 後晋·後漢 때에 變故가 많았던 것을 틈타 못된 거란[戎狄]이 가만히 占領했던 것이오. 지금 中國 天子의 德[照臨]이[4] 미치는 곳은 모두 하나의 文物制度로 統一되어[5] 있는 터에 어찌 그곳 백성들만 오랑캐의 風俗에 빠져 있도록 내버려 둘 수 있겠소? 이제 軍士를 督勵하여 征伐에 나서 요망한 氣運[妖氛]을[6] 거의 消滅시키려고 하여, 大軍이 出發하여 길을 열고[7] 각 部隊가 左右로 前進하고 있으니 곧 敵을 무찔러 失地를 回復할[8] 것으로 기대하오. 國王은 오래 전부터 中原의 風俗[華風]을 欽慕하고, 平素에 高明한 智略[明略]을 지녔으며 忠純한 節介를 본받아 禮儀의 나라를 다스려 왔소. 그러나 國土가 저 거란[犬戎]과[9] 접해 있어 늘 害惡을 입어 왔으니 그 쌓인 憤怒를 풀 수 있는 때는 바로 지금이오. 軍士들을 잘 타일러 左右로 呼應해 敵과 맞서고[掎角][10] 이웃나라와 힘을 합쳐 敵을 掃蕩할 것이며, 旺盛한 士氣를 떨쳐 거의 멸망한 오랑캐를 一擧에 처부수는 것이 옳을 것이오. 좋은 機會[時機]는 두 번 있지 않을 것이니 國王은 잘 생각하시오. 虜獲하는 軍人[生口]·牛羊·財物·器械 등은 모두 그대 나라의 壯士들에게 내려 주어 勸賞을 하도록 할 것이오."라고 하였다.

○王이 時間을 끌며[遷延] 軍士를 出動시키지 않자 韓國華가 脅迫과 懷柔를 並行하며 說得하였다. 王이 어쩔 수 없이 軍士를 出動시켜 서쪽에서 만나겠다고 約束하자 韓國華가 그제서야 돌아갔다. 이보다 앞서 거란이 女眞을 칠 때 우리 國境을 通路로 삼았기 때문에, 女眞은 우리가 거란을 끌어다가 禍亂을 일으킨 것으로 여기고 宋에 말[馬]을 바치면서, 高麗가 거란과 더불어 자기의 百姓[生口]들을 拉致해 갔다고 하였다. 韓遂齡이 宋에 파견되었을 때 太宗[皇帝]이 女眞이 올려서 急報를 알린 木契[告急木契]를[11] 꺼내어 韓遂齡에게 보이면서 말하기를, "本國에 돌아가거든 捕虜로 잡은 女眞人을 돌려보내라고 전하라."라고 하였다. 王이 이 말을 듣고 걱정하다가 韓國華가 오자 그에게 말하기를, 女眞은 貪慾스럽고 거짓말을 많이 하므로 지난 해 겨울 두 번이나 木契를 급히 보내어 契丹兵이 자기네 國境을 侵犯하려 한다고 하였지만, 우리나라는 그것이 거짓말이라고 의심한 나머지 즉시 救援하지 못하였소. 그런데 거란이 정말로 侵犯해 와서 많은 사람을죽이거나 捕虜로 잡아갔소. 그러자 女眞의 남은 무리들이 우리나라의 懷昌(位置不明)·威化(現 平安北道 雲山郡)·光化(現 平安北道 泰川郡 位置) 等地로 들어오자 契丹兵이 추격해 와 사로잡아 갔소. 우리의 戍兵을 불러 말하기를, 女眞이 매번 우리 國境地域을 侵寇하므로 이제 그 怨讐를 갚고 軍士를 整備해서 돌아간다고 하였소. 이에 女眞에서 도망쳐 온 2千餘人에게 모두 資糧을 주어서 돌려보냈는데, 뜻밖에 도리어 가만히 軍士를 거느리고 와서 우리 官吏와 百姓을 죽이거나 약탈하였으며 壯丁을 捕虜로 끌고 가서 죄다 奴隸로 삼았소. 그런데도 우리는 女眞이 대대로 宋[中朝]을 섬기고 있음으로 감히 원수를 갚지 않았는데 도리어 우리를 誣告하여 天子의 判斷을 흐리게 할 줄 짐작이나 했겠소? 우리나라는 대대로 中國의 制度를 그대로 좇고[世稟正朔][12] 열심히 貢物을 보냄으로써 皇帝의 寵愛[寵福]를[13] 받고 있거늘 감히 두 마음[貳心]을 가지고 契丹[外國]과 交通할 리가 있겠소? 더구나 거란은 渤海[遼海] 저쪽에 位置하며 또 우리와는 두 개의 큰 江을 사이에 두고 있어 相從할 만한 길이 없소. 또 女眞에서 避難와서 本國에서 仕宦하고 있는 者가 아직도 十餘人이 있으니 上國의 朝廷에 불러다가 女眞의 使臣[入貢使]과 對質[庭辨]하게 하면 實情을 把握할 수가 있을 것이니, 皇帝에게 報告[天聰]

하여[14] 주시오."라고 하자, 韓國華가 許諾하였다.[15]

注釋

1) 燕薊는 燕의 姬姓인 侯爵 召公奭의 後裔들이 薊(現 河北省 大興縣)에 도읍하였던 故事에서 나온 名稱이다. 이는 五代 後晉의 石敬瑭(高祖, 936~942 在位)이 契丹의 後援을 받기 위해 割讓하였던 북중국 지방의 燕代 16州 혹은 燕雲 16州를 가리킨다(現 北京市와 河北省의 一部 地域). 이후 宋이 여러 차례에 걸쳐 이곳을 回復하기 위해 노력하였으나 成功하지 못하다가 北宋末期에 金과 聯盟하여 一時 이를 收復하였지만, 이를 契機로 國亡을 招來하였다[菊池英夫 1988年 ; 高井康行 1994年].

2) 韓國華(957~1011)는 相州 安陽(現 河南省 安陽) 出身으로 字는 光弼이고, 977년(太平興國2) 進士科에 합격하였다. 監察御史·左司諫 등을 거쳐 1007년(景德4) 太常少卿으로 知泉州에 임명되어 4년간 재직하다가 귀환하였다. 宋의 名臣인 右僕射·魏國公 韓琦(1008~1075)는 그의 셋째 아들이다(『宋史』 권277, 열전36, 韓國華).

3) 丕構는 大屋·大事로서 國事·國政을 의미한다(『資治通鑑補』 권229, 唐紀, 德宗 興元1년 1월 丁酉朔, "朕嗣服丕構, 君臨萬邦, 失守宗祧, 越在草莽", 胡三省注, "丕, 大也. 構立屋也"). 唐 劉蕡(?~848頃)은 828년(太和2) 策試賢良의 對策에서 "엎드려 試題[聖策]을 살펴보니 공경하게 무거운 일을 짊어짐에 있어 감히 쓸데없는 것에 빠져 便安할 수 없습니다. 받드는 것이 國家의 大計와 侯王의 模範이 될 敎訓이니 怠慢과 疎忽이 있을 수 없습니다. 伏惟聖策, 有祗荷丕構, 而不敢荒寧. 奉若謨訓, 而罔有怠忽"라고 하였다(『구당서』 권190下, 열전140下, 文苑下, 劉蕡 ; 東亞大學校 2008年 1책 303쪽).

4) 照臨은 위쪽에서 아래쪽을 살펴보는 것으로 理致를 살피는 것[察理]을 比喩한다(『시경』, 小雅, 谷風之什, 小明, "밝게 빛나는 겨울[冬]의 하늘[上天]은 大地를 환하게 밝힌다. 明明上天, 照臨下土". 鄭玄箋, "照臨下土, 喩王者當察理天下之事也"). 또 해와 달이 天下를 비추는 것과 같이 帝王의 德이 四方에 빛나는 것을 말한다. 『書經』, 周書, 泰誓下(僞作古文), "아아, 우리 文王은 그 德이 마치 해와 달이 天下를 비추는 것과 같이, 四方에 빛이 나고, 西方의 土地에 밝게 드러나는 것과 같다. 嗚呼, 惟我文考, 若日月之照臨, 光于四方, 顯于西土"라고 하였다(이는 『墨子』, 兼愛下에 引用되어 있다)[石川忠久 1998年 396쪽 ; 小野澤精一 1995年 469쪽 ; 亞大學校 2008年 1책 303쪽].

5) 書軌는 하나의 國家가 同一하게 使用하는 文字와 수레바퀴[車軌]를 指稱한다. 이것에서 由來하여 書軌가 同一하다는 것('書同文, 車同軌')은 國家나 文化의 統一을 意味하기도 하고 天下가 하나로 統一되는 것을 意味하기도 한다(『禮記』, 中庸第31, "今天下, 車同軌, 書同文";『宋書』권48, 열전8, 末尾의 史論, "史臣曰 … 若其懷道畏威, 奉王受職, 則通以書軌, 班以王規").

6) 妖氛[요분]은 妖雰으로도 表記하며, 瑞祥스럽지 못한 運氣를 가리키며 凶災, 禍亂을 比喩하기도 한다(『春秋左氏傳』, 昭公 15년, "春, 將禘于武公, 戒百官. 梓愼曰, 禘之日, 其有咎乎. 吾見赤黑之祲, 非祭祥也. 喪氛也. 其在涖事乎". 晋杜預注, "祲, 妖氛也").

7) 元戎啓行은 大軍이 敵陣을 향해 出發하는 것을 가리킨다. 『詩經』, 小雅, 南有嘉魚之什, 六月에 "큰 兵車十乘을 先鋒에 세워서 길을 열어 앞서간다. 元戎十乘, 以先啓行"의 傳에 "두 사람 및 元戎이 모두 앞설 수 있어 앞에서 敵陣의 앞 행렬을 열고 끝까지 나아간다. 二者及元戎, 皆可以先, 前啓究敵陣之前行"라고 하였고, 集傳에 "元은 큰 것이고(毛傳), 戎은 전쟁용 수레[戎車]이며, 軍의 先鋒이다(以上 朱熹). 啓는 열고 가는 것이다. 길을 내는 것으로 길을 나선다는 말과 같다. 元大也, 戎車也, 軍之前鋒也, 啓開行道也, 猶言發程也."라고 하였다[石川忠久 1998년 240쪽 ; 東亞大學校 2008年 1책 303쪽].

8) 渾同은 잃어버린 땅을 回復하여 統合한다는 것이다[東亞大學校 2008年 1책 303쪽].

9) 犬戎은 獫狁·西戎·犬夷·昆夷 등으로도 불렸으며, 殷·周 때 서쪽지역, 곧 현재의 陝西·甘肅 一帶의 獫·岐의 사이에 分布하였으며 甘肅 靜寧縣 威戎(現 靜寧 威戎鎭)에 都邑을 건립하였다. 殷·周가 여러 차례 討伐하였으나 征服하지 못하고, 오히려 周가 쫓겨서 洛邑으로 東遷하였다[東亞大學校 2008年 1책 304쪽].

10) 掎角은 掎角之勢의 준말로, 前後左右에서 서로 呼應하여 적에 맞서는 것을 말한다. 『春秋左氏傳』, 襄公 14년, 春에 "比喩컨대 사슴을 잡는 것과 같다. 晉나라 사람이 그 뿔을 잡아 누르고, 우리들은[諸戎] 그 다리를 잡아당기는 것과 같으니, 兩者가 協力하여[與晉] 넘어뜨리는 것과 같다. 譬如捕鹿. 晋人角之, 諸戎掎之, 與晉仆之."라고 하였고, 그 疏에 "角之란 그것의 뿔을 잡는 것을 말하고, 掎之란 그것의 다리를 거칠게 다룬다는 말이다. 角之, 謂執其角也. 掎之, 言戾其足也."라고 하였다[鎌出 止 1994年 934쪽 ; 東亞大學校 2008年 1책 304쪽].

11) 이는 女眞이 高麗의 侵入을 받았다는 急報를 木契로써 宋에 報告한 일이다. 木契는 나무로 만든 符信 또는 證憑書[凭證]이다(『新唐書』권46, 지36, 百官1, 刑部,

"凡有召者, 降墨敕, 勘銅魚·木契, 然後入". →이는 邊境地域의 關門을 出入할 때 사용되는 것 같다. ;『嶺外代答』, 木契, "猺人無文字, 其要約以木契, 合二板而刻之. 人執其一, 守之甚信";『송사』권196, 지149, 兵10, "康定元年, 頒銅符·契·傳信牌. … 其木契上下題某處契, 中剖之, 上三枚中爲魚形, 題一·二·三, 下一枚中刻空魚, 令 可勘合, 左旁題云, 左魚合, 右旁題云, 右魚合. 上三枚留總管, 鈴轄官高者掌之. 下一 枚付諸州軍城砦主掌之. …";『요사』권57, 지26, 儀衛志3, 符印, 符契, "木契, 正面 爲陽, 背面爲陰, 閤門喚仗則用之. …").

또 당시에 女眞이 使用하였던 象形文字인 木契는 이미 新羅人에 의해 解讀되고 있 었다(『삼국사기』권11, 본기11, 헌강왕 12년).

12) 世禀正朔에서 正朔은 정월 초하루[正月朔日]을 指稱하는데, 이에서 正은 1年의 始 作을, 朔은 1月의 始作을 가리킨다(『禮記』, 大傳第16, "立權度量, 考文章, 改正朔, 易服色, 殊徽號, 異器械, 別衣服, 此其所得與民變革者也", "孔穎達疏, 改正朔者, 正 謂年始, 謂月初, 言王者得政, 示從我始, 改故用新, 隨寅·丑·子所建也. 周子, 殷丑, 夏寅, 是改正也. 周夜半, 殷鷄鳴, 夏平旦, 是易朔也"). 일반적으로 漢 武帝 이후에 는 正朔을 바꾸지 아니하고 年號만을 바꾸었으나 則天武后와 太平天國은 例外였 다. 이후 諸侯가 天子에게 나아가 新年을 朝賀할 때 曆을 配布[班曆, 頒曆]받던 慣 例에 의해 正朔은 曆을 가리키게 되었다. 『史記』권26, 曆書第4의 冒頭에 "王者가 姓을 바꾸어 天命을 받은 경우[易姓革命], 반드시 그 始初를 愼重히 하여야 한다. 曆을 改正하고, (王者·皇后의) 衣服의 색깔을 바꾸는 것은 天行의 原理를 追究하 여 그 뜻에 順應하고 이를 繼承하여야 한다. 王者易姓受命, 必愼始初, 改正朔, 易 服色, 推本天元, 順承厥意."라고 하였다. 여기에서 正朔을 禀한다는 것은 高麗王朝 가 中原을 받드는 禮에 있어 그들의 曆을 奉行하는 諸侯國으로 存在하고 있다는 뜻이다[東亞大學校 2008年 1책 305쪽].

13) 寵靈은 帝王이 사랑하여 福을 下賜하다는 뜻이며, 靈은 福을 意味한다(『春秋左氏 傳』, 昭公 7년, "今, 君若步玉趾, 辱見寡君, 寵靈楚國, 以信蜀之役, 致君之嘉惠, 是 寡君旣受貺矣, 何蜀之敢望", 孔穎達疏, "言開其恩寵賜, 以威靈以及楚國").『後漢書』 권16, 鄧寇列傳第6, 鄧隲에 "制授하여 鄧隲[등척]을 大將軍으로 삼고, … 그가 오자 群臣들을 크게 모아 베와 비단[束帛], 鞍裝을 갖춘 말[乘馬]을 下賜하였다. 恩寵이 환히 드러나고 빛이 京外[都鄙]를 진동시킬 정도였다. 拜爲隲大將軍, … 旣至, 大 會群臣, 賜束帛乘馬, 寵靈顯赫, 光震都鄙."라고 하였다[鎌田 正 1994年 1316쪽 ; 東

亞大學校 2008年 1책 305쪽].

14) 天聰은 하늘[上天]이 내려 준 聰力(『韓非子』, 解老第20, "人也者, 乘於天明以視, 寄
於天聰以聰, 托於天智以思慮"), 또는 帝王이 聽聞하는 것에 대한 美稱이다(『삼국지』
권19, 魏書19, 陳思王 植, "敢復陳聞者, 冀陛下儻發天聰. 而垂神聽也"；『游宦紀聞』
권10, "名動天聰, 被旨祝發"). 이 記事에서는 後者, 곧 天聰과 같은 말로 帝王이 어
떤 일에 聽取하는 것을 말한다.

15) 이 記事는 『宋史』 권487, 열전246, 外國3, 高麗의 내용을 적절히 縮約하고 空間을
考慮하여 變改한 것으로 추측된다.

轉載 秋七月, 教曰, 余聞, 德惟善政, 政在養民, 國以人爲本, 人以食爲天, 肆我太
祖, 爰置黑倉, 賑貸窮民, 著爲常式, 今生齒漸繁, 而所儲未廣, 其益以米一萬
碩, 仍改名義倉, 又欲於諸州府, 各置義倉, 攸司, 檢點州府人戶多少·倉穀數
目, 以聞(『고려사절요』 권2, 成宗 5년 7월 ；『고려사』 권80, 지34, 食貨3, 常
平·義倉).

翻譯 7월에[1] 教書를 내려 말하기를, "내가 듣건대, '오직 德은 政治를 잘하는 데
에 있고, 정치는 백성을 기르는 데 달려 있다.'고 하오. 나라는 사람을 근본
으로 삼고, 사람은 먹는 것을 하늘로 삼으니, 우리 太祖가 黑倉을 설치하여
빈궁한 백성에게 賑貸하는 것을 固定된 制度[常式]로[2] 삼으셨소. 그런데 지
금, 人民은 점점 불어 가는데 貯蓄은 많아지지 않고 있으니, 쌀 1만 석을
더 보태고 名稱을 義倉이라고 고치시오. 또 여러 州와 府에도 각기 義倉을
설치하고자 하니, 맡은 官員[攸司]은 州·府의 人戶의 다소와 창고 곡식의
數目을 조사하여 보고하시오."고 하였다.

注釋

1) 이해의 7월은 小盡이고 초하루[朔日]는 戊辰이다. 이달은 그레고리曆으로 8월 14일
부터 9월 11일까지이다.

2) 常式은 固定된 制度를 意味한다. 『管子』 권11, 君臣下第31에 "나라에 不變의 制度
가 지켜지고 舊來의 法則이 明示되어 있으면, 人民들은 爲政者에 대해 不滿의 恨
을 품지 않는다. 國有常式, 故法不隱, 則下無怨心"라고 하였다[遠藤哲夫 1991年
567쪽].

關聯資料

統和四年丙戌, 內外戶口施行(『東都歷世諸子記』).

轉載　(七月) 教曰, [1)]寡人^朕, 素慙薄德, 尙切崇儒, 欲興周孔之風, 冀致唐虞之理, 庠序以養之, 科目以取之, 今諸州所上學生, 慮有思鄕之人, 皆令從便去留, [2)]汝等祇稟予言, 勿墜其業, 其歸寧學生二百七人, 可賜布一千四百匹, 留京學生五十三人, 亦賜幞頭一百六枚, 米二百六十五[3)]碩^石. 仍差通事舍人高榮[4)]岩^嵓, 就客省宣諭, 賜酒果(『고려사절요』 권2, 成宗 5년 7월).

校訂

아래의 관련된 『고려사』의 자료에는 1)의 寡人이 朕으로, 3)의 碩이 石으로, 4)의 岩이 嵓으로 되어 있고, 그리고 2)의 '汝等祇稟予言, 勿墜其業'은 缺落되어 있다. 그중에서 1)은 『고려사절요』를 편찬할 때 史官들이 諸侯國의 用語로 改書한 것이다.

飜譯　(7월에) 敎書를 내려 말하기를, "朕(寡人)은 평소에 德이 박함을 부끄러워하지만, 그래도 儒敎를 숭상하는 마음은 간절하여 周公과 孔子의 風化를 일으켜 堯·舜의 다스림을 이루고자 하여 학교를 세워 선비를 기르고, 科擧를 시행하여 선비를 뽑으려 하였소. 그런데 지금 여러 州에서 서울에 올려 보낸 이 중에 고향을 생각하는 學生이 있을까 염려되어, 고향에 돌아가든지 서울에 남아 있든지 모두 편리한 대로 하도록 하겠으니, 너희들은 내 말을 삼가 받들어 그 學業을 폐기하지 말라. 歸省하는 學生 207人에게는 베 1,400疋을 주고, 서울에 남은 學生 53人에게도 幞頭[1)] 106枚와 쌀 265碩을 주시오."라고 하였다. 이어서 (閤門)通事舍人 高榮岩을[2)] 보내어 客省에 나아가 宣諭하고 술과 과실을 주게 하였다.

注釋

1) 幞頭는 태조 14년 8월 某日(癸丑)의 주석 3)과 같다.

2) 高榮岩은 이 자료 외에는 찾아지지 않아 어떠한 인물인지는 알 수 없다.

關聯資料

• (成宗) 五年 七月, 教曰, 朕素慙薄德, 尙切崇儒, 欲興周孔之風, 冀致唐虞之理, 庠序以

養之, 科目以取之, 今諸州所上學生, 慮有思鄕之人, 皆令從便去留, 其歸寧學生二百七人, 可賜布一千四百匹, 願留者五十三人, 亦賜幞頭一百六枚, 米二百六十五碩. 仍差通事舍人高榮嵩, 就客省宣諭, 賜酒果(『고려사』 권74, 지28, 選擧2, 學校).

• 成宗詔, 令諸州郡縣, 選子弟, 詣京習業(『고려사』 권74, 지28, 選擧2, 學校).

轉載 (成宗) 五年 七月, 敎, 凡隱占人逃奴婢者, 依律文, 一日三尺例, 日徵布三十尺, 給本主, 日數雖多, 毋過元直, 奴年, 十五以上·六十以下, 直布百匹, 十五以下·六十以上, 五十匹, 婢年, 十五以上·五十以下, 百二十匹, 十五以下, 五十以上, 六十匹(『고려사』 권85, 지39, 刑法2, 奴婢).

飜譯 (成宗) 5년 7월에 敎書를 내려, "무릇 다른 사람의 도망한 奴婢를 숨겨서 占有한 者는 '律文의 1日에 明細[絹] 3尺'이라는 事例에 의하여 1日마다 布 30尺을 徵收하여 본 主人에게 주도록 하는데, 日數가 비록 많다고 하여도 (奴婢의) 元價[元直]를 넘지 않게 하고, 男子 종[奴]으로 年齡이 15歲 以上에서 60歲 以下는 값을 布 100疋[匹]로 하고, 15歲 以下와 60歲 이상은 50疋[匹]로 하시오. 女子 종[婢]으로 연령이 15세 이상에서 50세 이하는 120疋[匹]로 하고, 15세 이하와 50세 이상은 60疋[匹]로 하시오."라고 하였다.

關聯資料

(七月) 敎, 凡隱占人逃奴婢者, 依律文一日絹三尺例, 日徵布三十尺, 給本主, 日數雖多, 毋過元直(『고려사절요』 권2, 成宗 5년 7월).

轉載 八月, 始令十二牧, 挈妻子赴任(『고려사절요』 권2, 成宗 5년 8월 ;『고려사』 권84, 지38, 刑法1, 職制).

飜譯 8월에[1] 처음으로 12牧에 妻子를 거느리고 任地로 가는 것을 許諾하였다.

注釋

1) 이해의 8월은 小盡이고 초하루[朔日]는 丁酉이다. 이달은 그레고리曆으로 9월 12일부터 10월 10일까지이다.

原文　秋九月 己丑, 敎曰, 上帝不言, 列星辰而炤下, 大君施化, 藉賢彦以
分方. 寡人雖身居九掖, 而心遍兆人. 思與賢能, 共淸風化, 擢簪纓之彦, 差牧
宰之員, 均賦稅以化人, 尙廉平而成俗. 然而人鮮克擧, 事恐稽遲. 更開戒勵
之端, 別降丁寧之旨. 凡爾牧民之官, 無滯獄訟, 懋實倉廩, 賑恤窮民, 勤課農
桑, 輕徭薄賦, 處事公平.

欲愼終而從其始, 將潔流而澄其源. 寧損己以益人, 不飮泉而燃燭. 如此, 則
獄無冤滯, 路不拾遺, 處處而人樂其生, 家家而衆安其業. 金渾運轉, 將七政
以增光, 玉燭循環, 領四時而有度, 凡百在外, 勉遵不忘.

飜譯　9월 24일(己丑, 陽10月 29日)[1] 敎書를 내려 말하기를, "하늘[上帝]은 말이 없
어도 별들을 벌여 놓아 아래 世上을 비추어 주며, 君王은 德化를 베풂에 있
어 德望과 재주를 겸비한 사람을 보내어 四方을 다스리는 것이오. 寡人의
몸은 비록 九重宮闕[九掖]에[2] 있으나 마음은 언제나 百姓[蒼生]들에 있다.
현명하고 유능한 臣下들과 함께 나라의 氣風을 맑게 하고 官僚[簪纓]들 가
운데서 人材를[3] 발탁해 지방 守令으로 파견해, 공평한 조세로 백성을 감화
시키고 청렴과 공평함을 숭상하는 습속을 정착시키고자 하오. 그러나 쓸만
한 人材가 드물어 그러한 사업이 지체될까 걱정이다. 이에 다시 마음에 아
로새겨 힘쓸 기회를 부여하기 위해 특별히 간곡한 敎旨를 내리오. 여러 牧
民官들은 裁判[獄訟]을 즉각 處理할 것이며, 倉庫를 充實하게 하여 궁핍한
백성을 구휼할 것이며, 農業과 蠶業을 장려하고 賦役과 租稅를 輕減할 것이
며, 公平하게 業務를 處理하시오.

有終의 美를 거두려면 처음부터 신중해야 하며, 아랫물을 깨끗하게 하려면
그 윗물부터 맑아야 하는 법이오. 내가 손해를 보아 남을 이롭게 할지언정,
백성의 재물을 탈취하거나 공공의 물건을 함부로 사용하는 일이 없도록 해
야 할 것이오.[4] 이와 같이 하면 억울하거나 遲滯되는 獄事가 없어질 것이
며, 民間의 風習은 醇化되어 백성들이 저마다 자신들의 삶을 즐기고 모든
집안들이 자신들의 생업에 안주하게 될 것이오. 우주[金渾]의[5] 운행은 日
月과 五星[七政]을[6] 거느림으로써 빛을 더하고, 季節[玉燭]의[7] 循環은 四時
를 통솔함에 따라 法度를 가지게 되는 법이니 地方에 있는 모든 官吏들은
힘써 遵守하고 잊지 마시오."라고 하였다.

注釋

1) 이해의 9월은 大盡이고 초하루[朔日]는 丙寅이다.

2) 九掖은 宮闕의 작은 掖門인 掖이 아홉 겹[九掖]으로 되어 있으므로 宮闕을 뜻하거나, 一轉하여 天子를 指稱하기도 한다[東亞大學校 2008年 1책 307쪽].

3) 簪纓은 高級官人의 官帽의 粧飾[冠飾]이었는데, 점차 高級官人[高官顯宦]을 가리키는 概念으로 바뀌어 갔다. 또 簪纓世家는 累代에 걸쳐 世襲的으로 高級官人을 輩出한 家門을 指稱한다(『南史』 권21, 열전11, 王弘, 末尾의 史論, "及夫休元弟兄, 並擧棟樑之任, 下逮世嗣, 無虧文雅之風. 其所以簪纓不替, 豈徒然也"; 東亞大學校 2008年 1책 307쪽).

4) 不飮泉而燃燭은 淸廉潔白한 사람이 아무리 목이 말라도 훔친 샘의 물을 마시지 않고 관청에 쓰는 촛불을 켜지 않는 것처럼, 관청의 물건을 사용하지 않는다는 말이다. 『尸子』卷下에 "孔子는 盜泉을 지나가면서 목이 말랐으나 물을 마시지 않았다. 그 名稱을 싫어했기 때문이다. 孔子過於盜泉, 渴而不飮, 惡其名也"라고 하였고, 『淮南子』 권16, 說山訓에는 "曾子는 淸廉할 뜻을 세워 盜泉을 마시지 않았으니, 이른바 뜻을 기른 것이다. 曾子孔子立廉, 不飮盜泉, 所謂養志者也"라 하였다[東亞大學校 2008年 1책 308쪽]. 盜泉은 현재의 山東省 泗水縣의 東北쪽에 遺趾가 있는데, 傳說에 의하면 縣內의 泉水가 87處에 있었고 그중에서 盜泉은 물이 흐르지 않았고, 餘他는 모두 匯入泗河로 흘러들어 갔다고 한다. 또 曾子는 孔子의 誤字라고 한다(『水經注』 권25, 猛虎行; 『文選』 권28, 猛虎行의 李善注에 引用된 『尸子』: 楠山春樹 1992年 932쪽).

5) 金渾에서 渾은 元渾의 意味로 自然의 氣 또는 天地의 뜻으로 해석된다. 班固 (32~92)의 「幽通賦」(『漢書』 권100上, 叙傳70上 所收)에 "큰 元氣[渾元]가 萬物을 運行하여 흘러 머물지 않는다. 渾元運物, 流不處兮"라고 하였고, 顏師古(581~645)의 注에 "큰 元氣[渾元]는 천지의 기운이고, 處는 머무는 것이다. 渾元, 天地之氣也. 處, 止也"라고 하였다. 또 曹大家(班固의 妹인 班昭)의 注에 "渾은 크다는 뜻이고, 元氣가 옮겨다니는 것이다. 물은 萬物이다. 元氣가 周行하여 처음부터 끝까지 끝이 없어 마치 물이 흘러 머물러 있을 수만은 없다는 것을 말한다. 渾大也, 元氣運轉也, 物萬物也, 言元氣周行, 終始無已, 如水之流, 不得獨處也"라고 하였으며, 李周翰의 注에 "큰 元氣는 天地이다. 天地가 運動하고 돌아다녀서 일정함이 없는 것을 말한다. 渾元天地也, 言天地運動, 流轉無常也"라고 하였다[東亞大學校 2008年 1책

308쪽].

6) 七政은 다음과 같은 여러 의미가 있다.

첫째, 天文에서 七曜·七緯와 같은 의미로 사용되며 日·月과 金·木·水·火·土의 五星을 합친 用語로 사용되거나 北斗七星을 指稱하는 用語였다(『易經』, 繫辭上傳, "天垂象, 見吉凶, 聖人象之. 集解, 此日月五星, 有吉凶之象, 因其變動爲占, 七者各自異政, 故爲七政. 得失由政, 故稱政也";『서경』, 堯典(舜典), "正月 吉日에 舜은 文祖廟에서 帝堯로부터 籌(天文計算書)를 割讓받고 璇璣玉衡(天文觀測道具)을 가지고 七星의 運行에 의한 曆日을 調整하였다. 正月上日, 受終于文祖, 在璇璣玉衡, 以齊七政", "孔傳, 七政, 日月五星各異政. 孔穎達疏, 七政, 其政有七, 于璣衡察之, 必在天者, 知七政謂日月與五星也. 木曰歲星, 火曰熒惑星, 土曰鎭星, 金曰太白星, 水曰辰星"[今井宇三郎 2008年 1542쪽 ; 加藤常賢 1993年 31쪽].

둘째 天·地·人의 3元과 春夏秋冬의 4季節을 지칭하는 용어였다(『尙書大傳』 권1, "七政者, 謂春秋多夏·天文·地理·人道, 所以爲政也").

셋째, 兵法에서 人·正·辭·巧·火·水·兵의 7개 항목을 지칭하였다(『司馬法』, "一曰人, 二曰正, 三曰辭, 四曰巧, 五曰火, 六曰水, 七曰兵, 是謂七政").

7) 玉燭은 4季節[四時의 氣象이 和暢하면 太平盛世를 이루어 萬物이 玉燭과 같이 빛을 발한다는 뜻이다. 곧 帝王의 덕이 玉같이 아름답고 촛불처럼 밝으면 四季節의 和氣를 이룬다는 뜻이다. 現存 最古의 字書인 『爾雅』, 釋天에 "四季節의 氣運이 溫和한 것을 玉燭이라 한다. 四氣和, 謂之玉燭."라고 하였다. 또 『尸子』卷上에 "四時和, 正光照, 此之謂玉燭", 郭璞注, "道光照", 邢昺疏, "道光照者, 道, 言也. 言四時和氣, 溫潤明照, 故曰玉燭"라고 하였다.

關聯資料

九月, 下敎, 申誡牧民之官, 無滯獄訟, 懋實倉廩, 賑恤窮民, 勸課農桑, 輕徭薄賦, 處事公平(『고려사절요』 권2, 成宗 5년).

補遺 (雍熙三年 十月) 壬子, 高麗國王遣使來貢(『宋史』 권5, 本紀5, 태종2).

飜譯 (雍熙 3년 10월) 17일(壬子, 陽11월 21일)[1] 고려 국왕이 使臣을 보내와 朝貢을 바쳤다.[2]

注釋

1) 이해의 10월은 小盡이고 초하루[朔日]는 丙申이다.

2) 이때 崔罕·王彬이 함께 宋에 들어가 國子監에서 수학하였다[肄業].

關聯資料

• (雍熙三年) 十月, 遣使朝賀, 又本國學生崔罕·王彬詣國子監肄業(『宋史』 권487, 열전 246, 外國3, 高麗).

• 雍熙三年 十月, 又貢馬, 遣國人入學(『玉海』 권154, 朝貢, 獻方物).

• 雍熙三年 十月, 又遣崔罕等肄業(『玉海』 권154, 朝貢, 錫予外夷).

轉載 是歲, 遣崔罕·王琳, 如宋入學(『고려사절요』 권2, 成宗 5년 ; 『고려사』 권74, 지28, 選擧2, 科目2, 制科).

飜譯 이해에 崔罕과[1] 王琳을[2] 宋에 보내 國子監에[3] 入學하게 하였다.

注釋

1) 崔罕은 이 자료 이외에는 찾아지지 않아 어떠한 인물인지는 알 수 없으나, 그와 함께 宋에 들어간 王琳(王彬)을 통해 一面을 알 수 있다. 곧 986년(雍熙3, 성종5) 10월 王琳(王彬)과 같이 賓貢學生으로 고려의 使臣을 따라 宋에 들어가 太學에 入學하여 修學하다가 992년(淳化3, 성종11) 3월 進士第에 及第하여 秘書省 校書郎(從8品)에 除授되어 같은 해 7월에 歸國하였다고 한다(『拙藁千百』 권2, 送奉使李中父還朝序 ; 『宋會要輯稿』107책, 選擧2, 貢擧 進士科).

2) 王琳(969~?)은 중국 측의 자료에는 王彬으로 되어 있다. 그는 원래 光州(現 河南省 潢川縣) 固始人으로 祖 王彦英과 父 偏이 一族인 王潮가 터전을 잡고 있던 閩 地域(長樂, 現 福建省 長樂)으로 移住하였는데, 그곳에서 權勢를 부리다가[用事] 王潮의 미움을 받아 王彦英이 家族을 거느리고 新羅로 逃走하였다고 한다. 新羅에서 重用되었다고 하는데, 한국측의 자료에서 확인되지 않는다. 王彬은 986년(雍熙3, 성종5) 10월 18歲로서 崔罕과 함께 賓貢學生으로 고려의 使臣을 따라 宋에 들어가 太學에 入學하여 修學하다가 992년(淳化3, 성종11) 3월 進士第에 及第하여 秘書省 校書郎(從8品)에 除授되었다. 이어서 같은 해 7월 고려에 歸還하였나, 다시 祖上의 墳墓를 보호하기[正省墳墓] 위해 宋에 돌아가서 雍丘尉에 임명되었다.

이어서 秘書省 著作佐郎·筠州通判·知汀州事·知撫州事 등을 거쳐 提點荊湖路刑獄으

로 발탁되었다가 知潭州事·判三司戶部勾院 등을 거쳐 京西轉運使가 되었으며 河北·京東·河東·陝西 등지의 轉運使를 거쳐 三司鹽鐵判官이 되었다. 이후 여러 관직을 거쳐 太常少卿(從5品)에 이르렀다가 別世하였다고 한다(『宋史』 권304, 열전63, 王彬 ; 『淳熙三山志』 권26, 人物類1, 科名, 淳化 3년 ; 『고려사』 권74, 지28, 선거2, 制科).

3) 이때 宋의 大學은 國子監이었고, 989년(端拱2) 2월 17일(戊辰) 國子學으로 改稱하였다가 993년(淳化5) 4월 5일(丙戌) 다시 國子監으로 還元하였다(『宋史』 권5, 본기5, 태종2).

關聯資料

• 崔罕, 景^成宗五年, 如宋入學, 登賓貢科, 授秘書郞^{秘書省 校書郞}.

• 王琳, 景^成宗五年, 如宋入學, 登賓貢科, 授秘書郞^{秘書省 校書郞}(以上『高麗列朝登科錄』 前編권1 ; 이 자료에서 景宗은 成宗의, 秘書郞은 秘書省 校書郞의 잘못이다).

轉載   溟州 … 成宗二年, 稱河西府, 五年, 改溟州都督府(『고려사』 권58, 지12, 地理3, 東界, 溟州).

飜譯   溟州(現 江原道 江陵市)는 성종 2년에 河西府라고 불렸는데, 5년에 溟州都督府로 改編하였다.

補遺   雍熙丙戌, 又改靑鳧縣, 屬禮州任內(『경상도지리지』, 安東道, 靑松郡).

飜譯   雍熙 丙戌年(성종5) (雲鳳縣을) 다시 靑鳧縣으로 改稱하고, 禮州任內에 속하게 하였다.

[成宗 6年(987) 丁亥]

宋 太宗 雍熙 4年, 契丹 聖宗 統和 5年

轉載   春正月, 敎, 自二月至十月, 萬物生成之時, 禁放火山野, 違者罪之, 著爲常式(『고려사절요』 권2, 成宗 6년 정월 ; 『고려사』 권85, 지39, 刑法2, 禁令).

翻譯 1월에[1] 教書를 내려서, "2월부터 10월까지는 萬物이 나서 자라는 時期이니, 산과 들에 불 놓는 것을 禁하시오. 이를 어기는 者는 罪를 줄 것이니, 固定된 制度[常式]으로 삼으시오."라고 하였다.

注釋

1) 이해의 1월은 大盡이고 초하루[朔日]는 甲子이다. 이달은 그레고리曆으로 2월 6일부터 3월 7일까지이다.

原文 春三月 甲子, 大匡崔知夢卒.

翻譯 3월 2일(甲子, 陽4月 2日)[1] 大匡(2品上)[2] 崔知夢이[3] 別世하였다(81歲).

注釋

1) 이해의 3월은 大盡이고 초하루[朔日]는 癸亥이다. 이날은 그레고리曆으로 4월 7일이다.

2) 大匡은 태조 6년 4월 주석 2)와 같다.

3) 崔知夢(907~987)은 太祖 7년 是歲 주석 1)과 같다.

關聯資料

• (成宗) 六年, 知夢疾病, 成宗命醫賜藥, 親臨問疾, 以馬二匹, 施歸法·海安二寺, 飯僧三千以禱, 凡可以已疾者, 靡所不爲, 卒, 年八十一, 訃聞, 震悼, 賻布千匹·米三百碩·麥二百碩·茶二百角·香二十斤, 官庇葬事, 贈太子太傅, 謚敏休(『고려사』 권92, 열전5, 崔知夢).

• 『고려사절요』 권2, 성종 6년 3월과 『고려사』 권64, 지18, 禮6, 凶禮, 諸臣喪은 引用을 省略한다.

轉載 (成宗) 六年 三月, 李夢游, △爲知貢擧, 取進士(『고려사』 권73, 지27, 선거1, 科目1, 選場).

翻譯 (成宗) 6년 3월에 李夢游가[1] 知貢擧가 되어 進士를 선발하였다.

注釋

1) 李夢游(生沒年不詳)는 出身이 分明하지 않으나, 965년(광종16) 5월에 建立된「聞慶鳳巖寺靜眞大師圓悟之塔碑」를 修撰하였는데, 이때 그의 官爵은 '奉議郎·正衛·翰林學士·前守兵部卿·賜丹金魚袋'였다. 983년(성종2) 12월 左執政으로서 正匡(2品下) 崔承老·兵官御事 劉言儒·左丞 盧奕 등과 함께 科擧를 主管하여 姜殷川(姜邯贊의 初名) 등을 선발하였고, 986년(성종5) 3월 崔英藺 등을 선발하였다. 987년(성종6) 3월 知貢擧가 되어 鄭又玄 등을 선발하였고, 같은 해 8월에는 中外의 奏狀과 行移 公文書의 書式을 詳定하였다. 1027년(현종18) 4월 崔亮·崔承老·李知白(혹은 李知伯)·徐熙 등과 함께 成宗의 廟廷에 配享되었으며, 1033년(덕종2) 10월 司空에 追贈되었다 (「聞慶鳳巖寺靜眞大師圓悟之塔碑」; 具山祐 2003年).

關聯資料

• (成宗)六年, 除頌, 試以詩·賦及時務策(『고려사』 권73, 지27, 선거1, 科目1).

• 成宗六年 三月, 放榜, 下教曰, 省今所擧諸生詩賦策, 文辭駁, 格律猥, 皆不堪取, 唯進士三人詩賦策, 及明經以下諸業, 通計六人, 對義名狀, 一如所奏, 進士鄭又玄, 五夜·方二篇, 已就, 雖非卓異之才, 亦是敏捷之手, 宜置前列, 用勸後來, 明經以下諸業學生, 各勤本業, 方成厥志, 宜降優柔之澤, 升擢用之科, 其令有司, 准例用, 自今進士諸生, 不依考官格式, 放縱違律者, 勿許試取, 永以爲式, 放下教, 始此 (『고려사』 권74, 지28, 選擧2, 科目2, 崇奬之典).

轉載   夏六月, 收州郡兵, 鑄農器(『고려사절요』 권2, 성종 6년 6월 ;『고려사』 권79, 지33, 食貨2, 農桑).

飜譯   6월에[1] 州郡의 兵器를 거두어서 農器具를 鑄造하였다.[2]

注釋

1) 이해의 6월은 大盡이고 초하루[朔日]는 壬辰이다. 이달은 그레고리曆으로 7월 4일부터 8월 2일까지이다.

2) 이때 兵器를 거두어서 農器具를 鑄造한 措置는 勸農政策의 一環일 수도 있으나, 그보다는 아직까지 地方에서 半獨立的인 位相을 지니고 있던 豪族勢力을 壓迫하여 中央集權化를 圖謀하려는 意圖가 內在되어 있었다는 견해도 있다[李基白 1960年 63쪽].

__轉載__ (成宗) 六年 七月, 敎, 放良奴婢, 年代漸遠, 則必輕侮本主. 今或代本主, 水路赴戰, 或廬墓三年者, 其主告于攸司, 考閱其功, 年過四十者, 方許免賤. 若有罵本主, 又與本主親族, 相抗者, 還賤役使(『고려사』 권85, 지39, 刑法2, 奴婢).

__飜譯__ 7월에[1] 敎書를 내려, "良人으로 放免된 奴婢가 年代가 점차 멀어지면 반드시 本主人을 업신여기게 된다. 지금 本主人을 대신하여 뱃길로 전쟁에 나갔거나 3년간이나 廬墓한 者는, 그 主人이 該當官廳[攸司]에 알려서 그 功勞를 살펴 나이 40歲를 넘은 자는 賤人을 免하게 하라. 만약 本主人을 辱하거나 本主人의 親族과 다투는 者는 다시 賤人으로 만들어 使役하게 하라."고 하였다.

注釋

1) 이해의 7월은 小盡이고 초하루[朔日]는 壬戌이다. 이달은 그레고리曆으로 8월 3일부터 31일까지이다.

關聯資料

秋七月, 敎, 放良奴婢, 年代漸遠, 則必輕侮本主, 今或代本主, 水路赴戰, 或廬墓三年者, 其主告于有司, 考閱其功, 年過四十者, 方許免賤, 若有罵本主, 還賤役使(『고려사절요』 권2, 성종 6년 7월).

__原文__ 秋八月 乙卯, 命李夢遊, 詳定中外奏狀及行移公文式.

__飜譯__ 8월 25일(乙卯, 陽9月 20日)[1] 李夢游에게[2] 命하여 中央과 地方에서 올리는 狀啓와 官廳끼리 주고받는[行移] 公文의 樣式을 調査하여 訂定하도록[詳定] 하였다.

注釋

1) 이해의 8월은 大盡이고 초하루[朔日]는 辛卯이다.

2) 李夢游(生沒年不詳)는 성종 6년 3월 주석 1)과 같다.

3) 行移는 각종 官署사이에 주고받는 文書를 가리킨다(『續演繁露』 권1, 制度, 太祖右文, "武人多不知書, 案牘·法令·書判·行移, 悉仰胥吏").

原文 是月, 賜鄭又玄等及第. 敎曰, 自昔結繩旣往, 畫卦以來, 北辰御極之
君, 南面經邦之主, 莫不習五常而設敎, 資六籍以取規. 故乃有虞開上下之庠,
夏后置東西之序, 殷修兩學, 周立二膠. 擇先生而討論, 命國子以隷習, 君臣父
子, 咸知愛敬之風, 禮樂詩書, 足創經綸之業. 所以人倫軌範, 王道紀綱, 灼爾
可觀, 煥然斯在.

寡人道慚握鏡, 德乏垂衣, 纂承累聖之鴻基, 奄有三韓之王業, 心存慄慄, 念切
孜孜. 欲使俗變澆醨, 人知禮讓, 杏壇槐市, 增多鼓篋之徒, 米廩稷山, 蔚有橫
經之子. 況復保生之理, 療病爲先, 故乃神農御宇之年, 備嘗藥草, 秦帝焚書之
日, 不滅醫經. 將除百姓之艱危, 要廣十全之方術.

近者, 廣募諸州郡縣子弟, 詣京習業, 果以乘風而至, 應詔而來, 講肆之中, 學
徒頗衆. 盖以辭家路遠, 爲客日多, 且志惰於爲山, 却情深於懷土. 憫其離索,
聸降諭言, 願留者, 任住京華, 求退者, 許還桑梓. 各有頒賜, 以遂去留.

然恐有性聰明, 無師敎授, 未學一經之旨趣, 虛過數紀之光陰. 雖有前程, 空爲
棄物, 得人無計, 求士何因. 今選通經閱籍之儒, 溫古知新之輩, 於十二牧, 各
差遣經學博士一員, 醫學博士一員. 勤行善誘, 好敎諸生, 則必審量功績之淺
深, 超擢官榮而獎勵. 應其諸州郡縣長史, 百姓有兒可敎學者, 合可訓戒, 勉篤
師資. 儻其父母未識國風, 爲營家産, 只見今朝之利, 不思他日之榮, 謂'學習
何爲. 讀書勿益. 却妨編柳, 唯要負薪, 其子則沒齒無聞, 其親則榮身莫得.

彼甯越之抛耕取貴, 匡衡之鑿壁成功, 或朱翁子衣錦以還鄕, 馬長卿乘軺而返
蜀, 皆勤志業, 以立榮名, 言念伊人, 寔多嘉獎. 於戲, 懷材抱器事君王, 則忠
之始也, 立身揚名, 顯父母, 則孝之終也, 忠孝可稱, 寵榮何悋. 自後, 若有螢窓
勵志, 鱣肆明經, 孝弟有聞, 醫方足用, 可其牧宰·知州·縣官, 具錄, 薦貢京師.

飜譯 8월에 鄭又玄 등에게[1] 及第를 下賜하고, 敎書를 내려 말하기를 "옛날 매듭
을 묶어 文字[結繩]를[2] 代身하던 때를 지나서 卦를 그어 文字로 使用하기
시작한 이래[畫卦][3] 王位에 올라 나라를 다스리는 君王은[4] 반드시 五倫[五
常]을[5] 익혀 敎化를 베풀고 六經[六籍]에[6] 根據하여 規範을 취하지 아니함
이 없었소. 그러므로 帝舜[有虞]은[7] 上庠과 下庠을[8] 開設하였고 夏后氏는[9]
東序와 西序를[10] 설치하였으며, 殷은 國學과 太學[兩學]을[11] 정비하였고 周
는 東膠와 西膠[二膠]를[12] 설립하였소. 先生을 택하여 經典을 토론하게 하

고 國子學에 命해 그 내용을 익히게 하니 君臣과 父子가 모두 恭敬하고 아끼는 氣風을 알게 되었고 『禮記』[13]·『樂經』[14]·『詩經』[15]·『書經』[16]을 통해 나라를 다스리는 偉業을 세울 수 있었던 것이오. 人倫의 規範과 王道의 紀綱이 찬란히 빛나서 볼 만한 것이 된 것은 바로 이 때문이오.

寡人은 天下를 다스릴 만한[17] 方途와 德望이 부족하면서도 외람되게 先代 聖君들의 위대한 기업을 계승해 三韓의 王業을 다 차지하게 되니 늘 두려운 마음으로 부지런히 힘써야 함을 절실히 느껴왔소. 경박한 風俗을 고쳐 사람들로 하여금 禮義와 謙讓을 알게 하고 學校에는[18] 공부하는 생도[鼓篋]들이[19] 더욱 늘어나며 米廩이나 稷山에서[20] 經典을 읽는 사람들로[21] 가득 차게 하려는 것이 나의 所望이오. 더구나 생명을 보존하기 위해서는 무엇보다 疾病을 치료해야 하기 때문에 神農氏는 세상을 다스리면서 藥草를 고루 시험하여 보았고 秦始皇은 모든 서적을 불태우면서도 의학 서적만은 없애지 않았소. 앞으로 백성들의 어려움과 위급함을 덜어주기 위해서는 무엇보다 완전한 醫術의[22] 보급이 필요하오.

近來에 여러 州郡縣의 子弟들을 널리 모아 開京에 와서 學業을 익히게 했더니 과연 바람을 타듯이 부름에 응해 몰려와 學校가 學徒들로 넘치게 되었소. 그들이 대부분 멀리 故鄕을 떠나 오래 동안 客地生活을 한지라, 힘든 공부에 의지가 꺾이고[23] 고향을 그리는 마음은 더욱 깊어지고 있소. 客地에서 겪는 외로운 心思[離索]를[24] 민망히 여겨 그들을 위해 諭旨를 내리노니, 계속 머물기를 願하는 者는 편의대로 開京에 머물고 돌아가려는 자는 歸鄕[桑梓]을[25] 허락하오. 各自에게 선물을 내릴 것이니 그것을 받고 거취를 결정하도록 하시오.

그러나 염려되는 것은, 총명한 천성을 가지고도 제대로 가르칠 스승이 없어 아직 經書 한권의 뜻도 배우지 못한 채 몇 년[數紀]의[26] 세월을 허송하는 경우이오. 비록 장래가 촉망되는 인재라고 하더라도 헛되이 폐물이 되어 버릴 것이니 인재를 얻을 계책이 없는 터에 어디서 賢人을 구할 수 있겠소? 이제 經典에 통달하고 書籍을 두루 읽은 儒者와 溫故知新하는 사람들을 선발하여 12牧에 각각 經學博士 1人과[27] 醫學博士 1人을 파견할 것이오. 그들이 부지런히 좋은 가르침을 행하고 生徒들을 잘 교육시키면 그 공

적의 다소를 헤아려 순번을 뛰어넘어 반드시 관직에 발탁함으로써 그들을
表彰할 것이오. 응당 여러 州郡縣의 長吏나[28] 平民들 가운데 공부를 가르
칠 만한 재주가 있는 아이가 있으면 선생으로부터 열심히 수업을 받도록
독려해야 할 것이오. 만약 그 父母가 나라에서 文敎를 장려하는 뜻을 알지
못하고 집안 살림만 돌보도록 만드느라고 당장 목전의 이익에만 눈이 팔려
자식이 장차 누릴 영화를 생각하지 않고 '공부는 해서 무엇하느냐? 글 따
위 읽는 것은 아무 이득도 없다.'고 한다오. 父母란 자가 도리어 고생스레
공부[編柳하는][29] 것을 妨害하고 그저 땔나무나 해오게 한다면, 그 자식은
죽을 때까지 名聲을 날리지 못할 것이며 父母 또한 榮華를 누릴 수 없을
것이오.

옛날 嶲越이[30] 農事를 걷어치우고 공부하여 귀한 身分이 된 것, 匡衡이[31]
壁을 뚫고 공부하여 功을 이룬 것, 朱翁子가[32] 錦衣還鄕한 것, 司馬相如
가[33] 軺軒을 타고 蜀으로 돌아온 것은, 모두 뜻한 바의 學業에 힘씀으로써
榮名을 세운 것이오. 이런 사람들을 생각하면 진실로 크게 勸獎할 만하다.
아, 품고 있는 才能과 器量으로 君王을 섬김은 곧 忠誠의 始作이며, 立身揚
名하여 그 父母를 顯彰함은 孝의 終着点이니 忠孝로 稱頌받는 이가 있다면
나라에서 어찌 그에게 富貴榮華를 주지 않겠소? 지금부터 어려운 중에도
勉學[螢窓]에[34] 뜻을 가다듬고, 講堂[鱣肆]에서[35] 經典을 밝혀서 孝道와
友愛로 드러남이 있거나 醫術[醫方]에 족히 任用할만하면 該當地域의 牧
宰·知州·縣官들은 그 內容을 자세히 記錄하여 朝廷에 薦擧하시오."라고
하였다.

注釋

1) 鄭又玄(生沒年不詳)은 987년(성종6) 3월 知貢擧 李夢游가 주관한 과거에서 합격하
　고, 8월에 及第를 下賜받았다. 이후의 歷官은 분명하지 않으나 995년(성종14) 供賓
　令으로 「奉事七條」를 올려 時政을 論하다가 成宗의 뜻에 거슬려 治罪되게 되었으
　나, 內史侍郎平章事 徐熙의 救援에 의해 容恕를 받고 監察御史에 발탁되었다(『고려
　사』 권94, 열전7, 徐熙 ; 東亞大學校 2008年 1책 311쪽).

2) 結繩은 古代에 文字가 만들어지기 이전에 새끼줄이나 가죽 끈을 매듭지어서 숫자를
　나타내거나 事實을 記錄하여 전달하였던 方法으로 推定된다. 이를 傳達할 때 큰일

[大事]은 큰 매듭[大結]로, 작은 일[小事]은 작은 매듭[小結]으로 매듭지었던 것 같다 (『易經』, 繫辭下傳, "上古結繩而治, 後世易之以書契", 鄭玄注, "事大, 大結其繩, 事小, 小結其繩"; 『老子』, 獨立第80, "使民復結繩而用之"). 이는 『漢書』 권30, 藝文志第10 에 "易曰, 上古結繩以治, 後世聖人易之以書契, 百官以治, 萬民以察, 蓋取諸夬. 師古 曰, 下繫之辭"로 引用되어 있다.

3) 畫卦는 八卦를 區分하여 定하였다는 것을 말한다. 『易經』, 繫辭下傳에 "옛날 伏羲 氏[包犧氏]가 君王이 되어 天下를 다스릴 때, 머리를 들어 하늘을 바라보고 하늘의 日月星辰의 形象과 運行을 觀測하고, 머리를 숙여 大地를 보고 地上의 새와 짐승의 紋樣과 여러 토지에 적절한 草木·物産을 관찰하였다. 가까운 곳에 있는 것은 스스 로 手足으로 만져 形象을 취하고, 먼 곳에 있는 것은 그 形象을 그려서 취하였다. 이렇게 하여 처음으로 八卦를 만들어 神明한 易의 理法을 분명하게 하여 萬物의 實 情을 分類할 수 있게 하였다. 古者, 包犧氏之王天下也, 仰則觀象於天, 俯則觀法於 地, 觀鳥獸之文與地之宜, 近取諸身, 遠取諸物, 於是始作八卦, 以通神明之德, 以類萬 物之情'라고 하였다. 이때 伏羲가 만들었다는 伏羲臺는 3層으로 나뉘는데, 最上層 은 不等邊 八角形으로 八卦臺 또는 伏羲畫卦臺라고 한다[東亞大學校 2008年 1책 311쪽].

4) '北辰御極之君, 南面經邦之主'에서 北辰은 모든 별들이 우러러 보는 北極星으로 帝 王의 자리를 의미하며, 南面이란 南面而治라는 말에 유래한 것으로, 帝位에 올라 治國經邦하는 君主를 意味한다[東亞大學校 2008年 1책 311쪽].

5) 五常은 人間이 基本的으로 지녀야 할 品格과 德行인 仁·義·禮·智·信 등을 가리킨 다. 孟子가 仁·義·禮·智를 提示하였고, 이것에 董仲舒가 信을 追加하였다(『春秋繁 露』). 後日 이를 五常이라고 稱하고 儒家의 핵심적인 倫理로서 발전하게 되었다.

6) 六籍은 六經·六藝·六學이라고도 하며, 『詩經』·『書經』·『易經』·『禮記』·『樂經』·『春秋』 등의 6책이다(『樂經』은 現存하지 않아 어떠한 책인지 알 수 없다 : 이 항목의 주석 14와 같음). 이들 書籍은 孔子(B.C.552~B.C.479)에 의해 述刪이 이루어지기 전까 지는 단순한 六籍이었으나 孔子의 손을 거친 이후에 六經으로 거듭났다는 見解도 있다(宋 曾撙節, 『緣督集』, 六經論). 그렇지만 詩·書·春秋는 孔子의 刪定이 있었으 나 六經 전부가 그에 의해 整理되었다는 것은 불가능하다는 見解가 一般的이다. 이 들 五經은 漢代이후에 여러 經典이 追加되어 7經에서 12經으로 계속 불어나다가 宋代에 이르러 易·書·詩·三禮(儀禮·周禮·禮記)·三傳(春秋三傳 ; 左傳·公洋傳·穀梁

傳·論語·孟子·孝經·爾雅 등의 13經으로 定着을 보게 되었다[諸橋轍次 1976年 第2券 36~41쪽 六經].

7) 有虞는 帝舜·虞舜이라고도 하며, 帝堯로부터 禪位를 받은 帝舜을 말한다. 帝舜이 虞(現 山西省 平陸縣) 지역에 首都를 정하고 虞를 다스렸으므로 有虞氏라고 하였기에, 有虞는 帝舜의 在位時代를 가리킨다[東亞大學校 2008年 1책 311쪽].

8) 上庠은 殷(혹은 商) 때의 學校로서 大學·右學이라고도 하며, 小學·左學이라고 하던 下庠은 庶民들이 배우던 學校를 말한다. 『禮記』, 王制第5에 "有虞氏는 上庠에서 國老를, 下庠에서 庶老를 양성하였다. 有虞氏養國老於上庠 養庶老于下庠", 鄭玄注, "上庠, 右學·大學也"라고 하였다[東亞大學校 2008年 1책 311쪽].

9) 夏后는 帝舜의 王位를 이어 받은 帝禹[禹王]을 말한다. 國號를 夏라고 定하였는데, 夏의 王族들은 國名을 氏로 삼았기에 夏后氏라고 하였고, 略稱하여 夏氏라고 하였다[東亞大學校 2008年 1책 312쪽].

10) 東序는 夏王朝 때의 學堂으로, 王宮 동쪽에 두어 國老를 키웠으며, 王宮의 서쪽에 세운 西序에서 庶老를 養成하였다고 한다. 『禮記』, 王制第5에 "夏后氏는 東序에서 國老를, 西序에서 庶老를 養成하였다. 夏后氏養國老於東序, 養庶老於西序", 鄭玄注, "東序·東膠亦大學, 在國中王宮之東"라고 하였다[東亞大學校 2008年 1책 312쪽].

11) 兩學은 殷의 學校로 右學과 左學이 있었는데, 西周에 계승되었다(『禮記』, 王制第5, "殷人養國老於右學, 養庶老於左學", 鄭玄注, "右學爲大學, 在王城西郊, 左學爲小學, 在城內王宮之東"). 또 宮闕 안에 貴族의 子弟를 教育하는 國學과 빼어난 子弟를 教育하는 太學을 두었다고 한다(『晉書』권55, 열전25, 潘岳, "兩學齊列, 雙字如一, 右延國胄, 左納良逸. 祁祁生徒, 濟濟儒術, 或升之堂, 或入之室. 教無常師, 道在則是"; 東亞大學校 2008年 1책 312쪽).

12) 二膠는 周의 학교로 東膠에서 國老를, 西膠에서 庶老를 각각 교육하였다. 膠는 糾로 太學을 말한다(『禮記』, 王制第5, "周人養國老於東膠, 養庶老於虞庠, 虞庠在國之西郊", 鄭玄注, "東膠亦大學, 膠之言糾也"; 東亞大學校 2008年 1책 312쪽).

13) 『禮記』는 禮에 관한 理論과 實際를 기록한 책이다. 『儀禮』가 六經의 禮에 대한 經文을 모은 것이라고 한다면, 『禮記』는 禮에 대한 經文을 說明한 것이라고 할 수 있다. 『漢書』권30, 藝文志第10에 의하면 漢代 魯 地域(現 山東省 新泰 龍廷)의 高堂生(復姓의 高堂, 이름은 伯, 生沒年不詳)이라는 人物이 「士禮」17篇을 傳하였다고 한다. 그 후 孝宣帝 (劉詢, B.C.91~B.C.48, B.C.74~B.C48 在位) 때 東海郡 郯

(現 山東省 郯城縣) 출신의 后蒼(生沒年不詳)이라는 人物이 禮에 밝았고, 그의 門下에서 梁治(現 安徽省 碭山) 出身의 戴德(生沒年不詳)과 그의 從姪(從兄의 子) 戴聖(生沒年不詳), 그리고 慶普(生沒年不詳)의 3人이 輩出되어 禮博士(혹은 學官)가 되었다고 한다.

이중에서 戴德에게 전해진 學問이 「大戴禮」85編으로, 戴聖에게 전해진 學問이 「小戴禮」49編으로 整理되었다고 하며, 現在의 『禮記』는 「小戴禮」라고 한다. 戴聖이 「小戴禮」를 정리할 때, 당시에 존재하고 있었던 禮의 「記」200餘篇을 取捨選擇하였다고 한다. 이들 各編의 作者가 분명한 것도 있고 그렇지 않는 것도 있었다. 이들은 孔子(B.C.552~B.C.479)의 文人, 再傳文人, 혹은 周부터 漢까지의 여러 人物들에 의해 만들어진 것이었다. 이처럼 『禮記』의 內容은 複雜多端한 것이지만, 基本的으로 禮의 根本 (『周禮』)의 「樂語」또는 『禮記』의 「樂記」로 推測되기도 하고, 아니면 처음부터 없었던 책으로 이해되기도 한다.

15) 『詩經』은 古代부터 「詩」라고 불려왔던 305篇(篇名만 남아 있는 6篇을 합하면 311篇)의 詩文은 國風 160篇, 小雅 80編, 大雅 31篇, 그리고 頌 40編으로 구성되어 있다. 이는 『史記』, 孔子世家第17에 의하면 孔子가 編集하였다고 하지만, 『春秋左氏傳』에는 孔子 時期以前에 『詩』는 300餘篇의 形態로 存在하고 있었다고 한다. 漢武帝(B.C.141~B.C.87 在位) 때에 五經의 하나가 되어 詩篇으로서보다 經典으로서 重視되어 經學의 對象이 되었다. 이후 『詩』를 學問의 對象으로 하는 3個의 學派가 登場하였는데, 각각 訓詁를 行하였다. 곧 齊의 轅固生(齊詩), 魯의 申培(魯詩), 燕의 韓嬰(韓詩)의 詩說을 「三家詩」(隷書로 쓰여진 今文)라고 하였다.

이것들과 별도로 魯의 毛氏(毛亨, 毛萇)에 의한 「毛詩」(篆書로 쓰여진 古文)가 있었는데, 後漢 때에 鄭玄이 箋(鄭箋)을 追加하였다. 그 후 「三家詩」는 대부분 散逸되었고, 그 중 「韓詩」의 內外傳 중에 外傳(「韓詩外傳」)만이 남아 있다. 이로서 『詩經』이라고 하면 「毛詩」를 指稱하게 되었고, 唐代의 孔穎達에 의해 疏(『詩經正義』)가 추가되어 毛傳·鄭箋·孔疏가 이 책의 根幹이 되었다. 「毛詩」의 特徵은 各篇의 冒頭에 붙어 있는 序文(毛序)인데, 이는 詩文의 由來와 全體的인 說明이지만 儒敎的인 立場에서 敍述되어 詩文이 가진 本來의 意圖와 乖離된 점도 있다고 한다[石川忠久 2000年 解題].

16) 『書經』은 『詩經』과 함께 古代부터 「詩書」로 불린 古典 중의 古典이라고 할 수 있는 文獻이다. 이는 「書」라고 불렸는데, 이것은 '기록된 것'이라는 意味이다. 또 『尙

書』라고도 불렀는데 '尙'은 '上'으로 上代 곧, '古代以來의 書'라는 뜻인데, 이 用語
는 漢代에 이미 使用되고 있었다. 이의 編纂者는 孔子(B.C.552~B.C. 479)라고도
하지만 孔子도 이 책을 弟子의 敎育에 이용하였음을 통해 볼 때 그 이전에 이미
存在하였음을알 수 있다. 勿論 孔子가 본 「書」와 現存의 『書經』은 같은 책이 아니
다. 이 책은 虞書·夏書·商書·周書의 네 부분으로 構成되어 있는데, 이중에서 周書
는 周의 史官이 기록한 것으로 推定되어 가장 信憑性이 높다. 商書는 殷代의 記錄
으로 추정되지만 周書에 비해 신빙성이 떨어지고, 夏書는 傳說上의 王朝인 夏王朝
의 기록으로 比定하기도 하지만 믿기 어렵다. 그리고 虞書는 疑惑이 많이 있는 것
으로 帝王으로서 堯·舜이 있는데, 이들은 帝堯·帝舜으로 稱해지며 각기 堯典, 舜
典이 있다. 『書經』의 주된 內容은 周王이 同族의 子弟를 各地의 諸侯로 分封할
때, 諸侯로서 갖추어야 할 政治的 姿勢를 訓戒한 詔書類 혹은 戰爭에 臨할 때의
檄文 등이다. 이에서 제시된 가장 根本的인 主題는 明德과 愼罰인데, 前者는 諸侯
自身의 人格을 修練하여 德性을 發揮하게 하는 것이고, 後者는 刑罰의 執行에서
愼重을 圖謀하라는 것이다. 그런데 『書經』은 今文과 古文의 두 종류가 있었고, 이
의 眞僞를 둘러싸고 수많은 論爭이 있었는데, 淸代에 이르러 古文이 僞作임이 분명
해졌다. 現存의 『書經』은 今文(眞古文) 31篇(上中下의 3篇을 헤아리면 33篇)과 僞
作古文(僞古文) 19篇(上中下를 헤아리면 25編)이 있다[加藤常賢 1983年 解題].

17) 이 句節에서 握鏡은 握金鏡을 줄인 말로, 把神珠와 같은 뜻이며, 帝王이 天下를 다
스린다는 意味이다. 『文選』 권55, 論, 劉孝標廣絶交論(劉峻 作)에 "聖人이 금거울
을 쥐고 바람을 열어 바람이 거세지자 龍이 뛰어 오르고, 道에 屈從하니 땀이 대
단하였다. 聖人握金鏡, 闡風風烈, 龍驤屈從道汗隆."라고 하였다. 또 垂衣는 垂衣拱
手의 略稱으로 옷을 드리우고 손을 맞잡고 별로 하는 일이 없이 泰然하게 天下를
다스리는 모습을 말한다. 『書經』, 周書, 武成(僞古文) "(武王이) 옷을 드리우고 팔
짱을 끼고 있어도 天下는 다스려진다. 垂拱而天下治."라고 하였으며, 『漢書』 권89,
循吏傳第59의 序文에 "孝帝와 惠帝(B.C.194~B.C.188 在位)가 옷을 드리우고 팔짱
을 끼고 있고, 呂后[高后] 呂雉(B.C.241?~B.C.180)가 稱帝하면서 宮闕[房闥]에서 나
오지 않아도 天下는 매우 安定되었다. 孝·惠垂拱, 高后女主, 不出房闥, 而天下晏
然"라고 하였다[東亞大學校 2008年 1책 312쪽].

18) 杏壇槐市는 學校를 가리킨다. 杏壇은 孔子가 弟子들을 가르치던 곳이다. 『莊子』 雜
篇, 漁父第31에서 由來되었다고 하지만(孔子가 어느 時期에 큰 나무가 우거진 숲

에 가서 살구나무가 있는 언덕[杏亶]에 앉아서 休息을 하였다. 제자들은 책을 읽고, 孔子는 노래를 하면서 琴을 演奏하였다. 孔子游乎緇帷之林, 休坐乎杏亶之上. 弟子讀書, 孔子絃歌鼓琴.), 이 說은 寓言에 不過한 것이다. 현재 山東省 曲阜의 孔子廟殿 앞에 있는 杏壇(石壇 주위에 은행나무를 둘러 심음)은 宋代에 設置되었다. 槐市는 太學의 다른 名稱으로 漢代에 長安城의 동쪽 常滿倉의 북쪽에 있었다. 漢武帝가 太學을 설립한 후 學生의 規模가 계속 늘어나서 成帝 때에 1千餘人에 달하였다. 이로 인해 書籍의 需要가 늘어나 太學 부근에 書籍을 賣買하는 市廛인 槐市가 생겨났는데, 이는 그곳에 느티나무[槐樹]가 많았기 때문이라고 한다. 이곳에 초하루와 보름에 학생들이 모여서 學問을 討論하면서 交遊하였지만, 23년(更始1) 戰亂으로 인해 太學生이 解散되어 槐市도 消滅하게 되었다고 한다[東亞大學校 2008年 1책 313쪽].

19) 鼓篋은 擊鼓開篋의 略稱으로 북을 쳐서 授業의 시작을 알리면 箱子[篋]에서 書籍을 꺼내어 공부를 시작하는 一種의 授業方式이다(『禮記』, 學記第19, "入學鼓篋, 孫其業也", 鄭玄注, "鼓篋, 擊鼓警衆, 乃發篋, 出所治經業也, 孫猶恭順也"; 東亞大學校 2008年 1책 313쪽).

20) 米廩과 稷山에서 米廩은 『禮記』, 明堂位第14에 "米廩은 有虞氏의 學校이다. 米廩, 有虞氏之庠也"라고 하였고, 그 疏에 "魯의 米廩은 有虞氏의 學校인데, 魯에서 有虞氏의 學校를 倉庫로 삼아서 기장을 가득 저장하였다. 魯之米廩, 是有虞氏之庠, 魯以虞氏之庠, 爲廩, 以藏粢盛."라고 하였다. 帝舜의 學宮인 庠을 魯에서 곡식 창고[米廩]로 삼았다고 한 것은 魯에서 學校가 잘 整備되어 禮樂이 普及·發達하였다는 意味이다.

또 稷山은 齊의 都城(現 山東省 臨淄縣) 門 서쪽에 있는 山이므로 그 서쪽의 門을 稷門이라고도 한다. 齊의 威王·宣王이 文學을 좋아하여 稷山 아래에 講堂과 舍宅을 세우고 天下의 學者를 불러 優待하였으므로 유명한 학자 수백천명이 이곳에 來遊하였는데, 이들을 稷下學士·稷下先生이라고 稱하였다고 한다(『史記』 권46, 田敬仲完世家第16, 宣王 18년 ; 東亞大學校 2008年 1책 313쪽).

21) 橫經之子는 經書를 携帶하고 읽는 知識人들을 말한다 『北齊書』 권44, 열전36, 儒林의 序文에 "그래서 經書를 끼고 授業을 받는 사람들은 鄕邑에 널리 퍼져 있고, 책상자를 짊어지고 仕宦하려는 사람들이 무리를 지어 千里 길을 멀다고 생각하지 않았다. 故橫經受業之侶, 遍於鄕邑, 負芨從宦之徒, 不遠千里"라고 하였다[東亞大學

校 2008年 1책 313쪽].

22) 十全之方術은 완전한 醫術을 말한다(『周禮』 권2, 醫師, "歲終則稽其醫事, 以制其食, 十全爲上, 十失一次之, 十失二次之, 十失三次之, 十失四爲下"; 東亞大學校 2008年 1책 314쪽).

23) 志惰於爲山은 學業을 닦는데 게으르다는 말이다. 『書經』, 周書, 旅獒(僞古文) "山을 만드는데 九仞(1仞은 7尺 혹은 8尺, 1尺은 約22.5cm)을 쌓아도, 最後의 一簣(한 삼태기)를 더 보태지 않으면 일은 어그러진다(成就하지 못한다). 爲山九仞. 功虧一簣."라고 하였다. 이와 유사한 語句로 『論語』, 子罕第9에 "孔子가 말하기를 사람의 學問 修養은 比喩하건대 山을 쌓는 것과 같다. 아직 1簣를 더 쌓아 올리지 않으면 이루지 못하니, 中止하는 것은 내가 중지하는 것과 같다. 비유하건대 땅을 평평하게 하는데, 비록 1簣를 더 덮는다고 해도 스스로가 나아가서 行하여야 한다. 子曰, 譬如爲山, 未成一簣, 止吾止也. 譬如平地, 雖覆一簣, 進吾往也"가 있다[吉田賢抗1995年 299쪽 ; 東亞大學校 2008年 1책 314쪽].

24) 離索에서 離는 別離를, 索은 獨居를 의미하므로, 離索은 故鄕을 떠나 외로이 살아가는 것(離群索居), 또는 形容이 쓸쓸한 모습을 가리킨다(『杜工部草堂詩箋』 권7, 夜聽許十一誦詩愛而有作, "離索晩相逢相遇, 包蒙欣有擊", 仇兆鰲注, "離索, 離羣索居"). 이에서 相逢은 版本에 따라 相遇로 달리 表記된 것도 있다.

25) 桑梓는 故鄕·家鄕을 가리킨다. 옛날부터 사람들은 집 담 밑에 뽕나무[桑]와 가래나무[梓]를 많이 심었는데, 점차 桑梓를 家鄕을 代身하는 用語로 使用하게 되었다. 이는 子孫들이 祖上들이 심은 이들 나무를 보면 祖上을 생각하게 되므로 故鄕·鄕里의 뜻으로 쓰였다고 한다. 『詩經』, 小雅, 節南山之什의 小弁에 "뽕나무와 가래나무를 보면, (父母가 그리워져) 반드시 이것을 恭敬한다. (이와 같이 내가 한결같이) 우러러 보는 것은 아버지이고, 의지하는 것은 어머니이다. 維桑與梓, 必恭敬止. 靡瞻匪父, 靡依匪母"라고 하였다[石川忠久 1998年 345쪽 ; 東亞大學校 2008年 1책 314쪽].

26) 數紀에서 紀는 木星[歲星]이 한 바퀴를 運行하는 1周紀인 12年을 말하지만, 여기에서는 歲時(해)를 말한다[東亞大學校 2008年 1책 314쪽].

27) 經學博士는 國子監에서 易·書·詩·禮·春秋 등을 각각 專門的으로 講義하던 五經博士를 總稱하던 用語이다. 五經博士는 漢 武帝 建元 5년(B.C.136) 公羊學의 大家였던 董仲舒(B.C.176~104) 등의 建議에 의해 大學이 設置된 이래(『漢書』 권6, 武帝

紀, "(建元) 五年春 … 置五經博士"·권19, 百官公卿表上, "武帝建元五年, 始置五經
博士"), 이에서 該當 專門分野의 經典을 講義하였다(『史記』에 五經博士의 設置에
대한 記事가 없음을 根據로 『漢書』의 내용을 否定的으로 理解하는 見解도 있다.
福井重雅 1967年). 이로 인해 儒敎가 前近代社會의 동아시아의 政治理念으로 이어
져 오게 되었고, 大學에서 五經에 대한 敎授는 계속 이어져 왔으나 현재에는 거의
學脈이 끊어졌다.

28) 長吏는 外吏라고도 하며, 鄕吏를 지칭하는 말이다. 거주하거나 복무하는 지역에
따라 州吏·府吏·縣吏·部曲吏 등이라 지칭하였으며, 租稅收取와 力役徵發을 포함
하여 간단한 訴訟을 처리하였다. 地方行政의 末端에 位置하면서 人民을 직접 지배
하고 있었으므로 그 役割이 매우 중요하였다. 또 향리는 고려시대에는 屬郡·屬縣
에서 守令의 任務를 代身하고 있었기에 그 權限과 職位가 상당하게 높았다(『고려
사』권75, 지29, 선거3, 銓注, 鄕職 ; 東亞大學校 2008年 1책 315쪽).

29) 編柳는 버들을 엮어서 書簡을 만들었다는 것에 比喩하여 苦學을 뜻한다. 漢의 孫
敬이 洛陽에 도착하여 太學 부근의 小屋에 母를 모셔두고, 太學에 들어가서 楊·柳
의 簡에 經典을 筆寫하였다는 故事에서 나온 말이다. 『文選』권38, 爲蕭揚州作薦
士表(任昉 作), "至乃集螢映雪, 編蒲緝柳", 李善注引晋張方 『楚國先賢傳』).

30) 甯越은 周의 威王 때 인물로 어려서 힘들게 農事를 짓다가 이를 脫出할 수 있는
方案을 親友에게 묻자, 親友가 30년을 공부하면 成功할 수 있다고 하였다. 이에
發憤하여 15년만에 學問을 成就하여 威王의 師傅가 되었다고 한다(『六臣注文選』
권52, "甯越, 中牟之鄙人也, 苦耕稼之勞, 謂其友曰, 何爲而可以免此, 其友曰, 莫如
學也, 學三十歲則可以達矣. 甯越曰, 請以十五歲, 人將休, 吾不敢休, 人將臥, 吾將不
敢臥. 學十五歲而爲周威王之師, 讀書者當觀此". 이 文章은 版本에 따라 字句의 出
入이 많다).

31) 匡衡은 前漢의 東海郡 承縣(現 山東省 棗庄市 峄城區 王庄鄕 匡談村) 출신으로 집
이 가난하여 촛불을 켤 수 없어 壁을 뚫고 이웃집 불빛으로 讀書하였고, 冊이 없
어 親知의 책을 빌려 읽어 立身하여 太子少傅·樂安侯가 되었다고 한다(『漢書』권
81, 匡衡傳第81).

32) 朱翁子(B.C.174~B.C.115)는 이름이 買臣이며, 前漢 武帝 때의 인물로 吳縣(會稽,
現 浙江省 蘇州 藏書鄕) 출신이다. 처음 집이 가난하여 나무를 하여 生計를 維持
하였는데, 길을 가면서도 책을 읽었다고 한다. 그의 妻도 힘써 일하였으나 어려움

이 길어지자 헤어지기를 청하였는데, 40歲의 買臣이 10년 더 참아주면 出世를 할 수 있다고 하였으나 拒絶하고 떠났다고 한다. 뒤에 推薦을 받아 中大夫를 거쳐 會稽太守(現 浙江省 蘇州)에 임명되었는데, 赴任하는 길에 吳에서 옛 夫人과 그 남편을 발견하고 함께 수레를 타고 赴任하여 가까이 두고 給食하게 하였으나, 부인이 自決하고 말았다고 한다(『漢書』권64上, 朱買臣傳第34上).

33) 司馬相如(B.C.179頃~B.C.118)는 蜀 省都(現 四川省 省都市) 出身으로 漢代의 代表的인 辭賦의 著者이다. 前漢 景帝(B.C.157~B.C.141) 때에 仕宦하였으나, 京師에 出入하던 梁의 孝王이 文人을 좋아하는 것을 보고 辭職하고 梁에 數年間 머물면서 「子虛之賦」를 지었다. 이것을 본 武帝에 의해 徵召되어 京師로 돌아와 「天子遊獵之賦」를 지어 바쳐 郎에 임명되었고, 이후 西南夷에의 道路開設을 위해 蜀에 使臣으로 파견되어 있는 동안 많은 作品을 지었다. 이때 武帝가 仙道를 좋아하는 것을 듣고 「大人之賦」를 짓기도 하였다(『史記』권117, 司馬相如列傳第57).

34) 螢窓은 苦學하는 것을 말한다. 晉의 車胤(333頃~401頃)이 어릴 때 가난하여 촛불을 켜지 못하고 반딧불에 의지하여 讀書하였으며, 晉의 孫康도 기름이 없어 눈[雪]빛에 공부한 것에서 유래하였다(『晉書』권83, 열전53, 車胤 ; 東亞大學校 2008年 1책 316쪽).

35) 鱣肆[전사]는 講堂이나 敎室을 말한다. 이는 後漢 때 楊震(?~124)이 鄕里인 湖縣(現 陝西省 潼關 동쪽의 湖城縣)에서 後進을 養成하고 있을 때 講堂의 앞에 鱣魚[선어]라는 물고기들이 뛰어 올라왔다는 故事에서 나온 것이다(『後漢書』권54, 楊震傳第44 ; 東亞大學校 2008年 1책 316쪽).

關聯資料

- 下敎, 賜鄭又玄及明經一人, 卜業一人, 醫業二人, 明法業二人, 及第, 放榜下敎, 始此. ○下敎, 置十二牧, 經學, 醫學博士各一員, 令牧宰知州縣官, 敦加訓誨, 若有明經, 孝悌醫方足用者, 依漢家故事, 具錄薦貢京師, 以爲常式(『고려사절요』권2, 성종 6년 8월).

- (成宗六年) 八月, 下敎, 賜夢游所擧, 甲科鄭又玄·明經一人·卜業一人·醫業二人·明法業二人及第(『고려사』권73, 지27, 선거1, 科目1, 選場).

- 成宗六年 三月, 放榜, 下敎曰, 省今所擧諸生詩賦策, 文辭躇駁, 格律猥瑣, 皆不堪取, 唯進士三人詩賦策, 及明經以下諸業, 通計六人, 對義名狀, 一如所奏, 進士鄭又玄, 五夜·方二篇, 已就, 雖非卓異之才, 亦是敏捷之手, 宜置前列, 用勸後來, 明經以下諸業學生, 各勤本業, 方成厥志, 宜降優柔之澤, 俾升擢用之科, 其令有司, 准例敍用, 自今進士諸

生, 不依考官格式, 放縱違律者, 勿許試取, 永以爲式, 放牓下敎, 始此(『고려사』 권74, 지28, 선거2, 科目2, 崇奬之典).

• 六年八月, 以前年許還學生, 無師敎授, 敎, 選通經閱籍者, 爲經學·醫學博士, 於十二牧, 各遣一人, 敦行敎諭, 其諸州郡縣長吏·百姓, 有兒可敎學者, 并令訓戒. 若有勵志明經·孝弟有聞, 醫方足用者, 令牧宰·知州縣官, 依漢家故事, 具錄薦貢京師, 以爲恒式(『고려사』 권74, 지28, 선거2, 學校).

原文 九月 戊辰, 改諸村大監·弟監, 爲村長·村正.

飜譯 9월 8일(戊辰, 陽10월 3일)[1] 모든 村의 大監과 弟監의 稱號를 村長과 村正으로 고쳤다.[2]

注釋

1) 이해의 9월은 小盡이고 초하루[朔日]는 辛酉이다.

2) 大監과 弟監은 원래 新羅의 중앙관부의 次官과 次官補, 또는 中央軍團의 高級武官이었다. 그중 大監은 中央政府의 次官인 侍郞의 別稱이고, 弟監는 次官補格인 郞中의 別稱이다. 그렇지만 中央政府의 地方에 대한 統制力이 弛緩되면서 地方勢力家들이 스스로 眞骨만이 될 수 있는 城主·將軍을 自稱하자 그 隷下의 中小勢力들이 이를 본받아 6頭品이하가 될 수 있는 大監과 弟監을 칭하였던 것 같다. 이때 고려정부의 중앙집권화가 전국적으로 확산되면서 각 지역의 大監과 弟監을 各各 村長·村正의 鄕職으로 格下되어 지방행정의 末端에 위치시켜 人民을 統制하게 하였던 것 같다[李佑成 1961年 ; 金光洙 1979年 ; 東亞大學校 2008年 1책 316쪽].

原文 冬十月, 命停兩京八關會.

飜譯 10월에[1] 命을 내려 兩京(開京·西京)의 八關會를 停止시켰다.

注釋

1) 이해의 10월은 大盡이고 초하루[朔日]는 庚寅이다. 이달은 그레고리曆으로 10월 30일부터 11월 28일까지이다.

轉載   十一月, 改慶州爲東京留守(『고려사절요』 권2, 성종 6년 11월).

飜譯   11월에[1] 慶州(現 慶尙北道 慶州市)를 改編하여 東京留守로 삼았다.

注釋

1) 이해의 11월은 小盡이고 초하루[朔日]는 庚申이다. 이달은 그레고리曆으로 11월 29일부터 12월 27일까지이다.

關聯資料

• 成宗六年, 爲東京留守(『고려사』 권57, 지11, 지리2, 東京留守官 慶州).

原文   是歲, 定五部坊里.

飜譯   이해에 (開京의) 五部의 坊里를 定하였다.[1]

注釋

1) 五部는 987년(성종6) 開京의 城內를 東·西·南·北·中 등의 다섯 區域으로 나누어 人民들을 統治한 行政組織이다. 이를 보다 효과적으로 추진하기 위해 顯宗 때에는 五部坊里制를 시행하였다(『고려사』 권56, 지10, 지리1, 王京 開城府). 中原에서는 坊里는 여러 城市에서 居住의 基本單位가 되었는데, 그 形態는 正方形과 方形[矩形]이 있었으며 面積은 人口에 따라 大小의 差異가 있었다. 또 坊里마다 防禦를 위한 坊墻이 있고, 일정한 時間에 開閉하는 坊門이 있으며 夜間에는 巡邏가 있어 엄격하게 通行을 統制하였고, 支配層[高官大爵]을 除外하고는 모두 坊內에서 開門하여야 하였다고 한다.

關聯資料

成宗六年, 更定五部坊里(『고려사』 권56, 지10, 地理1, 王京開城府).

轉載   成宗六年, 連理木, 生于忠州(『고려사』 권54, 지8, 오행2).

飜譯   成宗 6년에 連理木이[1] 忠州에서 생겨났다.

注釋

1) 連理木은 光宗 24년 2월 17일(壬寅)의 주석 1)과 같다.

[成宗 7年(988) 戊子] 閏月 宋·遼·高麗·日本⑤
宋 太宗 端拱 元年, 契丹 聖宗 統和 6年

原文 春二月 壬子, 左補闕兼知起居注李陽上封事,

其一曰, 古先哲王, 奉崇天道, 敬授人時, 故君知稼穡之艱難, 民識農桑之早晩, 以致家給人足, 年豊歲稔. 按月令, 立春前, 出土牛, 以示農事之早晩, 請擧故事, 以時行之.

其二曰, 躬耕帝籍, 寔明王重農之意, 虔行女功, 乃賢后佐君之德. 所以致誠於天地, 積慶于邦家. 按周禮內宰職, 曰, 上春, 詔王后率六宮之人, 生種稑之種, 而獻之于王. 以此言之, 王者所擧, 后必贊之. 方今上春, 祈穀於上帝, 吉日耕籍于東郊. 君雖有事於籍田, 后乃虧儀於獻種, 願依周禮, 光啓國風.

其三曰, 聖人俯察仰觀, 以通時變, 王者行仁布惠, 用邃物情. 按月令, 正月中氣後, 犧牲毋用牝, 禁止伐木, 無麛無卵, 無聚大衆, 掩骼埋胔. 願當獻歲之晨, 遍布行春之令, 咸知時禁, 俾識天常.

教曰, 李陽所論, 皆據典經, 合垂兪允. 其出土牛事, 今年立春已過, 取後年立春前, 所司更奏施行. 其獻種之事, 宜令禮官議定. 奏取籍田吉日, 王后親行, 始自今歲, 以作通規. 當正月中氣之初, 若公私祭, 犧牲勿用牝以傷生, 禁伐木, 無犯盛德所在. 無麛無卵, 勿傷萌幼, 除禦寇城防要事之外, 毋聚大衆以防農. 或畜或人, 曝露枯骨腐肉, 皆令掩埋, 勿使死氣逆生氣也.

於戲, 天有四時, 春布陽和之德, 君行五敎, 仁爲禮義之先. 宜遵先聖之典謨, 用順勾芒之造化, 邃使飛沈邃性, 草木懷恩, 至於枯朽之群, 盡荷生成之惠, 不亦美乎. 宜頒兩京百司及十二牧知州縣鎭使等, 咸使知委, 勉行條制. 當體予意, 普示黎元, 無犯此令.

飜譯 2월 25일(壬子, 陽3月 15日)[1] 左補闕兼知起居注 李陽이 封事를 올렸는데, "첫째, 옛날의 현명한 先王[哲王]들은 하늘의 理致[天道]를 尊崇하고 曆法上의 月令[人時]을 恭敬하게 받았으므로 君王은 농사일[稼穡]이 어려움을 알고 百姓들은 農事와 누에치기[農蠶]의 빠르고 늦음을 알게 되었고, 이로써 家家戶戶마다 豊足해졌으며 年年歲歲 豊年이 들었던 것입니다. 「月令」을[2]

살펴보면 立春 전에 흙으로 빚어 만든 소[土牛]를 보여주어 農事의 時期를 알린다고 하였으니, 청컨대 옛일을 들어 때에 따라 施行하십시오.

둘째, 籍田을 친히 耕作함은 현명한 君王[明王]의 農業을 重視하는 뜻이고, 길쌈과 바느질[女功]을 敬虔하게 행함은 어진 后妃[賢后]의 君王을 돕는 덕입니다. 그러므로 하늘과 땅에 정성을 보이고 나라에 慶事를 쌓는 일입니다. 『周禮』의[3] 內宰職에 이른 봄[上春]에 王后에게 詔書를 내려 六宮의[4] 사람들을 거느리고 늦벼와 올벼[穜·稑]의 種子의 눈을 틔워서 君王에게 바치게 한다고 하였습니다. 이 말에 의하면 王者가 하는 일은 后妃가 반드시 돕는다는 것입니다. 이른 봄을 맞이한 지금은 하늘[上天]에게 豊年이 들기를 빌고, 길한 날을 택해 동쪽 郊外에서 籍田을 耕作하였습니다. 君王이 비록 籍田을 친히 耕作하였지만 王后는 種子를 바치는 儀式을 빠뜨렸으니, 원컨대 『周禮』에 依據하여 나라의 風俗을 옳게 밝히시기를 바랍니다.

셋째, 聖人은 天文과 地理를 잘 살핌으로써 時節의 變化에 通達하고 君王은 仁政과 恩惠를 널리 폄으로써 萬物의 뜻을 이루게 하는 것입니다. 「月令」을 살펴보면, 正月의 雨水[中氣] 이후에는[5] 각종 祭祀에서 암컷을 犧牲物로 쓰지 말고 伐木을 禁止하며 어린 짐승이나 알을 잡거나 채취하지 말고[無麛無卵][6] 많은 사람[大衆]을 動員하지 말며 露出된 屍身을 묻어주라고 하였습니다. 원컨대 새해를 맞이하는 때에 임하여 官吏들로 하여금 地域을 두루 돌아보게 하여 백성들에게 봄철에 금해야 할 일과 마땅히 해야 할 일[天常]을[7] 알리게 하십시오.”라고 하였다.

이에 敎書를 내려 말하기를, “李陽이 올린 건의는 모두 經典에 依據한 것이니 마땅히 받아들여야 할 것이지만, 그중에서 흙으로 소[土牛]를 빚어 보이는 것은 올해는 이미 立春이 지났으니 來年 立春以前에 해당 관청[所司] 이[8] 다시 報告하여 施行하도록 하시오. 또 王后가 種子를 바치는 儀禮는 마땅히 禮官에게 命하여 議論하게 할 것이며, 籍田을 친히 경작할 吉日을 선택하여 報告하면 王后가 친히 행할 것이니 올해부터 이것을 通例[通規] 로 삼도록 하시오. 正月 雨水[中氣]의 初에 해당하니 公·私의 모든 祭祀에 암컷을 犧牲物로 씀으로써 生命을 해치는 일이 없도록 하고 伐木을 禁止해 새봄에 萬物이 成長하는 것[盛德所在]을[9] 범하지 말게 하시오. 어린 짐승을 잡거나 알을 採取하지 말고 어린 싹을 꺾지 말 것이며 外敵을 방어하고 城塞를 쌓는 緊要한 일 이외에는 많은 사람들을 動員하여 農事를 妨害하지 말 것이며, 畜生이나 사람의 마른 뼈나 썩은 살이 露出되어 있으면 모두 잘 묻어주어 죽은 기운[死氣]이 산 기운[生氣]을 거슬리게 하는 일이 없도록 하시오.

아, 하늘에는 네 계절이 있어 봄에는 따뜻하고 和暢한 德을 펴며, 君王은 五敎를[10] 행함에 있어 仁을 禮나 義보다 우선으로 삼는 법이오. 마땅히 옛 聖人이 정한 法度를 따라 木神[句芒]이[11] 萬物을 創造하는 뜻을 좇으며, 그리하여 새와 물고기로 하여금 그 타고난 本性에 順應하게 하고 草木도 恩惠를 입게 하며 심지어 마르고 썩은 것들까지도 죄다 生肉하는 恩惠를 입게 한다면 이것이야말로 아름다운 일이 아니겠소? 開京과 西京의 모든 官廳[百司]과 12牧의 각급 牧民官들에게 반포하여 모두 알도록 하여 指示事項을 충실히 履行하게 하시오. 또한 나의 뜻을 잘 깨달아 널리 백성[黎元]들에게[12] 알림으로써 이 指示를 어기는 일이 없도록 하시오."라고 하였다.

注釋

1) 이해의 2월은 大盡이고 초하루[朔日]는 戊子이다.

2) 月令은 『禮記』, 月令第6으로, 이 篇目의 내용은 1年 12個月의 天文·曆日·季節에 따른 自然界의 變化, 各種의 年中行事 등을 기록한 것이다. 또 이는 『呂氏春秋』의 十二紀의 내용과 거의 비슷하며 『禮記』의 여타 編目에 비해 特殊한 語句가 매우 많다고 한다[竹內照夫 1993年 227쪽].

3) 『周禮』는 『周官』이라고도 하는 周의 官制를 記錄한 책인데, 이때 禮는 制度·法制를 意味한다. 또 이 책은 『儀禮』·『禮記』와 함께 三禮의 하나이다. 이 책은 周公 旦이 周의 官制를 制定하기 위해 編纂하였다고 하지만, 西周의 末期에서 東周의 初期에 이름을 알 수 없는 어떤 사람에 의해 編纂되었던 것으로 추측된다. 또 後世에 일부 내용의 變改·添加·加筆 등에 의한 誤謬로 인해 僞作이라는 嫌疑도 없지 않았다. 天官·地官·春官·夏官·秋官·冬官의 6部로 구성되어 있었다. 秦代에 燒失되었다가 漢 河間獻王이 山巖屋壁中에서 다시 얻었으나 「冬官」 1篇이 逸失되었다. 이는 後日 「考工記」에서 補充되었다. 그리고 宮闕內의 政令을 맡은 宮中官의 우두머리인 內宰職은 天官篇에 編在되어 있다[諸橋轍次 1976年 第2卷 253~257쪽 周禮 ; 東亞大

學校 2008年 1책 318쪽].

4) 六宮은 옛날 皇后의 여섯 宮殿으로 正寢(혹은 路寢) 하나와 燕寢(혹은 小寢) 다섯을 말한다. 正寢은 앞에, 燕寢은 뒤에 있다(『禮記』, 昏義第44에 "옛날 天子의 后는 六宮을 建立하고 3婦人·9嬪·27世婦·81御妻를 監督하면서 天下의 內政[內治 : 家庭·婦人·子女 등의 問題]을 聽斷하여 婦人의 德을 明示하고 敎育에 努力하였다. 이로써 天下가 안으로 和睦하고 집안이 다스려졌다. 古者, 天子后立六宮, 三夫人·九嬪·二十七世婦·八十一御妻, 以聽天下之內治, 以明章婦順, 故天下內和而家理". 鄭玄注, "六宮者, 前一宮, 后五宮也. 三者, 后一宮, 三夫人一宮, 九嬪一宮, 二十七世婦一宮, 八十一御妻一宮, 凡百二十人"이라고 하였다[東亞大學校 2008年 1책 319쪽].

5) 이 句節은 『禮記』, 月令第6의 孟春之月(正月)에 나오는 내용이다. 前近代社會의 曆法에서 四時의 變化를 24節氣로 나누고 이를 다시 12節氣(節)와 12中氣(氣)로 나누었는데, 每月에 1節과 1氣가 있다. 前者는 月初에, 後者는 月의 끝(月之終, 陽曆으로 매달 中旬以後에 포함되는 節氣이다)에 있다. 中氣가 1월부터 12월까지 雨水·春分·穀雨·小滿·夏至·大暑·處暑·秋分·霜降·小雪·冬至·大寒인데 비해, 上旬에 포함된 節氣에는 立春·驚蟄·淸明·立夏·芒種·小暑·立秋·白露·寒露·立冬·大雪·小寒이 이에 해당한다[東亞大學校 2008年 1책 319쪽].

6) 無麛無卵은 春節에 生物의 殺傷을 하지 않는다는 뜻에서 짐승의 새끼와 알을 취하지 말라는 것이다. 『禮記』, 曲禮下第2에 "國君은 봄의 밭[春田]에서 狩獵할 때 獵場[澤]을 완전히 包圍하지 아니하고, 大夫는 짐승의 무리를 숨겨서 攻擊[掩襲]하지 아니하고, 士는 짐승의 새끼나 알을 取하지 않는다. 國君春田不圍澤, 大夫不掩群, 士不取麛卵."라고 하였다[東亞大學校 2008年 1책 319쪽].

7) 天常은 하늘이 정한 理致, 곧 하늘이 정한 人倫의 道理를 指稱한다. 『春秋左氏傳』, 文公 18년, "明德을 지닌 사람에게 驕慢하고, 하늘의 常道를 紊亂하게 하였다. 傲很明德, 以亂天常". 哀公, 6년, "孔子가 말하기를, 夏書(書經의 僞古文)에 의하면, 저 帝堯[陶唐]는 하늘의 常道에 따라 이 中國[冀方]을 保存하였지만, 지금의 桀王은 人君의 行實을 잃고 나라의 法度[紀綱]을 紊亂하게 하여 滅亡에 이르고 말았다고 하였다. 孔子曰 … 夏書曰, 惟彼陶唐, 帥彼天常, 有此冀方. 今失其行, 亂其紀綱, 乃滅而亡"[鎌田 正 1993年 1768쪽].

8) 所司는 有司로도 表記하는데, 主管하는 官廳 또는 官吏를 가리킨다.

9) 盛德所在는 네 季節의 茂盛한 氣運[四時之盛氣]을 意味하는데, 그중에서 봄은 나무

가 繁盛하는 때이므로 伐木을 禁하여, 天地盛德의 所在를 侵犯하지 말게 한다는 것이다. 『禮記』, 月令第6, 孟春之月에 "이 달의 上旬에 立春節이 있으므로 立春의 3일 전에 太史가 天子를 拜謁하면서 말하기를 이제 立春이기에 이후의 봄에는 天地의 힘[盛德]이 나무의 精氣에 머물고 있습니다"라고 한다. 是月也, 以立春, 先立春三日, 太史謁之天子曰, 某日立春, 盛德在木", 孔穎達疏, "四時各有盛時, 春則爲生, 天之生育盛德在於木位, 故云盛德在木"[竹內照夫 1993年 229쪽 ; 東亞大學校 2008年 1책 320쪽].

10) 五教는 仁·義·禮·智·信을 의미한다[東亞大學校 2008年 1책 320쪽].

11) 勾芒은 神話에서 伏羲氏의 長子 重으로서 東方에 파견되어 木星을 觀測하였는데, 東方이 木에 屬하였기에 木官으로 불리어졌는데, 이는 곧 春官이다. 『史記』 권117, 司馬相如列傳第57에 "勾芒이 行해지려하니 나는 南嬉로 가련다. 使勾芒其將行兮, 吾欲往乎南嬉"라 하였고, 그 注에 "定義에 張이 말하기를, 勾芒은 東方의 봄을 맡은 靑帝의 屬官이다. 새모습의 사람이며, 두 마리의 龍을 탄다. 라고 하였다. 定義曰, 張云, 勾芒東方靑帝之佐也, 鳥身人, 而乘兩龍."라고 하였다. 또 『白虎通德論』 권3, 五行에 "勾芒을 神으로 하는 것은 事物이 처음 생겨날 때 그 精氣는 靑龍인데, 芒을 말로 하자면 싹이다. 其神勾芒者, 物之始生, 其精靑龍, 芒之爲言, 萌也."라고 하였다[東亞大學校 2008年 1책 320쪽].

12) 黎元은 前近代社會의 百姓 또는 人民으로서 黎民百姓을 가리키는데, 이는 布衣·黎民·生民·庶民·黎庶·蒼生·黔首·氓 등으로 불린 庶民이었다[東亞大學校 2008年 1책 321쪽].

關聯資料

春二月, 左補闕李陽, 上疏曰, 按月令, 立春前, 出土牛, 以示農事之早晚, 請擧故事, 以時行之, 周禮內宰職, 上春, 詔王后, 率六宮之人, 生穜稑之種, 而獻之于王, 今祈穀耕籍, 王后必行獻種之禮, 月令, 正月中氣後, 犧牲毋用牝, 禁止伐木, 無麛無卵, 無聚大衆, 掩骼埋胔, 願布行春之令, 咸知時禁, 王從之, 下敎, 頒示中外(『고려사절요』 권2, 성종 7년 2월).

轉載 成宗七年 二月, [1]判制, 禾穀不實州縣, 近道限八月, 中道限九月十日, 遠道限九月十五日, 申報戶部, 以爲恒式(『고려사』 권78, 지32, 食貨1, 田制, 踏驗損實).

校訂

1) 이에서 判은 制로 고쳐야 바르게 된다.

飜譯 성종 7년 2월에 制[判]을 내려, "禾穀이 잘 익지 않은 州縣으로 가까운 距離에 있는 道[近道]는 8월까지, 中間에 있는 道[中道]는 9월 10일까지, 먼 거리에 잇는 道[遠道]는 9월 15일까지 戶部에 報告하게 하는 것을[申報] 恒久的인 規則으로 하시오."라고 하였다.

轉載 (成宗) 七年 三月, 王融, △爲知貢擧, 取進士(『고려사』 권73, 지27, 선거1, 科目1, 選場).

飜譯 (성종) 7년 3월에 王融이 知貢擧가 進士를 선발하였다.

補遺 (端拱元年 四月) 己丑, 制加高麗國王王治·靜海軍節度使黎桓並檢校太尉(『太宗皇帝實錄』 권44).

飜譯 (端拱 1년 4월) 3일(己丑, 陽4月 21日)[1] 制書를 내려 高麗國王 王治와 靜海軍節度使 黎桓에게[2] (職位를 더하여) 모두 檢校太尉로 삼았다.

注釋

1) 이해의 4월은 大盡이고 초하루[朔日]는 丁亥이다.

2) 黎桓(?~1006)은 交阯國의 國王인데, 交阯는 交趾로도 表記되는 越南 北部의 紅河流域에 位置했던 國家이다. 이의 國王들은 北宋으로부터 交趾郡王으로 冊封되어 形式上으로 宋의 外藩에 속하였지만 독립국이었다. 黎桓은 980년(太平興國5) 이전에 幼弱한 交阯國王 丁璿을 幽閉시키고 擅權하였다가 宋 太宗의 노여움을 사서 980년(太平興國5) 가을에 宋軍의 공격을 받다가 겨울 이래 누차에 걸쳐 丁璿의 이름으로 표를 올려 謝罪하면서 講和를 要請하였으나 받아들여지지 않았다. 그러다가 985년(雍熙2) 宋으로부터 靜海軍節度使에 임명되어 交阯國의 國王으로 인정을 받았던 것 같다. 이후 宋에 朝貢을 계속하여 여러 官爵을 下賜받다가 1006년(景德3) 別世하였다(『宋史』 권488, 열전247, 外國4, 交阯).

關聯資料

(端拱元年 四月) 己丑, 加高麗國王治·靜海軍節度使黎桓並檢校太尉(『宋史』 권5, 본기

5, 태종2).

補遺　(端拱元年) 夏四月 庚戌, 遣考功員外郞兼侍御史知雜事呂端·起居舍人鉅野
呂佑之, 使高麗, 假內庫錢五十萬, 以辦裝. 還遇風濤, 帆檣折, 舟人大恐, 端
恬然讀書不輟, 佑之悉取所得貨沈之, 迺止. 詔蠲其所貸(『續資治通鑑長編』
권29).

飜譯　(端拱 1년) 4월 24일(庚戌, 陽5月 12日) 考功員外郞兼侍御史·知雜事 呂端
과[1] 起居舍人인 鉅野人 呂佑之를[2] 파견하여 高麗에 使臣으로 가게 하고,
內庫錢 50萬緡을 빌려 주어 길 떠날 준비를 갖추게 하였다[辦裝]. 歸還 길에
큰 바람을 만나 돛대가 부러져 乘船한 사람들이 크게 두려워하였으나 呂端
은 담담하게 책을 읽으며 中止하지 아니하였으나, 呂佑之가 얻어온 財貨를
모두 바다에 빠뜨렸을 때 큰 바람이 멈추었다. 詔書를 내려 그들이 빌려간
것을 모두 免除하게 하였다.

注釋

1) 呂端(935~1000)은 幽州 安次(現 河北省 廊坊) 출신으로 字는 易直이다. 그는 어려
서부터 精敏하여 학문을 좋아하였다고 하며, 蔭補로 入仕하여 國子主簿·直史館·考
功員外郞 등을 역임하였다. 위의 자료와 같이 988년(端拱1) 고려에 사신으로 파견
되었다가 귀국 후에 戶部郞中에 임명되었으며 여러 官職을 거쳐 參知政事가 되었
다. 995년(至道1) 4월 太宗이 그를 宰相을 삼으려고 하면서 "呂端은 작은 일은 흐
지부지 덮어버려도, 큰일은 덮지 않는다. 小事糊塗, 大事不糊塗"라고 하였는데, 이
것이 하나의 故事成語가 되었다고 한다(『송사』 권281, 열전40, 呂端).

2) 呂佑之(947~1007)는 濟州 鉅野(現 山東省 菏澤市) 출신으로 進士科에 급제하여 大
理評事에 임명되었다가 여러 관직을 역임하고 起居舍人이 되었다. 위의 자료와 같
이 988년(端拱1) 고려에 사신으로 파견되었는데, 이때 內庫錢 50萬을 빌려 旅費로
사용하게 하였으나 歸還 중에 風濤를 만나 貨物을 모두 잃어버리게 되었는데, 歸國
하여 復命하면서 「海外潭皇澤詩」19章을 지어서 바치자, 太宗이 아름답게 여겨 負債
를 免除하게 하였다고 한다(『송사』 권296, 열전55, 呂祐之).

關聯資料

• 端拱元年, 加治檢校太尉, 以考功員外郞兼侍御史·知雜[知御史雜端]呂端·起居舍人呂佑

之爲使(『宋史』 권487, 열전246, 外國3, 高麗).

- (端拱元年 夏四月) 庚戌, 命考功員外郎知雜事 呂端·起居舍人呂佑之, 使高麗, 戶部郎中魏庠·虞部員外郎李度, 使交州(『太宗皇帝實錄』 권44).

- 相國呂公端, 任補闕, 與一供奉官被命, 同往高麗, 旣逮其國, 宣朝命畢, 以風信未便, 在高麗將及半年, 未幾風便回楫, 王加等, 贈遺奇珍異貨, 盈載而歸. 先是, 供奉者以公所得置之船底, 己之所得在公物上, 慮水氣見過也, 公亦不問, 措置委之而行, 方至海心, 風濤四起, 舟欲傾倒, 公神色自若, 供奉者倉皇失圖, 舟子前曰, 風濤之由, 以公等所載奇異, 海神必惜不欲令多到中國, 但少抛水中, 風必止矣. 公如其言, 令左右擲之, 才半風息, 得達登州岸, 遂開其載, 則在下者呂公之物咸在, 而供奉之物居上者, 略無孑遺矣. 校供奉之物已罄矣, 諒非海神秘惜, 蓋罪小人用心奸險也. 公以所存者中分入之, 亦仁厚矣(『友會談叢』 권上).

- 呂正惠公端, 使高麗遇風濤, 恍惚間檣折, 舟人大恐, 公恬然讀書, 若在齋閣時(『事實類苑』 권7, 君臣知遇 ; 이와 유사한 내용이 『東都事略』 권31, 열전14, 呂端 ; 『隆平集』 권4, 呂端 ; 『自警篇』 권2, 操修類 ; 『古今事文類聚』 前集권17, 怡然讀書 ; 『玉壺野史』 권5 ; 『五朝名臣言行錄』 권2-1, 丞相呂正惠公에도 수록되어 있다).

- 呂相端, 奉使高麗, 過洋祝之曰, 回日無虞, 當以金書維摩經爲謝. 比回, 風濤輒作, 遂取經沉之, 聞絲竹之聲, 起于舟下, 音韻淸越, 非人間比, 經沉隱隱而去. 崔伯易, 在禮部, 求奉使高麗, 故實遂得申公事, 故楊康國錢勰, 皆寫此經往. 豊稷爲楊掌戔表言, 東海洋龍宮之寶藏所也, 氣如厚霧, 雖無風, 亦有巨浪, 使人臥木匣中, 雖簜而身不搖, 食物盡嘔, 唯飮少漿, 舟前大龜如屋, 兩目如巨燭, 光耀沙上, 舟人以此卜之, 見則無虞也(『孫公談圃』 권上, 呂相端).

補遺　端拱元年夏五月, 別承明詔, 貫赴紫宸, 面對珠旒, 手揮玉柄, 決龜毛之奧旨, 談兎角之幽宗, 萬乘敬恭, 三歸激切, 賜磨衲袈裟一副(「陝川靈巖寺寂然國師慈光塔碑」).

飜譯　端拱 1년 5월에 (寂然國師 英俊이[1]) 특별히 내린 詔勅을 받아 大闕[紫宸]에 나아가 皇帝[珠旒]를 面對하고, 손에 玉으로 된 拂子를 잡고, 깊은 眞理를 풀어주며[決龜毛之奧旨] 兎角의 심오한 宗旨를 談論하였다. 天子[萬乘]가 심히 恭敬하며 간절하게 三寶에 歸依하면서 磨衲袈裟 1領을 下賜하였다.[2]

注釋

1) 寂然國師 英俊은 광종 23년 末尾의 注釋 1)과 같다.

2) 이의 번역은 기왕의 업적[李智冠 2004年 高麗篇2 203쪽]에 依據하여 적절히 變改하였다.

原文 秋九月 辛丑, 賜李偉等及第.

飜譯 9월 17일(辛丑, 陽10月 30日)[1] 李偉[2] 등에게 及第를 下賜하였다.

注釋

1) 이해의 9월은 小盡이고 초하루[朔日]는 乙酉이다.

2) 李偉(혹은 李緯, 生沒年不詳)는 988년(성종7) 3월 知貢擧 王融이 주관한 科擧에서 합격하고, 같은 해 9월에 及第를 下賜받았다. 이 자료 외에 찾아지지 않아 어떠한 인물일지를 알 수 없다.

關聯資料

• 秋九月, 賜李緯等四人·醫業二人及第(『고려사절요』 권2, 성종 7년 9월).

• (成宗七年) 九月, 下敎, 賜乙科李緯等二人·丙科二人·醫業二人及第(『고려사』 권73, 지 27, 선거1, 科目1, 選場).

原文 冬十月, 宋遣銀靑光祿大夫·尙書禮部侍郞·上柱國呂端, 銀靑光祿大夫·行左諫議[1]□□大夫·上柱國呂祐之來, 加册王, 檢校太尉, 加食邑一千戶·食實封五百戶, 依前充大順軍使·[2]□□持節·玄菟州諸軍事·玄菟州都督·上柱國·高麗國王, 散官勳如故. 是年 正月, 宋帝親耕籍田, 大赦, 改元端拱, 百官內外並加恩. 遂遣端等來, 册王, 仍諭赦旨. 王旣受册, 赦絞罪以下. 文班從仕年深者改服, 武班年老無子孫, 自癸卯年, 錄軍籍者, 皆放還鄕里, 兩班並加恩.

校訂

1)의 □□에 大夫가, 2)의 □□에 使持가 缺落되었다.

飜譯   10월에[1] 宋이 銀靑光祿大夫(從3品)·尙書禮部侍郞·上柱國 呂端과 銀靑光祿
大夫·行左諫議·上柱國 呂祐之를 보내와 王에게 (官爵을 더하여) 檢校太尉
로 삼고, 食邑 1千戶·食實封 5百戶를 더하여 주고, 以前과 같이 大順軍使·
使持節玄菟州諸軍事·玄菟州都督·上柱國·高麗國王로 삼고, 散官勳은 從前
과 같이 하였다[如故].

이해의 正月에 宋의 皇帝가 籍田을 친히 耕作하고 大赦免令[大赦]을 내리고
年號를 端拱으로 바꾸고 全國의 모든 官吏[內外百官]들에게 各種 恩典을 내
렸다.[2] 그리고 呂端 등을 使臣으로 보내와 王을 冊封하고 또 赦免하는 뜻을
알렸다. 王은 冊名을 받자 絞首刑[絞罪] 以下의 罪囚들을 赦免하였으며 文
班으로서 오래 在職한 者는 服色을 上級의 것으로 고쳐 입게 하고, 武班으
로서 나이가 많고 子孫이 없는 者와 癸卯年(943, 태조26) 이후 軍籍에 登錄
된 者들은 모두 鄕里로 돌려보내고, 兩班에게도 恩典을 내렸다.

注釋

1) 이해의 10월은 大盡이고 초하루[朔日]는 甲寅이다. 이달은 그레고리曆으로 11월 17
일부터 12월 16일까지이다.

2) 이는 1월 17일(乙亥)에 이루어진 措置이다(『太宗皇帝實錄』 권43, 端拱 1年 1월 乙
亥 ; 『宋史』 권5, 본기5, 太宗2, 端拱 1年 1월 乙亥).

關聯資料

• 冬十月, 宋遣禮部侍郞呂端·左諫議呂祐之來, 加冊王, 檢校太尉, 加食邑一千戶·食實封
五百戶, 依前充大順軍使·持節玄菟州諸軍事·玄菟州都督·上柱國·高麗國王, 散官勳如
故. 是年 正月, 宋帝親耕籍田, 大赦改元, 百官內外並加恩, 遂遣端等來, 冊王, 仍諭赦
旨. 王旣受冊, 赦絞罪以下, 文班從仕年深者, 改服, 武班年老無子孫, 自癸卯年, 錄軍籍
者, 皆放還鄕里, 兩班並加恩, 文武常參官以上, 父母妻封爵, 蠲欠負, 賑窮乏(『고려사절
요』 권2, 성종 7년 10월).

• 成宗七年 十月, 宋遣禮部侍郞呂端來, 冊王. 王宣赦, 蠲欠負, 恤賑窮乏(『고려사』 권80,
지34, 식화3, 賑恤, 恩免之制).

補遺   端拱元年 十一月 甲申朔, 高麗王遣使來貢(『宋史』 권5, 本紀5, 太宗2).

翻譯 端拱 1년 11월 1일(甲申, 陽12月 12日)[1] 高麗王이 使臣을 보내와 朝貢을 바쳤다.

注釋

1) 이해의 11월은 大盡이고 초하루[朔日]는 甲申이다.

關聯資料

端拱元年 十一月, 貢馬(『玉海』 권154, 朝貢, 獻方物).

原文 十二月 [1]乙丑^{癸丑}朔, 依浮屠法, 以正·五·九月爲三長月, 禁屠殺.

校訂

1) 이해의 宋曆과 日本曆에서 11월은 大盡이고, 12월은 小盡으로 초하루[朔日]는 甲寅이다. 그런데 이 記事에 의하면 高麗曆은 12월의 초하루가 乙丑으로 되어 있어 차이를 보이고 있다. 그러나 甲寅의 전날은 癸丑이고, 다음날은 乙卯이므로, 이 記事의 乙丑은 癸丑의 誤字로서 이해의 高麗曆에서는 11月이 小盡이고, 12月이 大盡으로서 초하루는 癸丑으로 추측된다.

翻譯 12월 1일(癸丑, 陽989年 1月 10日) 佛教儀式[浮屠法]에 의거하여 正月·5月·9月을 三長月로[1] 定하여 屠殺을 禁止시켰다.

注釋

1) 三長月은 佛教儀禮에서 三長齋月이라고도 하는데, 1年을 2~5월, 6~9월, 10~1월의 3時期로 區分하여 每時期의 끝 달[終月]인 5월, 9월, 1월을 三長月이라고 한다(『容齋隨筆』 권16, 三長月, "釋氏以正·五·九月爲三長月, 故奉佛者皆茹素"). 또 이 시기에는 八齋戒를 지키며 勤愼하며 刑을 執行하지 아니하고 屠殺을 禁止하고 讀經과 齋戒를 하였다鼠璞』 권상, 正五九三長月, "正五九月, 照南贍部洲 唐人於此 三月不行死刑, 節鎭因戒屠宰, 不上官")[東亞大學校 2008年 1책 322쪽].

轉載 成宗七年 十二月, [1]判^制, 水旱虫霜爲災, 田損四分以上免租, 六分免租·布, 七
分租·布·役俱免(『고려사』권80, 지34, 식화3, 賑恤, 災免之制).

校訂

1) 이에서 判은 制로 고쳐야 바르게 된다.

飜譯 성종 12년 12월에 制[判]를 내려, "水害와 旱災[水旱], 蟲害(蝗蟲)와 霜災[虫
霜]로 田地의 損害가 4分이상이면 租를[1] 免除하고, 6分이상이면 租와 布를
[2] 免除하고, 7分이상이면 租·布·役을[3] 모두 免除하시오"라고 하였다.

注釋

1) 이때의 租는 土地稅를 가리키는 것으로 田租의 略稱이며, 토지의 소유자인 田主가
국가에 납부하는 地稅이다.

2) 이때의 布는 均田法에서의 調·調布로서 特產物을 국가에 바치는 稅이다.

3) 이때의 役은 일반 勞役인 徭役을 가리킨다.

關聯資料

• 成宗七年, 蝗(『고려사』권54, 지8, 五行2).

• 是歲, 蝗, 蠲減財賦, 田損四分以上免租, 六分免租布, 七分租布役俱免(『고려사절요』권
2, 성종 7년).

原文 [1]是歲^{是月}, 始定五廟.

校訂

是歲는 是月의 誤字로 추측된다. 이는『고려사』권61, 지15, 예3, 太廟의 "成宗七年 十
二月, 始定五廟"를 통해 알 수 있다.

飜譯 이해에 비로소 五廟를[1] 定하였다.

注釋

1) 五廟는 中原에서 殷·周이래 分封制가 實施되었던 時期의 諸侯가 父·祖·曾祖·高祖·
始祖의 祠堂[宗廟]를 建立하여 每月마다 祭祀를 받들어 올렸던 것에서 由來한 制度
이다. 『禮記』, 祭法第23에 "諸侯는 五廟를 建立하고, 그 외 1壇 1墠을 具備한다. 五
廟 중에서 考·王考·皇考는 每月 祭祀를 行하고, 顯考와 祖考의 2廟는 四時에 한번
씩 祭祀를 지낸다. 또 祖考 이상의 遠祖의 祭祀는 壇을 사용하고, 더 먼 先祖는 선
(墠)을 이용하는데, 壇과 墠은 祈禱가 있을 때 祭祀를 지내고, 그 必要가 없으면 祭
祀를 그만둔다. 또 墠보다 더 먼 先祖는 鬼라고 부른다. 諸侯立五廟, 一壇一墠. 曰
考廟, 曰王考廟, 曰皇考廟, 皆月祭之. 顯考廟, 祖考廟享嘗乃止. 去祖爲壇, 去壇爲墠.
壇墠有禱焉祭之, 無禱乃止. 去墠爲鬼"[竹內照夫 1993年 695쪽].

關聯資料

成宗七年 十二月, 始定五廟(『고려사』 권61, 지15, 예3, 太廟).

原文 (是歲) 以崔承老爲門下守侍中.
飜譯 (이해에) 崔承老를 守門下侍中으로 삼았다.[1]

注釋

1) 崔承老가 임명된 守門下侍中은 行守法에 의한 '秩卑職高'의 守에 해당하는지, 아니
면 2人의 門下侍中 중에서 두 번째의 門下侍中인지는 판가름하기는 어렵다. 만일
前者에 해당한다면 이 時期에 行守法이 일부 施行되었을 가능성이 있다.

關聯資料

(成宗) 七年, 拜門下守侍中, 封淸河侯, 食邑七百戶, 累表乞致仕, 皆不允(『고려사』 권96,
열전6, 崔承老).

轉載 (成宗) 七年, [1]判制, 諸道轉運使及外官, 凡百姓告訴, 不肯聽理, 皆令就決於
京官. 自今越告人, 及州縣長吏不處決者, 科罪(『고려사』 권84, 지38, 刑法1,
職制).

校訂

1) 이에서 判은 制로 고쳐야 바르게 된다.

翻譯　(成宗) 7年에 制[判]를 내려서, "諸道의 轉運使[1] 및 外官들이 무릇 百姓의
　　　告訴를 들어서 다스리지 아니하고, 모두 京官에게 나아가 決訟하게 하고
　　　있다. 지금부터 節次를 뛰어 넘어 告訴하는 사람[越告人]과 州·縣의 長吏로
　　　서 處決하지 않는 者는 罪를 주도록 하시오."라고 하였다.

注釋

1) 轉運使는 高麗初에 諸道에 파견하였다가 1029년(현종20)에 革罷하였다고 한다(『고
　　려사』 권77, 지31, 백관2, 外職, 轉運使). 이의 설치 시기와 임무가 무엇인지는 분명
　　히 알 수 없으나, 1010년(현종1) 全州節度使 趙容謙의 隷下에 轉運使 李載가 찾아
　　지고 있다(『고려사』 권94, 열전7, 智蔡文). 唐代 以來의 中原의 制度와 같이 全國의
　　穀物·財貨를 收取하여 中央으로 輸送·出納하였던 職責으로 추측된다. 또 이 자료와
　　같이 司法權도 行使하고 있었는데, 이는 宋代 以來 本然의 任務以外에 地方官吏를
　　監察하던 機能이 追加되었던 結果인 것 같다.

[參　考]

宋

• 十六祖寶雲尊者義通, 字惟遠, 高麗國□人, 族姓尹氏, 後唐明宗天成二年丁亥歲生. 梵相
異常, 頂有肉髻, 眉毫宛轉, 伸長五六寸. 幼從龜山院釋宗爲師, 受具之後, 學華嚴起信,
爲國宗仰. 晉天福時, 來遊中國, 師於天福末, 方十六七, 正受具學華嚴之時來中國,應在
二十後, 以歷推之, 當在漢周之際, 今言天福恐誤. 至天台雲居韶國師所居, 忽有契悟,
及謁螺溪, 聞一心三觀之旨, 乃歎曰, 圓頓之學, 畢玆輒矣. 遂留受業久之, 具體之聲, 浹
聞四遠, 一日別同學曰, 吾欲以此道, 導諸未聞, 必從父母之邦. 始乃括囊東下, 假道四
明, 將登海舶, 郡守太師錢惟治, 忠懿王淑之子, 聞師之來, 加禮延屈咨問必要, 復請爲菩
薩戒師, 親行授受之體, 道俗趨敬, 同仰師模. 錢公, 固留之曰, 或尼之, 或使之 孟子, 行
或使之, 止或尼之, 尼語乙反, 非弟子之力也. 如曰利生, 何必雞林乎, 高麗別名, 師曰,
緣旣汝合, 辭不我却, 因止其行. 開寶元年, 本朝太祖, 漕師顧承徽, 屢親師誨, 始舍宅,

爲傳教院, 請師居之. 太平興國四年, 法智初從師學, 師年五十三, 法智年二十. 六年 十二月, 弟子延德, 詣京師奏乞寺額. 七年四月, 賜額爲寶雲, 雍熙元年. 慈雲始從師學, 師年五十八, 慈雲二十二. 師敷揚教觀, 幾二十年, 升堂受業者, 不可勝紀, 常呼人爲鄕人, 有問其故, 曰吾以淨土爲故鄕, 諸人皆當往生, 皆吾鄕中之人也. 端拱元年十月二十一日, 右脇而化, 闍維之日, 舍利盈滿骨中, 門人奉葬於阿育王寺之西北隅, 育王, 未爲禪時, 其徒, 嘗請寶雲諸師, 屢建諸席, 寶雲旣終, 因葬骨於此地. 壽六十二, 治平元年, 英宗, 主南湖法孫宗正, 累爲方墳石塔作記, 以識之, 後七十七年. 宣和七年, 徽宗 主育王昌月堂, 以地蕪塔壞, 與寶雲威師, 徙骨於烏石山, 其骨晶熒有光, 考之琅琅其聲, 舍利五色滋生骨上, 有盈匊得之者. 其後主者智謙, 重刊石塔記於烏石庵中, 見振祖集石塔記. 曉石芝曰, 石塔記, 謂師著述, 逸而不傳, 然考諸四明章記, 則嘗秉筆爲觀經疏記, 光明玄贊釋矣. 蓋四明稟承其義, 用之於記鈔諸文, 非爲無傳, 贊釋一部尙存, 但不廣行耳. 螺溪綱羅教典, 去珠復還, 寶雲二紀, 敷揚家業有付, 而世方尊法智, 爲中興者. 以其有著書立言, 開明祖道, 觝排山外, 紹隆道統之功也. 觝音抵觸也. 故慈雲贊之曰, 章安旣往, 荊溪亦亡, 誕此人師, 紹彼耿光, 一家大教, 鍾此三良. 又爲之辭曰, 一家教部, 毘陵師所未記者悉記之, 四種三昧人所難行者悉行之 敬繹名言, 誠爲實錄, 繹音亦抽絲也(『佛祖統紀』권8, 興道下, 八祖紀4, 十六祖四明寶雲尊者大法師 ; 이와 유사한 기사가 『釋門正統』권2, 山門收受遷脩外琇竦寂通七祖師世家, 義通에 수록되어 있다. 또 『佛祖統紀』권27, 淨土立教志12-2, 往生高僧, 義通에는 이 내용의 일부가 수록되어 있다(“義通, 高麗人, 居四明寶雲 敷揚教觀幾二十年, 常呼人爲鄕人, 有問其故, 曰吾以淨土爲故鄕, 諸人皆當往生, 皆吾鄕中之人也, 後右脇念佛而化”).

이 자료는 고려 출신의 승려로서 중국 불교 16祖가 된 義通(927~988)의 생애와 활동에 관한 서술이다. 이에 의하면 의통은 俗姓은 尹氏, 자는 惟遠으로 어려서 龜山院의 釋宗에게 나아가 불법을 배웠다고 한다. 그 후 天福年間(930~947)에 중국으로 건너가 중국 불교의 靑原十世인 天台國師 德韶(890~971), 중국 불교 15祖 螺溪 義寂(生沒年不詳, 吳越國의 僧侶)으로부터 佛法을 배운 후, 四明(現 浙江省 奉化)으로 옮겨 傳道하였다고 한다. 968년(開寶1)에는 轉運使 顧承徽(生沒年不詳)가 자신의 邸宅을 寺院으로 바꾸어 義通의 傳道所로 삼았는데, 이것이 후일 寶雲院으로 발전되었다고 한다. 그 후 義通은 중국 불교 第16祖가 되어 寶雲法師로 불리졌으며, 知禮·尊式·子裕 등과 같은 弟子를 育成하였다고 한다[張東翼 2000年 102~103쪽]. 또 그와 관련된 자료로 다음이 있다.

- 寶雲院, 子城西南二里, 舊號傳敎院, 皇朝開寶元年建, 大平興國七年改, 賜今額. 先是, 有僧義通, 自三韓來, 振譽中國, 漕使顧承徽, 舍宅爲義通傳道所, 乞額寶雲, 昭其祥也, 繼爲史越王府功德寺, 嘉定十三年火, 重建, 常住田五百三十一畝, 山無(『寶慶四明志』권11, 敍祠, 寺院, 寶雲院 ; 이 자료는 『延祐四明志』권16, 釋道攷, 敎化十方七, 寶雲寺에도 수록되어 있다).

- 義通法師, 傳天台敎, 是年, 十月十八日, 入寂于明州寶雲院, 通本高麗王種, 初出家, 傳華嚴起信, 有聲, 石晉天福中, 渡海來謁螺溪義寂, 頓悟問顯十法界, 圓融之旨, 嗣法流通, 逾二紀, 得知禮·遵式高第, 益大其傳, 塔記(『釋氏稽古略』권4, 戊子, 端拱元年).

[成宗 8年(989) 己丑]

宋 太宗 端拱 2年, 契丹 聖宗 統和 7年

原文　春二月 庚辰, 敎曰, 聞朝野士庶之病者, 未能見醫, 亦無藥物, 不得瘳者多矣. 朕深欲遍賜醫藥, 然往古亦無博施之文. 自今, 內外文官五品·武官四品以上疾病, 並令本司, 具錄以聞, 遣侍御醫·尙藥直長·[1]大醫醫正^{太醫醫正}等, 齎藥往治之. 群臣上表謝.

校訂

1)의 大醫醫正은 원래 太醫醫正이었을 것이지만, 刻板 또는 印刷過程에서 太가 大로 바뀌었을 것이다.

飜譯　2월 29일(庚辰, 陽4月 7日)[1] 敎書를 내려 말하기를, "朝廷官吏나 民間庶民의 病者가 醫員을 만나지 못하고 藥品도 구하지 못하여 治療를 받지 못한 者가 많다고 하오. 朕이 이들에게 醫員과 藥品을 내리고자 하지만, 예로부터 널리 惠澤을 주었다는 文籍이 없소. 이제부터 內外의 文官 5品과 武官 4品 以上의 疾病은 該當官廳[本司]에서 자세히 갖추어 報告하면 侍御醫·尙藥直長·大醫醫正 등으로 하여금 藥을 가지고 가서 治療하게 하시오."라고 하였다. 이에 臣下들이 表를 올려 謝禮하였다.

注釋

1) 이해의 2月은 大盡이고 초하루[朔日]는 壬子이다.

轉載 三月, 始置東·西北面兵馬使, 以門下侍中·中書令·尙書令爲判事, 又兵馬使·知兵馬事各一人, 並三品, 副使二人, 判官三人, 錄事四人. 判事留京城, 兵馬使赴鎭, 親授鈇鉞, 使專制閫外(『고려사절요』 권2, 성종 8년 3월).

飜譯 3月에[1] 처음으로 東北面·西北面의 兵馬使를 설치하고, 門下侍中·中書令·尙書令을 判事로 삼았다. 또 兵馬使 혹은 知兵馬事는 각 1人으로,[2] 모두 3品이고, 副使[知兵馬副事]는 2人, 判官은 3人, 錄事는 4人이다. 判事는 京城에서 留守하고, 兵馬使는 鎭으로 赴任하는데, 친히 鈇鉞을 주어 (邊境地域에서 軍務를) 事前에 報告하지 않고 處理하게 하였다[專制閫外].[3]

注釋

1) 이해의 3月은 小盡이고 초하루[朔日]는 壬午이다. 이달은 그레고리曆으로 4月 14日부터 5月 12日까지이다.

2) 原文을 그대로 飜譯하면 '兵馬使와 知兵馬事는 각각 1人으로'가 되겠지만, 唐代이래 特定官衙에 長官이 使이면 次官은 副使이고, 長官이 知事이면 次官은 同知事 혹은 知副事이다. 고려시대에도 兩界에 兵馬使가 파견될 때 副官은 兵馬副使이고, 知兵馬事가 파견될 때 副官은 知兵馬副事이므로, 이에 맞추어 '兵馬使 혹은 知兵馬事는 각 1人으로'와 같이 번역하였다.

3) 專制閫外는 制閫으로 縮約하여 사용하기도 하는데, 어떤 特定地域의 軍事를 統領하는 指揮官이 먼저 上級官署에 報告할 必要없이 各種 規制에 매이지 아니하고 스스로 處理[便宜從事]하게 하는 措置이다.

關聯資料

• 成宗八年 三月, 始定東·西北面兵馬使玉帶紫襟, 兵馬副使紫衣帶劍(『고려사』 권72, 지26, 禮, 輿服1, 冠服, 通制).

• 成宗八年, 置於東·西北面, 兵馬使一人三品, 玉帶紫襟, 親授鈇鉞, 赴鎭專制閫外, 知兵馬事一人亦三品, 兵馬副使二人四品, 兵馬判官三人五六品, 兵馬錄事四人. 又以門下侍

中·中書令·尙書令爲判事, 留京城, 遙領之. 後以西北路, 邊圍事煩, 錄事增爲七人(『고려사』권77, 百官2, 外職, 兵馬使).

轉載 (成宗) 八年 三月, 王融, △爲知貢擧, 取進士(『고려사』권73, 지27, 선거1, 科目1, 選場).

飜譯 (성종) 8년 3월에 王融이 知貢擧가 되어 進士를 선발하였다.

原文 夏四月 壬戌, 敎曰, 予方崇學校, 欲理邦家. 廓開函丈之筵, 廣募摳衣之子, 給田庄而肄業, 差文學以爲師. 年年懸甲乙之科, 徵諸俊乂, 日日訪丘園之士, 待彼英髦, 務得博識之儒, 使助眇冲之政.

懸旌勿怠, 側席忘疲. 然牛毛之學者雖多, 麟角之成人甚少. 空係名於國學, 罕較藝於春場, 宵旰凝懷, 寢興軫慮. 近覽有司所進, 擧人名數, 唯太學助敎宋承演·羅州牧經學博士全輔仁, 誘以能諄, 合宣父博文之意, 誨而不倦, 副寡人勸學之心, 宜加獎擢之恩, 用示殊尤之寵.

飜譯 4월 12일(壬戌, 陽5月 19日)[1] 敎書를 내려 말하기를, "내가 이제부터 學校를 崇尙하여 나라를 다스리고자 하오. 스승이 學問을 가르칠 學校[函丈之筵]를[2] 크게 開設하고 生徒[摳衣之子]를[3] 널리 모아 田庄을 주어 學業을 익히게 할 것이며 學問이 있는 사람을 보내어 스승으로 삼게 할 것이오. 해마다 甲乙科를 두어 뛰어난 俊才들을 뽑고, 항상 山野에 隱居한 學者[丘園之士]를[4] 찾아 그 英俊을 기다릴 것이며, 힘써 博識한 儒者를 얻어서 나의 政治를 돕게 할 것이오.

이제 나도 흔들리는 마음[懸旌][5]을 게을리 하지 아니하며, 사람을 기다림[側席]에[6] 피곤함도 잊었소. 그러나 쇠털과 같은 學者는 많지만, 麒麟과 같은 성숙한 사람은 매우 적소. 헛되이 國學에 이름만 걸어 놓고 정작 과거시험장[春場]에서 才藝을 競爭하는 사람은 드무니 밤낮으로 懷抱에 쌓이고 자나 깨나 걱정에 잠기오. 近來에 該當官廳[有司]이 올린 擧人의 名單을 보니, 오직 太學助敎 宋承演과[7] 羅州牧(現 全羅南道 羅州市)의 經學博士 全輔仁이[8] 게으름이 없이 至誠으로 學生들을 訓導함으로써, 學問을 널리 닦으라는 孔子[宣父]의 뜻과[9] 내가[寡人] 學問을 獎勵하는 뜻에 適合하니, 勸獎拔擢하는 恩典을 내려 특별한 恩寵을 보이도록 하시오."라고 하였다.

注釋

1) 이해의 4월은 小盡이고 초하루[朔日]는 辛亥이다.

2) 函丈之筵은 學校를 指稱한다. 또 函丈은 席間函丈을 意味하며, 스승의 訓育하는 座席[講席]과 弟子의 座席 사이에 1丈정도의 空席을 둔다는 말에서 由來하였으나 점차 스승에 대한 尊稱으로 변모하였다. 『禮記』, 曲禮上第1에 "만약 相對가 飮食에 招請된 사람이 아니하면 主人과 손님의 자리(主客席)를 펼칠 때 자리 사이의 거리는 1丈정도 띄운다. 若非飮食之客, 則布席, 席間函丈."라고 하였다. 一丈은 10尺이고, 古代에서 1尺은 22.5cm이며, 만일 宴席이면 主客은 近接하게 坐定한다고 한다[竹內照夫 1993年 26쪽 ; 東亞大學校 2008年 1책 324쪽].

3) 摳衣之子에서 摳衣는 衣服의 앞자락[前襟]을 살짝 들고 손님을 맞이하는 動作으로 恭敬을 나타내는 행위이다. 摳衣之子는 童子가 웃어른에게 人事를 드리는 法度로서 옷의 앞자락[前襟]을 살짝 들고 앞으로 나아가 拜禮한 것에서 由來하며 生徒를 말한다. 『禮記』, 曲禮上第1에 "(童子가 他人의 집에 留宿할 때) 他人의 신[履]을 밟지 말고, 室內에서 他人의 자리[席]를 타넘지 않고, 안쪽으로 들어갈 때는 옷의 자락을 들고 구석으로 빨리 간다. 毋踐履, 毋踏席, 摳衣趨隅, 孔穎達疏, "摳衣趨隅者, 摳, 提也. 衣, 裳也. 趨, 猶向也. 隅, 猶角也. 旣不踏席, 兩手提裳之前, 徐徐向席之下角, 從下而升, 當已位而就坐也"라고 하였다[竹內照夫 1993年 23쪽 ; 東亞大學校 2008年 1책 324쪽].

4) 丘園之士에서 丘園은 원래 鄕村을 指稱하다가 점차 隱居之處를 意味하게 되었다 (『易經』, 賁, "六五, 賁于丘園, 束帛戔戔", 王肅注, "失位無應, 隱處丘園", 孔穎達疏, "丘謂丘墟, 園謂園圃. 唯草木所生, 是質素之所"). 그러므로 丘園之士는 鄕村에 隱居한 學者를 가리킨다[今井宇三郎 1994年 476쪽 ; 東亞大學校 2008年 1책 324쪽].

5) 懸旌은 空中에 揭揚되어 바람에 휘날리는 旌旗인데, 이는 마음이 鎭定되지 아니하고 흔들리는 상태를 가리킨다(『戰國策』 권5, 楚, 威王, "寡人臥不安席, 食不甘味, 心搖搖如懸旌, 而無所終薄". 이는 威王이 趙의 蘇秦에게 한 말인데, 이에서 旌은 깃대에 犛牛의 꼬리를 달고, 이것에 다시 새털을 장식한 旗를 揭揚한 것이다)[林秀一 1981年 571쪽 ; 東亞大學校 2008年 1책 324쪽].

6) 側席은 正坐에 坐定하지 아니한 것을 말하는데, 이는 근심[憂懷]으로 인해 坐不安席
의 狀態를 가리킨다. 이것이 점차 謙遜하고 恭敬하게[謙恭] 賢者를 기다린다는 뜻으
로 변하였다(『說苑』권8, 尊賢, "楚有子玉得臣, 『文公爲之, 側席而坐"; 『後漢書』권
3, 肅宗孝章帝紀第3, 建初 5년 5월, "辛亥, 詔曰, 朕思遲直士, 側席異聞. …", 李賢注,
"側席謂不正坐, 所以待賢良也").

7) 宋承演(生沒年不詳)은 出身과 入仕方式을 알 수 없으나 989년(성종8) 4월 大學助教
로 在職하면서 至誠으로 學生들을 訓導하여 成宗으로부터 褒賞을 받아 아홉 등급을
뛰어 國子博士에 임명되었다.

8) 全輔仁(?~1019)은 明經業에 及第하여 南海道 羅州牧 經學博士로 至誠으로 學生들을
訓導하다가 989년(성종8) 4월 成宗으로부터 칭찬을 받고 公服 1襲과 米 50石을 下
賜받았다. 이후 學官을 주로 歷任하다가 1013년(현종4) 4월 右散騎常侍로서 致仕
를 請하였으나 허락을 받지 못했다. 1019년(현종10) 2월 尙書右僕射[상서우복야,
상서우보야]로서 別世하였다. 당시에 名望이 높은 儒學者[宿儒]로 불려 졌으나 性
質이 좀 急하였다[輕燥]고 한다(『고려사』권4, 현종 10년 2월 壬辰[4日], 그레고리曆 4
月 19日).

8) 宣父는 孔子[孔丘]를 尊敬하여 부르는 稱號인데, 이는 637년(貞觀11) 唐 太宗
(626~649 在位)이 孔子를 尊崇하여 宣父라고 하였던 것에서 由來하였다. 또 孔子
가 學問을 폭 넓게 익혀야 한다는 趣旨는 『論語』, 雍也第6에 "孔子가 말하기를, 學
者[君子]는 폭넓게 學問을 익히고, 이것을 集約하여 實行하여 禮(바른 生活의 規準,
時王의 禮, 社會秩序)로 삼아야, 道를 저버리지[弗畔, 不背] 않을 것이 아닌가? 子
曰, 君子博學於文, 約之以禮, 亦可以弗畔矣夫."하는 것이다[吉田賢抗 1995年 145쪽 ;
東亞大學校 2008年 1책 324쪽].

關聯資料

• 夏四月, 敎曰, 予方崇學校, 寢興軫慮, 近覽有司所進, 擧人名數, 唯大學助教宋承演·南
海道羅州牧經學博士全輔仁, 誘以能諄, 合宣父, 博文之意, 誨而不倦, 副寡人勸學之心,
宜加獎擢之恩, 用示殊尤之寵. 承演可超九等, 授國子博士, 仍賜緋公服一襲, 輔仁可賜
公服一襲, 米五十碩. 自今凡文官, 有弟子十人以下者, 有司, 於政滿遷轉之時, 具錄奏
聞, 以爲褒貶. 其十二牧經學博士, 無一箇門生赴試者, 雖在考滿, 復令留任, 責其成效,
量授官階, 以爲常式(『고려사절요』권2, 성종 8년 4월).

• 八年 四月, 敎曰, 大學助教宋承演 · 南海道羅州牧經學博士全輔仁, 誨人不倦, 宜加獎

擢, 承演可超九等, 授國子博士, 仍賜緋公服一襲, 輔仁可賜公服一襲·米五十石, 自今, 凡文官有弟子十人以下者, 有司於政滿遷轉之時, 具錄奏聞, 以爲褒貶. 其十二牧經學博士, 無一箇門生赴試者, 雖在考滿, 復令留任, 責其成, 量授官階, 以爲恒式(『고려사』 권74, 지28, 선거2, 學校).

原文 　乙丑, 始營[1]大廟太廟.

校訂

1)은 『고려사』의 여러 版本에 '大廟'로 되어 있으나 '太廟'가 옳을 것이다. 『고려사』 권61, 지15, 예3, 太廟에 "成宗八年 四月, 始營太廟"로 되어 있다. 中原에서도 先秦時代以來 太字가 大字로 바뀌어 筆寫되었다고 한다(『資治通鑑補』, 胡三省注, "于龍朔改制, 中御大監察院, 大作太, 將作大監, 不改字. 按先秦古籍太, 一般均寫作大. 唐大監或卽太監").

飜譯　(4월) 15일(乙丑, 陽5月 22日) 비로소 새로운 太廟를[1] 造營하기 始作하였다.[2]

注釋

1) 太廟(大廟)는 일반적으로 宗廟라고 하는데, 『說文解字』에 의하면 宗은 '祖廟를 받드는 것[尊]', 廟는 '祖先의 모습[貌]을 받드는 것'("尊祖廟也")의 合成語라고 한다. 곧 宗廟는 '先祖의 形貌가 있는 場所'라는 意味이다. 이러한 宗廟는 위로는 天子로부터 아래로는 士의 階級에 이르기까지 모두 設置하였으나, 上下尊卑에 따라 制度와 器數에 있어 差異가 있었다. 일반적으로 宗廟라고 할 때는 帝王·諸侯의 祖先을 奉祀하는 祠堂을 指稱하고, 卿·大夫以下의 階級은 祠堂이라고 한다. 帝王의 宗廟는 皇城內에 위치하였으며 社稷을 相對로 하여 동쪽에 宗廟가, 서쪽에 社稷이 配置되었다(『周禮』, 地官, 牧人의 鄭注에 의하면 '左宗右社'는 尊卑의 區別이 아니라 陰陽이 象徵이라고 한다).

宗廟에서 祖先의 神主(木主)를 奉安하는 位置는 時代에 따라, 七廟制 혹은 五廟制의 適用에 따라 약간씩 差異가 있지만 中央에 不遷之主인 太祖 또는 始祖의 廟(太廟)

를 北에서 南向으로 安置한다. 그리고 左前(東側)에 昭를, 右前(西側)에 穆을 配置하는데, 慣例上으로 昭(昭는 照로서 陽明의 뜻이다)는 太祖의 次代(子, 曾孫 : 2·4·6世), 穆(穆은 幽穆의 暗의 뜻이다)은 太祖의 次次代(孫, 高孫 : 3·5·7世)를 安置한다(七廟制). 이는 生前에 할아버지와 손자[祖孫]의 關係는 親近한, 父子關係는 嚴格한 사이였음을 死後에도 적용시킨 것이다. 그렇지만 兄弟間에 嗣位가 이어질 때[兄弟相次], 嫡子가 없는 無後로 인한 承重의 경우는 方式이 달라져, 現 帝王의 先考[皇考]를 宗廟에 配享할 것인가, 別廟에 配享할 것인가에 대해 수많은 論難이 提起되었다. 또 宗廟에는 帝王의 皇后를 合祀[祔]하는데, 그의 皇后[嫡妻]를 配享할 것인가, 아니면 皇后가 아니고 後宮이었던 現 帝王의 生母를 配享할 것인가, 하는 문제를 둘러싸고 論難이 일어나기도 하였다(『文獻通考』 권99, 宗廟考 ; 諸橋轍次 1976年 第4册 204~261쪽 宗廟編).

高麗王朝의 경우, 成宗代 이래 皇城內의 서쪽에 社稷壇이 설치되고, 唐宋의 宗廟制度를 受容하여 당시 사회에 적용될 수 있도록 적절히 變用하여 五廟制 또는 七廟制가 실시되었다. 그렇지만 中原과 風土가 다른 佛敎에 薰陶되어 있었던 사회적 분위기 하에서 兄弟間에 嗣位했던 惠宗·定宗·光宗을 廟를 달리하여 配享하였고(이때 昭穆을 어떻게 결정하였는지는 不明), 景宗의 從弟로서 嗣位한 成宗, 無後한 成宗을 이은 景宗의 아들 穆宗, 그리고 政變으로 인해 承襲한 顯宗, 그 뒤를 이은 兄弟間의 嗣位 등으로 인해 複雜多端했던 歷代帝王의 配享에 따른 수많은 문제가 提起되었고, 이를 바라보던 後世의 儒學者들의 見解도 多樣하였다. 또 高麗後期에 性理學이 導入되면서 從來의 儒學者들이 지니고 있었던 昭穆制 理解에 대한 批判이 있었고, 새로운 祀典體制의 構築을 위한 여러 가지의 方案이 提示되기도 하였다(『고려사』 권60, 지14, 예2, 吉禮 大祀, 太廟 ; 한국역사연구회편 2002年).

2) 이 記事를 글자 그대로 번역하면 '처음으로 太廟(宗廟)를 造營하였다'라고 할 수 있을 것이지만, 그 以前에도 太廟가 있었음으로 '비로소 새로운 太廟를 造營하기 始作하였다'라고 하는 것이 좋을 것이다.

關聯資料
• 始營大廟, 王躬率百官, 輪材(『고려사절요』 권2, 성종 8년 4월).
• 成宗八年 四月, 始營太廟(『고려사』 권61, 지15, 예3, 太廟).

原文　癸酉, 王詣[1]大廟[太廟], 率百官輸材.

校訂

1)은 大廟로 되어 있으나 太廟가 옳을 것이다.

翻譯　(4월) 23일(癸酉, 陽5月 30日) 王이 太廟[大廟]에 나아가 百官들을 거느리고
資材를 옮겼다.

轉載　始令京官六品以下, 四考加資, 五品以上, 必取旨, 以爲常式(『고려사절요』 권
2, 성종 8년 4월 ; 『고려사』 권29, 지29, 선거3, 銓注, 凡選法).

翻譯　처음으로 京官 6品 以下는 네 번 考課하여 加資하고, 5品 以上은 王命을
받도록 하게 하였고, 이를 固定된 制度[常式]로 삼았다.

原文　五月 辛卯, 守侍中崔承老卒.

翻譯　5월 12일(辛卯, 陽6月 17日)[1] 守(門下)侍中 崔承老가[2] 別世하였다(63歲).

注釋

1) 이해의 5월은 大盡이고 초하루[朔日]는 庚辰이다. 이날은 그레고리曆으로 6월 22일
이다.

2) 崔承老는 태조 21년 末尾 崔承老의 주석 1)과 같다.

關聯資料

• 至是, 病卒, 年六十三. 王慟悼, 下敎褒其勳德, 贈太師, 賻布一千匹·麵三百碩·粳米五百
碩·乳香一百兩·腦原茶二百角·大茶一十斤(『고려사절요』 권2, 성종 8년 5월).

• (成宗) 八年 五月, 守侍中崔承老卒, 王慟悼, 下敎褒其勳德, 贈太師, 賻布千匹·麵三百
石·粳米五百石·乳香百斤·腦原茶二百角·大茶十斤(『고려사』 권64, 지18, 禮6, 凶禮,
諸臣喪).

轉載　秋八月, 下敎, 申勸十二牧·諸州府學生·醫生, 仍賜酒食(『고려사절요』 권2,

성종 8년 8월).

飜譯 8월에[1] 教書를 내려 12牧과 여러 州·府의 學生과 醫生들을 거듭 勸奬하고, 이어서 술과 음식을 내려 주었다.[2]

注釋

1) 이해의 8월은 大盡이고 초하루[朔日]는 己酉이다. 이달은 그레고리曆으로 9월 8일부터 10월 7일까지이다.

2) 이때 各種 地方行政 單位의 治所에 位置한 鄕校에 在職하고 있던 經學·醫學博士에게도 아래 關聯 資料와 같이 訓育을 勸奬하였다.

關聯資料

(成宗) 八年 □□[八月], 下敎, 申勸十二牧·諸州府經學·醫學博士, 仍賜酒食(『고려사』 권74, 지28, 選擧, 學校, 이에서 □□에 八月이 缺落되었다).

[原文] 九月 甲午, 彗星見, 赦.

飜譯 9월 16일(甲午, 陽10월 18日)[1] 彗星이[2] 나타났으므로 赦免令을 내렸다.

注釋

1) 이해의 9월은 大盡이고 초하루[朔日]는 己卯이다.

2) 彗星(Comet)은 太陽系의 中小天體의 하나로서 얼음[冰凍]과 먼지[塵埃]의 凝固物이다. 行星과 같이 太陽을 公轉하는데, 經路는 긴 타원형 또는 포물선에 가까운 軌道로 運行하며, 太陽風의 壓力으로 인해 그 꼬리가 太陽의 반대편 方向에 있다. 이는 우리말로 꼬리별, 살별이라고도 하며, 彗星이 나타나는 現象을 天道에 異狀이 발생한 것으로 생각하여 凶兆로 받아들였다. 帝王을 象徵하는 太陽 近處에 나타날 경우에 帝王의 權限을 威脅하는 叛臣이 登場하거나 異民族의 侵入·叛亂·天災地變·帝王의 有故 등이 일어날 凶兆로 解釋하여 각종 赦免 措置가 이루어지고, 萬民이 謹愼하였다고 한다[東亞大學校 2008年 1책 325쪽].

關聯記事

• 成宗八年 九月 甲午, 彗星見, 赦. 王責己修行, 養老弱, 恤孤寒, 進用勳舊, 褒賞孝子·節婦, 放逋懸, 蠲欠負, 彗不爲災(『고려사』 권47, 지1, 天文1, 月五星凌犯及星變).

• 九月 甲午, 彗星見, 赦. 王, 責己修行, 養老弱, 恤孤寒, 進用勳舊, 褒賞孝子·節婦, 放逋懸, 蠲欠負(『고려사절요』권2, 성종 8년 9월).

原文 冬十二月 丙寅, 敎曰, 昔唐太宗, 每於皇考妣忌月, 禁屠殺, 勅天下僧寺, 限五日, 焚修轉念, 以爲常式. 況寡人, 幼而卽閔, 長又早孤, 未酬罔極之恩, 每軫追思之念, 盍遵往轍, 以伸予懷. 可自今, 太祖忌齋·王考戴宗忌齋, 期五日, 王妣宣義王后忌齋, 期三日, 焚修轉念. 仍於是月, 禁屠殺, 斷肉膳.

翻譯 12월 19일(丙寅, 陽990년 1월 18日)[1] 敎書를 내려 말하기를, "옛날 唐 太宗이 父母의 忌月 때마다 屠殺을 禁止하고 天下의 佛敎寺院[僧寺]에[2] 命하여 5일간 佛供을 드리게 하는 것을[焚修轉念][3] 固定된 制度[常式]로 삼았소. 나는[寡人] 어려서 母親을 여의고, 또 자라서는 父親을 여의게 되어 끝이 없는 恩惠를 갚을 길 없어 追慕하는 마음이 언제나 간절하니 어찌 前例를 따라 나의 쌓인 懷抱를 펴지 않으리오? 지금부터 太祖의 忌齋와 先考[王考] 戴宗의 忌齋 때는 5일 동안, 先妣[王妣] 宣義王后의 忌齋 때는 3일 동안 佛供을 드리도록 하시오."라고 하였다. 이어서 이달(12월)에는 屠殺을 禁止하고 고기로 만든 반찬[肉饍]을 들지 않았다.

注釋

1) 이해의 12월은 大盡이고 초하루[朔日]는 戊申이다.

2) 僧寺는 佛敎寺院을 가리킨다(『事物紀原』권7, 眞壇淨社部36, 白馬寺, "漢明帝, 於東都城門外立精舍, 以處攝摩騰竺法蘭, 卽白馬寺也. 騰始自西域, 以白馬馱經來, 初止鴻臚寺, 遂取寺名, 創置白馬寺, 卽僧寺之始也. 隋煬帝改曰道場, 後復曰寺").

3) 焚修轉念에서 焚修는 焚香修行을 가리키고, 轉念은 생각을 거듭하고 바꾸는 것이다. 일반적으로 僧侶들이 부처의 앞에서 焚香하고 부지런히 修行하여 轉經(經典을 轉讀하는 것)하면서 念佛하는 것을 가리킨다. 이 記事에서의 焚修轉念의 意味는 國忌, 곧 先代 帝王과 皇后의 崩御日[忌辰]에 全國의 官民에게 命하여 寺院에 나가 향불을 올리게[行香] 한 조치이다. 또 이날 帝王은 政務를 살피지 아니하고[不視事, 輟朝廢務] 寺院에 나아가 향불을 올리는 國忌行香을 실시하였다[那波利貞 1955年].

4) 忌齋는 死者의 忌日에 佛敎寺院이나 道敎寺院에 나아가 齋나 齋醮를 올리는 것을

말한다.

關聯資料

- 冬十二月, 敎曰, 昔唐太宗, 每於皇考妣忌月, 禁屠殺, 勅僧寺, 限五日, 焚修轉念. 況寡人, 幼而卽閔, 長又早孤, 未酬罔極之恩, 每軫追思之念, 盍遵往轍, 以伸予懷. 可自今, 太祖忌齋, 先考忌齋, 期五日, 先妣忌齋, 期三日, 焚修轉念, 仍於是月, 禁屠殺, 斷肉膳. 自後, 遇太祖及考妣忌晨, 必親詣寺行香, 世以爲常(『고려사절요』 권2, 성종 8년 12월).

- 成宗八年 十二月, 敎, 太祖及王考戴宗·王妣宣義王后忌月, 禁屠殺, 斷肉膳(『고려사』 권64, 지18, 禮6, 凶禮 先王諱辰·眞殿酌獻儀).

原文 丁丑, 賜崔得中等及第.

飜譯 (12월) 30일(丁丑, 陽990년 1월 29日) 崔得中[1] 등에게 及第를 下賜하였다.

注釋

1) 崔得中은 989년(성종8) 3월 知貢擧 王融의 門下에서 科擧에 합격하여 같은 해 12월에 及第를 下賜받았으나, 이 자료 외에 찾아지지 않아 어떠한 인물인지는 알 수 없다.

關聯資料

- 賜崔得中等十八人·明經一人·卜業二人及第(『고려사절요』 권2, 성종 8년 12월).

- (成宗) 十二月, 下敎, 賜乙科崔得中等十人·丙科八人·明經一人·卜業二人及第(『고려사』 권73, 지27, 선거1, 科目1, 選場).

原文 [1](是歲) 遣[2]□□選官侍郞韓藺卿·[3]兵部兵官郞中魏德柔如宋, 帝並授[4]□□金紫光祿大夫.

校訂

다음의 중국 측 자료를 통해 볼 때, 1)에 '是歲'가, 2)에 選官이, 4)에 金紫가 각각 缺落되었다. 또 3)의 '兵部'는 '兵官'으로 해야 바르게 되는데, 이 시기의 六典體制에서는 尚書六部가 아니라 尚書六官이었다.

飜譯 (이해에) 選官侍郎 韓蘭卿과[1] 兵官郎中 魏德柔를[2] 宋에 보내자, 太宗[帝]이 두 사람에게 金紫光祿大夫[光祿大夫, 正2品]를 除授하였다.

注釋

1) 韓蘭卿은 광종 25년의 주석 2)와 같다.

2) 魏德柔(生沒年不詳)는 邃寧魏氏로 추정되며, 989년(성종8) 兵官郎中으로서 選官侍郎 韓蘭卿과 함께 宋에 使臣으로 파견되어 太宗으로부터 金紫光祿大夫에 임명된 인물이다[李樹健 1984年 213쪽].

補遺 (端拱) 二年, 遣使來貢, 詔其使選官侍郎韓蘭卿·副使兵官郎中魏德柔並授金紫光祿大夫, 判官少府丞李光授檢校水部員外郎. 先是, 治遣僧如可賫表來覲, 請大藏經, 至是賜之, 仍賜如可紫衣, 令同歸本國(『宋史』 권487, 열전246, 外國3, 高麗).

飜譯 (端拱) 2년에 (고려가) 使臣을 보내와 朝貢하자 詔書를 내려 正使·選官侍郎 韓蘭卿과 副使·兵官郎中 魏德柔에게 金紫光祿大夫(正2品)를 제수하고, 判官·少府丞 李光에게[1] 檢校水部員外郎을 제수하였다. 이보다 먼저 王治(成宗)가 僧侶 如可에게[2] 表를 가지고 謁見하게 하여 大藏經을 요청했는데, 이에 이르러 下賜하고, 如可에게 紫色袈裟[紫衣]를 下賜하여 使臣과 함께 歸國하게 하였다.

注釋

1) 李光은 이 자료 외에 찾아지지 않아 어떠한 인물인지는 알 수 없다.

2) 僧侶 如可는 이 자료 외에 찾아지지 않아 어떠한 인물인지는 알 수 없다.

3) 紫衣는 紫色袈裟를 指稱한다. 僧侶에게 紫衣를 下賜한 것은 唐代에 始作되었다고 한다.

轉載 文州, 古稱妹城, 成宗八年, 爲文州防禦使(『고려사』 권58, 지12, 지리3, 東界, 文州).

飜譯 文州(現 咸鏡南道 文川郡)는 옛적에는 妹城[주성]이라고 하였는데, 성종 8년

에 文州防禦使가 되었다.

[參 考]

渤海

·端拱二年, 其王子因女眞使附獻馬·雕羽鳴鏑(『宋史』 권491, 열전250, 외국7, 定安國).

[成宗 9年(990) 庚寅]
宋 太宗 淳化 元年, 契丹 聖宗 統和 8年, 日本 正曆 元年

補遺 淳化元年 正月 庚寅, 命戶部郎中柴成務·兵部員外郎趙化成, 使高麗, 左正言
宋鎬右·王世則, 使交州, 以加恩制書, 賜王治及黎桓也. 高麗國俗, 信陰陽鬼
神之事, 頗多拘忌, 每朝廷使至, 治必擇良月吉日, 方具禮受詔. 成務在館逾
月, 乃貽治書, 責其牽於禁忌, 泥於小數, 眩惑日者之浮說, 稽緩天子之命書,
惟典册之垂文, 非巫祝之能曉, 書稱上日, 不推六甲之元辰, 禮載仲冬, 但取一
陽之嘉會, 燦然古訓, 足以明稽, 所宜改圖, 速拜君賜. 治覽書慙懼, 會霖雨不
止, 乃請俟晴霽. 成務復貽書開諭, 治卽出拜命(『續資治通鑑長編』 권31).

飜譯 淳化 1년 1월 13일(庚寅, 陽2月 11日)[1] 戶部郎中 柴成務와[2] 兵部員外郎 趙
化成에게[3] 命하여 高麗에 使臣으로 가게 하고, 左正言 宋鎬右과 王世則에 命
하여 交阯[交州]에 使臣으로 가서 加恩制書를 王治와 黎桓에게[4] 下賜하게
하였다. 고려의 나라 風俗에 陰陽과 鬼神의 일을 믿어서 자못 拘礙되고 꺼
리는 경우가 많아 매번 朝廷에 使臣이 이르면 王治(成宗)가 반드시 좋은 달
과 길한 날을 선택하고 바야흐로 禮義를 갖추어 詔書를 받는다. 柴成務가
館舍에 머물러 있으면서 달을 넘겨서 王治에게 詔書를 주는데, 禁忌에 이끌
리고 術數에 遲滯되어 日官의 허무맹랑한 말에 眩惑되어 天子가 명령한 詔
書를 遲延시킴을 나무랐다. 오직 典册에 쓴 글은 占術이나 祭祀를 맡은 사
람들이 능히 알 수가 있는 것이 아니다. 書經에서 上日이라 일컬은 것은 六
甲의 元辰을 類推한 것이 아니고, 禮記에 仲冬을 記載한 것은 다만 한 陽氣
의 아름답게 모인 것을 취한 것이니 찬연하게 옛날 訓戒로 족히 밝게 詳考

할 수가 있기 때문에 마땅히 그림을 고쳐서 임금께서 하사한 것에 대해 속히 절하고 보답하시오. 王治가 이 글을 보고 부끄럽고 두려워하였는데, 마침 장맛비가 그치지 아니하여 이에 날씨가 개이기를 기다리라고 요청함에 柴成務가 다시 글을 보내서 깨우쳐 주니 王治가 곧 나와 勅命을 받았다.[5]

注釋

1) 이해의 1월은 小盡이고 초하루[朔日]는 戊寅이다.

2) 柴成務(934~1004)는 曹州 濟陰(現 山東省 定陶縣, 혹은 衢州 江山, 現 浙江省 江山市) 출신으로 字는 寶臣이며, 968년(乾德6) 進士科에서 甲科로 급제하여 이름을 떨쳤고 官職은 給事中에 이르렀다. 博學多才하고 文學으로 이름을 떨쳤다고 한다(『宋史』권306, 열전65, 柴成務).

3) 趙化成은 어떠한 인물인지는 알 수 없다.

4) 黎桓은 성종 7년 4월 3일(己丑)의 주석 2)와 같다.

5) 高麗前期에는 日辰 중에 辰日과 巳日을 싫어하는 날[拘忌日]로 생각하여 忌避하는 風俗[世俗]이 있었다고 한다(「海東廣智大禪師之印墓誌銘」). 또 『禮記』檀弓下第4에 "子日과 卯日은 좋지 않다. 子·卯不樂"에 의거하여 이날을 避하는 風習도 있었던 것 같다(『고려사』권21, 세가21, 명종 3년 11월 丙寅).

關聯資料

• 淳化元年 三月, 詔加治食邑千戶, 遣戶部郎中柴成務·兵部員外郎·直史館趙化成往使. 其國俗, 信陰陽鬼神之事, 頗多拘忌, 每朝廷使至, 必擇良月吉辰, 方具禮受詔. 成務在館逾月, 乃遺書於治曰, 王奕葉藩輔, 尊獎王室, 凡行大慶, 首被徽章, 今國家特馳信使, 以申殊寵, 非止歷川塗之綿邈, 亦復踐溟海之艱危, 皇朝眷遇, 斯亦隆矣. 而乃牽於禁忌, 泥於卜數, 眩惑日者之浮說, 稽緩天子之命書. 惟典冊之垂文, 非卜祝之能曉, 是以書稱上日, 不推六甲之元辰, 禮載仲冬, 但取一陽之嘉會. 燦然古訓, 足以明稽, 所宜改圖, 速拜君賜. 儻鳳綍無滯, 克彰拱極之誠, 則龍節有輝, 免貽辱命之責. 謹以誠告, 王其聽之. 治覽書慙懼, 遣人致謝焉. 會霖雨不止, 仍以俟霽爲請. 成務復遺書而責之, 治翌日乃出拜命(『宋史』권487, 열전246, 外國3, 高麗).

• 淳化元年, 高麗國王王治加恩制, 門下, 朕自祇膺景命, 順考彝章, 荷元穹眷祐之仁, 膺靑齊發生之令, 是用凝冕旒於正殿, 陳羽衛於廣廷, 萬方執玉以來儀, 百辟稱觴而就列, 慶玆涼德, 祉受鴻名, 宜覆渙汗之恩, 遠耀辰韓之國. 具官王治, 風雲間氣, 韶濩雅音, 繼先

世之徽猷, 啓眞王之土宇, 派分緱嶺, 蔚爲華顯之宗, 地接蓬邱, 宛是神仙之境, 爰自拱於北極, 爲我東藩, 傾望雲就日之誠, 勵事大勳王之操, 瞻九重之象闕, 常拜表函, 越萬里之鯨波, 歲陳方物, 職修事擧. 朕甚嘉之, 屬開元行慶之辰, 降出綜懋功之典, 榮加奉邑, 寵賜功臣, 予於世勳, 豈愗殊渥, 爾宜愈堅愛戴, 善保初終, 當同文同軌之朝, 謁惟忠惟孝之道, 永隆多福, 豈不善歟(『宋大詔令集』 권237, 政事90, 四裔10, 高麗).

- 俄奉使高麗, 遠俗尙拘忌, 以月日未利拜恩, 稽留朝使. 成務貽書, 往反開諭大體, 國人信服, 事具高麗傳(『宋史』 권306, 열전65, 柴成務).

- 公諱成務, 字寶臣, 其先平陽人 … 改戶部員外郎·直史館, 賜服金紫, 除本曹郎中, 充三司戶部判官, 選爲光祿少卿. 未幾, 充高麗國信使, 復命領京東轉運, 入爲司封郎中·知制誥 … 辰韓之區, 是爲君子之國, 世修職貢, 乃心本朝, 而尺詔頒恩, 軺軒遣使, 撫柔殊俗, 震疊皇靈, 自非專對之才, 或致君命之辱, 而公奉辭于役, 裔壤咸懷(『武夷新集』 권10, 宋故大中大夫行給事中 … 柴公^{成務}墓誌銘).

- … 拜光祿少卿, 辰韓之墟, 稱藩海外, 屬有恩詔, 愼求使材, 命公爲高麗國信使, 公雍容儒雅, 博聞强記, 衣冠之國, 文物盛焉. 擧措話言, 是法是傚, 皇華之美, 至今稱之. 復命爲京東水陸轉運使, 召入拜司封郎中·知制誥(『武夷新集』 권11, 故太中大夫行給事中 … 柴公^{成務}行狀).

原文 夏六月, 宋遣光祿卿柴成務·太常少卿趙化成等來, 加册王推誠順化功臣, 食邑一千戶·食實封四百戶, 餘如故. 王受册, 赦絞罪以下.

飜譯 6월에[1] 宋이 光祿卿 柴成務와 太常少卿 趙化成 등을 보내와 王을 推誠順化功臣으로 덧붙여 册封[加册]하고, 食邑 1千戶·食實封 4百戶를 주었으며, 나머지는 從前대로 하였다. 王이 册名을 받자 絞首刑[絞罪] 以下의 罪囚들을 赦免하였다.

注釋

1) 이해의 6월은 大盡이고 초하루[朔日]는 甲辰이다. 이달은 그레고리曆으로 6월 30일부터 7월 29일까지이다.

關聯資料

- 成宗九年 六月, 宋遣光祿卿柴成務·太常少卿趙化成等來, 册王. 國俗, 拘忌陰陽, 每朝

廷使至, 必擇月日受詔. 成務在館踰月, 詰責之, 翌日, 王乃出拜命. 自是, 止擇日迎之(『고려사』 권65, 지19, 예7, 賓禮).

• 夏六月, 宋遣光祿卿柴成務·大常少卿趙化成來, 加册王, 爲推誠順化功臣·食邑一千戶·食實封四百戶·餘如故, 王受册, 赦絞罪以下, 自文武官, 下至工匠, 推恩有差, 先是, 國俗, 拘忌陰陽, 每朝廷使至, 必擇月日受詔, 成務, 在館踰月, 責之, 翌日, 王乃出拜命. 自是, 唯擇日迎之(『고려사절요』 권2, 성종 9년 6월).

轉載 秋七月, 右補闕金審言請, 以劉向六正·六邪之說, 漢刺史六條之政, 頒示內外, 書之廳壁, 以爲勸戒, 王從之(『고려사절요』 권2, 성종 9년 7월).

飜譯 7월에[1] 右補闕 金審言이[2] 劉向의 六正·六邪의 說과[3] 漢刺史六條政을[4] 가지고 서울과 지방에 頒布해 알리고 官廳의 壁에 써서 勸戒로 삼기를 청하니, 王이 그 말을 따랐다.[5]

注釋

1) 이해의 7월은 小盡이고 초하루[朔日]는 甲戌이다. 이달은 그레고리曆으로 7월 30일부터 8월 28일까지이다.

2) 金審言은 靜州 靈光縣(現 全羅南道 靈光郡, 靜州는 靈光郡의 別稱) 출신으로 散騎常侍 崔暹(後日 金審言의 妻父)의 門下에서 學問을 배웠다. 成宗初에 及第하여 右補闕兼起居注에 임명되었고, 990년(성종9) 7월 說苑六正·六邪文과 漢書刺史六條政에 대한 封事를 올려 칭찬을 받았다. 또 같은 해 9월 起居郎으로 王命을 받아 孝子들을 訪問하여 褒賞하였다. 穆宗 때에 外職으로 나가 牧使[州牧]가 되어 勸農하고 惠政을 베풀어 稱頌을 받다가 1009년(현종 즉위년) 3월 右散騎常侍에 발탁되었고, 1011년(현종2) 5월 禮部尚書에 임명되었다. 1013년(현종4) 8월 左僕射로 知貢舉에 임명되어 林維幹·崔弘正 등을 선발하였고, 다음달에 다시 禮部尚書로서 修國史를 兼職하였다. 1014년(현종5) 4월 內史侍郎平章事에 올랐고, 8월에 西京留守를 兼職하였다. 1018년(현종9) 9월 28일(丁亥, 그레고리曆 11월 14일) 別世하자 文安이라는 諡號가 내려 졌다(『고려사』 권93, 열전6, 金審言)

3) 劉向(B.C.77推定~B.C.6)은 漢 高祖 劉邦의 異母弟인 楚의 元王 劉交의 後裔로서 初名은 更生이고, 字는 子政이며, 祖鄕은 沛郡(現 江蘇省 徐州)이다. 前漢代의 官僚로서 光祿大夫에 이르렀고, 유명한 經學家로서 『新書』·『說苑』등의 저술이 있다. 그의

六正·六邪는 春秋時代부터 前漢初期까지의 有名한 人物들의 逸話를 기록한 책인『說苑』20권의 권2, 臣術에 수록되어 있다.

4)「漢書刺史六條政」의 典據가 무엇인지를 알 수 없으나『漢書』권19上, 百官公卿表上의 監御史에 대한 顏師古의 注에『漢官典職儀』를 引用하고 있으나 매우 간단하여 위의 內容을 확인할 수 없다.

5) 劉向의 六正·六邪의 說, 漢 刺史의 六條之政과 관련하여 金審言의 生涯와 思想을 정리한 성과도 있다[金甲童 1994年b].

關聯記事

(成宗) 九年 七月, 上封事, 王下敎褒獎曰, 朕自御洪圖, 思臻盛業, 內設百寮, 外分牧守, 無曠分憂之任, 欲施利俗之方, 奈沖人之庸昧, 想政敎之陵夷, 昨省右補闕兼起居注金審言 所上封事二條, 其一曰, 周開盛業, 姬旦上無逸之篇, 唐啓中興, 宣宗製百僚之誡. 按說苑 六正·六邪文, 曰夫故人臣之行, 有六正·六邪. 行六正則榮, 犯六邪則辱. □□□□□□ □□夫榮辱者禍福之門也. 何謂六正□□六邪, □□□六邪者一曰, 萌芽未動, 形兆未見, 明昭然獨見 與存亡之機氣□□□□得失之要, 預禁乎未然之前, 使主超然立于乎顯榮之處, □□□□□天下稱 孝焉. 如此者聖臣也. 二曰, 虛心白意, 進善通道, 勉主以禮義誼, 諭主以長策, 將順其美, 匡 救其惡, □□□□功成事立, □□□□歸善於君, □□□□□□不敢獨伐其勞, 如此者良臣也. 三曰, □□□□卑身賤體, 夙興夜寐, 進賢不懈解, 數□數稱往古之□德行事, 以勵主意. □□□ □庶幾有益, □□□□□□□以安國家社稷宗廟, 如此者忠臣也. 四曰, 明察□□幽見成敗, 早防 而救之, □□□□引而復之, □□□□□□塞其間絶其源, 轉禍□以爲福, 使君終已無憂. 如此者 智臣也. 五曰, 守文奉法, 任官職事, 辭祿讓賜, □□□□不受贈遺, □□□□衣服端齊, 飲食節 儉. 如此者貞臣也. 六曰, 國家昏亂, 所爲不諛道, □□然而敢犯主之嚴顏顔, 面言主之過失, □□□□不辭其誅. □□□□身死國安, □□□□不悔所行. 如此者直臣也. 是爲六正□也. 何謂六 邪六邪者, 一曰, 安官貪祿, □□□□營於私家, 不務公事, □□□□□□懷其智藏其能, □□□□ □□□□主饑而論渴於策, □□□□猶不肯盡節, □□□容容呼與世沈浮□□上下, 左右觀望. 如此者 具臣也. 二曰, 主所言皆曰善, 主所爲皆曰好可, 隱而求主之所好, 而卽進之以快主之耳目, 偸合苟容, 與主爲樂, 不顧其後害. 如此者諛臣也. 三曰. 中實陰詖頗險, 外□容貌小勤謹, 巧 言令色, 妬善又心嫉賢, 所欲進則明其善, 而隱其惡. 所欲退則明其過, 而匿其美, 使主□□ □□妄行過任, 賞罰不當, 號令不行. 如此者姦臣也. 四曰, 智足以飾非, 辯足以行說, □□□ □□□□□反言易辭而成文章, 內離骨肉之親, 外構姤亂於朝廷. 如此者讒臣也. 五曰, 專權擅勢, □□□□持招國事以爲輕重, □於私門成黨, 以爲富家以富其家, □□□□□□又復增加威勢, 擅矯主命, 以自貴顯. 如此者賊臣也. 六曰, 詔主以佞邪^邪, 陷^墜主於不義, 朋黨比周, 以蔽主明, □□□□□□^{入則辯言好辭}, □□□□□□^{出則更復異言}, □^使白黑無別, 是非無閒, □□□□□□^{伺候可推而因附}, □^然使主惡布於境內, 聞於四隣. 如此者亡國之臣也. 是謂六邪. 賢臣處六正之道, 不行六邪之術, 故上安而下理^治. 又按漢書刺史六條政, 一, 則察民庶疾苦失職者, 二, 則察墨綬長吏以上居官政者, 三, 則察盜賊民之害及大奸猾, 四, 則察田犯律四時禁者, 五則察民有孝悌廉潔行修正茂才異者, 六, 則察吏不簿入錢穀故散者, 請將六正六邪文及刺史六條, 俾委攸司, 於二京六官諸署局及十二道州縣官廳堂壁, 各寫其文, 出入省覽, 以備龜鑑.

其二曰, 設職分司, 帝王令典, 開都列邑, 古今通規. 我國家, 以西京, 境壓鯨津, 地連鴈塞, 寫金湯而設險, 模鐵瓮以築城, 署百官, 置萬戶, 分司文武甚多, 而廉恥者, 無人薦奏, 非違者, 無人糾彈, 涇渭同流, 薰蕕一致, 請依唐東都置知臺御史例, 分司憲一員, 得使糾理, 則下情上達, 黜陟惟明, 物泰時雍, 非朝卽夕, 所奏如是, 予甚嘉之, 汝心敦補, 政志切匡時, 錄正邪二理, 諷我襟懷, 令內外諸司, 用爲勸戒, 其下內史門下, 頒示內外司存, 依所奏施行(『고려사』권93, 열전6, 金審言).

이에서 添字는 『說苑』권2, 臣術에서 本文이 더 있거나 달리 表記된 글자이다. 추측컨대 『고려사』의 편찬과정에서 本文을 縮約하였을 것이고, 달리 表記된 글자인 嚴顔^顏, 何謂六邪^{六邪者}, 陰詖^{頗險}, □^容貌, 妡善^{又心}, 慬^妡亂於朝廷 등을 통해 볼 때 金審言이 읽은 六正·六邪는 여러 版本의 『說苑』은 아닌 것 같고, 『貞觀政要』권3, 論擇官第7, 貞觀14년에 引用된 內容으로 推定된다[原田種成 1978年 219~221쪽 參照].

原文 秋九月 丙子, 敎曰, 凡理國家, 必先務本, 務本莫過於孝. 三皇五帝之本務, 而萬事之紀, 百善之主也. 由是, 漢皇嘉楊引之尊親, 旌門表里, 晋帝獎王祥之至孝, 命史書名. 寡人幼而藐孤, 長亦庸昧, 叨承顧托, 嗣守宗祧. 追思祖考之平生, 幾傷駒隙, 每念兄弟之在昔, 益感鴒原, 是以, 取則六經, 依規三禮, 庶使一邦之俗, 咸歸五孝之門.

頃者, 遣使六道, 頒示敎條, 恤老弱之饑離, 賑鰥孤於窮乏, 求訪孝子順孫·義夫節婦. 有全州求禮縣民孫順興, 其母病死, 畫像奉祀, 三日一詣墳墓, 饗之如生. 雲梯縣祗弗驛民車達兄弟三人, 同養老母, 車達謂其妻事姑不謹, 卽以棄離, 二弟亦不婚娶, 同心孝養. 西都牧丹里朴光廉, 母亡七日, 忽見枯木, 宛似母形, 負至其家, 養之盡禮. 南海狼山島民能宣女咸富, 其父死於毒虺, 殯于寢窒, 凡五月, 供膳無異平生. 慶州延日縣民鄭康俊女字伊, 及京城[1]宋興坊^{安興坊?}崔氏女, 早寡不嫁, 孝事舅姑, 撫養兒息. 折衝府別將趙英, 葬母家園, 朝夕祀之.

其咸富等男女七人, 並令旌表門閭, 免其徭役, 車達兄弟等四人, 免出驛島, 隨其所願, 編籍州縣, 順興等五人, 擬授官階, 以揚孝道. 今差起居郎金審言等, 往彼, 賜穀人一百石·銀盂二事·彩帛布幷六十八匹, 趙英超十等, 授銀靑光祿大夫·檢校侍御司憲·左武侯·衛翊府郞將, 仍賜公服一襲·銀三十兩·綵二十匹. 於戲, 君后, 萬民之元首, 萬民, 君后之腹心, 若有爲善, 是吾福也, 若有爲惡, 亦吾憂也. 光顯奉親之行, 用彰美俗之心. 田野愚氓, 尙勤思孝, 搢紳君子, 其怠奉先, 能爲孝子於家門, 必作忠臣於邦國, 凡諸士庶, 可復予言.

校訂

1)의 宋興坊은 開京의 5部坊里 中에서 南部에 소속된 安興坊의 誤字일 가능성이 있다 (『고려사』 권56, 지10, 지리1, 王京開城府 ; 朴龍雲 1996年).

飜譯 9월 4일(丙子, 陽9월 25日)[1] 敎書를 내려 말하기를, "무릇 國家를 다스림에는 반드시 먼저 根本이 되는 일에 힘써야 하고, 根本이 되는 것에 힘씀은 孝道보다 나은 것이 없소. 이는 三皇五帝가[2] 根本으로 삼았던 일이고, 모든 일의 紀綱이며 온갖 善行의 主된 것이오. 이런 까닭으로 漢 皇帝는 楊引이[3] 어버이를 극진히 모신 것을 가상히 여겨 그의 집과 마을에 旌門을 세워 表彰하였으며, 晉 皇帝는 王祥의[4] 지극한 孝誠을 獎勵하여 史官으로 하여금 그의 이름을 記錄하게 하였소. 寡人은 어려서 어버이를 여의고 자랐고, 또한 不足함이 많음에도 不拘하고 외람되게 王位를 이어받아 宗廟를 이어 지키게 되었소. 祖父(祖考, 太祖 王建)의 平生을 떠올리니 歲月의 덧없음이[5] 애달프기 짝이 없고, 매번 兄弟間의 옛 일을 생각하니 더욱 간절한 情[鴒原]이[6] 느껴지오. 이 때문에 六經의[7] 큰 뜻을 취하고 三禮의[8] 規範에 의거하여 온 나라의 風俗을 다섯 종류의 孝道[五孝]로[9] 歸一시키기를 바라오.

近來 6道에 使者를 보내 諭示를 頒布하고, 饑饉으로 離散한 老弱者 및 궁핍한 홀아비나 孤兒를 賑恤하며 孝子·順孫·義夫·節婦를[10] 두루 찾아보게 하였소. 全州 求禮縣(現 全羅南道 求禮郡) 백성인 孫順興은 그 母親이 病死하자 肖像을 그려놓고 祭祀를 받들며 사흘에 한 번씩 무덤을 찾아가 生時와 마찬가지로 飮食을 올렸소. 雲梯縣(全州牧의 屬縣, 現 全羅北道 全州市) 祇弗驛의 백성 車達 兄弟 3人은 老母를 함께 奉養했는데, 車達이 그 아내가 시어머니를 정성껏 섬기지 않는다는 理由로 離婚하니 두 동생들도 婚姻하지 않고 한 마음으로 孝誠을 다해 奉養하였소. 西都(西京, 現 平壤市) 牧丹里에 사는 朴光廉은 母親이 別世한 지 7日에 자기 母親과 유사한 枯木을 보고서 집으로 짊어지고 와서 禮를 다해 모셨소. 南海縣 狼山島의 백성 能宣의 딸 咸富는 父親이 毒蛇에게 물려 죽자 寢室에다 殯所를 차려놓고 5개월 동안이나 生時와 다름없이 飮食을 올렸소[以上 孝子]. 慶州 延日縣(現 慶尙北道 浦項市)의 백성 鄭康俊의 딸 字伊와 京城 宋興坊(安興坊?)에 사는 崔氏의 딸은 일찍 寡婦가 되었으나 改嫁하지 않고서 孝誠을 다해 媤父母를 섬기고 어린 子息들을 잘 養育하였소[節婦]. 折衝府別將 趙英은 母親을 집 뜰[家園]에 葬事지내고 朝夕으로 祭祀를 지냈다고 하오[孝子].

咸富 등 男女 7人에게는 모두 旌門을 세워 주고 徭役을 免除시켜 줄 것이며, 車達 兄弟 등 4인에게는 驛의 賤役을 免除해 주거나 섬에서 나오게 허락한 후 希望에 따라 州縣의 戶籍에 編入시키도록 할 것이며, 順興 등 5人에게는 官爵을 주어 孝道를 宣揚하게 하시오. 이제 起居郎 金審言 등을 그들에게 보내 각각 곡식 1百石과 은사발[銀盂] 2개, 채색 비단 및 베를 도합 68疋씩 내려주고, 趙英에게는 10等級 뛰어 올려 銀靑光祿大夫·檢校侍御司憲·左武侯衛의 翊府郎將(唐制 正5品上)의 벼슬을 주고 또 公服 한 벌과 銀 30兩과 채색 비단 20疋을 내리도록 하시오.

아, 君王은 모든 百姓의 우두머리이고, 모든 百姓은 君王에게 있어 가장 중요한 存在이니, 만약 百姓이 착한 일을 행하면 이는 곧 나의 福이고 惡行을 저지른다면 이 또한 나의 근심이 될 것이오. 따라서 어버이를 봉양하는 孝行을 天下에 드러냄으로써 美風良俗을 선하게 만든 孝心을 表彰하오. 시골의 무지한 百姓들조차도 孝道에 힘쓰려는 마당에, 지체 높은 官人들이 先祖 받들기를 어찌 게을리 할 것이오? 집안에서 孝道하는 사람이 반드시 나라에 도 忠誠할 터이니 모든 官吏와 百姓들은 나의 말을 되새기도록 하시오."라 고 하였다.[11]

注釋

1) 이해의 9월은 大盡이고 초하루[朔日]는 癸酉이다.

2) 三皇五帝에서 三皇은 古代中國의 建國神話에 등장하는 人物이고, 五帝는 古代의 대 표적인 明君 5人에 대한 傳說이다. 그중에서 三皇은 盤古가 天地를 開闢한 55萬年 이후에 出現한 3位의 위대한 神祇(신기)로서 天皇・地皇・人皇이라고 하는 傳說이다. 이에서 皇은 神祇를 意味하는데, 이들은 中原人의 發生에 큰 寄與를 한 聚落共同體 의 長이었을 것이다. 이들이 구체적으로 누구인가에 대해서는 諸說이 있다. ①『史 記』권6, 秦始皇本紀第6 : 天皇・地皇・泰皇(人皇의 別稱). ② 漢 伏勝(B.C.260~B.C. 161)『尙書大傳』, 略說 : 燧人・伏羲・神農, ③ 後漢 應劭(?~197?)『風俗通』, 皇覇第1 : 伏羲・女媧・神農, ④ 後漢代『禮緯』, 號謚記 : 伏羲・神農・祝融(火의 主管者), ⑤ 唐 孔安國『尙書』, 序 : 伏羲・神農・黃帝, ⑥ 唐 司馬貞『史記索隱』: 天皇・地皇・人皇 등으로 提示되어 있다. 이를 複合的으로 整理하면 伏羲(龍, 天皇)・女媧(蛇, 地皇)・ 神農(牛, 人皇)으로 될 수 있을 것이다.

또 五帝는 자료에 따라 ①『史記』권1, 五帝本紀第1 : 黃帝・顓頊・帝嚳・帝堯・帝 舜, ②『戰國策』권6, 武靈王平晝 : 庖犧・神農・黃帝・帝堯・帝舜, ③『呂氏春秋』: 太昊・炎帝・黃帝・少昊・顓頊, ④『資治通鑑外紀』: 黃帝・少昊・顓頊・帝嚳・帝堯, ⑤『僞古文尙書』, 序, 帝王世紀 : 少昊・顓頊・帝嚳・帝堯・帝舜, ⑥『五方上帝』: 黃帝(軒轅)・靑帝(伏羲)・炎帝(神農)・白帝(少昊)・黑帝(顓頊) 등의 여섯 가지의 견 해가 있다.

또 이들은 五行說과 결부되어 a. 唐 王炎『文獻志』, 郊祀議 : 大皡(配木, 春)・炎 帝(配火, 夏)・少昊(配金, 秋)・顓頊(配水, 冬)・黃帝(配土, 夏秋之交), b.『晉書』 권19, 지9, 禮上 : 太昊(配木)・神農(配火)・黃帝(配土)・少昊(配金)・顓頊(配水) 등 과 같이 生前에는 明王, 死後에는 木・火・土・金・水의 五行에 配置되었다[東亞大 學校 2008年 1책 327~328쪽].

3) 楊引(生沒年不詳)은 後魏의 鄕郡 襄垣(現 山西省 長治市 地域) 출신으로 3歲에 아버

지를 잃고 叔父 밑에서 成長하여 75歲에 母親喪(93歲)을 당하여 3년간 哀毁하였다.
또 어릴 때 父喪에서 禮를 하지 못하였다고 하여 다시 斬衰하여 죽을 때까지 13년
을 계속하였다. 隣近 地域의 百姓 300餘人의 請願에 의해 그의 家門은 國家로부터
旌門을 下賜받고 賦役이 免除[復]되었다고 한다(『魏書』권86, 열전74, 孝感, 楊引 ;
『北史』권84, 열전72, 孝行, 楊引).

4) 王祥(185~269)은 晋의 琅琊(現 山東省 臨沂市) 출신으로 字는 休徵이며, 後漢末期
戰亂을 피해 率家하여 廬江으로 옮겨 20여년간 隱居하였다. 어려서 母親을 잃어 繼
母下에서 成長하였으나 母에게 孝道하기 위해 얼음 위에 누워서 잉어를 기다렸다
[臥冰求鯉]는 人物인데, 魏·晋에 仕宦하여 縣令·大司農 등을 역임하고 太尉·太保
에 이르렀다. 後世에 그의 孝行을 稱頌하여 中原의 이름난 孝子 24人 가운데 1人
으로 불려지고, 그의 향리인 孝友村에는 「王祥臥冰處」라는 遺趾가 있다고 한다(『晉
書』권33, 열전3, 王祥).

5) 駒隙은 白駒過隙(흰 망아지, 또는 太陽이 壁의 틈을 지나가다)의 줄인 말로, 歲月이
빠르다는 것을 譬喩한 말이다. 『莊子』, 外篇, 知北游第22에 "사람이 이 天地之間에
살고 있는 時間은 마치 白駒가 壁의 틈[郤]을 지나가는 것과 같이 짧게 순간적으로
지나가 버리고 만다. 人生天地之間, 若白駒之過郤, 忽然而已". "成玄英疏, 白駒, 駿
馬也. 亦言日也"라는 句節이 있다. 또 『史記』권55, 留侯世家第25에 "高祖 劉邦이
崩御하자, 呂后가 (人間世界의 雜事에서 離脫하여 仙人 赤松子를 따르려고 穀物을
끊고 있던) 留侯(留는 現 江蘇省 徐州 沛縣의 東南쪽 35里에 位置) 張良을 타이르면
서 强하게 穀物을 먹게 하면서 말하기를, '人間의 一生은 극히 짧아 마치 흰 망아지
가 壁의 틈을 지나가는 것 같습니다. 어찌하여 스스로 괴롭게 사는 것을 이와 같이
합니까?'라고 하였다. 張良은 어쩔 수 없이 이를 받아들여 穀物을 먹었다. 그 후 9
年(8年은 誤謬라고 함) 別世하였다. 會高帝崩, 呂后德留侯, 乃彊食之曰, 人生一世間,
如白駒過隙, 何至自苦如此乎. 留侯不得已, 彊聽而食. 後八年卒."이라고 하였다[市川
安司 1994年 584쪽 ; 東亞大學校 2008年 1책 328쪽].

6) 鶺原은 鶺鴒으로도 表記하며, 鶺原之情으로, 兄弟間의 情이 간절한 것을 말한다. 『詩
經』, 小雅, 鹿鳴之什, 常棣에 "할미새[鶺鴒, 척령]가 들판에 있으니, 兄弟가 급하고
어렵구나. 鶺鴒在原, 兄弟急難". "鄭玄箋, 水鳥, 而今在原, 失其常處, 則飛則鳴, 求其
類, 天性也"라고 하였다. 이는 할미새가 그의 보금자리에 危急이 닥치면 날아오르
며 울부짖는 것을 말하는데, 이로 인해 鶺原은 兄弟의 友愛를 상징한 새가 되었다

[東亞大學校 2008年 1책 328쪽].

7) 六經은 성종 6년 8월의 是月 주석 6)의 六籍(六經)과 같다.

8) 三禮는 첫째, 天·地·宗廟에 祭祀를 지내는 것을 가리키고, 둘째 『儀禮』·『周禮』·『禮記』를 가리킨다. 後者는 中國古代의 各種 禮器와 禮制에 대해 서술한 서책인데, 그 중에서 『儀禮』·『周禮』는 周公이, 『禮記』는 漢의 戴德(大戴로 呼稱함), 戴聖(小戴로 呼稱함)의 叔姪이 각각 刪定한 것이라고 稱해진다. 그렇지만 後漢의 何休(129~182)는 『周禮』는 6國 때에 만들어졌다고 하여 周公의 役割을 疑心하였는데, 이후 여러 學者에 의해 앞의 두 책은 前漢 劉歆(B.C.50~A.D.23, 劉向의 子)에 의한 僞造일 가능성도 提起되었다.

9) 五孝는 사람이 행하여야 할 다섯 종류의 孝道이다(梁 武帝, 孝思賦, "治本歸於三大, 生民窮於五孝"). 이는 身分에 따라 天子·諸侯·卿大夫·士·庶民 등의 다섯 효도가 있었다고 한다. 唐 玄宗의 『孝經』, 序文에 "비록 五孝의 쓰임이 구별되어 있으나 모든 行爲의 根源에는 다를 것이 없다. 雖五孝之用則別, 而百行源不殊", 邢昺疏, "五孝者, 天子·諸侯·卿大夫·士·庶人, 五等所行之孝也"라고 하였다[東亞大學校 2008年 1책 328쪽].

10) 義夫는 數代에 걸친 親族과 함께 居住하는 男子를 가리킨다(丘濬, 『大學衍義補』 권53, 治國平天下之要, 家鄕之禮下, "漢·唐以來에 때때로 累世의 親族과 함께 居住하는 者가 있었는데, 旌門을 내리고, 그 役을 免除하여 주었다. 漢唐以來, 往往於累世同居資, 旌其門, 復其役").

11) 이 記事에서 孝子順孫·義夫節婦에 대한 役의 免除措置는 周代以來의 支配層에 대한 課役을 免除해 주던 施舍制度에 準하여 孝子와 順孫, 義夫와 節婦 등에 대한 課役의 免除, 物品과 旌閭의 下賜 등과 같은 褒賞措置의 施行이다.

原文　己卯, 敎曰, 我太祖應期降世, 敷德臨人, 百郡來庭, 三韓安堵. 尊居南面, 創置西京, 差宗室之親, 守咽喉之地, 分司職務, 各掌權機. 每當春秋, 親修齋祭, 欲防戎虜, 以固藩籬, 憑玆平壤之雄都, 固我祖宗之霸業. 厥後, 聖神相繼, 社稷以寧, 或依前跡以遵行, 或命近臣而發遣, 臨時制斷, 歷代風殊. 寡人謬以眇冲, 早承顧托, 感當年之盛化, 每切心遵, 聞往日之洪猷, 如承面訓. 今者, 天人合慶, 遐邇咸寧, 三農共賀於豊穰, 九穀皆登於實熟, 欲取十月, 言邁遼城, 行祖禰之舊規, 布邦家之新令. 非但視關河之夷險, 將兼知黎庶之安危, 減增尹牧之員, 刪定山川之祀. 其行次儀仗, 侍從官僚, 御膳樂官, 皆當減損, 西都留守官, 并沿路州縣守令, 諸鎮戎帥, 不得輒離任所. 稟予儉素之訓, 戒爾繁華之風.

翻譯 (9월) 7일(己卯, 陽9月 28日) 敎書를 내려 말하기를, "우리 太祖께서는 때를 틈타 世上에 태어나시어 德을 펴서 사람을 다스리니, 모든 고을[百郡]이 降服[來庭]하여 와서 三韓이 安堵하게 되었소. 높이 君王의 자리[南面]에 있으면서 西京(現 平壤市)을 처음 設置하고, 宗親을 파견하여 重要地域으로 삼아 지키게 하였으며 職務를 나누어 맡겼소. 매년 봄과 가을에는 친히 齋戒하여 祭祀를 지냈으며 오랑캐를 막아 國境[藩籬]을 굳건히 하고자 하였소. 이 平壤의 雄都에 依據하여 우리 祖宗의 霸業을 공고히 하였소. 그 후 聖君[聖神]들이 서로 이어서 社稷이 편안하게 되었소. 혹은 前例[前跡]에 따라 직접 西京에 幸次하기도 하였고 혹은 近臣을 시켜 가게끔 했으니, 이는 그때의 형편에 따라 행한 것으로 시대에 따라 그 方式[風殊]을 달리 하였소. 寡人이 잘못되게 어린 나이에 王位를 繼承하였으니 先王 때의 隆盛했던 敎化를 느껴 매번 간절한 마음으로 준수하여 왔고, 지난날의 큰 經綸[洪猷]을 들으니 마치 그 面前에서 訓戒를 받는 듯하오. 이제 하늘과 사람이 함께 慶事를 누리고 遠近이 모두 平安하며, 모든 農事[三農]가[1) 豊年을 謳歌하고 穀食[九穀]들도[2) 모두 잘 익었으니 10월을 택하여 遼城(西京)을[3) 찾아가 先祖들이 정하신 規範을 實行하고 國家의 새로운 法令을 펴고자 하오. 다만 山河[關河]의[4) 形勢를 살필 뿐 아니라 아울러 百姓의 형편을 알아보고 地方官의 숫자를 調整하며 山川에 올리는 祭祀를 刪定하려고 하오. 幸次에 따른 儀仗과 侍從官僚, 食事와 樂官은 모두 적절히 줄이고, 西京留守官과 通過하는 沿路에 있는 州縣守令 및 각 鎭의 將帥[戎帥]들은 함부로 任所를 떠나는 일이 없도록 하시오. 幸次를 검소하게 치르라는 나의 指示를 지켜서 그대들의 繁華한 慣習을 警戒하시오"라고 하였다.

注釋
1) 三農은 성종 5년 5월의 주석 2)와 같다.

2) 九穀은 中國 古代의 주된 作物 아홉 종류를 말하는데, 資料에 따라 차이가 있다. 곧 黍·稷·秫·稻·麻·大豆·小豆·大麥·小麥, 또는 黍·稷·麻·麥·稻·粱·大豆·小豆, 또는 黍·稷·稻·粱·三豆·三麥을 가리킨다(『周禮』, 天官, 大宰, "三農生九穀", 鄭玄注에 "司農云, 九穀, 黍·稷·秫·稻·麻·大小豆·大小麥, 九穀, 无秫·大麥, 而有粱·苽"; 『范勝之書』, 種穀, "小豆忌卯, 稻·麻忌辰, 禾忌丙, 黍忌丑, 秫忌寅·未, 麥忌戌, 大麥忌子, 大豆忌申·卯, 凡九穀有忌日, 種之不避其忌, 則多傷敗"; 晋 崔豹, 『古今注』, 草木, "九穀, 黍·稷·稻·粱·三豆·二麥")[東亞大學校 2008年 1책 330쪽].

3) 遼城은 滿州의 遼東城(現 遼寧省 遼陽市)을 가리키는데, 이 記事에서는 平壤을 指稱한다[東亞大學校 1982年 1책 139쪽].

4) 關河는 關塞·關防으로도 表記되며, 山河·山川을 가리킨다.

原文 冬十月 甲子, 幸西都, 教曰, 虞舜巡泰嶽之年, 諸侯麏至, 唐皇幸洛陽之日, 四海咸蘇. 是以, 遐開展義之風, 大擧省方之禮, 緬徵古列, 屬在時行. 朕纂御靈圖, 思崇寶業, 自卽眞於南面, 十換炎涼, 未展禮於西巡, 再思行邁. 遵祖先之軌, 順時令之宜, 親省關河, 歷觀黎庶, 農桑豊稔, 人物阜寧. 其沿路縣吏州司·田夫野老, 懽呼路左, 拜舞駕前, 競陳執贄之儀, 共表來蘇之意. 是穹蒼之所佑, 非沖眇之敢當. 合施大賚之仁, 俾慶中興之運. 扈從臣僚及西京等諸州·郡, 見禁囚徒, 十惡外, 絞罪以下, 並令出獄. 平壤府·開·平·黃·洞·安·鳳·信·白·貞·塩·海等州, 牛峯·兎山·遂安·土山·十谷·俠溪·江陰·德水·臨津·瓮津·咸從·軍岳等縣, 及安城等十一驛, 賜稻穀九千三百七十五石. 西京入流, 年八十以上者, 優賞各有差, 三品以上, 公服一襲, 五品以上, 彩二匹·幞頭二枚·茶一十角, 九品以上, 綵一匹·幞頭一枚·茶五角. 入流以上, 母妻年八十者, 三品以上, 布一十四匹·茶二斤, 五品以上, 布一十匹·茶一斤, 九品以上, 布六匹·茶二角. 庶人男女百歲以上者, 令京官四品, 存問其家, 兼賜布二十匹·稻穀一十石. 九十以上, 布四匹·稻穀二石, 八十以上, 及篤疾者, 布三匹·稻穀二石. 隨駕軍人, 有父母年八十者, 許先赴1)東京西京問安. 於戱, 乾坤覆載, 遐覃不宰之恩, 日月運行, 宛放無私之照. 適當在車駕之經歷, 固合垂雨露之霑滋.

校訂

1)의 東京은 西京으로 고쳐야 앞뒤가 相應하게 된다.

飜譯　10월 22일(甲子, 陽11月 12日)[1] 西都(現 平壤市)에 幸次하여 教書를 내려 말하기를, "帝舜이 泰山을 巡狩하던 해에 諸侯들이 많이 모였고, 唐의 皇帝가 洛陽에 幸次하던 날에 天下[四海]가 다시 새로운 삶을 누리게 되었소. 이런 까닭으로 德音을 宣布[展義]하는[2] 慣例를 멀리까지 펴고 크게 巡狩의 禮를 거행하는 것이니, 먼 옛 일을 先例로 삼아[緬徵古例][3] 때맞추어 幸次하게 되는 것이오.

朕이 王位[靈圖]를[4] 繼承하여 王業을 높이려고 하였으나 即位한 이래 10년의 歲月이 지나도록 아직 西京巡幸의 儀禮를 行하지 못하여 거듭 巡幸하고자 하였소. 이제 先祖의 先例를 좇고 時令의 便宜를 따라 친히 山河[關河]를 살펴보고 두루 百姓들을 돌아보니, 農事는 豊年이 들었고 人物은 풍요를 누리고 있음을 알겠소. 오는 길에 있는 각 州縣의 官吏들과 農民과 村老들은 길가에서 歡呼하고 수레 앞에서 절하고 춤추었으며 다투어 幣帛을 바치는[執贄][5] 禮를 올리면서 다함께 임금의 聖德에 대한 讚揚[來蘇]의[6] 뜻을 表하였소. 이것은 하늘이 도운 것이지 寡人이 감히 받을 것이 못되오.

이제 큰 은혜를 베풂으로써 中興을 맞이하게 된 것을 慶賀해야 마땅할 것이오. 扈從한 臣僚와 西京 등의 여러 州郡은 現在 收監되어 있는 罪囚들 가운데 十惡을[7] 犯한 者를 제외한 絞首刑 이하의 罪人들을 모두 出獄시키도록 하시오. 平壤府와 開州(現 開城市)·平州(現 黃海北道 平山郡)·黃州(現 黃海北道 黃州郡)·洞州(現 黃海北道 瑞興郡)·安州(現 平安南道 安州市)·鳳州(現 黃海北道 鳳山郡)·信州(現 黃海南道 信川郡)·배주[白州, 現 黃海南道 白川郡]·貞州(現 開城市 開豊郡)·鹽州(現 黃海南道 延安郡)·海州(現 黃海南道 海州市) 등의 州와, 牛峯縣(現 黃海北道 金川郡)·兔山縣(現 黃海北道 兔山郡)·遂安縣(現 黃海北道 遂安郡)·土山縣(現 平壤市 祥原郡)·十谷縣(現 黃海北道 谷山郡)·俠溪縣(現 黃海北道 新溪郡)·德水縣(現 開城市 開豊郡)·江陰縣(現 黃海北道 金川郡)·臨津縣(現 開城市 長豊郡)·瓮津縣(現 仁川市 甕津郡)·咸從縣(現 平安南道 甑山郡·溫泉郡 咸從面)·軍岳縣(現 平安南道

溫泉郡) 등의 縣 및 安城驛(現 黃海北道 平山郡 安城面) 등 11개소의 驛에 쌀과 곡식 9천 3백 75석을 내려주도록 하시오.

西京에 있는 9品 以上의 品官들 가운데 八十以上인 者에게는 각기 差等이 있게 賞을 주되, 3품 이상은 公服 한 벌을, 5품 이상은 채색 비단 2필과 幞頭[8] 2개와 茶 10角을, 9품 이상은 비단 1필과 幞頭 1개와 茶 5角을 내려주시오. 그리고 9품 이상의 品官들 가운데 母親이나 妻가 八十인 者의 경우, 3품 이상에게는 베 14필과 茶 2斤을, 5품 이상에게는 베 10필과 茶 1斤을, 9품 이상에게는 베 6필과 차 2각을 내려주시오. 平民男女 중에서 나이가 百歲以上의 者는, 京官 4품을 시켜 그 집을 찾아가 안부를 묻게 하고 베 20필과 쌀과 곡식 10석을 내려주게 하시오. 九十以上의 者에게는 베 4필과 벼 2석을, 八十以上과 篤疾者에게는 베 3필과 벼 2석을 내려주시오. 隨行한 軍人 중에서 父母의 나이가 八十이 된 者가 있으면 먼저 西京[東京]으로 가서 問安을 드리도록 허락하시오.

아, 하늘과 땅은 萬物을 덮고 실어서 아무 간섭도 없이 큰 恩惠[不宰之恩]를[9] 널리 끼쳐 주고, 해와 달은 하늘을 돌면서 아무런 私心이 없이 빛을 밝게 비추어 주오. 이제 幸次가 거쳐 가는 곳마다 비와 이슬이 萬物을 적시는 것처럼 고루 恩澤이 내릴 것이오."라고 하였다.

注釋

1) 이해의 10월은 小盡이고 초하루[朔日]는 癸卯이다.

2) 展義는 德義를 宣布하는 것으로, 天子가 諸侯의 封地를 巡狩할 때 諸侯의 治績에 따라 褒賞하는 것을 義를 行한다고 한다. 『春秋左氏傳』, 莊公 27年의 傳에 "天子는 德義를 宣布하지 않으면 巡狩를 하지 않고, 諸侯는 人民의 事務[民事]가 아니면 他國에 나가지 아니하고, 卿은 君命이 아니면 國境을 넘지 않는다. 天子, 非展義不巡守, 諸侯, 非民事不擧, 卿, 非君命不越境", "杜預注, 天子巡守, 所以宣布德義"라고 하였다[鎌田 正 1971年 222쪽 ; 東亞大學校 2008年 1책 331쪽].

3) 緬徵古例는 멀리 옛 故事를 詳考한다는 말이다. 이 記事에서 古例란 太祖 王建의 「訓要十條」 중에 "朕은 우리나라 山川의 숨은 도움으로 大業을 이루었소. 西京은 水德이 고르고 순하여 우리나라 地脈의 根本이며 王業이 萬代까지 이어질 땅이오. 마땅히 네 季節에 巡駐하여 100일 넘도록 머물러서 安寧에 이르게 하여야 하오. 朕

賴三韓山川陰佑, 以成大業, 西京水德調順, 爲我國地脉之根本, 大業萬代之地. 宜當四仲巡駐, 留過百日, 以致安寧."에 의거하여 歷代의 帝王이 巡狩하였던 것을 가리킨다[東亞大學校 2008年 1책 331쪽].

4) 靈圖는 河圖를 가리키는 것으로 漢代의 讖緯家들은 王者가 天命을 받은 瑞符라고 하였다. 그래서 靈圖·河圖는 天子의 地位를 指稱한다(『文選』 권46. 三月三日曲水詩序(王融 作), "秉靈圖而非泰, 涉孟門其何險", 呂向(721?~742)의 注, "呂向曰, 靈圖, 天子位也"; 東亞大學校 2008年 1책 331쪽).

5) 執贄는 執摯로도 表記하며, 膳物 또는 進上物을 가리키는데, 古代에는 身分에 맞추어 一定의 鳥獸를 利用하였다고 한다. 『儀禮』, 士相見禮에 "처음으로 君王을 뵈면서 禮物을 가지고 공손히[執贄] 아래에 이르니 얼굴이 더욱 찡그려졌다. 始見于君, 執贄至下, 容彌蹙."라고 하였다. 또 『禮記』, 檀弓下第4에 "魯나라 사람 가운데 周豊이라는 인물이 있었는데, (B.C.5世紀 初 魯의 諸侯) 哀公이 禮物을 갖추어 몸소 나아가[執贄]만나기를 청하자, 말하기를 '不可합니다.'라고 하였다. 哀公이 말하기를 '그러면 그만 둘까?'魯人有周豊也者, 哀公執贄請見之, 而曰, 不可. 公曰, 我其已夫."라고 하였다[竹內照夫 1993年 172쪽 ; 東亞大學校 2008年 1책 332쪽].

6) 來蘇는 后來其蘇의 뜻으로, 百姓이 明君이 와서 그들의 苦難을 解消하여 주기를 希望하는 모습을 描寫한 것이다. 『書經』(僞古文尙書), 仲虺之誥, "(湯王이) 征伐하고 있던 地方의 사람들이 온 家族[室家]이 모여 서로 慶賀하면서 말하기를 '우리들은 王이 오기를 기다리고 있습니다. 王이 와서 확실하게 蘇生할 수 있었습니다. 徯姐之民, 室家相慶, 曰, 徯予后, 后來其蘇"라고 하였다[小野澤精一 1995年 396쪽].

7) 十惡은 前近代社會에서 專制君主에 의한 統治秩序를 維持하기 위해 制定한 10種의 重大犯罪行爲로서 謀反(謀危社稷)·謀大逆(謀危宗廟·山陵·宮闕)·謀叛(謀背國行爲)·惡逆(謀殺親族)·不道(謀殺親族)·大不敬(竊盜御用物品)·不孝·不睦·不義·內亂(通姦親族)의 열 가지 큰 犯罪를 말한다(『大學衍義補』 권103, 愼刑憲, 定律令之制, 下, "十惡之名, 非古也. 起於齊而著於隋, 唐因之. 所謂謀反·大逆及叛·大不敬, 此四者, 有犯於君臣之大義. 所謂惡逆·不孝·不睦·內亂四者, 有犯於人道之大倫. 所謂不道·不義二者, 有犯於生人之大義, 是皆天理之所不容, 人道之所不齒, 王法之所必誅者也, 故常赦, 在所不原."; 東亞大學校 2008年 1책 332쪽).

8) 幞頭는 태조 14년 8월 12일(癸丑)의 주석 3)과 같다.

9) 不宰之恩은 天地의 無爲慈育의 큰 恩惠이다. 『老子道經』上, 能爲第10에 "道가 萬物

을 만들고, 德이 萬物을 기르고 있으나, 스스로가 만들어 지는 것을 믿지 않고, 스스로가 成長해 나가는 것을 支配하지 않는다. 이것이 深奧한 德이다. 生之畜之, 生而不有, 爲而不恃, 長而不宰, 是謂玄德"라고 하였고, 그 注에 "그 일을 하지만 감히 스스로 믿을 수 없고, 그 德을 기르지만 감히 스스로 主管하지 못한다. 作爲其事, 而不敢自恃, 長育其德, 而不敢自主."라고 하였다[阿部吉雄 1994年 26쪽 ; 東亞大學校 2008年 1책 333쪽].

轉載 (十月) 置左·右軍營(『고려사절요』 권2, 성종 9년 10월 ; 『고려사』 권81, 지3, 兵1, 兵制, 五軍).

翻譯 (10월에) 左·右軍營을 設置하였다.

原文 十二月 戊申, 以姪誦爲開寧君, 敎曰, 周開麟趾之封, 禮崇藩屛, 漢叙犬牙之制, 義篤宗支. 故能敷大命於四方, 固本支於百世. 景彼前烈, 予無[1]聞然. 崇德宮嫡男誦, 太祖令孫, 寡人猶子. 蒙能養正, 纔當秤象之年, 德不踰閑, 已蘊成人之器. 歷觀前籍, 緬考古風, 睦親爲百世之良規, 慈幼是五常之雅旨. 雖當齒學, 敢怰疏封, 將興美績於來今, 顯降殊恩於爰始. 今遣使工官御事知都省事朴良柔, 使副殿中監趙光等, 持節備禮, 册爾爲開寧君. 爾其自家而國, 移孝爲忠, 遵君臣父子之規, 威儀不忒, 習禮樂詩書之敎, 敦閱是勤. 勿務豪奢, 毋耽酒色. 知艱難於稼穡, 輔政敎於朝廷. 敬哉愼哉, 無廢予命.

校訂

1)의 聞은 間과 같은 글자이다.

翻譯 12월 7일(戊申, 陽12월 26日)[1] 조카 誦(後日의 穆宗)을 開寧君으로 册封하고 敎書를 내려 말하기를, "周가 子孫[麟趾]들을[2] 각 地域에 封하기 始作함으로써 邊方의 나라들을 禮遇했고, 漢이 서로 맞물린 땅에 皇族을 봉해 서로 견제[犬牙之制하게][3] 만듦으로써 皇室과 諸侯[宗支]의 義를 敦篤하게 하였다. 이로써 온 天下에 命令을 펼 수 있었으며 아득한 後代에까지 皇室과

諸侯[本支]의 관계를 鞏固히 하였다. 先王들의 業績을 推仰하는 나도 異議
가 없다[無間然].[4]

景宗妃 皇甫氏[崇德宮]의[5] 嫡子인 誦은 太祖의 孫子이며 寡人의 조카[猶子]
이다.[6] 어릴 때부터 正道를 길러 겨우 5~6歲에[7] 禮法에 맞는[8] 고상한 德을
지녔으며 이미 成人의 器量을 쌓았다. 널리 옛 文獻을 살펴보고 옛날의 典
例를 詳考해 보니, 親族과 和睦함은 百世의 좋은 規範이고, 어린이를 慈愛
함은 五倫[五常]의 바른 뜻이라고 하였다. 이제 學問을 배울 어린 나이지만
[齒學][9] 내가 어찌 封土를 아껴 나누어 주지[疏封][10] 않으랴? 앞으로 훌륭한
功績을 이루어 낼 것이니 이제 처음으로 각별한 恩寵을 내리노라.

이제 正使인 工官御事·知都省事 朴良柔와[11] 副使인 殿中監 趙光[12] 등을 使
者로 보내 禮를 갖추어 그대를 開寧君으로 冊封한다. 그대는 집안에서 孝道
하는 것처럼 나라에 忠誠하고 君臣과 父子의 道理를 지켜 禮法을 어기는 일
이 없도록 할 것이며, 詩書와 禮樂의 가르침을 부지런히 읽어 익히도록 하
라. 사치스런 생활을 하지 말고 酒色에 빠지지 말 것이며 농사일의 어려움
을 알고 朝廷의 政治와 敎化를 도우도록 하라. 늘 공경하고 삼가는 자세
로 나의 명령을 저버리지 말아라."라고 하였다.[13]

注釋

1) 이해의 12월은 大盡이고 초하루[朔日]는 壬寅이다.

2) 麟趾는 子孫의 昌盛함을 譬喩하는 말이다. 『詩經』, 國風, 周南의 麟之趾(毛詩의 序
文), "麒麟의 발은 關雎의 感應이다. 關雎의 敎化가 行해지면 天下에 非禮를 犯하는
者가 없다. 비록 衰退한 世上의 子孫[公子]일지라도 모두 믿음이 두터운 것이 麒麟
의 발과 같은 때가 되리라. 麟之趾, 關雎之應也. 關雎之化行, 則天下無犯非禮. 雖衰
世之公子, 皆信厚, 如麟趾之時也."라고 하였다. 이에서 麒麟은 實在의 麒麟이 아니
라 神格化시킨 사슴[鹿]이라고 한다[石川忠久 1997年 39쪽 ; 東亞大學校 2008年 1책
334쪽].

3) 犬牙之制는 개의 이빨이 서로 交錯한 것과 같이 帝王이 諸侯를 封建할 때 두 나
라의 國境을 서로 들어가고 나가게 하도록 劃定하여[犬牙相入] 相互間에 牽制할 수
있도록 만든 것을 가리킨다. 『史記』 권10, 孝文本紀第10의 "(B.C.180년, 呂后 稱制
8年 9月 漢의 大臣들이 代王을 擁立하려고 할 때) 丞相 陳平·太尉 周勃 등이 사람

을 보내어 代王(高祖의 第4子)을 帝王으로 맞이하려 하였다. 代王이 近侍[左右]인 郎中令(近侍인 郎中의 長) 張武 등에게 議論하게 하였다. 張武 등이 의논하기를, '漢의 大臣은 모두 高帝(高祖, 劉邦) 때의 大將出身이어서 兵法에 熟練되어 있고 術數[謀詐]에 능하여 어떤 일을 圖謀하다가 안되면 그만입니다. (다만 지금까지) 高帝 와 呂太后의 威勢를 두려워하여 萎縮되어 있었습니다. 지금은 呂氏一族[諸呂]이 誅 殺되었기에 새로이 京師에 피를 뿌려 盟約하여 事端을 일으키려고 하고 있습니다. 이번에 大王을 迎入하는 것을 名分으로 들고 있으나, 實로 가히 믿을 수 없습니다. 원컨대 大王께서는 病을 稱託하여서 가지 마시고 事態의 變化를 觀望하십시오.'라 고 하였다. 그러자 中尉(盜賊을 逮捕하던 官人) 宋昌이 進言하기를, '群臣들의 議論 은 맞지 않습니다. 대개 秦이 失政하여 諸侯와 豪傑들이 모두 일어나 스스로 天下 의 政權을 獲得하려던 者가 數萬에 달하였지만, 天子의 地位에 오른 것은 劉氏뿐입 니다. 天下의 어떤 사람도 天子가 되는 希望을 버리지 않았으니 이것이 첫째 이유 입니다. 高祖가 子弟를 分封하였지만, 그 封地는 개의 이빨이 엇갈리는 것처럼 서 로 간에 파고 들어가 있어[相互 制御하고 있어], 이것이 所謂 磐石과 같이 宗家를 떠받치고 있기에 天下는 그 强力한 權威에 복종하고 있습니다. 이것이 두 번째 이 유입니다.'라고 하였다. 丞相陳平·太尉周勃等, 使人迎代王. 代王問左右·郎中令張武 等. 張武等議曰, 漢大臣, 皆故高帝時大將, 習兵多謀詐, 此其屬意非止此也. 特畏高 帝·呂太后威爾. 今已誅諸呂, 新喋血京師. 此以迎大王爲名, 實不可信. 願大王稱疾毋 往, 以觀其變. 中尉宋昌進曰, 羣臣之議皆非也. 夫秦失其政, 諸侯·豪傑並起, 人人自 以爲得之者, 以萬數. 然卒天子之位者劉氏也. 天下絶望. 一矣. 高帝封王子弟, 地犬牙 相制, 此所謂磐石之宗也, 天下服其彊, 二矣 …."라고 하였다. 그 注에 "子弟를 分封 한다는 말은 境界를 이루는 땅이 서로 닿아 마치 개의 어금니가 바르지 못하여 서 로 마주 대하여 서로 물려 들어간 것과 같다. 言封子弟, 境土交接, 若犬之牙不正, 相當而相銜入也."라고 하였다[吉田賢抗 1994年 626쪽 ; 東亞大學校 2008年 1책 334쪽].

4) 無間然은 입을 벌려서 말참견할 餘地가 없다는, 곧 缺點을 指摘하여 非難할 만한 점이 없다는 뜻이다. 『論語』, 泰伯第8에 "孔子가 말하기를 帝禹의 天子로서의 行爲 는 非難받을 만한 缺點이 없다. 自己의 食事를 素朴하게 하고 祖上의 祭祀에 供物 을 풍부하게 하여 孝를 다하였으며, 자신의 衣服을 보잘 것 없게 하였지만 黻冕과 같은 祭服은 아름다움을 다하였다. 宮室을 낮게 하였고 물의 흐름이 원활하지 못한

것에 힘을 다하였다. 帝禹의 이러한 行爲를 볼 때 非難받을 만한 缺點이 없다. 子
曰, 禹, 吾無間然矣, 菲飮食, 而至孝乎鬼神, 惡衣服, 而致美乎黻冕, 卑宮室, 盡力乎溝
洫, 禹, 吾無間然矣."라고 하였다[吉田賢抗 1995年 194쪽 ; 東亞大學校 2008年 1책
334쪽].

5) 崇德宮은 高麗初期의 宮闕의 하나로서 景宗妃 皇甫氏(獻哀王太后, 千秋太后)가 景
宗이 崩御한 후 居住하던 殿閣이다(『고려사』권88, 열전1, 후비1, 景宗, 獻哀王太
后 皇甫氏).

6) 猶子는 兄弟의 아들[兄子, 弟子], 곧 조카[姪]를 말한다. 『論語』, 先進第11, "孔子가
말하기를, 回는 나를 對하기를 아버지와 같이 하였다. 그런데도 (葬儀에서는) 나는
아들과 같이 할 수 없다고 하였다. 子曰, 回也視予猶父也, 予不得視猶子也". 또『禮
記』, 檀弓上第3에 "喪服에 있어, 兄弟의 아들은 나의 아들[猶子]과 같으므로, 대개
親等을 당겨서(3等親이지만 1等親으로 당겨서) 取扱하여야 한다(喪服을 입어야 한
다). 喪服, 兄弟之子, 猶子也, 蓋引而進之也."라고 하였다[吉田賢抗 1995年 239쪽 ;
東亞大學校 2008年 1책 335쪽].

7) 秤象之年은 魏의 鄧哀王 沖이 코끼리의 무게를 저울질했다는 故事에서 由來하여
5~6歲를 말한다(『三國志』권20, 魏書20, 鄧哀王沖, "少聰察岐嶷, 生五六歲, 智意所
及, 有若成人之智. 時, 孫權曾致巨象, 太祖欲知其斤重, 訪之群下, 咸莫能出其理. 沖
曰, 置象大船之上, 而刻其水痕所至, 稱物以載之, 則校可知矣. 太祖大悅, 卽施行焉";
東亞大學校 2008年 1책 335쪽).

8) 德不踰閑은 大德不踰閑에서 나온 것으로 閑은 法則인데, 이를 朱熹는 出入을 禁止
하는 檻 또는 柵이라고 하였다. 이 말은 大德은 사람이 꼭 지켜야 할 法則을 가리
킨다. 『論語』, 子張第19에 "子夏가 말하기를 仁義孝悌와 같은 大德은 사람이 꼭 지
켜야 할 法則이고, 應待進退와 같은 小德은 다소 出入이 있어도 괜찮다. 子夏曰, 大
德不踰閑, 小德出入也可"라고 하였다[吉田賢抗 1995年 420쪽].

9) 齒學은 齒於學에서 나온 말로 君主의 世子가 大學에 入學하면 公卿의 아들과 함께
年齒의 長幼에 의해 序列이 지어진다는 것이다. 이것에서 由來하여 점차 大學에 入
學할 年齡이라는 意味를 띠게 되었다. 『禮記』, 文王世子第8에 "하나의 일[一物]을
行하여 세 가지의 좋은 것이 이루어지는 것은 君主의 世子를 뛰어나게 하는 것뿐이
다. 그 하나는 世子가 國學에 入學할 나이라고 말하는 것이다. 世子가 國學에 入學
을 하면, 國人들이 이를 보고서 말하기를 將來에 우리들의 君主가 될 사람이 우리

들과 더불어 同列로서 만나는 것은 무엇 때문입니까? 말하기를 …. 그러므로 아버지가 이러한 아들에게 있고 임금이 이렇게 말하는 신하에게 있고 아들과 신하로서의 절개 속에 사는 것은 임금을 높이 받들고 아버지를 가까이하기 때문이다. 그러므로 그것에서 父子의 關係를 배우고 君臣의 關係를 배우며, 長幼의 관계를 배우는 것이다. 父子·君臣·長幼의 禮節을 가르치는 것에 의해 나라를 바르게 다스리는 基盤이 된다. 行一物而三善皆得者, 唯世子而已. 其齒於學之謂也. 故世子齒於學, 國人觀之曰, 將君我, 而與我齒讓, 何也. 曰, 有父在則禮然. 然而衆知父子之道矣. 其二曰 將君我, 而與我齒讓, 何也. 曰, 有君在則禮然. 然而衆著於君臣之義也. 其三曰 將君我, 而與我齒讓, 何也. 曰, 長長也, 然而衆知長幼之節矣. 故父在斯爲子, 君在斯謂之臣, 居子與臣之節, 所以尊君親親也. 故學之爲父子焉, 學之爲君臣焉, 學之爲長幼焉. 父子·君臣·長幼之道 得而治國."고 하였다[竹內照夫 1993年 316쪽 ; 東亞大學校 2008年 1책 335쪽].

10) 疏封은 帝王이 土地와 爵位를 親族과 群臣에게 分給하여 준다는 意味로서 分封을 가리킨다.

11) 朴良柔(生沒年不詳)는 本官은 平山朴氏로 추측되고, 入仕方式은 알 수 없으나 990년 12월 工官御事·知尙書都省事로 재직하였다. 993년(성종12) 10월 契丹軍의 侵入이 시작되자 門下侍中으로 上軍使에 임명되어 徐熙·崔亮 등과 함께 諸軍을 거느리고 北界에 出陣하여 防禦하였다. 이어서 中軍使·內史侍郞平章事 徐熙와 契丹軍將帥 蕭恒德[蕭遜寧] 사이에 談判이 이루어져 兩國이 講和를 하게 됨에 따라 같은 해 11월 이후 王命을 받아 禮幣使로 契丹에 派遣되었다. 이어서 994년(성종13, 統和12) 1월 이후 契丹에 들어가 表를 받들어 罪를 請하자, 聖宗(971~1031, 983~1031在位)이 詔書를 내려 女直의 鴨綠江[鴨淥江]의 동쪽 數百里의 땅을 下賜하였다고 한다. 또 같은 해 4월 이후 거란에 파견되어 正朔을 施行하였음을 告하고 捕虜[俘口]의 送還을 요청하게 하였다고 한다. 이후의 행적은 알 수 없으나 1027년(현종18) 4월 12일(壬午) 歷代功臣들을 太廟에 配享할 때 崔知夢과 함께 景宗의 廟廷에 配享되었다[李樹健 1984年 159쪽].

12) 趙光은 이 자료 외에 찾아지지 않아 어떠한 인물인지는 알 수 없다.

13) 이 자료와 같이 아들이 없는 成宗은 스스로가 景宗으로부터 册封받은 開寧君이라는 爵號를 다시 조카[姪이며 甥姪]인 誦(景宗의 子, 後日의 穆宗)에게 附與하였다. 이는 誦을 太子册封에 준하는 措置를 취하여 後繼者로서 指名한 것이라고 보는 見

解도 있다[권순형 2008年].

原文 是歲, 敎曰, 秦皇御宇, 焚三代之詩書, 漢帝應期, 闡五常之載籍. 國
家草創之始, 羅代喪亡之餘, 鳥跡玄文, 燼乎原燎, 龍圖瑞牒, 委於泥途. 累朝
以來, 續寫亡篇, 連書闕典. 寡人自從嗣位, 益以崇儒, 踵修曩日之所修, 繼補
當年之所補. 沈隱士二萬餘卷, 寫在麟臺, 張司空三十車書, 藏在虎觀. 欲收
四部之典籍, 以畜兩京之府藏. 靑衿無閱市之勞, 絳帳有執經之講. 使秦韓之
舊俗, 知鄒魯之遺風, 識父慈子孝之常, 習兄友弟恭之懿. 宜令所司, 於西京開
置修書院, 令諸生, [1)]杪抄書史籍而藏之.

校訂

1)은 여러 版本의 『고려사』에는 '杪'字로 되어 있으나 『고려사절요』에는 '抄'字로 되어
있는데, 의미상으로 後者가 옳다. 前者는 板刻過程에서 行書로 쓰여진 訂稿本의 木偏
을 手偏으로 잘못 判讀하여 誤字가 발생하였을 것이다.

飜譯 이해에 敎書를 내려 말하기를, "秦始皇[秦皇]이 世上을 다스리면서 夏·殷·
周 3代의 詩書를 불살라버렸으나 漢 武帝(B.C.179~B.C.168 在位)는[1)] 時代
의 要求에 副應하여 五倫[五常]에 관한 書籍을 널리 퍼뜨렸소. 우리 國家의
草創期에는 新羅가 衰亡한 直後라 文書가 모조리 불에 타 없어지고 圖牒
[龍圖瑞牒]은 진흙탕에 버려졌소. 累代이래로 亡失된 書籍을 다시 쓰게 하
고 빠진 부분은 다시 채워 넣게 하여왔소.

寡人이 卽位한 이후 더욱 儒術을 崇尙하여 지난날 편찬하던 册은 계속 편
찬하게 하고 當年에 補充하던 文獻은 이어서 보충하게 하였소. 이에 따라
沈約[沈隱士]의[2)] 책 2萬餘卷은 筆寫하여 麟臺[秘書省]에[3)] 두고, 張華[張司
空]의[4)] 著書 30수레 분은 白虎觀[虎觀]에[5)] 所藏하게 하였소. 또한 四部의[6)]
典籍을 수집히여 開京[西京]의 文書倉庫[府藏]에 소장해 두려고 하오. 이
로써 學生들은 책을 구하기 위해 書鋪를 뒤지는 수고를 덜 수 있을 것이며,
敎官들은 講壇에서 經書를 들고 강의할 수 있게 될 것이오.

또한 辰韓의 舊俗에 젖어 있는 우리나라 사람들로 하여금 孔子와 孟子[鄒
魯]의 遺風을 알게 하고, 아버지는 慈愛롭고 아들은 孝道하는 倫理를 깨닫
게 하며, 兄은 友愛하고 아우는 恭敬하는 美風을 익히게 할 수 있을 것이
오. 마땅히 該當官廳[所司]으로 하여금 西京에 修書院을[7] 설치하게 하여 儒
生으로 하여금 史籍을 抄錄하여 保管하도록 하시오."라고 하였다.

注釋

1) 이에서 漢帝는 漢의 歷代皇帝를 指稱하지만, 이 記事의 內容으로 볼 때 漢 武帝일
   가능성이 높다. 漢 武帝 劉徹(B.C.156~87, B.C.141~87 在位)은 前漢의 第7代 皇帝
   로서 中原의 歷代 皇帝 중에서 위대한 政治家 1人에 該當한다.

2) 沈約(441~513)은 南朝의 梁 吳興 武康(現 浙江省 湖州 德淸) 出身으로 字는 休文이
   다. 그는 詩文에 능하여서 宋·齊에서 仕宦한 후 梁 武帝(502~549 在位) 때 尙書令·
   領太子少傅가 되었으며 諡號는 隱이다. 그는 『晉書』·『宋書』·『齊紀』·『高祖紀』·『邇
   言』·『諡例』·『宋文章志』·『四聲譜』 등을 편찬하였으나 현재 많이 亡失되었다고 한다.
   『梁書』 권13, 열전7, 沈約에 "沈約은 왼쪽 눈이 二重의 눈동자이고, 돈독하게 뜻을
   세워 학문을 좋아하였으며[腰有紫志], 聰明이 다른 사람보다 훨씬 뛰어났고 典籍을
   쌓아두는 것을 좋아해 모은 책이 二萬卷에 이르렀으니 京都에서 버금갈만한 사람
   은 없었다. 約左目重瞳子, 腰有紫志, 聰明過人, 好墳籍, 聚書至二萬卷, 京師莫比"라
   고 하였다[東亞大學校 2008年 1책 336쪽].

3) 麟臺는 蘭臺와 함께 唐代에 불려진 秘書省의 別稱이다. 『고려사』에 의하면 經籍圖
   書와 祭祀祝版[經籍·祝疏]의 編纂과 保管을 擔當한다고 하며, 國初에는 內書省이라
   고 하다가 995년(성종14) 秘書省으로 改稱하였다고 한다(권76, 지30, 百官1, 典校
   寺, "掌經籍·祝疏, 國初稱內書省, 成宗十四年改秘書省").

4) 張華(232~300)는 范陽 方城(現 河北省 固安) 出身으로 字는 茂先이다. 어려서 가난
   하여 家畜을 키우면서 成長하였다고 하는 西晉의 儒學者 出身의 官僚로서 侍中·司
   空에 이르렀으나 300년(永康1) 八王의 亂이 일어났을 때 趙王 倫에게 被殺되었다.
   『晉書』 권36, 열전6, 張華에 "平素에 書籍을 좋아하여 自身이 죽는 날에 집에 다른
   어떠한 것도 없고 오로지 文章과 歷史의 書籍이 冊箱子에 넘쳐 흘렀을 뿐이었다.
   일찍이 移徙를 간 적이 있었는데 신고 간 冊이 30수레였다. 秘書監 摯虞(250~300)
   가 官廳의 書籍을 修撰하면서 모두 張華의 冊을 바탕으로 하여 올바른 것을 取하였

다. 天下의 奇異하고 감춰진 것이나 世上에 稀貴하게 가지고 있는 것은 모두 張華의 處所에 있었다. 그리하여 모든 事物에 두루두루 見聞이 넓은 것으로 그와 비교할 만한 사람이 없었다. … 張華는 『博物志』 10篇을 著述하였는데, 그의 文章과 함께 世上에 傳해졌다. 雅愛書籍, 身死之日, 家無餘材, 惟有文史, 溢于机篋. 嘗徙居, 載書三十乘. 秘書監摯虞撰定官書, 皆資華之本, 以取正焉. 天下奇秘, 世所希有者, 悉在華所. 由是, 博物洽聞, 世無與比 … 華著博物志十篇, 及文章並行于世"라고 하였다 [東亞大學校 2008年 1책 337쪽].

5) 白虎觀[虎觀]은 後漢의 宮闕 내에 있었던 殿閣이다. 79년(建初4) 10월 章帝가 이곳에 學者들을 모아 太常卿으로 하여금 大夫·博士·議郞·郎官·諸生 등과 함께 五經의 같고 틀림[同異]을 論議하게 하여 『白虎義奏』(現在의 『白虎通』)를 만들었다고 한다 (『後漢書』 권3, 肅宗孝章帝紀第3, 建初 4년 11월 壬戌). 이 記事를 통해 볼 때 高麗 初期에 白虎觀과 類似한 殿閣이 宮闕 내에 位置하고 있었던 것 같다[東亞大學校 2008年 1책 337쪽].

6) 四部는 前近代社會의 中國에서 행해진 書籍의 分類形態이다. 魏의 筍勖이 書籍을 甲·乙·丙·丁으로 나눈 적이 있었는데, 『隋書』 권32, 지27, 經籍에서 처음으로 書籍을 經·史·子·集의 4部로 分類하였다. 經은 『詩經』을 위시한 儒家經典 13經이, 史는 『史記』를 위시한 各種 史書와 地理書·目錄書가, 子는 儒家를 위시한 諸子百家·佛教 및 道教의 宗教的 書籍이, 集은 여러 사람의 著述을 합친 總集·個人의 詩文集·文學評論·戱曲 등의 著述이 收錄되어 있다. 이 자료와 같이 고려초기에도 書籍을 4部로 나누어 筆寫하여 保管하였고, 仁宗代(1123~1146 在位)에는 儒臣들이 內閣에서 四部文籍을 檢閱하기도 하였다(「崔㞳抗墓誌銘」).

7) 修書院은 西京의 宮闕 내에 설치된 殿閣으로 이곳에 書籍을 保管하였다고 한다. 곧 이 記事와 관련된 자료에 의하면 990년(성종9) 文教의 振興을 위해 西京에 修書院을 설치하고 諸生으로 하여금 書籍을 筆寫하여 保管하게 하고 이의 管理를 위해 官員을 選拔하여 派遣하였다고 한다.

關聯資料

- 是歲 下敎, 置修書院于西京, 令諸生抄書史籍, 而藏之其院官, 令御事選官奏差(『고려사절요』 권2, 成宗 9년).
- 成宗九年, 置修書院, 令諸生抄書籍, 藏之其院官, 令御事選官奏差(『고려사』 권77, 지3, 百官2, 外職, 西京留守官).

原文 (是歲) 遺兵官侍郎韓彥恭如宋, 謝恩.

飜譯 (이해에) 兵官侍郎 韓彥恭을[1] 宋에 보내서 感謝의 人事를 올리게 하였다 [謝恩].

注釋

1) 韓彥恭은 성종 3년 5월 1일(庚戌)의 주석 3)과 같다.

補遺 (淳化元年 十二月) 乙卯, 高麗國遣使來貢(『宋史』 권5, 본기5, 태종2).

飜譯 (淳化 1년 12월) 14일(乙卯, 陽991년 1월 2日) 高麗國이 使臣을 보내와 朝貢 하였다.[1]

注釋

1) 이때의 고려 사신은 兵官侍郎 韓彥恭으로, 馬·漆弓·漆甲·神龜壽樽 등의 貢物을 바 쳤다고 한다.

關聯資料

• (淳化元年) 十二月 十四日, 高麗國王王治, 遣使貢方物(『宋會要輯稿』199책, 蕃夷7, 歷 代朝貢).

• 淳化元年 十月, 貢馬·漆弓·漆甲及神龜壽樽(『玉海』 권154, 朝貢, 獻方物 ; 이 자료에 서 十月은 十二月의 잘못일 것이다).

• 淳化元年 十月, 王治遣使朝貢, 進奉使韓彥恭等獻神龜壽樽, 賜銀帶, 又賜以藏經及御製 秘藏詮等(『玉海』 권154, 朝貢, 錫予外夷).

補遺 正曆元年 庚寅 太宋淳化元年, 宋商二人來, 一台州人, 名周文德, 一婺州人, 名楊仁紹. 二商云, 百濟國后妃有美姿, 國主愛重, 未邁壯齡, 其髮早白. 后愁 之, 服靈藥·求法驗, 二事無効, 王尤切憂之. 一夕后夢, 日本國勝尾寺千手大 悲, 靈感無比, 儞其祈之. 覺後, 后悅甚, 便向日本國, 作禮祈求, 夢日本國一 山放光, 照拔庭, 夢覺, 后髮紺碧過始. 以是寄我等二人, 以聖觀世音菩薩像, 幷閼伽器·金鼓·金鐘等什物·白心樹, 樹已枯矣, 株杭屹尙在荒廟後. 上獻彼 像, 未知勝尾寺爲何處, 太宰府君遂令使者送到寺云. 支那商船, 昔著博多,

故太宰府君傳令者也(『應頂山勝尾寺緣起』 권下).

飜譯 正曆 1년(庚寅, 太宋 淳化 1년) 宋의 商人 2人이 왔는데, 한 사람은 台州人(現 浙江省 台州市) 周文德이고, 다른 한 사람은 婺州人(現 浙江省 金華市) 楊仁紹이다.[1] 두 商人이 말하기를, "高麗國[百濟國]의 后妃가 아름다워 國王[國主]이 크게 寵愛하였는데, 30~40歲가 되지 않아 그 머리칼이 하얗게 되었다. 王后가 이를 근심하여 靈藥을 먹기도 하고 부처의 靈驗을 求하였지만, 모두 效果가 없어서 王이 더욱 이를 걱정하였다. 어느 날 저녁 王后가 꿈을 꾸어 日本國 勝尾寺(가쓰오지, 現 大阪府 箕面市 粟生에 있는 眞言宗 金剛山派 寺刹)의 千手大悲菩薩이 靈驗이 매우 커서 이에 祈禱하였다. 꿈에서 깬 후 王后가 심히 기뻐하여 곧 日本國을 향하여 禮拜하고 祈禱하면서 所願을 빌었다. 꿈에 日本國의 어느 山이 빛을 발하여 王后의 宮殿을 가득히 비추었다. 꿈에서 깨자 王后의 머리칼은 검푸른 빛으로 변하기 시작하였다. 이러한 까닭으로 우리 두 사람에게 부탁하여 聖觀世音菩薩像과 閼伽器·金鼓·金鐘 등의 什物·白心樹(이 나무는 이미 枯死하였지만, 줄기는 아직 廟後에 서 있다) 등을 千手大悲菩薩像에 바치게 하였으나, 勝尾寺가 어디에 있는지를 알 수 없으니 太宰府君께서는 使者로 하여금 그 寺刹에 도착하게 하여 주십시오"라고 하였다. 中國[支那]의 商船은 이전에 하카다[博多]에 도착하였기에 太宰府君 傳令이라고 하였다.[2]

注釋

1) 이들은 宋·高麗·日本의 3國을 來往하던 商人으로서 이 자료에 나타난 日本에의 到着 이외에도 986년의 周文德이, 992년의 楊仁紹가 찾아진다[森克己 1975年 250쪽]. 한편 같은 해 7월 20일에 1년 전에 宋에 들어갔던 東大寺의 僧侶 奝然(조넨, 938~1016)의 弟子가 唐人(宋의 商人 周文德으로 추측됨)과 함께 일본에 도착했던 기사가 찾아진다(『小右記』, 正曆 1년 7월 20일, "廿日^{唐人船事} 癸巳, 義藏闍梨·覺緣上人來談之次云, 唐人舟一艘千五百石着岸, 法橋奝然弟子去〃年屬唐人入唐, 今般彼唐人及弟了法師等同以歸朝云〃"). 이때 楊仁紹는 일본에 장기간에 걸쳐 滯在하면서 히에이잔[比叡山]의 僧侶 源信과 連結되어 書狀을 주고받기도 하였다.

2) 이 자료에 나타난 百濟國은 高麗王朝를 말하는 것으로 추측되는데, 공식적인 외교관계가 수립되지 않았던 고려와 일본 사이에 商人團을 통해 文化的 交流가 있었음

을 보여 주는 중요한 자료의 하나라고 할 수 있다.

關聯資料

- 古語曰, 百濟國皇后, 軟雲變蒼華之色, 壯日有白髮之愁, 秦醫之術失驗, 燕寢之恩屢薄, 仍雖祈彼國之佛神, 全無悉之圓滿. 爰夢中老翁來曰, 奉祈日本國勝尾寺觀世音者, 定有感應歟云云. 酒抽丹棘專備香花, 遙向此方深致祈念, 然間又有夢告, 從此蕭寺忽放靈光, 照彼椒房, 早呈瑞相, 然後精祈, 惟白素髮再髻, 我願旣滿, 佛恩宜報, 仍附大宋國商客周文德, 庚寅歲, 當我朝正曆元年, 聖觀音像一體, 黃鐘一口‧金鼓一口‧閼伽器一前‧鈴杵等‧白心木七本, 奉送之. 通萬里之遠信, 爲一寺之明効, 利益非啻洽于我國, 靈德迥被于異朝, 感應之道, 古今懋彙而已, 此條在別記, 又載勝尾寺讚 …, 寬元元年癸卯 五月 廿一日, 老沙彌心空記之(『攝州島下郡應頂山勝尾寺支證類聚第一緣起』권2 ; 『勝尾寺流記』권2 : 『日本佛敎全書』권118, 427쪽 ; 이 자료는 1243년 : 高宗30‧寬元1에 僧侶心空(신쿠, ?~?)이 정리한 것이다).

- 正曆元年庚寅 大宋淳化元, 宋商二人來, 一台州人周文德, 一婺州人楊仁紹. 二商曰, 百濟國后妃有美姿, 國主愛重, 未邁壯齡, 其髮早白. 后愁之, 服靈藥‧求法驗, 二事無效, 王又憂之. 一夕后夢, 日本國勝尾寺千手大悲, 靈感無比, 汝其祈之, 覺後, 后悅甚, 便向日本國, 作禮祈求. 又夢, 日本國一山出光, 照掖庭, 夢覺, 后髮紺碧過始. 以是寄我等二人, 以閼伽器‧金鼓‧金鐘等什物, 遙獻彼像, 不知勝尾寺爲何處, 大宰府使使者送到寺云(『元亨釋書』권28, 志2, 寺像6).

[**參 考**]

宋

- 淳化元年 十一月 丁丑, 知安州‧侍御史李範上言, 故殿中‧通判州事金行成, 本高麗人, 賓貢擧進士中第, 高麗國王表乞放還. 行成, 自以筮仕中朝, 思有以報, 不願歸本國. 父母垂老在海外, 且暮思念之, 恨祿養弗及, 命畫工圖(繪)其像, 置於正寢, 行成與妻, 更居旁室, 晨夕定省上食, 未嘗少懈, 行成疾且革, 召臣及州官數人, 至其臥內, 泣且言曰, 外國人仕(任)中朝, 爲五品官, 佐郡政, 被病且死, 無以報主恩, 瞑目於泉下, 亦有餘恨, 二子宗敏‧宗訥皆幼, 家素貧無他親可依, 行委溝壑矣. 行成旣死, 其妻誓不嫁, 養二子, 織履以自給. 臣竊哀之. 詔以宗敏, 爲太廟齋郎, 禮部卽與收補, 俾安州月以錢三千米五石給其家, 長吏常歲時存問, 無令失所(『續資治通鑑長編』권31).

이 記事는 976년(開寶9, 景宗1) 宋에 들어가 國子監에서 勉學하다가 다음해에 賓貢 進士로 及第하여 殿中侍御史·安州通判에 이른 金行成(?~990)의 死後에 恩典을 내린 措置이다.

[成宗 10年(991) 辛卯] 閏月 宋·遼·高麗·日本②
宋 太宗 淳化 2年, 契丹 聖宗 統和 9年

原文 春二月 辛酉, 遣諸道安慰使, 問民疾苦.
翻譯 2월 20일(辛酉, 陽3月 9日)[1] 諸道에 安慰使를[2] 보내 人民들의 苦痛을 물었다.

注釋

1) 이해의 2월은 小盡이고 초하루[朔日]는 壬寅이다.

2) 安慰使는 어떠한 性格의 使臣인지를 분명히 알 수 없으나 이 記事를 통해 볼 때 人民들을 慰撫·安撫하는 使臣이었던 것 같다. 高麗에서는 이해의 天災地變이 어떠하였는지를 알 수 없으나 宋에서는 前年에 大水·旱災가 계속되어 減稅措置가 수차에 걸쳐 내려졌고, 이해에 蝗害까지 더해져서 經濟的으로 어려움이 있었다(『송사』 권5, 본기5, 太宗2, 淳化 1년, 2년).

補遺 (統和九年 二月) 甲子, 建威寇·振化·來遠三城, 屯戍卒(『遼史』 권13, 본기13, 聖宗4).

翻譯 (統和 9년 2월) 23일(甲子, 陽3月 12日) 威寇·振化·來遠의 3城을[1] 築造하고, 戍卒을 駐屯시켰다.

注釋

1) 威寇·振化·來遠 등 3城의 위치를 알 수 없으나 그중에서 來遠城은 鴨綠江 下流의 沙洲인 黔同島(義州에서 30餘里 위치)에 위치해 있었던 것으로 추측된다. 1035년 (정종1) 5월 契丹의 來遠城使·檢校右散騎常侍 安署가 興化鎭(現 平安北道 義州郡

位置)에 牒을 보내와 戰爭이래 通交가 끊겼음을 전하고, 石城·木柵의 築造를 나무라며 兩國의 友好를 위해 朝貢하기를 慫慂하기도 하였다. 이에 대해 고려의 寧德鎭(現 平安北道 義州郡 位置)이 答書를 보내었는데, 이후 來遠城과 寧德鎭은 兩國 邊境의 接觸 窓口가 되었다.

1116년(睿宗11) 8월 金의 將帥 撒喝이 遼의 來遠·抱州(保州, 現 義州) 2城을 쳐서 거의 함락되려고 할 때, 고려가 金에 使臣을 보내 抱州를 돌려주기를 청하자 金主가 스스로 取하기를 命하였다. 그렇지만 이때 고려에 歸屬되지 않았던 것 같고, 1183년(명종13) 4월 金이 來遠城을 來遠軍으로 改稱하였다고 고려에 通報하여 왔다(『고려사』 권6, 세가6, 정종 1년 5월 甲辰·권14, 세가14, 예종 11년 8월 庚辰·권20, 명종 13년 4월 丁巳).

補遺 (淳化) 二年, 遣使韓彦恭來貢. 彦恭表述治意, 求印藏經, 詔以藏經幷御製秘藏詮, 逍遙詠·蓮華心輪賜之(『宋史』 권487, 열전246, 外國3, 高麗).

飜譯 (淳化) 2년 (2월)[1] (고려가) 使臣 韓彦恭을 보내와 朝貢하였다. 韓彦恭이 表를 올려 王治(成宗)의 뜻을 전하며 大藏經의 印本을 요청하자, 詔書를 내려 大藏經과 御製의 『秘藏詮』·『逍遙詠』·『蓮華心輪』 등을 下賜하였다.[2]

注釋

1) 이 자료에서는 2월이 없으나 『玉海』에 의하면 2월로 되어 있다.

2) 고려의 사신인 韓彦恭이 宋에 도착한 것은 이보다 3개월 전인 前年度의 12월이고, 이때 大藏經을 위시한 各種 書籍을 下賜하였을 것이다.

關聯資料

• (淳化) 二年 二月, 貢方物(『玉海』 권154, 朝貢, 獻方物).

• (淳化) 二年 二月, 治又遣使謝(『玉海』 권154, 朝貢, 錫予外夷).

• 淳化二年, 遣使來, △請印經, 詔賜之(『元豊類藳』 권31, 高麗世次 ; 이 자료에서 請字가 缺落되었을 것이다).

原文 閏月 癸酉, 始立社稷, 教曰 [1]予聞, 社土地之主也, 地廣不可盡敬,故封土爲社, 以報功也. 稷五穀之長也, 穀多不可徧祭, 故立稷神以祭之. ²⁾禮曰, 王爲群姓立社, 曰大社, 自爲立社, 曰王社. 諸侯爲百姓立社, 曰國社, 自爲立社, 曰侯社. 大夫以下, 成群立社, 曰置社. 故有國有家者, 不可不立社稷, 上自天子, 下至大夫, 示本報功, 不可不備. 爰自聖祖, 至于累朝, 未置夏松之祀, 尙虧周栗之禋. ³⁾朕纘承以來, 凡所施爲, 必依禮典, 子穆父昭之室, 髣髴經營, 春祈秋報之壇, 方將創立, 其令群公, 擇地置壇.

校訂

이 記事에서 成宗이 스스로를 1)에서는 予로, 3)에서는 朕으로 表記하고 있는데, 이는 『고려사』의 撰者들이 一貫性을 고려하지 아니하고 정리했던 結果로 추측된다.

2)의 禮는 『禮記』, 祭法第23에 나오는 句節인데, 原文 ‘王爲群姓立社, 曰大社, 王自爲立社, 曰王社. 諸侯爲百姓立社, 曰國社, 諸侯自爲立社, 曰侯社. 大夫以下, 成群立社, 曰置社’와 비교해 볼 때 몇 글자가 빠져 있으나 文章의 構成에는 문제가 없다.

飜譯　閏2월 3일(癸酉, 陽3月 21日)¹⁾ 처음으로 社稷壇을²⁾ 세우고 敎書를 내려 말하기를, “내가 듣건대, 社는 土地를 管掌하는 神이기에, 땅이 넓어서 다 恭敬할 수 없으므로 흙을 쌓아 社를 세워 그 功에 報答하는 것이오. 稷은 五穀의 長으로, 穀食이 많으므로 두루 祭祀를 지낼 수 없기 때문에 稷神을 세워 祭祀를 지내는 것이라고 하오. 『禮記』에³⁾ 말하기를, ‘王이 百官과 百姓[群姓]을 위해 社(土地神의 宮)를 세운 것을 大社라고 하고, 自家·自身을 위해 세운 社를 王社라고 한다. 諸侯가 百姓을 위해 세운 社를 國社라고 하고, 自家·自身을 위해 세운 社를 侯社라고 한다. 大夫 以下가 사람들과 함께 세운 社를 置社라고 한다.’라고 하였소. 그러므로 國家가 있으면 社稷을 세우지 않을 수 없소. 위로는 天子로부터 아래로는 大夫에 이르기까지 根本을 나타내고 神의 恩澤에 보답함을 갖추지 않을 수 없소. 이에 太祖[聖祖]로부터 累代를 지나도록 夏의 소나무 神主[夏松之祀]를 두지 못하고 周의 밤나무 神主[周栗之禋]가⁴⁾ 갖추지 못하였던 것이오. 朕이 王位를 繼承한 이후로 모든 施策을 반드시 禮典에 따라 施行해 왔으니, 昭穆의 옛 制度[子穆父昭]에⁵⁾ 따라 宗廟를 짓고 봄·가을에 祭를 지낼 社稷壇을 創建하려고 하

니 大臣[群公]들로 하여금 적합한 場所를 택하여 壇을 設置하도록 하시오.”
라고 하였다.[6]

注釋

1) 이해의 閏2월은 小盡이고 초하루[朔日]는 辛未이다. 이날은 그레고리曆으로 3월 26
　일이다.

2) 社稷壇은 土地의 神祗인 社와 五穀의 神祗인 稷을 祭祀하기 위해 만든 祭壇이다.
　이에는 天子의 大社, 諸侯의 國社가 있었고, 卿·大夫·庶民 등에게도 自身의 位相에
　걸맞은 社稷壇이 따로 있었다. 그중 大社(國家의 社稷壇)는 宗廟가 宮闕에서 왼편
　에 위치함에 따라 대칭되는 오른편에 있었다. 또 社稷壇에서도 社壇은 동쪽에, 稷
　壇은 서쪽에 位置하였다. 이곳에 配享된 社稷神은 地神[地祗]중에서 가장 중요한 神
　祗의 하나로서, 그 중요성은 ‘宗廟社稷’이 하나의 연결된 語句를 形成하고 거의 국
　가를 代表하는 神祗로 存在하였음을 통해 알 수 있다. 그리고 이들 神祗를 土神으
　로 볼 것인가(土神說, 鄭玄), 人鬼로 볼 것인가(人鬼說, 魏 王肅)하는 두 주장이 있
　어 왔다[諸橋轍次 1976年 第4券 183~197쪽 社稷祭].
　　韓半島에서도 三國時代以來 大社(國家의 社稷)의 主管者인 帝王이 國家와 百姓들의
　安寧을 위해 祭祀를 지냈다. 高麗의 成宗은 유교적 정치이념에 입각한 문물제도의
　정비를 통해 중앙집권적 지배체제를 확립하기 위한 名分을 확보할 목적에서 社稷
　과 함께 圜丘·太廟(宗廟) 등의 國家的인 禮制를 施行하기도 하였다. 991년(성종10)
　에 처음으로 설치된 社稷壇은 1011년(현종2) 1월 契丹軍이 開城을 함락시키고 太廟
　[大廟]·宮闕을 불태웠을 때 파괴된 것 같고, 1014년(현종5) 1월 宮闕이 再建된 후
　같은 해 7월에 修理되었다(『고려사』 권59, 예지, 吉禮, 大祀, 社稷 ; 한국역사연구회
　2002年 129~130쪽 ; 東亞大學校 2008年 1책 338쪽).

3) 『禮記』는 성종 6년 8월 是月의 주석 13)과 같다.

4) 이는 古代에서 神祗를 象徵하는 位牌인 神主(木主)를 夏代에는 소나무를 깎아 만들
　었고, 周代에는 밤나무로 만들었다는 것을 가리킨다. 『論語』, 八佾第3에 “(魯의) 哀
　公이 (社의 神主의 材質에 대해) 宰我에게 물었더니 宰我가 대답하기를 夏의 時期
　에는 소나무[松]로, 殷의 시기에는 잣나무[柏]로, 周人은 밤나무로 하였습니다.’라고
　하였다. 哀公問社於宰我, 宰我對曰, 夏后氏以松, 殷人以柏, 周人以栗”라고 하였다.
　또 『通典』 권48, 禮8, 吉7에 引用되어 있는 許愼의 『五經異義』에 “… 一般的으로

虞主(死者를 埋葬한 후 靈魂을 招魂하여 집으로 모셔오는 賓宮, 練主가 만들어진 후 땅에 묻음)는 뽕나무를 이용하고, 練主(練 곧 1週年 후에 새로이 만든 廟主, 곧 神主·位牌)는 夏后氏는 소나무를, 殷人은 잣나무를, 周人은 밤나무를 이용하였다고 한다. 凡 … 夏後氏以松, 殷人以栢, 周人以栗."라고 되어 있다[栗原朋信 1945年 ; 吉田賢抗 1995年 79쪽 ; 東亞大學校 2008年 1책 339쪽].

5) 昭穆은 성종 8년 4월 15일(乙丑)의 주석 1) 太廟와 같다.

6) 이 자료와 같은 내용이 『고려사』 권59, 지13, 예1, 吉禮 大祀 社稷에도 수록되어 있으나, 社稷壇의 設置와 敎書內容의 順序가 바뀌어 있다.

原文 是月, 賜崔沆等及第.

飜譯 윤2월에 崔沆[1] 등에게 及第를 下賜하였다.

注釋

1) 崔沆(972~1024)은 平章事 崔彦撝의 孫이고, 秘書少監 光遠(혹은 光元)의 子로 字는 內融이다. 991년(성종10) 20歲로 翰林學士 白思柔의 門下에서 甲科 1人으로 及第하자, 成宗이 그의 才質을 嘉尙히 여겨 右拾遺·知制誥로 拔擢하였다. 여러 관직을 거쳐 內史舍人이 되었고, 1004년(목종7) 4월 內史舍人으로 知貢擧가 되어 黃周亮 등을, 다음해 3월에 再次 知貢擧가 되어 崔冲 등을 선발하였다. 1009년(목종12) 1월 穆宗이 병환이 나자 吏部侍郎·中樞院使로서 叅知政事 劉瑨·給事中 蔡忠順 등과 銀臺에서 宿直하면서 護衛하였고, 王의 뜻을 받들어 大良院君의 擁立에 功을 세웠다. 같은 해 2월 顯宗이 즉위하자 翰林學士承旨·左散騎常侍에 임명되었고, 7월에 政堂文學에 승진하여 王의 師傅가 되었다. 이때 981년(성종즉위년) 10월에 廢止된 八關會의 復設을 建議하여 허락을 받았다.

1012년(현종3) 2월에 吏部尙書·參知政事에 임명되었고, 다음해 9월에 監修國史를 兼職하게 되었다. 1016년(현종7) 11월에 內史侍郎平章事에 승진하였고, 다음해 4월에 門下侍郎平章事로서 中樞院副使 尹徵古와 함께 泗州(現 慶尙南道 泗川市)에 파견되어 安宗(顯宗의 考)의 梓宮을 모셔왔다. 1020년(현종11)에 推忠·盡節·衛社功臣으로 冊封되었고, 1021년 8월에 檢校太傅·守門下侍郎同內史門下平章事에 임명되고 淸河縣開國子·食邑五百戶로 冊封되고 功臣號에 '守正'이라는 두 글자가 더해졌다.

이해에 王命을 받아 玄化寺(大慈恩玄化寺)의 金殿記를 修撰하기도 하였고, 또 나이 70歲가 되지 않았으나(50歲) 仕宦을 즐겨하지 않고 致仕를 청하였다. 이후 佛敎를 酷信하여 黃龍寺의 塔을 修理하기를 청하고 스스로 監督하여 民弊를 끼치기도 하였다고 한다. 1024년(현종15) 6월 53歲로 別世하자, 節義라는 諡號가 내려졌고, 後日 顯宗의 廟庭에 配享되었다. 1033년(덕종2) 先代의 功臣들이 追贈될 때 正匡에 추증되었고, 靖宗代에 門下侍中에 추증되었고, 1067년(문종21) 3월에 姜邯贊과 함께 守太師兼中書令에 追贈되었다.

한편 어떤 兵亂에서 紛失되었던 太祖 王建의 遺訓인 訓要十條가 그의 집에서 崔齊顔에 의해 발견되었다고 한다. 이 記事에 의거하여, 訓要十條는 그의 僞作이라는 見解마저 나와서 口舌數에 오르기도 하였다(『고려사』 권93, 열전6, 崔沆·崔承老 ; 「開豊玄化寺碑」).

關聯資料

• (成宗) 十年 閏二月, 翰林學士白思柔, △爲知貢擧, 取進士, 賜甲科崔沆·乙科六人·明經三人及第(『고려사』 권73, 지27, 선거1, 科目1, 選場).

• 賜崔沆等七人·明經三人及第(『고려사절요』 권2, 성종 10년 閏2월).

• 崔沆, 字內融, 平章事彦撝之孫, 成宗朝, 年二十登甲科, 王嘉其才, 擢授右拾遺知制誥(『고려사』 권93, 열전6, 崔沆).

原文 夏四月 庚寅, 韓彦恭還自宋, 獻大藏經, 王迎入內殿, 邀僧開讀, 下敎赦.

飜譯 4월 21일(庚寅, 陽6月 6日)[1] 韓彦恭이 宋에서 돌아와 『大藏經』을[2] 바치니, 王이 궁궐의 內殿에 奉安해 두고 僧侶들을 招致하여 讀經하게 한 다음 敎書를 내려 赦免하였다.

注釋

1) 이해의 4월은 小盡이고 초하루[朔日]는 庚午이다.

2) 이는 韓彦恭이 漢文으로 이루어진 『開寶版大藏經』(『蜀本大藏經』)의 印本을 가져온 사실을 말한다(『고려사』 권93, 열전6, 韓彦恭). 이 대장경은 宋 太祖가 971년(開寶 4) 蜀의 益州(現 四川省 省都市)에 勅書를 내려 板刻하게 하여 983년(太平興國8)에

마무리되었는데, 이를 略稱하여 『開寶經』이라고도 한다. 이의 總分量은 目錄을 포함하여 1,076部·6,620餘卷, 480函으로 13萬張이었는데, 이것이 汴京으로 옮겨져서 譯經院의 서쪽에 위치한 印經院에서 印刷되었다고 한다. 현재 겨우 『佛本行集經』(南禪寺所藏), 『十誦律』(書道博物館所藏), 『佛說阿惟越致遮經』(北京博物館所藏) 등의 8卷만이 남아 있다. 이를 통해 볼 때 卷子本으로 되어 있으며, 每板은 23行, 每行은 14字, 板首는 經題, 板號와 帙號는 小字1行으로 되어 있다고 한다[尾崎 康 2001年 ; 東亞大學校 2008年 1책 339쪽].

關聯資料

夏四月, 韓彦恭還自宋, 獻大藏經, 王迎入內殿, 下敎赦. 初彦恭入宋, 奏請是經, 帝命賜之, 仍授檢校兵部尙書兼御史大夫(『고려사절요』 권2, 성종 10년 4월).

原文 秋七月, 旱.

翻譯 7월에[1] 가뭄이 들었다.

注釋

1) 이해의 7월은 小盡이고 초하루[朔日]는 戊戌이다.

原文 己酉, 敎曰, 季夏已闌, 孟秋將半, 尙愆時雨, 深軫憂懷. 未知政化之陵夷歟, 刑賞之不中歟, 啓牢獄, 放囚徒, 避正殿, 減常膳,[1] 勤祈寺院, 望祀山川, 未觀石燕之飛, 轉見金烏之赩. 由予凉德, 致此亢陽, 欲推養老之恩, 以表憂農之念. 准雍熙三年賜給老人制, 在京城庶民, 年八十以上者, 所司, 具錄姓名申聞.

校勘

1)의 勤祈寺院은 『고려사』 권54, 지8, 五行2에는 祈天禱佛로 되어 있다.

翻譯 7월 12일(己酉, 陽8月 24日) 敎書를 내려 말하기를, "늦여름이 이미 다 지나고 초가을도 반이 되어 가는데 아직도 時節에 적합한 비[時雨가 내리지 않으니 깊이 마음속에 근심이 쌓이오. 政治가 잘못된 탓인가, 賞罰이 公正하지 못한 탓인가를 알지 못하겠소. 獄門을 열어 罪囚들을 풀어주고, 正殿을 避하고 반찬의 가짓수를 줄이고, 부지런히 寺院에서 祈禱하며 山川의 神靈들에게 祭祀를 지냈는데도 비가 올 조짐[石燕]은[1] 보이지 않고 도리어 햇빛[金烏之赫]만[2] 더함을 보게 되었소. 내가 不德한 탓에 이런 큰 가뭄[亢陽]을[3] 만나게 되었으니 老人을 奉養하는 恩惠를 널리 베풀어 農事를 걱정하는 생각을 나타내고자 하오. 雍熙 3년(성종 5년, 986) 老人들에게 賜給했던 制度에 따라 開京에 居住하는 庶民으로 나이가 80歲以上인 사람은 該當官廳[所司]이 姓名을 모두 記錄하여 報告하도록 하시오."라고 하였다.

注釋

1) 石燕은 石燕化石을 가리키는 것인데,『本草綱目』에 의하면 石燕은 清凉解毒하여 鎭靜安定의 治療效果가 있다고 한다. 이 石燕化石은 돌 모양의 제비[燕]와 같고 文彩가 있다고 하는데, 이것이 날아다니는 제비가 化石으로 된 것이 아니고 古代 海洋에서 살았던 腕足動物의 甲骨化石으로 추정된다고 한다. 晋代의 顧愷之(345~406)가『啓蒙記』에서 "零陵山에 石燕이 있는데 風雨가 일어나면 날아오르는데, 마치 제비와 같다. 零陵郡有石燕, 風雨則飛, 如眞燕"라고 한 것이 이에 대한 첫 言及이라고 한다. 이후 여러 非合理的인 說話들이 많이 생겨나서『北齊書』권45, 열전37, 文苑, 楚遜에 "湘水 속의 돌제비는 時節에 적합한 비에 목욕하고 무리지어 난다. 湘中石燕, 沐時雨而羣飛"라 하였고,『初學記』권2, 天部 下에 인용된 湘州記에는 "零陵山에 돌제비가 있는데 비에 맞으면 날고, 멈추면 다시 돌이 된다. 零陵山有石燕, 遇風雨卽飛, 止還爲石"라고 하였다. 또 권1, 天部 上에는 "庾仲雍湘州記曰, 零陵山有石燕, 遇雨卽飛, 雨止還, 化爲石也"로 되어 있다. 이러한 說話들로 인해 石燕은 비가 올 徵兆를 가리키게 되었다[東亞大學校 2008年 1책 340쪽].

2) 金烏之赫에서 金烏는 古代의 神話에서 나타난 神鳥·靈烏·踆烏로서 三足烏·三足金烏·踆烏라고도 한다. 金烏의 形象은 원래 二族烏였으나 前漢後期에 三足烏로 바뀌었고, 이를 당시의 사람들은 太陽의 黑點과 같다고 보았다. 그래서 太陽 안의 세 발 까마귀가 살고 있다는 전설로 인해 金烏之赫은 햇빛을 意味하게 되었다.『駢字類編』권73, 珍寶門8, 金, 金烏, "韓愈의 李花贈張署詩에 금빛 까마귀 바다 밑에서

처음 날아오더니, 붉은 빛 흩어져 푸른 노을이 열린다. 韓愈李花贈張署詩, 金烏海底初飛來, 朱輝散射靑霞開"라고 하였다[東亞大學校 2008年 1책 340쪽].

3) 亢陽은 亢旱·驕陽이라고도 하며, 몹시 旺盛한 陽氣, 곧 볕이 몹시 쪼이는 가뭄[旱災]을 가리킨다[東亞大學校 2008年 1책 340쪽].

關聯資料

秋七月, 以旱, 下敎養老(『고려사절요』권2, 성종 10년 7월).

轉載 成宗十年 七月, 1)判制, 無父母族親孩童·有病者, 官給租救恤(『고려사』권80, 지34, 食貨3, 賑恤, 鰥寡孤獨賑貸之制).

校訂

1) 이에서 判은 制로 고쳐야 바르게 된다.

飜譯 성종 10년 7월에 制[判]를 내려, "父母와 族親이 없는 어린 아이와 病者에게 官에서 租를 지급하여 救恤하게 하시오"라고 하였다.1)

注釋

1) 이 措置도 위의 가뭄으로 인하여 내린 養老를 위한 施策과 관련이 있을 것이다.

原文 冬十月 戊辰, 幸西都, 所經州縣, 父老有持牛酒以獻者, 酒以賜軍士, 牛還之.

飜譯 10월 3일(戊辰, 陽11月 11日)1) 西京[西都]에 幸次하였는데, 지나가는 州縣의 老人들이 소와 술을 가지고 와서 바치면 술은 軍士들에게 下賜하고 소는 돌려주었다.

注釋

1) 이해의 10월은 大盡이고 초하루[朔日]는 丙寅이다.

關聯資料

• 冬十月, 幸西都, 所經州縣, 父老, 有持牛酒以獻者, 酒以賜軍士, 牛還之民戶, 有以疾疫

失農業者, 免其租賦, 篤疾癈疾者, 給藥, 且謂有司曰, 此行雖因齋祭, 亦爲省方, 所歷州郡, 男女年八十已上者, 特加賑恤(『고려사절요』 권2, 성종 10년 10월).

- (成宗) 十年 十月, 幸西都, 民戶有以疾疫, 失農業者, 免其租賦(『고려사』 권80, 지34, 식화3, 災免之制).

- 十月, 幸西都, 篤疾·疾者, 給藥, 且謂有司曰, 此行雖因齋祭, 亦爲省方, 所歷州郡, 男女年八十以上者, 特加賑卹(『고려사』 권80, 지34, 식화3, 賑恤, 鰥寡孤獨賑貸之制).

轉載 　(十月) 韓彦恭奏, 宋樞密院卽我朝宿直員吏之職. 於是, 始置中樞院(『고려사절요』 권2, 성종 10년 10월).

飜譯 　(10월에) 韓彦恭이 上奏하기를, "宋의 樞密院은 우리나라의 宿直하는 官吏[員吏]의 職과 같습니다."라고 하였다. 이에 처음으로 中樞院을[1] 設置하였다.

注釋

1) 中樞院은 이 記事와 같이 991년(성종10) 宋의 樞密院을 답습하여 설치하였고, 1009년(현종 즉위년) 폐지되어 中臺省에 그 權限을 移讓시켰다가 2년 후에 復活되었다. 1076년(문종3) 官制의 整備가 定着되고, 1095년(헌종1) 樞密院으로 改稱하였다. 이의 宰相인 樞密이 中書門下省을 위시한 6部·5監·9寺의 官僚들에 의해 兼職되었다는 見解도 있으나 成宗~顯宗代까지는 그러한 現狀이 없지 않았다. 그렇지만 고려의 政治運營이 宰樞中心으로 이루어지는 文宗代 이후에는 樞密이 中書門下省을 위시한 6部·5監·9寺의 官僚를 兼職하였는데, 이는 관료들의 歷官過程을 면밀히 살펴보면 알 수 있을 것이다.

곧 이를 參知政事에서 樞密院副使에 이르는 宰樞가 모두 尙書職을 兼職할 수 있었던 사례를 통해 설명해 보기로 하자. 6部의 判事職은 高麗制度에 의거한 吏·兵·戶·刑·禮·工部 등의 順으로, 冢宰, 亞宰, 三宰 등에서 守司空·右僕射의 차례로 眞宰들이 兼職하게 되어 있다. 그렇다면 樞密이 兼職으로 任命되었다는 見解에서 本職이었다고 생각한 6部의 尙書는 序列順序로 參知政事 以下의 宰樞를 兼職했어야 하였을 것이다. 그렇지만 어떠한 경우에서도 이러한 순서대로 참지정사에서 추밀원부사에 이르는 宰樞가 6部 尙書를 위시한 5監·9寺의 卿·監을 차례로 겸직했던 사례는 찾아지지 않는다. 또 宰樞의 序列은 있어도 그들이 겸직했던 尙書, 卿·監 등의 序

列은 감안되지 않았는데, 이는 高麗前期에는 宰樞가 重視되었으며, 貴族制의 屬性을 잘 보여주는 당시의 국정운영에 있어서도 宰樞會議가 最高會議體였기 때문일 것이다[朴龍雲 2009년 85~86, 135쪽 ; 張東翼 2013年a].

關聯資料

- 成宗十年, 兵官侍郞韓彦恭, 使宋還奏, 宋樞密院, 卽我朝直宿貟吏之職. 於是, 始置中樞院(『고려사』 권76, 지30, 百官1, 密直司).

- (韓)彦恭奏, 宋樞密院, 卽我朝直宿貟吏之職, 請置其官. 於是, 始設中樞院, 置使·副各二人, 以彦恭爲副使, 俄轉爲使(『고려사』 권93, 열전6, 韓彦恭).

原文　[1](是歲) 逐鴨綠江外女眞於白頭山外, 居之.

校訂

冒頭에 '是歲'가 缺落된 것으로 추측된다.

飜譯　(이해에) 鴨綠江의 바깥의 女眞人을 白頭山의 바깥으로 쫓아내어 居住하게 하였다.[1]

注釋

1) 이때 高麗가 女眞을 逐出한 것은 契丹에 의해 宋과의 馬 貿易이 沮止당한 女眞이 鴨綠江流域에서 騷擾를 일으켰을 可能性이 있다고 본 見解도 있다[崔德煥 2012年].

原文　(是歲) 遣翰林學士白思柔如宋, 謝賜經及御製[校訂 成宗 十一年으로 移動함].

校訂

1) 白思柔는 993년(성종12, 淳化4) 1월에 宋에 到着하였다(『宋史』 권487, 열전246, 外國3, 高麗, "(淳化)四年 正月, 治遣使白思柔貢方物幷謝經及御製"[補正].

補遺 成宗代淳化二年辛卯, 降改恭化縣. 統和九年, 以功臣朴允雄之鄕, 復號[1]興麗府[興禮府](『경상도지리지』, 慶州道, 蔚山郡).

校訂

1) 興麗府는 興禮府의 誤字일 가능성이 있다.

飜譯 成宗 淳化 2년(辛卯)에 (興禮府에서) 降等하여 恭化縣으로 고쳤다. 統和 9년에 功臣 朴允雄의[1] 故鄕이므로 다시 이름을 興禮府[興麗府]라고 하였다.[2]

注釋

1) 朴允雄(生沒年不詳)은 930년(태조13) 9월 皆知邊(現 蔚山市)의 지배자로서 隸下의 崔奐을 開京에 보내와 降服을 청한 인물인데, 이로 인해 皆知邊은 東津과 虞風의 두 縣을 합하여 興禮府로 昇格되었다고 한다(『고려사』 권57, 지10, 지리2, 蔚州 ; 『경상도지리지』, 慶州道, 蔚山郡 ; 『신증동국여지승람』 권22, 蔚山郡, 建置沿革·人物 ; 旗田 巍 1972年 13~15쪽 ; 具山祐 1992年 ; 2003年b 97~102쪽).

2) 이는 991년(성종10) 興禮府(興麗府, 現 蔚山市)를 降等하여 恭化縣이라고 하였고, 같은 해인 統和 9년에 功臣 朴允雄으로 인해 다시 興禮府[興麗府]로 승격시켰다는 것인데, 年代整理[繫年]에 어떤 錯誤가 있었던 것 같다. 곧 이 자료의 淳化 2년(辛卯)은 사실일 가능성이 있고, 統和 9년의 내용은 993년(성종11, 統和10) 11월 4일(癸巳) 州·府·郡·縣 및 關·驛·江浦 등의 名稱을 고칠 때 興禮府로 復原되었을 가능성이 있다.

補遺 淳化二年, 金海府量田使·中大夫趙文善申省狀稱, 首露王廟屬田結數多也, 宜以十五結仍舊貫, 其餘分折於府之役丁, 所司傳狀奏聞(『삼국유사』 권2, 기이 2, 駕洛國記).

飜譯 淳化 2년에 金海府量田使·中大夫 趙文善이 狀啓를 올려 말하기를, "首露王의 陵廟에 딸린 땅 면적이 많으니 마땅히 옛날과 같이 15結로 하고 그 나머지는 府의 役丁에게 나누어 주는 것이 좋겠습니다."고 하니 該當 官署가 狀啓를 전하여 報告하였다.

[參 考]

高麗

• 年二十八, 赴選佛場, 捷獲選(「榮州浮石寺圓融國師碑」; 이는 圓融國師 決凝이 28歲의 나이로 僧科에 合格한 事實을 묘사한 것이다).

渤海

• 淳化二年, 其王子太元因女眞使上表, 其後不復至(『宋史』 권491, 열전250, 외국7, 安定國).

• 是歲, 女眞表請伐契丹, 詔不許, 自是遂屬契丹(『宋史』 권5, 본기5, 太宗2).

• 淳化二年, 以渤海國不通朝貢, 詔女眞發兵攻之, 凡斬一級賜絹五匹爲賞宋會要輯稿』197책, 蕃夷4, 渤海).

宋

• (淳化二年) 三月, 新羅人二人, 自契丹來歸, 入見崇政殿. 各手持大螺, 如五升器. 稱在契丹十一年, 教令學此有五十人, 同枝常令吹之, 其聲重濁奮厲, 大率如調角, 問其曲, 云, 是單于復小弄, 契丹每軍行, 則吹此. 詔各賜衣服緡錢, 使隷軍籍(『宋會要輯稿』193책, 蕃夷1, 遼 ; 이 자료에 나타난 新羅人은 高麗人으로 추측되는데, 이들이 어떠한 事由로 11年間에 걸쳐 契丹에 있었는지를 알 수 없다.

[成宗 11年(992) 壬辰]

    宋 太宗 淳化 3年, 契丹 聖宗 統和 10年

轉載 春正月, 教曰, 非積學, 無以知善, 非任賢, 無以成功, 是以內開序庠, 敦崇儒術, 外置學校, 勸課生徒, 啓較藝之場, 廣窮經之業. 猶未致懷寶出衆之士, 安知無蔽賢防能之人, 凡有文才·武略者, 聽詣闕自擧(『고려사절요』 권2, 성종 11년 정월 ; 『고려사』 권75, 지29, 選擧3, 銓注 薦擧之制),

飜譯 1월에[1] 教書를 내려 말하기를, "學問을 많이 쌓지 않으면 善을 알 수 없으며, 賢人을 임용하지 않으면 공을 이룰 수 없소. 이 때문에 서울에는 學校[序庠]를 열어 儒術을 깊이 숭상하고, 지방에는 학교를 설치하여 生徒에게

공부를 권장하며, 문예를 경쟁하는 장소를 열고, 경서를 연구하는 업을 넓혔소. 그런데도 포부가 있는 뛰어난 선비를 아직 얻지 못했으니, 賢人을 가로막고 재능을 방해하는 사람이 없는지 어찌 알리오. 文才와 武略이 있는 者는 모두 大闕에 나와 自薦함을 들어 주겠소."고 하였다.

注釋

1) 이해의 1월은 小盡이고 초하루[朔日]는 丙申이다. 이달은 그레고리曆으로 2월 12일부터 3월 11일까지이다.

補遺 (淳化三年 三月) 戊戌, 親試禮部擧人. 辛丑, 親試諸科擧人. 戊午, 以高麗賓貢進士四十人, 並爲秘書省校書郎, 遣還(『宋史』 권5, 본기5, 태종2).

飜譯 (淳化 3년 3월) 4일(戊戌, 陽4月 9日)[1] 親히 禮部의 擧人을 試驗하였다. 7일(辛丑, 陽12日) 親히 諸科의 擧人을 시험하였다. 24일(戊午, 陽29日) 高麗의 賓貢進士 40人을 모두 秘書省의 校書郎(從8品)으로 삼아 돌려보냈다.[2]

注釋

1) 이해의 3월은 小盡이고 초하루[朔日]는 乙未이다.

2) 이 記事에서 高麗의 賓貢이 40人이라고 되어 있는데, 이는 4人의 誤謬일 것이다. 이때 급제한 인물은 다음의 자료와 같이 王彬·崔罕 등이다. 崔瀣에 의하면 992년(淳化3) 孫何의 牓에 王彬·崔罕이 及第하였다고 한다(『拙藁千百』 권2, 送奉使李中父還朝序).

關聯資料

• (大中祥符 七年 九月) 二十二日淳化三年三月戊戌, 詔第一人孫何·第二人朱台符爲將作監丞 … 賓貢王彬·崔罕並授秘書郎省校書郎, 於放歸高麗(『宋會要輯稿』 107책, 選擧2, 貢擧進士科 ; 이는 年代整理[繫年]에서 淳化 3年을 잘못 기재하였고, 於는 放으로 해야 옳을 것 같다).

• 王彬, 係高麗賓貢, 長樂人, 初挈族奔高麗, 以外國生賓貢入太學, 至是, 登第授校書郎, 放歸, 尋歸正省墳墓, 知汀州撫州, 終太常少卿(『淳熙三山志』 권26, 人物類1, 科名, 淳化3년).

• 王彬, 光州固始人, 祖彦英, 父仁偘, 從其族人潮入閩, 潮有閩土. 彦英頗用事, 潮惡其逼,

陰欲圖之, 彦英覺之, 挈家浮海, 奔新羅 新羅長愛其材, 用之, 父子相繼執國政, 彬年十
八, 以賓貢入太學, 淳化三年, 進士及第, 歷雍丘尉, … 累遷太常少卿, 卒(『宋史』 권
304, 열전63 ; 『고려사』 권74, 지28, 선거2, 制科에는 그의 이름이 王琳으로 되어
있다).

轉載 夏五月, 下教, 令京官五品以上, 各擧一人, 其德行才能, 具疏名下以奏(『고려
사절요』 권2, 성종 11년 5월 ; 『고려사』 권75, 지29, 選擧3, 銓注 薦擧之制).

翻譯 5월에[1] 教書를 내려 말하기를, "京官 5품 이상에게 각기 한 사람씩 薦擧하
게 하고, 그 德行과 才能은 姓名 밑에 기록하여 아뢰라."고 하였다.

注釋
1) 이해의 5월은 小盡이고 초하루[朔日]는 甲午이다. 이달은 그레고리曆으로 6월 9일부
터 7월 7일까지이다.

原文 夏六月 甲子, 宋遣光祿卿劉式·秘書少監陳靖, 加册王檢校太師·食
邑一千戶·食實封四百戶, 餘並如故. 初白思柔之入宋也, 孔目吏張仁詮上書,
陳便宜, 思柔以爲告國陰事. 仁詮不敢還, 至是, 帝命陳靖等領還, 且詔王, 釋
仁詮罪. 王上表, 略曰, 小人趨利, 豈虞僭越之誅, 聖主寬恩, 遠降哀矜之命,
其張仁詮, 已依詔旨放罪[校訂 成宗 十二年으로 移動함].[1]

校訂
1) 陳靖과 劉式은 다음의 記事와 같이 993년(성종12, 淳化4) 2월 고려에 파견되었다
(『宋史』 권487, 열전246, 外國3, 高麗, "(淳化四年) 二月, 遣秘書丞直史館陳靖·秘書丞
劉式爲使, 加治檢校太師, 仍降詔存問軍吏·耆老.").

轉載 (成宗)十一年 六月, 制, 六品以下, 不入常參官, 父母喪百日後, 所司勸令出
仕, 除起復衛, 以黲服堊角, 遙謝行公(『고려사』 권64, 지18, 禮5, 五服制度).

翻譯 (성종) 11년 6월에 制書를 내려, 6품 以下로 常參官에 들지 못하는 者의 父

母喪에는 100日 後에 該當官廳[所司]이 勸하여 出仕하게 하고, 起復衛을 除
授하고 黲服[참복]과 堊角[연각]으로 멀리서 謝禮하게 하여[遙謝] 公務를 담
당하게 하였다.

注釋

1) 起復衛에서 起復은 明代以前에는 官僚가 父母의 喪을 당하여 辭職한 後 晩期가 되
지 않아 徵召되어 官職에 就任하거나, 戰爭 또는 特別한 才能에 의해 早期 復職하
는 것을 가리킨다(前者). 이에 비해 明·淸代의 起復衛은 喪期를 마친 後에 補官되
는 것을 意味한다(後者). 이 記事에서 起復衛은 復職後의 官職으로 前者를 意味하
는 것 같은데, 이때에는 公服을 着用하지 아니하고 素服으로 事務를 처리하며 慶
賀·祭祀·宴會 등에는 輔佐官[佐貳]으로 하여금 代理參席하게 하는데 이를 奪情이라
고 한다.

原文　秋七月 壬辰朔, 流宗室郁于泗水縣.

飜譯　7월 1일(壬辰, 陽8月 1日)[1] 宗室 郁(太祖의 子, 顯宗의 父, 後日 安宗으로
追贈)을[2] 泗水縣(現 慶尙南道 泗川市)으로 流配시켰다.[3]

注釋

1) 이해의 7월은 大盡이고 초하루[朔日]는 壬辰이다. 이 記事에서 朔日이 表記되어 있
어 宋曆과 같은 曆日을 使用하고 있음을 알 수 있다.

2) 郁(安宗으로 追尊)은 태조 18년 神聖王太后 金氏의 주석 3)과 같다.

3) 이 記事는 992년(성종11) 7월 王郁(?~996, 太祖의 子, 安宗으로 追尊)이 戴宗 旭의
딸이며, 景宗 第4妃였던 獻貞王后 皇甫氏(?~992)와 私通하다가 일이 발각되어 流配
된 사실을 기록한 것이다(『고려사』권90, 열전3, 宗室, 太祖 安宗 旭).

關聯資料

• 秋七月, 流郁于泗水縣, 郁太祖第八子, 其第與景宗妃皇甫氏私第, 相近, 景宗薨, 妃出
居, 嘗夢登鵠嶺, 旋流溢國中, 盡成銀海, 卜之, 己生子則王有一國, 妃曰, 我旣寡, 何以
生子, 後郁遂烝有娠, 人莫敢言, 妃戴宗女也, 一日妃宿郁第, 家人積薪于庭而火之, 火
方熾, 王亟往問, 知其由, 以郁犯義, 流之. 妃還其第, 纔及門胎動, 攀門前柳枝, 免身而

卒. 王爲擇傅姆, 養其兒, 兒至二歲, 召見, 姆抱以入, 仰視王, 呼云爺, 就膝上, 捫衣襟, 又再呼爺, 王憐之, 涕出曰, 兒慕父耶, 乃送于泗水, 以歸郁, 兒卽詢也(『고려사절요』 권2, 성종 11년 7월).

• 獻貞王后 皇甫氏 … 成宗十一年 七月, 后宿安宗第, 家人積薪于庭而火之, 火方熾, 百官奔救, 成宗亦亟往問之, 家人遂以實告, 乃流安宗, 后慚恨哭泣, 比還其第, 纔及門胎動, 攀門前柳枝, 免身而卒(『고려사』 권88, 열전1, 后妃1, 景宗 獻貞王后 皇甫氏).

• 安宗郁, 居第在王輪寺南, 與景宗妃皇甫氏私第近, 景宗薨, 妃出居其第, 郁遂烝有身, 事覺, 成宗流郁泗水縣(『고려사』 권90, 열전3, 宗室1, 太祖 安宗 旭).

• 顯宗 … 成宗十一年壬辰, 七月 壬辰生(『고려사』 권4, 顯宗總論).

轉載 (七月) 崔罕·王琳, 登宋賓貢科, 受[1]秘書郎^{秘書省 校書郎}而還(『고려사절요』 권2, 성종 11년 7월 ; 『고려사』 권74, 지28, 選擧2, 科目2, 制科).

校訂
1) 秘書郎은 중국 측의 자료에 의하면 秘書省 校書郎(從8品)의 잘못이다.

翻譯 (7월에) 崔罕과 王琳(王彬)이 宋의 賓貢科에 登第하여 秘書省 校書郎[秘書郎]에 除授되어 돌아왔다.[1]

注釋
1) 이들은 이해의 3월 4일(戊戌)에 宋에서 及第를 下賜받았는데, 이때 歸國하였던 것 같다.

轉載 九月, 登州稻穗, 長七寸, 黍穗, 長一尺四寸, 群臣將賀, 不許(『고려사절요』 권2, 성종 11년 9월).

翻譯 9월에[1] 登州(現 咸鏡南道 安邊郡)에서 길이 7寸이 되는 벼이삭과 길이 1尺 4寸이나 되는 기장 이삭이 생겨났으므로 群臣이 賀禮를 드리고자 하였으나 허락하지 않았다.

注釋

1) 이해의 9월은 大盡이고 초하루[朔日]는 辛卯이다. 이달은 그레고리曆으로 10월 4일부터 11월 2일까지이다.

關聯資料

成宗十一年 九月, 登州稻穗, 長七寸, 黍穗, 長一尺四寸(『고려사』 권55, 지8, 오행3).

補遺 (淳化三年 十月) 戊子, 高麗·西南蕃皆遣使來貢(『宋史』 권5, 본기5, 태종2).

翻譯 (淳化 3년 10월) 28일(戊子, 陽11月 25日)[1] 高麗와 西南蕃이 모두 使臣을 보내와 朝貢하였다.[2]

注釋

1) 이해의 10월은 小盡이고 초하루[朔日]는 辛酉이다.

2) 이때의 고려 사신은 관련된 자료에 의하면 元證衍(元徵衍)이고, 馬·漆甲·細箭 등을 바쳤다고 한다.

關聯資料

(淳化) 三年 十月, 貢馬·漆甲·細箭(『玉海』 권154, 朝貢, 獻方物).

原文 冬十一月 癸巳, 改州·府·郡·縣及關·驛·江浦號.

翻譯 11월 4일(癸巳, 陽11月 30日)1) 州·府·郡·縣 및 關·驛·강나루[江浦]의 名稱을 고쳤다.

注釋

1) 이해의 11월은 大盡이고 초하루[朔日]는 庚寅이다.

2) 江浦는 江의 浦口 또는 江邊[江濱]을 가리킨다(『呂氏春秋』 권14, 孝行覽, 本味, "江浦之橘, 云夢之柚", "高誘注, 浦, 濱也").

關聯資料

溟州 … (成宗)五年, 改溟州都督府, 十一年, 更爲牧(『고려사』 권58, 지12, 地理3, 東界, 溟州).

原文　十二月, [1]大廟成庚申^{庚申朔 太廟成} 教曰, 邦家之本, 宗廟爲先. 自昔帝王, 莫不增修大室, 創立閟宮, 設子穆父昭之班, 行三祫五禘之禮. 我國朝, 乘時擧義, 應運開都. 雖累經纂業承基, 而未設酎金灌玉. 朕以謬傳神器, 添屬孫謀, 爰自前年, 新營[1]大^太廟. 在朝儒臣等, 其議定昭穆位次·禘祫儀禮, 以聞.

校訂

1)의 '大廟成 庚申'은 '庚申朔 太廟成'으로 고쳐야 바르게 될 것이다. 이해의 宋曆과 日本曆에서 11월(庚寅朔)과 12월(庚申朔)이 모두 大盡이기에 高麗曆도 12월은 庚申朔이 될 수밖에 없다. 그럼에도 불구하고 庚申 앞에 다른 記事가 있는 것은 『고려사』를 組版할 때 또는 板刻할 때 글자가 倒置되었을 것이다. 또 大字는 太字로 고쳐야 바르게 된다.

飜譯　(12월) 1일(庚申, 陽12월 27日)[1] 太廟가 完工되자 敎書를 내려 말하기를, "나라의 근본은 宗廟로서 으뜸을 삼으니 옛적부터 帝王들은 모두 큰집을 지어 靈廟[閟宮]를 創建하여 아들의 神主는 오른편의 穆의 班列에, 아버지의 神主는 왼편의 昭의 班列에 設置하여 三祫·五禘의 禮를[2] 行하지 않음이 없었소. 우리나라는 때를 틈타 義擧를 일으켜서 時勢에 順應하여 開國하였소. 비록 基業을 繼承함이 累代를 經過하였으나 아직도 宗廟의 祭禮[酎金灌玉]를[3] 올리지 못하였소. 朕이 외람되게 王位[神器]를[4] 傳受받고 天下의 人心에 順應하여 子孫을 위한 計策[孫謀]을[5] 이어 받았으므로 前年부터 새로 宗廟를 지었소. 朝廷의 儒臣들은 昭穆의 位次와 宗廟에서의 儀典節次[禘祫儀禮]를 議定하여 報告하도록 하시오."라고 하였다.

注釋

1) 이해의 12월은 大盡이고 초하루[朔日]는 庚申이다.

2) 三祫·五禘의 禮는 太廟(혹은 宗廟)에서 祭祀를 드리는 方式이다. 宗廟에서의 祭祀는 廟享이라고 하는데, 1월·4월·7월·10월의 四孟月에 行하는 四時祭(혹은 時祭)의 小祭와 5年마다 2會씩 행하는 禘·祫이라고 불린 大祭가 있다. 이중 禘는 王者만이 行하는 特權으로서 重要視되었고, 5년의 中間時點인 30個月 째의 4월 혹은 10월에

施行하였으며, 그 외에 國家에 大事가 있어 帝王이 謁廟를 할 경우 행하는 臨時祭祀告祭가 있었다. 또 祫은 帝王[天子와 諸侯]이 喪을 畢한 후 先君의 神主를 祖의 곁에 奉安하는 것으로, 天子는 祫을 행한 후에 時祭를 올렸고, 諸侯는 時祭를 올린 후에 祫을 行하였다[栗原圭介 1994年].

3) 酎金灌玉에서 酎金은 漢代에 皇帝가 純酒를 宗廟에 바칠 때 諸侯가 金을 바쳐 돕는다는 意味이고, 灌玉은 犧樽·象樽 등에 가득 찬 술을 玉瓚과 大圭를 利用하여 땅에 붓는 것, 곧 宗廟에 祭祀를 올리는 것을 意味한다(『初學記』 권13, 禮部上, "衛宏漢舊儀曰, 皇帝會諸侯酎金廟中, 以上計儀設九賓陪位也. 史記注云, 正月旦作酒, 八月成. 名酎, 酎言純也. 武帝時, 八月嘗酎, 會諸侯廟中, 出金助祭, 所謂助金"). 이에서 純酒는 1月에 담가서 8月에 완성한 名酎인데, 이를 宗廟에 바치는 祭祀를 酎祭라고 하며, 이의 모습은 『史記』 권30, 平準書第8에 보인다[東亞大學校 1982年 147쪽 ; 吉田賢抗 1995年 305쪽 ; 竹內照夫 1993年 488쪽].

4) 神器는 帝位를 象徵하는 玉璽·寶鼎 등을 指稱하는데, 意味가 변하여 帝位를 가리킨다. 古代 中原에서의 神器로 軒轅黃帝劍·伏羲琴·神農鼎·盤古斧 등이 있었다는 傳說이 있다.

5) 孫謀는 遜謀로도 表記되며, 天下의 人心에 順應하는 計策을 가리킨다. 『詩經』, 大雅, 文王之什, 文王有聲에 "訓戒를 남겨, 人民을 安堵하게 한다. 詒厥孫謀, 以燕翼子", "鄭玄箋, 孫, 順也. … 傳其所以順天下之謀, 以安其敬事之子孫", "朱熹集傳, 謀及其孫, 則子可以無事矣"[石川忠久 2000年 126쪽].

關聯資料

• 十二月, 大廟成, 令在朝儒臣等, 議定昭穆位次禘祫儀禮以聞(『고려사절요』 권2, 성종 11년 12월).

• (成宗) 十一年 十一月十二月, 太廟成, 命儒臣, 議定昭穆位次及禘祫儀, 遂行祫禮(『고려사』 권61, 지15, 禮3, 太廟 ; 이에서 十一月은 十二月의 誤字일 것이다).

原文 丙寅, 敎曰, 王者化成天下, 學校爲先, 祖述堯舜之風, 聿修周孔之道. 設邦國憲章之制, 辨君臣上下之儀, 非任賢儒, 豈成軌範. 揆天拓地, 保大定功, 固將崇奬而行, 不可斯須而廢. 國朝創業已久, 守文以興. 寡人謬以眇躬,忝居大寶, 思闡九流之說, 廣開四術之門. 發彼童蒙, 置諸學校, 黌中稷下, 橫經之士成群, 夏序虞庠, 鼓篋之徒爲市. 啓綸闈而較藝, 闢會府以掄材, 就省試者猶多, 占仙科者尙少. 斯則學無塾黨, 才未精硏. 其令有司, 相得勝地, 廣營學舍, 量給田庄, 使之金鍊爲眞, 玉磨成器, 凡在諸儒, 尙知予意.

翻譯　(12월) 7일(丙寅, 陽993年 1月 2日) 敎書를 내려 말하기를, "王者가 天下를 敎化하려면 學校를 먼저 세워야 하고, 帝堯와 帝舜의 遺風을 본받아 實踐[祖述]하려면 周公과 孔子의 道를 닦아야 한다오. 나라의 憲章制度를 마련하고 君臣과 上下의 儀禮를 分別함에는 현명한 儒者에 맡기지 않고서야 어찌 올바른 規範을 이루어 낼 수 있겠소? 하늘의 뜻을 헤아리고 疆域을 擴張하며, 社稷을 굳건하게 지키고 큰 功績을 세우려면[保大定功][1] 진실로 (學校를) 崇尙하고 獎勵해야 할 것이며 잠시라도 廢止해서는 안될 것이오. 우리나라는 創業한지 이미 오래이며 文治制度를 지켜서 國運이 興盛하게 되었소. 寡人이 微弱한 몸으로 猥濫되게 王位에 있으면서 九流의 學說을c 밝히고 詩·書·禮·樂의 四術之門을[3] 넓게 열려고 생각하오. 저 어려 깨우치지 못한 아이[童蒙]들을[4] 일깨워 學校에 들어가게 하니, 크고 작은 여러 學校에는 册을 읽는 선비가 많고, 册을 짊어진 學徒[鼓篋之徒]들이 市場을 이루었소. 과장[綸闈]을[5] 열어 技藝를 겨루고 會府를[6] 열어 人材를 拔擢하는데, 科擧에 응시하는 者는 오히려 많으나 科擧에 及第하는 자는 아직 적다오. 이것은 배우고자 하여도 學校와 스승[塾黨]이[7] 없고 才能을 제대로 갈고 닦지 못하기 때문이오. 해당관청[有司]으로 하여금 좋은 땅[勝地]을[8] 골라 살펴서 널리 學舍를 세우고 田庄을 나누어 주어 이들로 하여금 金을 鍛鍊하여 純金이 되게 하고, 玉을 琢磨하여 그릇을 만들도록 할 것이니, 모든 儒者들은 나의 뜻을 잘 알아주시오."라고 하였다.

注釋

1) 保大定功은 社稷을 굳건하게 지키고 큰 功績을 세운다는 의미이다. 『春秋左氏傳』, 宣公 12년 6월 14일(丙辰)에 "무릇 武라는 것은 亂暴한 者를 억누르고 兵器를 가다듬어 戰爭을 中止시키고 大國을 保有하여 큰 功績을 세워 人民을 安堵시키고 萬民을 和合하게 하고 物資를 豊富하게 하여 生活의 安定을 圖謀하는 것이다. 夫武, 禁暴·戢兵·保大·定功·安民·和衆·豊財者也"라고 하였다[鎌田 正 1974年 637쪽].

2) 九流之說은 三教九流之說의 준말로 儒·佛·道의 3敎를 위시한 9種의 學派라는 뜻이다. 이는『漢書』권30, 藝文志第10에 各種의 典籍을 儒家·道家·陰陽家·法家·名家·墨家·縱橫家·雜家·農家의 九流로 分類하였음에서 由來한 것이다[東亞大學校 2008年 1책 344쪽].

3) 四術之門에서 四術은 두 가지의 의미가 있다. 먼저 先王의 가르침인 詩·書·禮·樂 등의 4종의 經術을 가리킨다.『禮記』, 王制第5에 "(國學의 長인) 樂正은 四術을 崇尙하고四敎를 세워 先王의 詩·書·禮·樂에 따라서 人材를 養成하는데, 봄과 가을에 禮·樂을, 겨울과 여름에 詩·書를 가르친다. 樂正崇四術, 立四敎, 順先王詩·書·禮·樂 以造士, 春秋敎以禮·樂, 冬夏敎以詩·書"라고 하였다. 또 하나는 治國의 4種의 方法인 忠愛·無私·用賢·度量(혹은 簡能) 등을 가리킨다고 한다(『尸子』권하, 治天下, "治天下有四術, 一曰忠愛, 二曰無私, 三曰用賢, 四曰度量, …"; 竹內照夫 1993年 208쪽).

4) 童蒙은 幼稚하고 愚昧한 것 또는 無知한 兒童을 가리킨다(『易經』上, 蒙, "亨. 匪我求童蒙, 童蒙求我", 朱熹本義, "童蒙, 幼稚而蒙昧").

5) 綸闈는 원래 制誥를 修撰하는 中書省의 別稱이었는데, 이 單語가 文章[綸]을 競爭하고 試驗한다는 試院[闈]의 合成語로 理解되어 科擧試場을 稱하기도 하였다. 그래서 科擧試場[試院]을 闈라고 하였고, 鄕試를 秋闈로, 다음해 봄에 치르는 會試를 春闈로 불렀다[東亞大學校 2008年 1책 344쪽].

6) 會府는 원래 北斗七星의 第1星로부터 第4星까지를 文昌星 또는 會府라고 하였는데, 唐代에 國政의 執行하는 尙書省의 別稱으로 사용되었다(『舊唐書』권11, 본기11, 代宗, 大曆 5년 2월 己丑의 敕書에 "至于領錄天下之綱, 綜覈萬事之要, 邦國善否, 出納之由, 莫不處正於會府也"). 여기서 會府란 界首官에서 시행한 鄕試에서 選拔된 擧子들이 中央의 尙書省[會府]의 隸下인 禮部가 主管하는 會試에 應擧하는 것을 가리킨다[東亞大學校 2008年 1책 344쪽].

7) 塾黨에서 塾은 學校를, 黨은 스승[師長]을 가리킨다.『學記』에 "옛날에 가르침에 있어 家에는 塾이, 黨에는 庠이, 術에는 序가, 나라에는 學이 있다. 古之敎者, 家有塾, 黨有庠, 術有序, 國有學". 또『釋名』(혹은 逸雅)에 "五百家가 黨이 되는데, 黨의 長은 웃어른을 하나로 모은다. 五百家爲黨, 黨長也, 一聚所尊長也"라고 하였다[東亞大學校 2008年 1책 344쪽].

8) 勝地는 形勢가 有利한 地域 또는 景致가 아름다운 名勝地를 가리킨다.

關聯資料

- 下敎, 立國子監, 給田莊(『고려사절요』 권2, 성종 11년 12월).
- (成宗) 十一年 十二月, 敎, 有司相得勝地, 廣營書齋·學舍, 量給田庄, 以充學粮. 又創 國子監(『고려사』 권74, 지28, 선거2, 학교).
- 成宗置國子監, 有國子司業博士·助敎·大學博士·助敎·四門博士·助敎(『고려사』 권76, 지3, 백관1, 成均館).

原文   是月, 親祫于大廟太廟.

飜譯   이달에 친히 祫祭를 太廟에서 올렸다.

轉載   (成宗) 十一年 十二月夜, 天門開(『고려사』 권47, 지1, 天文1, 月五星凌犯及 星變).

飜譯   (成宗) 11년 12월 밤에 天門이[1] 열렸다.[2]

注釋

1) 天門은 별자리의 이름인데, 角宿(28宿 중의 하나로서 東方 7宿의 第1宿)에 屬하고, 位置는 室女座(88星座 중의 하나로서 黃道星座에 屬함)에 있으며 2개의 顆星으로 되어 있다(『晋書』 권11, 지1, 天文上, "天門二星, 在平星北").

2) '天門이 열렸다[天門開]'라는 現象은 赤氣·靑赤氣·黃赤氣·白氣 등과 함께 오로라[極 光]가 觀測되었다는 것을 意味한다[梁洪鎭 等 1998年].

補遺   (統和十年 十二月) 是月, 以東京留守蕭恒德等伐高麗(『遼史』 권13, 본기13, 聖宗4·권115, 열전45, 二國外記, 高麗).

飜譯   (統和 10년 12월) 이달에 東京留守 蕭恒德[1] 등으로 하여금 高麗를 征伐하 게 하였다.

注釋

1) 蕭恒德(?~996)은 蕭排押(?~1023)의 동생[弟]으로 字는 遜寧이며, 契丹의 皇室과 連 姻關係에 있는 國舅 少父房(拔里2房의 하나인 少父房, 姓氏는 蕭)의 後裔이다. 983 년(統和1, 성종2) 越國公主와 婚姻하여 駙馬都尉가 되었고, 같은 해에 宣徽使 耶律

阿沒里를 따라 高麗를 征伐하고 돌아와 北面林牙에 임명되었다고 한다. 그렇지만 이때 契丹이 高麗에 侵入하였던 흔적은 찾아지지 않음을 보아, 고려의 接境地域인 鴨綠江 一帶에 居住하고 있던 女眞族 討伐에 參與하였던 것으로 추측된다. 이후 東京留守에 임명되었고, 988년(統和6) 聖宗(983~1031 在位)이 宋을 공격할 때 沙堆를 包圍하여 이의 陷落에 戰功을 세웠다. 993년(統和11) 閏10월에 東京留守로서 詔勅을 받아 軍士를 거느리고 高麗의 서북지역 일대를 攻略하여 고려의 降服을 받아 내었다. 다음해 8월에 啓聖竭力이라는 功臣號를 下賜받았고, 都部署 和朔奴(奚의 族長)를 따라 兀惹(渤海遺民이 건립한 國家)을 征伐하였는데, 이때 고려의 北境地域[北鄙]을 통과하였다고 한다. 그렇지만 성공하지 못하고 歸還하다가 軍士와 軍馬를 많이 喪失하여 功臣號를 剝奪당하였다. 996년(統和14) 病에 걸린 越國公主를 救護하던 宮人과 私通하였는데, 이후 어느 시기에 公主가 죽자 承天皇太后(景宗妃, 聖宗의 母)에 의해 賜死되었다.

그의 家系는 皇族인 耶律氏와 서로 주고받는 方式의 通婚, 곧 妻를 娶한 代身에 딸을 妻의 兄弟 또는 從兄弟에게 시집보내는 互酬的인 交換婚으로 연결되어 있던 皇后族인 蕭氏이다. 곧 그는 景宗(975~982 在位)의 壻이고, 兄인 排押(혹은 排亞)은 聖宗의 壻이고, 그의 아들 匹敵은 韓國長公主(聖宗의 弟 隆慶의 女)와, 排押의 딸(齊國妃)은 隆慶과 婚姻하였다(『遼史』 권67, 표5, 外戚表·권88, 열전18, 蕭排押·恒德·匹敵; 宇野伸浩 1995年).

轉載 成宗十一年, [1]判制, 公田租, 四分取一, 水田上等一結, 租二石十一斗二升五合五勺, 中等一結, 租二石十一斗二升五合, 下等一結, 租一石十一斗二升五合, 旱田上等一結, 租一石十二斗一升二合五勺, 中等一結, 租一石十斗六升二合五勺, 下等一結, 缺, [又水田上等一結, 租四石七斗五升, 中等一結, 三石七斗五升, 下等一結, 二石七斗五升, 旱田上等一結, 租二石三斗七升五合, 中等一結, 一石十一斗二升五合, 下等一結, 一石三斗七升五合](『고려사』 권78, 지32, 食貨1, 田制 租稅).

翻譯 성종 11년에 制[判]를 내려, "公田의 租는 4분의 1을 取한다. 水田 上等 1結의 租는 2石 11斗 2升 5合 5勺으로 하고, 中等 1結의 租는 2석 1두 2승 5합으로 하며, 下等 1結의 租는 1석 11두 2승 5합으로 한다. 旱田 上等 1결의

조는 1석 12두 1승 2합 5작으로 하고, 中等 1결의 조는 1석 10두 6승 2합 5작으로 하며, 下等 1결은 缺落되었다. [또 水田 上等 1結의 租는 4석 7두 5승으로 하고, 中等 1결은 3석 7두 5승으로 하며, 下等 1결은 2석 7두 5승으로 한다. 旱田 上等 1結의 租는 2석 3두 7승 5합으로 하고, 中等 1결은 1석11두 2승 5합으로 하며, 下等 1결은 1석 3두 7승 5합으로 한다"라고 하였다.[1]

注釋

1) 이 자료에서 제시된 數値에는 약간의 疑問이 있는데, 이에 대한 修訂된 意見이 提示되어 있다[姜晉哲 1980年 394쪽].

轉載   成宗十一年, 定漕船輸京價.

- 運五石, 價一石, 通潮浦 前號末潮浦, 泗州通陽倉, 在焉·螺浦 前號骨浦, 合浦縣 石頭倉, 在焉

- 運六石, 價一石, 波平浦 前號夫沙浦, 樂安郡·潮陽浦 前號沙飛浦, 昇平郡 海龍倉, 在焉·風調浦 前號馬西良浦·海安浦 前號麻老浦, 光陽郡·安波浦 前號冬鳥浦, 兆陽縣·利京浦 前號召丁浦, 麗水縣·麗水浦 前號金遷浦, 大原郡·銀蟾浦 前號蟾口浦, 平原郡

- 運八石, 價一石, 潮東浦 前號薪浦, 靈岩郡長興倉, 在焉·南海浦 前號木浦, 通義郡·通津浦 前號置乙浦, 羅州海陵倉, 在焉·德浦 前號德津浦, 務安郡·崐岡浦 前號白岩浦, 陰竹縣·黃麗浦 前號黃利內地·海葦浦 前號葦浦, 長淵縣

- 運九石, 價一石, 利通浦 前號屈乃浦, 合豐郡·勵涉浦 前號主乙, 在希安郡·芙蓉浦 前號阿無浦, 靈光郡芙蓉倉, 在焉·速通浦 前號所津浦, 承化郡·朝宗浦 前號鎭浦, 臨陂郡 鎭城倉, 在焉·濟安浦 前號無浦, 保安郡 安興倉, 在焉·古塚浦 前號大慕浦, 安山郡·西河郡浦 前號豐州,

- 運十三石, 價一石, 利涉浦 前號葛城浦, 豐山縣·風海浦 前號松串浦, 海豐郡·懷海浦 前號居伊彌浦·新平郡·便涉浦 前號打伊浦, 牙州河陽倉, 在焉]

- 運十五石, 價一石, 媚風浦 前號夫支浦, 漢南郡·息浪浦 前號加西浦·白川

浦 前號金多川浦, 大川郡

- 運二十一石, 價一石, 潮海浦 前號省草浦·淸水浦 前號加乙斤實浦·廣通浦 前號津浦, 孔岩縣·楊柳浦 前號楊等浦, 金浦縣·德陽浦 前號所支浦, 德陽郡·靈石浦 前號召斤浦·居安浦 前號居乙浦, 金浦縣·慈石浦 前號甘岩浦, 同縣
- 運十石, 價一石, 澄波浦 前號登承浦·安石浦 前號犯貴伊浦·柳條浦 前號柳頂浦·梨花浦 前號梨浦·淥花浦 前號花因守寺浦·丈崙浦 前號仰崙浦, 並川寧郡·陽原浦 前號荒津浦·花梯浦 前號花連梯浦·恩波浦 前號仇知津·虞山浦 前號山尺浦·神魚浦 前號小神寺浦, 並楊根郡
- 運十八石, 價一石, 尙原浦 前號上津村浦, 淮安郡·和平浦 前號無限浦·鹵水浦 前號未音浦, 廣陵郡·從山浦 前號居知山浦, 同郡
- 運二十石, 價一石, 德原浦 前號置音淵浦, 廣陵郡·深原浦 前號果州浦·同德浦前號同志浦, 淮安郡·深逐浦 前號下置音淵浦, 始興郡·丹川浦 前號赤於浦, 同郡(『고려사』 권79, 지33, 食貨2, 漕運).

飜譯 [이의 飜譯은 省略하기로 한다.]

補遺 淳化三年壬辰, 太廟第四室享器匠王公任造(黃海南道 白川郡 圓山里 2號 陶窯地出土 器皿銘).

飜譯 淳化 3年(壬辰) 太廟 第四室의 享器匠 王公任이 만들다.[1]

注釋

1) 이 器銘은 1989년 7월이래 1년간에 걸쳐 발굴된 황해남도 배천군[白川郡] 圓山里(從前은 鳳川郡, 혹은 峰泉郡 所屬)의 도자기 가마터 4基(高句麗時期 1基, 高麗時期 3基) 가운데 第2號에서 출토된 파손된 高杯[굽놆은 접시]의 바닥[底部]에 새겨져 있는 것이다. 같은 가마에서 "淳化三年壬辰太廟□第□□室□享器匠李昧巨造", "淳化三年太廟□第三室享器匠沈邦□造", "淳化四年己巳太廟第□…"등의 銘文이 새겨진 器皿의 破片들이 함께 出土되었다고 한다[社會科學院 考古學硏究所 2009年d 104~105쪽]. 이들 자료는 989년(성종8) 이래 太廟의 制度가 整備되면서, 이의 운영을 위한 隸下의 管理機關과 官員의 정비와 함께 이에 所要되는 각종 物品을 조달하는 匠人들의

編制도 마련되었던 것을 보여준다.

原文　(是歲) 遣翰林學士白思柔如宋, 謝賜經及御製[校訂 成宗 十年에서 移動해옴].

翻譯　(이해에) 翰林學士 白思柔를[1] 宋에 보내 『大藏經』과 『御製』를[2] 보내 준 것에 대해 謝禮하도록 하였다.[3]

注釋

1) 白思柔는 광종 24년 2월의 주석 2)와 같다.

2) 『御製』는 991년(성종10) 4월에 韓彦恭이 宋에서 所謂 『開寶版大藏經』의 版本을 가져 올 때 함께 구해 온 宋 太宗이 저술한 『御製秘藏詮』·『御製逍遙詠』·『御製蓮華心輪廻文偈頌』25권 등을 말한다. 이 책들은 太宗 趙匡義(939~997, 976~997 在位)가 부처의 知慧·慈悲·佛敎의 敎理 등을 讚美하기 위해 지은 것이라고 한다[東亞大學校 2008年 1책 341쪽].

3) 白思柔는 다음 해의 1월에 宋에 도착하여 謝恩하였기에 11월경에 파견되었을 것이다.

[成宗 12年(993) 癸巳] 閏月 宋·遼·高麗·日本⑩
　　　　　　　　　　　 宋 太宗 淳化 4年, 契丹 聖宗 統和 11年

補遺　(淳化四年 正月) 乙未, 高麗國遣使來貢(『宋史』 권5, 본기5, 태종2).

翻譯　(淳化 4년 1월) 6일(乙未, 陽1月 31日)[1] 高麗國이 使臣을 보내와 朝貢하였다.

注釋

1) 이해의 1월은 小盡이고 초하루[朔日]는 庚寅이다.

.

關聯資料

(淳化) 四年 正月, 治遣使白思柔貢方物幷謝經及御製(『宋史』 권487, 열전246, 外國3, 高麗).

轉載 春二月, 置常平倉于兩京·十二牧(『고려사절요』 권2, 성종 12년 2월).

飜譯 2월에[1] 常平倉을[2] 開京과 西京[兩京]·12牧에 設置하였다.

注釋

1) 이해의 2월은 大盡이고 초하루[朔日]는 己未이다. 이달은 그레고리曆으로 3월 1일부 터 30일까지이다.

2) 常平倉은 戰國時代의 魏에서 施行된 平糴法에서 유래된 穀價調節裝置인데, 漢 武帝 때에 桑弘羊(B.C.152~B.C80)에 의해 만들어진 平准法에 의해 더욱 발전하였다. 고 려의 常平倉은 이 記事와 같이 993년(성종12) 2월 開京·西京을 위시하여 全國의 12 牧에 설치되었는데, 이를 主管하던 官署는 開京의 京市署와 地方의 界首官(12牧, 後 日의 3京·4都護府·8牧)이었을 것으로 추측된다.

關聯資料

(成宗) 十二年 二月, 置常平倉于兩京·十二牧. 教曰, 漢食貨志, 千乘之國, 必有千金之價, 以年豐歉, 行糴糶, 民有餘, 則斂之以輕, 民不足, 則散之以重, 今依此法行之, 以千金, 准 時價, 金一兩, 直布四十匹, 則千金, 爲布六十四萬匹, 折米十二萬八千石, 半之爲米六萬四 千石, 以五千石, 委上京, 京市署糴糶, 令大府寺·司憲臺, 共管出納, 餘五萬九千石, 分西 京及州郡倉一十五所, 西京委分司司憲臺, 州郡倉委其界官員, 管之, 以濟貧弱(『고려사』 권80, 지34, 食貨3, 常平·義倉).

補遺 (淳化四年 二月) 乙丑, 加高麗國王王治檢校太師, 靜海郡節度使黎桓封交阯 郡王(『宋史』 권5, 본기5, 태종2).

飜譯 (淳化 4년 2월) 7일(乙丑, 陽3月 2日) 高麗國王 王治에 檢校太師를 더해 주 고, 靜海郡節度使 黎桓을[1] 交阯郡王으로 冊封하였다.

注釋

1) 黎桓은 성종 7년 4월 3일(己丑)의 주석 2)와 같다.

補遺 (淳化四年) 二月, 遣秘書丞直史館陳靖·秘書丞劉式爲使, 加治檢校太師, 仍降詔存問軍吏·耆老. 靖等自東牟趣八角海口, 得思柔所乘海船及高麗水工, 卽登舟, 自芝岡島順風泛大海. 再宿抵甕津口登陸, 行百六十里抵高麗之境曰海州, 又百里至閤州, 又四十里至白州, 又四十里至其國. 治迎使于郊, 盡藩臣禮, 延留靖等七十餘日而還. 遣以襲衣·金帶·金銀器數百兩, 布三萬餘端, 附表稱謝(『宋史』 권487, 열전246, 外國3, 高麗).

飜譯 (淳化 4년) 2월에[1] 秘書丞·直史館 陳靖과[2] 秘書丞 劉式을[3] 보내어 使臣으로 삼아 (高麗王) 治에게 檢校太師를 더해주고, 이어서 詔書를 내려 軍吏·耆老를 慰問[存問]하였다. 陳靖 등이 東牟로부터 八角海口로 나아가 (高麗 使臣) 白思柔가 乘船한 海船 및 高麗水工을 만나서 곧 출발하여[登舟], 芝岡島로부터 順風을 타고 大海에 나아갔다. 이틀 밤을 經過하여 甕津口에 도착하여 上陸한 후 160리를 가서 高麗의 境界인 海州에 도착하였고, 다시 100리를 가서 閤州에 이르렀다. 또 40里를 가서 白州[배주, 현 황해도 배천군]에 이르렀고, 다시 40里를 가서 開城에 도착하였다. 治가 郊外에서 使臣을 영접하여 藩臣의 禮를 다하면서 陳靖 등을 70餘日間 머물게 하다가 돌려보냈다. 襲衣·金帶·金銀器 數百兩·布 3萬餘端을 선물로 주었고, 使臣을 통해 表를 올려 謝禮하였다.

注釋

1) 이해의 2월은 大盡이고 초하루[朔日]는 乙丑이다. 이달은 그레고리曆으로 3월 12일부터 4월 10일까지이다.

2) 陳靖(生沒年不詳)은 興化軍 莆田縣(現 福建省 莆田) 出身으로 字는 道卿이며, 將作監丞·御史臺推勘官을 역임하고 御試에서 上科로 뽑혔다. 이후 秘書丞·直史館·判三司開拆司가 되었다가 992년(淳化3) 2월 고려에 사신으로 파견되었고, 다음해에 歸還하여 太常博士(正8品)에 임명되었다. 太宗이 該當官廳[有司]에게 均田法에 대해 의논하게 하자, 그가 農事에 대해 該博하였기에 建議를 올려 칭찬을 받아 京西勸農使에 임명되었다. 이어서 知婺州事·刑部員外郞·度支判官·京畿均田使·京東轉運使·太常少卿·左諫議大夫 등을 거쳐 秘書監으로 致仕하였다(『宋史』 권426, 열전185, 陳靖).

3) 劉式(948~997)은 臨江 新喩人(現 江西省 南昌市, 혹은 袁州人이라고 함)으로 字는

叔度이고, 南唐末 進士科에 합격하였고 宋이 江南을 평정한 후 京師에 나아가 大理
寺丞·贊善大夫 등을 역임하였다. 秘書丞에 임명되어 992년(淳化3) 2월 陳靖과 함께
고려에 사신으로 파견되었고, 歸國 후에 工部·刑部員外郞(正7品)에 이르렀다(『宋
史』권267, 열전26, 陳恕·劉式 ; 『方輿勝覽』권21, 臨江軍, 人物 ; 『江西通志』권72,
人物7, 遠州府, 劉式). 이때 아래의 관련 자료와 같이 成宗이 劉式에게 宋도 唐과
같이 族望이 崇尙되고 있는가를 下問하였다고 한다(『新安志』권6, 敍先達, 呂侍郞).

關聯資料

- 諱式, 字叔度, 少有志操, 好學問, … 轉秘書丞. 淳化中, 高麗絶契丹自歸, 天子方
事取幽州, 嘉其識去就, 厚答其使, 因欲結其心, 斷敵肩臂, 使叔度往諭指, 王以下
郊迎, 叔度美秀明辯, 進退有規矩, 望見者, 皆心服. 先是, 高麗大旱, 及使者授館,
澍雨尺餘, 國中大喜, 事漢使愈謹, 自陳國小齒下, 願執子弟禮, 叔度不許, 然所賂
遺甚厚, 叔度亦爲之納, 還朝封上, 天子善之, 高麗通中國, 自此始也. 轉太常博士
領舊職(『公是集』권51, 家傳, 先祖磨勘府君家傳 ; 이 자료는 『名臣碑傳琬琰之
集』中권40, 劉磨勘府君家傳에도 수록되어 있다. 이에는 劉式이 고려에 파견되
었을 때의 逸話를 기록한 자료도 있으나, 이때부터 고려가 중국과 通交를 시작
하였다고 한 점은 잘못이다).

- 淳化中, 齎冊往三韓, 轉太常博士, 賜玉書法帖十六軸(『江西通志』권72, 인물7, 遠
州府, 劉式).

- 時呂端·呂祐之, 亦嘗爲使, 三人皆寬厚文雅. 國主王治, 嘗對使者劉式語, 及中國
用人, 必應以族望, 如唐之崔盧李鄭者, 式言惟賢是用, 不拘族姓, 治曰, 何姓呂者,
多君子也(『新安志』권6, 敍先達, 呂侍郞).

原文　春三月 乙未, 敎曰, 朕聞, 王者父天母地, 兄日姊月, 因時制禮, 追孝
敬親, 天子七廟, 諸侯五廟, 祖功宗德, 左昭右穆. 大孝感于神明, 至德動乎天
地, 我國以大聖生聖, 重明繼明, 保大定功, 超今越古. 朕謬叨顧命, 纘守洪基,
遵奉祖先, 聿懷襟臆. 爰從去歲, 新作閟宮, 締構旣完. 蒸嘗有次, 殷以十二君
爲六代, 唐以一十帝爲九室. 晉書所云, 兄弟旁及, 禮之變也. 則宜爲主立室,
不可以室限神. 兄弟一行, 禮文斯在, 宜奉惠·定·光·景四主, 通爲一廟.

飜譯 3월 7일(乙未, 陽4월 1日)[1] 敎書를 내려 말하기를, "朕이 듣건대 王者는 天
地를 父母로 삼고 日月을 兄妹로 삼아서 때에 따라 儀禮를 制定하여 경건
히 祭祀를 지냄으로써 孝道를 다해야 하기에, 天子는 七廟를, 諸侯는 五廟
를 세워 祖宗의 功德[祖功宗德]을[2] 追慕하며 左昭右穆의 차례를 정하오. 큰
孝道는 神明을 感動시키고 그 지극한 德은 天地를 움직인다고 하였으니, 우
리나라는 大聖이 聖君을 낳고, 그 밝음이 다시 밝음으로 이어져 王業을 保
存하고 큰 功業을 定함이 古今을 超越하였소. 朕이 부질없이 顧命을 욕되
게 하여 王位[洪基]를[3] 이어 지키게 되면서, 祖上의 法을 받들어 遵守할 것
을 마음속에 품고 있었소. 이에 昨年부터 새로 宗廟[閟宮]를[4] 짓기 시작하
여 이제 建物이 完工되었소. 祭祀[蒸嘗]를[5] 모시는데 順序[次序]가 있으니,
殷은 열두 명의 임금을 6代로 삼았고, 唐은 열 명의 황제로 九室로 삼았소.
『晉書』에 말하기를, '兄弟를 곁에 함께 모시는 것[兄弟旁及]은 禮法을 임시
로 變用한 것이라'고 하였으니,[6] 마땅히 神主의 數와 같이 廟室을 세울 것
이고, 廟室의 數와 같이 神主를 限定함은 옳지 못할 것이오. 兄弟를 한 줄
에 모신다는 것[兄弟一行]은 禮文에도 나와 있으니 마땅히 惠宗·定宗·光
宗·景宗의 네 임금은 한 祠堂에 奉安하여야 할 것이오."라고 하였다.

注釋

1) 이해의 3월은 大盡이고 초하루[朔日]는 己丑이다.

2) 祖宗은 王室의 祖上인 歷代의 帝王을 가리키는데, 그들의 廟號에서 國家社稷에 功
德이 있는 者를 祖라고 하고, 德行이 있는 者를 宗이라고 한다. 『孔子家語』 권8, 廟
制第34에 "衛의 將軍 文子(衛의 公子 郢의 아들인 彌牟)가 장차 先代 君의 廟를 자
기의 집에 세우려고 子羔(衛에 仕宦하고 있던 孔子의 弟子 高柴)으로 하여 孔子를
訪問하여 묻게 하였다. 孔子가 말하기를 '… 옛날부터 功德이 있는 사람을 祖라고
하고, 德行이 있는 사람을 宗이라고 한다. 이를 竝稱하여 祖宗이라고 하는데, 이들
의 廟는 永遠히 撤去하지 않는다.'라고 하였다. 衛將軍文子, 將立先君之廟於其家,
使子羔訪於孔子. 子曰, … 古者, 祖有功, 而宗有德. 謂之祖宗者, 其廟皆不毁."리고
하였다. 이와 類似한 內容이 『禮記』, 王制篇·祭法篇에도 수록되어 있다[宇野精一
1996年 412쪽 ; 東亞大學校 2008年 1책 345쪽].

3) 洪基는 크다[洪]와 基業[基]의 合成語로 大業을 가리키는데, 이는 代代로 世襲하는

帝業·王業을 意味한다.

4) 閟宮[비궁]은 깨끗하고 고요한 宮闕,곧 祠堂이나 宗廟를 가리킨다.

5) 蒸嘗의 蒸은 겨울철의 祭祀이고, 嘗은 가을철의 祭祀이다. 『爾雅』에는 "겨울철의 祭祀는 蒸이라고 하고, 가을철의 祭祀는 嘗이라고 한다. 注, 嘗은 새 穀食이다. 冬祭曰蒸, 秋祭曰嘗, 注, 嘗新穀."라고 하였다[東亞大學校 2008年 1책 345쪽]. 이처럼 蒸嘗은 收穫이 豊富할 때 擧行하는 秋冬의 두 祭祀였으나 점차 祭祀를 가리키는 槪念으로 變化되었다(『國語』第18, 楚語下, "國於是乎蒸嘗, 家於是乎嘗祀"; 『後漢書』 권28하, 馮衍列傳18下, "春秋蒸嘗, 昭穆無列").

6) 이 記事에서 兄弟旁及은 『晉書』에 나온다고 되어 있으나, 이는 『通典』 권48, 禮典2, 兄弟相繼藏主室, "晋太常華恒被符, 宗廟宜時有定處. 恒按前議以爲, 七代制之正也, 若兄弟旁及, 禮之變也. 則宜爲神主立室, 不宜以室限神主. 今有七室, 而神主有十, 宜當別立. 臣爲經朝已從漢制. 今經上繼武帝, 廟之昭穆, 四代而已"를 引用한 것이다. 『晉書』 권44, 열전14, 華表, 恒과 권19, 지9, 禮上에는 華恒이 禮制의 改定에 참여한 것은 기록되어 있으나 兄弟旁及에 대해 言及한 내용은 찾아지지 않는다.

關聯資料

• 三月, 敎曰, 天子七廟, 諸侯五廟, 祖功宗德, 左昭右穆, 大孝, 感于神明, 至德, 動乎天地, 爰從去歲, 新作閟宮, 締構旣完, 烝嘗有次, 殷以十二君, 爲六代, 唐以一十帝, 爲九室, 晉書所云, 兄弟旁及, 禮之變也, 則宜爲主立室, 不宜以室限神, 兄弟一行, 禮文斯在, 況我惠宗大王, 若論同世, 未可以班合, 奉惠·定·光·景四主, 通爲一廟, 祔於大廟(『고려사절요』 권2, 성종 12년 3월).

• (成宗) 十二年 三月, 敎曰, 殷以十二君, 爲六代, 唐以一十帝, 爲九室, 晉書所云, 兄弟旁及, 禮之變也, 則宜爲主立室, 不宜以室限神, 兄弟一行, 禮文斯在, 況我惠宗, 若論同世, 豈可異班, 宜奉惠·定·光·景四主, 通爲一廟, 祔於太廟(『고려사』 권61, 지15, 예3, 太廟).

轉載 (成宗) 十二年 三月, 翰林學士崔暹, 取進士(『고려사』 권73, 지27, 선거1, 科目1, 選場).

飜譯 (成宗) 12년 3월에 翰林學士 崔暹이 進士를 選拔하였다.

原文　夏五月, 西北界女眞報, 契丹謀擧兵來侵, 朝議謂其紿我, 不以爲備.

翻譯　5월에[1] 西北界의 女眞이 거란[契丹]이 軍士를 동원하여 침략해 오려 한다고
알려 왔으나 朝廷의 議論에서 女眞이 속인다고 하면서 防備하지 않았다.

注釋

1) 이해의 5월은 大盡이고 초하루[朔日]는 戊子이다. 이달은 그레고리曆으로 5월 29일
부터 6월 27일까지이다.

原文　夏六月 甲子, 宋遣光祿卿劉式·秘書少監陳靖, 加册王檢校太師·食
邑一千戶·食實封四百戶, 餘並如故. 初, 白思柔之入宋也, 孔目吏張仁詮上
書, 陳便宜, 思柔以爲告國陰事. 仁詮不敢還, 至是, 帝命陳靖等領還, 且詔王,
釋仁詮罪. 王上表, 略曰, 小人趍利, 豈虞僭越之誅, 聖主寬恩, 遠降哀矜之命,
其張仁詮, 已依詔旨放罪[校訂 成宗 十一年에서 移動해옴].

翻譯　6월 7일(甲子, 陽6월 29일)[1] 宋이 光祿卿 劉式과 秘書少監 陳靖을 보내와[2]
王을 檢校太師로 올려 册封하고 食邑 1千戶·食實封 4百戶를 더하였으며 나
머지 官爵은 모두 從前대로 하였다. 이보다 먼저 白思柔가 宋에 들어갔을
때, 孔目吏 張仁詮이 上書하여 便宜를 陳述하였는데, 白思柔가 國家의 비밀
스러운 事情[陰事]들을 告하였다고 하자 仁詮이 감히 歸國하지 못하였다.
이에 이르러 太宗이 陳靖 등에게 명하여 仁詮을 데려 가도록 하고서 王에
게 詔書를 내려 仁詮의 罪를 풀어주게 하였다. 王이 表를 올렸는데, 줄여서
말하면[略曰] "小人은 利益을 따르는데, 어찌 분수에 넘친 叱責을 근심하겠
습니까? 聖主께서 寬大한 恩惠를 내리시어 容恕하여 주라는 命을 내렸기에
그 뜻을 받들어 이미 張仁詮을 放免하였습니다."라고 하였다.

注釋

1) 이해의 6월은 小盡이고 초하루[朔日]는 戊午이다.

2) 이 記事에서 正使인 陳靖과 副使인 劉式의 順序가 바뀌어 있고, 劉式은 光祿卿(從4
品)을, 陳靖은 秘書少監(從5品)을 띠고 있어 疑問의 여지가 남겨져 있다. 그런데 중
국 측의 자료에 의하면 그들이 파견될 때의 관직은 각각 秘書丞(從7品), 秘書丞·直

史館이므로 光祿卿과 秘書少監은 사신으로 파견될 때 임시로 上位職을 제수하는 借職이었을 것이다. 이 점은 이들이 歸國한 후 陳靖은 太常博士(正8品)에, 劉式은 工部·刑部員外郎(正7品)에 임명되었던 사실에서 확인할 수 있다.

3) 陰事는 비밀스러운 事情 또는 他人에게 알려서는 안되는 事情을 가리킨다(『史記』 권51, 荊燕世家第21에 "元朔元年에 이르러 郢人의 兄弟가 다시 上書하여 定國의 秘事[陰事]를 昭詳하게 告하였다. 이로 인해 定國의 秘事가 發覺되었다. 至元朔元年, 郢人昆弟復上書, 具言定國陰事, 以此發覺"이라고 하였다[吉田賢抗 1993年 971쪽].

關聯資料

先是, 上親試諸道貢擧人, 詔賜高麗賓貢進士王彬·崔罕等及第, 旣授以官, 遣還本國. 至是, 靖等使回, 治上表謝曰, 學生王彬·崔罕等入朝習業, 蒙恩並賜及第, 授將仕郎·守秘書省校書郎, 仍放歸本國. 竊以當道荐修貢奉, 多歷歲年, 蓋以上國天高, 遐荒海隔, 不獲躬趨金闕, 面叩玉墀, 唯深拱極之誠, 莫展來庭之禮. 彬·罕等幼從鮑繫, 嗟混迹於嵎夷, 不憚蓬飄, 早賓王於天邑. 縕袍短褐, 玉粒桂薪, 堪憂食貧, 若爲卒歲. 皇帝陛下天慈照毓, 海量優容, 豐其館穀之資, 勖以藝文之業. 去歲高懸軒鑑, 大選魯儒, 彬·罕接武澤宮, 敢萌心於中鵠, 濫巾英域, 空有志於羨魚. 陛下以其萬里辭家, 十年觀國, 俾登名於桂籍, 仍命秩於藝臺, 憫其懷土之心, 慰以倚門之望, 別垂宸旨, 令歸故鄕. 玄造曲成, 鴻恩莫報, 臣不勝感天戴聖之至. ○又有張仁銓者, 進奉使白思柔之孔目吏也, 上書獻便宜. 思柔意其持國陰事以告, 仁銓懼不敢歸. 上命靖等領以還國, 仍詔治釋仁銓罪. 治又上表謝曰, 官告國信使陳靖·劉式至, 奉傳聖旨, 以當道進奉使從行孔目官張仁銓至闕, 輒進便宜, 飜懷憂懼, 今附使臣帶歸本國者. 仁銓塓宅細民, 海門賤吏, 獲趨上國, 敢貢愚誠, 罔思狂瞽之尤, 輒奏權宜之事, 妄塵旒冕, 上黷朝廷. 今者, 仰奉綸言, 釋其罪罟. 小人趨利, 豈虞僭越之求, 聖主寬恩, 遠降哀矜之命. 其張仁銓者已依詔放罪, 令掌事如故. 又上言願賜板本九經書, 用敦儒敎, 許之(『宋史』 권487, 열전246, 外國3, 高麗).

原文 秋八月 甲戌, 賜李維賢等及第.

飜譯 8월 19일(甲戌, 陽9月 7日)[1] 李維賢[2] 등에게 及第를 下賜하였다.

注釋

1) 이해의 8월은 大盡이고 초하루[朔日]는 丙辰이다.

2) 李維賢(혹은 李維玄)은 993년(성종12) 3월 翰林學士 崔暹의 門下에서 科擧에 합격하였고, 같은 해 8월에 及第를 下賜받았으나, 이 자료를 제외하고 찾아지지 않아 어떠한 인물인지는 알 수 없다.

關聯資料

• 秋八月, 賜李維賢等十人·明經三人·明法三人及第(『고려사절요』 권2, 성종 12년 8월).

• (成宗十二年) 八月, 下敎, 賜甲科李維賢等二人·乙科三人·同進士五人·明經三人·明法三人及第(『고려사』 권73, 지27, 선거1, 科目1, 選場).

原文 是月, 女眞復報契丹兵至, 始知事急, 分遣諸道兵馬齊正使.

飜譯 8월에 女眞이 다시 거란의 軍士가 이르렀음을 報告하자, 비로소 事態의 危急함을 알아차리고 각 道에 兵馬齊正使를[1] 나누어 派遣하였다.

注釋

1) 兵馬齊正使의 役割이 무엇인지를 알 수 없으나 齊正이라는 말을 통해 볼 때 兵馬를 整備(혹은 整治)하는 使臣으로 推定된다.

轉載 (成宗) 十二年 八月, [1]判制, 給諸州·府·郡·縣·驛路公須柴地, 千丁以上, 八十結, 五百丁以上, 六十結, 五百丁以下, 四十結, 一百丁以下, 二十結, 十二牧, 勿論丁多少, 一百結, 知州事, 雖百丁以下, 六十結, 東西道大路驛, 五十結, 中路驛, 三十結, 兩界大路驛, 四十結, 中路驛, 二十結, 東西南北小路驛, 十五結(『고려사』 권78, 지32, 食貨1, 田制, 公廨田柴).

校訂

1) 이에서 判은 制로 고쳐야 바르게 된다.

飜譯 (成宗) 12년 8월에 制[判]를 내려 諸州·府·郡·縣의 驛路에 公須柴地를 支給하였는데, 1,000丁 以上은 80結로, 500丁 以上은 60結로, 500丁 以下는 40結

로, 100丁 以下는 20結로, 12牧은 丁의 多少를 論하지 아니하고 100結로, 知州事는 비록 100丁 以下라도 60結로, 兩界以外의 地域[東西道]의 大路驛은 50結로, 中路驛은 30結로, 兩界의 大路驛은 40結로, 中路驛은 20結로, 모든 地域[東西南北]의 小路驛은 15結로 定하였다.[1]

注釋

1) 이 資料에서 '東西道'·'兩界'·'東西南北' 등의 意味는 不分明하지만, 내용상으로 볼 때 兩界가 西北界와 東北界를 指稱하므로 '東西道'는 兩界이외의 民政에 의해 統治되는 南部地域을, '東西南北'은 兩界地域을 포함한 全國을 가리키는 것으로 추측된다.

原文 冬十月, 以侍中朴良柔爲上軍使, 內史侍郞徐熙爲中軍使, 門下侍郞崔亮爲下軍使, 軍于北界, 以禦契丹.

飜譯 10월에[1] (門下)侍中 朴良柔를[2] 上軍使로, 內史侍郞 徐熙를[3] 中軍使로, 門下侍郞 崔亮을[4] 下軍使로 임명하여 군사를 거느리고 北界로 가서 거란의 侵略을 防禦하게 하였다.

注釋

1) 이해의 10월은 大盡이고 초하루[朔日]는 乙卯이다. 이달은 그레고리曆으로 10월 23일부터 11월 21일까지이다.

2) 朴良柔는 성종 9년 12월 7일(戊申)의 주석 11)과 같다.

3) 徐熙는 광종 23년 是歲의 주석 1)과 같다.

4) 崔亮(?~995)은 본관은 慶州이고, 光宗 때에 급제하여 攻文博士에 임명되었다. 成宗의 潛邸 때의 師友였기에 成宗에 의해 拔擢되었고, 여러 官職을 거쳐 左散騎常侍·參知政事兼司宰卿에 任命되었다. 이후 疾病으로 인해 一時 辭職하였다가 復職하여 門下侍郞平章事에 임명되었다가 993년(성종12) 10월 거란의 침입으로 인해 下軍使가 되어 中軍使 徐熙, 上軍使 朴良柔와 함께 西北界에 出鎭하였다. 徐熙의 활약으로 인해 거란과의 講和가 이루어지자 撤軍하여 內史侍郞同內史門下平章事兼民官御事·監修國史에 승진하였고, 다음해에 「惠居國師碑」를 修撰하였다. 995년(성종14) 4

월 1일(丁丑, 陽5月 3日, 그레고리曆 5月 8日) 別世하였다. 太子太師에 贈職되고 米 300石·麥200石·腦原茶1,000角 등이 下賜되어 禮葬되고, 匡彬이라는 諡號가 내려졌다. 이후 太尉·太保·太師·內史令 등에 贈職되었고, 998년(목종1) 4월 太師崔承老 (927~989)와 함께 成宗의 廟庭에 配享되었다. 또 1027년(현종18) 4월 歷代 帝王의 太廟에 배향된 功臣들을 再調整할 때 崔承老·李知白·徐熙·李夢游 등과 함께 成宗의 廟庭에 再配享되었고, 1033년(덕종2) 10월 12일(甲辰) 歷代功臣을 贈職할 때 三重大匡에 贈職되었다(『고려사』 권93, 열전6, 崔亮 ; 「惠居國師碑」).

5) 前近代社會에서 軍隊를 3軍으로 編成할 때 上·中·下 또는 左·右·中으로 나누면서, 中軍을 最上位로, 上軍 혹은 左軍을 두 번째로, 下軍 또는 右軍을 最下位로 삼는다. 그런데 이 시기에는 門下侍中-內史侍郎平章事-門下侍郎平章事의 宰相의 序列은 고려되지 않은 채 두 번째 序列인 徐熙가 上將이 되었고, 首相[冢宰]인 朴良柔가 第2軍(上軍)을 거느리고 있음이 異彩롭다.

關聯資料

(成宗) 十二年, 契丹來侵, 熙爲中軍使, 與侍中朴良柔·門下侍郎崔亮軍于北界, 備之(『고려사』 권94, 열전7, 徐熙).

補遺 成宗文懿大王之季年也, 癸巳冬, 因契丹不道, 無故興兵, 侵擾我封疆, 動亂我民庶. 隣兵漸近, 我虎用張, 成宗大王親領雄師, 出催臣敵. 未行之前, 先差中樞副使·給事中崔肅傳宣曰, 今者隣敵來侵邦家有, 朕親領衆, 出催彼兵, 所恐京都, 或成離亂, 君宜將家屬, 暫出南方, 就彼安居, 以避斯亂, 纔候邊方寧靜, 則期命駕回還, 遂差內謁者監高玄, 爲先排使, 賜御槽鞍馬衣服匹帛酒食銀器幷在彼田宅奴婢等, 差使衛送直至泗州(「開豊玄化寺碑」).

翻譯 成宗文懿大王의 後半期인 癸巳年(993, 성종12) 겨울에 無道한 契丹이 아무런 理由없이 軍士를 일으켜 우리의 國境을 侵入하여 人民들을 소란하게 하였다. 敵兵이 점차 다가오자, 우리의 軍士가 進擊하고 成宗大王이 親히 많은 軍隊를 이끌고 敵을 막으려고 하였다. 幸次하기 전에 먼저 中樞副使·給事中 崔肅을[1] 보내어 宣旨를 傳하여 말하기를, "지금 隣敵이 우리나라를 侵入해 오므로 朕이 親히 軍隊를 이끌고 저들의 軍隊를 막으려 하지만, 京都에 혹시 變亂이 있을까 두렵다. 그대는 마땅히 家屬을 거느리고 잠시 南

方으로 가서 그곳에서 편안히 있다가 이 亂을 피하여라. 곧 邊方이 安靜되면 곧 돌아오도록 하겠다."라고 하였다. 드디어 內謁者監 高玄을[2] 差出하여 先排使로 삼고, 御槽·鞍馬·衣服·匹帛·酒食·銀器와 그곳에서의 田宅·奴婢 등을 下賜하고서, 使臣을 差出하여 護衛하여 바로 泗州(現 慶尙南道 泗川市)에 이르게 하였다.[3]

注釋

1) 崔肅(生沒年不詳)은 崔承老의 아들로서, 歷官은 위의 자료와 같이 993년(성종12) 가을에 中樞副使·給事中인 것을 除外하고는 찾아지지 않는다. 成宗의 後繼者인 穆宗代에는 門下侍中 韓彦恭이 別世한 후 金承祚와 함께 중서성과 문하성의 宰相으로 활약하였던 것으로 추측되는데, 이 점은 後日 그가 穆宗의 廟庭에 配享된 사실과 侍中의 職位를 지니고 있었던 점에서 유추할 수 있다. 또 그가 언제 別世하였는지는 알 수 없으나 死後에 仁孝라는 諡號가 주어졌던 것 같다. 1027년(현종18) 4월에 歷代의 功臣들을 太廟에 配享할 때 韓彦恭·金承祚 등과 함께 穆宗의 廟庭에 배향되었다. 1033년(덕종2) 10월 역대 공신들이 追贈될 때 太師에 추증되고, 1057년(문종11) 3월 配享功臣·侍中의 이름으로 그의 曾孫 懋(文宗配享功臣 崔齊顔의 孫)가 蔭職으로 戶部令史同正에 任命되게 되었다. 1086년(선종3) 3월에 文宗의 諡號인 仁孝를 避하여 그의 諡號가 忠懿로 改稱되었다(『고려사』권93, 열전6, 崔承老).

2) 高玄은 이 자료와 같이 郁이 泗水縣에 流配될 때 居處를 마련하였던 宦官으로 內謁者監에 이르렀다(『고려사』에는 內侍謁者로 되어 있다). 이때高玄이 郁을 安置하고 歸京할 때 郁이 詩文을 지어 贈呈하면서 슬퍼하였다고 한다(권90, 열전3, 宗室1, 太祖, 安宗郁).

3) 이 자료는 宗室 郁(太祖의 子, 顯宗의 父, 後日 安宗으로 追贈)이 泗水縣(現 慶尙南道 泗川市)으로 옮겨진 사실을 언급한 것이다. 그런데 郁은 1년 전에 泗水縣에 流配되었기에 事實과 附合되지 않지만, 당시의 형편을 美化하고 있다는 点에서 주목된다.

原文 閏月 丁亥, 幸西京, 進次安北府, 聞契丹[1]蕭遜寧蕭恒德攻破蓬山郡,不得進乃還. 遣徐熙請和, ¹⁾遜寧^{恒德}罷兵.

校訂

1) 蕭遜寧은 蕭恒德의 字이므로 蕭恒德으로 고쳐야 바르게 된다.

翻譯　閏10월 3일(丁亥, 陽11월 3日)¹⁾ 西京으로 幸次하여 安北府(現 平安南道 安州市)까지 가서 머물렀는데, 거란의 蕭恒德[蕭遜寧]이²⁾ 蓬山郡(現 平安北道 龜城市)을 攻擊하여 陷落시켰다는 소식을 듣자 더 나아가지 못하고 되돌아 왔다. 徐熙를 보내 和議를 요청하니 恒德이 戰鬪를 中止하였다.

注釋

1) 이해의 閏10월은 小盡이고 초하루[朔日]는 乙酉이다.
2) 蕭恒德은 성종 11년 12월, 是月의 주석 1)과 같다.

轉載　閏月, 幸西京, 進次安北府, 聞契丹蕭遜寧^{蕭恒德}, 將兵攻蓬山郡, 獲我先鋒軍使·給事中尹庶顏等, 王不得進, 乃還. 徐熙引兵, 欲救蓬山, 遜寧^{恒德}聲言, 大朝 旣已奄有高句麗舊地, 今爾國, 侵奪疆界, 是用征討. 又移書云, 大朝統一四方, 其未歸附, 期於掃蕩, 速致降款, 毋涉淹留. 熙見書還奏, 有可和之狀. 王遣監察司憲·借禮賓少卿李蒙戩, 如契丹營請和. 遜寧^{恒德}又移書云, 八十萬兵至矣, 若不出江而降, 當須殄滅, 宜君臣速降軍前. 蒙戩至營, 問所以來侵之意 遜寧^{恒德}曰, 汝國不恤民事, 是用恭行天罰, 若欲求和, 宜速來降.
蒙戩還, 王會群臣議之, 或言車駕, 還京闕, 令重臣, 率軍士乞降. 或言割西京以北之地, 與之, 自黃州至岊嶺, 畫爲封疆, 可也. 王將從割地之議, 開西京倉米, 任百姓所取, 餘者尙多, 王恐爲敵所資, 令投之大同江. 熙奏曰, 食足則城可守, 戰可勝也, 兵之勝負, 不在强弱, 但能觀釁而動耳, 何可遽令棄之乎, 況食者, 民之命也, 寧爲敵所資, 虛棄江中, 又恐不合天意, 王然而止之. 熙又奏曰, 自契丹東京, 至我安北府, 數百里之地, 皆爲生女眞所據, 光宗取之, 築嘉州·松城等城, 今丹兵之來, 其志不過取此二城, 其聲言取高句麗舊地者, 實恐我也. 今見其兵勢大盛, 遽割西京以北與之, 非計也. 且三角山以北, 亦高句

麗舊地, 彼以谿壑之欲, 責之無厭, 可盡與乎, 況今割地, 則誠萬世之恥也. 願
駕還都城, 使臣等, 一與之戰, 然後議之, 未晚也. 前民官御事李知白奏曰, 聖
祖創業垂統, 洎于今日, 無一忠臣, 遽欲以土地, 輕與敵國, 可不痛哉. 古人有
詩云, 千里山河輕孺子, 兩朝冠劍恨焦周, 蓋謂焦周爲蜀大臣, 勸後主納土於
魏, 爲千古所笑也. 與其輕割土地, 棄之敵國, 曷若復行先王, 燃燈·八關·仙
郎等事, 不爲他方異法, 以保國家, 致大太平乎, 若以爲然, 則當先告神明, 然
後戰之與和, 惟上裁之. 時王樂慕華風, 國民不喜, 故知白及之.

遜寧恒德以蒙戲回還, 久無回報, 遂攻安戎鎭, 中郎將大道秀·郎將庚方, 與戰
克之. 遜寧恒德不敢復進, 遣人促使來降. 王遣和通使·¹⁾閤門舍人閤門通事舍人張
瑩, 往丹營. 遜寧恒德曰, 宜更以大臣, 送軍前面對. 瑩還, 王會群臣, 問曰, 誰
能往丹營, 以口舌却兵, 立萬世之功乎. 群臣無有應者, 熙獨奏曰, 臣雖不敏,
敢不唯命, 王出餞江頭, 執手慰藉而送之. 熙奉國書, 如丹營, 與遜寧恒德抗禮,
不小屈. 遜寧恒德心異之, 語熙曰, 汝國興新羅地, 高句麗之地, 我所有也, 而
汝侵蝕之, 又與我連壤, 而越海事宋, 大國是以來討, 今割地以獻, 而修朝聘,
可無事矣. 熙曰非也, 我國卽高勾麗之舊也, 故號高麗, 都平壤. 若論地界, 上
國之東京, 皆在我境, 何得謂之侵蝕乎, 且鴨綠江內外, 亦我境內, 今女眞盜據
其間, 頑黠變詐, 道途梗澁, 甚於涉海, 朝聘之不通, 女眞之故也. 若令逐女眞,
還我舊地, 築城堡, 通道路, 則敢不修聘, 將軍如以臣言, 達之天聰, 豈不哀納,
辭氣慷慨. 遜寧恒德知不可强, 遂具以聞. 丹帝曰, 高麗旣請和, 宜罷兵.

熙留丹營七日而還, 王大喜, 出迎江頭, 卽遣侍中朴良柔, 爲禮幣使, 入覲. 熙
復奏曰, 臣與遜寧恒德約, 盪平女眞, 收復舊地, 然後朝覲可通, 今纔收江內,
請俟得江外, 修聘未晚. 王曰, 久不修聘, 恐有後患, 遂遣之(『고려사절요』권
2, 성종 12년 閏10월).

校訂

1) 閤門舍人은 閤門通事舍人의 略稱이다.

翻譯 閏10月[閏月] 西京에 幸次하여 安北府(現 平安南道 安州市)로 나아가 머물
렀는데, 契丹의 蕭恒德[蕭遜寧]이 軍士를 거느리고 蓬山郡(現 平安北道 龜

城市)을 공격하여 우리 先鋒軍의 使臣인 給事中 尹庶顏[1] 등을 잡았다는 소식을 듣고서, 王이 더 나아가지 못하고 바로 돌아왔다. 徐熙가 軍士를 이끌고 蓬山郡을 救援하려고 하니, 恒德[遜寧]이 크게 소리쳐 말하기를[聲明], "우리 契丹[大朝]이 이미 高句麗의 옛 땅을 차지했는데, 이제 너희 나라가 疆土의 境界를 침탈하니 이 때문에 征討한다."고 하였다. 또 書狀을 보내 말하기를, "우리 契丹[大朝]이 四方을 統一하는데 歸附하지 않은 者는 기필코 掃蕩할 것이니, 속히 와서 降服하고 遲滯하지 말라."고 하였다. 徐熙가 書狀을 보고 돌아와서 아뢰기를, "가히 和親을 할 수 있겠습니다."라고 하였다. 王이 監察司憲으로[2] 禮賓少卿에 임시 임명된[借銜] 李蒙戩을[3] 契丹의 陣營에 보내 和親하기를 請하였다. 恒德[遜寧]이 또 書狀을 보내 말하기를, "80萬의 軍士가 도착할 것이다. 만약 江(淸川江)의[4] 밖으로 나와 降服하지 않으면 마땅히 모두 殄滅을 당할 것이니, 마땅히 君臣이 빨리 陣營[軍前]에 와서 降服하라."고 하였다. 李蒙戩이 거란[契丹]의 陣營에 이르러 侵入해 온 意圖를 물으니, 恒德[遜寧]이 말하기를, "너희 나라가 人民의 일을 돌보지 않으므로, 이 때문에 우리가 공손히 하늘을 代身하여 罰[天罰]을 行하려고 한다. 만약 和親하려고 한다면, 마땅히 빨리 와서 降服을 하라."고 하였다.

李蒙戩이 돌아오자, 王이 臣下들을 모아 議論하였는데, 어떤 사람은 "陛下께서 京都로 돌아가서 重臣에게 命하여 軍士를 거느리고 가서 降服을 請하게 해야 합니다."라고 하였고, 어떤 사람은 "西京 以北의 땅을 떼어서[割地] 거란에게 주고 黃州(現 黃海北道 黃州郡)에서 岊嶺(절령, 現 黃海北道 鳳山郡 位置)에 이르기까지를 國境으로 삼는 것이 좋을 것입니다."라고 하였다. 王이 땅을 떼어 讓渡하자는 議論[割地之議]을 따르려고 하여, (이보다 먼저) 西京의 倉庫를 열어 百姓들이 마음대로 쌀을 가져가게 하였는데도 아직 남은 것이 많이 있었는데, 王이 敵에게 利用될까 염려하여 大同江에 던져 버리게 하였다. 徐熙가 아뢰기를, "먹을 것이 넉넉하면 城도 지킬 수 있을 것이며, 싸움도 이길 수 있을 것입니다. 戰爭의 勝負는 軍士의 强弱에 달린 것이 아니고, 다만 능히 틈을 보아 움직이는 데 있을 뿐인데 어찌 一擧에 쌀을 버리도록 하십니까? 하물며 먹을 것은 人民의 生命이니, 차라리 敵에게 이용되었으면 되었지 헛되이 강물 속에 버리는 것은 또한 하늘의 뜻에 맞지 않을 듯합니다."라고 하니, 王이 그렇게 여겨 이를 中止시켰다. 徐熙가 또 아뢰기를, "거란의 東京(現 遼寧省 遼陽市)부터 우리나라의 安北府(現 平安南道 安州市)에 이르는 數百里의 땅은 모두 生女眞에게 占據되었는데, 光宗이 이를 取하여 嘉州(現 平安北道 雲田郡)·松城(位置不明) 등의 城을 쌓았습니다.[5] 지금 거란의 軍士가 쳐들어 온 것은 그 意圖가 이 두 城을 빼앗으려는데 지나지 않을 것입니다. 그들이 高句麗의 옛 땅을 빼앗겠다고 소리치는 것의 實相은 우리를 恐喝하는 것입니다. 지금 그 軍士의 勢力이 强盛함을 보고 一擧에 西京 以北의 땅을 그들에게 떼어 주는 것은 좋은 計策이 아닙니다. 더구나 三角山(現 서울시 恩平區에 位置) 以北의 땅도 또한 고구려의 옛 땅이니, 욕심이 많은 저들이 한없이 要求한다면 그대로 다 주겠습니까? 하물며 지금 땅을 떼어 준다면, 진실로 영원토록 羞恥가 될 것입니다. 원컨대 陛下께서는 都城으로 돌아가시고, 臣들로 하여금 한 번 더불어 싸움을 하게 한 以後에 議論하여도 늦지 않을 것입니다."라고 하였다. 前民官御事 李知白이[6] 아뢰기를, "太祖께서 나라를 세우고 子孫에게 물려주어 오늘날까지 이르렀는데, 한 사람의 忠臣도 없어 一擧에 土地를 敵國에게 주려고 하니 어찌 冤痛하지 않습니까? 옛사람의 詩에, '千里山河를 어린아이보다 가볍게 여기니, 두 朝廷의 冠劍이 焦周를[7] 원망하네. 千里山河輕孺子, 兩朝冠劍恨譙周'라고 하였으니, 대개 焦周가 蜀漢의 大臣이 되어 後主(劉禪)에게[8] 魏에 降服하도록 勸하여 영원히 웃음거리가 된 것을 말한 것입니다. 가벼이 土地를 떼어 敵國에 버리는 것보다는, 先王께서 行하시던 燃燈·八關·仙郎 등의 일을 다시 行하고 外國의 다른 法을 쓰지 않고, 國家를 保全하고 太平을 이루는 것이 낫지 않겠습니까? 그러니 만약 그렇게 여기신다면 마땅히 먼저 神明에게 告한 뒤에 戰爭을 하든지 和親을 하든지 陛下께서 이를 決定하십시오."라고 하였다. 이때 王이 中原의 風俗[華風]을 즐겨 본받았는데, 나라의 人民들이 좋아하지 않았으므로 李知白이 이를 言及한 것이다.

恒德[遜寧]은 李蒙戡이 돌아간 후 오래도록 回報가 없자, 드디어 安戎鎭(現 平安南道 安州郡 立石面 位置)을 공격하였는데, 中郎將 大道秀와[10] 郎將

庚方이[11] 恒德[遜寧]과 싸워 이겼다. 恒德[遜寧]이 감히 다시 前進하지 못하고 사람을 보내와 降服하기를 재촉하였다. 王이 和通使로 閤門舍人 張瑩을[12] 거란의 陣營에 보내자, 恒德[遜寧]이 말하기를, "마땅히 다시 大臣을 軍前에 보내 面對하게 하라."고 하였다. 張瑩이 돌아오자, 王이 臣下들을 모아 묻기를, "누가 능히 거란의 陣營에 가서 말로써 軍士를 물리쳐서 길이 남을 功을 세우겠소?"라고 하니 臣下들 중에 응하는 사람이 없었다. 徐熙가 홀로 아뢰기를, "臣이 비록 不敏하나 감히 명령대로 따르지 않겠습니까?"라고 하니, 王이 江邊[江頭]에 나가 손을 잡고 慰勞하면서 餞送하였다. 徐熙가 國書를 받들고 거란의 진영에 가서 恒德[遜寧]과 對等한 禮를 차리고 조금도 屈하지 않으니, 恒德[遜寧]이 마음속으로 奇異하게 여겼다. 徐熙에게 말하기를, "너희 나라는 新羅의 땅에서 일어났고, 高句麗의 땅은 우리의 所有인데, 너희 나라가 이를 侵蝕하였다. 또 우리와 더불어 國境을 접하고 있음에도 바다를 건너 宋을 섬기니, 우리 거란[大國]이 이로 인해 와서 討罪하는 것이다. 지금 땅을 떼어 바치고 朝聘을 한다면 아무 일이 없을 것이다."라고 하였다. 徐熙가 말하기를, "그런 것이 아닙니다. 우리나라는 바로 옛 고구려를 繼承한 나라입니다. 그런 까닭으로 나라 名稱을 高麗라고 하고 平壤에 都邑을 定한 것입니다. 만약 땅의 境界[地界]를 논한다면 거란[上國]의 東京도 모두 우리의 地境에 있는데, 어찌 우리가 侵蝕했다고 합니까? 더구나 鴨綠江 안팎도 또한 우리나라의 境內인데, 지금 女眞이 그 사이를 占據하여 狡猾하고 변덕스럽게 길을 막아 통하지 못하게 하여 바다를 건너는 것보다 더 어렵게 되었으니, 朝聘이 통하지 못하는 것은 女眞 때문입니다. 만약 女眞을 쫓아 버리고 우리의 옛 땅을 돌려주어 城堡를 쌓고 道路를 통하게 한다면, 감히 朝聘을 하지 않겠습니까? 將軍께서 臣의 말을 皇帝[聖聰]에게 傳達한다면 어찌 딱하게 여겨 받아들이지 않겠습니까?"라고 하였다. 말씨가 慷慨하니 恒德[遜寧]이 强要할 수 없음을 알고 드디어 사실대로 보고하였다. 聖宗[丹帝]이 말하기를, "高麗가 이미 和親을 청하였으니 마땅히 罷兵하라"고 하였다.

徐熙가 거란의 陣營에 머무르다가 7일 만에 돌아오니, 王이 크게 기뻐하여 江邊[江頭]에 나가 맞이하고, 곧 門下侍中 朴良柔를[13] 禮幣使로 삼아 거란에 들어가 인사를 올리게 하였다. 徐熙가 다시 아뢰기를, "臣이 恒德[遜寧]과 約束하기를, '女眞을 掃蕩하여 平定하고 옛 땅을 收復한 후에 朝覲을 行하겠다.'고 하였는데, 이제 겨우 淸川江의 안쪽[江內]만을 收復하였으니, 청컨대 江의 바깥쪽[江外]까지 수복하기를 기다렸다가 朝聘을 하더라도 늦지 않을 것입니다."라고 하였다. 王이 말하기를, "오래도록 朝聘을 하지 않으면 後患이 있을까 두렵다."라고 하고서 마침내 (朴良柔를) 파견하였다.

注釋

1) 尹庶顔은 이 자료 외에 찾아지지 않아 어떠한 인물인지는 알 수 없다.

2) 監察司憲은 고려 초기에 설치된 司憲臺에 소속된 品官 이상의 官員 중에서 가장 下位의 官僚이다. 995년(성종14) 5월의 官制改編 때에 司憲臺가 御史臺로 改稱되자 監察御史(종6품)로 改名되었다(『고려사』 권76, 지30, 백관1, 司憲府).

3) 李蒙戩은 이 자료 외에 찾아지지 않아 어떠한 인물인지는 알 수 없다.

4) 이때의 江은 契丹의 軍士가 淸川江의 남쪽에 位置한 安北府를 陷落시키지 못했음으로 淸川江을 指稱하는 것으로 볼 수 있다.

5) 嘉州와 松城에 城을 築造한 것은 960년(광종11)의 일이다.

6) 李知白은 현종 2년 9월 6일(戊午)의 주석 2)와 같다.

7) 譙周(201?~270)는 巴西 西充(現 四川省 西充縣) 출신으로 字는 允南이며 蜀의 學者 出身 官僚이다. 그는 博學多能하여 蜀의 孔子라고 불렸으며, 223년(蜀 章武3) 劉備가 別世한 후 그의 아들 劉禪(後主, 223~237 在位)이 즉위하여 諸葛亮·大將軍 蔣琬 등의 補佐를 받아 國政을 이끌어 갈 때 參與하여 學事를 擔當하였다. 그렇지만 無能한 君主였던 劉禪으로부터 점차 疏遠해지고 魏의 정치적 壓迫이 蜀에 밀려오자 魏에 降服하는 것이 옳다고 주장하였다. 이로 인해 後世에 많은 批判을 받게 되었다. 蜀이 降服한 후 魏에 의해 陽城亭侯에 임명되었다가 魏가 滅亡당한 후 晉에 仕宦하여 散騎常侍에 이르렀다. 또 그는 史學에도 밝았는데, 『三國志』를 修撰한 陳壽는 그의 弟子이다(『三國志』 권42, 蜀書12, 譙周).

8) 이 詩는 唐代의 詩人 羅隱(833~909)의 「籌筆驛」의 第3句이다.

9) 後主는 蜀漢의 昭烈皇帝 劉備(先主, 161~223, 221~223 在位)의 아들인 劉禪(後主, 223~237 在位)이다.

10) 大道秀는 고려 초기에 來投해 온 渤海遺民들의 後裔로 추측되며, 993년(성종12)

10월 거란의 침입에 대처하여 3軍을 파견할 때 中郞將(정5품)으로 參戰하였다. 윤 10월 蕭恒德[遜寧]이 고려에 降服을 勸諭하여도 回報가 없자 安戎鎭을 공격하였는데, 이때 大道秀는 郞將(정6품) 庚方과 함께 싸워 이겼다고 한다. 1010년(현종1) 11월 이래 거란군의 제2차 침입이 開始되자 大道秀는 將軍(정4품)으로 참전하였으나 고려군이 力不足으로 계속 敗北하여 後退를 거듭하였다. 12월 13일(丁巳) 거란의 聖宗이 西京城을 包圍하자 大道秀는 東北界都巡檢使 卓思政과 함께 防禦하게 되었다. 이날 밤 卓思政이 거란군을 逆襲하자고 提議하여 탁사정은 西門으로, 大道秀는 東門으로 進出하기로 약속하였다. 대도수는 大東門으로 나왔으나 탁사정이 도망치자, 結局 麾下를 거느리고 거란군에 항복하고 말았다. 이로 인해 여러 將帥들이 두려워하여 分散되고 말았지만, 西京은 統軍使 崔士威 麾下의 錄事 趙元과 陶守鎭將 姜民瞻의 努力으로 당분간 함락되지 않았다. 한편 『고려사』에는 大道秀·劉忠正 등을 위시한 渤海遺民 13人이 찾아지는데, 이들 발해유민의 後裔로 추측되는 人物 중에서 太氏는 貫鄕을 永順(現 慶尙北道 聞慶市 永順面)과 陝溪(陝溪縣, 過去 黃海道 新溪郡 多美面 地域)로 稱하였다고 한다[李孝珩 2000年·2002年 ; 朴洪甲 2012年].

11) 庚方(?~1038)은 태조 때의 功臣인 平山庚氏 庚黔弼의 後孫으로 추정된다. 993(성종12) 10월 契丹의 1次 侵入에 대처하여 3軍을 파견할 때 郞將(정6품)으로 參戰하였다. 윤10월 蕭恒德(蕭恒德, 字 遜寧)이 고려에 降服을 勸諭하여도 回報가 없자 安戎鎭(現 平安南道 安州郡 文石面 位置)을 공격하자, 中郞將(정5품) 大道秀와 함께 싸워 이겼다고 한다. 이후 16년간의 행적은 알 수 없으나 1009년(목종12) 1월 穆宗이 疾患으로 內殿에 蟄居하고 있을 때 親從將軍(정4품)으로서 中郞將 柳琮·卓思政·河拱辰 등과 함께 殿門에서 當直을 섰다고 한다. 이때 그는 그의 緣故地인 平山이 千秋太后의 緣故地[祖母鄕]인 黃州의 인근지역에 위치해 있음을 考慮해 볼 때 千秋太后에 의해 발탁되었을 가능성이 있다[盧明鎬 1986年].

1011년(현종2) 兵部尙書로서 參知政事·西京留守兼西北面行營都兵馬使에 임명되었고, 1016년(현종7) 11월 刑部尙書·參知政事에 임명되었다. 1019년(현종10) 12월 推誠佐理輔國功臣·千乘縣開國男·食邑三百戶를 下賜받았고, 1020년(현종11) 4월에는 宰臣으로 王子 册封에 대한 事實을 契丹에 通告하려 할 때 반대하기도 하였고, 다음해에 內史侍郞平章事가 되었고 이어서 檢校太保에

임명되었다. 1022년(현종13) 門下侍郞平章事가 되었고, 다음해에 西北面行營都統使가 되었고 이어서 太子太保에 임명되었다. 1025년(현종16) 判尙書兵部事에 임명되었고, 1027년(현종18) 1월 致仕를 請하여 特進·門下侍中으로 退職하였다. 1038년(靖宗4) 6월 20일(乙酉, 陽7월 24日, 그레고리曆 7월 30일) 別世하였다(『고려사』 권94, 열전7, 徐熙 ; 李樹健 1984年 159쪽).

12) 張瑩(生沒年不詳)은 993년(성종12) 윤10월 거란군의 司令官 蕭恒德[遜寧]이 고려에 재차 降服을 勸諭하자 閤門通事舍人(정7품)으로 和通使에 임명되어 적진에 파견되었으나 蕭恒德[遜寧]이 宰相[大臣]의 派遣을 요청하므로 歸還하여 內史侍郞平章事 徐熙의 派遣이 이루어지게 되었다. 이후 19년간의 행적은 알 수 없고, 1012년(현종3) 윤10월 工部尙書·參知政事로서 禮部侍郞 劉徵弼과 함께 거란에 파견되었고, 12월 거란의 使臣인 閤門引進使 李延弘과 함께 歸還하였다가 다음해 4월 西京留守로 出鎭하였다. 1016년(현종7) 6월 參知政事로서 左散騎常侍를 兼職하였고, 다음해 1월 檢校太尉·左散騎常侍·參知政事로서 致仕를 요청하여 허락을 받았다. 그후 다시 復職되었던 것 같고, 1021년(현종12) 6월 尙書左僕射·□□□□內史侍郞同內史門下平章事로서 再次 致仕하였으나 別世에 대한 記事는 찾아지지 않는다.

13) 朴良柔는 성종 9년 12월 7일(戊申)의 주석 11)과 같다.

關聯資料

• 癸巳之役, 奉國書, 至蕭遜寧營, 使譯者, 問相見禮. 遜寧曰, 我大朝貴人, 宜拜於庭, 熙曰, 臣之於君, 拜下禮也, 兩國大臣相見, 何得如是. 往復再三, 遜寧不許, 熙怒, 還臥所館不起. 遜寧乃許升堂行禮, 熙於是, 至營門, 下馬而入, 與遜寧分庭揖, 升行禮, 東西對坐, 往復論辨, 辭義嚴正. 遜寧乃許講和, 仍欲宴慰, 熙曰, 本國雖無失道, 而致上國, 勞師遠來, 故上下皇皇, 操戈執銃, 暴露有日, 何忍宴樂. 遜寧曰, 兩國大臣相見, 可無歡好之禮乎, 固請, 然後許之, 極歡乃罷. 及還遜寧贈以駝十首·馬百匹·羊千頭·錦綺羅紈幷五百匹(『고려사절요』 권2, 목종 1년 7월, 徐熙卒記).

• 大宋淳化三年四年, 成宗卽位之十二年十三年, 契丹伐我入北鄙, 上幸安北, 將割地, 以岊嶺爲關. 公之曾祖中書令·章威公曦, 獨發憤揮□, 力排其議, 方一戰自決. 未幾, 虜折簡召元帥, □□難之, 左右無可行者, 公慷慨義, 形於色, 因請行, 奏曰, 臣往則彼必退矣, 無勞聖情, 乃以子然, 一身冒賊, 百萬圍中, 與虜帥抗衡不屈, 指陳大義, 虜爲之喪膽而遁, 國家至今有西北千萬里地, 賴其力也(「徐鈞墓誌」 : 이 資料에서 時期는 添字와 같이 고쳐야 바르게 된다).

補遺 (淳化) 四年 十一月 二十七日庚辰, 治因劉式等復命上言, 願賜板本九經, 從
之(『玉海』 권154, 朝貢, 錫予外夷).

飜譯 (淳化) 4년 11월 27일(庚辰, 陽994年 1月 11日)[1] (高麗國王) 王治(成宗)가
劉式[2] 등이 復命할 때 글을 올려 九經의 版本[板本]을 要請하자 許諾하
였다.

注釋

1) 이해의 11월은 大盡이고 초하루[朔日]는 甲寅이다.

2) 劉式은 성종 12년, 淳化 4년 2월의 주석 3)과 같다.

3) 九經은 中原에서 時期에 따라 그 構成이 다른데, 이 時期以前의 九經은 다음과 같
다. 隋代에서는 煬帝가 明經科에서 九經으로 人材를 選拔하였는데, 唐代에도 이를
계승하였다. 그 規定은 『周禮』·『儀禮』·『禮記』의 三禮, 『左傳』·『公羊傳』·『穀梁傳』
의 三傳, 그리고·『周易』·『書傳』·『詩傳』 등과 합하여 九經을 시험과목으로 하였다.
그 後 宋代에는 九經의 刻版이 『易經』·『書經』·『詩經』·『左傳』·『禮記』·『周禮』·『孝
經』·『論語』·『孟子』 등임을 통해 볼 때, 이들 典籍을 九經이라고 하였음을 알 수 있
다. 그러므로 위의 記事에서의 九經은 後者에 해당할 것으로 추측된다.

轉載 成宗十二年, 稱承化節度安撫使(『고려사』 권57, 지11, 지리2, 全州牧).

飜譯 성종 12년에 (全州를) 承化節度安撫使라고[1] 稱하였다.

注釋

1) 節度安撫使는 節度使와 按撫使의 役割을 兼任한 地方長官으로 추측된다. 그 중에서
節度使는 唐代인 710년(慶雲1) 節度使의 名稱이 등장하였고, 다음해에 正式官職이
되었다. 이의 役割은 처음에는 軍事의 統帥로서 軍事를 管掌하여 外敵을 防禦하였
으나 점차 州縣의 民政·財政까지 담당하였고, 管轄區域內의 行政長官인 刺史도 節
制하다가 駐屯地域의 刺史를 兼職하였다. 이후 唐末五代의 節度使는 관할지역의 州
縣 외에도 1州 혹은 數州를 支郡이라고 稱하며 統率하여 하나의 半獨立的인 小國을
形成하여 藩鎭으로 불렸다. 宋初에는 藩鎭의 實權을 革罷하고 諸州를 모두 中央
에 直屬시키는 동시에 여러 路[諸路]로 쪼개어 轉運使를 派遣하게 됨에 따라 節
度使는 이름만 남게 되었다.

이에 비해 按撫使는 隋代 以前에 設置된 中央에서 地方에 파견된 각종 行政事務를 처리하던 官員이었고, 隋代에는 安撫大使도 增設되어 軍事作戰의 책임자를 兼職하기도 하였다. 唐代에는 宰相들이 按撫使로 派遣되어 戰爭의 經過를 巡視하거나 地方의 災害를 點檢하며 人民들을 按撫시키기도 하였다. 이러한 按撫使의 役割은 宋初에도 그대로 繼承되어 諸路에서 일어난 災害의 復舊 또는 軍士의 動員 등을 擔當하기도 하였다.

이러한 兩者의 役割을 감안해 볼 때 全州를 治所로 하는 承化節度安撫使는 全州와 그 管轄地域[任內]의 軍政·民政·財政 등을 위시한 地方行政 全般을 掌握하고 있던 長官으로 推定된다.

補遺 淳化四年癸巳, 太廟第一室享器匠崔吉會造(梨花女子大學博物館所藏器皿).

飜譯 淳化 4年(癸巳) 太廟 第一室의 享器匠 崔吉會가[1] 만들다.[2]

注釋

1) 崔吉會는 993년(성종12) 太廟 第1室, 곧 太祖 王建을 奉安한 廟室의 祭器[享器]를 製作하던 匠人으로 추측된다. 그는 太廟의 享器匠인 점을 보아 官匠일 것이므로 國家로부터 官階도 授與받았을 것이지만, 좁은 空間인 그릇의 表面에 刻字할 與件이 되지 못하였을 것이다.

2) 이 자료는 梨花女子大學校 博物館에 소장되어 있는 粗質白磁 壺(高 35.0cm)의 底部에 새겨져 있는 銘文이다[崔淳雨 1983年 ; 鄭良謨 1992年]. 이는 황해남도 배천군(白川郡) 圓山里에서 출토된 淳化 3년의 高杯와 같은 記銘이 있음을 보아 같은 장소에서 출토되었을 가능성이 높다. 원산리에서도 "淳化四年己巳太廟第□…"의 銘文이 새겨진 器皿이 출토되었던 점이[社會科學院 考古學研究所 2009年d 104~105쪽] 傍證할 것이다.

[參 考]

高麗

• [側面] 永泰二年丙午」三月卅日朴氏·方」序·令門二僧謀」一造之先〃行能」[底面] 自鴈塔始成永泰二年丙」午, 到更治淳化四年癸」巳正月八日, 竿得二百二十八」年前, 始

成者朴氏」又更治者」朴氏, 年代雖異, 今古頗同益」勵丹誠重修寶□^物也」造匠玄鶴長老」造主朴廉」(「永泰二年塔誌」; 이 자료는 永泰 2년, 곧 혜공왕 2년, 766년 3월 30일에 朴氏와 方序·令門 등의 두 僧侶가 造成한 塔誌이다. 이것이 造成된 228년 이후인 淳化 4년, 곧 993년, 성종 12년 1월 8일에 朴廉의 發願에 의해 玄鶴 長老가 다시 製作하였다고 한다).

[成宗 13年(994) 甲午]
契丹 聖宗 統和 12年, 宋 太宗 淳化 5年

補遺 (統和¹⁾十一年^{十二年} 春正月) 丙午, 高麗王治, 遣朴良柔奉表請罪, 詔取女直鴨淥江東數百里地, 賜之(『遼史』 권13, 본기13, 聖宗4·권115, 열전45, 二國外記, 高麗).

校訂

1)의 十一年은 十二年으로 고쳐야 바르게 될 것이다.

翻譯 (統和 12년 1월) □일(丙午) 高麗王 治가 朴良柔를 보내와 表를 받들어 罪를 請하였다. 詔書를 내려 女直의 鴨綠江[鴨淥江]의 동쪽 數百里의 땅을 취하여, 이를 下賜하게 하였다.¹⁾

注釋

1) 이 기사는 『遼史』에서 '統和 11年(993)'에 수록되어 있으나, '統和 12年'으로 고쳐야 事實의 前後가 설명될 수 있다[池內 宏 1934年]. 그리고 993년(統和11) 1월에는 丙午가 17일(陽2月 11日)이지만, 이달에는 丙午가 없다.

關聯記事

遣太僕少卿金先錫, 如遼, 乞罷榷場, 表曰, … 臣伏審承天皇太后, 臨朝稱制, 賜履割封, 舞干俾格於舜文, 執玉甫於禹會, 獎憐臣節, 霑被睿恩, 自天皇鶴柱之城, 西收彼岸, 限日子鼇橋之水, 東割我疆(『고려사』 권10, 세가10, 선종 5년 9월 : 이 記事는 고려가 太僕少

卿 金先錫을 契丹에 보내 権場을 罷하여 주기를 요청한 表에 수록되어 있는 것이다).

原文 春二月, <u>蕭遜寧</u>蕭恒德致書曰, 近奉宣命, 但以彼國信好早通, 境土相
接. 雖以小事大, 固有規儀, 而原始要終, ¹⁾<u>湏</u>^(須)存²⁾悠久. 若不設於預備, 慮中
阻於使人. 遂與彼國³⁾相議, 便於要衝路陌, 創築城池者. 尋准宣命, 自便斟
酌, 擬於鴨江西里, 創築五城, 取三月初, 擬到築城處, 下手修築. 伏請大王,
預先指揮, 從安北府, 至鴨江東, 計二百八十里, 踏行穩便田地, 酌量地里遠
近, 幷令築城, 發遣役夫, 同時下手, 其合築城數, 早與回報. 所貴交通車馬,
長開貢覲之途, 永奉朝廷, 自⁴⁾<u>恊</u>^協安康之計.

校訂

1)은 여러 版本의 『고려사』에서 '湏'字로 되어 있으나 의미상으로 볼 때 '須'字가 옳을
것이다. 고려시대의 각종 자료에서 '湏'字와 '須'字는 混用되어 사용되었다. 또 『고려
사절요』에는 2)의 悠는 攸로, 3)의 相議는 商議로, 4)의 恊은 叶으로 되어 있는데, 2)는
전자가 옳고, 3)은 어느 쪽을 取하더라도 無妨하고, 4)는 後者인 叶(協의 俗字)이 옳고
恊(憎의 俗字)은 協으로 고쳐야 바르게 된다.

翻譯 2월¹⁾ 蕭恒德[蕭遜寧]이 致書하여²⁾ 말하기를, "근래에 宣命을³⁾ 받들어 보니,
'다만 高麗는 일찍부터 友好關係를 맺어왔고 國境이 서로 접해 있으므로 비
록 小國이 大國을 섬김에는 본래부터 합당한 規範과 儀禮가 있어야 하지만
그 根本[原始要終]은⁴⁾ 모름지기 (友好關係를) 오랫동안 維持함에 있는 것이
오. 만약 미리 對備策을 마련하지 않으면 使臣의 往來가 막히는 일이 있을
까 우려되니 高麗와 商議하여 要衝이 되는 길목에 城廓과 垓字를 設置하도
록 하시오.'고 하였습니다. 이 宣命에 依據하여 스스로 헤아려보니 鴨綠江
서쪽에 5個의 城을 쌓으려고 합니다. 3月初에 築城할 곳으로 가서 工事를
始作하려 하오니 삼가 청하옵건대, 大王께서는 미리 指示를 내려서 安北府
(現 平安南道 安州市)에서 鴨綠江 동쪽에 이르기까지 180里의 사이에 적당
한 地域을 踏查하고 地理의 遠近을 參酌하십시오. 아울러 築城하는 役夫를

보내어 (우리와 함께) 同時에 着手하도록 하시고, 그 築城할 數를 빨리 回申하여 주십시오. 所重한 것은 편리한 交通路를 確保하여 오랫동안 朝貢과 朝覲[貢覲]의 길이 열리어 代代로 우리 거란[朝廷]을 받들어 스스로 安康의 計策을 마련하도록 하는 것입니다."라고 하였다.

注釋

1) 이해의 2월은 大盡이고 초하루[朔日]는 癸未이다. 이달은 그레고리曆으로 3월 20일부터 4월 18일까지이다.

2) 이때 蕭遜寧이 成宗에게 致書의 型式으로 書狀을 보낸 것은 高麗王朝의 位相을 그들의 諸侯國으로 확실하게 定立시킨 것이다. 그래서 東京留守인 自身과 蕃國의 君長인 高麗國王[成宗]의 位置를 對等한 關係로 설정하고서 個人間에 往復하는 書簡인 致書를 사용하였던 것으로 추측된다.

3) 宣命은 皇帝의 詔命 또는 皇帝의 詔命을 傳達하는 것의 두 意味가 있으나, 이 記事에서는 前者이다.

4) 原始要終은 事物의 始初를 探究하여 終末을 集約하여 全體를 貫通하는 것을 가리킨다. 『易經』, 繫辭下傳, 第九章에 "易이라는 冊은 事物의 始初를 探究하고, 그것의 終末을 集約하여 全體를 貫通하는 것을 本質로 하는 것이다. 易之爲書也, 原始要終, 以爲質也."라고 하였다[今井宇三郎 2008年 1672쪽 ; 東亞大學校 2008年 1책 348쪽].

原文 (是月) 始行契丹統和年號.
翻譯 (2월에) 처음으로 거란[契丹]의 統和 年號를 使用하였다.[1]

注釋

1) 『東都歷世諸子記』에 "甲午年에 宋의 年號를 처음으로 使用하였다. 右甲午, 宋朝大年號始用"라고 되어 있으나, 이는 轉寫 과정에서 어떤 錯誤가 생긴 것일 것이다.

補遺 (統和十二年) 二月 己丑, 高麗來貢(『遼史』 권13, 本紀13, 聖宗4).
翻譯 (統和 12년) 2월 7일(己丑, 陽3月 21日) 高麗가 貢物을 바쳐왔다.

關聯資料

• (統和十二年) 入貢(『遼史』 권115, 열전45, 二國外記, 高麗).

• 統和十二年 二月 高麗來貢(『遼史』 권70, 表8, 屬國表).

補遺 (統和十二年) 三月 丁巳, 高麗遣使請所俘人畜, 詔贖還(『遼史』 권13, 本紀13, 聖宗4).

翻譯 (統和 12년) 3월 5일(丁巳, 陽4月 18日)[1] 高麗가 使臣을 보내와 (거란이) 잡아간 人民과 家畜을 돌려주기를 請하자, 財貨를 받고서 돌려주게 하였다 [贖還].[2]

注釋

1) 이해의 3월은 小盡이고 초하루[朔日]는 癸丑이다.

2) 고려 측의 자료에는 이해의 4월에 侍中 朴良柔를 거란에 보내 正朔을 施行하였음을 告하고 捕虜[俘口]의 送還을 요청하게 하였다고 한다. 『遼史』도 『고려사』의 初期記事처럼 年代整理[繫年]에 문제점이 없지 않음으로 어느 쪽을 取信하여야 할 것인가에 대해 신중한 判斷이 요청된다.

關聯資料

• (統和十二年) 三月, 王治遣使請所俘生口, 詔贖還之(『遼史』 권115, 열전45, 二國外記, 高麗).

• 統和十二年 三月, 高麗遣使請所俘生口, 詔贖還之(『遼史』 권70, 表8, 屬國表).

補遺 (統和十二年 三月) 丙寅, 遣使撫諭高麗(『遼史』 권13, 本紀13, 聖宗4).

翻譯 (統和 12년 3월) 14일(丙寅, 陽4月 27日)[1] 使臣을 고려에 보내 타이르게 하였다.[2]

注釋

1) 이해의 3월은 小盡이고 초하루[朔日]는 癸丑이다.

2) 고려 측의 자료에 의하면 契丹의 使臣은 崇祿卿 蕭述管과 御史大夫 李浣 등이었다고 한다.

關聯資料

(統和十二年) 三月, … 仍遣使撫諭(『遼史』 권115, 열전45, 二國外記, 高麗).

轉載 (成宗) 十三年 三月, 王融, △^爲知貢擧, 取進士(『고려사』 권73, 지27, 선거1, 科目1, 選場).

飜譯 (成宗) 13년 3월에 王融이 知貢擧가 되어 進士를 선발하였다.

轉載 (成宗) 十三年 三月, 命有司曰, 少孤無養育者, 限十歲, 官給粮, 過限者, 許從所願居住(『고려사절요』 권2, 성종 13년 3월 ; 『고려사』 권80, 지34, 식화3, 賑恤, 鰥寡孤獨賑貸之制).

飜譯 (성종) 13년 3월에 該當官廳[有司]에 命하여 말하기를, "어려서 孤兒가 되어 養育할 사람이 없는 아이는 10歲가 될 때까지 官廳에서 糧食을 支給하고, 나이가 그 이상이 되는 者는 願하는 곳에서 居住하도록 하게 하시오."라고 하였다.

原文 夏四月 甲辰, 禘于¹⁾大^太廟, 隮戴宗于第五室. 以功臣裴玄慶·洪儒·卜智謙·申崇謙·庾黔弼配太祖, 朴術熙·金堅術配惠宗. 王式廉配定宗, 劉新城·徐弼配光宗, 崔知夢配景宗. 大赦, 賜²⁾文武□^官爵一級, 執事者二級, 百姓大酺三日.

校訂

1)의 大는 太로 고쳐야 바르게 된다.

2)의 文武에는 官字가 缺落되었을 것이다.

飜譯 4월 23일(甲辰, 陽6月 4日)¹⁾ 太廟에 祭祀를 지내고 戴宗(成宗의 考)의 神位를 第5室에 奉安하였다. 功臣 裴玄慶·洪儒·卜智謙·申崇謙·庾黔弼을 太祖의, 朴述熙·金堅術을²⁾ 惠宗의, 王式廉을 定宗의, 劉新城³⁾·徐弼을 光宗의, 崔知夢을 景宗의 廟廷에 各各 配享하게 하였다.⁴⁾ 大赦免令을 내리고, 文·

武 官吏에게 官爵을 1급씩 올려 주고, 執事에게는 2급씩을 올려 주었으며,
百姓들에게는 사흘 동안 큰 잔치를 베풀어 주었다.

注釋

1) 이해의 4월은 大盡이고 초하루[朔日]는 壬午이다.

2) 金堅術(生沒年不詳)은 918년(태조1) 6월 20일(辛酉) 太祖 王建이 쿠데타로 집권한
   후 5일 만에 設官分職할 때 閼粲 崔汶과 함께 倉部卿에 임명된 堅術로 추측된다.
   이로 보아 金堅術은 後高句麗國 弓裔의 麾下에서 高位官僚 또는 將軍으로 在職하
   다가 王建에 의한 신왕조의 開創에 積極的으로 參與하였던 인물의 하나로 추측된
   다. 이후의 行蹟은 전혀 알 수 없으나 994년(성종13) 4월 朴述熙와 함께 惠宗의 廟
   廷에 配享되었음을 보아 惠宗의 王位繼承이나 執權時期에 중요한 역할을 수행했던
   人物일 것임이 분명하다.

3) 劉新城(生沒年不詳)은 忠州劉氏로, 943년(태조26) 이전에 阿粲으로서 佐丞(3品下)
   劉權說과 함께 忠州 淨土寺의 法鏡大師의 俗弟子로 나타난다. 그가 994년(성종13)
   4월 徐弼과 함께 光宗의 廟廷에 配享되고, 太師·匡衛公으로 追贈되었고, 1033년(德
   宗2) 10월에 다시 太傅로 追贈되었던 점을 통해 볼 때 광종대에 주로 활약하였던
   인물로 추정된다[李智冠 1994年 ; 蔡尙植 1982年 ; 李樹健 1984年 183~185쪽 ; 東
   亞大學校 2008年 1책 349쪽].

4) 이때 配享功臣들에게 官爵아 追贈되었을 것인데, 이는 아래의 관련 자료에 성종 13
   년에 裴玄慶·洪儒·申崇謙·卜智謙·庾黔弼 등의 5人이 모두 太師에 追贈되고, 太祖의
   廟庭에 配享되었다는 사실에서 알 수 있다.

關聯資料

• 夏四月, 親禘于大廟, 祔太祖·惠宗·定宗·光宗·戴宗·景宗神主. 大赦, 賜文武爵一級, 執
  事者二級, 百姓大酺三日, 恤孤獨, 賞耆舊, 蠲欠負, 放逋懸(『고려사절요』 권2, 성종 13
  년 4월).

• (成宗) 十三年 四月, 親禘, 祔太祖·惠·定·光·戴·景宗于廟, 各以功臣配享(『고려사』 권
  61, 지15, 예3, 太廟).

• (成宗) 十三年 四月, 有事太廟, 大赦, 恤孤獨, 賞耆舊, 蠲欠負, 放逋懸(『고려사』 권80,
  지34, 식화3, 賑恤, 恩免之制. ; 이 記事에서 '有事'라고 한 것은 祭祀를 올린 것을
  表現하는 唐代이래의 語套이다. 『新五代史』 권2, 梁本紀2, 太祖下, 開平 3년 1월 辛

卯의 注, "祀于南郊, 書曰有事, 錄當時語").

- 成宗十三年, 四人皆贈太師, 配享太祖廟庭(『고려사』 권92, 열전5, 洪儒).
- 成宗十三年, 贈太師, 配享太祖廟庭(『고려사』 권92, 열전5, 庾黔弼).
- 加贈太師, 成宗十三年, 配享景宗廟庭(『고려사』 권92, 열전5, 崔知夢 ; 이에서 崔知夢 이 성종 13년 以前에 太師에 加贈되었던 것 같이 되어 있지만, 이때 加贈되었을 것 이다).

原文　是月, 遣侍中朴良柔, 奉表如契丹, 告行正朔, 乞還俘口.

翻譯　4월에 門下侍中 朴良柔를 보내 表를 받들고 거란에 가서 (거란의) 正朔을[1] 施行하였음을 告하고 捕虜의 送還을 요청하게 하였다.

注釋

1) 正朔은 성종 5년, 是年의 주석 12)와 같다. 이때 契丹의 正朔을 시행하였다는 것은 종래 宋을 中原의 正統王朝(宗主國)로 認定하던 姿勢에서 거란을 宗主國으로 받들 겠다는 外交的 方針의 轉換을 의미한다.

補遺　(淳化五年 六月) 庚戌, 高麗國王治, 遣使元郁來, 乞師言. 契丹侵掠其境故也. 上以[1]夷狄蠻戎相攻, 蓋常事, 而北邊甫寧, 不可輕動干戈(『續資治通鑑長編』 권36).

校訂

1)의 夷狄과 蠻戎은 版本에 따라 차이를 보이는 字句이다.

翻譯　(淳化 5년 6월) 29일(庚戌, 陽8月 9日)[1] 高麗國王 治가 使臣 元郁을[2] 보내 와 軍士를 요청하였는데, 契丹이 그들의 境土를 侵掠하였기 때문이라고 한 다. 太宗은 "夷狄이 서로 攻擊하는 것은 대개 日常的인 일이고, 北邊이 겨 우 平安한데 가볍게 戰爭[干戈]을 일으킬 수는 없소."라고 하였다.

注釋

1) 이해의 6月은 小盡이고 초하루[朔日]는 壬午이다.

2) 元郁은 이 자료 외에 찾아지지 않아 어떠한 人物인지는 알 수 없다.

關聯資料

• (淳化五年 六月) 戊申, 高麗遣使, 以契丹來侵乞師(『宋史』 권5, 본기5, 태종2 ; 이 기사의 日付인 戊申은 誤謬일 것이다).

• (淳化) 五年 六月, 遣使元郁來, 乞師, 懇以契丹寇境, 朝廷以北邊甫寧, 不可輕動干戈, 爲國生事, 但賜詔慰撫, 厚禮其使遣還. 自是投制于契丹, 朝貢中絶(『宋史』 권487, 열전 246, 外國3, 高麗).

• (淳化) 五年, 來乞師, 優詔答之(『元豊類藁』 권31, 高麗世次).

• (淳化五年) 六月, 高麗國王治, 遣使來, 乞師言, 契丹侵掠其境, 上以夷狄相攻, 蓋常事(『宋史全文』 권4).

原文 六月, 遣元郁如宋乞師, 以報前年之役. 宋以北鄙甫寧, 不宜輕動, 但優禮遣還. 自是, 與宋絶.

翻譯 6月에 元郁을 宋에 보내 軍士를 요청하여 1年前의 戰爭을 보복하려고 하였다. 宋은 北方의 國境[北鄙]이 겨우 平安해졌기에 경솔히 움직이는 것은 적절치 않다고 하면서, 단지 厚하게 待接하고 돌려보냈다.[1] 이로부터 宋과의 關係가 斷絶되었다.[2]

注釋

1) 이 記事는 宋에서 6月과 7月에 걸쳐 이루어진 事件을 『고려사』가 中國側의 資料를 그대로 轉用한 것으로 고려가 宋에 사신을 파견한 것은 이보다 앞선 時點일 것이다. 그런데 이 記事를 누가 高麗側의 資料인 『高麗實錄』또는 高麗時代에 이루어진 여러 史書에 反映시켰는지는 알 수 없다.

2) 이로부터 高麗와 宋과의 關係가 완전히 斷絶되었다는 것은 아니고, 公式的인 關係가 中斷되었다는 의미이다. 이는 999년(목종2) 고려의 吏部侍郎 趙之遴이 牙將 朱仁紹를 登州(現 山東省 蓬萊市)에 파견하여 公式的인 外交關係를 構築하려고 하였던 점을 통해 알 수 있다(→목종 2년, 3년 ; 許仁旭 2008年b).

補遺 (淳化五年) 秋七月 壬子, 厚禮其使而歸之, 仍優詔答之. 高麗, 自是絶, 不復朝貢矣(『續資治通鑑長編』 권36).

飜譯 (淳化 5년) 7월 2일(壬子, 陽8月 11日)[1] 고려의 使臣을 후하게 대접하여 돌려보내고, 부드럽게 타이르는 詔書로 答하였다. 高麗는 이때부터 (外交를) 斷絶하고 다시 朝貢을 하지 않았다.

注釋

1) 이해의 7월은 小盡이고 초하루[朔日]는 辛亥이다.

關聯資料

• 淳化五年 秋七月 壬子, 賜高麗璽書, 制詔高麗國王, 所上書言, 隣國侵寇事, 王雄長藩國, 世受王封, 保絶城之山河, 干戈載戢, 奉大朝之正朔, 忠義愈明, 蠢玆邊人, 敢寇隣境, 假皇靈而護塞, 越滄海以馳誠, 雖山戎輒議於侵彊, 而天道固宜於助順, 省奏之際, 軫念良深(『宋大詔令集』 권237, 政事90, 四裔10, 高麗).

• (淳化五年) 秋七月, 高麗請伐契丹, 詔却之, 高麗爲契丹所侵掠, 來求援, 上以北邊甫寧, 不欲出兵, 優詔荅之, 自是, 不復入貢(『皇朝編年綱目備要』 권5).

• 高麗王治爲契丹所攻, 遣使乞師, 上以邊境甫寧, 不欲興兵, 自是不復入貢(『皇朝十朝綱要』 권2, 淳化 5년 7월).

• (淳化五年) 秋七月, 厚禮其使而歸之, 高麗自是絶不復朝貢矣(『宋史全文』 권4).

原文 秋八月 癸巳, 臨軒覆試, 賜崔元信等及第.

飜譯 8월 14일(癸巳, 陽9月 21日)[1] 平臺에[2] 臨御하여 覆試를 보이고 崔元信 등에게[3] 及第를 下賜하였다.

注釋

1) 이해의 8월은 大盡이고 초하루[朔日]는 庚辰이다.

2) 平臺는 성종 2년 12월의 주석 1)과 같다.

3) 崔元信(生沒年不詳)은 門下侍郎平章事를 역임한 慶州人 崔亮(?~995)의 長子로서 994년(성종13) 3월 知貢擧 王融이 주관한 과거에 합격하여 같은 해 8월에 실시된 覆試에서 及第를 下賜받았다. 1011년(현종2) 8월에 戶部侍郎으로 契丹에 使臣으로

파견되었다가 귀국하였다. 1019년(현종10) 8월에 禮賓卿으로 李守和와 함께 宋에 賀正使[進奉使]로 파견되었다. 같은 해 9월 登州(現 山東省 蓬萊市)의 秦王水口에 이르러 바람을 만나 船舶이 顚覆되고 貢物을 漂失하고 사람이 많이 溺死하였다. 이에 宋의 眞宗이 中官을 보내어 高麗貢使의 被溺者를 存問하게 하고, 登州로 하여 금 使臣團에 수레[脚乘]를 支給하여 京師로 보내도록 하였다 같은 해 11월에 高麗 使臣 崔元信이 東·西女眞의 首領을 이끌고 眞宗을 謁見하고 闕錦·漆甲을 바쳤다. 또 中布 2千을 특별히 바치고[別貢] 佛經 1藏을 요청하자 下賜하게 하였다고 한다. 1020년(현종11) 4월 歸還하여 眞宗이 하사한 『天禧四年具註曆』1卷을 바쳤으나, 5 월에 崔元信과 李守和가 使臣으로서 汚辱이 있었다는 理由로 流配되었는데, 登州 에서의 遭難事故를 당한 것에 대한 責任을 물은 措置로 추측된다(『고려사』 권93, 열전6, 崔亮 ; 『東文選』 권33, 上大宋皇帝謝賜曆日表 ; 『宋史』 권8, 본기8, 天禧 3년 9월 辛巳·권487, 열전246, 外國3, 高麗 ; 『續資治通鑑長編』 권94, 天禧 3년 9월 辛 巳·11월 己卯 ; 『宋會要輯稿』199책, 蕃夷7, 歷代朝貢).

關聯資料

- 秋八月, 王覆試進士, 賜崔元信等八人·明經九人及第(『고려사절요』 권2, 성종 13년 8월).

- (成宗十三年) 八月, 覆試, 賜甲科崔元信等四人·乙科四人·明經九人及第(『고려사』 권 73, 지27, 선거1, 科目1, 選場).

原文 是歲, 契丹遣崇祿卿蕭述管·御史大夫李浣等, 齎詔來, 撫諭.

翻譯 이해에 거란이 崇祿卿 蕭述管과[1] 御史大夫 李浣을[2] 보내 詔書를 傳하고 撫 諭하였다.[3]

注釋

1) 蕭述管은 『遼史』에서 찾아지지 않아 어떠한 人物인지는 알 수 없다.

2) 李浣(이완)은 『遼史』에서 찾아지지 않지만 989년(統和7, 成宗8) 通事舍人院의 通事舍 人 李浣이 찾아지는데(권47, 지17상, 백관지3, 通事舍人院), 같은 人物로 추측된다.

3) 이 記事는 이해의 3월 14일(丙寅, 陽4月 27日)에 있었던 『遼史』의 내용을 年末에 收錄한 것으로 추측된다.

轉載 (是歲) 命平章事徐熙率兵, 逐女眞, 城長興·歸化二鎭及郭·龜二州(『고려사절
요』 권2, 성종 13년 ; 『고려사』 권82, 지36, 병2, 城堡).

飜譯 (이해에) 門下侍郎平章事[平章事][1] 徐熙에게 命하여 군대를 이끌고 가서 女
眞을 攻擊하여 逐出하고, 長興(現 平安北道 泰川郡 位置)·歸化(位置不明) 2
鎭과 郭州(現 平安北道 郭山郡)·龜州(現 平安北道 龜城郡으로 추측됨)의[2]
2州에 城을 쌓게 하였다.

注釋

1) 徐熙의 列傳에 의하면 그는 內史侍郎을 거쳐 平章事가 되었다고 되어 있다(『고려사』
권94, 열전7). 이는 內史侍郎平章事를 거쳐 門下侍郎平章事에 임명된 것을 縮約하
여 記述한 것으로 추측된다.

2) 이때 龜州城의 規模는 알 수 없으나, 後日 改築되어 1,500間이 되었다(『文宗實錄』
권4, 즉위년 10월 己卯).

關聯資料

• 成宗十三年, 命平章事徐熙, 率兵攻逐女眞, 城龜州(『고려사』 권58, 지12, 지리3, 安北
大都護府 寧州, 龜州).

• 成宗十三年, 命平章事徐熙, 率兵攻逐女眞, 城郭州(『고려사』 권58, 지12, 지리3, 北界,
安北大都護府, 郭州).

• (成宗)十三年, 率兵攻逐女眞, 城長興·歸化二鎭, 郭·龜二州(『고려사』 권94, 열전7, 徐
熙).

• 關聯記事 : 遣太僕少卿金先錫, 如遼, 乞罷榷場, 表曰, … 統和十二甲午年, 入朝正位高
良, 賚到天輔皇帝聖宗詔書, 勅高麗國王王治, 省東京留守遜寧奏, 卿欲取九月初, 發丁夫
修築城砦, 至十月上旬已畢, 卿才惟天縱, 智達時機, 樂輸事大之誠, 遠奉來庭之禮, 適
因農隙, 遠集丁夫, 用防曠野之寇攘, 先築要津之城壘, 雅符朝旨, 深叶時情, 況彼女眞,
早歸皇化, 服我威信, 不敢非違, 但速務於完修, 固永期於通泰, 其於眷注, 豈捨寐興, 于
時, 陪臣徐熙, 掌界而管臨, 留守遜寧, 奉宣而商議, 各當兩境, 分築諸城, 是故, 遣河拱
辰於鴈門, 爲勾當伸於鴨綠, 晝則出監於東洑, 夜則入宿於內城, 遂仗天威, 漸祛草竊,
後來無備, 邊候益閑(『고려사』 권10, 세가10, 선종 5년 9월 : 이 기사는 고려가 太
僕少卿 金先錫을 契丹에 보내 榷場을 罷하여 주기를 요청한 表에 수록되어 있는
것이다).

原文 (是歲) 以李承乾爲鴨江渡勾當使, 尋遣河拱辰代之.

翻譯 (이해에) 李承乾을[1] 鴨江渡勾當使로 삼았다가 곧 河拱辰을[2] 보내어 代身하게 하였다.

注釋

1) 李承乾은 이 자료 외에 찾아지지 않아 어떠한 인물인지는 알 수 없다.

2) 河拱辰(?~1011)은 本貫은 晉州이고, 入仕方式은 알 수 없으나 994년(성종13) 2월 이래 門下侍郎平章事 徐熙가 거란과의 協議下에 鴨綠江 동쪽에 여러 城廓을 築造할 때 鴨綠江勾當使에 임명되어 築城과 警戒에 參與하였다. 이후 15년간의 행적은 알 수 없으나 1009년(목종12) 1월 穆宗이 疾患으로 內殿에 蟄居하고 있을 때 中郎將(정5품)으로 親從將軍(정4품) 庾方·中郎將 柳琮·卓思政 등과 함께 殿門에서 當直을 섰다고 한다. 곧 河拱辰은 尙書左司郎中에 임명되었지만, 康兆가 擧兵하여 開京으로 들어오자 卓思政과 함께 追從하였다.

이어서 東北界(그의 列傳에는 東西界로 되어 있으나 誤字임)에 出鎭하였는데, 和州 防禦使 柳宗과 함께 任意로 軍士를 動員하여 東女眞의 部落에 들어갔다가 敗北하여 1010년(현종1) 5월 6일(庚申) 柳宗과 함께 遠島에 流配되었다. 같은 해 12월 西京이 거란군에 包圍되어 危機에 처해진 顯宗에 의해 柳宗과 함께 召還되어 復職되었다. 이어서 남쪽으로 播遷하고 있던 顯宗을 謁見하고 護衛하다가 康兆가 敗北하여 逮捕된 것을 듣고서 30일(庚戌) 戶部員外郎 高英起와 함께 表를 받들고 거란의 陣營에 나가 講和를 청하였다.

다음해 1월 3일(丁丑) 거란의 陣營에 도착하여 聖宗을 謁見하고 철군을 요청하여 허락을 받았지만 高英起와 함께 抑留되어 거란으로 들어갔다. 이후 高英起는 中京(大定府, 現 內蒙古自治區 寧城縣 서쪽의 大明城)에, 河拱辰은 燕京(이때는 南京, 1012년에 燕京으로 改稱, 現 北京市)에 安置되어 娶妻하였는데, 1011년(현종2) 河拱辰은 脫出을 圖謀하다가 聖宗에 의해 被殺되었다. 1025년(현종16) 6월 그의 功績이 認定되어 아들 則忠에게 恩典이 내려졌고, 1052년(문종6) 5월 다시 褒賞되어 則忠은 5品職에 超授되고, 8월에 그 自身은 衛社功臣으로 功臣堂에 圖形되고 尙書工部侍郎에 追贈되었다고 한다. 이후에도 그의 後孫들은 恩典을 받아 지속적으로 官職을 하사받았다(『고려사』 권94, 열전7, 河拱辰).

關聯資料

始置鴨江渡勾當, 以李承乾爲使, 尋遣河拱辰, 代之(『고려사』 권2, 성종 13년).

轉載 勾當, 成宗十三年, 置鴨綠渡勾當使, 後諸津渡, 皆有勾當(『고려사』 권77, 지 31, 百官2, 外職, 勾當).

飜譯 勾當, 成宗 13년에 鴨綠江 나루터에 勾當使를 설치하였고, 後日에 여러 나 루터에 모두 勾當이 있었다.[1]

注釋

1) 勾當은 勾當使의 略稱이고, 이는 河川을 修理하고 渡船을 管理하던 職責이었던 것 같다. 고려시대에 勾當使가 설치된 지역의 全貌를 알 수는 없으나, 祖江(漢江下流 인 通津浦)·河源·宣州(現 平安北道 宣川郡)·河山島·新道·耽羅島 등에 설치되어 있 었고, 1079년(문종33), 1138년(인종16) 무렵, 1270년(至元7, 원종11)에 耽羅島勾當 使(乇羅島句當使)를 파견한 것이 찾아진다(『고려사』 권9, 세가9, 문종 33년 11월 壬 申·권32, 세가32, 충렬왕 30년 1월 癸亥·권106, 열전19, 朴恒 ; 「吳仁正墓誌銘」).

原文 (是歲) 遣使契丹, 進妓樂, 却之.

飜譯 (이해에) 使臣을 거란에 보내 妓樂을[1] 바쳤으나, 이를 물리쳤다.

注釋

1) 妓樂은 妓人이 演戲하던 音樂과 舞踊[舞蹈] 또는 樂妓·舞妓를 指稱한다.

補遺 (統和十二年 十二月) 戊子, 高麗進妓樂, 却之(『遼史』 권13, 本紀13, 聖宗4).

飜譯 (統和 12년 12월) 11일(戊子, 陽995년 1月 14日)[1] 高麗가 妓樂을 바치자, 이 를 물리쳤다.

注釋

1) 이해의 12월은 大盡이고 초하루[朔日]는 戊寅이다.

關聯資料

(統和十二年) 十二月, 王治進妓樂, 詔却之(『遼史』 권115, 열전45, 二國外記, 高麗).

補遺　統和十二年甲午, 安東大都護府改爲東京留守官(『東都歷世諸子記』).

飜譯　統和 12년(甲午)에 安東大都護府를 改編하여 東京留守官으로 삼았다.

關聯資料

『경상도지리지』, 慶州道, 慶州府, "成宗時, 統和甲午, 改稱東京留守官".

[成宗 14年(995) 乙未]

契丹 聖宗 統和 13年, 宋 太宗 至道 元年

原文　春二月 己卯, 敎曰, 觀乎天文, 以察時變, 觀乎人文, [1]□以化成天下, 文之時義, 大矣哉. 予恐業文之士, 纔得科名, 各牽公務, 以廢素業. 其年五十以下, 未經知制誥者, 翰林院出題, 令每月進詩三篇·賦一篇, 在外文官, 自爲詩三十篇·賦一篇, 歲抄, 附計吏以進, 翰林院品題以聞.

校訂

1)에 以가 缺落되었을 것이다. 이 句節은 『易經』, 賁에 言及된 賁卦의 卦辭로서 原文은 "觀乎天文, 以察時變, 觀乎人文, 以化成天下"이다[今井宇三郎 1994年 469쪽].

飜譯　2월 3일(己卯, 陽3月 6日)[1] 敎書를 내려 말하기를, "天文을 보아 四時의 推移와 變化[時變]를 살피고, 人文을 보아 天下를 올바르게 敎化시킬 수 있으니[化成天下][2] 文이 지닌 시대적 가치는 참으로 크오. 내가 두려워하는 바는, 文을 本分으로 하는 선비들이 겨우 科擧에 及第하면 제각기 公務에 바쁜 나머지 그 本分을 팽개치는 것이오. 이제부터 나이 50歲以下로서 아직 知制誥를[3] 지내지 못한 者는 翰林院에서 出題한 題目에 따라 매달 詩 3篇과

賦 1篇씩을 지어 올리도록 하고, 外職의 文官은 스스로 詩 30篇과 賦 1篇
씩을 지어 年末에 計吏에게[4] 부쳐 올리면, 翰林院에서 等級을 정하여 報
告하도록 하시오"라고 하였다.

注釋

1) 이해의 2월은 大盡이고 초하루[朔日]는 丁丑이다.

2) 化成天下는 天下化成으로도 表記하는데, 敎化를 成就시킨다 또는 敎化를 育成시킨
다는 말이다(『易經』, 恒, "聖人久于其道, 而天下化成").

3) 知制誥는 皇帝의 詔令인 制誥를 擔當하는 者라는 뜻인데, 南北朝시대에 이미 知詔
誥가 있어서 詔誥를 掌握하였다. 唐代에 文翰을 담당하던 翰林學士에게 知制誥라는
職銜을 더해 주어 兼職시키고 詔令을 起草하게 하였고, 餘他의 翰林學士를 顧問으
로 活用하였다. 宋代에는 翰林學士를 除外한 다른 部署의 官僚에게도 知制誥를 더
해 주고 역시 詔令을 起草하게 하였는데, 이를 外制(外知制誥의 略稱)라고 부르고,
翰林學士가 비록 詔令을 起草하여도 이 역시 知制誥의 職銜을 더해 주어 內制(內知
制誥의 略稱)라고 불렀다고 한다.
이러한 唐·宋의 制度를 受容하여 적절히 變改하였던 高麗에서는 翰林院과 寶文閣의
官員이 知制誥를 兼職할 때는 內制, 3省 6部를 위시한 諸般 管理職이 이를 兼職할
경우에는 外制라고 하였고, 이를 縮約하여 '三字'라고 表記하기도 하였다. 그렇지만
誥院이라는 官廳이 별도로 存在하기에 이와 관련하여 內·外制에 대한 意見이 紛紛
하다(『고려사』 권76, 지30, 百官1, 藝文館; 邊太燮 1983年; 周藤吉之 1980年; 東
亞大學校 2008年 1책 351쪽; 朴龍雲 2009年 212쪽).

4) 計吏는 州縣의 各種 會計帳簿를 管掌하다가 年末에 上京하여 尙書都省 또는 尙書戶
部에 報告하던 官員이다.

關聯資料

『고려사절요』에는 이 敎書의 冒頭가 省略된 채 收錄되어 있다.

原文 是月, 遣李周禎如契丹, 獻方物. 又進鷹.

飜譯 2월에 李周禎을[1] 거란에 보내 方物을 바쳤다. 또 매[鷹]를 바쳤다.[2]

注釋

1) 李周禎(李周楨, 生沒年不詳)은 어떠한 出身인지는 알 수 없으나, 995년(성종14, 統和13) 2월 고려의 使臣으로 契丹에 到着하여 貢物을 바쳤다. 1009년(목종12) 1월 穆宗이 病患이 나자 知銀臺事·工部侍郎(혹은 殿中監)으로서 右承宣·殿中侍御史 李作仁, 嬖臣·知銀臺事·左司郎中, 그리고 劉忠正·閤門舍人 庾行簡 등과 闕內에서 宿直하면서 護衛하였다. 그렇지만 金致陽의 一黨이었기에 西北面都巡檢副使로 임시로 임명하여[權授] 都巡檢使 康兆와 交代하게 하고, 當日에 出陣하게 하였다고 한다. 그는 顯宗의 卽位過程에서 김치양이 除去될 때 함께 肅淸되었던 것으로 추측된다. 그는 朋黨을 짓고 他人의 物件을 橫領하여 金諾·趙之遴 등과 함께 당시 사람의 指彈을 받았다고 한다(『고려사』 권94, 열전7, 趙之遴·권127, 열전40, 叛逆1, 康兆).

2) 『遼史』 권13, 본기13, 聖宗4에 의하면 貢物을 바친 것은 2월이고, 매를 바친 것은 5월이므로, 이 기사는 『遼史』에 의거하여 만들어진 것임을 알 수 있다.

關聯資料

(是月) 遣李周楨如契丹, 貢方物(『고려사절요』 권2, 성종 14년 2월).

補遺 (統和十三年 二月) 甲辰, 高麗遣李周楨來貢(『遼史』 권13, 본기13, 聖宗4).

飜譯 (統和 13년 2월) 28일(甲辰, 陽3월 31日) 高麗가 李周禎[李周楨]을 보내와 貢物을 바쳤다.

關聯資料

(統和) 十三年, 治遣李周楨來貢, 又進鷹(『遼史』 권115, 열전45, 二國外記, 高麗).

轉載 (成宗) 十四年 三月, 白思柔, △爲知貢擧, 取進士(『고려사』 권73, 지27, 선거1, 科目1, 選場).

飜譯 (成宗) 14년 3월에 白思柔가[1] 知貢擧가 되어 進士를 선발하였다.

注釋

1) 白思柔는 광종 24년 2월의 주석 2)와 같다.

原文 夏四月 丁丑[朔], 內史侍郎崔亮卒.

飜譯 4월 1일(丁丑, 陽5월 3일)[1] 內史侍郎(同內史門下平章事) 崔亮이[2] 別世하였다.

注釋

1) 이해의 4월은 小盡이고 초하루[朔日]는 丁丑이다. 이 記事에서 초하루를 가리키는 朔字가 缺落되었다. 이날은 그레고리曆으로 5월 8일이다.

2) 崔亮은 성종 12년 10월의 주석 4)와 같고, 이때 그의 官職은 內史侍郎이 아니라 內史侍郎同內史門下平章事였다(→關聯資料).

關聯資料

• (成宗十四年) 夏四月, 平章事崔亮卒 … 累遷至內史侍郎平章事·監修國史. 卒, 王痛悼, 贈太子太師, 賻米三百碩·麥二百碩·腦原茶一千角, 以禮葬之(『고려사절요』 권2, 성종 14년 4월).

• 未幾, 拜門下侍郎, 遷內史侍郎兼民官御事·同內史門下平章事·監修國史, (成宗) 十四年 卒, 王痛悼, 贈太子太師, 賻米三百石·麥二百石·腦原茶一千角, 以禮葬之, 諡匡彬(『고려사』 권93, 열전6, 崔亮 ; 『고려사』 권64, 지18, 禮6, 凶禮, 諸臣喪).

• 內史門下平章事·監修國史·太子少師臣崔亮奉宣撰(「惠居國師碑」, 994년성종13년 建立 : 許興植 1986年 582쪽 所收.

補遺 (統和十三年) 五月 壬子, 高麗進鷹(『遼史』 권13, 본기13, 聖宗4).

飜譯 (統和 13년) 5월 7일(壬子, 陽6월 7일)[1] 高麗가 매[鷹]를 바쳤다.

注釋

1) 이해의 5월은 大盡이고 초하루[朔日]는 丙午이다.

關聯資料

統和十三年 五月, 高麗進鷹(『遼史』 권70, 표8, 屬國表).

原文 五月 戊午, 教曰, 唐虞之制, 周漢之儀, 皆肇百辟之名, 永奉一人之慶.

今以諸官司事體, 雖遵於禮典, 額名頗有所權稱. 考厥典常, 分其可否, 悉除假
號, 克示通規.

飜譯   5월 13일(戊午, 陽6月 13日) 敎書를 내려 말하기를, "堯·舜의 制度와 周·漢
의 儀禮는 모두 諸侯[百辟]들의 名稱을 바르게 定함으로써 길이 王者[一人]
의 慶事를 받들었소. 지금 여러 官廳의 體制는 비록 禮典에 依據하였으나
그 名稱은 臨時로 부친 것이 자못 많소. 그 典故를 詳考하여 옳고 그름을
分別하여 임시로 부친 名號는 모두 除去하고 通用될 수 있는 規範을 提示
하도록 하시오."라고 하였다.[1]

注釋

1) 이 敎書에 의거하여 983년(성종2) 5월 정비된 3省(內史省·門下省·御事都省)·6曹(選
官·兵官·民官·刑官·禮官·工官)·7寺의 體制를 唐制에 의거하여 3省(內史省·門下省·
尙書都省)·6曹(吏部·兵部·戶部·刑部·禮部·工部)·5監·9寺의 體制로 改編하였던 것
같다. 또 6曹의 屬司·御史臺 등을 위시한 여러 官府의 명칭도 바꾸었고, 이에 따라
文·武散階도 정비하였고, 중앙의 군사제도인 2軍 6衛도 함께 唐制에 따라 一新하였
던 것으로 추측된다. 이어서 7월에는 開城府의 지배체제를, 9월에는 지방제도를 10
道體制로 정비하였다[宋寅州 1997年 ; 朴龍雲 2009年]. 또 이해의 제도 정비는 983
년(성종2)의 唐制의 受容과 그 이후에 이루어진 唐·宋制의 절충을 고려의 현실에
적합하게 재정비한 것이라고 한다[李貞薰 2007年b].

關聯資料

- 五月, 下敎, 改定官制(『고려사절요』 권2, 성종 14년 5월).
- 尙書省 … 成宗元年, 改廣評省, 爲御事都省. 十四年, 改尙書都省(『고려사』 권76, 지
30, 百官1, 尙書省).
- 吏曹 … 成宗十四年, 改爲尙書吏部(『고려사』 권76, 지30, 百官1, 吏曹).
- 考功司 … 成宗十四年, 改爲尙書考功(『고려사』 권76, 지30, 百官1, 考功司).
- 兵曹 … 成宗十四年, 改兵官, 爲尙書兵部, 仍改庫曹, 爲尙書庫部(『고려사』 권76, 지
30, 百官1, 兵曹).
- 戶曹 … 成宗十四年, 改爲尙書戶部, 仍改司度, 尙書度支, 金曹, 爲尙書金部, 倉曹, 爲
尙書倉部(『고려사』 권76, 지30, 百官1, 戶曹).
- 刑曹 … 成宗十四年, 改爲尙書刑部(『고려사』 권76, 지30, 百官1, 刑曹).

- 禮曹 … 成宗十四年, 改禮官, 爲尙書禮部, 仍改祠曹, 尙書祠部(『고려사』 권76, 지30, 百官1, 禮曹).

- 工曹 … 成宗十四年, 改工官, 爲尙書工部, 仍改虞曹, 尙書虞部, 水曹, 爲尙書水部(『고려사』 권76, 지30, 百官1, 工曹).

- 司憲府 … 國初, 稱司憲臺, 成宗十四年, 改御史臺, 有大夫·中丞·侍御史·殿中侍御史·監察御史(『고려사』 권76, 지30, 百官1, 司憲府).

- 諸館殿學士 … 成宗十四年, 以崇文館, 爲弘文館(『고려사』 권76, 지30, 百官1, 諸館殿學士).

- 典校寺 … 國初, 稱內書省, 成宗十四年, 改秘書省, 有監·少監·丞·郎·校書郎·正字(『고려사』 권76, 지30, 百官1, 典校寺).

- 衛尉寺 … 光宗十一年, 改內軍, 爲掌衛部, 後稱司衛寺, 成宗十四年, 改衛尉寺(『고려사』 권76, 지30, 百官1, 典校寺).

- 禮賓寺 … 太祖四年, 置禮賓省, 成宗十四年, 改客省(『고려사』 권76, 지30, 百官1, 禮賓寺).

- 典獄署 … 國初, 始置典獄署, 成宗十四年, 改爲大理寺, 有評事(『고려사』 권77, 지31, 百官2, 典獄署).

- 掖庭局 … 國初, 稱掖庭院, 成宗十四年, 改掖庭局(『고려사』 권77, 지31, 百官2, 掖庭局).

轉載　國初官階, 不分文武 … 太祖, 以泰封主, 任情改制, 民不習知, 悉從新羅, 唯名義易知者, 從泰封之制, 尋用大匡·正匡·大丞·¹⁾□□^{佐丞}·大相之號, 成宗十四年, 始分文·武官階, 賜紫衫以上正階. 改文官, 大匡爲開府儀同三司, 正匡爲特進, 大丞爲興祿大夫, 大相爲金紫興祿大夫, ²⁾銀靑光祿大夫爲銀靑興祿大夫(『고려사』 권77, 지31, 百官2, 文散階).

校訂

이에서 1)의 佐丞은 다음의 武散階에 대한 자료를 통해 缺落된 글자를 補完한 것이고, 2)이하의 文脈은 『고려사』를 편찬할 때 잘못 轉寫하였거나 아니면 組版할 때 글자를 빠트린 부분이다. 그리고 그 以下의 元甫·正甫(5品), 元尹·佐尹(6品), 正朝·正衛(7品), 甫尹·□□不明(8品), 軍尹·中尹(9品) 등도 각각 正議大夫·通議大夫(正4品), 大中大夫·

中大夫(從4品),　中散大夫·朝議大夫(正5品),　朝請大夫·朝散大夫(從5品),　朝議郎·承議郎(正6品),　奉議郎·通直郎(從6品),　朝請郎·宣德郎(正7品),　宣議郎·朝散郎(從7品),　給事郎·徵事郎(正8品),　承奉郎·承務郎(從8品),　儒林郎·登仕郎(正9品),　文林郎·將仕郎(從9品) 등으로 分化되고 改稱되었을 것이다.

이상과 같은 類推는 高麗初期의 官等制는 1品에서 9品까지 16等級으로 이루어져 있었다는 旣往의 見解를[武田幸男 1965年] 약간 補完하여 9官等 18等級으로 이루어져 있었다는 새로운 견해[張東翼 2012年a]에 의거하였다. 이에 의하면 당시의 官等制는 다음과 같이 이루어져 있었다고 한다.

官等	1品	2品	3品	4品	5品
官等名	三重大匡 重大匡	大匡 正匡	大丞 佐丞	大相 佐相	元甫 正甫(正輔)
等級	1, 2	3, 4	5, 6	7, 8	9, 10
官等	6品	7品	8品	9品	
官等名	元尹 佐尹	正朝 正位(正衛)	甫尹 □□不明	軍尹 中尹	
等級	11, 12	13, 14	15, 16	17, 18	

飜譯　國初에는 官階를 文·武로 나누지 않았다. … 太祖는 泰封主(弓裔)가 任意로 制度를 바꾸어 人民들이 익혀서 알지 못함으로 모두 新羅의 것을 따랐고, 다만 알기 쉬운 것은 泰封의 제도를 따랐다. 이어서 大匡·正匡·大丞·佐丞·大相의 號稱을 使用하였다 成宗 14년에 비로소 文·武의 官階를 나누어 紫衫 以上은 正階를 下賜하고, 文官(의 官等)을 改稱하여 大匡(2品上)은 開府儀同三司로, 正匡(2品下)은 特進으로, 大丞(3品上)은 金紫光祿大夫로, 佐丞(3品下)은 金紫興祿大夫로, 大相(4品上)은 銀靑光祿大夫로, 佐相(4品下)은 銀靑興祿大夫로 하였다.[1]

注釋

1) 이들 官階는 唐의 文散階를 수용한 것인데, 그중 唐制에서 光祿大夫(從2品)·金紫光祿大夫(正3品)·銀靑光祿大夫(종3품) 등은 漢의 制度에서 나온 것이다. 魏晉代이래 광록대부는 '銀章金綬'를 착용하였으나, 이 官階의 上位級으로 '金章紫綬'가 더해져서 金紫光祿大夫가 만들어져 광록대부·금자광록대부·은청광록대부 등으로 정비되

게 되었다(『晉書』 권24, 志14, 職官, 左右光祿大夫).

고려에서 唐의 문산계가 채용된 것은 958년(광종9) 5월 科擧制가 실시될 무렵에 이루어진 것 같다. 이때부터 國初의 官階와 倂用되어 사용되다가 995년(성종14)에 光祿大夫·金紫光祿大夫·銀靑光祿大夫 등이 각각 興祿大夫·金紫興祿大夫·銀靑興祿大夫로 改稱되었다. 이 記事에서 995년에 비로소 國初의 官階가 唐制에 의한 文散階·武散階로 轉換되었던 것과 같이 언급되어 있으나, 文散階는 958년(광종9) 이래 施行되고 있었다. 그러므로 이때의 文散階의 使用은 전면적인 制度의 改編이 아니라 從1品의 光祿大夫를 興祿大夫로, 從2品의 金紫光祿大夫를 金紫興祿大夫로, 정2품의 銀靑光祿大夫를 銀靑興祿大夫로 改稱한 것에 지나지 않는다. 또 1076년(문종30)의 改編도 兩者를 唐의 그것으로 還元한 것에 지나지 않아 같은 의미를 지닌다.

이때 '光祿'을 '興祿'으로 왜 바꾸었는지는 알 수 없으나 成宗이 982년(성종1, 太平興國7) 12월 및 985년(성종4) 2월에 宋으로부터 高麗國王으로 冊封될 때에 부여받은 文散階가 光祿大夫였기에(『宋大詔令集』 권237, 政事90, 四裔10, 高麗, 王治拜官封高麗國王詔;『고려사』 권3, 세가3, 성종 2년 3월 戊寅·성종 4년 5월), 이를 避하여 興祿大夫로 改稱하였던 것으로 추측된다. 또 같은 해에 실시된 武散階에서 唐의 昭武校尉[正6品上]와 昭武副尉[正6品下]가 각각 耀虎校尉, 耀虎副尉로 改稱되었다. 이는 武字가 惠宗의 이름이고, 昭字가 光宗의 이름이기에, 이를 避諱(혹은 敬諱)하기 위해 改稱한 것이다. 또 이때 國初의 官階는 老兵·老人·匠人·耽羅의 王族·고려에 來附한 女眞 酋長 등에게 주어지고, 文·武兩班은 唐制와는 달리 모두 文散階를 부여받았다[武田幸男 1965年·張東翼 2012年a].

轉載 國初武官, 亦以大匡·正匡·[1]大丞·佐丞·大相爲階. 成宗十四年, 定武散階, 凡二十有九. 從一品曰驃騎大將軍, 正二品曰輔國大將軍, 從二品曰鎭國大將軍, 正三品曰冠軍大將軍, 從三品曰雲麾大將軍, 正四品上曰[2]中[忠][3]武[虎]將軍, 下曰將[3]武[虎]將軍, 從四品上曰宣威將軍, 下曰明威將軍, 正五品上曰定遠將軍, 下曰寧遠將軍, 從五品上曰遊騎將軍, 下曰遊擊將軍, 正六品上曰耀[3]武[虎] [4]將軍[校尉], 下曰耀[3]武[虎]副尉, 從六品上曰振威校尉, 下曰[5]振武[振威]副尉, 正七品上曰致果校尉, 下曰致果副尉, 從七品上曰翊[6]威[麾]校尉, 下曰翊麾副尉, 正八品上曰[7]宣折[宣節]校尉, 下曰[7]宣折[宣節]副尉, 從八品上曰禦侮校尉, 下曰禦侮副尉,

正九品上曰仁勇校尉, 下曰仁勇副尉, 從九品上曰陪戎校尉, 下曰陪戎副尉. 今以見於史册者考之, 則武官皆無散階, 其沿革廢置, 未可考(『고려사』 권77, 지31, 百官2, 武散階).

校訂

이에서 1)의 佐丞은 앞의 文散階에 대한 자료를 통해 缺落된 글자를 補完한 것이고, 2)의 中武將軍은 唐의 武散階에서 忠武將軍인 것으로 보아 忠虎將軍일 가능성이 있다. 3)은 耀武將軍은 唐의 武散階에서 昭武將軍인데, 昭는 光宗의 이름을 피하여 耀로 改字하였을 것이고, 武는 惠宗의 이름을 피하여 虎로 사용하였을 것인데, 『고려사』의 편찬자가 還元시켰을 것이다.

또 4)의 將軍은 校尉의, 5)의 振武는 振威의, 6)의 威는 麾의 誤字이다. 이는 高麗前期에 唐의 制度를 그대로 受容하여 文·武班에게 함께 附與되는 文散階가 5品以上의 大夫系와 6品以下의 郎系가 분명히 구분되어 있었기에 武散階도 5품 以上만이 將軍을 稱하였을 것이기 때문이다. 또 唐의 武散階에도 글자가 그렇게 되어 있고, 이들에게 지급된 1076년(문종30)의 武散階 田柴科의 支給規程의 22結에도 각각 耀虎校尉, 翊麾校尉로 되어 있다. 그리고 7)의 宣折校尉는 唐의 武散階에서 宣節校尉인 것으로 보아 宣節의 誤字일 가능성이 있다(『고려사』 권78, 지32, 食貨1, 田柴科 ; 旗田 巍 1972年 381~382쪽).

翻譯 國初에 武官도 또한 大匡·正匡·大丞·佐丞·大相을 官階로 삼았다. 成宗 14년에 武散階를 정하였는데, 무릇 29階로 하였다. 從1品은 驃騎大將軍, 正2品은 輔國大將軍,[1] 從2品은 鎭國大將軍, 正3品은 冠軍大將軍, 從3品은 雲麾大將軍,[2] 正4品上은 中虎將軍,[3] 下는 將虎將軍, 從4品上은 宣威將軍, 下는 明威將軍,[4] 正5品上은 定遠將軍,[5] 下는 寧遠將軍, 從5品上은 遊騎將軍, 下는 遊擊將軍,[6] 正6品上은 曰耀虎校尉, 下는 耀虎副尉, 從6品上은 振威校尉,[7] 下는 振威副尉,[8] 正7品上은 致果校尉, 下는 致果副尉, 從7品上은 翊麾校尉, 下는 翊麾副尉, 正8品上은 宣節[宣折]校尉, 下는 宣節[宣折]副尉, 從8品上은 禦侮校尉, 下는 禦侮副尉, 正9品上은 仁勇校尉, 下는 仁勇副尉,[9] 從9品上은 陪戎校尉,[10] 下는 陪戎副尉로[11] 불렀다.[12] 지금 史册에서 보이는

것으로 생각해 볼 때, 곧 武官은 모두 散階가 없는데 그 沿革의 廢置를 가히 詳考할 수 없다.

注釋

1) 驃騎大將軍과 輔國大將軍에 임명된 인물로 1013년(현종4) 9월의 庾孫와 宋能이 찾아지는데, 이들은 太祖 때에 軍功을 세워 이때까지 生存해 있다가 大匡에 임명되었다(『고려사』권4, 세가4, 현종 4년 9월 庚戌).

2) 雲麾大將軍·上護軍에 임명된 인물로 1024년(현종15) 7월의 耽羅酋長 周物과 그의 아들 高沒이 있다(『고려사』권5, 세가5, 현종 15년 7월 壬子).

3) 中虎將軍에 임명된 인물로 1053년(문종7) 2월의 耽羅國 王子 殊雲那가 찾아진다(『고려사』권7, 세가7, 문종 7년 2월 丁丑).

4) 明威將軍에 임명된 인물로 1063년(문종17) 3월의 耽羅의 새로운 星主인 豆良이 있다(『고려사』권8, 세가8, 문종 17년 3월 辛亥).

5) 定遠將軍에 임명된 인물로 1092년(선종9) 2월의 耽羅星主 懿仁이 있다(『고려사』권10, 세가10, 선종 9년 2월 己卯).

6) 游擊遊擊將軍에 임명된 인물로 1021년(天禧5, 현종12) 7월에 건립된 開豊 玄化寺碑의 蓋石(寶蓋, 螭首)을 彫刻한 金佇, 1029년(현종20) 6월 耽羅世子 孤烏弩, 1043년(정종9) 12월의 乇羅國(耽羅國)의 星主 加利, 1068년(문종22) 3월의 耽羅星主 加也仍 등이 찾아진다(「開豊玄化寺碑」;『고려사』권5, 세가5, 현종 20년 6월 癸丑·권6, 정종 9년 12월 庚申·권9, 문종 22년 3월 丁卯).

7) 振威校尉에 임명된 인물은 1049년(문종3) 11월의 耽羅國人 夫乙仍이 찾아진다(『고려사』권7, 세가7, 문종 3년 11월 壬寅).

8) 振威副尉에 임명된 인물로 1032년(덕종1) 2월의 通州의 戶長 金巨가 찾아진다(『고려사』권5, 세가5, 덕종 1년 2월 壬寅).

9) 仁勇副尉에 임명된 인물로 1153년(의종7) 11월의 耽羅縣의 徒上(意味不明) 中連·珍直 등이 찾아진다(『고려사』권18, 세가18, 의종 7년 11월 庚子).

10) 陪戎校尉에 임명된 인물로 1053년(문종7) 2월의 耽羅國 王子 殊雲那의 아들 占物, 1060년(문종14)에 건립된 七長寺 慧炤國師碑를 刻字한 裵可成 등이 찾아진다(『고려사』권7, 세가7, 문종 7년 2월 丁丑 ;「安城七長寺慧炤國師碑銘」).

11) 陪戎副尉에 임명된 인물로 1090년(선종7) 1월의 乇羅(耽羅) 星主의 弟 高福, 1101

년(숙종 6) 10월의 毛羅 新星主 具代 등이 있다(『고려사』 권10, 세가10, 선종 7년 1월 己丑).

12) 이들 武散階는 國初의 官階와 함께 鄕吏·老兵·老人·匠人 등에게 授與되었다. 또 이러한 武散階 외에도 고려에 朝貢·來朝해 온 女眞人[化內女眞·化內番人, 고려에 順應하지 않던 化外女眞의 對稱概念]에게 授與한 柔遠^{綏遠}大將軍·懷化大將軍·奉國大將軍·歸德大將軍·平遠大將軍·柔遠^{綏遠}將軍·懷化將軍·奉國將軍·歸德將軍·寧塞將軍·懷遠將軍·寧遠將軍 등이 있었다. 그 외에 都領將軍이 있으나, 이는 □□(地域名)都領·□□將軍의 略稱이다. 이들 무산계는 그들의 功勞에 따라 부여되었고, 時日의 經過·功勞 등에 따라 陞級되었다(『고려사』 권6, 세가6, 靖宗 4년 1월 辛酉·9년 9월 庚辰·권7, 세가7, 문종 1년 3월 丙戌·권9, 세가9, 문종 27년 2월 乙未·권11, 세가11, 숙종 5년 2월 乙巳). 이는 唐이 異民族의 支配層을 招諭하면서 이들을 위해 設定한 武散階인 懷化大將軍(正3品上)·懷化將軍(正3品下)·歸德大將軍(從3品上)·歸德將軍(從3品下)·懷化中郎將(正4品下)·歸德中郎將(從4品下)·懷化郎將(正5品下)·歸德郎將(從5品下)·懷化司階(正6品下)·歸德司階(從6品下) 등을 적절히 變改하여 사용하였던 것으로 추측된다.

轉載   秋七月, 改開州爲開城府, 管赤縣六·畿縣七(『고려사절요』 권2, 성종 14년 7월 ; 『고려사』 권56, 지10, 지리1, 王京 開城府).

飜譯   7월에[1] 開州를 改編하여 開城府로 삼고, 赤縣 6·畿縣 7을 管轄하게 하였다.

注釋

1) 이해의 7월은 大盡이고 초하루[朔日]는 乙巳이다. 이달은 그레고리曆으로 8월 4일부터 9월 2일까지이다.

關聯資料

(成宗) 十四年, 爲開城府, 管赤縣六·畿縣七(『고려사』 권56, 지10, 地理1, 王京開城府).

原文   秋九月 庚戌, 定十道.

飜譯   9월 7일(庚戌, 陽10月 3日)[1] 10道를 劃定하였다.[2]

注釋

1) 이해의 9월은 大盡이고 초하루[朔日]는 甲辰이다.

2) 이때 정해진 10道는 아래의 관련 자료에 제시된 것과 같이 關內·中原·河南·江南·嶺南·嶺東·山南·海陽·朔方·浿西道 등이다. 또 이때 開京 이외의 주요 據點地域에는 2京·4都護府를 설치하고 그 이외의 全國은 10道로 나누어 觀察使를 파견하고, 그 예하는 5代의 制度에 依據하여 지역의 大小에 따라 네 개의 類型으로 나누어 큰 지역인 12州에는 節度使를, 中·小地域에는 防禦使·團練使·刺史 등을 파견하였던 것으로 추측된다[淸木場東 1972年].

關聯資料

• 又定十道, 曰關內道, 管二十九州八十二縣, 曰中原道, 管十三州四十二縣, 曰河南道, 管十一州三十四縣, 曰江南道, 管九州四十三縣, 曰嶺南道, 管十二州四十八縣, 曰嶺東道, 管九州三十五縣, 曰山南道, 管十州三十七縣, 曰海陽道, 管十四州六十二縣, 曰朔方道, 管七州六十二縣, 曰浿西道, 管十四州四縣七鎭(『고려사절요』 권2, 성종 14년 7월).

• 成宗, 又改州·府·郡·縣, 及關·驛·江·浦之號, 遂分境內爲十道, 就十二州, 各置節度使, 其十道, 一曰關內, 二曰中原, 三曰河南 四曰江南, 五曰嶺南, 六曰嶺東, 七曰山南, 八曰海陽, 九曰朔方, 十 曰浿西, 其所管州郡, 共五百八十餘(『고려사』 권56, 지10, 地理1).

• 成宗十四年, 分境內, 爲十道, 以楊州·廣州等州縣, 屬關內道, 忠州·淸州等州縣, 爲忠原道, 公州·運州等州縣, 爲河南道(『고려사』 권56, 지10, 지리1, 楊廣道).

• 成宗十四年, 分境內, 爲十道, 以尙州所管, 爲嶺南道, 慶州·金州所管, 爲嶺東道, 晉州所管, 爲山南道(『고려사』 권57, 지11, 지리2, 慶尙道).

• 成宗十四年, 以全州·瀛州·淳州·馬州等州縣, 爲江南道, 羅州·光州·靜州·昇州·貝州·潭州·朗州等州縣, 爲海陽道(『고려사』 권57, 지11, 지리2, 全羅道).

• 成宗十四年, 分境內, 爲十道, 以春州等郡縣, 屬朔方道(『고려사』 권58, 지12, 지리3, 交州道).

• 成宗十四年, 分境內, 爲十道, 以黃州·海州等州縣, 屬關內道(『고려사』 권58, 지12, 지리3, 西海道).

• 成宗十四年, 分境內, 爲十道, 以和州·溟州等郡縣, 爲朔方道(『고려사』 권58, 지12, 지리3, 東界).

• 成宗十四年, 分境內, 爲十道, 以西京所管, 爲浿西道(『고려사』 권58, 지12, 지리3, 北界).

• 成宗十四年, 稱留守使, 屬嶺東道(『고려사』 권57, 지11, 지리2, 東京留守官 慶州).

- 成宗, 以慶州爲東京, 置留守使一人, 三品以上, 副留守一人, 四品以上, 判官一人, 六品以上, 司錄軍事一人, 掌書記一人, 七品以上, 法曹一人, 八品以上, 醫師一人, 文師一人, 九品(『고려사』 권77, 지31, 百官2, 外職, 東京留守官 ; 慶州大都督府가 동경유수로 승격된 것은 987년, 곧 성종 6년이지만, 留守官體制의 整備가 갖추어진 것은 다음의 西京留守官과 함께 이해로 추측된다. ; 朴龍雲 2009年 711쪽).
- 成宗十四年, 稱西京留守(『고려사』 권58, 지12, 지리3, 西京留守官 平壤府).
- 成宗十四年, 置知西京留守事一人, 三品以上, 副留守一人, 四品以上, 判官二人, 六品以上, 司錄軍事二人, 掌書記一人, 七品以上, 法曹一人, 八品以上(『고려사』 권77, 지31, 百官2, 外職, 西京留守官).
- 成宗十四年, 改爲金州·安東都護府(『고려사』 권57, 지11, 지리2, 金州).
- 成宗統和乙未, 改爲金海都護府金州·安東都護府(『경상도지리지』, 晉州道, 金海都護府). 이 기사는 添字와 같이 고쳐야 바르게 될 것이다.
- 成宗十四年, 改□爲朗州·安南都護府(『고려사』 권57, 지11, 지리2, 靈岩郡 ; □에 爲字가 들어가야 바르게 될 것이다).
- 成宗十四年, 陞爲□□^{安西}都護府(『고려사』 권58, 지12, 지리3, 豊州 ; 이때 豊州에 설치된 都護府는 安西都護府로 추정된다).
- 成宗十四年, 改和州·安邊都護府(『고려사』 권58, 지12, 지리3, 和州).
- 成宗十四年, 初定十道, 置十二節度使, 號左神策軍, 與海州, 爲左右二輔, 屬關內道(『고려사』 권56, 지10, 지리1, 南京留守官 楊州).
- 成宗十四年, 置十二州節度使, 號奉國軍, 屬關內道(『고려사』 권56, 지10, 지리1, 廣州牧).
- 成宗十四年, 置十二州節度使, 號昌化軍, <u>稱中原道</u>^{屬忠原道}(『고려사』 권56, 지10, 지리1, 忠州牧 ; 이 記事에서 '稱中原道'는 '屬忠原道', 또는 '屬中原道'로 고쳐야 될 것이다).
- 成宗十四年, 置十二州節度使, 號全節軍, 屬中原道(『고려사』 권56, 지10, 지리1, 淸州牧).
- 成宗十四年, 置十二州節度使, 號安節軍, 屬河南道(『고려사』 권56, 지10, 지리1, 淸州牧).
- 成宗十四年, 置十二州節度使, 號晉州定海軍, 屬山南道(『고려사』 권57, 지11, 지리2, 晉州牧).
- 成宗十四年, 置十二州節度使, 號歸德軍, 屬嶺南道(『고려사』 권57, 지11, 지리2, 尙州牧).
- 成宗十四年, 置十二州節度使, 號順義軍, 屬江南道(『고려사』 권57, 지11, 지리2, 全州牧).
- 成宗十四年, 初定十道, 稱爲鎭海軍節度使, 屬海陽道(『고려사』 권57, 지11, 지리2, 羅州牧).

- 成宗十四年, 爲昇州·蓑海軍節度使. 一云昇化(『고려사』 권57, 지11, 지리2, 昇平郡).
- 成宗十四年, 置十二州節度使, 稱右神策軍, 與楊州, 爲左右輔(『고려사』 권58, 지12, 지리3, 安西大都護府 海州).
- 成宗十四年, 置十二州節度使, 稱天德軍□□□^{節度使}, 屬關內道(『고려사』 권58, 지12, 지리3, 黃州牧 ; □□□에 節度使가 더 들어가야 할 것이다).
- 成宗十四年, 置防禦使(『고려사』 권58, 지12, 지리3, 西海道, 塩州).
- 成宗十四年, 置防禦使(『고려사』 권58, 지12, 지리3, 西海道, 安州).
- 成宗十四年, 置防禦使(『고려사』 권58, 지12, 지리3, 黃州牧, 鳳州).
- 成宗十四年, 置防禦使(『고려사』 권58, 지12, 지리3, 黃州牧, 信州).
- 成宗十四年, 置防禦使(『고려사』 권58, 지12, 지리3, 黃州牧, 平州).
- 成宗十四年, 置防禦使(『고려사』 권58, 지12, 지리3, 黃州牧, 洞州).
- 成宗十四年, 置防禦使(『고려사』 권58, 지12, 지리3, 黃州牧, 谷州).
- 成宗十四年, 爲高州防禦使(『고려사』 권58, 지12, 지리3, 高州).
- 成宗十四年, 置防禦使(『고려사』 권58, 지12, 지리3, 宜州).
- 成宗十四年, 稱雲州防禦使(『고려사』 권58, 지12, 지리3, 北界, 安北大都護府, 雲州).
- 成宗十四年, 爲防禦使(『고려사』 권58, 지12, 지리3, 北界, 安北大都護府, 延州).
- 成宗十四年, 稱博州防禦使(『고려사』 권58, 지12, 지리3, 北界, 安北大都護府, 博州).
- 成宗十四年, 稱防禦使(『고려사』 권58, 지12, 지리3, 北界, 安北大都護府, 嘉州).
- 成宗十四年, 稱撫州防禦使(『고려사』 권58, 지12, 지리3, 北界, 安北大都護府, 撫州).
- 成宗十四年, 置運州都團練使(『고려사』 권56, 지10, 지리1, 洪州).
- 成宗十四年, 改爲懽州都團練使(『고려사』 권56, 지10, 지리1, 天安府).
- 成宗十四年, 陞爲許州都團練使(『고려사』 권57, 지11, 지리2, 陝州, 含陽縣).
- 成宗十四年, 稱岱州都團練使(『고려사』 권57, 지11, 지리2, 星州牧).
- 成宗十四年, 稱剛州都團練使(『고려사』 권57, 지11, 지리2, 安東府, 順安縣).
- 成宗十四年, 爲潭州都團練使(『고려사』 권57, 지11, 지리2, 羅州牧, 潭陽郡).
- 高麗初, 改樹州, 成宗十四年, 置團練使(『고려사』 권56, 지10, 지리1, 安南都護府).
- 高麗初, 更今名, 成宗十四年, 置團練使(『고려사』 권56, 지10, 지리1, 安南都護府, 衿州).
- 成宗十四年, 置團練使(『고려사』 권56, 지10, 지리1, 水州).
- 成宗十四年, 置團練使(『고려사』 권56, 지10, 지리1, 廣州牧, 竹州).
- 交州 … 高麗初, 稱伊勿城, 成宗十四年, 更今名, 爲團練使(『고려사』 권58, 지12, 지리

3, 交州).

- 成宗十四年, 稱團練使, 屬安邊府(『고려사』 권58, 지12, 지리3, 春州).
- 成宗十四年, 置團練使(『고려사』 권58, 지12, 지리3, 東州).
- 成宗十四年, 置團練使(『고려사』 권58, 지12, 지리3, 漳州縣).
- 成宗十四年, 置團練使(『고려사』 권58, 지12, 지리3, 安邊都護府 登州).
- (成宗) 十四年, 爲團練使(『고려사』 권58, 지12, 地理3, 東界, 溟州).
- 成宗十四年, 改陟州團練使(『고려사』 권58, 지12, 地理3, 東界, 三陟縣).
- 成宗十四年, 置刺史(『고려사』 권56, 지10, 지리1, 原州, 堤州).
- 成宗十四年, 置刺史(『고려사』 권56, 지10, 지리1, 淸州牧, 鎭州).
- 成宗十四年, 置刺史(『고려사』 권56, 지10, 지리1, 天安府, 嘉林縣).
- 成宗十四年, 爲永州刺史(『고려사』 권57, 지11, 지리2, 東京留守官, 永州).
- 成宗十四年, 爲河州刺史(『고려사』 권57, 지11, 지리2, 東京留守官, 河陽縣).
- 成宗十四年, 爲咸州刺史(『고려사』 권57, 지11, 지리2, 金州, 咸安郡).
- 成宗十四年, 爲密州刺史(『고려사』 권57, 지11, 지리2, 密城郡).
- 成宗十四年, 爲固州刺史(『고려사』 권57, 지11, 지리2, 固城縣).
- 成宗十四年, 陞爲龍州刺史(『고려사』 권57, 지11, 지리2, 尙州牧, 龍宮郡).
- 成宗十四年, 陞爲稽州刺史(『고려사』 권57, 지11, 지리2, 尙州牧, 永同郡).
- 成宗十四年, 爲善州刺史(『고려사』 권57, 지11, 지리2, 尙州牧, 一善縣).
- 成宗十四年, 稱吉州刺史(『고려사』 권57, 지11, 지리2, 安東府).
- 成宗十四年, 稱貝州刺史(『고려사』 권57, 지11, 지리2, 寶城郡).
- 成宗十四年, 降爲刺史(『고려사』 권57, 지11, 지리2, 海陽縣).
- 團練使·都團練使·刺史·觀察使, 成宗爲州府之職, 穆宗罷之(『고려사』 권77, 지31, 百官 2, 外職, 團練使·都團練使·刺史·觀察使).

原文 辛酉, 覆試, 賜李子琳等及第.

飜譯 (9월) 18일(辛酉, 陽10월 14日) 覆試를[1] 擧行하고 李子琳 등에게[2] 及第를 下賜하였다.

注釋

1) 覆試는 再次 科擧試場을 開催한다는 뜻으로, 試場을 2段階로 나누어 第1場을 初試로, 第2場을 覆試로 불렀을 可能性이 있다(『後漢書』권61, 黃瓊列傳第51에 "尙書令瓊復上言, 覆試之作, 將以澄洗淸濁, 覆實虛濫, 不宜改革. 帝乃止". ;『新唐書』권44, 지34, 選擧志上, "(元和) 十三年, 權知禮部侍郎庾承宣奏復考別頭試. 初, 開元中, 禮部考試畢, 送中書門下詳覆, 其後中廢. 是歲, 侍郎錢徽所擧送, 覆試多不中選, 由是貶官, 以擧人雜文送中書門下"). 이는 당시 知貢擧가 進士를 선발한 후 帝王이 平臺에 임하여 다시 試場을 開催하였지만, 이를 親試 또는 廷試(殿試)라고 부르지 않았던 점에서 類推할 수 있다.

2) 李子琳(李可道·王可道, ?~1034)은 淸州人으로 995년(성종14) 3월 知貢擧 白思柔가 주관한 과거에 합격하였고, 같은 해 9월의 覆試에서 甲科 1人으로 급제하였다. 곧 西京掌書記에 임명되었고, 이후 和州防禦使를 역임하고서 돌아와 있다가 1014년(현종5) 上將軍 金訓·崔質의 叛亂이 일어나자 中樞院의 日直員 金猛에게 이들을 제거할 計策을 건의하였다. 顯宗에 의해 그 계책이 받아들여져 임시로 西京留守 判官에 임명되어 事前準備를 하여 다음해에 王의 幸次에 隨從한 金訓·崔質을 위시한 一黨을 誅殺하였다.

1020년(현종11) 尙書右丞에 임명되었고, 다음해 4월에 尙州 管內의 中牟縣(現 慶尙北道 尙州市 牟西面·牟東面 地域)에서 舍利가 出現되자 中樞副使·尙書右丞으로 파견되어 가져왔고, 5월에 尙書左丞으로 慶州에 파견되어 高僊寺의 金羅袈裟·佛頂骨, 昌林寺의 佛牙 등을 宮闕로 가져왔다. 1022년(현종13) 3월 同知中樞院事에, 10월에 中樞院使·國子祭酒에 각각 임명되었고, 1024년(현종15)에 戶部尙書에 임명되었다. 1025년(현종16) 2월 致盛功臣으로 책봉되었고, 1027년(현종18)에 參知政事에 임명되었다. 1029년(현종20)에 左僕射 異膺甫·御史大夫 皇甫兪義·尙書左丞 黃周亮 등과 함께 開京의 羅城을 築造하였는데, 이때의 功勞로 같은 해 11월에 檢校太尉·行吏部尙書兼太子少師·參知政事·上柱國에 임명되었고, 輸忠創闕功臣·開城縣開國伯·食邑七千戶에 冊封되고 賜姓을 받아 王氏로 改姓하였다.

1030년(현종21) 8월에 王可道로서 內史侍郎·判三司事에 임명되었고, 1031년(德宗 卽位年) 8월에 딸(敬穆賢妃 王氏)을 納妃할 것을 청하여 허락을 받았고, 門下侍郎同內史門下平章事에 昇進하였다. 같은 해 10월에 工部郎中 柳喬를 契丹에 보내어 聖宗의 葬事에 참가하게 하고, 郎中 金行恭을 보내어 卽位를 賀禮하게 할 때, 鴨綠江

의 城橋를 헐고 被留되어 있는 고려의 使臣을 돌려주도록 청하게 할 것을 建議하여
許諾을 받았다. 그렇지만 契丹이 허락을 하지 아니하여 外交關係의 斷絶을 둘러싸
고 朝廷에서 論議가 일어날 때 斷絶을 주장하였고, 다음해 3월에 監修國史에 임명
되었다. 이때 平章事 柳韶가 鴨綠江의 城橋를 攻破하기 위해 出兵을 주장하자 李端
과 함께 同調하였으나 받아들여지지 않자, 致仕를 요청하여 鄕里에 돌아가 있다
가 1034년(덕종3) 5월에 別世하였는데, 英肅이라는 諡號가 내려졌다. 후일 太師·
中書令에 追贈되었고, 顯宗의 廟庭에 配享되었다. 그의 3女 上黨縣君 王氏(?~1077)
는 門下侍中 李子淵(1003~1061)의 長子인 門下侍中 李頲(1025~1077)의 妻가 되었
다(『고려사』 권88, 열전1, 后妃1, 德宗·권94, 열전7, 王可道 ; 「開豊玄化寺碑」 ; 「李頲
墓誌銘」).

關聯資料
• (成宗十四年) 九月, 覆試, 下敎, 賜甲科李子琳·乙科四人·明經三人及第(『고려사』 권
  73, 지27, 선거1, 科目1, 選場).
• 覆試進士, 賜李子琳等五人·明經三人及第(『고려사절요』 권2, 성종 14년 9월 ; 이에서
  九月이 缺落되었다).

轉載 是歲, 命平章事徐熙, 帥兵, 城安義·興化二鎭(『고려사절요』 권2, 성종 14년).
飜譯 이해에 (門下侍郎)平章事 徐熙에게 命하여 軍士를 거느리고 가서 安義(現
　　　平安北道 龜城郡 位置)·興化(現 平安北道 義州郡 位置)의 2鎭에 城을 쌓게
　　　하였다.

關聯資料
• (成宗) 十四年, 命徐熙帥兵, 深入女眞, 城安義·興化二鎭, 城靈州六百九十九間, 門七·
  水口二·城頭十二·遮城二. 城猛州六百五十五間, 門五·水口四·城頭十九·遮城二(『고려
  사』 권82, 지36, 병2, 城堡 ; 이 기사에서 猛州城은 성종 15년으로 옮겨가야 바르게
  된다[補正]).
• 明年又率兵, 城安義·興化二鎭(『고려사』 권94, 열전7, 徐熙).

補遺 (統和十三年 十月) 甲申, 高麗遣李知白來貢(『遼史』 권13, 본기13, 聖宗4).

飜譯 (統和 13년 10월) 11일(甲申, 陽11月 6日)[1] 高麗가 李知白을 보내와 貢物을 바쳤다.

注釋

1) 이해의 10월은 小盡이고 초하루[朔日]는 甲戌이다.

關聯資料

(統和十三年) 遣李知白奉貢(『遼史』 권115, 열전45, 二國外記, 高麗).

補遺 (統和十三年 十一月) 辛酉, 遣使册王治爲高麗國王(『遼史』 권13, 本紀13, 聖宗4).

飜譯 (統和 13년 11월) 19일(辛酉, 陽12月 13日)[1] 使臣을 보내어 王治를 高麗國王으로 册封하였다.

注釋

1) 이해의 11월은 大盡이고 초하루[朔日]는 癸卯이다.

關聯資料

(統和十三年) 十一月, 遣使册治爲王(『遼史』 권115, 열전45, 二國外記, 高麗).

補遺 (統和十三年 十一月) 戊辰, 高麗遣童子十人來學本國語(『遼史』 권13, 本紀13, 聖宗4).

飜譯 (統和 13년 11월) 26일(戊辰, 陽12月 20日) 高麗가 童子 10人을 보내와 本國語를 배우게 하였다.

關聯資料

(統和十三年 十一月) 遣童子十人來學本國語(『遼史』 권115, 열전45, 二國外記, 高麗).

原文 是歲, 遣李知白如契丹, 獻方物. 遣童子十人於契丹, 習其語.

飜譯 이해에 李知白을[1] 거란에 보내 方物을 바쳤다. 童子 10人을 거란에 보내

거란어를 배우게 하였다.[2]

注釋

1) 李知白은 성종 2년 9월 6일(戊午)의 주석 2)와 같다.

2) 이 기사는 위에서 提示된 『遼史』의 내용을 縮約한 것으로 추측된다.

原文　(是歲) 遣左承宣趙之遴如契丹, 請婚, 以東京留守·駙馬蕭恒德女, 許嫁.

飜譯　(이해에) 左承宣 趙之遴을[1] 거란에 보내 婚姻을 要請하자, 東京留守·駙馬 蕭恒德의[2] 딸로서 시집보내기를 허락하였다.[3]

注釋

1) 趙之遴(?~1011)은 白州[배주] 銀川縣(現 黃海道 白川郡) 出身으로 行政能力[吏幹]이 있었으나 飮酒를 좋아하였다고 한다. 穆宗代에 吏部侍郎·知銀臺事에 임명되었는데, 朋黨을 짓고 他人의 物件을 橫領하기도 하였다고 한다. 995년(성종14) 후반기에 左承宣으로 거란에 파견되어 婚姻을 요청하여 다음해 3월에 東京留守·駙馬 蕭恒德의 딸을 시집보내겠다는 허락을 받았다. 997년(목종 즉위년) 이후 穆宗이 卽位함에 미쳐 兵校 徐遠을 宋에 보내어 朝命을 기다렸으나, 徐遠이 오랫동안 돌아오지 않았다. 이에 趙之遴은 吏部侍郎으로서 牙將 朱仁紹를 登州(現 山東省 蓬萊市)에 보내 事情을 살피게 하자, 登州에서 이를 報告하니 眞宗이 朱仁紹를 특별히 召見하고 穆宗에게 詔書[鈿函詔] 1通을 하사하였다고 한다. 1011년(현종2) 3월 崔士威와 함께 參知政事에 임명되었고, 같은 해 9월 左僕射·參知政事로 別世하였는데, 恭華라는 諡號가 내려졌다(『고려사』 권94, 열전7, 趙之遴 ; 『續資治通鑑長編』 권47, 咸平 3년 10월 庚午).

2) 蕭恒德은 成宗 11년 統和 10년 12월 是月의 주석 1)과 같다.

3) 蕭恒德의 딸을 시집보내기로 許諾한 것은 다음해 3월이다.

[參 考]

高麗

• 統和十三年乙未四月日 書者釋惠□ 刻者釋曉禪(「山淸斷俗寺洞口石刻銘」; 許興植 1986年 430쪽).

[成宗 15年(996) 丙申] 閏月 宋·遼·高麗·日本⑦

契丹 聖宗 統和 14年, 宋 太宗 至道 2年, 日本 一條 長德 2年

<u>補遺</u> (統和十四年 三月) 壬寅, 高麗王治表乞爲婚, 許以東京留守·駙馬蕭恒德女, 嫁之(『遼史』 권13, 본기13, 聖宗4).

<u>飜譯</u> (統和 14년 3월) 2일(壬寅, 陽3月 23日)[1] 高麗王 治가 表를 올려 婚姻하기를 청하자, 東京留守·駙馬 蕭恒德의 딸을 시집보내기로 許諾하였다.[2]

注釋

1) 이해의 3월은 大盡이고 초하루[朔日]는 辛丑이다.

2) 蕭恒德의 딸은 景宗의 딸인 越國公主의 所生으로 추측되지만, 이 婚姻이 실제로 이루어졌는지를 알 수 없다. 이해에 蕭恒德이 越國公主를 看病하던 宮人과 私通하자, 公主가 근심을 하다가 죽고, 이로 인해 같은 해 혹은 다음해에 蕭恒德은 太后에 의해 賜死되었기에 婚姻이 貫徹되지 않았을 가능성이 있다.

關聯資料

(統和) 十四年, 王治表乞爲婚姻, 以東京留守·駙馬蕭恒德女, 下嫁之(『遼史』 권115, 열전45, 二國外記, 高麗).

<u>補遺</u> (統和十四年 三月) 庚戌, 高麗復遣童子十人來, 學本國語(『遼史』 권13, 본기13, 聖宗4).

<u>飜譯</u> (統和 14년 3월) 10일(庚戌, 陽3月 31日) 高麗가 재차 童子 10人을 보내와

本國語를 배우게 하였다.

原文 春三月, 契丹遣翰林學士張幹·忠正軍節度使蕭熟葛來, 册王曰, 漢重呼韓, 位列侯王之上, 周尊熊繹, 世開土宇之封. 朕法古爲君, 推恩及遠. 惟東溟之外域, 順北極以來王, 歲月屢遷, 梯航靡倦, 宜擧眞封之禮, 用旌內附之誠. 爰採彝章, 敬敷寵數. 咨爾高麗國王王治, 地臨鯷壑, 勢壓蕃隅, 繼先人之茂勳, 理君子之舊國. 文而有禮, 智以識機. 能全事大之儀, 盡協酌中之体. 鴨江西限, 曾無恃險之心, 鳳扆北瞻, 克備以時之貢. 言念忠敬, 宜示封崇, 升一品之貴階, 正獨坐之榮秩. 仍疏王爵, 益表國恩, 册爾爲開府儀同三司·尙書令·高麗國王. 於戲, 海岱之表, 汝惟獨尊, 辰卞之區, 汝惟全有. 守玆富貴, 戒彼滿盈, 無庸小人之謀, 勿替大君之命. 敬修乃事, 用合朝經, 俾爾國人, 同躋壽域. 永揚休命, 可不美哉. 幹等至西郊, 築壇傳册, 王備禮受册, 大赦.

翻譯 3월에 거란[契丹]이 翰林學士 張幹과[1] 忠正軍節度使 蕭熟葛을[2] 보내와 王을 册封하고 말하기를, "前漢[漢]은 呼韓邪[呼韓]를 중히 여겨 그 地位를 諸侯들의 위에 두었고,[3] 周는 熊繹을[4] 존중하여 대대로 封土를 나누어 주었소. 朕은 옛날 法式을 본받아 임금으로서 恩澤을 내려 멀리 미치게 하였으나 오직 東海의 外域에 있는 高麗는 우리에게 順從하여 朝貢하였으며, 세월이 많이 흘러도 사신을 파견해 옴[梯航]을[5] 게을리 하지 않았으니 마땅히 眞封의 禮를 行하여 歸附[內附]해 온 精誠을 旌表하여야 할 것이오. 이에 전해온 法式을 취하여 寵愛하는 禮遇[寵數]를 내리고자 하오. 아, 그대 高麗國王 王治는 땅이 바다 저편[鯷壑]에[6] 있으면서 그 勢力은 다른 諸侯國[蕃隅]을 制壓하였으며, 祖上의 뛰어난 功績을 繼承하여 옛 君子의 나라를 다스리오. (바쳐온) 글은 禮法에 맞으며, 時勢의 變化를 體得[識機]하여서 智慧로우며 능히 事大의 儀禮를 다하여 적합하였소. 鴨綠江[鴨江]을 서쪽의 境界로 삼으면서도 한 번도 그 험한 地勢를 믿고 驕慢하게 굴지 않았으며 북쪽 皇帝가 있는 곳[鳳扆]을[7] 쳐다보며 때에 맞추어 朝貢을 바쳐왔소. 忠誠과 恭敬함을 생각하여 마땅히 높은 官爵에 봉하여 1品의 高貴한 자리에 올리고 곁에 아무도 앉을 수 없는 榮譽로운 職位를 주어야 마땅할 것이오.

이에 諸王의 爵位를 주어 거듭 朝廷의 恩寵을 나타내고자 開府儀同三司(從1品)·尙書令·高麗國王에 册封하오. 아, 東海와 泰山[海岱]의[8] 바깥에는 오직 그대만이 홀로 尊貴하며, 옛 辰韓과 卞韓의 地域에 대한 支配權은 오직 그대의 것이오. 이 富貴를 지켜 나가면서 驕慢함을 警戒할 것이며, 잔꾀를 쓰지 말고 天子의 命令을 어기지 말라. 공경히 자신의 일을 닦아서 朝廷의 經綸에 걸맞게 행하고, 그대 나라 사람들로 하여금 함께 太平聖代[壽域]를[9] 누리게 할 것이오. 그럼으로써 天子가 그대에게 내린 아름다운 命令[休命]을[10] 휘날리게 하면 어찌 아름답지 않을 것이오."라고 하였다. 張幹 등이 서쪽 郊外에 이르러 壇을 쌓고 册名을 傳하니 王이 禮를 갖추어 册名을 받고 大赦免을 내렸다.

注釋

1) 張幹은 漢人 出身으로 991년(統和9) 윤2월 中書省의 政事舍人으로 在職하다가 諸道에 使臣을 파견하여 積滯된 獄訟을 決定할 때 選拔되었다. 같은 해에 翰林學士로서 帝命을 받아 南京(現 北京市)에 派遣되어 室昉(920~994)에게 南京留守의 告身을 傳하였다(『요사』 권79, 열전9, 室昉). 그가 고려에 파견된 사실은 『요사』에 收錄되어 있지 않다.

2) 蕭熟葛은 『遼史』에서 찾아지지 않아 어떠한 人物인지는 알 수 없다.

3) 呼韓은 呼韓邪의 略稱으로, 匈奴族의 王[單于]의 이름이다. 呼韓邪(?~B.C.31, B.C.58~B.C.31 在位)는 前漢後期의 匈奴單于로서 이름은 稽侯珊이다. 漢에 公主의 下嫁를 요청하여 宮女 王嬙(昭君)을 王后로 삼았고, 이후 兩國이 40餘年間에 걸쳐 평화적인 관계를 유지하게 되었다고 한다. 이 내용은 前漢의 宣帝 甘露 3年(B.C.51) 匈奴의 呼韓邪單于가 來朝하자 太傅 蕭望之(B.C.114~B.C.47)가 그를 匹敵國의 君主로서 諸侯王의 上位에 位置한 賓客으로 대접하자고 요청하여, 宣帝가 이를 收用하였다는 것이다(『漢書』 권78, 蕭望之傳第48).

4) 熊繹은 熊狂의 아들로서 周 成王 때 文王·武王 때의 功臣 後裔를 拔擢할 때 楚君에 册封되고 子爵과 男爵[子南]의 田地를 下賜받았다. 그의 死後에 아들 熊艾가 楚君을 繼承하여 世襲되게 되었다.

5) 梯航은 梯山航海의 略稱으로, 사닥다리를 놓고 험한 山을 넘고, 배를 타고 바다를 건너 먼 길[長途]을 건너온다는 意味이다. 일반적으로 使行을 가리키며, 여기에서는

먼 나라에서 朝貢하여 온다는 뜻이다(『삼국사기』 권9, 新羅本紀第9, 景德王 15년, 2월, 賜新羅王詩(玄宗 作), "四維分景緯, 萬象含中樞, 玉帛遍天下, 梯航歸上都, …"). 또 梯航은 梯杭으로도 表記하는데, 杭과 航이 通用되기 때문이다[東亞大學校 2008年 1책 354쪽].

6) 鯷壑[제학]은 東鯷人이 居住하는 海外의 國家를 말한다. 『漢書』 권28下, 地理志第8 賀에 "會稽(現 浙江省 蘇州)의 바다 밖에 東鯷人이 있는데, 20여 개의 나라로 나뉘어 있으며, 節氣마다 와서 貢物을 바치고 謁見한다. 會稽海外有東鯷人, 分爲二十餘國, 以歲時來獻見云. 孟康曰, 音題, 晉灼曰, 音鞮, 師古曰, 孟音是也"라고 하였다[東亞大學校 2008年 1책 354쪽].

7) 鳳扆[봉의]는 皇帝의 宮闕에 놓인 鳳凰으로 裝飾한 屛風을 가리킨다. 이것이 窓門[戶牖之間] 아래에 두어져 있음으로 玉座[帝座]를 意味하지만, 이것이 轉意되어 朝廷을 意味하기도 한다[東亞大學校 2008年 1책 355쪽].

8) 海岱는 黃海[東海]로부터 泰山 사이에 있는 地域으로, 옛날의 靑州地域(別稱은 益都, 現 山東省의 大部分 地域, 治所는 濰坊市)이다. 『書經』, 夏書 禹貢에 "바다[海]와 泰山[岱山] 사이에 오직 靑州가 있을 뿐이다. 海·岱惟靑州."라고 하였다(『漢書』 권28上, 地理志第8上, "海·岱惟靑州, 師古曰, 東北據海, 西南據岱, 岱卽太山也")[東亞大學校 2008年 1책 355쪽].

9) 壽域은 太平盛世 또는 墳墓[壽穴]를 意味하는데, 이에서는 前者를 가리킨다(『佩文韻府』 권11~6, 洪鈞, "杜甫詩, 八方開壽域, 一氣轉洪鈞"; 東亞大學校 2008年 1책 355쪽).

10) 休命은 아름다운 命令, 곧 天子나 神明의 뜻을 가리킨다(『易經』, 大有, "君子以遏惡揚善, 順天休命"; 『書經』, 說命下[僞古文尙書], "敢對揚天子之休命").

關聯資料

春三月, 契丹遣翰林學士張幹·忠正軍節度使蕭熟葛來, 册王爲開府儀同三司·尙書令·高麗國王. 幹等至西郊, 築壇傳册, 王備禮受册, 乃大赦(『고려사절요』 권2, 성종 15년 3월).

原文 (是月) 遣韓彦卿如契丹, 納幣.

飜譯 (3월에) 韓彦卿을[1] 거란에 보내 貢物을 바쳤다[納幣].

注釋

1) 韓彦卿(生沒年不詳)은 중국 측의 자료에 의하면 韓彦敬으로 表記되어 있다. 고려측의 자료에 의하면 996년(성종15) 3월에 거란[契丹]에 파견되어 貢物을 바쳤다고 하지만, 『遼史』에는 997년(통화15, 성종16) 7월 14일 거란에 도착하여 幣帛을 바치고, 越國公主(駙馬 蕭恒德의 妻)의 喪을 弔問하였다고 한다(『遼史』 권13, 본기13, 聖宗4·권115, 列傳45, 二國外紀 高麗). 이 두 記事가 같은 내용으로 年代整理[繫年]에서 실패한 것인지, 아니면 韓彦卿이 2차에 걸쳐 거란에 派遣되었는지를 판가름하기가 어렵다.

轉載 (成宗) 十五年 三月, 崔暹爲都考試官, 取進士(『고려사』 권73, 지27, 선거1, 科目1, 選場).

飜譯 (성종) 15년 3월에 崔暹이 都考試官이[1] 되어 進士를 선발하였다.

注釋

1) 都考試官은 996년(성종15)에 科擧를 主管하던 知貢擧를 改稱한 것이지만, 다음해에 다시 知貢擧로 還元하였다.

關聯資料

成宗十五年, 改知貢擧, 爲都考試官(『고려사』 권74, 지28, 선거2, 試官).

原文 夏四月 辛未[朔], 鑄鐵錢.

飜譯 4월 1일(辛未, 陽4月 21日)[1] 鐵錢을[2] 鑄造하였다.[3]

注釋

1) 이해의 4월은 小盡이고 초하루[朔日]는 辛未이다. 이 記事에서 초하루를 가리키는 朔字가 缺落되었다.

2) 이때 鑄造된 貨幣로 推定되는 3種이 日帝强占期인 大正(1915~1926) 初에 開城地域의 古墳에서 出土되었다고 한다. 아무런 錢文이 없는 無文錢인 鐵錢과 銅錢(圓錢圓

空), 그리고 唐 乾元重寶의 錢文을 踏襲한 鐵錢의 乾元重寶(圓錢方空)이다. 그중에 乾元重寶는 背面에 '東國' 二字가 새겨져 있고, 質朴하며 重量은 2量 9分(78.375g)이라고 한다(奧平昌洪, 『東亞錢志』 권15, 1938). 이때의 화폐유통은 국가재정의 확보책으로 실시되었지만, 1002년(목종5) 7월 門下侍中 韓彦恭의 건의를 수용하여 茶店·酒店 등을 제외한 庶民들의 交易에서는 從前처럼 物品貨幣를 이용하게 하였다. 이는 國家總生產兩이 낮아 貨幣經濟가 적합하지 않았기 때문일 것이다[蔡雄錫 1988年 86쪽 ; 金東哲 1993年 464쪽 ; 東亞大學校 2008年 1책 356쪽].

3) 이때 鑄錢의 實施에 대한 事情은 1002년(목종5) 7월의 敎書에 反映되어 있다.

關聯資料

成宗十五年 四月, 始用鐵錢(『고려사』 권79, 지33, 食貨2, 貨幣).

補遺 長德二年 五月 十九日戊午, 高麗人寄石見國, 其事諸卿定申, 延喜年中異國人來但馬國, 造船給粮還遣本國, 依彼例給粮可返遣之由, 定申了(『小右記』).

飜譯 5월 19일(戊午, 陽6月 7日)[1] 高麗人이 石見國[이와미노쿠니, 現 島根縣의 西部地域]에 寄着한 사실을 諸卿들이 議論[定申]하여 延喜年間에 異國人이 但馬國[타지마노쿠니, 現 兵庫縣의 北部地域]에 온 것을 船舶을 만들어 食糧을 支給하고 本國에 돌려보낸 예와 같이 그들에게도 食糧을 支給하여 送還하는 것으로 決定[定申]하였다.

注釋

1) 이해의 5월은 大盡이고 초하루[朔日]는 庚子이다.

關聯資料

長德二年 五月 十九日, 高麗人來寄著石見事(『小記目錄』 권16, 異朝事).

補遺 (統和十四年 六月) 己丑, 高麗遣使來問起居, 後至無時(『遼史』 권13, 本紀13, 聖宗4).

飜譯 (統和 14년 6월) 20일(己丑, 陽7月 8日)[1] 高麗가 使臣을 보내와 皇帝에게 問安人事를 드렸다[問起居]. 以後에 일정한 때가 없이 使臣이 왔다.

注釋

1) 이해의 6월은 小盡이고 초하루[朔日]는 庚午이다.

關聯資料

(統和十四年) 六月, 遺使來, 問起居, 自是, 至者無時(『遼史』 권115, 열전45, 二國外紀 高麗).

原文　秋七月 乙巳, 郁死于泗水縣.

翻譯　7월 7일(乙巳, 陽7월 24日)[1] 郁(顯宗의 父, 安宗으로 追贈)이[2] 泗水縣(現 慶 尙南道 泗川市)서 別世하였다[死].[3]

注釋

1) 이해의 7월은 大盡이고 초하루[朔日]는 己亥이다. 이날은 그레고리曆으로 7월 29일 이다.

2) 郁(安宗으로 追尊)은 태조 18년 神聖王太后 金氏의 주석 3)과 같다.

3) 『고려사』의 編纂者가 王子로서 諸王이었던 郁의 죽음을 '薨'字 또는 '卒'字로 表記 하지 아니하고, '死'字로 表記한 것은 典故에 어두웠을 가능성이 있다.

關聯資料

• 秋七月, 郁死于泗水縣, 郁工文章, 又精於地理, 嘗密遺子詢, 金一囊曰, 我死, 以金贈術 師, 令葬于縣城隍堂歸龍洞, 葬必伏埋, 詢如其言, 將葬, 請伏埋, 術師曰, 何大忙乎(『고 려사절요』 권2, 성종 15년 7월).

• 成宗十五年, 郁卒于貶所(『고려사』 권90, 열전3, 宗室1, 太祖 安宗 旭).

• 以統和十四年丙申, 七月初七日, 殂落于彼, 日月不居, 卜地而葬, 乃得地於是州焉(「開豊 玄化寺碑」).

轉載　(七月) 定朝官遭喪給暇式, 忌日給三日, 每月朔望一日, 大·小祥祭七日, 大祥 後, 經六十日, 行禪祭, 給五日(『고려사절요』 권2, 성종 15년 7월).

翻譯　(7월에) 朝廷의 官僚가 喪을 당했을 경우 休暇를 주는 規則을 정하여, 忌日 은 3일, 매달 朔望은 1일, 大喪과 小喪의 祭日은 7일, 大喪을 마친 후 60일

을 지나서 禫祭를 지낼 때는 5日의 休暇를 주기로 하였다.

關聯資料

- (成宗) 十五年 七月, 定朝官遭喪給暇式, 忌暇各三日, 每月朔望祭, 暇各一日, 大·小祥
祭, 暇各七日, 大祥後, 經六十日, 行禫祭, 暇五日(『고려사』 권64, 지18, 禮6, 凶禮, 五
服制度).

- (成宗) 十五年, 判[制], 凡官吏, 父母喪三年, 每月朔望祭, 暇一日, 第十三月初忌日 小喪
齋, 暇三日, 其月晦小喪祭, 暇三日, 第二十五月大喪齋, 暇三日, 其月晦大喪祭, 暇七
日, 至二十七月晦禫祭, 暇五日(『고려사』 권84, 지38, 형법1, 公式, 官吏給暇, 이에서
判은 制로 고쳐야 바르게 된다).

原文 冬十二月 丁巳, 賜郭元等及第.

飜譯 12월 21일(丁巳, 陽997年 2月 1日)[1] 郭元[2] 등에게 及第를 下賜하였다.[3]

注釋

1) 이해의 12월은 小盡이고 초하루[朔日]는 丁酉이다.

2) 郭元(?~1029)은 淸州 上黨縣人으로 996년(성종15) 3월 都考試官 崔暹의 門下에서
과거에 합격하였고, 같은 해 12월에 甲科 1人으로 及第하였으나 歷官은 분명하지
않다. 1010년(현종1) 5월에 契丹이 침입하자 起居舍人으로 行營都統使·參知政事
康兆의 麾下에서 兵馬判官으로 參戰하였고, 다음해에 中樞院直學士에 임명되었다.
1015년(현종6, 大中祥符8) 11월에 御事民官侍郎의 官職을 띠고서 東女眞首領 何盧
太와 함께 宋에 도착하여 貢物을 바치고, 曆日·尊號를 요청하면서 契丹이 鴨綠江에
浮橋를 설치하고 공격해 오려고 한다고 告하였다. 이때 郭元의 官職은 戶部侍郎인
데, 宋의 官制를 避하여 過去의 名稱을 臨時로 使用하였던 것으로 추측된다. 또 郭
元은 고려의 文物·風俗·産物 등을 상세히 宋人들에게 알려 주었고, 연회를 하사받
았을 때는 스스로 表를 지어 謝禮하였는데, 상당한 文翰能力이 있어 厚待를 받았다
고 한다.
다음해 1월 郭元이 歸國하려고 下直人事를 드리자 國王에게 詔書 7函·衣帶·器幣·
鞍馬·經史[九經·史記·兩漢書·三國志·晉書·諸子]·聖惠方·曆日 等을 下賜하였고, 郭

元이 高麗의 諸般 事情을 報告하면서 國朝登科記·賜御詩를 요청하자 허락하였다고
한다. 이때 宋은 契丹과 盟約을 맺었기에 學士 錢惟演으로 하여금 契丹과 和睦하라
는 答書를 쓰게 하고, 이 뜻을 館伴·員外郎 張師德을 통해 郭元에게 傳하게 하였다
고 한다. 宋에서 귀국하여 같은 해 6월에 刑部侍郎·右諫議大夫에 임명되었다. 1017
년(현종8) 3월에 禮部侍郎으로 知貢擧가 되어 鄭倍傑 등을 選拔하였고, 1019년(현
종10) 6월에 翰林學士로 禮部試에서 對策을 제외하고 論으로써 試驗하게 할 것을
建議하여 採擇되었다. 1021년(현종12)에는 王命을 받아 玄化寺(大慈恩玄化寺)의 眞
殿記를 修撰하였고, 1022년(현종13) 1월에 右散騎常侍에 승진하였고, 같은 해 9월
에 左散騎常侍로 契丹에 파견되었다. 1023년(현종14) 1월에 中樞院使에 임명되었
고, 다음해 1월에 刑部尙書에 임명되었고, 같은 해 7월에 西北面行營副都統에 임명
되었다.

1025년(현종16) 2월에 推誠文理功臣·上柱國으로 冊封되었고, 1027년(현종18) 1월
에 李可道와 함께 參知政事에 임명되었다. 이때 顯宗이 女眞을 懷柔하려는 政策을
시행하려고 하자 반대하여 威嚴으로 制壓하는 것이 옳다고 建議하여 採擇되었다.
1029년(현종20) 契丹의 東京留守 大延琳(大祚榮의 7代孫)이 擧兵하여 興遼國을 세
울 때, 契丹을 공격하여 鴨綠江 동쪽의 要塞[保障]을 掌握하자고 하였는데, 崔士威·
徐訥·金猛 등의 반대에도 不拘하고 出兵을 고집하여 貫徹시켰으나 성공하지 못해
苦悶하다가 7월에 刑部尙書·參知政事로 別世하였다(『고려사』 권94, 열전7, 郭元 ;
『宋史』 권487, 열전246, 外國3, 高麗 ; 『續資治通鑑長編』 권85, 大中祥符 8년, 11월
癸酉 ; 『宋會要輯稿』196冊, 蕃夷3, 女眞·199冊, 蕃夷7, 歷代朝貢 ; 「開豊玄化寺碑」).

3) 이때 郭元(?~1029)·尹徵古(尹元載, ?~1021)·徐訥(?~1042) 등이 급제하였다고 한다
(『高麗列朝登科錄』前編권1 ; 朴龍雲 1990年 332~333쪽).

關聯資料

• (成宗十五年) 十二月, 下敎, 賜甲科郭元等四人·乙科三人·明經六人及第(『고려사』 권73,
지27, 선거1, 科目1, 選場).

• 冬十二月 丁巳, 賜郭元等七人·明經六人及第(『고려사절요』 권2, 성종 15년 12월 丁巳).

• 十二月, 崔暹爲都考試官, 改知貢擧爲都考試官, 尋復舊, 取甲科四人·乙科三人·明經六
人(『高麗列朝登科錄』前編권1).

轉載   是歲, 徐熙, 城宣·孟二州(『고려사절요』 권2, 성종 15년).

飜譯   이해에 徐熙가 宣州(現 平安北道 宣川郡)·孟州(혹은 猛州·孟城, 現 平安南
       道 孟山郡)의 2州에 城을 쌓았다.

關聯資料

• (成宗) 十五年, 城宣州一千一百五十八間, 門六, 城頭三十六, 水口一, 遮城三, 城猛州六
  百五十五間, 門五·水口四·城頭十九·遮城二(『고려사』 권82, 지36, 병2, 城堡 ; 猛州城
  은 성종 14년에 수록되어 있으나 이해로 옮겼다[補正] ; 猛州城은 後日 增築되어 662
  間이 되었던 것 같다. 『文宗實錄』 권4, 즉위년 10월 己卯).

• 又明年, 城宣·孟二州(『고려사』 권94, 열전7, 徐熙).

轉載   事審官 … 成宗十五年, [1]定判, 凡事審官, 五百丁以上州四員, 三百丁以上州
       三員, 以下州二員(『고려사』 권75, 지29, 선거3, 銓注, 事審官).

校訂

1)의 定는 判의 誤字로 추측된다. 이 判도 『고려실록』에서는 制勅의 略稱인 制 이었을
것인데, 『고려사』의 편찬자가 判으로 改書한 글자일 것이다.

飜譯   成宗 15년에 制[判]를 내려 무릇 事審官은 500丁 以上의 州에는 4人, 300丁
       以上의 州에는 3人, 300丁 以下의 州에는 2人으로 하였다.

[參 考]

高 麗

• 統和十四載, 赴彌勒寺五教大選, 排禪雲火頂之門, 高飛舌電, 嚼甘□□□□□□□□瀾,
  名振講場, 譽鏗談會(「竹山七長寺慧炤國師塔碑」 ; 이 자료는 慧炤國師 鼎賢이 彌勒寺
  에서 개최된 僧科(敎宗選, 五教大選)에 나아가 合格한 事實을 敍述한 것이다).

[成宗 16年(997) 丁酉]

契丹 聖宗 統和 15年, 宋 太宗 至道 3年, 日本 一條 長德 3年

轉載 明年 二月, 顯宗^{大良院君}還京(『고려사』 권90, 열전3, 宗室1, 太祖 安宗 旭).

飜譯 다음해(성종16) 2월에 大良院君 詢[顯宗]이 (泗州에서) 開京으로 돌아왔다.[1]

注釋

1) 이는 宗室 郁(太祖의 子, 後日 安宗으로 追尊)의 아들인 詢(後日의 顯宗)이 나이 2歲 때인 993년(성종12)에 郁이 流配되어 있던 泗州(現 慶尙南道 泗川市)에 가서 成長하다가 6歲 때 開京으로 歸還했던 사실을 서술한 것이다.

關聯資料

(顯宗 3년 7월) 戊寅, 敎曰, 朕頃在泗水, 彦孝·孝質二人, 扶持左右, 夙著勤勞, 可賜良田, 以賞其勞(『고려사』 권4, 세가4, 현종 3년 7월 戊寅).

補遺 長德三年五月、高麗の牒到來、文章舊儀にたがふ上、其狀體蕃禮にそむくよし沙汰ありて、返牒なし(「異國牒狀記」)。

飜譯 長德 3년 5월에[1] 高麗의 牒이 到來했다. 文章이 過去의 儀禮[舊儀]와 다를 뿐더러, 그 文章의 體例[狀體]가 蕃禮에 어긋나는 점이 問題가 되어 返牒은 없었다.

注釋

1) 이해의 5월은 陳垣에 의하면 宋曆에서는 大盡이고 초하루[朔日]는 甲子이지만, 日本曆은 小盡이다. 이달의 日本曆은 그레고리曆으로 6월 8일부터 7월 11일까지이다.

補遺 (長德三年 六月) 十二日^{甲辰}、勘解由長官^{源俊賢}云、高麗國啓牒有使辱日本國之句、所非無怖畏者。前丹波守^{藤原}貞嗣朝臣來云、大貳^{藤原有國}消息、徵<u>城</u>^{域內國?}<u>六个國人</u>兵、令警固要害、又高麗國使日本人云〃(『小右記』)。

翻譯   (長德 3년 6월) 12일(甲辰, 陽7月 18日)[1] 勘解由長官 源俊賢이[2] 말하기를 高麗國의 啓牒에 日本國을 辱보이는 句節이 있고, 두려워함이 없는 것 같다고 하였다. 前丹波守 藤原貞嗣가[3] 와서 말하기를 (大宰府)大貳 藤原有國에게[4] 命하여 域內의 여러 나라의 兵士를 動員하여 要害地를 엄하게 지키게[警固] 하였다고 한다. 또 高麗國의 使臣은 日本人이라고도 한다.[5]

注釋

1) 이해의 6월은 陳垣에 의하면 宋曆에서는 小盡이고 초하루[朔日]는 甲午이지만, 日本曆은 大盡이고 초하루는 癸巳이다.

2) 源俊賢(미나모토노 토시카니, 959~1027)은 醍醐源氏(國王 醍醐의 後孫)인 源高明(미나모토노 타카아키라, 914~982)의 아들로서 夕霧로도 불렸다. 어려서 아버지와 함께 藤源氏의 迫害를 받았으나 정치적으로 再起하였다. 藤源氏와 일정하게 交遊하면서 攝政의 地位를 차지하였으며 아버지와 같은 나이인 69歲에 病死하였다.

3) 藤原貞嗣(후지와라노 키다츠구)는 어떠한 인물인지를 알 수 없으나 같은 이름으로 『日本後紀』의 편찬에 참여한 인물이 있다. 그리고 그의 이름에 붙어 있는 朝臣은 律令國家時代의 支配層들이 그들의 이름에 붙이던 常套的인 용어인데, 中原에서는 이를 日本의 複姓으로 理解하였다(『姓氏急就篇』, "唐代時日本人來華, 以朝臣爲氏. 唐代有朝臣眞人·朝臣太父, 皆倭人").

4) 藤原有國(후지와라노 아리쿠니, 943~1011)은 헤이안(平安)시대의 公卿으로 字는 藤賢으로 藏人·右大辯 등을 역임하고 參議(從2位)를 거쳐 修理貸付에 이르렀고, 文章에 능하였다고 한다.

5) 이때 고려가 다자이후[大宰府] 출신으로 貿易에 從事하고 있던 것으로 추측되는 日本人을 통해서 日本에 3통의 國書를 보냈다고 하는데, 그중에서 1통은 일본정부에, 나머지 2통은 對馬島에 보낸 것이라고 한다. 이 國書의 내용에 대해서는 언급이 없고, 단지 文章 중에 '有使辱日本國之句 所非無怖畏者', '有令耻日本國之文'으로 표현된 일본을 모욕하는 내용이 있었던 것 같다(『小右記』). 이에 대해 "이때의 高麗 牒狀은 疑問에 싸여 있지만, 그 속에는 高麗가 中國과 동일한 大國의 입장을 가지면서 日本을 蕃國으로 간주한 내용이 담겨 있었을 可能性도 排除할 수 없다."는 見解도 提示되어 있다[南基鶴 2000年].

關聯資料

同^{長德}三年六月十二日, 高麗人啓牒事(『小記目錄』 권16, 異朝事).

補遺　長德三年 六月 十三日、諸卿定申高麗國牒狀事、僉議不可遣返牒、可警固要
害、又牒狀不似高麗國牒、是大宋國之謀略歟(『百練抄』 권4).

飜譯　長德 3년 6월 13일(乙巳, 陽7月 19日)¹⁾ 여러 公卿들이 高麗國의 牒狀에 대
한 일을 議論하였는데[定申], 대다수의 意見[僉議]이 답장[返牒]을 할 수 없
다고 하면서, 要害를 굳게 지켜야 한다고 하였다. 또 牒狀이 高麗國의 牒과
같지 않으니, 이는 大宋國의 謀略이 아닐까 하였다.

注釋

1) 日本曆에서 이해의 6월은 大盡이고 초하루[朔日]는 癸巳이다. 宋曆은 陳垣에 의하면
이해의 6월은 小盡이고 초하루[朔日]는 甲午라고 하는데, 그렇다면 13일은 丙午(陽7
月 20日)이다.

關聯資料

十三日乙巳, 參宮, 少選參內 右大臣^{藤原顯光}·左大將^{藤原公季}·民部卿^{藤原懷忠}·式部大輔^{菅原輔正}·
左衛門督^{藤原誠信}·右衛門督^{藤原公任}·左大辨^{源扶義}·宰相中將^{藤原齊信}·勘解由長官同參　左中辨^{藤原}
^{行成}奉詔, 下賜右大臣大宰府解文·高麗國牒三通, 一枚牒日本國, 一枚牒對馬嶋司, 一枚
同嶋. 諸卿相共定申, 大略不可遣返牒, 又警固要害, 兼致內外祈禱事. 又高麗牒狀, 有令
耻日本國之文, 須給官符大宰, 其官符文, 注高麗爲日本所稱之由, 又可注事者, 高麗國背
禮儀事也. 商客歸去之時, 有披露彼國歟. 但見件牒, 不似高麗國牒, 是若大宋國謀略歟.
仰高麗使大宰人也, 若不可返遣, 可被勘其罪, 大宰申請四ケ條, 九國戎兵具皆悉無實, 可
令國司修補事, 若其無其勤, 雖有他功, 不可預勸賞者. 定申云, 先可造要須戎具也, 不可
申止勸賞事, 九國域內諸神可授一階事. 定申云〃, 先被祈禱, 相次可被定下, 可加寄香椎
廟內大臣^{藤原伊周}封卄五戶事. 定申云, 可被加寄歟者, 對馬守高橋仲堪, 非文非武, 智略又
乏, 以大監平中方, 差遣彼嶋, 備不虞事. 定申云, 如府所注, 仲堪非文非武, 智略乏由, 令
尋先例, 如此之時, 改任堪能武者. 狀^{非?}無蹤路, 雖然忽被改任如何, 如府申請, 先差遣中
方, 隨又申請, 乍有可被定下也. 府解文云, 中方身爲文章生, 又習弓馬云〃, 戌刻許各退
出, 又北陸·山陰等道可給官符之由, 僉議了. 上達部云〃, 大宋國人近在越前, 又在鎭西,
早可歸遣歟. 就中在越州之唐人, 見聞當州衰亡歟, 寄來近都國, 非無謀略, 可恐之事也者

(『小右記』).

補遺　(統和十五年 秋七月) 丙子, 高麗遣韓彦敬奉幣, 弔越國公主之喪(『遼史』권 13, 본기13, 聖宗4).

翻譯　(統和 15년 7월) 14일(丙子, 陽8月 19日)[1] 高麗가 韓彦敬(韓彦卿)을[2] 보내 와 幣帛을 바치고, 越國公主의[3] 喪을 弔問하였다.

注釋

1) 이해의 7월은 大盡이고 초하루[朔日]는 癸亥이다.

2) 韓彦敬(韓彦卿)은 성종 15년 3월의 주석 1)과 같다.

3) 越國公主(?~996)는 景宗(969~982 在位)의 3女 延壽女로서 983년(統和1, 성종2) 蕭 恒德(?~996)과 婚姻하였다. 996년(統和14) 病에 걸렸는데, 承天皇太后(景宗妃, 聖宗 의 母)가 看病을 위해 보낸 宮人과 蕭恒德이 私通함을 듣고서 苦悶하다가 죽었고 (21歲), 이를 계기로 蕭恒德도 太后에 의해 賜死되었다(『遼史』권65, 표3, 公主表, 景宗·권88, 열전18, 蕭排押·恒德).

關聯資料

(統和) 十五年, 韓彦敬來納聘幣, 弔駙馬蕭恒德妻越國公主之喪(『遼史』 권115, 列傳45, 二國外紀 高麗).

原文　秋八月 乙未, 幸東京, 宴群臣, 扈從臣僚·軍士, 賜物有差. 中外官各 加勳階, 義夫·節婦·孝子·順孫, 旌門賜物, 遂頒赦.

翻譯　8월 3일(乙未, 陽9月 7日)[1] 東京(現 慶尙北道 慶州市)에 幸次하여 여러 臣 下들에게 宴會를 베풀고 扈從한 臣僚와 軍士들에게는 物品을 差等이 있게 내려주었다. 또 內·外官의 勳階를[2] 덧붙여 주고, 義夫·節婦·孝子·順孫 등 에게 旌門을 세워주고 物品을 下賜하고서, 赦免을 頒布하였다.

注釋

1) 이해의 8월은 大盡이고 초하루[朔日]는 癸巳이다.

2) 勳階는 勳官으로도 表記되며, 官僚의 官銜은 職事官·散官·勳官·爵號 등이 있다. 그

중에서 職事를 賦與받고 俸祿을 받을 수 있는 것은 職事官이기에 實利的인 面이 있고,散官·勳官·爵號는 服色·蔭敍[資陰] 등에서 혜택을 볼 수 있는 名譽的인 面이 있다고 한다(『新唐書』권157, 열전82, 陸贄). 고려시대의 경우에도 마찬가지였을 것으로 추정되는데, 國初에 唐의 制度를 受容하여 적절히 變改하여 使用되었으나 점차 國初以來의 官階, 곧 唐 文散階 導入以前의 官階와 勳職이 더 많이 사용되었던 것 같다.

關聯資料

- 秋八月 乙未, 幸東京, 宴群臣, 扈從臣僚軍士, 賜物有差, 中外官, 各加勳階, 奇材異能, 隱滯丘園者, 命有司, 搜訪以聞. 義夫節婦, 孝子順孫, 旌門賜物. 遂頒赦, 減所過州縣, 今年田租之半(『고려사절요』권2, 성종 16년 8월 乙未).
- (成宗) 十六年 八月, 幸東京, 減所過州縣今年田租之半(『고려사』권80, 지34, 식화3, 賑恤, 恩免之制).
- 成宗十五[七]年八月, 車蓋幸東京頒赦, 凡有奇才·異能·隱滯丘園者, 勅有司搜訪無遺, 又收籍內外義夫·節婦·孝子·順孫, 旌表門閭, 錫物段有差. 時有敬順王入朝日不來者, 已飴背矣; 猶爲白衣作詩獻內相王融云 …(『補閑集』권上 ; 成宗十五年은 十七年의 잘못일 것이다).

轉載　(成宗)十六年 八月, 禮部侍郎柳邦憲, △爲知貢擧, 取進士(『고려사』권73, 지27, 선거1, 科目1, 選場).

飜譯　(成宗) 16년 8월에 禮部侍郎 柳邦憲이[1] 知貢擧가 되어 進士를 선발하였다.

注釋

1) 柳邦憲(944~1009)은 全州 承化縣人으로 字는 民則이며, 後百濟의 右將軍 法樊의 孫이며, 檢務·租藏·大監 등의 官銜을 띤 潤謙의 아들이다. 972년(광종23) 鄕貢進士로서 製述業에 급제하여 攻文博士에 임명되었다. 이어서 光文敎書郎·光文郎·國子主簿·四門博士 등을 역임하고, 987년(성종6) 策文을 바쳐 褒賞을 받아 御事右司 員外郎에 임명되고 緋魚袋를 下賜받았다. 이어서 舍館修撰官·起居舍人·知制誥·禮部郎中을 역임하고 紫魚袋를 하사받았다. 995년(성종14)에 通直郎·中樞直學士에 임명되었고 이어서 國子司業을 거쳐 997년(성종16) 禮部侍郎으로 知貢擧가 되었다. 같은 해에 禮部侍郎·右諫議大夫에 임명된 후 狩獵幸次를 즐기던 穆宗에게 수차에 걸쳐

諫言을 올렸고, 1000년(목종3) 翰林學士로 知貢擧가 되었다.

이어서 中樞副使·秘書監中樞使 등을 역임하고 1004년(목종7) 勅命을 받아 「獻和大王神道碑」(光宗)를 修撰하여 稱讚을 받고 判翰林院事·左散騎常侍·參知政事·監修國史·上柱國·正議大夫·河東縣開國侯·食邑三百戶에 册封되었다. 1006년(목종9)에 金紫興祿大夫·內史侍郞平章事에 임명되었고, 1009년(현종 즉위년)에 門下侍郞平章事에 임명되었다가 같은 해 7월에 別世하였다. 곧 門下侍中에 追贈되고 貞簡이라는 諡號를 받았고, 1015년(현종6) 內史令에 追贈되었다(「柳邦憲墓誌銘」；『고려사』권 93, 열전6, 柳邦憲；「開城弘護寺等觀僧統昶雲墓誌銘」).

關聯資料

明年, 復稱知貢擧(『고려사』 권74, 지28, 선거2, 科目2, 試官).

原文   九月 遂幸興禮府, 御大和樓, 宴群臣. 捕大魚於海中. 王不豫.

飜譯   9월[1] (某日) 興禮府(現 蔚山市)에 幸次하여 大和樓(太和樓, 現 蔚山市 中區 太和洞 太和江邊 位置)에서 臣下들에게 잔치를 베풀었다. (某日) 海中에서 大魚를 잡았다. (某日) 王의 몸이 편찮았다[不豫].

注釋

1) 이해의 9월은 小盡이고 초하루[朔日]는 癸亥이다.

關聯資料

成宗十五六年八月, 車蓋幸東京, 頒敎, … 時, 有敬順王入朝日不來者, 已鮐背矣, 猶爲白衣, 作詩獻內相王融云 … 上自東京還過興禮府, 御大和樓, 宴群臣, 有唱和, 流傳于世(『補閑集』권上).

原文   己巳 至自東京.

飜譯   (9월) 7일(己巳, 陽10월 11日) 東京(現 慶尙北道 慶州市)에서 開京으로 돌아왔다.

補遺   長德三年 十月 一日[1]旬朔、出御南殿之間、太宰府飛驛到來、申高麗國人虜

掠鎭西之由、仍止音樂庭立奏事了、令諸卿定申之(『百練抄』권4)。

校訂

1)의 旬은 朔의 誤字로 推測되지만, 당시 日本人들의 漢字使用이 特異하여 旬의 意味
를 알 수 없다.

飜譯　10월 1일(壬辰, 陽11월 3日) 초하루에[1] 南殿으로 나갈 때 太宰府의 급한
使者[飛驛]가 到着하여 高麗國人이 九州地域[鎭西]을 虜掠한 事實을 報告하
였다. 이에 音樂의 演奏를 中止하고 諸卿에게 命하여 議論[定申]하게 하
였다.[2]

注釋

1) 이해의 10월은 大盡이고 초하루[朔日]는 壬辰이다.

2) 이날 高麗人이 九州地域[鎭西]을 노략하였다는 것은 사실이 아니고 南蠻이 侵入한
것을 잘못 전달한 것이다(『日本紀略』後編 권10, 一條 長德 3년 10월 1일). 당시 일
본인들은 國際情勢에 어두워 南蠻(南蠻은 奄美島 곧 아마미시마, 現 鹿兒島縣 大島
郡, 奄美大島로 불리는 住民[島人]임) 및 女眞族[刀伊]의 침입을 高麗人의 침입으로
잘못 파악하였다[張東翼 2004년 313쪽].

關聯資料

- 同^{長德}三年十月一日, 大宰飛驛參來, 虜掠三國二嶋由, 言上事(『小記目錄』 권16, 異朝
事).

- (長德三年 十月) 一日壬辰, 可御南殿云〃, 未終參入, 左右內三相國·大納言懷忠·中納
言惟仲·參議輔正·誠信·公任·扶義·齊信·俊賢等候陣, 申刻出御, 酉刻有御鎰奏, 此間日
漸欲黃昏, 內侍臨檻, 左大臣^{藤原道長}起座, 着靴, 經宜陽殿西壇, 立軒廊西第二間. 史守永
執奏奉上, 奏聞之後, 還立本所. 史進給奏了, 左大臣度小庭踞陣, 史進着膝突, 此間左
中將正光參上, 候出居座, 大臣一〃給文於史〃, 給了還出, 左大臣以下, 次第□□着座,
次出居侍從陣^{陳?}政朝臣·賴定朝臣, 入自日華門□□出居座. 自余次第云〃, 出居正光甚
失儀度, 滿座解頤, 有廚御贊, 一獻左大臣不令獻者飮, □□□諸卿目, 二三獻依例令獻
者飮, 依諸卿相示也. 一獻畢間, 左近陣官高聲之曰, 大宰飛驛到來云, 高麗國人虜掠對
馬·壹岐嶋, 又着肥前國欲虜領云〃. 上下驚駭, 三丞相失度, 降自東階<u>而</u>^問案內, 兼披讀

大貳藤原有國書狀, 上達部進向丞相所, 太以周章, 雖云非常事, 於階下三丞相披讀都督書, 不足言, 下官藤原實資不起座. 丞相復座云, 菴美嶋者, 燒亡海夫等宅, 奪取財物, 又執載男女於舟將去, 尙浮海上成犯之由云〃, 飛驛言上者, 音樂·庭立奏等, 俄以停止, 依斯事有番奏, 三獻了, 左大臣奏宣命見參, 返給了復伏座, 少納言統理進宜陽殿砌, 右大臣·左大臣不列以下起座, 進宜陽殿, 但少納言唱見參之所諸卿不覺. 少納言統理云, 於宜陽殿南第二間唱者. 內大臣云, 少納言於軒廊東二間唱, 上達部列宜陽殿西砌壇上. 侍從□□後云〃, 他卿相依不慍覺, 無答對, 偏緣彼說少納□□軒廊唱見參 上達部列宜陽殿砌上拜儛, 召唱大臣以下, 一〃□□列立宜陽殿西廂第三間以南, 侍從大夫等列□□□春興殿西廂者. 又見或文, 少納言給見參, 進宜陽殿西廂唱之, 王卿應召降殿, 同廂拜舞今見件等文, 內府說可謂錺謬, 若不出御之例歟. 天慶二年四月一日, 不出御南殿, 少納言源興尹, 依雨儀立軒廊間北, 唱見參, 王□立宜陽殿壇上, 西向拜舞者, 內府見此文歟. 余追悔思, 如此之時慥見文書可參入也, 而心冷性憚, 臨事不詳前例, 愚頑甚 亥時事了.

左大臣藤道長以下着陣座, 右大臣藤原賢光云, 今日朔日, 奏凶事無便宜歟者. 余云, 飛驛言上是至急事也, 不可隔時者, 何短選吉日乎. 諸卿應之, 仍左大臣召大外記中原致時, 召飛驛解文, 〃匣二合盛覽筥, 奉上卿, 一匣者注奏, 一匣者注解文, 督令披筥, 但至于飛驛解文不披封, 至例解文披封見也. 左大臣參上令奏, 良久之後復座, 下給大宰府言上解文等, 令諸卿定申. 奄美嶋者, 乘船帶兵具, 掠奪國嶋海夫等, 筑前·筑後·薩摩·壹岐·對馬, 或煞害, 或放火, 奪取人物, 多浮海上. 又爲當國人, 於處〃合戰之間, 奄美人中矢亦有其數, 但當國人多被奪取, 已及三百人. 府解文云, 先年奄美嶋人來, 奪取大隅國人民四百人, 同以將去, 其時不言上, 令慣彼例, 自致斯犯歟, 仍徵發人兵, 警固要害, 令追捕也. 若有其勤者, 可被加勸賞者, 又高麗同國?蟻兵船五百艘, 向日本國, 欲致許討?者, 誠雖浮言, 依云〃所言上也者, 有先日言上類文書等, 件飛驛, 去月十四日出府云〃. 太懈怠. 諸卿定申云, 奄嶋者等事, 大宰府定行了, 亦重警固要害, 彌加追討, 兼又可祈禱佛神, 若追討使〃, 殊有勤節, 隨其狀追可襃賞之由, 可被載報府, 大宰以飛驛雖言上, 事頗似輕, 不可給敕符, 只可賜官符. 又高麗國浮言, 不可信, 可被種〃祈禱, 定詞甚多, 只是大槪了乎?, 丑剋諸卿退出, 此間□雨?不止. 諸卿申云, 爲敵國, 可被行種〃御祈禱者(『小右記』).

• (長德三年 十月) 一日壬辰旬, 天皇出御南殿, 于時庭立奏之間, 太宰飛驛使參入云, 南蠻亂入管內諸國, 奪取人物, 奏樂之後, 諸卿定申件事(『日本紀略』 後編10).

• (長德三年 十月) 一日, 御南殿, 行事藏人少納言, 于時未剋也. 大監物輔範御鎰奏, 左大

臣官奏, 次出居左近中將正光朝臣參上, 次左大臣藤原道長以下參上, 次春宮權亮陳政, 彈正大弼賴定等參上. 一獻之後, 左大臣於東階令予奏云, 自太宰府言上飛驛使在建春門外, 以解文付所司云〃, 大貳藤原^{有國}朝臣同付此使所迻書狀云, 南蠻賊徒到肥前·肥後·薩摩等國, 劫人物奪, 侵犯之由, 逐日申來, 仍言上解文者, 事是非常也, 停樂幷庭立奏等事了之後, 定申解文內雜事等者, 仰云, 依請, 事了還御, 于時丑一剋也. 頃之左大臣參上殿上, 被奏太宰府解文, 四通入筥, 件文大臣於陣座披見 令大外記致時朝臣參上殿上, 令予奏之, 于時上御朝餉, 依仰持參, 候書御座, 待出御奏聞, 又依仰一〃開解文讀之, 仰云, 事已急速, 須早定申, 令給報符, 卽以勅旨傳之大臣 〃〃還陣, 同三剋, 被奏太宰府言上南蠻蜂起之事, 諸卿定申云, 如府解者, 追討使〃若有其功, 隨狀可被賞歟, 又可能成祈禱, 重固要害之趣也. 又申高麗國案內事 定申云, 先日言上府解, 不注到鷄林府成犯者夾名, 今日解文已注其名, 仍須追討彼成犯則^{射?}矢等類之由, 注載報符, 又可給官符長門國, 但得其賊者, 可賞賜之由, 可加載狀中, 抑件南蠻·高麗之事, 雖云浮說, 安不忘危, 非常之恐, 莫如成愼, 能可被致種〃御祈, 可被立奉幣諸社使, 行仁王會, 修大元法等歟者, 依御殿籠, 不能奏聞, 依宿物不持來, 申案內於左府, 白地罷出. 此夜左府候宿給(『權記』); 이 자료에서 高麗國에 관한 일을 審議하고 있는데, 이의 구체적인 내용은 알 수 없으나 일찍이 鷄林府에 침입하여 犯罪를 저지른 인물[倭人]에 대한 처벌을 다자이후[大宰府]에 명령하고, 이를 위해 長門國(나가토노쿠니, 現 山口縣의 一部)에도 命令書[官符]를 내린 것을 언급하고 있다[石井正敏 2000年]).

原文 冬十月 戊午, 王疾大漸, 召開寧君誦, 親降誓言傳位, 移御內天王寺. 平章事王融請頒赦, 王曰, 死生在天, 何至釋有罪, 枉求延命乎, 且繼我者, 何以布新恩. 不許, 薨. 壽三十八, 在位十六年. 諡^諡曰文懿, 廟號成宗, 葬于南郊, 陵曰康陵. 穆宗五年加諡^諡康威, 顯宗五年, 加章獻, 十八年加光孝, 文宗十年加獻明, 高宗四十年加襄定.

翻譯 10월 27일(戊午, 陽11월 29日)[1] 王의 病勢가 더욱 심해지자 開寧君 誦(後日의 穆宗)을 불러 친히 遺教[誓言]를[2] 내려 禪位하고 內天王寺로[3] 居處를 옮겼다. 平章事 王融이[4] 赦免을 頒布하자고 했으나 王이 말하기를, "죽고 사는 것은 하늘에 달렸으니 무엇 때문에 罪지은 者들을 풀어주면서까지 억지

로 목숨을 延長할 필요가 있겠소? 또 나의 뒤를 이어 帝位에 오른 사람이
무엇으로써 새로운 恩惠를 펼 수 있겠소?"라고 하면서 許諾하지 않고 薨去
하였다. 나이는 38歲이고, 在位는 16년이었다. 諡號를 文懿라고 하고, 廟號
를 成宗이라고 하였으며 남쪽 郊外[南郊]에 葬事를 지내고 陵을 康陵이라고
하였다. 목종 5년(1002)에 康威를, 현종 5년(1014)에 章獻을, 같은 왕 18년
에 光孝를, 문종 10년(1056)에 獻明을, 고종 40년(1258)에 襄定이라는 諡號
를 각각 덧붙였다[加上].

注釋

1) 이날은 그레고리曆으로 12월 4일이다.

2) 『고려사』에는 誓言으로 되어 있는데, 이는 命令 또는 誓約하는 말인데 이 記事에서
   는 前者를 가리킨다(『書經』, 湯誓, "너희들이 이 命令을 따르지 않으면 내(湯王)가
   너희들을 奴隷로 만들어 辱보이고 절대로 容恕하지 않겠다. 爾不從誓言, 予則奴戮
   汝, 罔有攸赦"). 當時에 成宗이 詔를 敎로 改稱하여 諸侯國을 自處하였기에 '遺詔'
   (혹은 遺制)를 代身하는 글자로 '遺敎'를 使用하였어야 할 것이다. 이에서 『고려사』
   의 編纂者가 誓言을 使用한 理由를 알 수 없다[加藤常賢 1993年 101쪽].

3) 內天王寺는 태조 19년 是歲의 주석 4)와 같다.

4) 王融(生沒年不詳)은 광종 6년의 주석 1)과 같다.

原文　1)李齊賢贊曰, 2)成宗成王立宗廟, 定社稷, 瞻學以養士, 覆試以求賢.
勵守令恤其民, 賚孝節美其俗. 每下手札, 詞旨懇惻, 而以移風易俗爲務. 及
乎契丹意在呑噬, 遣將來侵, 鳳駕西都, 進兵安北, 卽寇準澶淵之策也. 其欲
移關防於岊嶺, 棄委積於大同, 當時庸臣之議耳, 必非2)成宗成王之本意也. 嚮
若觀3)崔承老承老之書, 悅而繹之, 去4)浮誇浮夸務篤實, 以好古之心, 求新民之
理, 行之無倦, 而戒其欲速, 躬行心得, 而推己及人, 齊變至魯, 魯變至道, 可
冀也. 5)蕭遜寧爭能誣不恤民事, 以興無名之師. 6)李知白安敢援不革土風, 以
爲却敵之策乎, 然其未老, 而樹繼嗣, 爲國家之慮長矣, 臨絶而惜肆赦, 達死
生之理, 明矣. 所謂'有志, 而可與有爲'者, 非耶, 嗚呼, 賢哉.

校訂

1) 『익재난고』권9하, 史贊, 成王에 수록되어 있는 成宗史贊에는 崔承老의 '五朝政績 評'이 모두 실려 있으나, 『고려사』에서는 崔承老의 列傳에 수록되어 있고, 史贊만이 이곳에 轉載되어 있다.

2) '成宗'은 『익재난고』에 '成王'으로 되어 있다.

3) '崔承老'는 『익재난고』에 '承老'로 되어 있다.

4) '浮誇'는 『익재난고』에 '浮夸'로 되어 있는데, 의미상으로 문제가 없다.

5) 『익재난고』에는 이 句節에 細注로 '成王聞契丹來侵, 使李蒙戠知至契丹軍營, 問所以來 侵之意, 其將曰, 汝國不恤民事, 是用恭行天罰'이 더 있다. 添字로 고쳐야 바르게 된다.

6) 『익재난고』에는 '李知白'이 '李智伯'으로 되어 있고, 이 句節에도 '成王樂慕華風, 國 民不喜, 及契丹之難, 知信州李智伯奏言, 復行先祖法度, 不爲他方異法, 國家可保矣. 由是燃燈·八關·仙郎等事不絶'의 細注가 더 있다.

飜譯　李齊賢이 論評하여 말하기를, "成宗은 宗廟를 세우고 社稷을 設置하였으며, 學校의 經費를 확충하여 선비를 양성하고 覆試를 施行하여 어진 사람을 登 用하였다. 守令을 독려하여 百姓들을 救恤하였고 孝子와 烈女들을 권장하 여 風俗을 아름답게 하였다. 매번 直接 敎書를 내려서 말뜻이 간곡하였으며 風俗을 醇化하는 것을 自身의 任務로 삼았다. 거란이 倂呑[呑噬]할 생각을 가지고 軍士를 보내 侵入해 오자 일찌감치 西都로 幸次하여 安北府(現 平 安南道 安州市)까지 進軍함은 寇準의[1] 建議에 따라 宋 眞宗이 친히 征伐에 나선 것과 같은 計策[澶淵之策]이다.[2] 防禦線을 岊嶺으로[3] 後退시키고 備 蓄해 둔 穀食을 大同江에 버리고자 했던 것은 당시의 어리석은 臣下[庸臣] 들의 議論이고 成宗의 本意는 아니었을 것이다. 일찍이 만약 崔承老가 올 린 時務策을 보고 기쁜 마음으로 그 뜻을 따져 虛張聲勢를 버리고 實質에 힘쓰며, 옛 것을 좋아하는 마음으로 百姓들을 새롭게 하는 政治를 求하고, 부지런히 행동하면서 조급한 마음을 경계하며, 몸소 행하고 마음으로 체득 하며 남의 처지를 잘 이해할 수 있었더라면, 齊가 變하여 魯와 같이 되고, 魯가 變하여 至治[道]에 이르게 함[齊變至魯, 魯變全道]을[4] 期待할 수 있었 을 것이다. 그렇게 되었더라면 蕭恒德[蕭遜寧]이 어찌 百姓들을 救恤하지

않는다는 평계로 名分없이 침략해 올 수 있었을 것이며, 李知白이[5] 어찌 감히 固有의 風俗[土風]을 改革하지 않아야 한다는 것을 들어 敵을 물리치는 計策으로 삼으려 할 수 있었겠는가? 그러나 아직 채 늙기도 前에 後繼者를 세운 것은 國家의 앞날을 위한 원대한 생각이었으며, 죽음에 임박해서도 赦免을 행하지 않은 것은 生死의 理致에 洞達하였음을 분명히 하였다. 이른바 뜻이 있어야 가히 더불어 할 수 있다[有志, 而可與有爲者]는 것이 아니겠는가? 아,賢明하도다.”라고 하였다.

注釋

1) 寇準(961~1023)은 華州 下邽(現 陝西省 渭南) 출신으로 字는 平仲이다. 980년(太平興國5) 及第하여 大理評事·右正言·鹽鐵判官·左諫議大夫 등을 歷任하고 994년(淳化5) 參知政事에 임명되었다. 1004년(景德1) 同中書門下平章事에 임명되었는데, 이해의 겨울에 契丹이 大擧 南侵해오자 宰相들이 후퇴를 의논하였으나 寇準이 眞宗에게 勸하여 澶州에 幸次하여 防禦할 것을 청하여 허락을 받았다. 다음해에 澶淵之盟의 功勞로 中書侍郎兼吏部尙書에 임명되었다가 1023년(天聖1) 衡州司馬에 貶職되어 赴任하다가 病死하였다(『송사』 권281, 열전40, 寇準).

2) 澶淵之策은 宋의 宰相 寇準이 1004년(景德1) 겨울 契丹의 侵入에 對處하여 眞宗으로 하여금 澶州에 幸次하여 督戰하게 한 戰術이다. 곧 蕭太后와 聖宗이 20萬의 大軍을 거느리고 侵入해오자 眞宗을 위시하여 宰相들이 남쪽으로의 遷都를 생각하고 있었다. 이때 同中書門下平章事 寇準이 이를 沮止하고 眞宗에게 澶州에 나가 督戰하게 하였는데, 이것이 奏效하여 宋軍이 善戰하게 됨에 따라 寇準은 軍事를 委任받게 되었다. 이어서 12월 거란과 會談하여 宋이 每年 歲幣로서 銀 10萬兩·絹 20萬疋을 거란에 支給하는 代身에 兩國이 和解한다는 和約을 맺게 되었다. 이를 澶淵之盟이라고 한 것은 澶州(現 河南省 東北部의 濮陽縣)의 다른 이름이 澶淵이기 때문이다(澶淵은 現 河北省 濮陽縣 西南에 위치한 湖水이다)[東亞大學校 2008年 1책 359쪽].

3) 岊嶺[절령]은 慈悲嶺의 附近에 있었고, 現 黃海北道 黃州郡 龜洛面, 鳳山郡 山水面, 瑞興郡 所沙面·木甘面 사이에 있는 고개이다. 이곳은 開京과 西京을 연결하는 주된 通路였고, 이의 便宜施設로 彌勒院이 있었다(『고려사』 권58, 지리지, 서해도, 平州)[東亞大學校 2008年 1책 359쪽].

4) ‘齊變至魯, 魯變至道’는 변화하여 향상된다는 뜻이다. 『論語』, 雍也第6에 “孔子가

말하기를 大國인 齊가 조금 改善되면 魯에 미치고, 小國인 魯가 조금 變하여 進步하면 道義가 있는 나라가 될 것이다. 子曰, 齊一變, 至於魯, 魯一變, 至於道"라고 하였다[吉田賢抗 1995年 143쪽 ; 東亞大學校 2008年 1책 360쪽].

5) 李知白은 성종 2년 9월 6일(戊午)의 주석 2)와 같다.

第八章 穆宗代의 記事

一. 穆宗世家의 構成과 性格

제7대 帝王인 穆宗(980~1009, 997~1009 在位)의 事蹟을 다룬 「穆宗世家」는 비교적 단순하게 편찬되었다. 먼저 이에 수록되어 있는 記事와 이를 補完한 資料[轉載·補遺]의 件數를 정리해 보면 다음 〈표 8〉과 같다.

〈표8〉 穆宗世家에 수록된 資料의 件數 ( )는 轉載·補遺한 件數

時期	政治	外交	經濟	社會	祭典	其他	轉載	補遺	合計
卽位	2	2						3	4(3)
1년	4	1			1	1	3	3	7(6)
2년	2	2			1				5
3년	1				1		1	2	2(3)
4년	1						3		1(3)
5년	2				1		3	5	3(8)
6년	3								3
7년	3					1		3	4(3)
8년	4						2	1	4(3)
9년	1					1	4	1	2(5)
10년	3	1				2	3	1	6(4)
11년	2						2	3	2(5)
12년	5						3		5(3)
合計	33	6			4	5	24	22	48(46)
總書	간략한 履歷								
合計	李齊賢의 論贊								

〈표 8〉과 같이 구성되어 있는 「穆宗世家」의 내용을 항목 또는 年度에 따라 간략히 정리하고 설명이 필요한 부분을 정리하면 다음과 같다.

總書 : 이의 내용은 廟號와 謚號, 이름과 字, 父母, 誕生日, 封君 등이 매우 간략히 정리되어 있다.

卽位年 : 2개월에 걸친 卽位年의 記事는 契丹에의 使臣派遣·卽位에 따른 赦免과 褒賞·母后册封·거란사신의 도착 등에 관한 4件이 수록되어 있다. 이들 記事를 補充할 수 있는 자료로 補遺가 3件이 찾아지는데, 거란에의 사신파견·거란의 고려에 사신파견·僧階除授 등에 관한 것이다.

1年 : 1년의 記事는 及第下賜(2件)·太廟謁見·西京幸次·거란의 禮物返還·忌日의 設齋·宰相死亡 등에 관한 7件이 수록되어 있다. 이들 기사를 補充할 수 있는 자료로 轉載가 3건, 補遺가 3件이 찾아지는데, 前者는 安逸戶長의 任命·田柴科改定·太倉署의 存置 등에 관한 것이고, 後者는 賓貢科의 及第·日本의 高麗人追放·거란의 册封使派遣 등에 관한 것이다.

2年 : 2년의 記事는 西京幸次·日本人의 來投·거란사신의 도착·宋에 사신파견·眞觀寺의 創建 등에 관한 5件이 수록되어 있다.

3年 : 3년의 記事는 寺院創建·及第下賜 등에 관한 2件이 수록되어 있다. 이들 기사를 補充할 수 있는 자료로 轉載가 1건, 補遺가 2件이 찾아지는데, 전자는 築城에 관한 것이고, 후자는 宋에 使臣派遣·州縣昇格 등에 관한 것이다.

4年 : 4년의 記事는 中原府幸次에 관한 1件이 수록되어 있다. 이들 기사를 補充할 수 있는 자료로 轉載가 3件이 찾아지는데, 中原府 田地의 陷沒·築城·州鎭昇格 등에 관한 것이다.

5年 : 5년의 記事는 安民教書·及第下賜·太廟謁見 등에 관한 3件이 수록되어 있다. 이들 기사를 補充할 수 있는 자료로 轉載가 3件, 補遺가 5件이 찾아지는데, 전자는 進士選拔·耽羅에 鎔巖噴出·用錢策의 緩和建議 등에 관한 것이고, 후자는 거란에 사신파견(2건)·日本에 到着한 高麗人(2건)·安東都護府의 移置 등에 관한 것이다.

6年 : 6년의 記事는 興學教書·求言教書·金致陽의 陰謀 등에 관한 3件이 수록되어 있다. 이들 기사를 補充할 수 있는 자료로 轉載가 3件, 補遺가 1件이 찾아지는데, 전자는 流星·官僚起復·築城 등에 관한 것이고, 후자는 宋에 高麗使臣의 到着에 관한 것이다.

7年 : 7년의 記事는 科擧施行令의 改定·及第下賜·西京幸次·宰相死亡 등에 관한 4件이 수록되어 있다. 이들 기사를 補充할 수 있는 자료로 補遺가 3件이 찾아지는데, 日本에 漂着한 高麗人·거란의 南伐告諭·黃龍寺 丈六佛의 造成 등에 관한 것이다.

8年 : 8년의 記事는 東女眞의 侵入·地方官制의 改定·及第下賜·宋人의 來投 등에 관한 4件이 수록되어 있다. 이들 기사를 補充할 수 있는 자료로 轉載가 2件, 補遺가 1件이 찾아지는데, 전자는 進士選拔·築城 등에 관한 것이고, 후자는 高麗使臣의 契丹에 到着이다.

9年 : 9년의 記事는 天災로 인한 赦免·彗星出現 등에 관한 2件이 수록되어 있다. 이들 기사를 補充할 수 있는 자료로 轉載가 4件, 補遺가 1件이 찾아지는데, 전자는 災免實施·薦擧督勵·築城·大良院君의 避身 등에 관한 것이고, 후자는 千秋太后의 寫經造成에 관한 것이다.

10年 : 10년의 記事는 及第下賜·官僚流配·西京幸次·거란의 册封使臣到着·眞觀寺塔造成·西京地震 등에 관한 6件이 수록되어 있다. 이들 기사를 補充할 수 있는 자료로 轉載가 3件, 補遺가 1件이 찾아지는데, 전자는 老弱者에게 賜宴·築城·火山噴出 등에 관한 것이고, 후자는 大藏經板造成에 관한 것이다.

11年 : 11년의 記事는 及第下賜·西京幸次 등에 관한 2件이 수록되어 있다. 이들 기사를 補充할 수 있는 자료로 轉載가 2件, 補遺가 3件이 찾아지는데, 전자는 壓兵祭·築城 등에 관한 것이고, 후자는 거란에 使臣派遣·州縣의 別號制定·宋에서 高麗使臣의 接見儀注制定 등에 관한 것이다.

12年 : 12년의 記事는 崇敎寺幸次·穆宗의 疾患·康兆의 擧兵·廢位·崩御 등에 관한 5件이 수록되어 있다. 이들 기사를 補充할 수 있는 자료로 轉載가 3件이 찾아지는데, 千秋太后의 居處移動·穆宗의 疾患과 康兆의 擧兵·大良院君의 擁立 등에 관한 것이다.

二. 穆宗世家의 補完과 譯注

　11년 3개월에 걸쳐 在位하면서도 獨自的인 政治의 方向을 잡지 못하고 母后인 應天·啓聖·靜德太后(千秋太后)의 影響力을 벗어나지 못하다가 廢位되고 被殺된 帝王의 記錄인「穆宗世家」를 轉載하고, 이와 관련된 자료를 보완하면 다음과 같다.

『高麗史』卷第三 世家卷第三 穆宗

[穆宗總書]

原文　穆宗宣讓大王, 諱誦, 字孝伸, 景宗長子, 母曰獻哀太后皇甫氏. 景宗五年庚辰五月壬戌生, 成宗卽位, 養于宮中. ¹⁾九年六月^{十二月戊申}, 封開寧君. 十六年十月戊午, 受內禪卽位.

校訂

1) 穆宗이 開寧君으로 册封된 것은 成宗 9년 6월이 아니라 12월 7일(戊申, 陽12月 26日)이다(『고려사』 권3, 세가3, 성종 9년 12월 戊申).

翻譯　穆宗·宣讓大王은¹⁾ 이름이 誦이고 字가 孝伸이며, 景宗의 맏아들로 母親은 獻哀太后 皇甫氏이다.²⁾ 景宗 5년(庚辰, 980) 5월 20일(壬戌, 陽7月 5日)³⁾ 탄생하였으며 成宗이 즉위하자 宮中에서 길렀다. 성종 9년(990) 12월 7일(戊申, 陽12月 26日)에 開寧君으로 册封되었으며, 성종 16년(997) 10월 27일(戊午, 陽11月 29日)⁴⁾ 禪位[內禪]를 받아 卽位하였다(18歲).

注釋

1) 이에서 穆宗은 廟號이고, 宣讓大王은 諡號인데, 이는 1012년(현종3) 閏10월에 穆宗
의 陵[義陵]이 開京의 동쪽에 마련될 때 붙여진 것이다(『고려사절요』권3, 현종 3년
閏10월). 그런데 穆宗은 1014년(현종5) 4월에 孝思가, 1027년(현종18) 4월에 威惠
가, 1056년(문종10) 10월에 克英이, 1253년(고종40) 6월에 靖恭이 각각 덧붙여졌으
나 이 자료에 반영되어 있지 않다.

2) 獻哀王太后 皇甫氏(964~1029)는 太祖의 아들인 旭(?~969, 成宗의 父, 戴宗으로 追
尊)과 神靜王太后 皇甫氏(皇甫悌恭의 女) 사이에 태어났기에 外家의 姓氏를 取하여
皇甫氏를 稱하였다. 景宗의 第2妃로서 980년(경종5) 5월 穆宗을 出産하였으며, 981
년(경종6) 7월 景宗이 崩御한 이후 千秋殿[千秋宮]에 居住하면서 그와 親族關係에
있던 金致陽과 가까이 지내다가 成宗에게 알려져 金致陽은 遠地에 流配되게 되었
다고 한다. 998년(穆宗 卽位年) 10월 穆宗이 18歲로 卽位하자 攝政을 하면서 千秋
殿에 居住하여 千秋太后로 불렀다(35歲). 같은 해 12월에 太后로 冊封되어 應天·啓
聖·靜德이라는 徽號를 동시에 받았다.

이후 金致陽을 불러 閣門通事舍人으로 임명하였고, 수년 이내에 尙書左僕射·判三司
事에 拔擢하였다. 1003년(목종6) 두 사람 사이에 아들이 태어나자, 그들의 所生을
穆宗의 後嗣로 삼으려고 하고, 姨姪인 大良院君 詢(後日의 顯宗)을 出家시켜 開京의
觀喜坊 附近에 위치한 崇敎寺에 보냈다가 1006년(목종9) 三角山(現 서울시 恩平區
에 위치) 神穴寺로 옮겨 죽이려고 하였으나 실패하였다. 또 같은 해 7월에 金致陽
과 함께 「金字大藏經」을 寫經하기도 하였는데, 이는 두 사람의 來世와 아들의 嗣位
를 祈願하려고 하였던 意圖가 있었던 것으로 추측된다. 1009년(목종12) 1월 千秋殿
의 火災로 長生殿에 移居하였지만, 康兆가 穆宗을 廢位시킴에 미쳐 母子가 함께 忠
州로 향하다가 穆宗은 弑害되었다. 이에 外鄕인 黃州(現 黃海北道 黃州郡)에 居住
하다가 1029년(현종20) 1월 3일(癸巳, 陽1월 20일) 崇德宮에서 別世하였다(66歲)
(『고려사』권88, 열전1, 后妃1, 景宗 獻哀王太后 皇甫氏·권127, 열전40, 叛逆1, 金致
陽). 한편 獻哀王太后 皇甫氏[千秋太后]가 戴宗 旭의 所生이 아니라 光宗의 딸이며,
西京勢力이 政治的 權力을 계속 장악하기 위하여 그녀를 景宗과 婚姻시켰다는 시켰
다는 새로운 見解가 제기되었다[金甲童 2010年b].

3) 이날은 그레고리曆으로 7월 10일이다.

4) 이날은 그레고리曆으로 12월 4일이다.

關聯資料

穆宗卽位, 册上尊號曰, 應天·啓聖·静德王太后, 穆宗年已十八, 太后攝政, 居千秋殿, 世號千秋太后(『고려사』 권88, 열전1, 后妃1, 景宗 獻哀王太后皇甫氏).

[穆宗 卽位年(997) 丁酉]

契丹 聖宗 統和 15年, 宋 太宗 至道 3年

原文 十一月, 遣閣門使王同穎如契丹, 告嗣位.

翻譯 11월에[1] 閣門使 王同穎을[2] 거란[契丹]에 보내 王位를 繼承한 것을 報告하였다.

注釋

1) 이해의 11월은 大盡이고 초하루[朔日]는 壬戌이다.

2) 王同穎(生沒年不詳, 王同顯)은 開城王氏로 추측되며, 997년(목종 즉위년) 11월 閣門使로서 成宗의 崩御와 穆宗의 嗣位를 報告하기 위해 契丹에 파견되어 같은 달에 도착하였다. 1009년(현종 즉위년) 3월 尙書右僕射에 임명되었고, 다음해 11월 右僕射로서 參知政事 李禮均과 함께 和議를 요청하기 위해 契丹에 파견되어 같은 달에 도착하였으나 拘留되어 歸還하지 못했다. 1014년(현종5) 6월 고려에서 李禮均은 門下侍郞平章事에, 王同顯은 內史侍郞平章事에 각각 加해졌고, 1020년(현종11) 2월 契丹에 被擄된 人物들의 妻에게 米가 下賜될 때 그도 對象의 1人이었다. 이후 餘他 人物들의 行蹟은 알 수 없으나 王同穎은 1022년(현종13, 太平2) 7월 11일(己卯) 前 高麗國 參知政事 王同顯이라는 이름으로 靜海軍節度使에 임명되었다(『遼史』 권13, 본기13, 聖宗4, 11월·권16, 본기16, 聖宗7, 太平 2년, 7월 己卯·권115, 列傳45, 二國外紀 高麗 ; 李樹健 1984年 141쪽).

補遺 (統和十五年 十一月) 高麗王治薨, 姪誦遣王同穎來告(『遼史』 권13, 본기13, 聖宗4).

翻譯 (統和 15년 11월에) 高麗王 治가 薨去하자 조카 誦이 王同穎을 보내와 告하였다.

關聯資料

(統和十五年) 十一月, 治薨, 其姪誦遣王同穎來告(『遼史』 권115, 列傳45, 二國外紀 高麗).

原文 十二月 壬寅, 御威鳳樓赦, 褒孝·順, 洗痕累, 救疾病. 文武官及僧徒, 加一級, 國內神祇, 皆加勳號, 仍賜內外大酺一日. ○尊母皇甫氏, 爲王太后.

翻譯 12월 11일(壬寅, 陽998년 1월 12일)[1] 威鳳樓에[2] 幸次하여 赦免을 내려서 孝子와 順孫을 表彰하고 陋名을 쓴 사람들의 罪를 씻어 주고[3] 疾病을 救恤하였다. 文·武官과 僧侶들의 官等을 1급씩 올려주고, 國內의 神祇들에게 모두 勳號를 덧붙여 주고 全國에 걸쳐 하루 동안 크게 酒宴[大酺]을 下賜하였다. 母親 皇甫氏를 높여 (應天·啓聖·靜德) 皇太后[王太后]로 삼았다.[4]

注釋

1) 이해의 12월은 小盡이고 초하루[朔日]는 壬辰이다.

2) 威鳳樓는 태조 1년 11월의 주석 3)과 같다.

3) 洗痕累에서 痕累는 職事·親族間의 緣坐·誣告 등에 治罪되어 罪案에 기재된 欠缺을 가리킨다. 그러므로 洗痕累는 罪案에 記載된 이름을 削除하여 罪名을 씻어 伸寃하여 준다는 意味가 있다(『文苑英華』 권429, 赦書10, 會昌五年正月三日辛亥南郊赦文, "諸色人中, 有痕累, 禁錮逃匿者, 一切並洗滌."; 東亞大學校 2008年 1책 364쪽).

4) 大酺에서 酺는 布와 같은 意味이므로, 大酺는 德을 天下에 布告하고서 크게 飮酒하며 歡樂한다는 뜻이다[吉田賢抗 1995년 328쪽].

5) 이는 穆宗의 母親인 獻哀王太后 皇甫氏(964~1029)를 皇太后로 册封하면서 應天·啓聖·靜德이라는 徽號를 올린 조치이다. 이에서 王太后는 『고려사』의 編纂者가 皇太后를 改書한 것으로 추측된다.

關聯資料

• 十二月, 御威鳳樓, 頒赦, 放三年役, 除一年租, 恤耆舊, 褒孝順, 洗痕累, 救疾病, 蠲欠負, 放逋懸, 文武官, 加一級, 五品以上子, 授蔭職, 常參官以上, 及職事七品以上, 父母

妻, 各加官封, 進士·明經十擧不第, 及書者, 地理學生滿十年者, 並許脫麻, 國內神祇, 皆加勳號, 仍賜內外大酺一日, 尊母皇甫氏, 爲應天·啓聖·靜德 王太后(『고려사절요』권2, 성종 16년 12월).

• 穆宗卽位, 詔, 進士·明經, 十擧不第, 及書者·地理學生, 滿十年者, 並許脫麻(『고려사』권74, 지28, 선거2, 科目2, 恩賜).

• (成宗) 十六年 十二月, 穆宗卽位, 放三年役, 除一年租, 恤耆舊, 蠲欠負, 放逋懸(『고려사』권80, 지34, 식화3, 賑恤, 恩免之制).

補遺 (統和十五年 十二月) 甲寅, 遣使祭高麗王治, 詔其姪權知國事(『遼史』권13, 본기13, 聖宗4).

飜譯 (統和 15年 12월) 23일(甲寅, 陽1月 24日) 使臣을 보내어 高麗王 治를 祭祀 지내고, 詔書를 내려 그의 조카에게 國事를 臨時로 맡게 하였다.[1]

注釋

1) 이 句節은 '詔書를 내려 그의 조카를 權知(高麗)國事로 삼았다'로 飜譯할 수도 있다.

關聯資料

十二月, 遣使致祭, 詔其姪權知國事(『遼史』권115, 列傳45, 二國外紀 高麗).

原文 是月, 契丹遣千牛衛大將軍耶律迪烈來, 賀千秋節, 王迎命, 告于成宗樞前.

飜譯 이달에 거란이 千牛衛大將軍 耶律迪烈을[1] 보내와 成宗의 生日[千秋節]을 賀禮하자, 王이 册命을 맞이하여 成宗의 靈前[樞前]에 告하였다.

注釋

1) 耶律迪烈은 어떠한 人物인지를 알 수 없다. 『遼史』에는 耶律敵烈(1026~1092)로, 그의 墓誌銘에는 耶律迪烈로 表記된 人物과는 다른 사람이다(『遼史』권96, 열전26, 耶律敵烈).

補遺　統和十五年丁酉歲, 穆宗大王, 嗣傳神器, 偏重佛乘, 封以禪師, 旌其法. 將賜
　　　磨衲蔭脊一領, 籍以普法寺(「陜川靈巖寺寂然國師慈光塔碑」).

飜譯　統和 15년(丁酉)에 穆宗大王이 帝位에 올라[嗣傳神器] 佛法[佛乘]을 所重하
　　　게 여기면서 (寂然國師 英俊을)[1] 禪師로 册封하고, 그의 法德을 顯彰하였
　　　다. 磨衲袈裟[磨衲蔭脊] 1領을 下賜하고, 普法寺에[2] 住錫하게 하였다.[3]

注釋

1) 寂然國師 英俊은 광종 23년 末尾의 注釋 1)과 같다.

2) 普法寺는 現 京畿道 開豊郡 大聖面 古邑里[舊邑里]의 白馬山의 북쪽에 있던 報法寺
　로 推定된다. 報法寺는 太祖妃 柳氏의 집을 喜捨하여 지은 寺刹이라고 한다. 이때
　시주한 土地와 人民이 高麗末까지 이어져 왔다고 하며, 1343년(충혜왕4) 漆原府院
　君 尹桓과 法蘊和尙이 重建을 시작하여 1361년(공민왕10) 完工하였다고 한다(『동국
　여지승람』 권13, 豊德郡, 古跡 ; 『목은문고』 권6, 報法寺記).

3) 이의 번역은 기왕의 업적[李智冠 2004年 高麗篇2 204쪽]에 依據하여 적절히 變改하
　였다.

[穆宗 元年(998) 戊戌]

契丹 聖宗 統和 16年, 宋 眞宗 咸平 元年, 日本 一條 長德 4年

原文　春正月, 賜周仁傑等及第.
飜譯　1월에[1] 周仁傑[2] 등에게 及第를 下賜하였다.[3]

注釋

1) 이해의 1월은 小盡이고 초하루[朔日]는 辛酉이다. 이달은 그레고리曆으로 2월 5일에
　서 3월 5일까지이다.

2) 周仁傑은 997년(성종16) 8월 知貢擧 柳邦憲이 주관한 科擧에서 합격하였으나, 같은
　해 10월 成宗의 薨去로 인해 다음 해인 998년(목종1) 1월에 及第를 下賜받았다. 그
　는 이 자료 외에 찾아지지 않아 어떠한 인물인지는 알 수 없다.

3) 이는 997년(성종16) 8월 知貢擧 柳邦憲이 주관한 科擧에서 周仁傑·許元(孔巖人) 등이 合格하여, 이때 及第를 下賜받은 것이다(「柳邦憲墓誌銘」; 『高麗列朝登科錄』前編 권1).

關聯資料

• 春正月, 賜周仁傑等五人·明經七人及第. 成宗嘗命取進士, 適不豫, 至是賜第(『고려사절요』 권2, 목종 1년 1월).

• 穆宗元年 正月, 賜□^柳邦憲所擧甲科周仁傑等二人·乙科三人·明經七人·明法五人·明書三人·明筭四人·三禮十人·三傳二人及第(『고려사』 권73, 지27, 선거1, 科目1, 選場 ; □에 柳字가 缺落되었다).

• 祖□^元中乙科, 拜內史舍人·知制誥(「許載墓誌銘」).

補遺 咸平元年 二月 戊申, 賜高麗賓貢進士金成績及第, 附春牓(『玉海』 권116, 選擧, 科擧, 咸平賓貢).

飜譯 咸平 1년 2월 19일(戊申, 陽3月 19日)[1] 高麗의 賓貢進士 金成績(金成積)에게[2] 及第를 下賜하고 春牓에 붙였다.[3]

注釋

1) 이해의 2월은 大盡이고 초하루[朔日]는 庚寅이다.

2) 金成績(金成積)은 999년(목종1, 咸平2) 賓貢學生으로 宋에 들어가 있다가 2월 19일(戊申) 及第를 下賜받았다. 이후의 行蹟은 찾아지지 않아 어떻게 되었는지를 알 수 없다.

3) 이날은 進士 孫僅 등에게 瓊林에서 宴會를 下賜한 날이다(『宋史』 권6, 1본기6, 진종1). 또 『宋會要輯稿』107책, 選擧1, 貢擧에 『文獻通考』를 引用한 다음의 기록이 있다. "眞宗 咸平元年 二月 十九日, … 詔放合格進士孫僅已下五十一人, 文獻通考, 眞宗咸平元年 二月, 詔禮部放榜, 得進士孫僅已下五十人·高麗賓貢一人"(實際를 확인하면, 『文獻通考』 권30, 選擧考3, 擧士에 "眞宗咸平元年, 詔禮部放榜, 得進士孫僅以下五十人·高麗賓貢一人, 自淳化五年, 停擧凡五年, 至是始行之"로 되어 있다. 이는 『宋會要輯稿』의 編輯者가 『文獻通考』를 引用한 것으로 『永樂大典』에서 引用한 것은 아니다). 또 崔瀣에 의하면 998년(咸平1) 孫僅의 榜에 金成績이 賓貢으로 급제하였다고 한다(『拙藁千百』 권2, 「送奉使李中父還朝序」).

關聯資料

- 是歲, 金成積入宋, 登第(『고려사절요』권2, 목종 원년 是歲 ;『고려사』권74, 지28, 선거2, 科目2, 制科).
- 金成積, 穆宗元年, 入宋登第(『高麗列朝登科錄』前編권1).
- 自淳化末, 停貢擧五年, 眞宗即位, 復試, 以高句麗^{高麗}始貢一人(『송사』권155, 지108, 選擧1, 科目上, 이에서 高麗[高句麗]가 처음으로 賓貢學生을 보냈다는 內容은 잘못이다).

補遺 長德四年 二月, 太宰府追伐高麗國人(『百練抄』권4).
飜譯 長德 4년 2월에[1] 다자이후[太宰府가 高麗國人을 내쫓았다[追伐].[2]

注釋

1) 이해의 2월은 大盡이고 초하루[朔日]는 庚寅이다.
2) 이 기사에서 大宰府(現 福岡縣 太宰府市 位置)가 高麗國人을 내쫓았다고[追伐] 하는데, 이는 南蠻人에 대한 錯誤로 판단된다[張東翼 2009年a 49쪽].

轉載 三月, 以諸郡縣戶長, 年七十者, 爲安逸戶長, 仍賜職田之半(『고려사절요』권2, 목종 1년 3월).
飜譯 3월에[1] 여러 郡縣의 戶長으로서 나이가 70이 된 사람을 安逸戶長으로[2] 삼고, 職田의[3] 半을 下賜하였다.

注釋

1) 이해의 3월은 小盡이고 초하루[朔日]는 庚申이다. 이달은 그레고리曆으로 4월 5일에서 5월 3일까지이다.
2) 安逸戶長에서 安逸은 平安하게 生活하다는 의미를 지니고 있다. 그러므로 安逸戶長은 70歲에 退職하여 安逸한 生活을 하고 있는 戶長을 指稱하는 것으로 추측된다. 고려시대의 安逸戶長의 事例로는 이 記事가 처음이고, 당시의 實際 人名을 전하는 것으로는 普覺國師 一然(1206~1289)이 만난 東京의 安逸戶長 貞孝가 있다(『삼국유사』권4, 義解第5, 圓光西學, "又東京安逸戶長貞孝家, 在古本殊異傳, …").
3) 職田은 官僚를 위시하여 國家의 各種 官職에 在職하던 人物들에게 經濟的인 反對給

付로서 주어진 土地이다. 이는 唐代 이래 均田制의 實施에 따라 國家에 의해 支配된 土地였으나, 均田制의 實施與否가 不明確한 고려시대에는 어떠한 性格의 土地인지를 분명히 할 수 없는 限界가 있다.

關聯資料

• 穆宗元年 三月, 判制, 諸州縣戶長, 年滿七十, 屬安逸(『고려사』 권75, 지29, 선거3, 銓注 鄕職, 이에서 判은 制로 고쳐야 바르게 된다).

• 穆宗元年 三月, 賜郡縣安逸戶長, 職田之半(『고려사』 권78, 지32, 食貨1, 田制, 田柴科).

原文 三月, 賜姜周載等及第.

飜譯 3월에 姜周載[1] 등에게 及第를 下賜하였다.

注釋

1) 姜周載(生沒年不詳)는 998년(목종1) 3월 左司郎中 崔成務가 主管한 과거에 甲科 1人으로 급제하였고, 1010년(현종1) 11월 起居郎을 띠고서 冬至使로 契丹에 派遣되었다.

關聯資料

• (三月) 賜姜周載等五十人·恩賜一人·明經二十人·明法業二十三人·明書業五人·明算業十一人及第(『고려사절요』 권2, 목종 1년 3월).

• (穆宗元年) 三月, 左司郎中崔成務, △爲知貢擧, 取進士, 賜甲科姜周載等七人·乙科二十五人·同進士十八人·恩賜一人·明經二十人·明法二十三人·明書五人·明筭十一人及第(『고려사』 권73, 지27, 선거1, 科目1, 選場).

• (穆宗) 元年 三月, 取恩賜一人, 東堂取恩賜, 自此時, 然不爲常(『고려사』 권74, 지28, 선거2, 科目2, 恩賜).

原文 夏四月 壬子, 謁[1]大太廟, 祔成宗, 以侍中崔承老·[1]大太師崔亮配享, 赦. 以王生日爲長寧節.

校訂

1)의 大는 太로 고쳐야 바르게 된다.

翻譯　4월 24일(壬子, 陽5月 22日)[1] 太廟에 謁見하고 成宗을 합사[祔祭]하였으며,[2] 侍中 崔承老와 太師 崔亮을 成宗의 廟廷에 配享하게 한 후 赦免을 내렸다. ○王의 生日(5月 20日)을 長寧節이라고 하였다.

注釋

1) 이해의 4월은 小盡이고 초하루[朔日]는 己丑이다.

2) 祔祭는 祔廟祭·祔太廟·祔廟라고도 하며, 崩御한 帝王이나 皇后의 神主를 宗廟(太廟)에 奉安하는 儀禮 또는 祭禮이다[東亞大學校 2008年 1책 365쪽].

原文　是月, 契丹以前王薨, 勅還納幣之物.

翻譯　4월에 거란이 前王(成宗)이 薨去하였다는 이유로 勅命을 내려 幣帛[納幣]을 1) 돌려주었다.

注釋

1) 納幣는 納成·納征으로도 表記하는데, 前近代社會에서 행해진 婚禮[聘禮]에서 男子家에서 女子家에 보낸 禮物을 가리킨다(『禮記』, 昏義第44, "孔穎達疏, 納征者, 納聘財也. 征, 成也. 先納聘財而後婚成"). 그 후 뜻이 轉化되어 弱小國이 強大國에게 禮物을 바치는 것을 納幣라고도 하였는데, 이 記事에서는 後者의 意味이다.

原文　五月 戊午, 敎有司曰, 太祖及皇考忌齋, 各限五日焚修, 輟朝一日. 惠·定·光·戴·成忌齋, 各限一日, 以爲常式.

翻譯　5월 1일(戊午, 陽5月 28日)[1] 해당 관청[有司]에 敎書를 내려 말하기를, "太祖와 父王[皇考]의 忌日에는 각각 낫새 동안 佛供을 올리고, 朝廷의 政務를 하루 동안 中止[輟朝]하시오. 惠宗·定宗·光宗·戴宗(成宗의 考)·成宗의 忌日은

각각 하루 동안 佛供을 올리도록 하는 것을 固定된 制度[常式]로 하시오."라
고 하였다.

注釋

1) 이해의 5월은 大盡이고 초하루[朔日]는 戊午인데, 戊午의 다음에 초하루를 表示하는
   朔字가 脫落되었다.

原文　秋七月 庚午, 太保·內史令徐熙卒.

飜譯　7월 14일(庚午, 陽8月 8日)[1] 太保·內史令 徐熙가 別世하였다(57歲).

注釋

1) 이해의 7월은 大盡이고 초하루[朔日]는 丁巳이다. 이날은 그레고리曆으로 8월 13일
   이다.

關聯資料

• 秋七月, 太保·內史令徐熙卒. … 及患疾, 成宗, 駕幸問疾, 以御衣及馬, 分施寺院, 又以
  穀一千碩, 施開國寺, 凡所以祈命者, 無所不爲. 至是卒, 年五十七, 賻贈甚厚, 謚彰威,
  以禮葬之(『고려사절요』 권2, 목종 1년 7월 徐熙卒記).

• 穆宗元年 七月, 內史令徐熙卒, 賻布千匹·麰麥三百石·米五百石·腦原茶二百角·大茶十
  斤·香三百兩, 謚章威, 以禮葬之(『고려사』 권64, 지18, 禮6, 凶禮, 諸臣喪).

原文　癸未, 改西京, 爲鎬京.

飜譯　(7월) 27일(癸未, 陽8月 21日) 西京을 鎬京으로[1] 고쳤다.

注釋

1) 鎬京은 周의 武王이 丰에서 遷都하였던 西周時代의 首都(現 陝西省 西安市 長安區
   의 西北地域)이었는데, 後期에 洛邑(洛陽)으로 遷都하면서 鎬京을 西都라고 불렀다.
   이러한 緣由로 인해 이 記事와 같이 西京을 鎬京으로 別稱하였던 것 같다.

關聯資料

穆宗元年, 又改鎬京(『고려사』 권58, 지12, 지리3, 西京留守官 平壤府).

補遺 (統和十六年) 十一月, 遣使册高麗國王誦(『遼史』 권14, 본기14, 聖宗5).

飜譯 (統和 16년) 11월에[1] 使臣을 보내어 高麗國王 誦을 册封하였다.[2]

注釋

1) 이해의 11월은 大盡이고 초하루[朔日]는 丙辰이다. 이달은 그레고리曆으로 11월 27
  일에서 12월 26일까지이다.

2) 고려측의 자료에 의하면 이때의 거란의 사신은 右常侍 劉績이고, 王(穆宗)을 尙書
  令으로 册封하였다.

關聯資料

(統和十六年) 遣使册誦爲王(『遼史』 권115, 列傳45, 二國外紀 高麗).

轉載 冬十二月, 改定文武兩班及軍人田柴科. 其一科, 田一百結, 柴七十結, 以次遞
  降, 摠十八科, 又限外科, 給田十七結(『고려사절요』 권2, 목종 원년 12월).

飜譯 12월에[1] 文武兩班 및 軍人田柴科를 改定하였다. 그 1科는 田 100結, 柴 70
  結로 하고서 (그 以下는) 차례대로 줄였는데 모두 18科였고, 또 限外科는
  田 17結을 支給하였다.

注釋

1) 이해의 12월은 小盡이고 초하루[朔日]는 丙戌이다. 이달은 그레고리曆으로 12월 27
  일에서 999년 1월 24일까지이다.

關聯資料

(穆宗元年) 十二月, 改定文武兩班及軍人田柴科. 第一科, 田一百結, (以下 省略) (『고려
사』 권78, 지32, 食貨1, 田制 田柴科).

轉載 穆宗元年, 有太倉署令(『고려사』 권77, 지31, 百官2, 大倉署).

飜譯 穆宗 1년에 太倉署令이 있었다.[1]

注釋

1) 이 記事는 『고려사』의 편찬자가 같은 해 12월에 改定된 田柴科의 支給規定에 의하여 編輯한 것으로 추측된다. 그렇지만 餘他 官署의 大部分의 內容은 穆宗朝라고만 表記하였다. 太倉署는 各種 倉庫의 出納을 擔當하던 官廳이다.

[穆宗 2年(999) 己亥] 閏月 宋·高麗·日本③ 遼④
　　　　　　　契丹 聖宗 統和 17年, 宋 眞宗 咸平 2年

原文　秋七月, 作眞觀寺于城南, 爲太后願刹.

翻譯　7월에[1] 開城의 남쪽에 眞觀寺를[2] 지어 太后의 願刹로[3] 삼았다.

注釋

1) 이해의 7월은 大盡이고 초하루[朔日]는 辛巳이다. 이달은 그레고리曆으로 8월 19일부터 9월 17일까지이다.

2) 眞觀寺는 開京의 龍首山에 위치한 獻哀王太后 皇甫氏의 願刹로서 華嚴宗 계열의 왕실 眞殿寺院이다. 1007년(穆宗10) 2월에는 境內에 9층탑이 건립되었으며, 1051년(문종 5) 1월 이곳에서 文宗이 『華嚴經』과 『般若經』 등을 講讀하기도 하였다[東亞大學校 2008年 1책 367쪽].

3) 願刹은 特定 個人의 祈福과 極樂往生을 위한 寺院을 指稱하는데, 規模의 大小에 따라 작은 것은 願堂이라고 한다. 이 記事에서의 眞觀寺는 당시 攝政을 하고 있던 穆宗의 母后인 應天·啓聖·靜德 皇太后(千秋太后)의 無病長壽를 祈願하던 眞殿寺院으로서 機能하였던 것 같다.

原文　冬十月, 幸鎬京, 齋祭, 赦. 存問耆老, 賜物, 兩京諸鎭軍, 年八十以上有職者, 增級, 無職者, 除陪戎校尉, 扈駕八品以下貝吏·軍人, 賜物有差.

翻譯　10월에[1] 鎬京(西京)에 幸次하여 祭禮를 지낸 후 赦免을 내렸다. 鎬京의 老人

들을 慰問하고 物品을 下賜하고서, 兩京(開京·鎬京)의 여러 鎭의 軍士들 가운데 여든 살 이상으로 職位가 있는 者는 職級을 높여주고, 職位가 없는 者에게는 陪戎校尉를[2] 除授하고, 御駕를 扈從한 8品以下의 貝吏와 軍人들에게는 物品을 差等이 있게 下賜하였다.

注釋

1) 이해의 10월은 大盡이고 초하루[朔日]는 庚戌이다. 이달은 그레고리曆으로 11월 16일부터 12월 15일까지이다.

2) 陪戎校尉는 고려시대 무관의 位階制度인 武散階의 한 종류로, 29階의 武散階 가운데 第28階에 해당되는 종9품의 上階이다. 이의 수여 대상은 향리·늙은 병사·耽羅王族·女眞酋長·工匠·樂人 등이었다(『고려사』 권77, 지31, 百官2, 武散階 ; 旗田 巍 1961年).

關聯資料

冬十月, 幸鎬京, 齋祭, 赦, 蠲田租一年, 所歷州縣, 半之, 存問耆老, 賜物, 兩京諸鎭軍, 年八十以上, 有職者增級, 無職者除陪戎校尉, 扈駕八品以下貝吏軍人, 賜物有差, 鎬京醫卜業生, 在學滿二十年, 年踰五十者, 並許脫麻, 鎬京文武三品以上官妻, 寡居守節者, 封爵(『고려사절요』 권2, 목종 2년 10월).

• 穆宗二年 十月, 幸鎬京齋祭, 除鎬京一年租, 所歷州縣, 半之(『고려사』 권80, 지34, 식화3, 賑恤, 恩免之制).

原文 (是歲) 契丹遣右常侍劉績來, 加册王, [1]□為尙書令.

校訂

『고려사절요』에는 1) 爲字가 더 있는데, 그렇게 해야 올바르게 될 것이다.

飜譯 (이해에) 거란이 右散騎常侍[右常侍][1] 劉績을[2] 보내와 王을 册封하여 尙書令으로 삼았다.[3]

注釋

1) 右常侍는 右散騎와 함께 右散騎常侍의 略稱이다. 『遼史』에서는 左·右散騎常侍와 常侍가 찾아지는데, 後者는 前者의 略稱이었다(권47, 지17上, 백관지3, 門下省·권58, 지27, 儀衛志4, 鹵簿儀仗人數馬匹·권59, 지28·권105, 열전35, 能吏, 馬人望). 그런데 『高麗史』, 百官志에는 고려시대의 左·右散騎常侍가 몇 차례에 걸쳐 左·右常侍로 改稱되었다가 다시 還元을 거듭하였다고 한다(권76, 백관1, 門下府, 常侍). 이는 官制改革에 의한 改稱이 아니고 『高麗實錄』에서 左·右散騎常侍를 左·右常侍로 略稱한 것을 통해 『高麗史』의 撰者가 改稱으로 類推하였던 것에 지나지 않는다.

2) 劉績은 漢人 出身으로 이 記事와 같이 999년(목종2) 1월 무렵 右散騎常侍[右常侍]로서 고려에 파견되어 왔고, 1012년(開泰1) 吏部尙書로 在職하고 있었다고 한다(『요사』 권47, 지17上, 六部職名總目).

3) 거란이 고려에 使臣을 파견한 것이 前年 11月이었기에 이 記事는 이해의 1월에 있었던 사실로 추측된다.

原文 (是歲) 日本國人道要彌刀等二十戶來投, 處之利川郡, 爲編戶.

飜譯 (이해에) 日本國人 道要彌刀 등 20戶가 來投해 오자 利川郡(現 京畿道 利川市)에 옮겨 두고, 戶籍에 編入시켰다[編戶].

原文 (是歲) 1)遣吏部侍郎朱仁紹如宋^{吏部侍郎趙之遴, 遣牙將朱仁紹如宋}, 帝特召見. 仁紹自陳國人思慕華風, 爲契丹劫制之狀. 帝賜詔齎還.

校訂

1)의 句節은 중국 측의 관련된 자료에 의하면 吏部侍郎 趙之遴이 牙將 朱仁紹를 登州에 보내어 이보다 먼저 파견한 兵校 徐遠의 事情을 살피게 한 것이다. 그래서 '吏部侍郎趙之遴, 遣牙將朱仁紹如宋'으로 고쳐야 바르게 된다.

飜譯 (이해에) 吏部侍郎 趙之遴이¹⁾ 牙將 朱仁紹를²⁾ 宋에 보내자, 眞宗[帝]이 특

별히 接見하였다. 朱仁紹가 스스로 高麗人이 中原의 文物華風을 欽慕하고
있으며, 거란으로부터 위협을 당하고 있다는 狀況을 陳述하였다. 眞宗[帝]
이 詔書를 下賜하여 歸國시켰다.[3]

注釋

1) 趙之遴은 성종 14년 末尾 이해의 주석 1)과 같다.

2) 朱仁紹는 이 자료 외에는 찾아지지 않아 어떠한 인물인지는 알 수 없다.

3) 이 자료는 아래에 轉載된 중국 측의 자료를 바탕으로 整理된 것으로 추측된다(→穆
宗 3년).

[參 考]

高麗

• 己亥歲, 敕加大師(「竹山七長寺慧炤國師塔碑」; 이 자료는 999년(己亥, 목종2)에 慧炤
國師 鼎賢이 帝命으로 大師의 法階를 받은 것을 서술한 것이다).

[穆宗 3年(1000) 庚子]
契丹 聖宗 統和 18年, 宋 眞宗 咸平 3年

補遺 咸平三年 十月 庚午, 自淳化末, 高麗朝貢中絶, 及王治卒, 弟誦立, 嘗遣兵校
徐遠來, 候朝命, 遠久不至. 於是, 其臣吏部侍郎趙之遴, 遣牙將朱仁紹, 至登
州偵之, 州以聞. 上特召見仁紹, 勞問賜以器帛. 仁紹因自陳國人思慕皇化, 爲
契丹羈制之狀. 乃賜誦鈿函詔一通, 令仁紹齎送. 時, 明州又言, 高麗國民池達
等八人, 以海風壞船, 漂至鄞縣. 詔付登州給資糧, 俟便, 遣歸其國(『續資治通
鑑長編』 권47).

飜譯 10월 27일(庚午, 陽11월 25日),[1] 994년(淳化 5) 이래 高麗의 朝貢이 끊어졌
는데, 王治(成宗)가 죽고 동생 誦(穆宗)이 卽位함에 미쳐 兵校 徐遠을[2] 보
내와 朝命을 기다렸으나 徐遠이 오랫동안 돌아오지 않았다. 이에 그 臣下인

吏部侍郎 趙之遴이[3) 牙將 朱仁紹를[4) 登州(現 山東省 蓬萊市)에 보내 偵探
하게 하자, 登州에서 이를 보고하니 眞宗이 朱仁紹를 특별히 召見하고 위
로하면서 器帛을 하사하였다. 朱仁紹가 고려 사람들이 중국의 문화를 欽慕
하고 있으나 거란으로부터 위협을 당하고 있다는 것을 상세히 설명하였다.
이에 誦(穆宗)에게 詔書[鈿函詔] 1통을 下賜하여 仁紹로 하여금 가져가게
하였다. 이때 明州(現 浙江省 寧波市)에서 高麗國民 池達 등 8人이 飄風으
로 鄞縣에 도착하였다고 보고하자, 登州(現 山東省 蓬萊市)에 命하여 糧穀을
支給하여 順風을 기다려 그 나라에 歸還시키게 하였다.

注釋

1) 이해의 10월은 大盡이고 초하루[朔日]는 甲辰이다.

2) 徐遠은 이 자료 외에는 찾아지지 않아 어떠한 인물인지는 알 수 없다.

3) 趙之遴은 성종 14년 末尾 이해의 주석 1)과 같다.

4) 朱仁紹는 목종 2년 是歲의 주석 2)와 같다.

關聯資料

- (咸平三年) 是歲, 高麗·大食國·高州蠻來貢(『宋史』 권6, 본기6, 眞宗1).

- 治卒, 弟誦立, 嘗遣兵校徐遠來, 候朝廷德音, 遠久不至, 咸平三年, 其臣吏部侍郎趙之
  遴, 命牙將朱仁紹至登州偵之, 州將以聞, 上特召見仁紹. 因自陳國人思慕皇化, 爲契丹
  覊制之狀, 乃賜誦鈿函詔一通, 令仁紹齎還(『宋史』 권487, 열전246, 外國3, 高麗).

- 治死, 弟誦立. 誦初立, 遣兵校徐遠來, 候朝廷德音, 遠久不至. 咸平三年, 其臣吏部侍郎
  趙之遴, 命牙將朱仁紹, 至登州訪之, 州將以聞, 召見. 仁紹回. 因賜誦鈿函詔(『元豊類
  藁』 권31, 高麗世次).

- 咸平三年 十月, 王誦遣周仁紹[朱仁紹]至登州, 自陳慕化之意. 召見便殿, 賜誦鈿函詔(『玉海』
  권154, 朝貢, 錫予外夷).

- 위와 유사한 내용이 『高麗圖經』 권2, 王氏 ; 『文獻通考』 권325, 四裔考2, 高句麗에도
  수록되어 있다.

原文 冬十月, 創崇敎寺, 爲願刹.

飜譯　10월에 崇敎寺를[1] 創建하여 願刹로 삼았다.

注釋

1) 崇敎寺는 崇敎院이라고도 하며, 1000년(목종3) 10월 開京의 觀喜坊 부근에 창건하
여 成宗의 眞影을 봉안한 王室의 眞殿寺院이다. 1003년(목종6) 獻哀王太后 皇甫氏
(千秋太后)가 金致陽과의 사이에서 태어난 아들을 王位繼承者로 삼으려고, 豫備 競
爭者인 大良院君 詢(後日의 顯宗)을 强制로 出家시켜 이 寺院에 安置시켰다. 이 寺
刹은 처음에는 禪宗系列에 所屬되었으나 後日 敎宗인 法相宗(이는 瑜伽宗·慈恩宗·
唯識宗 등으로도 불렸음)系列로 轉換되었던 것 같다[東亞大學校 2008年 1책 369쪽].

原文　是歲, 賜宋翃等及第.

飜譯　이해에 宋翃[1] 등에게 及第를 下賜하였다.[2]

注釋

1) 宋翃[송굉]은 1000년(목종3) 翰林學士 柳邦憲이 주관한 科擧에서 甲科 1人으로 及第
하였으나, 이 자료 외에 찾아지지 않아 어떠한 인물인지는 알 수 없다.

2) 이때의 知貢擧는 翰林學士 柳邦憲이었다(「柳邦憲墓誌銘」;『고려사』권73, 지27, 선
거1, 科目1, 選場).

關聯資料

• (穆宗) 三年, 柳邦憲取進士, 賜甲科宋翃等八人·乙科七人·明經八人及第(『고려사』권
73, 지27, 선거1, 科目1, 選場).

• 是歲, 賜宋翃等十五人·明經八人及第(『고려사절요』권2, 목종 3년).

轉載　穆宗三年, 城德州七百八十四間, 門五, 水口九, 城頭二十四, 遮城三(『고려
사』권82, 지36, 兵2, 城堡).

飜譯　목종 3년에 德州(現 平安南道 德川郡)에 784間의 城을 쌓았는데, 門이 5,
水口가 9, 城頭가 24, 遮城이 3個였다

關聯資料

(是歲) 城德州(『고려사절요』 권2, 목종 3년).

補遺   穆宗庚子, 改^{金州·安東都護府}爲安東大都護府(『경상도지리지』, 晉州道, 金海都
       護府).

飜譯   목종 3년(庚子)에 (金州·安東都護府를) 改編하여 安東大都護府로 삼았다.

[穆宗 4年(1001) 辛丑] 閏月 宋·高麗·日本⑫ 遼⑪
              契丹 聖宗 統和 19年, 宋 眞宗 咸平 4年

原文   冬十一月, 幸中原府, 巡省風俗, 宴群臣, 赦. 扈從官及所歷州郡官,
       加一階, 賜物有差.

飜譯   11월에[1] 中原府(現 忠淸北道 忠州市)에 幸次하여 百姓들의 形便을 두루 살
       펴보고 臣下들에게 宴會를 베풀고 赦免을 내렸다. 扈從한 官吏와 通過한
       州郡의 官吏들에게 品階 1等級을 더해주고, 差等이 있게 物品을 下賜하
       였다.

注釋

1) 이해의 11월은 大盡이고 초하루[朔日]는 戊辰이다. 이달은 그레고리曆으로 11월 24
   일부터 12월 23일까지이다.

關聯資料

• 冬十一月, 王, 欲巡省風俗, 幸中原府, 宴群臣, 赦, 所歷州縣, 蠲田租一年, 扈從官, 及所
  歷州郡官, 加一階, 賜物有差, 王還至長湍, 謂侍中韓彦恭曰, 此, 卿本貫也, 念卿功勞,
  陞爲湍州(『고려사절요』 권2, 목종 4년 11월).

• 穆宗四年, 以侍中韓彦恭內鄕, 陞爲湍州(『고려사』 권56, 지10, 지리1, 王京開城府, 長
  湍縣).

• (穆宗) 四年 十一月, 幸中原府, 巡省風俗, 所歷州縣, 減田租一年, 其就行程, 祇奉州縣,
  半之(『고려사』 권80, 지34, 식화3, 賑恤, 恩免之制).

• 王巡省州郡, 至長淵縣, 謂彦恭曰, 此卿本貫也, 念卿功勞, 可陞爲湍州(『고려사』 권93, 열전6, 韓彦恭).

轉載 是歲, 中原府¹⁾ 長淵縣^{長延縣}, 水田三結, 陷爲池, 深不可測(『고려사절요』 권2, 목종 4년 ; 『고려사』 권55, 지9, 五行3).

校訂

1) 長淵縣은 西海道 瓮津縣의 屬縣이고, 長延縣은 忠州牧의 屬縣이므로 後者가 옳을 것이다(『고려사』 권56, 지10, 지리2, 忠州牧·권58, 瓮津縣).

飜譯 이해에 中原府 長延縣(現 忠淸北道 忠州市)의 논[水田] 3結이 陷沒되어 연못[池]으로 변하였는데, 깊이를 알 수 없었다.

轉載 (穆宗) 四年 城永豐·平虜二鎭(『고려사』 권82, 지36, 병2, 城堡).
飜譯 (목종) 4년에 永豐(現 咸鏡南道 安邊郡 位置)·平虜(現 平安北道 熙川郡 新豐面 位置)의 2鎭에 城을 쌓았다.

關聯資料

• 永豐鎭, 本甑大伊, 穆宗四年置, 後改爲縣(『고려사』 권58, 지12, 地理3, 東界, 永豐鎭).
• (是歲) 城平虜鎭(『고려사절요』 권2, 목종 4년).

轉載 德州, 本高麗遼原郡, 一名長德鎭. 穆宗四年, 稱德州防禦使(『고려사』 권58, 지12, 지리3, 北界, 安北大都護府, 德州).
飜譯 德州(現 平安南道 德川郡)는 본래 高麗의 遼原郡이고, 다른 이름은 長德鎭이다. 목종 4년에 德州防禦使로 改稱하였다.

[穆宗 5年(1002) 壬寅]

契丹 聖宗 統和 20年, 宋 眞宗 咸平 5年, 日本 一條 長保 4年

補遺 (統和二十年 二月) 丁丑, 高麗遣使賀伐宋捷(『遼史』 권14, 본기14, 聖宗5).

飜譯 (統和 20년 2월) 11일(丁丑, 陽3月 27日)[1] 高麗가 사신을 보내와 宋을 征伐하여 勝利한 것을[戰捷] 賀禮하였다.[2]

注釋

1) 이해의 2월은 大盡이고 초하루[朔日]는 丁卯이다.

2) 이는 前年(統和19) 10월 이래 거란의 聖宗(971~1031, 983~1031在位)이 남쪽으로 宋을 攻擊하여 兩軍이 一戰一退를 거듭하고 있을 때의 勝戰이었던 것 같으나 주목되는 바는 없고, 1104年(통화22, 景德1) 겨울의 澶州戰鬪(現 河南省 東北部의 濮陽縣 地域)의 前哨戰이었다.

關聯資料

(統和) 二十年, 誦遣使賀伐宋之捷(『遼史』 권115, 열전45, 二國外紀 高麗).

轉載 (穆宗) 五年 三月, 崔成務△爲知貢擧, 取進士(『고려사』 권73, 지27, 선거1, 科目1, 選場).

飜譯 (목종) 5년 3월에[1] 崔成務가[2] 知貢擧가 되어 進士를 선발하였다.

注釋

1) 이해의 3월은 小盡이고 초하루[朔日]는 丁酉이다. 이달은 그레고리曆으로 4월 22일부터 5월 20일까지이다.

2) 崔成務(生沒年不詳)는 998년(목종1) 3월 左司郎中으로 知貢擧가 되어 姜周載 등을 선발하였고, 1002년(목종5) 3월 再次 지공거가 되어 朴元徽 등을 선발하였다. 이로 보아 及第者 출신으로 文翰能力이 높았던 인물임을 알 수 있으나, 그의 行蹟에 대한 記事가 찾아지지 않는다.

原文 夏四月 壬申, 親享[1]大廟太廟, 加上先王·先后徽號.

校訂

1)의 大廟는 太廟로 고쳐야 바르게 된다.

翻譯 4월 7일(壬申, 陽5月 21日)[1] 친히 太廟에 祭祀를 지내고 先王과 先后의 徽
號를[2] 덧붙여 올렸다[加上].[3]

注釋

1) 이해의 4월은 大盡이고 초하루[朔日]는 丙寅이다.

2) 徽號는 尊號와 같은 意味를 지니는 用語로서 諸王·百官들이 皇帝와 皇后의 生前에
올린 稱號이다. 이는 좋은 意味를 지닌 두 글자[2字]로 이루어진 美稱으로 慶事가
있을 때마다 덧붙여지기[加上]에 여러 글자로 되어 있다. 契丹이 처음 徽號를 하였
다는 見解가 있으나[諸橋轍次 1976年 1冊 371~373쪽 徽號 ; 제4권 305~306쪽 尊諡
徽號其の他], 提示된 根據를 檢討해 볼 때 首肯하기 어렵다(『遼史』 권71, 列傳1,
"尊稱曰, 耨斡麼, … 等以徽稱, 加以美號, 質於隋唐, 文於故俗"을 가리키는 듯하지
만, 적절한 提示는 아닌 것 같다).

3) 이때 太祖는 元明, 惠宗은 明孝, 定宗은 章敬, 光宗은 宣烈, 景宗은 成穆, 戴宗(成宗
의 考)은 和簡, 成宗은 康威라는 諡號가 덧붙여졌다. 또 太祖의 第4妃 神靜大王太后
皇甫氏(?~983)는 定憲, 惠宗妃 義和王后 林氏는 成懿, 定宗妃 文恭王后 朴氏는 淑
節, 光宗妃 大穆王后 皇甫氏는 安靜, 景宗妃 獻肅王后 金氏는 溫敬, 成宗妃 文德王
后 劉氏는 孝恭이라는 徽號를 各各 받았다(『고려사』 권88, 열전1, 后妃1, 太祖~成宗
의 諸妃).

關聯資料

• 夏四月, 王有事于大太廟, 加上徽號, 赦(『고려사절요』 권2, 목종 5년 4월 ; 이 記事에
서 有事라고 한 것은 祭祀를 올린 것을 表現하는 唐代이래의 語套이다. 『新五代史』
권2, 梁本紀2, 太祖下, 開平 3년 1월 辛卯의 注, "祀于南郊, 書曰有事, 錄當時語").

• 穆宗五年 四月, 加諡定憲(『고려사』 권88, 열전1, 后妃1, 太祖 神靜大王太后 皇甫氏).

• 穆宗五年 四月, 加諡成懿(『고려사』 권88, 열전1, 后妃1, 惠宗 義和王后 林氏).

• 穆宗五年 四月, 加淑節(『고려사』 권88, 열전1, 后妃1, 定宗 文恭王后 朴氏).

• 穆宗五年 四月, 加安靜(『고려사』 권88, 열전1, 后妃1, 光宗 大穆王后 皇甫氏).

• 穆宗五年 四月, 加溫敬(『고려사』 권88, 열전1, 后妃1, 景宗 獻肅王后 金氏).

• 穆宗五年 四月, 加孝恭(『고려사』 권88, 열전1, 后妃1, 城宗 文德王后 劉氏).

原文 五月 敎曰, 余以弱齡, 忝登寶位, 繼祖先之基業, 思邦國之興安. 功不百而不行, 利非千而不務, 必欲延洪社稷, 開濟生靈. 爰自前年, 迄于近日, 不揣心之所欲, 謂爲時之可行, 或不念居安思危, 臨深履薄, 廣徵土木, 勞役軍夫, 築高臺而作深池, 爲資遊賞, 役人戶而造佛寺, 漫有經營. 此雖皆從執奏而施行, 豈非一人之失德. 非但致軍中之怨讟, 抑亦爲宇內之艱難, 若有訓衆而練兵, 若有彼侵而我伐, 將何賈勇, 將何得人. 何異截羽翼而欲高飛, 去舟楫而涉大水. 古史云, 芳餌之下, 必有懸魚, 善賞之朝, 必有勇士. 古猶如此, 今豈無之. 庶欲防已往之愆違, 尤勵將來之懲勸. 特宣朕意, 用示軍行, 宜其所司, 各成六衛軍營, 備置職員將帥, 令其軍士, 蠲除雜役.

翻譯 5월에[1] 敎書를 내려 말하기를, "내[余]가 어린 나이에 외람되게 王位[寶位]에 올라 祖上들의 王業[基業]을 繼承하여 國家의 興盛과 安寧을 늘 생각하여 왔소. 功績은 百倍가 아니면 行하지 않았고, 利益은 千倍가 아니면 힘쓰지 않았을 정도로 國家[社稷]를 잘 지키고, 百姓[生靈]을 잘 다스리려고 하였소. 이에 따라 지난해부터 오늘에 이르기까지 마음에 하고 싶은 바가 있어도 시행하여야 좋을까를 헤아리지 않았고, 혹은 편안할 때 위태로움을 생각하는 늘 조심하는 마음을 염두에 두지 않고서, 때로 土木工事를 일으켜 軍人과 丁夫를 勞役시켰으며, 높은 樓臺와 깊은 못을 파서 놀이하는 場所로 만들고 百姓들을 부려서 寺院을 함부로 짓기까지 하였소. 이것은 비록 臣下들의 建議에 따라 行한 것이지만, 어찌 나 한사람의 失德이 아니겠소. 다만 軍士들의 怨望을 불러 왔을 뿐 아니라 온 나라의 苦難이 되었을 것이오. 만약 百姓과 兵士들을 訓練함이 있거나 敵이 侵入하여 내[我]가 征伐함이 있을 때 장차 무엇으로 勇士를 召集하며 무엇으로 사람을 얻을 수 있겠소? 이 어찌 날개를 꺾고 높이 날려고 하거나, 삿대(櫓楫)를 버리고 큰 江을 건너고자 함과 무엇이 다르겠소? 옛 史書[古史]에[2] 말하기를, 향기로운 미끼의 아래는 반드시 큰 고기가 걸리고, 厚한 賞을 내리는 朝廷에는 반드시 勇士가 있다고 하였으니, 옛날에도 오히려 이와 같았거늘 지금도 어찌 그렇지 않겠소? 既往의 잘못된 것을 막고 앞으로의 모든 행동의 경계로 삼으려고 하니, 각별히 朕의 뜻을 널리 알려서 軍士들에게 보이고 마땅히 해당 관청[所司]으로 하여금 각각 六衛의 軍營을 만들어서 職員과 將帥를 配置하고 그 軍

士들로 하여금 雜役을 免除시키도록 하시오"라고 하였다.

注釋

1) 이해의 5월은 小盡이고 초하루[朔日]는 丙申이다. 이달은 그레고리曆으로 6월 20일 부터 7월 18일까지이다.

2) 古史는 『後漢書』를 가리키는 것 같다. 곧 『後漢書』 권21, 耿純列傳第11에 "重賞甘 餌, 可以聚人者也. 徒以恩德懷之, 是故士衆樂附", "李賢注, 黃石公記曰, 芳餌之下必 有懸魚, 重賞之下必有死夫"가 있다.

關聯資料

• 五月, 作六衛軍營, 其軍士, 蠲除徭役(『고려사절요』 권2, 목종 5년 5월).

• 穆宗五年五月, 作六衛軍營, 備置職員·將帥, 令其軍士, 蠲除雜役(『고려사』 권81, 지35, 兵1, 兵制, 五軍).

補遺 長保四年 六月 廿七日, 諸卿定申高麗國人, 不堪彼國苛酷, 引卒伴類, 可住日 本國之由言上事(『百練抄』 권4).

翻譯 6월 27일(辛卯, 陽8月 8日)[1] 여러 公卿[諸卿]들이 高麗國人이 그 나라의 苛 酷함을 견디지 못하여 一行[伴類]을 이끌고 日本國에 머물기를 要請한 事件 에 대해 議論[定申]하였다.

注釋

1) 이해의 6월은 小盡이고 초하루[朔日]는 乙丑이다.

關聯資料

同[長保]四年六月廿七日, 高麗國人, 不堪彼國苛酷, 引率來著[著]事, 有公卿定事(『小記目錄』 16, 異朝事).

轉載 六月, 耽羅山, 開四孔, 赤水湧出, 五日而止, 其水皆成瓦石(『고려사절요』 권 2, 목종 5년 6월 ;『고려사』 권55, 지9, 五行3).

翻譯 6월 耽羅의 山에서 네 곳에 구멍이 뚫어져서 붉은 빛깔의 물이 솟아나오다 가 5일 만에 그쳤는데, 그 물이 모두 瓦石이 되었다.

補遺   (統和二十年 七月) 辛丑, 高麗遣使來, 貢本國地理圖(『遼史』 권14, 본기14, 聖宗5).

飜譯   (統和 20년 7월) 8일(辛丑, 陽8月 18日)[1] 고려가 使臣을 보내와 本國의 地理圖를 바쳤다.

注釋

1) 이해의 7월은 大盡이고 초하루[朔日]는 甲午이다.

關聯資料

• (統和二十年) 七月, 來貢本國地理圖(『遼史』 권115, 열전45, 二國外紀, 高麗).

• 統和二十年 六月[七月], 高麗遣使來, 進本國地理圖(『遼史』 권70, 丑8, 屬國表).

補遺   長保四年 七月 十六日[1]乙[己]酉, 參街, 而左少史爲孝一人候, 仍退出□□□者重詣左府, 詣東院, 下給宣旨二枚, 太宰府申流來高麗人四人文一枚, 又申參來同國人二十人文一枚(『權記』, 長保 4年 16日).

校訂

1)의 乙酉는 己酉의 誤字인데, 筆者가 活字本을 參考하였기에 筆寫本에는 어떻게 되어 있는지를 알 수 없다.

飜譯   7월 16일(己酉, 陽8月 26日) 官府에 視務하러 갔는데[參街] 左少史 爲孝 1人만이 出仕하였다. 이어서 退勤[退出]하여 다시 左府에 들렀다가 東院에 가서 宣旨 2枚를 받았는데, 각각 다자이후[太宰府가 올린 漂流人[流來高麗人] 4人 및 移住를 희망한 高麗人[參來高麗人] 20人에 대한 報告書였다.

注釋

1) 이는 다자이후[大宰府가 그곳에 도착한 高麗人에 대해 보고한 것에 대해 일본 국왕이 2件의 문서[宣旨]를 내렸다는 것이다. 이를 통해 구체적인 내용은 알 수 없으나, 다자이후에 도착한 고려 漂流人[流來高麗人] 4人 및 移住를 희망한 고려인[參來高麗人] 20人에게 각각 1文을 지급하라고 한 것만 알 수 있다. 이들 고려인을 일본 측이 어떻게 처리하였는지는 알 수 없으나, 과거의 事例에 의거하여 歸國시켰을 것으로

추측된다[南基鶴 2000年].

轉載 秋七月, 敎曰, 近覽侍中韓彦恭上疏, 言, 今繼先朝而使錢, 禁用麤布, 以駭俗, 未遂邦家之利益, 徒興民庶之怨嗟, 其茶酒諸店, 交易依前使錢外, 百姓等, 私相交易, 任用土宜(『고려사절요』 권2, 목종 5년 7월).

飜譯 7월에 敎書를 내려 말하기를 "요사이 門下侍中 韓彦恭의 上疏를 보니, 말하기를 '지금 先朝를 이어 錢幣를 사용하고 麤布의[1] 사용을 禁止시켜 時俗을 놀라게 하여, 나라의 이익은 되지 못하고 한갓 백성들의 원망만 일으키게 됩니다.'라고 하였소. 茶店·酒店 등의 여러 商店에서 물건을 賣買할 때는 從前대로 錢幣를 사용하게 하고, 그 외에 百姓들이 사사로이 물건을 賣買할 때는 그 지방의 便宜에 따라 하도록 맡겨 두도록 하시오."라고 하였다.[2]

注釋

1) 麤布는 삼[麻皮]으로 엉성하고 조잡하게 짠 麻布를 指稱하는데, 이 記事에서는 麻布를 가리킨다.

2) 이때 乾元重寶라는 화폐가 발행되었는데, 모두 紋樣이 없는 圓錢方空이며, 背面에 錢文이 없는 1種과 字體가 다른 '東國' 二字가 새겨져 있는 2種인 모두 3種이다. 이들 모두 日帝强占期에 함께 出土되었는데, 質은 후박하고 字는 얕게 새겨져 있었으며, 製作手法이 精緻하지 못하고 素朴하였다고[銅質厚字淺, 製作粗杣 한다[奧平昌洪 1938年 권15]. 또 이들과 함께 출토된 南唐(937~975)의 開元通寶는 銘文에서 篆書와 隷書로 새겨진 두 종류가 있었는데, 이를 高麗錢으로 추정한 바도 있다[奧平昌洪 1938年]. 그렇지만 고려 초기에 南唐과 외교관계를 맺고 있었기에 그때 流入된 銅錢으로 이해하는 것이 좋을 것이다.

關聯資料

• 穆宗五年 七月, 敎曰, 自古有國家者, 率先養民之政, 務崇富庶之方, 或開三市, 以利民, 或用二銖, 而濟世, 遂使生靈滋潤, 風俗淳, 惟我先朝, 式遵前典, 爰頒丹詔, 鑄青, 數年貫索盈倉, 方圓適用, 仍命重臣而開宴, 旣諏吉日以使錢, 自此以來, 行之不絶, 寡人, 承丕緒, 祗奉貽謀, 特興貨買之責, 嚴立遵行之制, 近覽侍中韓彦恭上, 言欲女人Ⅲ利物, 須仍舊以有恒, 今繼先朝而使錢, 禁用布, 以駭俗, 未遂邦家之利益, 徒興民庶之怨嗟, 朕, 方知啓沃之精詞, 可遺而不納, 便存務本之心, 用斷使錢之路, 其茶酒食味等諸店交易,

依前使錢外, 百姓等私相交易, 任用土宜(『고려사』 권79, 지33, 食貨2, 貨幣).

• 時全用錢幣, 禁麤布, 民頗患之, 彦恭上疏, 論其弊, 王納之(『고려사』 권93, 열전6, 韓彦恭).

原文 秋八月 甲子[朔], 賜朴元徽等及第.

飜譯 8월 1일(甲子, 陽9月 10日)[1] 朴元徽[2] 등에게 及第를 下賜하였다.

注釋

1) 이해의 8월은 小盡이고 초하루[朔日]는 甲子인데, 이 자료에서 甲子의 다음에 초하루를 뜻하는 朔字가 缺落되었다.

2) 朴元徽는 1002년(목종5) 3월 知貢擧 崔成務가 주관한 科擧에서 合格하였고, 같은 해 8월에 及第를 下賜받았으나, 이 자료 외에는 찾아지지 않아 어떠한 인물인지를 알 수 없다.

關聯資料

• 春三月, 賜朴元徽等九人·明經十九人及第(『고려사절요』 권2, 목종 5년 3월 ; 이는 같은 해 3월에 知貢擧 崔成務가 進士를 선발하고, 8월에 及第를 下賜한 것을 잘못 정리한 것이다).

• (穆宗五年) 八月, 下敎, 賜乙科朴元徽等三人·丙科六人·明經十九人及第(『고려사』 권73, 지27, 선거1, 科目1, 選場).

補遺 統和二十年壬寅, 安東·金州大都護府改差(『東都歷世諸子記』).

飜譯 統和 20년(壬寅)에 安東大都護府를 金州로 옮겼다[改差].[1]

注釋

1) 이의 意味를 구체적으로 알 수 없으나 994년(성종13, 統和12) 慶州에 위치한 安東大都護府가 東京留守官으로 昇格함에 따라 後續 措置로서 安東大都護府가 金州(現 慶尙南道 金海市)로 移轉되었을 것으로 理解된다.

[穆宗 6年(1003) 癸卯]

契丹 聖宗 統和 21年, 宋 眞宗 咸平 6年

原文 春正月, 敎曰, 昔我太祖, 旣偃干戈, 大開庠序, 王室宗支, 橫經問道, 蓬廬賤子, 負笈追師, 累朝以來, 才士不乏. 予謬以眇沖, 嗣守艱大, 欲廣眞儒之道, 以崇往聖之猷. 但以誨人不倦者, 靡多, 好古敏求者, 盖寡. 州鄕之內, 黌校之中, 或因小利, 或逐異端, 師長之敎授漸惰, 後學之功業不成. 今者, 闡闢容賢之門, 恢弘進善之路, 其三京十道群僚庶官, 體朕諭言, 勸其藝業. 令文儒醫卜之輩, 就經明博達之師, 博士·師長, 獎勸生徒, 有勤勞者, 錄名申聞.

飜譯 1월에[1] 敎書를 내려 말하기를, "옛날에 우리 太祖께서 이미 戰爭[干戈]을[2] 끝낸 후 學校를 많이 開設하니 王室의 子孫[宗支]들이[3] 經書를 읽고 學習하였으며[橫經問道], 초라한 草屋의 庶民子弟[蓬廬賤子]도[4] 冊箱子를 짊어지고 스승을 찾게 되니 여러 代를 거쳐서 人材가 부족하지 않았소. 내가 그릇되게 어린 나이로 王位를 이어 큰일을 맡게 되니, 이제 진정한 儒學의 道를 넓혀서 옛 聖賢들의 아름다운 道를 높이려고 하오. 다만 學生들을 부지런히 가르치는 사람이 많지 않고, 옛 學問을 좋아하여 열심히 배우려는 사람도 적은 것 같소. 각 州縣[州鄕]에 있는 學校[黌校]들[5] 가운데에 사소한 利益으로 인하여 혹은 異端을 追從하여 先生[師長]들의 訓育이 점차 소홀하게 되어 學生들의 學業이 제대로 이루어지지 못하고 있소. 이제 어진 인물을 많이 받아들일 門을 크게 열어 착한 인물을 널리 登用하려고 하니 三京과 10道의 모든 官吏들은 朕의 말[諭言]을 잘 體得하여 學業[藝業]을 勸獎하도록 하시오. 文學·儒學·醫學·占術을 배우려는 사람들로 하여금 經書에 밝고 널리 洞達한 先生[師長]에게 찾아가 배우게 하고, 博士와 先生으로서 生徒들을 열심히 訓育한 사람이 있으면 그 이름을 적어 報告하도록 하시오."라고 하였다.

註釋

1) 이해의 1월은 大盡이고 초하루[朔日]는 辛卯이다. 이달은 그레고리曆으로 2월 10일부터 3월 11일까지이다.

2) 干戈는 防牌와 창[戈]의 合成語로서 兵器를 指稱하다가 점차 그 뜻이 전화되어 戰爭
   을 意味하였다.

3) 宗支는 父系의 血緣이 同一한 같은 宗族[同宗]의 一派를 가리킨다(『後漢書』 권7, 孝
   桓帝紀第7의 末尾論贊, "桓自宗支, 越躋天祿", "注, 越謂非次也. 躋, 升也, 天祿, 天
   位也").

4) 蓬廬賤子에서 蓬廬는 초라한 草屋을 가리킨다(『淮南子』 권8, 本經訓, "人民의 초라
   한 草屋은 이제 더 이상 居住할 수 없어 춥고 배고픔에 죽는 사람이 續出하여 서로
   부둥켜안고 자고 있다. 民之專室蓬廬, 無所歸宿, 凍餓飢寒死者, 相枕席也")[楠山春樹
   1979年 362쪽].

5) 黌校[횡교]는 學校를 가리킨다(『晋書』 권69, 열전39, 戴若思, 邈, "是以古之建國, 有
   明堂辟雍之制, 鄕有庠序·黌校之儀, 皆所以抽導幽滯, 啓廣才思").

關聯資料

春正月, 下敎, 令三京·十道, 博士·師長, 獎勸生徒, 有勤效者, 錄名申聞, 管內有才學者,
逐年薦擧, 勿墜恒規(『고려사절요』 권2, 목종 6년 1월).

原文 二月 辛酉[朔] 敎曰, 唐以八元而理, 周因十亂而興, 爲國所資, 惟賢
而已. 余幼失義方, 長無師訓. 臨朝莅事, 慄慄兢兢. 豈謂去年以來, 屢見乾坤
之變, 又多邊境之憂, 但深責己之懷, 敢有尤人之念. 追思曩代, 或覽策書, 宋
公發善言, 妖星退舍, 1)隋[隨]主修德政, 隣寇寢兵. 是知小善亦能動天感人. 克
己自勤, 安敢飾非拒諫. 今見上自台輔, 下至庶僚, 曾無謇諤之言, 但有阿諛
之說. 嗚呼, 言而不用, 2)余[予]宜自慚, 危而不扶, 誰任其咎, 京官五品以上, 各
上封事, 皆陳藥石之辭, 共贊邦家之業.

校訂

1)의 隋字는 隨字가 옳은데, 組版하는 過程에서 책받침[辶]이 있으면 글자가 크게 되어
다른 글자와의 均衡을 맞추기 위해 책받침을 생략하였던 것으로 추측된다. 그리고 南
北朝를 統合했던 隋 文帝(581~604 在位)는 隨字에서 辶를 不安定한 것이라 하여 隨字
에서 책받침[辶]를 빼고 國號를 隋라고 하였다고 한다.

2)의 余는 『고려사절요』에는 予로 되어 있는데, 두 글자가 같은 意味이기에 문제가 없

으나, 이곳에서만 余字를 使用하고 있어 異彩롭다.

翻譯 2월 1일(辛酉, 陽3月 6日)[1] 教書를 내려 말하기를, "帝堯의 唐은 高辛氏의 아들 8人[八元]의[2] 도움으로 다스려졌고, 周는 武王의 臣下 10人[十亂][3]으로 인해 興盛하였으니, 國家를 統治하는데 있어 크게 依支할 바는 오직 賢者일 뿐이오. 나[余]는 어려서 父母의 가르침[義方]을[4] 받지 못했고, 자라서는 스승의 教訓[師訓]이 없었으므로, 朝廷에 나가 政務에 임하면 두려워하고 조심하여 왔소. 그런데 어찌된 영문인지 지난해부터 누차 天災地變[乾坤之變]이 나타나고, 또 邊境에 騷擾가 잦으니, 다만 깊이 自身을 責望하는 마음이 깊을 뿐이고 남을 탓할 마음을 갖지 않았소. 돌이켜 前代를 생각하며 혹은 史書[策書]를[5] 읽어 보면, 宋의 景公이 착한 마음씨를 지니고 있으니 熒惑이 心星에서 사라졌고[宋公發善言, 妖星退舍],[6] 隨王[隨主]가 德政을 닦자[7] 隣近의 外敵들이 侵略을 中止했다고 하였소. 이로써 작은 善行이라도 또한 하늘을 움직이고 사람을 감동시킴을 알 수 있었소. 私慾을 억누르고 스스로 부지런해야지, 어찌 감히 잘못을 美化하고 諫言을 막으리오. 지금 보니 위로는 宰相으로부터 아래로는 모든 官僚들에 이르기까지 일찍이 直諫[謇諤]하는[8] 일이 없었고, 다만 阿詔하는 말만 있었소. 아, 諫言을 하였는데도 받아들여지지 않았다면 내가 마땅히 스스로 부끄러워해야 하겠지만, 나라가 위태로운데도 제대로 임금을 輔佐하지 못했다면 그 잘못은 누가 책임져야 하겠소? 京官 5品以上은 각기 奉事를 올려 모두 鑑戒될 만한 말을 하여서 다함께 國家의 일을 돕도록 하시오."라고 하였다.

注釋

1) 이해의 2월은 大盡이고 초하루[朔日]는 辛酉인데, 이 자료에서 辛酉의 다음에 초하루를 뜻하는 朔이 缺落되었다.

2) 八元은 高辛氏(帝嚳, 黃帝軒轅의 曾孫)의 8人의 善良한[元] 아들인 伯奮·仲堪·叔獻·季仲·伯虎·仲熊·叔豹·季貍이다. 또 八愷(혹은 八和·八樂)는 高陽氏(顓頊)의 八人의 溫和한[和] 아들인 蒼舒·隤敳·檮戭·大臨·厖降·庭堅·仲容·叔達이다. 『史記』권1, 五帝本紀第1, 舜帝에 "옛날 高陽氏에게 8人의 才子가 있었다. 당시의 社會는 그들로부터 利益을 보았기에, 그들을 八愷라고 하였다. 高辛氏에게도 8人의 才子가 있었

는데, 世上에서 八元이라고 하였다. 이들 16人의 一族들은 代代로 美德을 쌓아 祖
上의 名聲을 떨어뜨리지 않고서 帝堯의 時代에 이르렀다. 그러나 帝堯가 능히 이들
을 擧用하지 못했지만, 帝舜은 八愷를 起用하여 土地[后土]의 일을 맡기고, 萬事를
處理하게 하니, 時宜에 適切하지 않음이 없었다. 또 八元을 起用하여 五敎를 四方
에 널리 가르치게 하니, 父는 正義를 지키고, 母는 慈愛스럽고, 兄은 同生들에게 友
愛스럽고, 弟는 兄과 누나들에게 恭敬하게 順從하여, 아들들이 모두 孝行하게 되니
家內가 平安해지고, 世間事도 잘 다스려졌다. 昔, 高陽氏有才子八人, 世, 得其利, 謂
之八愷. 高辛氏有才子八人. 世, 謂之八元. 此十六族者, 世濟其美, 不隕其名至於堯.
堯未能擧, 舜擧八愷, 使主后土, 以揆百事, 莫不時序. 擧八元, 使布五敎于四方, 父義·母
慈·兄友·弟恭·子孝, 內平外成"이라고 하였다.

그리고 帝舜에 起用되어 文敎를 擔當했던 司徒 契는 八元의, 水土를 擔當했던 司空
禹(後日의 禹王)는 八愷의 後孫이었다고 한다[吉田賢抗 1995年 56쪽 ; 東亞大學校
2008年 1책 374쪽].

3) 十亂은 十治라고도 하며, 周 武王을 輔佐하여 나라를 다스리고 亂을 平定하였다는
十人의 臣僚[亂臣十人]인 周公旦·召公奭·太公望·畢公·榮公·太顚·閎夭·散宜生·南宮
适·文母(또는 邑姜)를 가리킨다(『書經』, 周書, 泰誓中 : 僞古文, "予武王有亂臣十人,
同心同德", "孔傳, 我治理之臣, 雖少而心德同", "孔穎達疏, 釋詁云, 亂, 治也. 十人,
指周公旦·召公奭·太公望·畢公·榮公·太顚·閎夭·散宜生·南宮适·文母, 一說, 指文王
之后大姒, 一說, 指武王之妻邑姜")[小野澤精一 1995年 463쪽 ; 東亞大學校 2008年 1
책 374쪽].

4) 義方은 어떤 일을 처리함에 있어 마땅히 지켜야 할 規範과 道理 또는 아버지가 아
들을 가르치는 正道를 指稱한다. 『春秋左氏傳』, 隱公 3年 8月에 "石碏이 諫하기를
제가 듣기로는 子息을 사랑한다면 그를 바른 道로써 가르쳐야지 邪道에 빠지게 해
서는 안된다고 하였습니다. 石碏諫曰, 臣聞, 愛子, 敎之以義方, 弗納於邪"라고 하였
다[鎌田 正 1971年 67쪽 ; 東亞大學校 2008年 1책 374쪽].

5) 策書는 中原의 古代에서 史實을 記錄한 簡册, 혹은 帝王이 官僚를 任命할 때의 書
式이나 詔令을 가리키는 簡策(혹은 簡册)의 두 가지의 意味가 있다(『公文』, 綠記,
"漢皇帝下書有四, 一曰策書, 長二尺, 短者半之, 免三公用之, 蓋用尺一木, 而兩行書之
也. 二曰制書, 三公用璽, 尙書加印, 露布州郡. 三曰詔書, 如告豫州刺史馮煥是也. 四
曰誡敕[戒書], 其文曰, 有詔敕某官 … 金石錄言之"). 이와 유사한 내용이 後漢末 蔡

邑(132~192) 『獨斷』, 策書에도 수록되어 있다. 그런데 이 자료에서의 策書는 前者인 歷史的 事實을 記錄한 書籍을 指稱하는 것으로 짐작된다[東亞大學校 2008年 1책 374쪽].

6) 宋公發善言, 妖星退舍에서 宋公은 宋의 景公(B.C.516~B.C.453 在位)이다. 당시에 28宿의 하나인 心星에 火星[熒惑]이 겹치자 天文을 擔當하는 司星官 子韋를 불러 그 까닭을 묻자 '火星[熒惑]은 天罰이며, 心星은 宋에 해당하여 君主인 景公에게 禍가 미친다.'라고 하였다. 또 子韋는 그것을 回避하는 方案으로 宰相·人民·歲月 등에게 禍를 移轉시키기를 建議하였으나 景公이 모두 거절하였다고 한다(『呂氏春秋』 권6, 季夏紀, 制樂, "宋景公之時, 熒惑在心. 公懼, 召子韋而問焉曰, 熒惑在心, 何也. 子韋曰, 熒惑者, 天罰也. 心者, 宋之分野也, 禍當於君, 雖然, 可移於宰相. 公曰, 宰相所與治國家也, 而移死焉, 不祥. 子韋曰, 可移於民. 公曰, 民死, 寡人將誰爲君乎, 寧獨死. 子韋曰, 可移於歲. 公曰, 歲害則民饑, 民饑必死, 爲人君而殺其民, 以自活也, 其誰以我爲君乎. 是寡人之命固盡已, 子無復言矣. … 是昔, 熒惑果徙三舍"; 楠山春樹 1996年 159쪽 ; 東亞大學校 2008年 1책 375쪽).

7) 隨主修德政은 春秋時代 濮水 附近에 位置해 있었던 隨國(現 湖北省 隨縣의 南部에 位置)의 故事이다(『春秋左氏傳』, 桓公 6년, "楚武王侵隨, 使薳章求成焉, 軍於瑕以待之. … (隨)少師歸, 請追楚師, 隨侯將許之. 季梁止之曰 … 故務其三時, 脩其五教, 親其九族, 以致其禋祀, 於是乎, 民和而神降之福. 故動則有成, 今, 民各有心, 而鬼神乏主. 君雖獨豊, 其何福之有. 君姑脩政而親兄弟之國 庶免於難. 隨侯懼而脩政, 楚不敢伐". ; 鎌田 正 1971年 132쪽 ; 東亞大學校 2008年 1책 375쪽).

8) 謇諤[건악]은 謇鄂·謇愕으로도 表記하며 直言과 直諫을 指稱한다(『後漢書』 권46, 陳寵, 忠列傳第36, "忠臣盡謇諤之節, 不畏逆耳之害."; 東亞大學校 2008年 1책 375쪽).

轉載 穆宗六年 二月 丁巳, 有流星, 光燭于地(『고려사』 권47, 지1, 天文1, 月五星凌犯及星變).

翻譯 穆宗 6년 2월 □일(丁巳)[1] 流星이 있어 그 빛이 땅에 비쳤다.

注釋
1) 이달에는 丁巳가 없고, 1월 27일과 3월 27일이 丁巳이다.

轉載 穆宗六年 六月, 制, 五品以下官吏, 父母喪, 百日後, 所司勸令出仕, 卽上讓表, 不允, 遙謝後, 起復結銜, 以黲服㷙角, 出仕(『고려사』 권64, 지18, 禮6, 凶禮, 五服制度).

飜譯 목종 6년 6월에[1] 制書를 내려 五品 以下의 官吏의 父母喪에서 100日後 소속관청[所司]이 出仕하기를 勸誘하면, 곧 辭讓하는 表를 올리는데 허락하지 말고[不允], 멀리서 謝禮를 한 후[遙謝後], 起復하여 職責에 나아가게 하고[結銜], 연한 靑黑色의 옷과 연한 角帶를 着用하고서[黲服㷙角] 出仕하게 하였다.

注釋

1) 이해의 6월은 大盡이고 초하루[朔日]는 己未이다. 이달은 그레고리曆으로 7월 8일부터 8월 6일까지이다.

補遺 咸平六年 八月 丙戌, 高麗國王誦, 遣其戶部侍郎李宣古來貢. 且言, 晉割幽‧薊, 以屬契丹, 遂直趣[1]元玄菟, 屢來攻伐, 求取無厭, 乞王師屯境上, 爲之牽制. 詔書優答焉, 上謂輔臣曰, 晉祖, 何不厚利謝敵, 遽以土地民衆委之, 遺患至今, 蓋彼朝乏人故也(『續資治通鑑長編』 권55).

校訂

1)의 元菟는 玄菟가 옳을 것이다. 이는 淸의 聖祖(康熙帝, 1662~1722 在位)의 이름인 玄字를 避諱하기 위해 玄字를 元字로 改字했던 결과이다. 避諱는 원래 죽은 사람의 이름[諱]과 같은 글자를 回避하는 것을 말한다(『禮記』, 曲禮上, '卒哭乃諱'‧檀弓下‧雜記下, '卒哭而諱'). 이는 東周初부터 시작된 慣行으로 점차 그 범위가 확대되어 當該 王朝의 創業主의 直系 4代祖로부터 現在 帝王까지의 이름[名]과 같은 글자를 回避하였다('生而諱名'). 그렇지만 이것이 制定된 時期부터 適用되지 않는 경우도 있었는데, 그것은 '五不諱'라고 하여 ⓐ 같은 흡의 글자를 피하지 않는 것[不諱嫌名], ⓑ 이름[名]의 두 글자를 모두 피하지 않는 것[二名不偏諱], ⓒ 經典[詩書]의 글자를 피하지 않는 것[詩書不諱], ⓓ 禮文을 撰할 때 피하지 않는 것[臨文不諱], ⓔ 祠堂에서 祖先의 이름을 피하지 않는 것[廟中不諱] 등이다(『禮記』, 曲禮第1上). 이러한 五不諱 중에서 뒤의 3者는 後代까지 대체로 維持되었으나, 앞의 2者는 漢代부터 준수되지 아니하고 더욱 확대되

었다. ⓐ는 聲韻이 비슷한 글자뿐만 아니라 字形이 비슷한 글자도 回避하였고, ⓑ는 두 글자를 모두 回避하는 것으로 바뀌어 지게 되었다. 이러한 避諱는 唐代 以後에 더욱 擴大되어 帝王의 字·諡·帝號 및 年號까지 回避하는 形便까지 이르게 되었고, 또 嚴格히 適用되었다.

避諱의 形式은 다음과 같은 몇 가지의 類型이 있었다. ① 일반적으로 避諱해야 할 글자를 뜻이 비슷한 글자 또는 韻이 통하는 글자[同義·通韻]로 代身하거나, 字體를 變形하여 사용하였다[變字]. 그러다가 唐代 以後에는 ② 같은 글자의 最後의 一劃을 省略하였지만(宋代에 2, 3劃의 事例도 보임), 中間의 劃을 缺劃하는 경우도 있었는데[缺筆, 缺劃], 이 경우는 避諱해야 할 글자, 또는 비슷한 音의 글자, 그리고 自身의 父祖의 이름[名, 諱]에도 適用시키기도 하였다. ③ 該當 글자를 쓰거나 刻字하지 아니하고[省字], '上諱'·'文宗諱字'·'高宗御諱'와 같이 글자를 指摘한 경우도 있었다(淸代 黃本驥, 『避諱錄』; 趙翼, 『陔餘叢考』권31, 避諱; 諸橋轍次 1976年 第4券 262~294쪽 名字諱諡篇; 影山輝國 2003年).

고려시대의 경우, 國初以來 先代祖上의 이름을 避諱하였을 뿐만 아니라 正朔을 받은 中原의 國家들의 帝王名이나 年號를 다른 글자로 表記하였다. 또 宋의 『開寶版大藏經』(『蜀本大藏經』)을 輸入하여 이를 바탕으로 大藏經을 雕造할 때 宋에서 避諱한 글자를 그대로 避諱하기도 하였지만, 일반적으로 佛經과 儒敎經典을 組版할 때 歷代帝王의 御諱를 避諱하지 않은 경우[ⓒ 詩書不諱]도 많았다. 그리고 臣僚들은 避諱를 위해 改姓·改名하거나 字로서 이름을 代身하기도 하였고, 官府나 地名까지도 改字하였다. 帝王의 입장에서도 卽位前의 平易한 이름을 僻字로 改名하거나 새로이 글자를 만들어[造字] 바꾸기도 하였다[鄭求福 1994年; 朴晉勳 2008年].

飜譯 咸平 6년 8월 29일(丙戌, 陽9月 27日)[1] 高麗國王 誦이 戶部侍郞 李宣古를[2] 보내와 貢物을 바쳤다. 또 말하기를, "後晋이 幽·薊 地域을 割讓하여 거란[契丹]에 속하게 하니, (거란이) 바로 고려[玄菟]에 바로 나갈 수 있어 여러 차례에 걸쳐 侵入하고 徵求함이 끝이 없습니다[求取無厭]. 請하건대 宋의 군대[王師]를 境界上에 駐屯시켜 牽制하여 주십시오."라고 하였다. 詔書를 내려 그윽하게 타일렀다. 皇帝가 輔臣에게 말하기를, "後晋의 皇帝가 어찌 후한 물건으로서 敵에게 사례하지 아니하고, 급작스럽게 土地와 民衆을 委

任하여 憂患을 남겨 지금에 이르게 하였겠소? 대개 그 나라에 人物이 없었기 때문일 것이오."라고 하였다.

注釋
1) 이해의 8월은 大盡이고 초하루[朔日]는 戊午이다.
2) 李宣古는 고려측의 자료에서 찾아지지 않아 어떠한 인물인지는 알 수 없다.

關聯資料
• (咸平) 六年, 誦遣使戶部侍郎李宣古來朝, 謝恩. 且言, 晉割幽·薊, 以屬契丹, 遂有路直趣玄菟, 屢來攻伐, 求取不已, 乞王師屯境上, 爲之牽制, 詔書優答之(『宋史』 권487, 열전246, 外國3, 高麗).
• (咸平六年 八月) 二十九日, 高麗國王王誦, 遣使李宣古來貢(『宋會要輯稿』199책, 蕃夷7, 歷代朝貢).
• 咸平六年 八月, 王誦遣使來貢(『玉海』 권154, 朝貢, 獻方物).
• (咸平) 六年, 來貢, 乞師, 優詔答之(『元豊類藁』 권31, 高麗世次).

轉載 是歲, 修德州·嘉州·威化·光化四城(『고려사절요』권2, 목종 6년 ;『고려사』권82, 지36, 兵2, 城堡).
飜譯 이해에 德州(現 平安南道 德川郡)·嘉州(現 平安北道 雲田郡)·威化(現 平安北道 雲山郡 位置)·光化(現 平安北道 泰川郡 位置)의 4城을 修築하였다. :

原文 是年, 太后皇甫氏與金致陽通, 生子, 謀爲王後, 逼大良1)□院君詢爲僧.

校訂
1) 大良君은 大良院君에서 院이 缺落되었을 것이다.

飜譯 이해에 太后 皇甫氏(40歲)가 金致陽과 사이가 좋아 아들을 낳아서 王의 後嗣로 삼으려고 圖謀하고, 大良君 詢(後日의 顯宗, 12歲)을 逼迫하여 僧侶로

삼았다.

關聯資料

• (是歲) 千秋太后皇甫氏, 逼大良院君詢, 爲僧, 初洞州人金致陽, 太后外族, 性姦巧, 嘗詐祝髮, 出入千秋宮, 頗有醜聲, 成宗杖配遠地, 成宗薨, 召授閣門通事舍人, 不數年, 貴寵無比, 百官予奪, 皆出其手, 親黨布列, 勢傾中外, 起第至三百餘間, 臺榭園池, 窮極美麗, 日夜與太后遊戲, 無所畏忌, 洞州立祠, 額曰星宿寺, 又於宮城西北隅, 立十土寺, 其圖像, 奇怪難狀, 潛懷異志, 以求陰助, 凡器皿, 皆銘其意, 其鍾銘曰, 當生東國之時, 同修善種, 後往西方之日, 共證菩提, 王常欲黜之, 恐傷母志, 不敢也, 至是, 太后生子, 是私致陽所生也, 與致陽謀爲王後, 忌大良君, 强令出家, 大良君, 時年十二, 後寓居三角山神穴寺, 太后潛遣人, 謀害者屢矣, 寺有老僧, 穴地室中, 匿之, 而上置臥榻, 以防不測 (『고려사절요』 권2, 목종 6년).

• 顯宗 … 年十二, 千秋太后忌之, 逼令祝髮. 初, 寓崇敎寺, 有僧, 夢見大星隕寺庭, 變爲龍, 又變爲人, 王也. 由是, 衆多奇之(『고려사』 권4, 세가4, 顯宗 總論).

[穆宗 7年(1004) 甲辰] 閏月 宋·遼·高麗·日本⑨
契丹 聖宗 統和 22年, 宋 眞宗 景德 元年

原文 春三月, 改定科擧法.

飜譯 3월에[1] 科擧의 施行에 관한 法規[科擧法]를 改正하였다.

注釋

1) 이해의 3월은 小盡이고 초하루[朔日]는 乙酉이다. 이달은 그레고리曆으로 3월 30일부터 4월 27일까지이다.

關聯資料

• 穆宗七年 三月, 改定科擧法, 先時^{先是}, 每春月試取, 秋冬放榜. 至是, 定以三月開場, 鎖闈, 貼禮經十條, 明日, 試詩·賦, 越一日, 試時務策, 至十日, 定奏科第, 乃開鎖, 其明經以下諸業, 上年十一月, 畢選, 與進士, 同日放榜(『고려사』 권73, 지27, 선거1, 科目1 ;

이에서 先時는 先是로 해야 바르게 될 것이다).

• 春三月, 改定科擧法, 先是, 每春月試取, 或至秋冬放牓, 至是, 始定以三月開場, 鎖闈十日, 一日貼禮經十條, 明日試詩·賦, 越一日試時務策, 定奏科第開鎖, 明經以下諸業, 上年十一月試取, 與進士同日放牓, 以爲恒式(『고려사절요』 권2, 목종 7년 3월).

補遺 (長保六年 三月) 七日辛卯, … 因幡國^{藤原惟憲}言上于陵嶋人十一人事等, 定文在別(『權記』).

飜譯 (長保 6년 3월) 7일(辛卯, 陽4月 30日) 因幡國[이나바노쿠니, 現 鳥取縣 東部地域]의 藤原惟憲이[1] (그곳에 漂着한) 于陵嶋人 11人 등에 관한 일을 報告하였다. 評議의 결과[定文·陣定文]은 別紙에 있다.[2]

注釋

1) 藤原惟憲(후지와라노 코레노리, 963~1033)은 헤이안시대 중기의 公卿으로 權中納言·大宰權帥 藤原爲輔의 孫子로서 因幡守·近江守·右馬頭·大宰大貳 등을 역임하면서 苛酷하게 人民들을 收奪했다고 한다.

2) 이 자료는 日本朝廷이 각 地域의 懸案 問題를 報告받을 때, 因幡國이 그곳에 도착한 고려의 于陵嶋(鬱陵島)人 折兢悅 등 11人에 대해 보고한 것을 기록한 것이다.

關聯資料

• 高階積善, 『本朝麗藻』 권下, 餞送部, 代迂陵島人感皇恩詩, 源爲憲, "遠來殊俗感皇恩, 彼不能言我代言, 一葦先摧身殆沒, 流蓬暗轉命纔存, 故鄕有母秋風淚, 旅舘無人暮雨魂, 豈慮紫泥許歸去, 望雲遙指舊家園". 이는 源爲憲(미나모토노 다메노리, 941~1011)이 鬱陵島人을 대신하여 지은 시문이다.

• 高階積善, 『本朝麗藻』 권下, 餞送部, 高麗蕃徒之中, 有新羅國迂陵島人忻兢悅之者, 其文不優, 頗知詩篇, 臨別之日, 予與一篇, 勘解^{藤原有國}相公, "我尋京洛辭雲去, 君赴高麗棹浪歸, 後會難期何歲月, 秋風宜使雁書飛". 이는 藤原有國(후지와라노 아리쿠니, 943~1011)이 지은 詩文으로 鬱陵島人 忻兢悅이 문장은 우수하지 않으나, 詩篇을 상당히 알고 있다고 말한 것이 주목된다.

• 藤原俊成, 『千載和歌集』 권11, 前大納言公任, 이는 일본어로 되어 있어 原文은 생략하고, 관련된 내용을 번역하면 다음과 같다. "이곳(일본)에 추방되어온 울릉도인이, 여기 사람(일본인)이 하는 말을 듣고도 알아듣지 못하고 있다는 소식이 들려올 무

렵, (편지를 받은 여인이) 답장을 주지 않기에 이에 빗대어 보낸 와카(和歌), 당신은 (일본어를 알아듣지 못하여) 어리벙벙한 표정을 짓고 있는(분명한 태도를 취하지 못하는) 울릉도 사람입니까? (그럴 리가 없음에도 불구하고) 내가 보낸 편지의 내용을 모르는 듯한 표정을 짓고 있군요(내 마음을 모른 척하고 있군요)". 藤原俊成(후지와라노 토시나리, 1114~1204)은 가마쿠라시대 전기의 歌人으로 美作守·遠江守·左京大夫 등을 역임하였다.

- 藤原公任,『前大納言公任卿集』, 이는 일본어로 되이 있이 原文은 생략하고, 관련 내용을 번역하면 다음과 같다. "신라 울릉도인이 (일본에) 와서, 여기 사람(일본인)이 하는 말을 듣고도 알아듣지 못하더라는 소문을 들으시고, (公任께서) 답장을 주지 않는 사람에게 보낸 와카(和歌), 당신은 (일본어를 알아듣지 못하여) 어리벙벙한 표정을 짓고 있는(분명한 태도를 취하지 못하는) 울릉도 사람입니까? (그럴 리가 없음에도 불구하고) 내가 원망하고 있는 것을 모르는 듯한 표정을 짓고 있군요(애태우는 내 마음을 모른 척하고 있군요). 답으로 보낸 편지, 아득히 머나먼 그 섬(울릉도) 사람에 관한 이야기는 소문에 들었습니다(당신의 마음 역시 편지에 담겨진 글을 보고 알았습니다)". 藤原公任(후지와라노 긴토, 966~1041)은 헤이안 시대 중기의 公卿으로 太政大臣 藤原公秀의 孫子로서 參議·中納言·權大納言 등을 역임하였고, 저서로『北山抄』10권이 있다.

한편 高麗人이 鬱陵島에 가다가 日本에 漂流했던 예로 1389년(昌王1)에 歸還한 永興君 環이 찾아지고 있다(『고려사』권91, 열전4, 永興君 環·권115, 열전28, 李崇仁).

原文　夏四月, 賜黃周亮等及第.
飜譯　4월에[1] 黃周亮[2] 등에게 及第를 下賜하였다.

注釋

1) 이해의 4월은 大盡이고 초하루[朔日]는 甲寅이다. 이달은 그레고리曆으로 4월 28일부터 5월 27일까시이나.
2) 黃周亮은 「高麗世系」末尾의 주석 3)과 같다.

關聯資料

- (穆宗) 七年 四月, 內史舍人崔沆, △爲知貢擧, 取進士. 下教, 賜甲科黃周亮等五人·乙

科十人·明經四人及第(『고려사』 권73, 지27, 선거1, 科目1, 選場).

- 夏四月, 賜黃周亮等十五人·明經四人及第(『고려사절요』 권2, 목종 7년 4월).

原文　六月 己未, 門下侍中韓彦恭卒.

翻譯　6월 6일(己未, 陽6월 26일)[1] 門下侍中 韓彦恭이 別世하였다(65歲).

注釋

1) 이해의 6월은 小盡이고 초하루[朔日]는 甲寅이다. 이날은 그레고리曆으로 7월 2일이다.

關聯資料

- 六月, 門下侍中韓彦恭卒 … 至是病, 賜醫藥及安車, 往浴溫泉, 命州縣供給, 又賜廏馬三匹, 以資祈禱, 竟不愈, 卒. 賻米布甚厚, 贈內史令, 諡貞信, 以禮葬之(『고려사절요』 권2, 목종 7년 6월).

- (穆宗) 七年 六月, 侍中韓彦恭卒, 賻米五百石·麪麥三百石·平布八百匹·中布四百匹·茶二百角, 贈內史令, 諡貞信, 以禮葬之(『고려사』 권64, 지18, 禮6, 凶禮, 諸臣喪).

補遺　(統和二十二年) 九月 己丑, 以南伐諭高麗(『遼史』 권14, 본기14, 聖宗5).

翻譯　(統和 22년) 9월 8일(己丑, 陽9월 24일)[1] 宋을 征伐하므로[南伐] 高麗에 諭示하였다.[2]

注釋

1) 이해의 9월은 大盡이고 초하루[朔日]는 壬午이다.

2) 이는 1004년(景德1, 統和22) 겨울에 이루어진 契丹의 蕭太后와 聖宗이 20萬의 大軍을 거느리고 澶州(現 河南省 東北部의 濮陽縣) 地域을 攻擊하려는 것을 통보한 것이다(→澶淵之盟).

關聯資料

(統和) 二十二年, 以南伐事詔諭之(『遼史』 권115, 열전45, 二國外紀, 高麗).

原文   冬十一月 甲寅, 幸鎬京齋祭, 赦杖罪以下, 養耆老, 加方嶽·州鎭[1]神祇[神祇]勳號.

校訂

1) 여러 판본의 『고려사』에서 神祇(신지)로 되어 있으나 神祇(신기)로 고쳐야 바르게 될 것이다[東亞大學校 2008年 5책 469쪽]. 神祇에서 神은 天神을, 祇는 地神을 指稱하지만, 神祇라고 하였을 때는 여러 神들을 의미하며, 中原에서도 神祇를 神祇(신지)로 表記하는 事例가 많이 있었다.

飜譯   11월 4일(甲寅, 陽12월 18日)[1] 鎬京에 幸次하여 祭禮를 지낸 후 杖刑 이하의 罪囚를 赦免하고, 老人[耆老]들을 대접하면서 名山[方嶽]과 州鎭의 神祇에게 대해 勳號를 더하여 주었다.

注釋

1) 이해의 11월은 小盡이고 초하루[朔日]는 辛亥이다.

關聯資料

• 冬十一月, 幸鎬京齋祭, 赦杖罪以下, 蠲鎬京田租一年, 北邊沿路州縣, 半之, 養耆老, 加方岳·州鎭神祇勳號(『고려사절요』 권2, 목종 7년 11월).

• (穆宗) 七年 十一月, 幸鎬京齋祭, 蠲鎬京田租一年, 北邊沿路州縣, 半之(『고려사』 권80, 지34, 식화3, 賑恤, 恩免之制).

補遺   統和二十二年甲辰, 黃龍寺九層塔丈六佛成(『東都歷世諸子記』).

飜譯   統和 22년(甲辰)에 黃龍寺 九層塔의 (左右에 있는) 丈六佛이[1] 만들어졌다.

注釋

1) 丈六佛은 광종 5년 顯德元年甲寅의 주석 1)과 같다.

[參 考]

高麗

- 春秋二十一, 赴王輪寺大選談經, 而言近意深, 命侶而問同答異, … 許明揚, 仍署大德 (「原州法泉寺智光國師玄妙塔碑」; 이 자료는 智光國師 海麟이 1004년에 21歲의 나이로 開京의 王輪寺에서 실시된 僧科[大選]에 나아가 合格하여 大德에 任命된 사실을 서술한 것이다).
- (統和) 二十一─二十二年甲辰奉勅撰獻和大王神道碑(「柳邦憲墓誌銘」; 이는 柳邦憲이 景宗의 神道碑를 修撰한 事實을 언급한 것이데, 添字와 같이 고쳐야 바르게 된다).

[穆宗 8年(1005) 乙巳]
契丹 聖宗 統和 23年, 宋 眞宗 景德 2年

原文 春正月, 東女眞寇登州, 燒州鎭部落三十餘所, 遣將禦之.

飜譯 1월에[1] 東女眞이 登州(現 江原道 安邊郡)에 侵寇하여 州鎭의 부락 30여 곳을 불태우자 將軍을 보내어 막게 하였다.[2]

注釋

1) 이해의 1월은 小盡이고 초하루[朔日]는 庚戌이다. 이달은 그레고리曆으로 2월 18일부터 3월 18일까지이다.

2) 이는 東女眞이 登州 등 고려의 동해안으로 침략한 사실을 말한다. 北蕃이라고도 불리던 이들은 豆滿江의 下流를 중심으로 沿海州 一帶에 걸쳐 살면서 漁撈를 生計手段으로 삼고 있었으므로, 海上을 통해 고려의 東海岸뿐만 아니라, 日本의 北九州 地域까지도 侵入하였다[東亞大學校 2008年 1책 378쪽].

關聯資料

春正月, 東女眞, 寇登州, 燒州鎭村落三十餘所而去, 遣將禦之(『고려사절요』 권2, 목종 8년 1월).

原文 三月 己酉1)[朔], 汰外官.

翻譯 3월 1일(己酉, 陽4月 12日)1) 地方官[外官]의 (일부를) 廢止하였다.2)

注釋

1) 이해의 3월은 小盡이고 초하루[朔日]는 己酉인데, 이 자료에서 己酉의 다음에 초하루를 뜻하는 朔字가 缺落되었다.

2) 이 조치는 995년(성종14) 9월 7일(庚戌) 全國을 10道로 整備하고, 12節度使·2京留守使(東京·西京)·4都護府使 및 防禦使·團練使(都團練使 包含)·刺史 등의 外官을 파견한 것을 改定한 것이다. 이때 10道에 설치된 觀察使와 諸州의 中·小地域에 설치되었던 團練使·刺史가 폐지되었고, 주요거점지역의 都護府使, 諸州의 큰 지역에 설치되었던 節度使와 防禦鎭使를 위시한 餘他의 外官은 여전히 유지되었던 것 같다.

關聯資料

• 三月, 汰外官, 唯置十二節度·四都護·東西北界防禦鎭使·縣令·鎭將, 其餘觀察使·都團練·團練·刺史, 悉罷之(『고려사절요』 권2, 목종 8년 3월).

• 成宗十四年, 改爲懽州都團練使, 穆宗八年, 廢團練使(『고려사』 권56, 지10, 지리1, 天安府).

• 高麗初, 改樹州, 成宗十四年, 置團練使, 穆宗八年, 罷之(『고려사』 권56, 지10, 지리1, 安南都護府).

• 高麗初, 更今名, 成宗十四年, 置團練使, 穆宗八年, 罷之(『고려사』 권56, 지10, 지리1, 安南都護府, 衿州).

• 成宗十四年, 置團練使, 穆宗八年, 罷之(『고려사』 권56, 지10, 지리1, 水州).

• 成宗十四年, 置團練使, 穆宗八年, 罷之(『고려사』 권56, 지10, 지리1, 廣州牧, 竹州).

• 成宗十四年, 置團練使, 穆宗八年, 罷之(『고려사』 권58, 지12, 지리3, 東州).

• 成宗十四年, 置團練使, 穆宗八年, 罷之(『고려사』 권58, 지12, 지리3, 漳州縣).

• 成宗十四年, 置刺史, 穆宗八年, 罷之(『고려사』 권56, 지10, 지리1, 原州, 堤州).

• 成宗十四年, 置刺史, 穆宗八年, 罷之(『고려사』 권56, 지10, 지리1, 淸州牧, 鎭州).

• 成宗十四年, 置刺史, 穆宗八年, 廢刺史(『고려사』 권56, 지10, 지리1, 天安府, 牙州).

• 成宗十四年, 置刺史, 穆宗八年, 廢刺史(『고려사』 권56, 지10, 지리1, 大女府, 嘉林縣 ; 原文에서 '穆宗八年, 廢刺史'가 缺落되었을 것이다).

• 成宗十四年, 陞爲龍州刺史, 穆宗八年, 罷之(『고려사』 권57, 지11, 지리2, 尙州牧, 龍

宮郡).

• 成宗十四年, 陞爲稽州刺史, 穆宗八年, 廢刺史(『고려사』 권57, 지11, 지리2, 尙州牧, 永同郡).

• 團練使·都團練使·刺史·觀察使, 成宗·爲州府之職, 穆宗罷之(『고려사』 권77, 지31, 百官2, 外職, 團練使·都團練使·刺史·觀察使).

轉載　(穆宗) 八年 三月, 崔沆, △^爲知貢擧, 取進士(『고려사』 권73, 지27, 선거1, 科目1, 選場).

翻譯　(穆宗) 8년 3월에 崔沆이 知貢擧가 되어 進士를 선발하였다.

原文　夏四月 癸酉, 賜崔冲等及第.

翻譯　4월 □일(癸酉)[1] 崔冲[2] 등에게 及第를 下賜하였다.[3]

注釋

1) 이해의 4월은 大盡이고 초하루[朔日]는 戊寅이다. 이달에는 癸酉가 없고, 癸未(6일), 癸巳(16일), 癸卯(26일), 乙酉(8일), 丁酉(20일)가 있으므로, 癸酉는 이들 중 어느 하나의 誤字일 것이다.

2) 崔冲(984~1068)은 海州 大寧郡人으로 字는 浩然인데, 1005년(목종8) 4월 知貢擧 崔沆의 밑에서 甲科 1人으로 及第하였다. 1010년(현종1) 5월에 契丹이 침입하자 西京掌書記로 行營都統使·參知政事 康兆의 麾下에서 修製官으로 參戰하였고, 1011년(현종2) 右拾遺에 임명되었고, 1013년(현종4) 右拾遺로 史館의 修撰官에 임명되었다. 1016년(현종7) 右補闕에, 1020년(현종11) 起居舍人에 각각 임명되었고, 1021년(현종12)에 王命을 받아 玄化寺(大慈恩玄化寺)의 眞殿贊詩를 수찬하였다. 1024년(현종15) 12월에 中樞院直學士에 임명되었는데, 이후 宣議郞·中樞院直學士·尙書吏部郞中·知制誥兼史館修撰官·賜紫金魚袋를 띠고서 「原州居頓寺圓空國師勝妙塔碑」를 撰하였다. 1025년(현종16) 12월에 翰林學士·內史舍人·知制誥에, 다음해 3월에 內史舍人으로 知貢擧가 되어 崔顗 등을 선발하였고, 12월에 太子中允에 임명되었다. 이때 宣議郞·翰林學士·內史舍人·知制誥兼史館修撰官·賜紫金魚袋를 띠고서 「弘慶寺碣」을 修撰하였다.

1029년(현종20) 11월에 右諫議大夫에, 1030년(현종21) 5월에 太子右庶子에 각각 임명되었다. 1033년(덕종2) 1월 右散騎常侍·同知中樞院事에 임명되었고, 이때에 990년(성종9) 右補闕 金審言의 건의에 따라 劉向의 六正·六邪의 說과 漢 刺史의 六條之政을 內外官廳의 壁에 揭示한 故事를 다시 施行하기를 청하여 허락 받았다. 다음해 7월 刑部尚書·中樞院使에 승진하였고, 1037년(덕종3) 7월 參知政事·修國史에 임명되었다. 1040년(정종6) 尙書左僕射를 兼任하고 있었고, 1041년(정종7) 8월에 尙書左僕射·判西北路兵馬使로 파견되어 邊方을 巡視하고 寧遠·平虜의 2鎭을 爲始하여 14個의 堡를 修築하고 돌아왔고, 같은 해 10월 內史侍郎平章事에 임명되었다. 1043년(정종9) 2월 守司徒·修國史·上柱國에 임명되었고, 이어서 門下侍郎平章事가 되었다가 1046년(문종 즉위년) 8월 平章事로서 王命을 받아 門下侍中 崔齊顔과 함께 時政의 得失을 論하였다. 1047년(문종1) 4월 門下侍中에 임명되었고, 6월에 王命을 받아 律令과 書算을 詳定하였다. 1049년(문종3) 2월 守太保가 더해졌고, 1050년(문종4) 1월 開府儀同三司·守太傅가 더해지고, 推忠贊道功臣으로 책봉되었다. 같은 해 11월에 門下侍中·都兵馬使로서 饑饉에 든 西北地域 州·鎭의 人民들을 城池를 築造하는 事業 외에는 動員하지 말기를 청하여 허락을 받았고, 1053년(문종7) 70歲로 致仕를 청하였으나 几杖을 下賜받아 계속 視務하게 하였다. 이어서 推忠·贊道·恊謀·同德·致理功臣·開府儀同三司·守太師兼門下侍中·上柱國으로 致仕되었으나, 1055년(문종9) 7월에 다시 內史令으로 致仕하게 되었다(72歲).

1061년(문종15) 內史門下省이 中書門下省으로 改稱됨에 따라 致仕職을 中書令으로 바꾸게 되었고, 功臣號도 '弘文·懿儒·保定·康濟'의 8字가 더해졌다. 1068년(문종22) 9월에 85歲로 別世하자 文憲이라는 諡號가 내려졌고, 1086년(宣宗3) 靖宗의 廟庭에 配享되었다. 그는 退職 이후에 私塾를 建立하여 經書의 專門分野에 따라 9齋로 나누어 後進을 育成하였는데, 이에 소속된 門徒를 侍中崔公徒(死後에 文憲公徒로 改稱)라고 하였다고 한다. 또 그가 장기간에 걸쳐 史舘의 官職을 兼職하였음에도 文集이 남아 있지 않아 어떠한 사론을 썼는지를 알 수 없으나 그의 史贊 중에서 仁宗史贊이 『고려사』에 수록되어 있다. 또 그의 詩文 2首가 朝鮮後期 實學者인 李衡祥(1653~1733)에 의해 採集되어있다(『고려사』 권95, 열전8, 崔冲 ; 「開豊玄化寺碑」 ; 李相揆·李正玉 注解 2013年).

한편 崔冲은 그의 출신지인 海州鄕校의 文廟에 그의 아들 崔惟善과 함께 從祀되어 있었다고 하는데(『성종실록』 권224, 20년 1월 3일, 권230, 20년 7월 10일 ;『중종실록』권35, 14년 1월 6일), 1487년(성종18) 경 牧使 鄭誠謹이 祀典에 없는 것이라 하여 革罷하였다고 한다(『신증동국여지승람』 권43, 海州牧 鄕校). 또 平壤府의 文廟 東廡에 元代의 儒學者 劉因과 함께 從祀되어 있었다고 한다(『중종실록』 권26, 11년 8월 13일).

3) 이때 姜民瞻(963~1021)도 及第하였다고 하는데, 이는 1788년(정조12) 10월에 模寫된 姜民瞻肖像畵의 題記에 依據한 것이다(國立中央博物館所藏, 寶物 588號 : 國立博物館 2009年 39쪽).

關聯資料

- 四月, 下敎, 賜甲科崔冲等七人·乙科十人·明經三人及第(『고려사』 권73, 지27, 선거1, 科目1, 選場).
- 夏四月, 賜崔冲等□十七人·明經三人及第(『고려사』 권2, 목종 8년 4월 ; 이에서 七人은 十七人의 잘못이다).
- 文憲公崔冲, 於成宗在位二十五年乙巳, 擢第春官, 爲甲科第一位(『補閑集』 권上 ; 崔冲은 목종 8년에 급제하였는데, 이해는 崔滋가 언급한 것처럼 成宗 在位 25년에 해당한다. 崔滋가 어떤 事由로 實際의 紀年을 使用하지 아니하고, 前代의 帝王으로 紀年하였는지를 알 수 없다).

補遺 (統和二十三年 五月) 丙寅, 高麗以與宋和, 遣使來賀(『遼史』 권14, 본기14, 聖宗5).

飜譯 (統和 23년 5월) 19일(丙寅, 陽6月 28日)[1] 高麗가 (거란이) 宋과 講和하였음으로 使臣을 보내와 賀禮하였다.[2]

注釋

1) 이해의 5월은 小盡이고 초하루[朔日]는 戊申이다.
2) 거란과 宋은 이해의 1월 1일(庚戌) 講和하였다(『宋史』 권7, 본기7, 眞宗2.→澶淵之盟).

關聯資料

(統和) 二十三年, 高麗聞與宋和, 遣使來賀(『遼史』 권115, 열전45, 二國外紀 高麗).

原文　是歲, 宋溫州文士周佇來投, 授禮賓注薄.

飜譯　이해에 宋의 溫州(現 浙江省 溫州)의 文士 周佇가[1] 來投하여 오자, 禮賓省 注薄에 임명하였다.

注釋

1) 周佇(?~1024)는 宋의 溫州(現 浙江省 溫州市) 出身의 文士(혹은 閩人)로서 1005년 (목종8) 商舶을 따라와 來投하자, (翰林)學士 蔡忠順의 建議에 의해 머물게 되고 禮 賓注薄로 임명되었고, 이어서 拾遺에 임명되어 制誥를 담당하였다. 1011년(현종2) 1월 契丹의 侵入으로 顯宗이 南遷하자 蔡忠順 등과 함께 扈從하다가 禮部侍郞·中 樞院直學士에 발탁되었고, 1013년(현종4) 9월 禮部侍郞으로 內史舍人 尹徵古·侍御 史 黃周亮·右拾遺 崔冲 등과 함께 史舘의 修撰官에 임명되었다. 이어서 內書舍人을 거쳐 1014년(현종5) 4월에 秘書監으로 知貢擧가 되어 進士를 선발하였다. 1015년 (현종6) 御事民官侍郞 郭元이 宋에 派遣되었을 때의 起居表와 進奉表를 修撰하였 다. 1018년(현종9)에 右散騎常侍에 임명되었고, 1021년(현종12) 6월 翰林學士承旨· 左散騎常侍에 임명되고, 崇文輔國功臣·上柱國·海南縣開國男·食邑三百戶에 册封되 었고, 7월에 玄化寺(大慈恩玄化寺)의 碑文을 修撰하였다. 1022년(현종13)에 禮部尙 書에 임명되었고, 1024년(현종15) 5월 禮部尙書로 別世하였다(『고려사』권94, 열전 7, 周佇；『櫟翁稗說』後集2；『東人之文四六』권2, 本國入宋起居表；『동문선』권44, 本國入宋進奉起居表；「開豊玄化寺碑」).

轉載　(穆宗) 八年, 城鎭溟縣五百一十間, 門五, 城金壤縣七百六十八間, 門六, 城郭 州七百八十七間, 門八, 水口一, 城頭五, 遮城二(『고려사』권82, 지36, 兵2, 城堡).

飜譯　(목종) 8년에 鎭溟縣(現 咸鏡南道 元山市 位置)에 五百一十間의 城을 쌓았 는데 門이 5個였다. 金壤縣(現 江原道 通川郡 位置)에 七百六十八間의 城 을 쌓았는데, 門이 6個였고, 郭州(現 平安北道 郭山郡)에 七百八十七間의 城을 쌓았는네, 門이 8, 水口가 1, 城頭기 5, 遮城이 2個였다.

[參 考]

高 麗

• 「維統和二十三年歲次」乙巳五月二十日東邊」塔□□落□治□建時」…(「東國大學校博物館所
藏東邊塔誌石銘」; 許興植 1986年 431쪽 ; 이에서 □治□建은 判讀에 어떤 錯誤가 있
었을 것이다).

[穆宗 9年(1006) 丙午]

契丹 聖宗 統和 24年, 宋 眞宗 景德 3年

轉載 春二月, 王謂有司曰, 比年, 秋穀不登, 百姓艱食, 自統和二十一年以來, 貢賦
未納者, 並除之, 其有絶食·無穀種者, 開倉賑給(『고려사절요』 권2, 목종 9년
2월 ; 『고려사』 권80, 지34, 식화3, 賑恤, 災免之制).

翻譯 2월에[1] 王이 해당관청[有司]에게 이르기를, "近年에 가을 곡식[秋穀]이 익지
않아 百姓들이 食糧 마련에 어려움이 있으니, 統和 21년(1003, 목종6) 以來
貢賦를 納付하지 못한 者에게는 모두 免除하여 주고, 糧食이 떨어졌거나
種子穀이 없는 者에게는 倉庫를 열어 빌려 주도록 하시오."라고 하였다.

注釋
1) 이해의 2월은 小盡이고 초하루[朔日]는 甲戌이다. 이달은 그레고리曆으로 3월 9일부
터 4월 6일까지이다.

轉載 夏四月, 令文官六品以上, 各擧才堪治民者一人. 且曰, 所擧可賞, 幷賞擧者,
罰亦如之(『고려사절요』 권2, 목종 9년 4월).

翻譯 4월에[1] 文官 6品 이상에게 능히 人民을 다스릴 만한 才能이 있는 者를 각
기 한 사람씩 薦擧하게 하였다. 또 말하기를, "薦擧된 사람이 賞을 받을 만
하면 薦擧한 사람에게도 아울러 賞을 줄 것이요, 罰則도 역시 이와 같이 할
것이요."라고 하였다.

注釋

1) 이해의 4월은 大盡이고 초하루[朔日]는 壬申이다. 이달은 그레고리曆으로 5월 6일부터 6월 4일까지이다.

原文 六月 戊戌, 震天成殿鴟吻. 王憂懼責己, 肆赦, 孝順義節, 並加恩賞, 加國內神祇^{神祇}勳號. 文武三品以上加勳, 四品以下增一級, 九品以上入仕滿二十年者, 改服. 禪·敎僧徒大德以上加法號, 年六十以上者, 加職有差.

翻譯 6월 28일(戊戌, 陽7月 25日)[1] 天成殿의[2] 鴟尾에[3] 벼락이 떨어졌다. 王이 근심과 두려움에 잠겨 스스로를 責望하고 赦免을 내렸으며 孝子·順孫·義夫·烈女들에게 賞을 내리고, 國內 (寺社의) 神靈[神祇]에게 勳號를 더하여 주었다. 文·武官 3品 이상에게 勳號를 더해 주고, 4品 이하는 品階를 1等級씩 올려주었으며, 9品 이상으로 벼슬한 지 滿 20年이 된 者는 (上級의) 官服으로 바꾸어 주었다. 禪宗과 敎宗의 僧侶로서 大德 이상에게[4] 法號를 더해 주고, 나이 60歲 이상의 人民들에게 老人職[職]을 差等이 있게 더해 주었다.

注釋

1) 이해의 6월은 大盡이고 초하루[朔日]는 辛未이다.

2) 天成殿은 惠宗이 華嚴經을 寫經하여 佛像과 8部神衆像을 安置하고 法印國師 坦文(900~975)을 招請하여 法會를 개최하던 殿閣이다(「瑞山普願寺法印國師寶乘之塔碑」). 仁宗代에 金의 使臣으로부터 詔書를 받거나 百座道場·金剛道場·佛頂道場·藏經道場 (春秋의 2季節에 定例的으로 開設하는데, 봄에는 6日間, 가을에는 7日間 擧行하였음) 등을 開設하여 內外의 僧侶를 供養하기도 하였다. 또 兩府大臣과 侍從官을 모아 經筵을 개최하는 場所로도 이용하였다.

3) 鴟尾(치미)는 螭吻(이문, 이무기)·鯱瓦(호와, 물호랑이 기와)라고도 하는데, 龍의 아홉 아들[九子] 중의 하나인 螭吻을 形象化한 것, 또는 올빼미(鴟)를 형상화한 것이라는 俗說이 있디고 한다(『太平御覽』 권188, "唐會要曰, 漢栢梁殿災後, 越巫言, 海中有魚虯, 尾似鴟, 激浪卽降雨, 遂作其像於屋, 以厭火祥. 時人或謂鴟吻, 非也"; 『駢雅』 권3, 釋宮, "鴟尾, 瓦獸也"; 東亞大學校 2008年 1책 379쪽). 이러한 것을 形象化하여 邸宅의 용마루에 裝飾한 것은 이들의 힘을 빌려서 火災를 避할 수 있다는 믿음

에 의한 것이었을 것이다.

4) 大德은 고려시대의 僧侶에게 주어진 法階 가운데서 最下位의 僧階이다. 출가한 沙彌僧이 具足戒를 받으면 정식 승려인 比丘가 되고, 比丘가 승려들의 과거시험인 僧科에 합격하면 첫 僧階인 大德을 받았다. 이후 敎宗 系列인 華嚴宗과 法相宗은 大德→大師→重大師→三重大師→首座→僧統으로, 禪宗 系列인 曹溪宗과 天台宗은 大德→大師→重大師→三重大師→禪師→大禪師로 각각 昇進하여 이에 걸맞은 各種 僧職 또는 中外寺院의 住持에 任命되었다[東亞大學校 2008年 1책 379쪽].

關聯資料

- 六月 戊戌, 震天成殿鴟吻. 王, 憂懼責己, 肆赦, 孝順義節, 並加恩賞, 加國內神祇勳號, 文武三品以上, 加勳, 四品以下增一級, 九品以上入仕滿二十年者, 改服, 年六十以上者, 加職有差, 減今年稅布之半, 并蠲甲辰年前逋欠租稅(『고려사절요』권2, 목종 9년 6월).
- 穆宗九年 六月 戊戌, 震天成殿鴟吻(『고려사』권53, 지7, 오행1).
- 六月 戊戌, 震天成殿. 王肆赦, 仍減今年稅布之半, 并蠲甲辰年前逋欠租稅(『고려사』권80, 지34, 식화3, 賑恤, 災免之制).

補遺　菩薩戒弟子·南瞻部洲高麗國, 應天·啓聖·靜德王太后 皇甫氏」大中大夫·尙書左僕射·判三司[1]□事·隴西縣開國男·食邑三百戶金 致陽」同心發願寫成金字大藏經」統和二十四年七月 日 謹記」書者 崔成朔」用紙十六幅」初校[2]花華嚴業了眞炤世大師曇昱」重校華嚴業大師 緣密」(「金字大藏經」).

校訂

1)의 □에 事字가 追加되어야 바르게 되고, 2)의 花는 華와 같은 글자이다.

飜譯　菩薩戒弟子인 南瞻部洲 高麗國의 應天·啓聖·靜德王太后 皇甫氏와 大中大夫·尙書左僕射·判三司事·隴西縣開國男·食邑三百戶 金致陽은[1] 한 마음으로 發願하여 金字大藏經을 베껴 완성하였다. 統和 24년(1006, 목종9) 7월 某日에 삼가 기록한다. 書者는 崔成朔이고, 사용한 종이는 16幅이며, 初校는 華嚴業 了眞炤世大師 曇昱이, 重校는 華嚴業大師 緣密이 보았다.[2]

注釋

1) 金致陽(?~1009)은 洞州(現 黃海道 瑞興郡) 出身으로 獻哀太后 皇甫氏(景宗의 第2妃)
의 外族이다. 981년(경종6) 7월 景宗이 崩御한 이후 僧侶로 僞裝하여 千秋殿[千秋
宮]을 드나들면서 皇甫氏와 가까이 지내다가 成宗에게 알려져 遠地에 流配되게 되
었다고 한다. 998년(穆宗 卽位年) 10월 穆宗이 卽位하여 母后인 皇甫氏[千秋太后]가
攝政을 하게 되자 召還되어 閤門通事舍人으로 임명되었고, 이어서 尙書右僕射·判三
司事에 拔擢되어 百官의 與奪을 손에 쥐고서 擅權하였다고 한다. 또 太后와 거리낌
이 없이 만나기도 하였고, 洞州에서 農民을 役事시켜 祠堂을 건립하여 星宿寺(성수
사)라고 稱하였고, 宮城의 서북쪽에 十王寺(시왕사)를 건립하여 奇怪한 圖像을 安置
하여 異志를 품고서 陰助를 구하기도 하였다고 한다.
1003년(목종6) 두 사람 사이에 아들이 태어나자, 그들의 所生을 穆宗의 後嗣로 삼
으려고 大良院君 詢(後日의 顯宗)을 出家시켜 崇敎寺에 보냈다가 1006년(목종9) 三
角山 神穴寺로 옮겨 죽이려고 하였으나 실패하였다. 또 같은 해 7월에 太后와 함께
「金字大藏經」을 寫經하기도 하였는데, 이는 두 사람의 來世와 아들의 嗣位를 祈願
하려고 하였던 意圖가 있었던 것으로 추측된다. 1009년(목종12) 1월 穆宗에게 病患
이 발생하자 叛亂을 圖謀하다가 王에 의해 開京으로 불려온 西北面都巡檢使 康兆에
의해 父子가 함께 被殺되고, 그의 一黨이 모두 海島에 逐出되었다(『고려사』 권88,
열전1, 后妃1, 景宗 獻哀王太后 皇甫氏·권127, 열전40, 叛逆1, 金致陽).

2) 이 자료는 京都市 東山區 東山七條 京都博物館에 所藏되어 있는 寫經의 跋文이다.
이 寫經은 가로 25.6cm, 세로 27.2cm의 紺紙金字로 이루어진 것으로, 現存하는 고
려시대의 寫經으로 가장 오래된 것이어서 美術史的으로도 주목되는 자료이다. 또
이 寫經을 造成한 사람이 獻哀王太后 皇甫氏(964~1029)와 金致陽인 점이 穆宗 末
期의 政治的 事情을 이해하는데 있어 도움이 되며[金塘澤 1980年], 김치양이 띠고
있는 官爵은 年代記의 부족한 면을 보완해 줄 수 있다.

原文 是歲, 彗星見.
飜譯 이해에 彗星이 나타났다.[1]

注釋

1) 宋에서는 3月 3日(乙巳) 客星이 東南에서 出現하였고, 4月 7日(戊寅) 다섯 종류의 客星의 하나인 周伯星이 출현하였다가 11月 3日(壬寅) 다시 나타났다고 한다 (『宋史』 권7, 본기7, 眞宗2, 景德 3년 3月 乙巳, 11月 壬寅, 권56, 지9, 천문9, 景星·客星).

關聯資料

(穆宗) 九年, 彗星見(『고려사』 권47, 지1, 天文1, 月五星凌犯及星變 ; 『고려사절요』 권2, 목종 9년).

轉載　(是歲) 城登州·龜城·龍津鎭(『고려사절요』 권2, 목종 9년).

飜譯　(이해에) 登州(現 咸鏡南道 安邊郡)·龜城(龜州, 現 平安北道 龜城郡)·龍津鎭(現 咸鏡南道 文川郡 位置)에 城을 쌓았다.

關聯資料

• 龍津鎭, 古狐浦, 高麗初, 改今名, 爲鎭. 穆宗九年築城(『고려사』 권58, 지12, 地理3, 東界, 龍津鎭).

• (穆宗)九年, 城龍津鎭五百一間, 門六. 城龜州一千五百七間, 門九, 水口一, 城頭四十一, 遮城五, 重城一百六十八間(『고려사』 권82, 지36, 병2, 城堡).

轉載　顯宗 … 穆宗九年, 移寓三角山神穴寺, 太后屢遣人謀害, 寺有老僧, 穴地於室而匿之, 上置臥榻, 以防不測(『고려사』 권4, 세가4, 顯宗 總論).

飜譯　大良院君 詢[顯宗]은 목종 9년(1006)에 三角山의 神穴寺로[1] 옮겨 거주하였는데, 千秋太后가 자주 사람을 보내 죽이고자 하였으나[謀害] 절에 老僧이 있어 房 밑에 구멍을 파서 숨겨두고 그 위에 臥榻을 두어 豫測할 수 없는 變을 막았다.

注釋

1) 神穴寺는 成宗 때 如哲이 三角山(現 서울시 恩平區에 위치)에 창건한 瑜伽宗(혹은 法相宗) 系列의 寺院으로, 뒤에 津寬寺로 改稱하였다. 목종 때 千秋太后 皇甫氏와 金致陽 등이 大良院君 詢(後日의 顯宗)을 죽이려고 하자, 당시 이 사원에 住錫하고

있던 津寬祖師가 佛堂에 地下室을 만들어 보호해 주었다. 이에 즉위 전부터 瑜伽宗과 긴밀한 관계를 유지해 온 大良院君이 王位에 오른 뒤에 이 寺院을 重建하고, 유가종 사원인 玄化寺(大慈恩玄化寺)도 창건하는 등 瑜伽宗團의 宗勢를 확대시켜 나갔다.

[參 考]

高 麗
• 統和二十四年歲次」丙午正月□□成幢」…(「報恩法住寺幢銘」; 許興植 1986年 433쪽).
宋
• 眞宗景德三年 夏四月 丙戌, 錄故京西轉運使·工部郎中康戩子希齡爲奉禮郎, 給俸終喪. 戩異國人, 數上章言事, 以竭誠自任, 故優其禮秩, 非常制也(『續資治通鑑長編』 권60, 眞宗 景德 3년 4월 丙戌).

이 記事는 980년(太平興國5, 景宗5) 國學에 入學하여 進士試에 及第한 후 宋의 官僚로 진출하여 嶺南東路轉運使·工部郎中 등을 歷任하고서 京西轉運使로 在職하다가 죽은 康戩(?~1006)에게 恩典을 베푼 措置를 기록한 것이다.

[穆宗 10年(1007) 丁未] 閏月 宋·遼·高麗·日本⑤
契丹 聖宗 統和 25年, 宋 眞宗 景德 4年

原文 春二月, 契丹遣耶律延貴來, 加册王, 爲守義·保邦·推誠·奉聖功臣·開府儀同三司·守尙書令兼政事令·上柱國·食邑七千戶·食實封七百戶.

翻譯 2월에[1] 거란이 耶律延貴를[2] 보내와 (爵號를 높여) 王을 守義·保邦·推誠·奉聖功臣·開府儀同三司(從1品)·守尙書令兼政事令·上柱國·食邑 7千戶·食實封 7百戶로 册封하였다.

注釋
1) 이해의 2월은 大盡이고 초하루[朔日]는 戊辰이다. 이달은 그레고리曆으로 2월 26일

부터 3월 27일까지이다.

2) 耶律延貴는 『遼史』에서 찾아지지 않아 어떠한 人物인지는 알 수 없다.

原文 (是月) 創眞觀寺九層塔.

飜譯 (2월에) (千秋太后의 願刹인) 眞觀寺의[1] 9層塔을 建立하였다.

注釋

1) 眞觀寺는 목종 2년 7월의 주석 2)와 같다.

原文 夏六月, 賜趙元等及第.

飜譯 6월에[1] 趙元[2] 등에게 及第를 下賜하였다.

注釋

1) 이해의 6월은 大盡이고 초하루[朔日]는 乙未이다. 이달은 그레고리曆으로 7월 23일 부터 8월 21일까지이다.

2) 趙元(生沒年不詳)은 1007년(목종10) 禮部侍郎 高凝이 주관한 科擧에서 합격하였고, 같은 해 6월에 及第를 下賜받았다. 이후의 歷官은 알 수 없으나 1010년(현종1) 11 월 이래 契丹의 聖宗이 침입해 오자, 12월에 東北界都巡檢使 卓思政의 隷下인 統軍 錄事로 參戰하여 西京에서 防禦하다가 卓思政이 도망가자 鎭將 姜民瞻·郎將 洪叶 [홍협]·方休 등에 의해 兵馬使로 推戴되어 散卒을 거두어서 西京을 지켰다. 또 1018 년(현종9) 12월 契丹의 蕭排押이 10萬軍을 거느리고 침입해 오자 侍郎의 官職을 띠 고서 馬灘(現 平壤의 동쪽)에서 萬餘級을 斬首하였다(『고려사』 권94, 열전7, 姜邯 贊·智蔡文).

關聯資料

- (穆宗) 十年 六月, 禮部侍郎高凝, 取進士, 賜乙科趙元等二人·丙科四人·明經三人及第 (『고려사』 권73, 지27, 선거1, 科目1, 選場).
- 夏六月, 賜趙元等六人·明經三人及第(『고려사절요』 권2, 목종 10년 6월).

原文 秋七月 戊寅, 流平章事韓藺卿于楊州, 吏部侍郎金諾于海島.

飜譯 7월 14일(戊寅, 陽8月 29日)[1] 平章事 韓藺卿을[2] 楊州(現 京畿道 楊州郡·南楊州市)에 流配하고, 吏部侍郎 金諾을[3] 海島에 流配하였다.

注釋

1) 이해의 7월은 小盡이고 초하루[朔日]는 乙丑이다.

2) 韓藺卿은 광종 25년의 주석 2)와 같다.

3) 金諾은 1007년(목종10) 7월 吏部侍郎으로서 平章事 韓藺卿와 함께 慶州人 融大의 賂物을 받다가 어사대의 탄핵을 받아 海島에 流配된 인물이다. 그는 朋黨을 짓고 他人의 物件을 橫領하여 李周楨·趙之遴 등과 함께 당시 사람의 指彈을 받았다고 한다(『고려사』 권94, 열전7, 趙之遴).

關聯資料

秋七月, 御史臺奏, 慶州人融大, 詐稱新羅元聖王遠孫, 認良民五百餘口, 爲奴婢, 以贈宮人金氏, 及平章事韓藺卿·吏部侍郎金諾, 爲援. 今已按問得實, 乞罪之. 王怒, 乃流藺卿于楊州, 金諾于海島, 金氏罰銅一百斤, 聞者皆賀(『고려사절요』 권2, 목종 10년 7월).

轉載 穆宗十年 七月, 御毬庭, 集民男女八十以上, 及篤廢疾六百三十五人, 臨賜酒食·布帛·茶藥, 有差(『고려사』 권68, 지22, 禮10, 嘉禮, 老人賜設儀).

飜譯 목종 10년 7월에 毬庭에 幸次하여 男女 80歲 이상의 人民과 篤疾·廢疾者 635人을 모아서 親臨하여 酒食·布帛·茶藥을 差等이 있게 下賜하였다.

原文 冬十月 戊申, 幸鎬京齋祭, 赦流罪以下, 加國內神祇神祇勳號.

飜譯 10월 15일(戊申, 陽11月 27日)[1] 鎬京(西京)에 幸次하여 祭禮를 지내고 流配刑[流罪] 이하의[2] 罪囚를 赦免하고 國內의 神祇에게 勳號를 더해 주었다.

注釋

1) 이해의 10월은 大盡이고 초하루[朔日]는 甲午이다.

2) 流罪는 流刑·流配刑이라고도 하며, 고려시대의 五刑 가운데 하나로 罪人을 遠地에 安置시켜 居住를 제한하는 형벌이다. 唐律에서는 居作이라고 하여 1년간 勞役刑을

追加하였으며 服役이 끝나면 流配地의 戶籍에 編入되어 一般 庶民과 마찬가지로 課役이 賦與되었고, 또 6年 이후에는 官爵이 있는 者는 敍用이 허락되고, 없는 者는 歸鄕이 許諾되었다고 한다. 고려에서는 唐律을 적절히 적용시켜 內陸奧地·有人島·無人島 등으로 구분하여 安置시켰으나 刑의 執行過程과 內容은 알 수 없다(『고려사』 권84, 지38, 형법1, 職制 ; 蔡雄錫 2009年 92쪽).

關聯資料

(穆宗) 十年 十月, 幸鎬京齋祭, 蠲田租一年, 沿路州縣, 半之(『고려사』 권80, 지34, 식화3, 賑恤, 恩免之制).

轉載 (十月) 城興化鎭·翼嶺·蔚珍縣(『고려사절요』 권2, 목종 10년 10월).

飜譯 (10월에) 興化鎭(現 平安北道 義州郡 位置)과 翼嶺縣(現 江原道 襄陽郡)·蔚珍縣(現 慶尙北道 蔚珍郡)에 城을 쌓았다.

關聯資料

(穆宗) 十年, 城興化鎭·蔚珍, 又城翼嶺縣三百四十八間, 門四(『고려사』 권82, 지36, 병2, 城堡).

原文 是歲, 鎬京地震.

飜譯 이해에 鎬京(西京)에 地震이 있었다.[1]

注釋

1) 『고려사』 권55, 지9, 오행3에는 이 記事가 缺落되었다. 宋에서는 이해의 7월 22일 (丙戌) 益州(現 四川省 地域)에서, 25일(己丑) 渭州(現 甘肅省 隴西의 東南地域)에서 地震이 있었다고 한다(『송사』 권67, 지20, 五行5)

轉載 (是歲) 耽羅奏, 瑞山湧出海中. 遣大學博士田拱之, 往視之. 耽羅人言, 山之始出也, 雲霧晦冥, 地動如雷, 凡七晝夜, 始開霽, 出高可百餘丈, 周圍可四十餘里, 無草木, 煙氣冪其上, 望之如石硫黃, 人恐懼不敢近. 拱之, 窮至山下, 圖

其形以進(『고려사절요』 권2, 목종 10년 10월 ; 『고려사』 권55, 지8, 오행3).

翻譯 (이해에) 耽羅에서 아뢰기를, "祥瑞로운 산이 바다 가운데서 솟아올랐습니다."라고 하였다. 大學博士 田拱之를[1] 보내 가서 보게 하였다. 耽羅人이 말하기를, "산이 처음 솟아오를 때 구름과 안개가 어두컴컴하고 땅이 움직여 우뢰소리가 나는 듯하더니 7일 밤낮만에 비로소 구름과 안개가 걷히었는데, 산의 높이는 100餘丈이나 되고 周圍는 가히 40餘里가 되며, 草木이 없고 煙氣가 산 위에 덮여져 있었으며, 이를 바라보니 石硫黃과 같아서 사람들이 두려워하여 감히 가까이 갈 수가 없었습니다."라고 하였다. 拱之가 몸소 산 밑에 가서 그 形象을 그림으로 그려서 바쳤다.

注釋

1) 田拱之(?~1014)는 靜州 靈光縣(現 全羅南道 靈光郡, 靜州는 靈光郡의 別稱) 出身으로 太祖功臣 雲騎將軍 宗會의 後孫이라고 한다. 成宗 때에 進士科에 及第하여 1007년(목종10) 무렵 大學博士에 임명되었다가 帝命을 받아 耽羅의 海中에 湧出한 山을 調査하였다. 顯宗 初에 刑部侍郎에 임명되었고, 1012년(현종3) 6월 28일(甲子) 契丹에 파견되어 여름철의 安否를 傳하고[夏季問候], 顯宗의 疾患을 理由로 親朝가 不可能함을 傳하게 되었다. 같은 해 8월 24일(己未) 契丹에 도착하여 表를 올리자, 聖宗이 怒하여 興化·通州 등의 6城을 還收하기를 命하였다고 한다. 이후 中樞院副使·吏部侍郎에 임명되었으나 1014년 5월 21일(丙午, 陽6月 21日, 그레고리曆 6月 27日) 別世하여 左散騎常侍에 追贈되었다. 그는 外交文書의 作成과 使臣으로서의 任務遂行[辭命]에 能하였다고 한다(『고려사』 권94, 열전7, 田拱之 ; 『동국이상국집』 권35, 故華藏寺住持 … 靜覺國師碑銘).

補遺 高麗國惣持寺主, 眞念」廣濟大師釋弘哲敬造」寶篋印經板, 印施普奉安」佛塔中供養,時」統和二十五年丁未歲記」.

翻譯 高麗國 惣持寺의[1] 住持인 眞念[2]·廣濟大師 釋弘哲이[3] 寶篋印經板을[4] 삼가 雕造하고 印刷하여 佛塔에 奉安하고 供養합니다. 統和 25年 丁未年에 씁니다.[5]

注釋

1) 惣持寺는 開京의 炭峴門 밖의 10里에 위치한 寺刹로 1101년(숙종6) 9월 숙종이 방문하여 母弟인 大覺國師 義天을 問病하였다. 1157년(의종11) 8월 毅宗이 幸次하여 群臣들과 詩文을 和答하기도 하였다(『신증동국여지승람』 권12, 長湍都護府, 古迹 ; 「林景和墓誌銘」).

2) 眞念은 이 자료 외에 찾아지지 않아 어떠한 인물인지는 알 수 없다.

3) 弘哲은 이 자료 외에 찾아지지 않아 어떠한 인물인지는 알 수 없다.

4) 寶篋印經은 一切如來心秘密全身舍利寶篋印陀羅尼經의 略稱이다.

5) 이 資料는 Evelyn Mccune 著·齊藤襄治 譯 1963年, 212쪽에 紹介되어 있다.

[穆宗 11年(1008) 戊申]

契丹 聖宗 統和 26年, 宋 眞宗 大中祥符 元年

原文　春三月, 賜孫元仙等及第.
飜譯　3월에[1] 孫元仙[2] 등에게 及第를 下賜하였다.

注釋

1) 이해의 3월은 小盡이고 초하루[朔日]는 壬戌이다. 이달은 그레고리曆으로 4월 15일부터 5월 13일까지이다.

2) 孫元仙은 1008년(목종11) 中樞院直學士 蔡忠順이 주관한 科學에서 합격하였고, 같은 해 3월에 甲科 1人 及第를 下賜받았다. 이 자료 외에는 찾아지지 않아 어떠한 인물인지를 알 수 없다.

關聯資料

• (穆宗) 十一年 三月, 中樞院直學士蔡忠順, 取進士, 賜甲科孫元仙等四人·乙科五人·明經二人及第(『고려사』 권73, 지27, 선거1, 科目1, 選場).

• 春三月, 賜孫元仙等九人·明經二人·及第(『고려사절요』 권2, 목종 11년 3월).

補遺 (統和二十六年 五月) 丙寅, 高麗進龍鬚草席. 己巳, 遣使賀中京成(『遼史』권 14, 본기14, 聖宗5).

翻譯 (統和 26년 5월) 7일(丙寅, 陽6월 12日)[1] 高麗가 龍鬚草席을[2] 바쳤다. 10일 (己巳, 陽15日) (고려가) 使臣을 보내와 中京이 完成된 것을 賀禮하였다

注釋

1) 이해의 5월은 大盡이고 초하루[朔日]는 庚申이다.

2) 龍鬚草席은 고려의 名產品인 花紋席의 하나로서 藤席과 함께 宋에서도 流通되었다 고 한다(『說郛』권60上, 雞林志, 織席, "高麗人多織席, 有龍鬚席·藤席, 今舶人販至 者, 皆席草織之, 狹而密緊, 上亦密緊一小團花").

3) 中京은 1007년(統和25) 1월에 建立되기 시작하여 이해에 완성되었던 것으로 추측된 다. 이는 옛 奚王의 首都[牙帳]를 中京 大定府(現 內蒙古自治區 赤峰市 寧城縣 大明 鎭의 大明城)로 改築한 것인데, 이후 契丹 皇帝의 駐蹕地로 사용되었다(『요사』권 14, 본기14, 聖宗5, 統和 25년, "春正月, 建中京").

關聯資料

• 高麗進文化·武功兩殿龍鬚草地席(『遼史』권70, 表,8, 屬國表).

• (統和) 二十六年, 進龍鬚草席及賀中京成(『遼史』권115, 열전45, 二國外紀 高麗).

原文 冬十月 幸鎬京齋祭.

翻譯 10월에1) 鎬京(西京)에 幸次하여 祭禮를 지냈다.

注釋

1) 이해의 10월은 大盡이고 초하루[朔日]는 戊子이다. 이달은 그레고리曆으로 11월 7 일부터 12월 6일까지이다.

轉載 穆宗十一年 十月, 改軷祭, 爲壓兵祭(『고려사』권63, 지17, 禮5, 古禮小祀, 雜祀).

翻譯 목종 11년 10월에 軷祭(발제)를[1] 壓兵祭로 改稱하였다.

注釋

1) 軷祭는 길을 떠날 때 道祖神에게 드리는 祭祀인데, 이때 壓兵祭로 改稱하였다고 한
   다. 이의 實施 事例는 1117년(예종12) 2월 16일(甲戌) 해당관청[有司]에 命하여 東·
   西郊에서 이를 行하게 하였다고 한 것과 1203년(신종6) 2월 19일(戊午)·1227년(고
   종14) 9월 30일(丙午) 등에 開設된 壓兵道場을 들 수 있다.

轉載   (穆宗) 十一年, 城通州. 城登州六百二間, 門十四, 水口二(『고려사』 권82, 지
         36, 병2, 城堡).

飜譯   (穆宗) 11년에 通州(現 平安北道 宣川郡)에 城을 쌓았다. 또 登州(現 咸鏡南
         道 安邊郡)에 602間의 城을 쌓았는데, 門이 14, 水口가 2個였다.

關聯資料

(是歲) 城通州(『고려사절요』 권2, 목종 11년).

補遺   統和二十六年[1]甲辰[戊申], 大宋大中祥符元年, [2]△[以]唐朝格, 州府郡縣改爲別
         號, 慶州改樂浪郡(『東都歷世諸子記』).

校訂

1) 統和 26년과 大中祥符 元年은 戊申歲이므로, 甲辰은 戊申의 誤字이다.
2)에 以字를 追加하는 것이 좋을 것이다.

飜譯   統和 26년(甲辰), 大宋 大中祥符 1년에 唐의 格式[唐朝格]에 依據하여 州府
         郡縣의 (名稱을) 別號로 고쳐 불렀는데, 慶州는 樂浪郡으로 고쳤다.

關聯資料

『경상도지리지』, 慶州道, 慶州府, "穆宗代, 戊申, 降爲樂浪郡". 이는 編纂者가 別號를
붙인 것을 郡縣의 降等으로 理解하였던 것 같다.

補遺   禮閣新編, 大中祥符元年, 高麗國使副入貢, 遂詔有司裁定儀注. 儀曰, 使副已

下一班, 候見, 班絶, 謝班前捧表函, 入面西揖, 躬立候, 舍人當殿, 通高麗國
進奉使副某官某甲已下, 祇候見應諾. 舍人一員引當殿, 跪進表函, 舍人出接,
送客省進內, 舍人喝拜, 大起居訖, 出謝面天顏, 沿路館券, 都城門外茶酒, 歸
位. 又喝拜, 兩拜, 摺笏, 舞蹈, 三拜. 又出班奏, 附起居, 歸位. 又兩拜, 宣有
勅賜某物, 兼賜酒食, 每句應諾, 摺笏跪受, 箱過, 俯伏興. 喝拜, 兩拜, 摺笏,
舞蹈, 三拜, 喝祇候, 出. 逐日前殿于侍衛司員僚後起居, 總管押衙已下, 次使
副入, 不通名, 便引當殿, 喝拜, 兩拜, 奏聖躬萬福. 又喝拜, 兩拜, 隨拜萬歲,
宣有勅賜某物, 兼賜酒食, 應諾, 跪授, 箱過, 俯伏興, 又兩拜, 隨拜萬歲, 喝各
祇候. 逐日更不起居, 將軍已下, 幷門見, 賜例物酒食. 其朝辭日, 使副已候辭,
班絶, 入, 面西揖躬, 舍人通高麗進奉使副某官某甲已下, 祇候辭, 應諾, 舍人
一員引當殿, 喝拜, 兩拜, 奏聖躬萬福. 又喝拜, 兩拜, 出班致詞, 歸位. 又喝
拜, 兩拜, 宣有勅賜某物, 兼賜酒食, 應諾, 摺笏跪授, 箱過, 俯伏興, 又兩拜,
摺笏, 舞蹈, 三拜, 喝好去. 總管押衙已下, 次使副入, 不通名, 便引當殿, 喝
拜, 兩拜, 奏聖躬萬福. 又喝拜, 兩拜, 宣有勅賜某物, 兼賜酒食, 應諾, 跪授,
箱過, 俯伏興. 又兩拜, 隨拜萬歲, 喝好去, 出, 將軍已下, 門辭, 賜例物酒食
(『太常因革禮』 권84, 新禮17, 高麗國使副見辭).

飜譯 (飜譯은 省略한다).[1]

注釋

1) 이 기사는 1008년(大中祥符1) 고려의 사신단이 송에 들어가자, 眞宗이 이들의 入見
儀式을 만들게 하여 이루어진 것이다. 이는 고려 사신단이 송의 황제를 알현하는데
따른 제반 의식을 설명한 것으로, 내용상 특별히 주목되는 바는 없다. 단지 고려의
사신단이 正使·副使, 總管·押衙, 그리고 將軍 이하의 三節로 구성되어 있으며, 이들
에 대한 대우도 달랐음이 주목된다. 그런데 이때 송에 파견된 고려 사신단에 대한
기록은 찾아지지 않는다.

[穆宗 12年(1009) 己酉]
契丹 聖宗 統和 27年, 宋 眞宗 大中祥符 2年

原文　春正月 庚午, 幸崇敎寺, 及還, 中路暴風, 折傘盖柄.

飜譯　1월 14일(庚午, 陽2月 11日)[1] 崇敎寺에[2] 幸次하였다가 돌아오는 도중에 暴風을 만나 日傘의 자루가 부러졌다.

注釋

1) 이해의 1월은 大盡이고 초하루[朔日는 丁巳이다.

2) 崇敎寺는 목종 3년 10월의 주석 1)과 같다.

關聯資料

穆宗十二年 正月 庚戌^午, 幸崇敎寺, 及還, 中路暴風起, 折傘盖柄(『고려사』 권55, 지8, 오행3 ; 이에서 庚戌은 庚午의 誤字이다).

原文　壬申, 御詳政殿, 觀燈, [1]大^太府油庫灾, 延燒千秋殿. 王見殿宇·府庫煨燼, 悲嘆成疾, 不聽政. 王·國師二僧·[1]大^太醫奇貞業·[1]大^太卜晉含祚·[1]大^太史潘希渥·宰臣叅知政事劉瑨·中樞院使崔沆·給事中蔡忠順等直宿銀臺. 知銀臺事李周禎·右承宣李作仁·嬖臣左司郞中劉忠正·[2]閤門舍人^{閤門通事舍人}庚行簡等, 直宿於內. 親從將軍庚方·中郞將[3]柳琮^{柳宗}·卓思政·河拱辰, 常直近殿門. 刑部尙書陳頔, 亦入內直宿. 戶部侍郞崔士威, 爲大定門別監, 閉諸宮門戒嚴, 唯開長春·大定門. 仍設救命道場於長春·乾化二殿.

校訂

1)의 大는 太로 고쳐야 바르게 될 것이고,

2) 閤門舍人은 閤門通事舍人의 略稱일 것이다.

3) 柳琮은 柳宗의 誤字로 추측되는데, 이 記事 이후에는 모두 柳宗으로 表記되어 있다. 이 記事 이후에 河拱辰과 去就를 같이 하던 陽城 出身의 柳宗은 1011년(현종2) 1월 5일(己卯) 播遷하고 있던 天安府에서 顯宗을 버리고 金應仁과 함께 도망간 이후에는 찾아지지 않는다. 또 1021년(현종12) 9월 23일(乙未)의 兵部侍郞 柳琮은 別個의 人物로 추측된다.

飜譯 1월 16일(壬申, 陽13日) 詳政殿에[1] 擧動하여 燃燈行事를 觀覽하는데[觀燈] 太府의[2] 기름 倉庫에 火災가 일어나 번진 불이 千秋殿을 태웠다. 王이 宮殿과 倉庫가 잿더미가 된 것을 보고 悲嘆해 하다가 病患이 나서 政事를 돌보지 못하였다. 王師와 國師의 두 僧侶와[3] 太醫 奇貞業[4]·太卜 晉含祚[5]·太史 潘希渥[6]·宰臣 叅知政事 劉瑨[7]·中樞院使 崔沆[8]·給事中 蔡忠順[9] 등이 銀臺에서[10] 宿直하였다. 知銀臺事 李周禎[11]·右承宣 李作仁[12]·嬖臣左司郎中 劉忠正[13]·閣門舍人 庾行簡[14] 등은 궁궐 안에서 宿直하였다. 또한 親從将軍 庾方[15]·中郎将 柳琮[16]·卓思政[17]·河拱辰은[18] 近殿門에서 계속하여 숙직하였으며 刑部尙書 陳頔도[19] 궁궐 내에 들어와 숙직하였다. 戶部侍郎 崔士威는[20] 大定門의 別監으로 임명되어 모든 궁궐 문을 폐쇄하고 엄중한 경비를 펴면서 長春門과 大定門만을 개방하였다. 이어 長春殿과 乾化殿에 救命道場[구명도량]을[21] 열었다.[22]

注釋

1) 詳政殿은 태조 26년 6월 2일(戊申)의 주석 1)과 같다.

2) 太府[大府]는 大府寺[대부사]의 略稱이며, 각종 管理機關이었던 5監·9寺[5감·9시] 중의 하나이다. 이의 職掌은 唐에서 財貨·廩藏·貿易 등이었던 점을 감안하면 고려에서도 마찬가지였을 것이다. 이 기능을 수행하기 위해 隷下에 迎送庫·國賱庫 등과 같은 수많은 倉庫들이 소속되어 있었는데, 이를 크게 太府上庫와 太府下庫로 나누었던 것 같다. 이들은 1308년(충선왕 복위년) 上庫가 長興庫로, 下庫가 常滿庫로 각각 改稱되었다고 한다. 또 西京에서도 分司體制의 一環으로 寶曹 소속의 太府가 설치되어 있었다(『고려사』 권76, 지30, 百官1, 內府寺 ; 東亞大學校 2008年 1책 383쪽).

3) 이때의 王師와 國師는 누구인지는 알 수 없으나, 그중에서 國師는 成宗·穆宗 때의 國師였던 弘法大禪師(法名不明)가 穆宗代에 入寂하였기에 그를 계승한 인물이었을 것이다(「忠州開天山淨土寺故國師弘法大禪師之碑」).

4) 奇貞業은 이 자료 외에 찾아지지 않아 어떠한 인물인지는 알 수 없다. 그가 띠고 있는 官職인 太醫는 太醫監 소속의 太醫監·少監·丞·博士·醫正 중에서 上層部인 監·少監으로 추측된다.

5) 晉含祚(?~1030)는 南原晉氏로 추측되며, 1009년(목종12) 1월 太卜監의 官員으로서 太醫 奇貞業 등과 함께 病患이 난 穆宗을 側近에서 侍病하였다. 이후 9년간 歷官은

알 수 없으나 1018년(현종9) 8월 戶部尙書에, 1019년(현종10) 1월 尙書右僕射兼都
正使에 각각 임명되었다. 1023년(현종14) 1월 尙書左僕射에 임명되었고, 1030년(현
종21) 7월 27일(戊寅, 陽8月 28日, 그레고리曆 9月 3日) 內史侍郞平章事로 別世하
였다. 그는 術數에 밝아 國家에 큰 일이 있을 때 마다 매번 圖讖으로 諮問하여 크
게 拔擢되었다고 한다[李樹健 1984年 213쪽].

6) 潘希渥은 이 자료 외에 찾아지지 않아 어떠한 인물인지는 알 수 없다.

7) 劉瑨(?~1019)은 忠州 大原縣(大原은 現 忠淸北道 忠州市의 別號임) 出身으로 太祖
妃 神明皇后 劉氏(劉兢達의 女)의 一族이다. 光宗代에 內承旨로 在職하였다고 하지
만 이후의 歷官은 알 수 없고, 1009년(목종12) 1월 宰臣인 參知政事·吏部尙書로서
吏部侍郞·中樞院使 崔沆 등과 함께 病患이 난 穆宗을 側近에서 宿衛하였다. 이때
그는 千秋太后의 外祖母 쪽으로 연결되어 있었던 것으로 추측되고 있다[盧明鎬
1986年]. 같은 해 2월 顯宗이 擁立된 이후에도 健在하여 3월에 尙書左僕射에 임명
되었다. 이어서 1011년(현종2) 3월 內史侍郞平章事에, 1012년(현종3) 2월 門下侍郞
平章事에 각각 임명되었다. 1014년(현종5) 4월 檢校太師·守門下侍中에 임명되었고,
1018년(현종9) 윤4월에 門下侍中으로 刑獄을 法令에 의거하여 執行할 것을 建議하
여 許諾을 받았다. 1019년(현종10) 8월 21일(乙巳, 陽9月 22日, 그레고리曆 9月 28
日) 門下侍中으로 別世하자, 內史令에 追贈되었다(『고려사』 권94, 열전7 劉瑨 ; 李
樹健 1984年 184쪽).

8) 崔沆은 성종 10년 윤2월 是月의 주석 1)과 같다.

9) 蔡忠順(?~1036)은 그의 열전에 의하면 '史失世系'라고 하여 出身을 알 수 없으나,
970년(광종21) 고려에 온 宋의 泉州人 蔡仁範(934~998)의 長子로 추측된다[金龍善
2006年 6쪽]. 그는 1005년(穆宗8) (翰林)學士로서 宋의 溫州文士(閩人) 周佇가 商舶
을 따라와 來投하자, 王에게 建議하여 머물게 하기도 하였고, 1008년(목종11) 3월
中樞院直學士로 知貢擧가 되어 進士를 선발하였다. 1009년(목종12) 1월 穆宗이 病
患이 나자 給事中·中樞院副使로서 中樞院使 崔沆과 함께 銀臺에서 宿直하였고, 이
어서 王의 병환이 더욱 危重해지자 穆宗·崔沆과 함께 密議하여 大良院君(後日의 顯
宗)을 後嗣로 삼기로 결정하였다. 이후 왕의 側近에 머물면서 金致陽一派의 陰謀를
방어하면서 顯宗의 擁立에 이바지하여 重用되어, 같은 해 2월에 中樞院이 中臺省으
로 改編되자 直中臺(序列 3位)에 임명되었다. 이어서 吏部侍郞兼左諫議大夫에 임명
되었고, 1011년(현종2) 1월 契丹의 侵入으로 顯宗이 南遷하자 扈從하다가 秘書監

에, 7月에 中樞院使에 각각 임명되었다. 다음해에 禮部尙書를 兼任하였고, 1013년 (현종4) 中樞院使로 契丹에 파견되었다. 1016년(현종7) 다시 禮部尙書에, 다음해에 左散騎常侍·中樞院使에, 1018년(현종9)에 吏部尙書·參知政事에 임명되었다.

1019년(현종10)에 推忠盡節衛社功臣·濟陽縣開國男·食邑三百戶로 冊封되었고, 1021 년(현종12) 檢校太尉·濟陽縣開國子·食邑五百戶가 더해지고, 같은 해에 吏部尙書·參 知政事로 玄化寺碑의 碑陰을 짓고 글씨를 썼다. 이어서 輔國功臣號가 더해지고, 1022년(현종13) 內史侍郎平章事兼西京留守에, 1023년(현종14) 太子少師에 임명되 었다. 1025년(현종16) 判尙書禮部事를 겸직하였고, 2년 후 門下侍郎平章事에 임명 되었다가 1030년(현종21) 判西京留守事를 겸직하였다. 1031년(현종22) 門下侍郎平 章事로 致仕하였고, 1036년(靖宗2) 4월 17일(乙丑, 陽5月 15日, 그레고리曆 5月 21 日)에 別世하자, 貞簡이라는 諡號가 내려졌다(『고려사』 권93, 열전6, 蔡忠順·권94, 열전7, 崔士威·周佇 ; 「開豊玄化寺碑」).

10) 고려초기의 銀臺는 어떠한 機能을 가진 官署인지가 분명하지 않다. 단지 宋制에 銀臺司는 天下의 奏狀과 案牘을 담당하였고, 이 官署는 內侍省과 함께 內廷(禁中) 과 外廷(外朝)을 連結하는 중요한 門(銀臺門) 앞에 位置해 있었다고 한다. 고려의 銀臺가 宋制의 어떤 機能을 受容하였는지는 알 수 없으나 대체로 비슷한 역할을 수행하였을 가능성이 있다(『고려사』 권76, 지30, 百官1, 密直司 ; 朴龍雲 2009年 132쪽).

11) 李周楨(李周楨)은 성종 14년 2월, 是月의 주석 1)과 같다.

12) 李作仁(?~1031)은 出身地와 入仕方式은 알 수 없고, 1009년(목종12) 1월 右承宣· 殿中侍御史로서 知銀臺事·工部侍郎 李周楨 등과 함께 病患이 난 穆宗을 側近에서 宿衛하였다. 이후 11년간의 行蹟을 알 수 없으나 1020년(현종11) 2월 契丹에 파견 되어 臣屬國으로서의 義務[稱藩納貢]를 다하겠다고 傳하고 6년간 拘留되어 있던 使臣 只剌里(혹은 耶律行平, 耶律資忠)를 送還하였다. 1022년(현종13) 1월 同知中 樞院事에 임명되고 10월에 司憲大夫를 兼職하였다. 1028년(현종19) 3월 知貢擧가 되어 鄭在元 등을 選拔하였고, 1030년(현종21) 2월 參知政事에 임명되었으나 11월 太祖功臣의 後裔라고 詐稱하여 아들에게 蔭職을 賦與하다가 御史臺의 彈劾을 받 았다. 1031년(덕종 즉위년) 11월 2일(乙亥, 陽12月 18日, 그레고리曆 12月 24日) 東京留守使·戶部尙書로 別世하였다. 한편 淸廉하고 行政과 文翰에 能하였다는 郭 元(?~1029)이 그와 親하다는 理由로 譏弄을 받았다고 한 점을 보아, 李作仁은 어

떤 缺點이 있었던 官僚였던 것 같다(『고려사』 권94, 열전7, 郭元).

13) 劉忠正(?~1009?)은 渤海人 出身으로 穆宗의 嬖臣이다. 1009년(목종12) 1월 무렵
知銀臺事·左司郎中로 在職하면서 尙書右僕射 金致陽과 千秋太后 皇甫氏가 病患이
난 穆宗을 代身하여 그들의 所生을 卽位시키려고 하자, 이를 穆宗에게 上書하여
大良院君 詢을 맞이하게 하였다. 이어서 穆宗의 嬖臣인 閣門通事舍人 庾行簡 등과
함께 病患이 난 穆宗을 側近에서 宿衛하면서 宰相의 출입조차 차단하였다고 한다.
2월 2일(戊子) 西京都巡檢使 康兆에 의해 穆宗이 廢位되어 宮闕에서 逐出될 때 蔡
忠順과 함께 扈從하였으나 康兆가 金致陽의 父子와 庾行簡 등 7人을 處刑할 때 包
含되었던 것으로 추측된다(『고려사』 권123, 嬖幸, 庾行簡·권127, 열전40, 叛逆1,
金致陽·康兆).

14) 庾行簡(?~1009)은 平山庾氏 出身으로 추측되며 同性戀愛로 穆宗의 寵愛를 받아 갑
자기 閣門通事舍人에 拔擢되었다고 한다. 그렇지만 穆宗이 政務를 施行함에 앞서
그에게 묻고서 實行하였다고 한 점을 보아 後世의 內侍와 같은 役割을 담당한 인
물이었던 것 같다. 또 그의 출신지인 平山이 千秋太后의 緣故地[祖母鄕인 黃州의
인근지역에 위치해 있음을 考慮해 볼 때, 千秋太后에 의해 발탁되었을 가능성이 있
다[盧明鎬 1986年].
    그는 1009년(목종12) 1월 무렵 閣門通事舍人으로 재직하면서 知銀臺事·左司郎中
劉忠正과 함께 病患이 난 穆宗을 側近에서 宿衛하면서 宰相의 출입조차 차단하였
다고 한다. 2월 2일(戊子) 西京都巡檢使 康兆에 의해 穆宗이 廢位되어 宮闕에서
逐出될 때, 大良院君 詢의 擁立에 否定的이었기에 金致陽의 父子와 함께 處刑되었
다(『고려사』 권123, 열전36, 嬖幸1, 劉行簡·권93, 열전6, 蔡忠順).

15) 庾方(?~1038)은 성종12년 윤10월(轉載)의 주석 11)과 같다.

16) 柳宗(生沒年不詳)은 陽城柳氏로 추측되며, 1009년(목종12) 1월 穆宗이 病이 들자
中郎將으로 在職하면서 親從將軍 庾方·中郎將 卓思政·河拱辰 등과 함께 宮闕을
護衛하였다. 이후 郎中을 거쳐 和州防禦使에 임명되었으나 1010년(현종1) 5월 尙
書左司郎中 河拱辰과 함께 遠島에 流配되었다. 이는 이보다 먼저 河拱辰이 東女眞
에게 敗北하였던 것을 怨望하여 來朝하고 있던 女眞人 95人을 和州館에서 모두
죽인 일이 發覺되었기 때문이다. 같은 해 12월 西京이 거란군에 包圍되어 危機에
처해진 顯宗에 의해 河拱辰과 함께 召還되어 復職되었다. 이어서 남쪽으로 播遷하
고 있던 顯宗을 謁見하고 護衛하다가 1011년(현종2) 1월 3일(丁丑) 廣州에서 河拱

辰이 契丹軍에게 被擄되었다는 消息을 듣고 扈從하던 臣僚들이 모두 달아났으나 侍郎 朴忠淑·張延祐·金應仁 등과 함께 도망가지 않았다. 5일(己卯) 自身의 貫鄕인 陽城으로 幸次하기를 청하여 허락을 받았고, 다음 날 金應仁과 함께 두 皇后를 本籍地로 歸還시키기를 청하기도 하였으나 將軍 智蔡文의 반대로 실패하였다. 天安府에 이르자 金應仁과 함께 石坡驛에 먼저 가서 飮食[供頓]을 준비하여 기다리겠다고 하고서 도망갔다고 하며, 이후에는 찾아지지 않는다[李樹健 1984年 222쪽].

17) 卓思政(生沒年不詳)은 光州卓氏로 추측되며, 1009(목종12) 1월 穆宗이 病이 들자 中郎將으로 在職하면서 親從將軍 庾方·中郎將 柳宗·河拱辰 등과 함께 宮闕을 護衛하였다. 같은 달에 給事中으로 在職하다가 西京都巡檢使 康兆가 軍士를 거느리고 開京으로 진격해오자 郎中 河拱辰과 함께 康兆에게 달려가 呼應하였다. 1010년(현종1) 12월 거란군에 의해 西京이 包圍되자 東北界都巡檢使로서 中郎將 智蔡文과 함께 城에 들어가서 防禦하였다. 1011년(현종2) 2월 顯宗이 還都한 후 3월 御史中丞에, 다음달에 右諫議大夫에 임명되었으나 8월에 康兆의 一黨이라는 理由로 朴昇·崔昌曾·魏從正·康隱 등과 함께 海島에 流配되었다(『고려사』 권127, 열전 40, 康兆 ; 東亞大學校 2008年 1책 385쪽).

18) 河拱辰은 성종 13년 是歲의 주석 2)와 같다.

19) 陳頔(生沒年不詳)은 出身地와 入仕方式을 알 수 없고, 1009(목종12) 1월 穆宗이 病이 들자 刑部尙書로 在職하면서 宮闕에서 宿直하였다. 같은 해 2월 顯宗이 즉위한 후 3월에 刑部尙書·參知政事에, 10월에 內史侍郎平章事에 각각 임명되었다. 다음해 8월 1일(丁未) 直中臺·尙書右丞 尹餘와 함께 契丹에 파견되었으나 그곳에 抑留되어 歸還되지 못하였다. 1014년(현종5) 6월 거란에서 귀환하지 못하였기에 李禮均과 함께 門下侍郎平章事에, 그와 함께 파견된 尹餘는 司宰卿에 昇進되었고, 1020년(현종11) 2월 그의 家族들이 褒賞을 받았다.

20) 崔士威(961~1041)는 水州(現 京畿道 水原市) 出身으로 僕射 融銳의 아들이다. 穆宗代에 侍御史를 역임한 후, 1009년(목종12) 1월 穆宗이 病患이 나자 戶部侍郎으로 大定門 別監에 임명되어 宮闕을 지켰다. 1010년(현종1) 10월 刑部尙書로 契丹의 侵入에 對備하여 軍士를 西北面에 파견할 때 統軍使로 龜州에서 參戰하였으나 敗戰하였다. 다음해 3월에 參知政事에, 7월에 西北面行營都統使에, 8월에 參知政事로 西京留守에, 9월에 吏部尙書에 각각 임명되었다. 1012년(현종3) 1월 張延祐·皇甫兪義 등과 더불어 議論하여 東京留守를 罷하여 慶州防禦使를 설치하고, 12州

節度使를 폐지하여 5都護府·75道按撫使를 설치하였고, 같은 해 2月에 內史侍郎平章事에, 1014년(현종5) 門下侍郎平章事에 각각 임명되었고, 1019년(현종10) 推忠佐理同德功臣·淸河縣開國男·食邑三百戶로 冊封되었다.

1020년(현종11) 門下侍郎으로 在職하면서 억류되어 있던 契丹의 使臣 太尉[大尉] 耶律行平을 돌려보냈다. 다음해에 檢校太師·守門下侍中에 임명되고, 淸河縣開國伯·食邑七百戶 및 匡國功臣號가 더해졌고, 이어서 判尙書吏部事를 兼職하였다. 1022년(현종13) 4월에 州縣長吏의 稱號를 改定하기를 請하여 허락받았다. 1027년(현종18) 太子太師에 임명되었고, 1029년(현종20) 契丹의 東京留守 大延琳(大祚榮의 7代孫)이 擧兵하여 興遼國을 세울 때, 郭元이 契丹을 공격하여 鴨綠江 동쪽의 要塞[保障]을 掌握하자고 하였으나, 徐訥·金猛 등과 함께 반대의 意思를 開進하였다. 또 興遼國의 救援 要請에 대해서도 觀望하는 자세를 취할 것을 건의하기도 하였다. 1031년(현종22) 5월에 內史令으로 致仕하였고, 1041년(정종7) 3월 4일(癸丑, 陽4월 7日, 그레고리曆 4월 13日)에 81歲로 別世하자 太師에 追贈되고 貞肅이라는 諡號를 下賜받았으며, 1052년(文宗6) 5월 顯宗의 廟庭에 配享되었다. 한편 그는 1010년(현종1) 契丹의 침입 때 燒失된 工匠案[百工案牘]의 再整備를 建議하여 5년간에 걸쳐 이를 主管하여 中外의 工匠의 戶籍을 만들어 각 官廳에 나누어 주었다고 한다(『고려사』 권94, 열전7, 崔士威·郭元 ;「崔士威廟誌」;「崔誠墓誌銘」).

21) 救命道場[구명도량]은 壽命의 延長이나 疾病의 快癒를 祈願할 目的에서 개최된 佛敎儀禮로 추측된다[東亞大學校 2008年 1책 385쪽].

22) 이 記事에서는 官僚들이 兼職하고 있던 官職이 많이 생략되어 있는데,『고려사절요』에서는 原狀을 그대로 유지하고 있음으로 後者를 史料로 利用하는 것이 좋을 것이다.

關聯資料

• 壬申, 御詳政殿, 觀燈, 大府油庫災, 延燒千秋殿, 王見殿宇·府庫煨燼, 悲嘆成疾, 不聽政. 王·國師二僧·太醫奇貞業·太卜晉含祚·太史潘希渥·宰臣吏部尙書參知政事劉瑨·吏部侍郎中樞院使崔沆·給事中中樞院副使蔡忠順等, 直宿銀臺. 知銀臺事工部侍郎李周楨·右承宣殿中侍御史李作仁·嬖臣知銀臺事左司郎中劉忠正·閤門舍人庾行簡等, 並直宿於內. 親從將軍庾方·中郎將柳宗·卓思政·河拱辰, 常直近殿門. 刑部尙書陳頔, 亦並入內直宿. 戶部侍郎崔士威, 爲大定門別監, 閉諸宮門戒嚴, 唯開長春·大定門. 仍設救命道場於長春·乾化二殿. 行簡, 姿美麗, 王愛幸, 有龍陽之寵. 每宣旨, 必先問行簡, 然後施

行. 由是, 怙寵驕蹇, 輕蔑百寮, 頤指氣使, 近侍視之如王. 忠正無伎能, 亦甚寵於王. 王嘗以水房人吏, 分屬二人, 出入驕從, 僭擬無極(『고려사절요』 권2, 목종 12년 1월).

• 穆宗十二年 正月 壬申, 御詳政殿, 觀燈, 大府油庫灾, 延燒千秋殿(『고려사』 권53, 지7, 오행1).

• 公爲侍御史^{戶部侍郞時}方今聖考潛龍, 坐大良院之時, 有僕射金致陽, 同護呂后, 將海漢儲, 公奏差檢衛, 俾道阽危, 仍長少陽, 終登大寶者也(「崔士威廟誌」; 이때 崔士威는 侍御史가 아니라 戶部侍郞이었다).

• 公大師^{太師}諱士威之曾孫也, 在穆宗之世, 姦臣擅權, 將以社稷歸于異姓, 而聖祖顯宗得繼太祖之位, 而傳正統於萬世者, 大師^{太師}之所衛也(「崔繼芳墓誌銘).

轉載　甲戌, 王太后, 入長生殿(『고려사절요』 권2, 목종 12년 1월).
飜譯　(1월) 18일(甲戌, 陽15日) 王太后가 長生殿에[1] 移御하였다.[2]

注釋
1) 長生殿은 광종 12년 2월의 주석 3)과 같다.
2) 이는 같은 달 16일(壬申)에 千秋殿이 불타버렸기에 太后가 居處를 옮긴 것을 서술한 것이다.

關聯資料
(穆宗) 十二年 正月, 千秋殿灾, 太后入長生殿(『고려사』 권88, 열전1, 后妃1, 景宗 獻哀王太后 皇甫氏).

原文　王累日不豫, 常居於內, 厭見群臣. 宰臣震恐, 請入寢問疾, 不許. 王與蔡忠順·崔沆, 密議立嗣, 遣皇甫兪義, 迎大良院君于神穴寺. 西京都巡撿使康兆, 領甲卒而至, 遂謀廢立.

飜譯　王이 여러 날 동안 몸이 좋지 않아서 항상 內殿에 있어서 臣下들을 만나는 것을 싫어하였다. 宰臣들이 크게 두려워 한 나머지 寢殿에 들어가서 問病하기를 請했으나 許諾하시 아니하였다. 王은 蔡忠順 崔沆과 더불어 가만히 後嗣를 세울 것을 議論하여 皇甫兪義를[1] 보내 神穴寺에서[2] 大良院君(後日

의 顯宗)을 맞이하게 하였다. 西北面都巡檢使[西京都巡檢使][3] 康兆가[4] 무
장한 병력[甲卒]을 거느리고 와서 王을 廢位시키고 새 임금을 세울 것을 圖
謀하였다.[5]

注釋

1) 皇甫兪義(?~1042)는 그의 열전에 '史失世系'라고 하여 出身을 분명히 알 수 없다.
1009년(목종12) 1월 穆宗이 大良院君(後日의 顯宗)을 後嗣로 삼으려고 할 때 蔡忠
順·崔沆이 그를 추천할 때 그의 父祖가 國家에 勳勞가 있었다고 한 점을 보아 國初
功臣의 後裔임을 알 수 있고, 이를 바탕으로 黃州 皇甫氏로 推定되기도 한다. 1009
년(목종12) 1월 宣徽判官으로 郎將 文演과 함께 三角山 神穴寺에 파견되어 大良院
君을 모시고 돌아왔다. 顯宗이 卽位하여 殿中侍御史에 임명되었고, 다음해의 5월에
契丹이 침입하자 行營都兵馬使·上將軍 安紹光의 麾下의 兵馬判官으로 參戰하였
다. 1011년(현종2) 吏部郎中에 임명된 이래 吏部侍郎·內史舍人 등을 역임하고 中
樞院의 承宣[日直員]이 되었다.
1014년(현종5) 中樞院使 張延祐와 함께 京軍의 永業田을 回收하여 百官의 祿俸에
충당하였다가 같은 해 11월에 上將軍 崔質·金訓의 반란에 의해 체포되어 流配되었
다. 2년 후에 崔質·金訓이 誅殺되자 給事中으로 復職되었고, 1021년(현종12) 禮賓
卿으로 在職하였고, 1026년(현종17) 御史大夫에 임명되었다. 1029년(현종20)에 御
史大夫로서 參知政事 王可道·左僕射 異膺甫·尙書左丞 黃周亮 등과 함께 開京의 羅
城을 築造하였는데, 이때의 功勞로 같은 해에 中樞院使에 임명되었다.
1031년(德宗 卽位年) 10월에 王可道가 契丹에 派遣되는 使臣團을 통해 鴨綠江의 城
橋를 헐고 被留되어 있는 고려의 使臣을 돌려주도록 청하게 할 것을 建議하여 許諾
을 받았다. 그렇지만 契丹이 허락을 하지 아니하여 外交關係의 斷絶을 둘러싸고 朝
廷에서 論議가 일어날 때 通交를 주장하였다. 이어서 平章事 柳韶가 鴨綠江의 城橋
를 攻破하기 위해 出兵을 주장하자 王可道·李端 등은 同調하였으나, 皇甫兪義는 徐
訥·黃周亮 등과 함께 반대하여 이를 貫徹시켰다. 이로써 그의 計策이 國家의 守護
에 有效하였다는 李齊賢의 評論을 받기도 하였다. 1032년(덕종1) 2월에 參知政事·
吏部尙書에, 1034년(덕종3) 7월에 內史侍郎同內史門下平章事에 임명되었다. 1036
년(靖宗2) 3월에 門下侍郎同內史門下平章事에 임명되었다가 곧 致仕하였던 것 같
다. 1042년(정종8) 12월 4일(癸卯, 陽1043年 1月 17日, 그레고리曆 1043年 1月 23

日) 別世하였다(『고려사』권94, 열전7, 王可道·皇甫兪義 ;「開豊玄化寺碑」; 李樹健 1984年 161쪽).

2) 神穴寺는 목종 9년 末尾의 주석 1과 같다.

3) 西北面都巡檢使는 西北界의 防禦를 擔當하던 軍司令官을 指稱하며, 이 지역을 통괄하는 本營이 西京에 있었기에 西京都巡檢使라고도 불렸던 것 같다. 年代記에 의하면 都巡檢使는 997년(목종16)에서 998년(현종1) 사이에 찾아지는데, 西北面에는 康兆(穆宗代, 中樞使·右散騎常侍)·楊規(현종1, 刑部郎中)가 都巡檢使로, 李鉉雲(穆宗代, 吏部侍郎)·李周禎(殿中監)이 都巡檢副使로, 東北界에는 卓思政(현종1)이 都巡檢使로 찾아지고 있다. 이들 都巡檢使와 副使는 國境地域을 防禦하기 위해 파견된 軍司令官으로서, 1005년(목종5) 3월 都團練使·團練使·刺史 등이 廢止된 이후에 設置된 것 같다. 이들은 該當地域의 行政도 담당하였을 것으로 추측되며, 康兆가 契丹에 被虜된 후 999년(현종2) 中臺省이 中樞院으로 還元될 때 폐지되었을 것으로 추측된다.

한편 1108년(예종3) 2월 女眞을 정벌할 때 雄州에서 敵을 격파한 都巡檢使 崔弘正(당시에 그는 兵馬判官이었음)이 찾아지는데, 이는 고려초기의 都巡檢使와 다른 職制에 의한 것이다. 또 中原에서는 五代에 京城을 위시하여 重要據點에 巡檢使 또는 都巡檢使가 파견되어 外敵의 侵入을 守備·防禦하거나 占領地의 治安을 擔當하기도 하였다고 한다(『고려사』권94, 열전7, 楊規·권96, 열전9, 吳延寵·권127, 열전40, 叛逆1, 康兆 ; 宇生健一 1965年).

4) 康兆(?~1010)는 出身地를 알 수 없으나 康氏를 本貫으로 삼고 있는 土姓이 주로 西海道(현 黃海南·北道 地域) 管內의 信川·永康 등의 여러 地域이므로, 이 지역의 출신으로 추측되고 있다. 그의 젊은 時期의 歷官은 알 수 없고, 1008년(목종11) 이전에 中樞使·右散騎常侍로서 西北面都巡檢使에 임명되어 本營인 西京에 駐屯하고 있었다.

1009년(목종12) 1월 이래 後繼者가 없는 穆宗이 病患이 나자, 母后인 獻哀王太后(景宗妃, 千秋太后) 皇甫氏와 親近한 關係에 있던 金致陽이 亂을 圖謀하자, 王命에 의해 召還되었다. 洞州(現 黃海道 瑞興郡) 龍川驛에 이르러 政界에서 排除되었던 前內史主書 魏從正과 安北都護府 掌書記 崔昌會을 만나 穆宗이 崩御하고 金致陽이 實權을 掌握하였다는 거짓 傳言에 의해 西京으로 돌아갔다. 이어서 그의 父가 보낸 書狀에서도 같은 事實을 확인한 후 都巡檢副使·吏部侍郎 李鉉雲과 함께 甲卒 5,000

을 거느리고 平州(現 黃海道 平山郡)에 이르렀다. 이곳에서 穆宗이 生存해 있다는 소식을 듣고서 進擊 與否를 결정짓지 못하고 있다가, 麾下 諸將의 勸誘에 의해 廢立하기로 決意하였다. 이어서 2월 1일(丁亥) 西京 分司의 監察御史 金應仁을 神穴寺로 보내 大良院君 詢을 모셔오게 하였다. 2일(戊子) 목종에 글을 올려 擧兵의 事情을 말하고 龍興寺 또는 歸法寺에 移御하기를 청하였는데, 이날 金應仁과 皇甫兪義가 大良院君 詢을 모시고 돌아왔다. 3일(己丑) 李鉉雲이 軍士를 거느리고 迎秋門으로 들어가고, 康兆가 太初門에 駐屯하자, 穆宗과 太后가 法王寺로 出御하였다고 한다. 이어서 顯宗이 즉위하자 穆宗을 廢하여 讓國公으로 삼아 監禁시키고 金致陽의 父子 및 庾行簡 등 7人을 죽이고, 忠州로 幸次하는 목종을 積城縣(現 京畿道 坡州市 積城面)에서 弑害하였다. 이후 中樞院을 革罷하고 中臺省을 만들어, 자신은 中臺使로, 李鉉雲은 中臺副使로 임명되었고, 곧 吏部尙書·參知政事에 승진하였다. 1010년(현종1) 5월 契丹의 侵入에 대비하여 5軍을 파견할 때, 康兆는 行營都統使에 임명되어 副都統使 李鉉雲·張延祐(兵部侍郎)를 위시한 諸將의 麾下 軍士 30萬을 거느리고 通州(現 平安北道 宣川郡)에 나아가 駐屯하였다. 같은 해 11월 契丹의 聖宗이 40萬을 거느리고 興化鎭(現 平安北道 義州郡 位置)을 포위하고, 通州로 접근하자 강조는 通州城 남쪽의 3處에 陣을 쳐서 敵軍을 陣 앞에 설치한 金+刃車로서 격파하였다. 이후 여러 번에 걸친 작은 승리에 도취하여 적을 가볍게 여기다가 적의 先鋒 耶律盆奴에게 擊破당하여 이현운과 함께 被擄되었다. 康兆는 臣節을 버린 李鉉雲과는 달리 懷柔와 酷刑에도 불구하고 聖宗에게 抵抗하다가 被殺되었다고 한다 (『고려사』 권127, 열전40, 叛逆1, 康兆 ; 李樹健 1984年 171~172쪽).

2) 이는 1009년(목종12) 2월 尙書右僕射·判三司事 金致陽과 穆宗의 母后인 獻哀王太后 (景宗妃, 千秋太后) 皇甫氏가 病弱한 穆宗을 廢位시키고 그들의 所生을 卽位시키려고 變亂을 圖謀할 때의 형편을 서술한 것이다. 이때 목종이 이들의 陰謀를 저지하기 위해 蔡忠順·崔沆 등과 大良院君 詢을 帝王으로 擁立하는 동시에 西北面都巡檢使 康兆를 불러 呼應하게 하였던 것 같다. 그렇지만 계획이 어긋나서 康兆가 먼저 政變을 일으켜 穆宗을 廢位시켜 外方으로 逐出하다가 弑害하였던 것 같다(『고려사』 권127, 열전40, 叛逆1, 康兆 ; 東亞大學校 2008年 1책 385쪽).

轉載 王累日不豫, 常居於內, 厭見群臣, 宰臣震恐, 請入寢問疾, 行簡, 傳旨曰, 體氣

漸平, 取別日召見, 再請不許, 一日, 王召宰樞, 忠順入臥內, 辟左右, 語曰, 寡
人疾, 漸就平, 聞外間, 有窺覰者, 卿知之乎, 對曰, 臣試聞而未得其實, 王取
枕上封書, 與之, 乃劉忠正所上也, 言右僕射兼□判三司事金致陽, 覬覦非望,
遣人致遺, 深布腹心, 仍求內援, 臣曉譬拒之, 不敢不奏, 王又取書一封, 與之,
乃大良院君詢, 在三角山所上也, 云, 姦黨, 遣人圍逼, 兼遺酒食, 臣疑毒不進,
與烏雀, 烏雀斃, 謀危若此, 願聖上憐救.

忠順見畢, 奏曰, 勢急矣, 宜早圖之, 王曰, 朕疾漸危篤, 朝夕入地, 太祖之孫,
唯大良院君在, 卿與崔沆, 素懷忠義, 宜盡心匡扶, 使社稷, 不屬異姓, 忠順出,
以語沆, 沆曰, 臣常以爲憂, 今上意如此, 社稷之福也, 忠正遣監察御史高英起,
謂沆, 忠順曰, 今上寢疾, 姦黨伺隙, 恐社稷, 將屬異姓, 疾如大漸, 宜以太祖之
孫爲嗣, 沆等, 陽驚曰, 太祖之孫安在, 對曰, 大良院君是也, 可以主鬯, 沆等,
答曰, 吾等亦聞此久矣, 當聽天所命, 忠正更遣英起曰, 我欲躬往議之, 騶從繁
夥, 恐爲旁人所疑, 冀兩君見枉, 沆與忠順, 議曰, 此非私事, 實關宗社, 可往見
之, 遂詣定議.

忠順入奏王曰, 宜擇文武各一人, 率軍校往迎, 忠順宣於沆及英起等, 議曰, 宣
徽判官皇甫兪義, 志存宗社, 且其父祖, 有勳勞於國, 當不墜家業, 以盡心力,
盍遣此人, 遂擧以聞, 忠順等, 又議奉奉迎, 軍校多則行必遲, 恐姦黨, 先發謀
之, 宜遣十餘人, 徑往迎來, 王然之曰, 可亟遣, 不可緩也, 予欲親禪, 付之軍
國, 若予疾瘳, 如成宗, 封朕故事, 早定名分, 則無窺伺之人矣, 朕無子, 而繼嗣
未定, 衆心搖動, 是吾過也, 宗社大計, 無大於此, 卿等其各盡心, 王潸泣下, 忠
順亦泣, 王命忠順, 草與大良君書, 親自研墨, 忠順曰, 臣自研以書, 請勿勞聖
體, 王曰, 意甚忙, 不覺勞也,

其書曰, 自古國家大事, 預有定分, 則人心乃定, 今予寢疾, 姦邪窺覰, 以寡人
曾不慮此, 素無定分, 衆心搖動故爾, 卿太祖嫡孫, 宜速上道, 寡人未至大期,
面囑宗社, 歿無遺恨, 若有餘齡, 使處東宮, 以定群心, 王又令書其尾曰, 道路
險阻, 恐姦人潛伏, 變起不虞, 可戒愼而來.

時, 行簡不欲迎立, 王慮事泄, 戒忠順, 勿令行簡知之, 以書授兪義, 郞將文演
等十人, 往迎于神穴寺, 又命開城府參軍金延慶, 領卒一百, 郊迎, 致陽知之,
無如之何, 首鼠數日.

先是, 王知李周禎附致陽, 權授西北面都巡檢副使, 卽日發遣, 仍徵西北面□
都巡檢使康兆入衛, 兆聞命, 行至洞州龍泉驛, 內史主書魏從正·安北都護□府
掌書記崔昌會, 坐事被黜, 深怨朝廷, 常欲構難, 二人俱謁兆, 紿曰, 主上疾篤,
命在頃刻, 太后與致陽, 謀奪社稷, 以公在外, 手握重兵, 恐或不從, 矯命徵召,
足下, 速還本道, 大擧義兵, 保國全身, 時不可失, 兆深然之, 以爲王已薨, 朝廷
悉被致陽詿誤, 便回本營.

太后忌兆來, 遣內臣, 把截岊嶺, 使遏行人, 兆父患之, 爲書, 納竹杖中, 令奴剃
髮爲僧, 詭言妙香山僧, 急報兆云, 王已賓天, 姦兇用事, 可擧兵來, 以靖國難,
奴晝夜急走, 至兆處, 氣竭而斃, 兆探得杖書, 愈信王薨, 遂與副使·吏部侍郎
李鉉雲等, 領甲卒五千, 至平州, 始知王未薨, 兆喪氣, 垂頭良久, 諸將曰, 業已
來矣, 不可止也, 兆曰然, 於是, 決意廢立, 而不知王之已迎大良君, 乃遣分司
監察御史金應仁, 率兵往迎.

翻譯 王이 여러 날 동안 몸이 좋지 않아 항상 內殿에 거처하면서 臣下들을 만나
기 싫어하니, 宰臣들이 두려워서 寢殿에 들어가 問病을 청하였는데, 庾行簡
이 宣旨를 傳하여 말하기를, "몸이 점차 회복되거든 다른 날에 불러 보겠
소."라고 하니, 다시 청하여도 허락하지 않았다. 어느 날 왕이 宰樞 蔡忠順
을 침실 안에 불러들여 側近의 臣下[左右]를 물리치고 이르기를, "나의[寡人]
病이 점차 회복되어 가는데, 밖의 소리를 들으니 帝位를 엿보는 자가 있다
고 하는데, 卿은 이를 알고 있는가?"라고 하였다. 蔡忠順이 대답하기를, "臣
도 듣기는 하였으나 그 실상은 파악하지 못했습니다."라고 하였다. 王이 베
개 위의 封書를 집어 주었는데, 곧 劉忠正이 올린 것이었다. 말하기를, "(尙
書)右僕射兼判三司事 金致陽이 분수에 넘치는 일을 엿보아 사람을 보내 뇌
물을 주어 깊이 心腹을 벌여놓고, 이어서 저에게 안에서 應援하여 달라고
청하였는데, 臣이 타일러서 拒絶하였으니 감히 아뢰지 않을 수 없습니다."
라고 하였다. 王이 또 封書 한 通을 주니, 곧 大良院君 詢(後日의 顯宗)이
三角山에서 올린 것이었다. 말하기를, "간악한 무리들이 사람을 보내 (저를)
둘러싸고 逼迫하면서 술과 밥까지 주었는데, 臣은 毒藥이 들었는가? 의심하
여 먹지 않고 까마귀에게 주었더니 까마귀가 죽었습니다. 陰謀의 危急함이
이와 같으니, 聖上께서는 불쌍히 여겨 救援하여 주십시오."라고 하였다.

蔡忠順이 읽고 나서 아뢰기를, "形勢가 급하니, 마땅히 일을 일찍 圖謀해야 되겠습니다."라고 하였다. 王이 말하기를, "朕의 病이 점차 危篤해져서 머지 않아 죽게 되었는데, 太祖의 後孫은 오직 大良院君 만이 남아 있다. 卿은 崔沆과 더불어 平素에 忠義를 다하고 있으니, 마땅히 마음을 다하여 大良院君을 補佐하여 社稷이 다른 姓氏에게로 옮겨 가지 않도록 하라."고 하였다. 忠順이 밖에 나가서 崔沆에게 말하니, 崔沆이 말하기를, "臣이 항상 이를 걱정하였는데, 이제 皇帝의 뜻이 이와 같으니, 社稷의 福이다."라고 하였다. 劉忠正이 監察御史 高英起를[1] 보내어 崔沆과 蔡忠順에게 말하기를, "今上이 病患으로 자리에 누워 계신데, 간악한 무리들이 틈을 엿보고 있으니 社稷이 장차 다른 姓氏에게로 옮겨질까? 걱정이 됩니다. 만약 병환이 크게 危篤해지면 마땅히 太祖의 後孫을 後嗣로 삼아야 될 것입니다." 라고 하였다. 崔沆 등이 놀라는 체하여 말하기를, "太祖의 後孫은 어디 있느냐?"라고 하니, 대답하기를, "大良院君이시니, 後嗣가 되어야 합니다."라고 하였다. 崔沆 등이 대답하기를, "우리들도 역시 이 일을 들은 지 오래되었으니, 마땅히 하늘이 명하는 바에 따를 것이다."라고 하였다. 忠正이 다시 高英起를 보내어 말하기를, "내가 몸소 가서 이 일을 의논하고 싶지만, 騶從이 매우 많아 주변 사람에게 의심을 받을까? 염려되니, 두 분이 저를 訪問하여 주기를 바랍니다." 라고 하니, 崔沆이 蔡忠順과 서로 의논하기를, "이 일은 私事로운 일이 아니요, 실로 宗廟社稷에 관계되어 있으니 가서 만나봅시다."라고 하고서, 드디어 나아가서 의논을 정하였다.

忠順이 大闕에 들어가서 王에게 아뢰기를, "文武官을 각각 한 사람씩 가려 軍校를 거느리고 가서 (大良院君을) 맞이해야 합니다."라고 하였다. 忠順이 崔沆과 高英起 등에게 宣旨를 전하고 의논하기를, "宣徽判官 皇甫兪義는 그 뜻이 宗廟社稷을 保護하는 데 있고, 더구나 그의 아버지와 祖父는 나라에 功勞가 있어 마땅히 그 家業을 失墜시키지 않고 마음과 힘을 다할 것이니, 어찌 이 사람을 보내지 않을 것이오."라고 하고서, 드디어 薦擧하여 아뢰었다. 蔡忠順 등이 또 의논하여 아뢰기를, "大良院君을 받들어 맞이하는데, 軍校가 많으면 行次가 반드시 지체하게 될 것이니, 간악한 무리들이 먼저 손을 쓸 염려가 있습니다. 10餘人만 보내어 지름길로 가서 맞아 오게 해야 합니다."라고 하니, 王이 그렇게 여겨서 말하기를, "빨리 보내고 늦추어서는 안 된다. 내가 친히 帝位를 물려주어 軍國의 일을 맡기고자 한다. 만약 내가 병이 나아서 成宗께서 朕을 册封하였던 故事와 같이 하여 일찍 名分을 정한다면 帝位를 엿보는 사람이 없을 것이다. 朕이 아들이 없는데도 後繼者를 정하지 못하여 여러 사람이 搖動하게 된 것이니 이것은 나의 잘못이다. 宗廟社稷의 큰 計策이 이보다 더 클 수 없으니, 卿들은 각기 마음을 다하라."라고 하면서 王이 눈물을 흘리니, 忠順도 역시 울었다. 王이 忠順에게 命하여 大良院君에게 주는 글을 草하게 하고, 친히 먹을 가니, 忠順이 아뢰기를, "臣이 먹을 갈아서 쓰겠으니, 聖體는 수고하시지 마소서."라고 하였다. 王이 말하기를, "마음이 너무 바쁘기 때문에 수고로운 지도 깨닫지 못하겠다."라고 하였다.

그 글에, "예로부터 國家의 큰일에 미리 名分을 정하면 人心이 이내 安定되는 것이다. 이제 내가 병으로 자리에 누워 있는데 간사한 무리들이 帝位를 엿보고 있는 것은, 내가[寡人] 일찍이 이 일을 염려하지 않아 평소에 名分을 정해 두지 못하였기 때문에 여러 사람의 마음이 搖動하고 있다. 그러므로 卿은 太祖의 嫡孫이니, 속히 출발하여 와서 내가[寡人] 죽기 전에 面對하고 宗廟社稷의 일을 부탁하게 되면 죽어도 남은 한이 없을 것이다. 만약 좀 더 남은 壽命이 있다면 그대를 東宮에 두어 여러 사람의 마음을 安定시켜야 되겠다."라고 하였다. 王이 또 制書의 끝에, "길이 험하니 간사한 사람이 숨어 있다가 뜻밖의 변고가 일어날까 염려된다. 조심해서 오라."라고 쓰게 하였다. 이때 庚行簡이 (大良院君을) 帝王으로 세우려 하지 않았으므로, 王은 일이 누설될까 염려하여 忠順에게 行簡이 이를 알지 않도록 경계시키고, 글을 皇甫兪義와 郞將 文演[2] 등 10人에게 주어서 神穴寺에 가서 大良院君을 맞이하게 하였다. 또 開城府衆軍 金延慶에게[3] 命하여 軍士 1百을 거느리고 郊外에 맞이하게 하였다. 金致陽이 이것을 알았으나 어찌 할 수 없어 머뭇거리며 數日동안 去就를 결정하지 못하였다.

이보다 먼저 王은 李周禎(李周楨)이 金致陽의 편에 붙은 것을 알고서 임시로 西北面都巡檢副使로 임명하여 그날 바로 떠나게 하고, 이어서 西北面都巡檢使 康兆를 불러 서울에 들어와 扈衛하게 하였다. 康兆가 命令을 듣고

출발하여 洞州의 龍泉驛에 이르니, 內史主書 魏從正과[4] 安北都護府掌書記 崔昌會이[5] 어떠한 일로 罪를 얻어 쫓겨나, 朝廷을 심히 怨望하면서 항상 災難을 만들어 내려 하고 있었다. 두 사람이 함께 康兆를 보고 속이기를, "主上이 病患이 危篤하시어 목숨이 頃刻에 달려 있는데, 太后가 致陽과 함께 社稷을 빼앗으려 謀議하고 있습니다. 그런데 公이 밖에 있어 많은 군사를 거느리고 있으므로 혹시 自信을 따르지 않을까 두려워 帝命을 속여 불러들이니, 足下는 빨리 本道로 돌아가서 크게 義兵을 일으켜 나라를 保護하고 自信도 保全하십시오. 時期를 놓쳐서는 안됩니다." 라고 하였다. 康兆는 심히 옳다고 여겨 王은 이미 薨去하고, 朝廷은 모두 致陽에게 속아서 잘못되었으리라 생각하고 곧 本營으로 돌아갔다.

太后는 康兆가 오는 것을 꺼려하여 內臣을 보내 岊嶺(절령)을 막고 끊어서 길가는 사람을 막게 하였다. 康兆의 아버지가 이를 걱정하여 편지를 써서 竹杖 속에 넣고 奴僕에게 머리를 모두 깎고 僧侶의 행색으로 妙香山의 僧侶라고 속이고는 급히 康兆에게 알리게 하기를, "王은 이미 세상을 떠났고 姦凶들이 마음대로 權勢를 부리니 軍士를 거느리고 와서 國難을 평정하라." 고 하였다. 奴僕이 밤낮으로 급히 달려가서 康兆의 處所에까지 이르렀으나 氣運이 다하여 죽었다. 康兆가 竹杖의 편지를 찾아보고 더욱 王이 薨去한 것으로 믿었다. 드디어 副使인 吏部侍郎 李鉉雲[6] 등과 함께 甲卒 5千을 거느리고 平州(現 黃海道 平山郡)에 이르러서야 비로소 王이 아직 薨去하지 않은 것을 알았다. 康兆가 한참 동안 기운을 잃고 고개를 숙이고 있자, 여러 將帥들이 말하기를, "이미 여기까지 왔으니 中止할 수 없습니다." 라고 하니, 康兆도 "그렇다."라고 하였다. 이에 임금을 폐하고 새 임금을 맞아 세우기로 뜻을 결정하여, 王이 이미 大良院君을 맞이한 것은 알지 못하고, 곧 (西京)分司의 監察御史 金應仁을[7] 보내어 軍士를 거느리고 가서 맞이하게 하였다.

汁釋

1) 高英起(生沒年不詳)는 出身地와 入仕方式을 알 수 없다. 그는 1009년(목종12) 2월 監察御史로 在職하다가 大良院君 詢을 後繼者로 삼으려는 穆宗의 命에 의해 蔡忠順·崔沆 등을 糾合하는 役割을 遂行하였다. 1010년(현종1) 12월 中軍判官으로 參戰

하였으나 敗戰하여 南下하다가 流配地에서 풀려난 河拱辰을 만나 함께 남쪽으로 播遷하고 있던 顯宗을 護衛하게 되었다. 이어서 康兆가 敗北하여 逮捕된 것을 듣고서 30일(庚戌) 戶部員外郎으로서 하공진을 따라 表를 받들고 거란의 陣營에 나가 講和를 청하였다.

다음해 1월 3일(丁丑) 거란의 陣營에 도착하여 聖宗을 謁見하고 철군을 요청하여 허락을 받았지만 河拱辰과 함께 抑留되어 거란으로 들어갔다. 이후 高英起는 中京(大定府, 現 內蒙古自治區 寧城縣 서쪽의 大明城)에, 河拱辰은 燕京(이때는 南京, 1012년에 燕京으로 改稱, 現 北京市)에 安置되어 娶妻하였다. 1011년(현종2) 河拱辰은 脫出을 圖謀하다가 聖宗에 의해 被殺되었고, 高英起의 行蹟은 알 수 없다.

2) 文演(生沒年不詳)은 出身地는 알 수 없으나 武班 出身으로 1009년(목종12) 1월 郎將으로 宣徽判官 皇甫兪義(?~1042)와 함께 三角山 神穴寺에 파견되어 大良院君을 모시고 돌아왔다. 1012년(현종3) 5월 2일(己巳) 東女眞이 淸河·迎日·長鬐 等縣에 침입하자 東南海都部署使의 武將으로서 姜民瞻·李仁澤·曹子奇 등과 함께 州郡兵을 거느리고 격파하였다. 이후의 行蹟은 알 수 없다(『고려사』 권94, 열전7, 皇甫兪義·姜民瞻).

3) 金延慶(?~1010)은 출신을 알 수 없으나 1009년(목종12) 1월 穆宗이 宣徽判官 皇甫兪義·郎將 文演을 三角山 神穴寺에 파견하여 大良院君을 불러오게 할 때, 開城府叅軍으로 재직하면서 帝命을 받아 軍士 1百을 거느리고 郊外에서 맞이하였다. 1010년(현종1) 거란군이 침입하였을 때 參戰하여 戰死하였던 것 같고, 이로 인해 1032년(덕종1) 3월 軍器監에 追贈되었다(『고려사』 권94, 열전7, 皇甫兪義).

4) 魏從正(生沒年不詳)은 일찍이 內史主書를 역임하다가 安北都護府 掌書記 崔昌曾과 함께 政界에서 排除되어 怨望을 품고 있었다. 1009년(목종12) 1월 穆宗이 金致陽의 變亂企圖를 분쇄하고자 西北面都巡問使 康兆를 불렀을 때, 康兆가 洞州(現 黃海道 瑞興郡) 龍川驛에 이르러 魏從正과 崔昌曾을 만나 穆宗이 崩御하고 金致陽이 實權을 掌握하였다는 거짓 傳言을 듣고서 西京으로 돌아가 擧事를 일으키기를 결심하였던 것 같다. 이로 인해 1011년(현종2) 8월 康兆의 一黨이라는 理由로 卓思政·朴昇·崔昌曾·康隱 등과 함께 海島에 流配되었다(『고려사』 권127, 열전40, 康兆).

5) 崔昌曾(生沒年不詳)은 위의 魏從正과 행적이 같다. 1011년(현종2) 8월 康兆의 一黨으로 流配될 때 인명이 崔昌으로 되어 있어, 曾字가 缺落되었다(『고려사』 권4, 현종 2년 8월 丙辰[15日]).

6) 李鉉雲(生沒年不詳)은 康兆와 去就를 같이 하였으므로 康兆의 내용과 같다.

7) 金應仁(生沒年不詳)은 出身을 알 수 없으나 1009년(목종12) 2월 1일(丁亥) 西京 分司의 監察御史로 在職하면서 帝命을 받아 神穴寺에 파견되어 大良院君 詢을 모셔오게 되어 2일(戊子) 皇甫兪義와 함께 復命하였다. 1011년(현종2) 1월 3일(丁丑) 廣州에서 河拱辰이 契丹軍에게 被擄되었다는 消息을 듣고 扈從하던 臣僚들이 모두 달아났으나 侍郎 朴忠淑·張延祐·柳宗 등과 함께 도망가지 않았다. 6일(庚辰) 柳宗과 함께 顯宗의 두 皇后를 本籍地(善山)로 歸還시키기를 청하기도 하였으나 將軍 智蔡文의 반대로 실패하였다. 天安府에 이르자 柳宗仁과 함께 石坡驛에 먼저 가서 飮食[供頓]을 준비하여 기다리겠다고 하고서 도망갔다고 하며, 이후에는 찾아지지 않는다.

原文 二月 戊子, 請王出御龍興·歸法寺.

飜譯 2월 2일(戊子, 陽3月 1日)[1] (康兆가) 王에게 龍興寺나[2] 歸法寺로[3] 옮겨갈 것을 요청하였다.

注釋

1) 이해의 2월은 小盡이고 초하루[朔日]는 丁亥이다.

2) 龍興寺는 開京의 炭峴門 밖에 창건된 華嚴宗 계열의 王室의 眞殿寺院이다. 顯宗·德宗·毅宗 등이 幸次하였으며, 1209년(희종5) 1월 國王이 神宗의 忌辰道場[기신도량]을 베풀었다. 1174년(명종4) 1월 開城에 위치한 重光寺(慧日重光寺)·弘護寺(開京의 동쪽)·歸法寺 등과 함께 武人政權에 抵抗하기도 하였다. 이곳에서 華嚴宗의 僧侶決凝이 出家하였고, 유가종의 승려 海麟은 受戒를 받았으며, 華嚴宗의 大德 元庇가 住持를 맡기도 하였다. 또 天台宗 계열의 圓覺國師 德素와 華嚴宗 系列의 玄悟國師 宗璘도 관련되어 있었다[韓基汶 1998年 476쪽]. 또 해마다 여름철에는 私學 十二徒의 生徒들이 더위를 피하여 山林에서 勉學할 때 이곳 龍興寺와 歸法寺에서 머물렀다고 한다(『補閑集』 권中).

3) 歸法寺는 광종 14년 7월의 주석 2)와 같다.

轉載 二月 戊子, 兆先奏狀曰, 聖上疾漸, 國本未定, 姦黨窺覦, 又偏信行簡等讒諛,

賞罰不明, 致此危亂. 今欲定分, 以係人心, 除惡以快衆憤, 已迎大良君詣闕,
恐聖情驚動, 請出御龍興·歸法寺, 卽掃蕩姦黨, 然後迎入. 王曰, 所奏已知,
是日, 兪義·應仁, 俱到神穴寺, 寺僧, 疑爲姦黨所遣, 匿不出, 兪義等, 具道所
以迎立之意, 於是, 院君乃出, 兪義等, 遂奉以還(『고려사절요』 권2, 목종 12
년 2월 戊子).

翻譯 2월 2일(戊子, 陽3月 1日) 康兆가 먼저 狀啓로 아뢰기를, "聖上께서 病患이
危篤하신데 儲君[國本]을 定하지 못하였으니, 간악한 무리들이 帝位를 엿보
고 있습니다. 또 庾行簡 등의 讒訴와 아첨만을 치우치게 믿어 賞罰이 分明
하지 못하여 이러한 危亂을 招來하게 되었습니다. 이제 名分을 정하여 人
心을 붙잡아 매고 간악한 무리를 제거하여 여러 사람의 鬱憤을 통쾌하게
씻으려고 합니다. 이미 大良君을 맞이하여 大闕로 나아가는데 聖上께서 놀
라실까 두려우니, 龍興寺나 歸法寺에 나가 계십시오. 곧 간사한 무리들을
掃蕩하고 난 뒤에 맞아들이겠습니다."라고 하였다. 王이 말하기를, "아뢴
바는 이미 알았다."라고 하였다. 이날에 皇甫兪義와 金應仁이 함께 神穴寺
에[1] 이르니, 절의 僧侶는 간사한 무리들이 보낸 사람인가?라고 의심하여 大
良院君을 숨기고 내놓지 않았다. 兪義 등이, 大良院君[大良君]을 맞이하여
帝王으로 세울 것이라는 뜻을 자세히 말하니, 그제야 大良院君이 나왔다.
兪義 등이 드디어 모시고 돌아왔다.

注釋
1) 神穴寺는 穆宗 9년 末尾의 주석 1)과 같다.

原文 己丑, 日色, 如張紅幕. 兆兵闌入宮門, 王知不免, 與太后號泣, 出御
法王寺. 俄而兪義等奉院君而至, 遂卽位. 兆廢王爲讓國公, 遣兵殺金致陽父
子及庾行簡等七人. 王出自宣仁門, 侍臣初皆步從, 至是, 始有騎而從者. 至
歸法寺, 解御衣, 換食而進. 兆召還沆等供職, 王謂沆曰, 頃府庫災, 而變起所
忽, 皆由予不德, 夫復何怨, 但願歸老于鄕, 卿可奏新君, 且善輔佐. 遂向忠
州. 太后欲食, 王親奉盤盂, [1]大太后欲御馬, 王親執鞚. [2][三月 戊辰[13日 : 追

加] 行至積城縣, 兆使人弒之, 以王自刎聞, 取門扇爲棺, 權厝于館, 王在位十二年, 壽三十.

性沈毅, 少有人君之度. 善射御. 嗜酒好獵, 不留意政事, 信狎嬖倖, 以及於禍. 踰月, 火葬縣南, 陵曰恭陵, 諡宣靈, 廟號愍宗, 皆康兆所撰定. 臣民莫不痛憤, 而顯宗未之知, 至契丹問罪, 始知之. 顯宗三年, 移葬城東, 改陵曰義, 諡曰宣讓, 廟號穆宗, 五年加諡孝思, 十八年加威惠, 文宗十年加克英, 高宗四十年加靖恭.

校訂

1) 大는 太로 고쳐야 바르게 된다.

2) 이는 『益齋亂藁』권9상, 忠憲王世家, "十二年二月, 康兆反叛, 三月十三日, 王薨"에 의거하여 追加하였다.

飜譯 (2월) 3일(己丑, 陽3月 2日) 햇빛이 붉은 장막을 친 것과 같았다. 康兆의 軍士들이 宮門으로 闌入해 오자 王이 피하지 못할 것임을 알고 太后와 함께 痛哭하며 法王寺에[1] 出御하였다. 잠시 후 皇甫兪義 등이 大良院君을 받들고 도착하니 卽位하게 하였다. 康兆는 穆宗을 廢하여 讓國公으로 삼고 軍士를 보내 金致陽 父子와 庾行簡 등 7人을 죽였다. 王이 宣仁門으로[2] 나올 때 侍從하는 臣下들이 처음에는 모두 徒步로 따라 가다가 이에 이르러 말을 타고 따르는 者가 있었다. 歸法寺에 도착하자 御衣를 벗어 이를 飮食과 바꾸어 太后에게 올렸다.[3] 康兆가 崔沆 등을 불러 職責을 맡게 하니, 王이 崔沆에게 말하기를, "近者에 倉庫가 불타고 變亂이 소홀한데서 일어난 것은 모두 내가 不德하기 때문이니 다시 무엇을 원망하겠소? 다만 바라는 바는 시골로 돌아가 늙는 것이니 卿은 新君에게 이 뜻을 傳하고 잘 輔佐하도록 하시오."라고 하고서 忠州(現 忠淸北道 忠州市)로 向하였다. 太后가 음식을 먹고자 하면 王이 친히 소반과 사발을 받들고, 太后가 말을 타고자 하면 王이 친히 말고삐를 잡았다. (3월 13일) 積城縣(現 京畿道 坡州市 積城面)에 이르렀을 때 康兆가 사람을 보내어 弒害하고서 自殺했다고 報告하게 하였다. 분짝을 뜯어서 棺으로 삼고 客館에 임시로 安置하였다. 王이 在位는 12년이고, 나이는 30歲이니, 天性이 침착하고 굳세어 어려서부터 임금의 도량

이 있었고, 弓術과 騎馬術에 能하였다. 그러나 술을 좋아하고 사냥을 즐기며 政事에 뜻을 두지 않았으며, 寵愛하는 者들만 믿고 가까이하다가 禍에 미치게 되었다. 한 달을 넘겨 縣의 남쪽에서 火葬하였고, 陵을 恭陵이라고 하고, 諡號는 宣靈이라고 하고, 廟號는 愍宗이라고 하였는데, 모두 康兆가 지은 것이다. 臣下와 百姓들이 모두 분개하지 않음이 없었으나 顯宗은 이것을 알지 못하였다가 거란이 問罪함에 이르러 비로소 알게 되었다. 顯宗 3년(1012) 都城의 동쪽으로 移葬하고, 陵를 고쳐義陵이라고 하고, 諡號를 宣讓이라고 하였으며, 廟號를 穆宗이라고 하였다. (현종) 5년(1014) 孝思이라는 諡號를,[4] (현종) 18년(1027) 威惠를, 문종 10년(1056) 克英을, 고종 40년(1253) 靖恭을 각각 덧붙였다.

注釋

1) 法王寺는 광종 18년 冒頭의 주석 1)과 같다.

2) 宣仁門은 開京 皇城의 북쪽 後苑에 위치한 門으로 楊州·全州·羅州 지역으로 연결되어 있었다. 職事將校 1人과 散職將相 2人 및 監門衛軍 2人이 지켰으며, 그 옆으로 水門이 하나 있었다(『고려사』 권56, 지10, 지리1, 王京開城府 ; 『高麗圖經』 권5, 宮殿1 ; 韓國歷史硏究會 2002年 ; 東亞大學校 2008年 1책 386쪽).

3) 이처럼 康兆에 의해 穆宗이 廢位되고 顯宗이 옹립된 政變의 原因 또는 契機가 무엇이었는가?에 대한 諸家의 見解를 정리한 業績도 있다[권순형 2008年].

4) 이는 1014년(현종5) 3월 27일(壬子)에 禮官이 先王과 先后의 尊諡를 덧붙여 올릴 것[加上]을 建議하자, 이를 받아들여, 4월 21일(丙子)에 시행한 것이다. 이때 목종은 처음으로 太廟에 祔祭되었다(『고려사』 권4, 세가4, 현종 5년 3월 壬子, 4월 丙子).

關聯記事

• 己丑, 日色如張紅幕, 鉉雲率兵, 入迎秋門, 大譟, 王驚懼, 執行簡, 送兆所, 思政·拱辰, 皆奔于兆, 兆至大初門, 踞胡床, 崔沆出自省, 兆起揖, 沆曰, 古有如此事乎, 兆不應. 於是, 軍士闌入, 王知不免, 與太后, 仰天號泣, 率宮人小竪, 及忠順·忠正等, 出御法王寺, 兆坐乾德殿御榻下, 軍士呼萬歲, 兆驚起, 跪曰, 嗣君未至, 是何等聲耶, 俄而兪義等, 奉院君而至, 遂卽位於延寵殿, 兆廢王爲讓國公, 使閣門通事舍人傅巖等守之, 遣兵殺致陽父子, 及行簡等七人, 流其黨及太后親屬三十餘人于海島, 王使崔沆, 請馬於兆, 送一匹,

又於人家取一匹, 王及太后乘之, 出自宣仁門, 至歸法寺, 解御衣, 換食而進. 兆召還沆
等, 王謂沆曰, 頃府軍災, 而變起所忽, 皆由予不德, 夫復何怨, 但願歸老于鄕, 卿可奏新
君, 且善輔佐, 遂向忠州, 太后欲食, 王親奉盤盂, 太后欲御馬, 王親執鞚, 行至積城縣,
兆遣尙藥直長金光甫, 進毒, 王不肯飮, 光甫謂隨從中禁安霸等曰, 兆言, 若不能進毒,
可令中禁軍士, 行大事, 報以自刃, 不爾, 吾與若等, 俱族矣, 夜, 霸等, 弑之, 以自刎聞,
取門扇爲棺, 權厝于館, 太后歸黃州. 踰月, 火葬縣南, 陵曰恭陵, 諡宣靈, 廟號愍宗, 臣
民莫不痛憤, 而新王未之知也, 至契丹興師問罪, 乃知被弑, 改諡宣讓, 廟號穆宗.

- 穆宗十二年 二月己丑, 日色, 如張紅幕(『고려사』 권47, 지1, 天文1, 日薄食).
- 顯宗 … (穆宗) 十二年 二月己丑, 奉迎, 卽位於延寵殿(『고려사』 권4, 세가4, 顯宗
  總論).

原文 李齊賢贊曰, 慶父犯禮於魯, 不韋嫁禍於秦. 齊桓尸姜, 始皇轞毒, 何
救萬世之恥哉. [1]穆宗不[2]戒^誡覆車之轍, 防閑於初, 子母俱罹其殃, 社稷幾至
於亡. 嗚呼, 宣讓之不幸也, 抑非不幸也.

校訂
1) 『익재난고』 권9하, 史贊, 穆王에는 '穆宗'이 없다. 2) 戒는 『익재난고』에는 誡로 되
   어 있다.

飜譯 李齊賢이 論評하여 말하기를, "慶父[경보]는[1] 魯에서 禮法을 犯했고, 不韋
는[2] 秦에 禍根을 轉嫁하였다. 齊의 桓公은[3] 자기 딸 哀姜을 죽였고, 秦始
皇은 太后와 私通한 嫪毒[노애]를[4] 찢어 죽였으나 어찌 萬世의 羞恥를 씻
을 수 있겠는가? 穆宗은 前轍을 警戒하여[5] 처음부터 막지 못하여 결국 母
子가 함께 慘禍를 당하고 나라가 거의 亡할 地境에 이르렀다. 아, 宣讓大王
의 不幸은 불행이라고 할 것도 없다"라고 하였다.

注釋
1) 慶父(?~B.C.660)는 이름이 共仲이며, 春秋時代 魯의 莊公(B.C.693~B.C.662 在位)의
   弟이다. 莊公의 死後에 小室 所生의 斑이 繼承하였으나, 일찍이 莊公의 妻 哀姜(無

子)과 私通하였던 慶父는 哀姜의 弟 叔姜(莊公의 小室)의 아들 開를 옹립하려고 斑을 죽이고 開(閔公, B.C.661~B.C.660 在位)를 세웠다. 이후 哀姜과 共謀하여 閔公을 죽이고서, 纂位하려 하였으나 실패하여 莒[거, 現 山東省 濟寧縣의 북쪽] 지역으로 달아났다가 自殺하였고, 邾(現 山東省 袞州 鄒縣)로 도망갔던 哀姜은 齊의 桓公(B.C.685~B.C.643 在位)에 의해 誅殺되었다. 이는 禮義[揖讓]의 나라였던 魯가 紀綱이 墜落했던 한 事例를 보여 준 것으로서, 司馬遷(B.C.145~B.C.86)이 不義한 방법으로 魯의 諸侯가 되려고 했던 慶父의 罪惡을 摘示한 것이다(『史記』권33, 魯周公世家第3).

2) 不韋는 呂不韋(B.C.292~B.C.235)를 指稱하는데, 그는 韓의 陽翟(現 河南省 禹州市, 鄭州 남쪽의 潁水 부근에 位置) 出身(『戰國策』, 秦策에는 濮陽人, 現 河南省 滑縣으로 되어 있음)의 商人으로 趙의 首都 邯鄲에 人質로 잡혀 있던 秦의 王子 子楚(後日의 莊襄王, 秦始皇의 父)를 계략으로 구출하여 王位를 계승할 수 있도록 하였다. 이어서 秦의 丞相이 되었고 文信侯·封十萬戶로 책봉되었다. 이보다 먼저 呂不韋는 趙에서 邯鄲의 美姬와 同居[同棲]하여 姙娠하게 한 뒤 이를 莊襄王에게 바쳤으며, 그 美人이 낳은 아이가 바로 秦始皇[政]이었다는 逸話도 있다(이 逸話는 『史記』이외의 資料에서는 보이지 않는다). 秦始皇이 즉위한 뒤 呂不韋는 相國이 되어 仲父[중보]의 稱號를 받아 優待를 받았고, 華陽太后(莊襄王의 養母)와도 친밀한 관계를 가지고 있었다고 한다. B.C.237년(秦王 政 10년) 10월 1년 전에 있었던 嫪毐[노애]의 叛亂에 연루되어 相國의 地位에서 免職되고 封地인 河南으로 옮겨졌다가 1년 후에 誅殺될까 두려워하여 酖毒을 마시고 自殺하였다(『史記』권6, 秦始皇本紀第6·권85, 열전25, 呂不韋).

그는 B.C.239년(秦王 政 8년) 무렵에 門客들을 動員하여 위로는 上古의 史實을 『春秋』에서 刪削하고, 아래로는 六國時期의 事實을 모아서 『呂氏春秋』(『呂覽』)를 만들었다고 한다(『史記』권14, 十二諸侯年表第2). 이 책은 12紀 12卷, 8覽 8卷, 6論 6卷, 도합 26卷으로 되어 있고, 그중에서 12紀는 春夏秋冬으로 나누어 각각 孟·仲·季의 3部로 나누어 각각의 紀에 5篇씩으로 만들어 60篇, 8覽은 각각 8편으로 64편, 6論은 각각 6편으로 36편, 전체 160篇으로 되어 있다. 各篇은 400字에서 800字정도로서 都合 20餘萬字에 달한다. 儒敎的 思想을 가지고 있었다고 하는 呂不韋의 自序[書意篇]에서 『春秋』에 대한 言及이 없었고, 12紀가 編年體가 아닌 점을 감안할 때 編年體인 『春秋』의 形式과는 差異를 지니고 있었던 같다[相原俊二 1967, 1968年 ;

王范之 1981年 ; 楠山春樹 1987年 ; 田邊 淳 1994年 ; 佐藤武敏 1997年 505쪽 ; 膰智之 2004年].

3) 桓公(?~B.C.643, B.C.685~B.C.643 在位)은 태조 11년 1월 是月의 주석 7)과 같다.

4) 嫪毒(노애, ?~B.C.238)는 呂不韋가 賓客을 接待하는 官職인 舍人으로 삼아 華陽太后(?~B.C.230, 莊襄王의 養母, 秦始皇의 祖母)를 侍奉하게 했던 邪淫한 人物이었다고 한다. 華陽太后와 私通하여 寵愛를 받아 B.C.239년(秦王 政 8년) 長信侯로 책봉되었고, 이어서 河西의 太原國을 毒國으로 改編하여 政事를 獨自的으로 執行할 수 있는 권한을 附與받았다. 다음해에 叛亂을 일으키려다가 발각되어 一黨 20人과 함께 체포되어 車裂刑을 당하였고, 一族이 모두 誅殺되었다. 이때 太后는 嫪毒와의 친근한 관계로 인해 雍(秦初期의 首都, 現 陝西省 寶鷄市 鳳翔縣 地域)의 離宮에 幽閉되어 있었는데, 후일 齊人 茅蕉의 建議에 의해 咸陽으로 歸還하게 되었다고 한다(『史記』권6, 秦始皇本紀第6·권85, 열전25, 呂不韋).

5) 覆車之轍은 수레가 넘어진 痕迹이라는 뜻이다. 이는 "앞의 수레가 顚覆된 것을 거울삼아 뒤의 수레는 조심하여야 한다. 前車覆, 後車戒"라는 뜻으로 失敗가 敎訓이 된다는 것을 譬喩한 것이다(『漢書』권48, 賈誼傳第18, "又曰, 前車覆, 後車戒 … 其轍跡可見也, 然而不避, 是後車又將覆也"; 東亞大學校 2008年 1책 389쪽).

引用史料目錄1)

韓國資料

- 『慶尙道地理志』: 朝鮮總督府 中樞院, 1938 : 弗咸文化社, 1976.
- 『高麗圖經』 → 『宣和奉使高麗圖經』.
- 『高麗史』: 影印本, 延禧大學 東方學硏究所本, 1955年 : 東方硏究所, 1972 ; 亞細亞文化社本, 1972 ; 東亞大學本 ; 京都大學附屬圖書館本(木版本) ; 活字本, 日本 國書刊行會, 1908(明治41). 『譯註高麗史』, 東亞大學, 1982 ; 『北譯高麗史』, 신서원, 1981 ; 『國譯高麗史』, 東亞大學, 2006以來.
- 『高麗史節要』: 影印本, 亞細亞文化社, 1973. 『國譯高麗史節要』, 民族文化推進會, 1977.
- 『均如傳』: 慶北大學校, 1954. 李丙燾 譯, 『均如傳譯注』, 二友出版社, 1981 ; 『譯註均如傳』, 새문사, 1986.
- 『訥齋集』: 亞細亞文化社, 1973. 『國譯訥齋集』, 韓國思想大全集14, 양우당, 1988.
- 『大東韻府群玉』: 이중문화사, 1991 ; 『國譯大東韻府群玉』, 南冥學硏究所, 2003. 이의 索引으로 『大東韻府群玉索引』, 亞細亞文化社, 1976이 있다.
- 『東國李相國集』: 『高麗名賢集』 1, 大東文化硏究院, 1973 ; 『韓國文集叢刊』 1・2, 民族文化推進會, 1990소수. 『國譯東國李相國集』, 民族文化推進會, 1980~1981.
- 『東都歷世諸子記』: 『慶尙道按察使先生案』, 亞細亞文化社, 1982 所收. 『國譯慶尙道先生案』, 韓國國學振興院, 2005.
- 『東文選』: 影印本, 경희출판사, 1966. 『國譯東文選』, 民族文化推進會, 1977.
- 『東史綱目』: 影印本, 경인문화사, 1970. 『國譯東史綱目』, 民族文化推進會, 1980.
- 『東人之文四六』: 影印本, 啓明大學校出版部, 2009.
- 『東人之文四六』: 『高麗名賢集』 5, 大東文化硏究院, 1980소수.
- 『東人之文五七』: 影印本, 『季刊書誌學報』 15, 1995.
- 『牧隱集』: 『高麗名賢集』 3, 1973 ; 『韓國文集叢刊』 3・4, 1990 所收. 『國譯牧隱集』, 民族文化推進會, 2000.

---

1) 引用史料의 表記에서 著名한 史料의 著者나 編纂者를 明記하지 않았고, 本文에서 밝힌 경우에도 省略하였다. 또 中國・日本 史料의 配列은 한글읽기의 順序로 整列하였다.

· 『補閑集』:『高麗名賢集』2, 大東文化研究院, 1973소수. 『國譯補閑集』, 범우사, 2001.

· 『三國史記』: 影印本, 民族文化推進會, 1973 ; 影印本, 學習院大學 東洋文化研究所, 1986. 『譯註三國史記』, 乙酉文化社, 1983 ; 『譯註三國史記』, 韓國精神文化研究院, 1996~ 1998.

· 『三國遺事』: 影印本, 民族文化推進會, 1973.

· 『新增東國輿地勝覽』: 亞細亞文化社, 1974. 『國譯新增東國輿地勝覽』, 民族文化推進 會, 1969~1970.

· 『陽村集』: 影印本, 경희출판사, 1966. 『國譯陽村集』, 民族文化推進會, 1985.

· 『御定宋史筌』: 마이크로필림, 서울대학교 奎章閣, 2007.

· 『燃藜室記述』: 경문사, 1976. 『國譯練藜室記述』, 民族文化推進會, 1966.

· 『益齋亂藁』:『高麗名賢集』2, 大東文化研究院, 1973 ;『韓國文集叢刊』2, 民族文化推 進會, 1990소수. 『國譯益齋集』, 民族文化推進會, 1979~1980.

· 『字學』:『譯註字學』, 푸른역사, 2008.

· 『朝鮮金石總覽』: 朝鮮總督府, 1919.

· 『朝鮮王朝實錄』: 國史編纂委員會, 1986.

· 『拙藁千百』:『高麗名賢集』2, 大東文化研究院, 1973 ;『韓國文集叢刊』3, 民族文化推 進會, 1990소수. 『國譯拙藁千百』, 民族文化推進會, 2006.

· 『中京志』: 景仁文化社, 1989.

· 『破閑集』:『高麗名賢集』2, 大東文化研究院, 1973소수.

· 『韓國金石全文』: 亞細亞文化社, 1984.

· 『海東繹史』: 경인문화사, 1974. 『國譯海東繹史』, 民族文化推進會, 2004.

· 『海東金石苑』: 亞細亞文化社, 1976.

中國資料

· 『景德傳燈錄』(『傳燈錄』):『四部叢刊』廣編 ;『大正新脩大藏經』51소수.

· 『困學紀聞』(王應麟):『사고전서』雜家類(영인본 854책)소수.

· 『孔子家語』: 千頃堂書局, 1920 :『사고전서』儒家(영인본 695책)소수. 이의 飜譯으로 宇野精一 譯注, 『孔子家語』:『新釋漢文大系』53, 明治書院, 1996(日本語)이 있다.

· 『管子』: 上海古籍出版社, 1989. 이의 飜譯으로 遠藤哲夫 譯注, 『管子』:『新釋漢文大系』 42~43, 52, 明治書院, 1989(日本語)가 있다.

· 『舊唐書』: 中華書局, 1975.

· 『舊五代史』: 中華書局, 1975. 이의 색인으로 張萬起 編,『新舊五代史人名索引』, 上海古籍出版社, 1980이 있다.

· 『國語』: 商務印書館, 1934. 이의 飜譯으로 大野 峻 譯注,『國語』:『新釋漢文大系』66·67, 明治書院, 10版 1994(日本語)가 있다.

· 『南唐書』(『陸氏南唐書』):『四部叢刊』廣編 ;『四庫全書』載記(영인본 464책) ;『新編叢書集成』115소수.

· 『老子道德經』:『四庫全書』道家(영인본 1055책).

· 『老子·莊子』: 이의 飜譯으로 市川安司·遠藤哲夫 譯注,『莊子』:『新釋漢文大系』7, 明治書院, 44版 1994(日本語)가 있다.

· 『論語』: 阮元 編『十三經注疏』(漢裝本): 中華書局, 1980 所收. 이의 飜譯으로 加藤常賢 譯注,『書經』:『新釋漢文大系』1, 明治書院, 35版 1995(日本語)가 있다.

· 『論衡』(王充): 이의 飜譯으로 山田勝美 譯注,『論衡』:『新釋漢文大系』68~69, 明治書院, 12版 1993(日本語)이 있다.

· 『大唐貞元續開元釋敎錄』(元照,『續開元錄』):『大正新脩大藏經』目錄部54소수.

· 『大學衍義補』:『四庫全書』儒家(영인본 712·713책).

· 『孟子』: 商務印書館, 1929. 이의 飜譯으로 內野熊一郎 譯注,『孟子』:『新釋漢文大系』4, 明治書院, 1962(日本語)가 있다.

· 『墨子』: 商務印書館, 1929. 이의 飜譯으로 山田 琢 譯注,『墨子』:『新釋漢文大系』50~51, 明治書院, 1975(日本語)가 있다.

· 『文心雕龍』:『四部叢刊』廣編 ;『四庫全書』詩文評(영인본 1478책). 이의 飜譯으로 戶田浩曉 譯注,『文心雕龍』:『新釋漢文大系』64~65, 明治書院, 1974(日本語)가 있다.

· 『文苑英華』:『四庫全書』總集類(영인본 1333책)소수.

· 『文選註』:『四庫全書』總集類(영인본 1329책)소수.

· 『文體明辨』: 晤晟社, 1984.

· 『文獻通考』: 臺北 商務印書館 ;『十通』第七種, 1987 ;『四庫全書』政書類(영인본 610책)소수.

· 『本草綱目』:『사고전서』醫家類(영인본 772책)소수.

· 『白虎通德論』:『四部叢刊』廣編.

· 『白虎通議』:『四庫全書』雜家(영인본 850책).

· 『北史』: 中華書局, 1977.

·『北齊書』: 中華書局, 1976.

·『佛祖歷代通載』:『北京圖書館古籍珍本叢刊』77, 書目文獻出版社, 1996(元刊本) ;『四庫全書』子部(영인본 1054책) ;『大正新脩大藏經』49책 所收.

·『佛祖統紀』:『日本續藏經』第壹輯 第貳編乙 第四套 第4冊 ;『佛教要籍選刊』12, 上海 古籍出版社, 1992소수.

·『史記』: 中華書局, 1959. 이의 飜譯으로 吉田賢抗 譯注,『史記』:『新釋漢文大系』38~42, 明治書院, 25版 1994(日本語)가 있다.

·『史記索隱』:『사고전서』正史類(영인본 246책)소수.

·『史記正義』:『사고전서』正史類(영인본 247책)소수.

·『司馬法』:『사고전서』兵家(영인본 726책)소수.

·『事林廣記』: 中華書局, 1998 ; 叡山文庫所藏本.

·『事物紀原』(高承) :『사고전서』類書類(영인본 920책)소수.

·『尙書注疏』:『十三經注疏本』, 中華書局, 1980.

·『尙書大傳』:『사고전서』書類(영인본 68책)소수.

·『書經』: 阮元 編『十三經注疏』(漢裝本) 所收. 이의 飜譯으로 加藤常賢 譯注,『書經』:『新釋漢文大系』25~26, 明治書院, 10版 1995(日本語)가 있다.

·『西京雜記』:『사고전서』小說(영인본 1035책)소수.

·『書史會要』(陶宗儀) :『사고전서』藝術類(영인본 814책)소수.

·『徐孝穆集箋注』『白虎通德論』

·『釋氏要覽』:『大正新脩大藏經』54冊 所收

·『釋氏稽古略』:『大正新脩大藏經』49 ;『日本續藏經』1-2乙-5套-5 ;『四庫全書』子部(영인본 1054책)소수.

·『說郛』: 上海古籍出版社,『說郛三種』, 1988(涵芬樓本 100권, 明刊本 120권, 明刊本『說郛』46권) ;『四庫全書』잡가(영인본 881책)소수. 이『說郛』는 版種에 따라 내용 및 卷數의 차이가 매우 심하므로 版種을 주목하여야 하는데, 이 책에서 제시한 卷數는 上海古籍出版社,『說郛三種』, 1988에 의거하였다.

·『說苑』:『四部叢刊』廣編 :『사고전서』儒家(영인본 696책)소수.

·『星命總括』(耶律純) :『사고전서』子部(영인본 809책)소수.

·『蘇東坡全集』(『東坡全集』) : 楊家駱 編,『中國文學名著第六集』9, 10冊, 世界書局, 1982 ;『사고전서』(영인본 1107책)의『東坡全集』.

·『蘇軾文集』: 北京, 中華書局, 1986.

・『續資治通鑑長編』：上海古籍出版社, 1985 ；『宋板續資治通鑑長編』, 中華全國圖書館文獻縮微複製中心, 1994年 ；『中華再造善本』金元編, 史部 ；『四庫全書』編年類(영인본 314~322책)소수. 이의 색인으로 梅原 旭 編『續資治通鑑長編人 名索引』, 同朋舍, 1978 ；『續資治通鑑長編語彙索引』, 同朋舍, 1989가 있다.

・『續資治通鑑長編拾補』(黃以周 等輯注)：中華書局, 2004.

・『宋高僧傳』：『佛敎要籍選刊』12, 上海古籍出版社, 1992소수 ；『四庫全書』釋家類(영인본 1052책)소수.

・『宋大詔令集』：楊家駱 編, 『宋大詔令集』, 鼎文書局, 1972.『宋大詔令集』은 淸代 이래 3종의 版本이 있는데, 판본에 따라 약간의 字句 출입이 있지만, 고려 관계 기사는 내용상 차이가 없다.

・『宋史』：中華書局, 1985. 이의 職官志 색인으로 佐伯 富 編, 『宋史職官志索引』, 同朋舍, 1974가 있다.

・『宋史全文』→『宋史全文續資治通鑑』.

・『宋史全文續資治通鑑』(『宋史全文』)：『四庫全書』編年類(영인본 330책) ；『宋史資料萃編』2, 臺北 文海出版社, 1969소수.

・『宋會要輯稿』：北平圖書館, 1936 ；臺北, 世界書局, 1964 ；新文豊出版公司, 1976 ；『宋 會要輯稿補編』, 新華書店, 1988. 이의 색인으로는 靑山定雄 編『宋會要輯稿食貨索引』, 東洋文庫, 1985 ；王德毅 編『宋會要輯稿人名索引』, 新文豊出版公司, 1992 ；張東翼「宋會要輯稿에 수록된 高麗關係記事의 硏究」『韓國中世社會의 諸問題』, 韓國中世史學會, 2001이 있다.

・『水經注』：『四庫全書』地理(영인본 573책)소수.

・『隋書』：中華書局, 1976.

・『拾遺記』(王嘉?)：『四庫全書』小說家類(영인본 1042책)소수.

・『詩經』：阮元 編『十三經注疏』(漢裝本) 所收. 이의 飜譯으로 石川忠久 譯注, 『詩經』：『新釋漢文大系』110~112, 明治書院, 2000(日本語)이 있다.

・『新唐書』：中華書局, 1975.

・『新五代史』(『五代史記』)：中華書局, 1974. 이의 색인으로 張萬起 編『新舊五代史人名索引』, 上海古籍出版社, 1980이 있다.

・『十國春秋』：『四庫全書』載記(영인본 465·466책)소수.

・『十三經注疏正字』：『四庫全書』經總義(영인본 192책)소수.

・『呂氏春秋』：『四庫全書』雜家(영인본 848책)소수. 이의 飜譯으로 楠山春樹 譯注, 『呂

氏春秋』：『新編漢文選』, 明治書院, 1997(日本語)이 있다.

・『歷代建元考』(鍾淵映)：『墨海金壺』9 ；『四庫全書』史部(영인본 662책)소수.

・『演繁露』(『程氏演繁露』)：『四部叢刊』廣編 ；『四庫全書』雜家(영인본 852책).『四部
叢刊』에 수록된『程氏演繁露』는 10권으로 된 殘本이다.

・『嶺外代答』(周去非)：『四庫全書』地理類(영인본 589책)소수.

・『禮記』：阮元 編『十三經注疏』(漢裝本) 所收. 이의 飜譯으로 王夢鷗 譯注,『禮記今注
今譯』, 臺灣 商務印書館, 1969(中國語) ；竹內照夫 譯注,『禮記』：『新釋漢文大系』
27~29, 明治書院, 1971(日本語)이 있다.

・『五代會要』：國學基本叢書, 1941 ；臺北, 世界書局, 1970：上海, 古籍出版社, 1978 ；
『四庫全書』政書(영인본 607책)；『新編叢書集成』28소수.

・『五禮通考』：『四庫全書』禮(영인본 135~142책)；『新編叢書集成』28소수.

・『吳越備史』：『사고전서』載記(영인본 464책)소수.

・『玉海』：江蘇古籍出版社·上海書店, 1988 ；『四庫全書』類書(영인본 947책)소수.

・『王右丞集箋注』：『사고전서』別集(영인본 1071책)소수.

・『遼東行部志』(王寂)：『國學文庫』第二編, 1933：淸 宣統年間(1909-1911)에 간행된
繆荃孫 編『藕香零拾』을 重引한 것이다. 楊循吉 等編『遼海叢書』15, 遼海書社, 1987
소수.

・『遼史』：中華書局, 1985. 이의 색인으로 若城久治郞 編,『遼史索引』, 東方文化學院 京
都研究所, 1937 ；曾貽芬·崔文印 編,『遼史人名索引』, 中華書局, 1982 ；張東翼,「遼史
高麗關係記事의 語彙集成」『歷史敎育論集』28, 2002가 있다.

・『容齋隨筆』(洪邁)：『四庫全書』雜家類(영인본 851책)소수.

・『元豊類藁』(曾鞏)：1763년(乾隆28)의 淸刊本 ；『四部叢刊』集部 ；『四庫全書』별집
(영인본 1098책)소수.『四部叢刊』의『元豊類藁』에는 誤字가 너무나 많다.

・『六臣註文選』：『四庫全書』總集(영인본 1330·1331책)소수.

・『陸氏南唐書』→『南唐書』.

・『爾雅』

・『資治通鑑』：上海古籍出版社, 1994.『四庫全書』編年類(영인본 310책)소수. 權重達
譯,『國譯資治通鑑』, 삼화, 2007이래.

・『資治通鑑綱目』：아름출판사, 2002.

・『莊子』：이의 飜譯으로 市川安司·遠藤哲夫 譯注,『莊子』：『新釋漢文大系』1~8, 明
治書院, 44版 1994(日本語)가 있다.

· 『戰國策』:『史部叢刊』. 이의 飜譯으로 林 秀一 譯注 『戰國策』:『新釋漢文大系』47~ 49, 明治書院, 1977(日本語)이 있다.

· 『貞觀政要』: 이의 飜譯으로 原田種成 譯注, 『貞觀政要』, 『貞觀政要語彙索引』, 汲古書 院, 1975年 ; 『貞觀政要』:『新釋漢文大系』95~96, 明治書院, 1979(日本語)가 있다.

· 『程史』:『四部叢刊』續編

· 『程氏演繁露』→ 『演繁露』.

· 『貞元新定釋教目錄』(元照, 『貞元錄』):『大正新脩大藏經』目錄部54소수.

· 『政和五禮新儀』:『四庫全書』政書(영인본 647책)소수.

· 『周書』: 中華書局, 1976.

· 『中庸』: 阮元 編 『十三經注疏』(漢裝本) 所收. 이의 飜譯으로 赤塚 忠 譯注, 『大學·中 庸』:『新釋漢文大系』2, 明治書院, 35版 1994(日本語)가 있다.

· 『晉書』: 中華書局, 1977.

· 『册府元龜』: 北京, 中華書局, 1960 ; 『四庫全書』類書類(영인본 919책)소수. 『宋本册府 元龜』, 中華書局, 1989 ; 『册府元龜校訂本』, 鳳凰出版社, 2006.

· 『淸異錄』(陶穀):『四庫全書』小說(영인본 1047책) ; 『新編叢書集成』86소수.

· 『初學記』:『四庫全書』類書(영인본 890책)소수.

· 『秋澗先生大全文集』(王惲):『四部叢刊』集部 ; 『元人文集珍本叢刊』1·2 ; 『四庫全書』 별집4(영인본 1201책)소수.

· 『太常因革禮』:『新編叢書集成』35소수.

· 『太宗皇帝實錄』:『四部叢刊』3編, 上海 商務印書館, 1936 ; 『古學彙刊』 第3~4編, 1949, 1950소수.

· 『太平廣記』:『四庫全書』小說(영인본 1043~1046책)소수. 김장환 등, 『太平廣記注釋 本』, 學古房, 2000이래.

· 『太平御覽』:『사고전서』類書類(영인본 893~901책)소수.

· 『通典』:『사고전서』政書類(영인본 603책)소수.

· 『佩文韻府』:『사고전서』類書(영인본 1011~1028책)소수.

· 『漢書』: 中華書局, 1962.

· 『翰苑羣書』(洪遵):『사고전서』職官 影印本 595册소수.

· 『皇朝類苑』(『事實類苑』):『筆記小說大觀』30의 『皇朝類苑』 ; 『四庫全書』(영인본 874책)의 『事實類苑』.

· 『皇朝編年綱目備要』(『九朝編年備要』): 釜山, 必峰文化社 ; 『四庫全書』編年類(영인

본 328책)의 『九朝編年備要』. 이중 釜山에서의 영인본은 25권까지 宋刊本을, 26권 이
하는 간행 시기를 알 수 없는 『九朝編年備要』를 영인한 것이다.

・『淮南子』: 이의 飜譯으로 楠山春樹 譯注, 『淮南子』: 『新釋漢文大系』 54, 55, 62, 明
治書院, 1979(日本語)가 있다.

・『孝經注疏』: 『사고전서』 孝經(영인본 182책)소수.

・『後漢書』: 中華書局, 1965.

日本資料

・『雞林拾葉』: 筆寫本 ; 甫喜山景雄 編, 『我自刊我書』, 1880 所收.

・『權記』(藤原行成, 『行成卿記』・『權大納言記』): 筆寫本 ; 笹川種郎 編, 『史料大成』 35,
36, 內外書籍株式會社 ; 『增補史料大成』 4, 5 ; 『史料纂集』 소수.

・『大日本史料』: 東京大學 史料編纂所, 1869 이래.

・『大正新脩大藏經』: 大正一切經刊行會(後日 大藏出版株式會社), 1924~1934.

・『百練抄』(『百鍊抄』): 『國史大系』 14 ; 『新訂增補國史大系』 11소수.

・『本朝麗藻』(高階積善): 『群書類從』 6, 文筆部6, 券127 ; 『新校群書類從』 6, 文筆部6,
券127 ; 『日本古典全集』 所收.

・『本朝文粹』: 『新訂增補國史大系』 29下 ; 『校注日本文學大系』 24소수 ; 身延山久遠寺
編, 『本朝文粹』 上・下, 影印本, 汲古書院, 1980.

・『扶桑略記』: 『新訂增補國史大系』 12 ; 『改定史籍集覽』 1 ; 物集高見 編, 『新註皇學叢
書』 6, 廣文庫刊行會, 1931소수. 이에 대한 人名索引으로 鹽澤直子 等, 「扶桑略記人名
總索引」 『政治經濟史學』 244・245, 日本政治經濟史學研究所, 1986이 있다.

・『小記目錄』(藤原實資): 『日本古記錄』, 小右記9~10, 岩波書店, 1979소수.

・『小右記』(藤原實資, 『野府記』・『小野宮記』・『小記』・『續水心記』): 『史料大成』 1~3 ;
『增補史料大成』 別卷3 ; 『日本古記錄』 소수.

・『帥記』(源經信, 『都記』・『經信卿記』): 筆寫本 ; 『史料大成』 5 ; 『增補史料大成』 5소수.

・『一代要記』: 筆寫本 ; 『史籍集覽』 ; 『改正史籍集覽』 ; 『新訂增補史籍集覽』 소수.

・『日本紀略』(『日本史記略』・『日本紀類』): 筆寫本 ; 『國史大系』 5 ; 『新訂增補國史 大系』
10~11소수.

・『日本書紀』: 『日本古典文學大系』 67・68, 岩波書店, 1984.

・『日鮮關係史料』: 筆寫本.

・『長谷寺靈驗記』:『日本佛敎全書』118 ;『續群書類從』27下, 釋家部84, 권799上소수.

・『前大納言公任卿集』:『中古諸家集全』, 校註國歌大系13, 講談社, 1976 ;『新日本古典文 學大系』28소수.

・『前大納言公任卿集』:『中古諸家集全』, 校註國歌大系13, 講談社, 1976 ;『新日本古典文學大系』28소수.

・『貞信公記抄』(藤原忠平,『貞信公卿記』·『貞卿記』·『貞公記』) : 東京大學史料編纂所 編,『大日本古記錄』, 1956 ; 天理大出版部 編,『天理圖書館善本叢書』42, 1980 ;『續續群書類從』5, 記錄部소수.

・『千載和歌集』:『新日本古典文學大系』10 ;『新編國歌大觀』1소수. 上條彰次,『千載和歌集』, 和泉書院, 1994.

引用文獻目錄

韓國語

강문석 2005年 「鐵圓還都 以前의 弓裔政權研究」『역사와 현실』 57

姜鳳龍 2001年 「押海島의 번영과 쇠퇴」『島嶼文化』 8

江原大學 博物館 2012年 『壯節公申崇謙將軍의 活動과 春川遺蹟地의 再照明』

------- 2013年 『春川所在 壯節公申崇謙將軍의 遺蹟地 資料集』

姜晉哲 1980年 『高麗土地制度史研究』, 高麗大出版部

------- 1989年 『韓國中世土地所有研究』, 一潮閣

------- 1991年 『改定高麗土地制度史研究』, 一潮閣

姜喜雄 1977年 「高麗惠宗朝 王位繼承亂의 新解釋」『한국학보』 7

開城發掘組 1986年 「개성만월대의 못과 지하하수도시설물에 대한 조사발굴보고」『조선
고고연구』 3

高裕燮 1946年 『松都古蹟』, 博文出版社

具山祐 1992年 「羅末麗初의 蔚山地域과 朴允雄」『韓國文化研究』 5

------- 2002年 「高麗 太祖代의 歸附豪族에 대한 政策과 鄕村社會」『地域과 歷史』 11

------- 2003年a 「高麗 成宗代 政治勢力의 性格과 動向」『韓國中世史研究』 14

------- 2003年b 『高麗前期의 鄕村支配體制研究』, 혜안

------- 2008年 「新羅末 高麗初 金海·昌原地域의 豪族과 鳳林山門」『한국중세사연구』
25

具山祐 等 2011年 『慶南昌原의 進禮山城』, 선인

國立文化財研究所 2008年 『開城高麗宮城試掘調査報告書』

國立中央博物館 2002年 『유창종기증 기와·전돌』

----------- 2009年 『高麗時代를 가다』

權悳永 1999年 「天地瑞祥志의 編纂者에 대한 새로운 視覺」『白山學報』 52

權寧國 等 1996年 『譯註高麗史食貨志』, 韓國精神文化研究院

권순형 2008年 「高麗 穆宗代 獻哀王太后의 攝政에 대한 考察」『史學研究』 89

權熹耕 2006年 『高麗의 寫經』, 글고운

金甲童 1988年「高麗初期 官階의 成立과 그 意義」『歷史學報』117

------- 1990年『羅末麗初의 豪族과 社會變動研究』, 高麗大 民族文化研究所

------- 1993年「王權의 確立과 豪族」『韓國史』12, 國史編纂委員會

------- 1994年a「高麗太祖王建과 後百濟神劍의 戰鬪」『朴秉國教授停年記念史學論叢』

------- 1994年b「金審言의 生涯와 思想」『史學研究』48

------- 2000年「後百濟 甄萱의 戰略과 領域의 變遷」『軍史』41

------- 2001年「高麗時代 羅州의 地方勢力과 그 動向」『韓國中世史研究』11

------- 2002年a「王建의 訓要十條에 대한 再解釋」『歷史批評』60

------- 2002年b「羅末麗初 天安府의 成立과 그 動向」『韓國史研究』117

------- 2004年「高麗初期 洪城地域의 動向과 地域勢力」『史學研究』74

------- 2008年a「高麗의 建國 및 後三國統一의 民族史的 意味」『韓國史研究』134

------- 2008年b「高麗의 後三國統一과 庾黔弼」『軍史』69

------- 2008年c「王建의 中國 出身說에 대한 批判的 檢討」『東北亞歷史論叢』19

------- 2010年a『高麗의 後三國統一과 後百濟』, 서경문화사

------- 2010年b「千秋太后의 實體와 西京勢力」『歷史學研究』38

金光洙 1973年「高麗太祖의 三韓功臣」『史學誌』7

------- 1979年「羅末麗初의 豪族과 官班」『韓國史研究』23

金光哲 2011年「高麗史의 編年化와 高麗實錄體制의 再構成」『韓國中世史研究』30

------- 2012年a「高麗史譯注事業과 國譯高麗史」『국역고려사완간의 의미와 활용방안』,
       2012.(東亞大學校, 發表要旨)

------- 2012年b「高麗史의 刊行·流通과 東亞大學所藏 高麗史版本의 特徵」『石堂論叢』
       54

------- 2013年「高麗初期의 實錄編纂」『石堂論叢』56

金琪燮 2006年「고려태조대 군현개편의 과정과 그 의미」『韓國中世史研究』21

金塘澤 1980年「高麗 穆宗 12年의 政變에 대한 一考」『한국학보』18

------- 1981年「崔承老의 上書文에 보이는 光宗代의 '後生'과 景宗元年의 田柴科」『高麗
       光宗의 研究』, 一潮閣

金大植 2008年「高麗初期 中央官制의 成立과 變化」『歷史와 現實』68

金東旭 1994年「悼二將歌에 對하여」『人文科學』14, 延世大學

金東哲 1993年「商業과 貨幣」『韓國史』14, 國史編纂委員會

金杜珍 1984年『均如의 華嚴思想研究』, 一潮閣

------- 1988年「羅末麗初 桐裏山門의 成立과 그 思想」『東方學志』57

김만태 2012年「성수신앙의 일환으로서 북두칠성의 신앙적 화현현상」『東方學志』159

金明鎭 2009年『高麗太祖王建의 統一戰爭研究』, 慶北大學博士學位論文

------- 2012a年「高麗 太祖王建의 牙山灣一帶 攻略過程 檢討」『地域과 歷史』30

------- 2012b年「高麗 太祖王建의 一牟山城戰鬪와 龔直의 役割」『軍史』85

------- 2014年『고려태조왕건의 통일전쟁연구』, 혜안

金庠基 1974年「甄萱의 家鄉에 대하여」『東方史論叢』, 서울대출판부

金相賢 1996年「閔漬의 本朝編年綱目」『韓國史』21, 國史編纂委員會

金成俊 1994年「七代實錄·高麗實錄」『韓國史』17, 國史編纂委員會

金龍善 1981年「光宗의 改革과 歸法寺」『高麗光宗의 研究』, 一潮閣

------- 2006年『高麗墓誌銘集成』(第4版), 翰林大出版部

------- 2008年『궁예의 나라, 태봉』, 一潮閣

------- 2011年『高麗史兵志譯注』, 一潮閣

金아네스 1996年「高麗初期 地方支配體制의 研究」서강대 박사학위논문

金泳斗 1996年「高麗 太祖代의 祿邑制」『한국사연구』94

김일권 2012年a「가까워진 고려의 하늘과 달력」『국역고려사완간의 의미와 활용방안』, 2012. (東亞大學校, 發表要旨)

------- 2012年b「高麗曆法의 理解, 國譯高麗史 曆志」『石堂論叢』54

金日宇 1998年『高麗初期 國家의 地方支配體系研究』, 一志社

------- 2000年『高麗時代耽羅史의 研究』, 新書苑

金鍾鳴 2001年『韓國中世의 佛敎儀禮』, 文學과 知性社

金載名 1993年「景宗元年의 田柴科」『韓國史』14, 國史編纂委員會

金昌賢 1998年「高麗의 耽羅에 대한 政策과 耽羅의 動向」『韓國史學報』5

------- 2002年『高麗 開京의 構造와 그 理念』, 新書苑

南基鶴 2000年「고려와 일본의 상호인식」『일본역사연구』11

南豊鉉 1994年「高麗初期의 貼文과 그 吏讀에 대하여」『古文書研究』5

盧明鎬 1981年「高麗의 五服親과 親族關係法制」『한국사연구』33

------- 1986年「高麗初期 王室出身의 鄉里勢力」『高麗史의 諸問題』, 三英社

------- 2004年「高麗太祖 王建銅像의 流轉과 文化的 背景」『韓國史論』50, 서울大學 國史學科

------- 2006年「高麗太祖 王建銅像의 皇帝冠服과 造型象徵」『북녘의 文化遺産』, 國立中

央博物館

------- 2009年 『고려국가와 집단의식』, 서울대학 出版文化院

盧明鎬 等編 2000年 『韓國古代·中世古文書硏究』 上, 서울대출판부

盧庸弼 1989年 「光宗末年 太子 伷의 政治的 役割」, 『震檀學報』 68

盧泰敦 1982年 「三韓에 대한 認識의 變遷」, 『韓國史硏究』 38

------- 2008年 「高麗로 넘어온 渤海朴氏에 대하여」, 『韓國史硏究』 141

東亞大學 古典硏究室 1982年 『譯注高麗史』

------- 石堂學術院 2006年以來 『國譯高麗史』

羅鐘宇 1996年 『韓國中世對日交涉史硏究』, 원광대학 출판국

柳永哲 2004年 『高麗의 後三國統一過程硏究』, 경인문화사

文景鉉 1987年 『高麗建國期의 後三國統一硏究』, 형설출판사

------- 1989年 「탐라국 성주·왕자고」, 『용암차문섭교수화갑기념사학논총』

------- 2000年 『高麗史硏究』, 慶北大出版部

朴星來 1978年 「高麗初의 曆과 年號」, 『韓國學報』 10

------- 2000年 「한국 전근대의 역사와 시간」, 『역사비평』 50

朴龍雲 1990年 『高麗時代의 蔭敍制와 科擧制硏究』, 一志社

------- 1996年 「고려시대 開京의 部坊里制」, 『韓國史學報』 1

------- 1997年 『高麗時代의 官階·官職硏究』, 高麗大出版部

------- 2000年 『高麗時代 中書門下省의 宰臣硏究』, 一志社

------- 2006年 『高麗의 高句麗繼承에 대한 綜合的檢討』, 一志社

------- 2009年 『高麗史百官志譯註』, 新書苑

------- 2012年 『高麗史選擧志譯註』, 景仁文化社

------- 2013年 『高麗史輿服志譯註』, 景仁文化社

朴宗基 2002年 『支配와 自律의 空間, 高麗의 地方社會』, 푸른역사

------- 2012年 「國譯高麗史의 完刊과 學術的 意義」, 『石堂論叢』 54

朴鍾進 2011年 「고려시기 개경 절의 위치와 기능」, 『역사와 현실』 38

------- 2011年 「개경연구의 새로운 모색」, 『역사와 현실』 79

朴晉勳 2008年 「高麗時代 사람들의 改名」, 『東方學志』 141

------- 2012年 「문화콘텐츠로서 國譯高麗史의 電算化方案」, 『石堂論叢』 54

朴漢卨 1973年a 「後百濟의 金剛에 대하여」, 『大丘史學』 18

------- 1973年b 「高麗太祖 世系의 錯譜에 關하여」, 『史叢』 17·18合

-------- 1985年 「羅州道行臺考」『江原史學』 1

朴洪甲 2012年 『朝鮮朝 士族社會의 展開』, 一志社

白剛寧 1996年 「高麗初 惠宗과 定宗의 王位繼承」『震檀學報』 82

邊太燮 1971年 『高麗政治制度史研究』, 一潮閣

-------- 1981年 「高麗初期의 政治制度」『韓㳫劤博士停年紀念史學論叢』

-------- 1982年 『高麗史의 研究』, 三英社

-------- 1986年 『高麗史의 諸問題』, 三英社

-------- 1993年 「中央의 統治機構」『韓國史』 13, 國史編纂委員會

社會科學院 考古學研究所 2009年a 『고려의 성곽』, 진인전

----------------- 2009年b 『고려의 건축』, 진인전

----------------- 2009年c 『고려의 무덤』, 진인전

----------------- 2009年d 『고구려와 고려 및 이조 도자기가마터와 유물』, 진인전

寺刹文化研究院 編 1992年 『北韓의 寺刹研究』

徐聖鎬 1999年 「고려 태조대 대거란정책의 추이와 성격」『역사와 현실』 34

宋基豪 1995年 『渤海政治史研究』, 一潮閣

송병우 등 2012年 「高麗前期 對遼外交文書의 核心語 研究」『石堂論叢』 54

宋寅州 1997年 「高麗 二軍의 成立時期와 性格에 대한 再檢討」『한국중세사연구』 4

-------- 2007年 『高麗時代 親衛軍 研究』, 일조각

宋春永 1997年 「高麗時代의 西京學校」『高麗時代의 雜學敎育研究』, 螢雪出版社

愼成宰 2007年 「泰封과 後百濟의 덕진포해전」『軍史』 62

-------- 2010年a 「泰封의 水軍戰略과 水軍運用」『歷史와 境界』 75

-------- 2010年b 「궁예와 왕건과 나주」『한국사연구』 151

-------- 2012年 「궁예정권의 철원천도와 전쟁사적인 의미」『한국사연구』 158

申恩堤 2012年 「國譯高麗史의 挑戰 그리고 限界」『石堂論叢』 54

申虎澈 1993年 『後百濟의 甄萱政權研究』, 一潮閣

-------- 1994年 「高麗顯宗代의 淨兜寺五層石塔造成形止記의 註解」『李基白先生古稀紀念
　　　韓國史學論叢』 上

-------- 2000年 『후백제와 견훤』, 서경문화사

------- 2002年 『後三國時代의 豪族研究』, 개신

安啓賢 1956年 「八關會考」『東國史學』 4

安秉佑 1994年 『高麗前期의 財政構造研究』, 서울대 박사학위논문

安永根 1992年「羅末麗初 淸州地方의 動向」『朴永錫敎授華甲記念韓國史學論叢』

안영숙 등 1999年「高麗時代의 年曆表 作成」『天文學論叢』 14

------- 2004年「韓國의 標準年曆 DB시스템 構築」『韓國科學史學會誌』 26-1

------- 2009年『高麗時代年曆表』, 韓國學術情報

------- 2011年「韓國 曆書 데이터베이스 構築 및 內容」『天文學論叢』 26

安智源 1997年「高麗時代 제석신앙의 樣相과 그 變化」『國史館論叢』 78

------- 1999年『高麗時代 國家佛敎儀禮의 硏究』, 서울대박사학위논문

梁銀容 1994年「道敎思想」『韓國史』 16, 國史編纂委員會

閤守誠 著·任大熙 譯 2012年『唐玄宗』, 서경문화사

嶺南文化財硏究院 2005年『2004年度 文化財試掘調査報告書』, 大邱申崇謙將軍遺蹟整備 敷地內遺蹟文化財試掘調査

吳 星 1981年「高麗 光宗代의 科擧合格者」『高麗光宗의 硏究』, 一潮閣

劉中玉 2008年「萬卷堂, 濟美基德堂考辨」『全北史學』 32

尹京鎭 2000年「高麗 郡縣制의 構造와 運營」 서울대 박사학위논문

------- 2001年「羅末麗初 城主의 存在樣態와 高麗의 對城主政策」『歷史와 現實』 40

------- 2010年「高麗 太祖代의 鎭設置에 대한 再檢討」『한국사학보』 40

------- 2012年『高麗史地理志의 分析과 補正』, 여유당

윤국일 1978年「高麗史의 編纂과 그 內容에 대하여」『歷史科學』 1978-2

尹龍爀 1986年「高麗時代 史料量의 時期別 對備」『公州師範大論文集』 24

------- 1997年「地方制度上으로 본 洪州의 歷史的 特性」『洪州文化』 13

------- 2009年『忠淸 歷史文化의 硏究』, 서경문화사

윤성효 2013年「白頭山의 歷史時代 噴火記錄에 대한 火山學的인 解釋」『Journal Korean Earth Science Society』 34-6

李康沃 1987年「高麗國祖神話高麗世系에 대한 考察」『韓國學報』 48

李玠奭 2004年「高麗史元宗·忠烈王·忠宣王世家 중 元朝關係記事의 註釋硏究」『東洋史學硏究』 88

李景植 2012年『高麗時期土地制度硏究』, 知識産業社

李基東 1978年「羅末麗初 近侍機構와 文翰機構의 擴張」『歷史學報』 77

------- 1991年「9~10世紀에 있어서 黃海를 舞臺로 한 韓·中·日 三國의 海上活動」『진단학보』 71·72合

------- 1992年「金寬毅」『한국사시민강좌』 10

李基白 1968年 『高麗兵制史硏究』, 一潮閣

------- 1972年 「高麗史解題」 『高麗史』 (影印本), 연세대 동방학연구소

------- 1975年 「貴族的 政治機構의 成立」 『한국사』 5

------- 1986年 『韓國上代古文書資料集成』, 一志社

李基白·金龍善 2011年 『高麗史兵志譯注』, 일조각

李美智 2008年 「고려 성종대 地界劃定의 성립과 그 외교적 의미」 『한국중세사연구』 24

李炳魯 1999年 「日本側의 史料로 본 10世紀의 韓日關係」 『大丘史學』 57

李丙燾 1948年 『高麗時代의 硏究』, 乙酉文化社

------- 1961年 『韓國史』 中世編, 乙酉文化社

李秉烋 1991年 「지역갈등의 역사」 『지역감정연구』, 학민사

李相瑄 1994年 「寺院의 經濟活動」 『韓國史』 16, 國史編纂委員會

李相挺·李正玉 注解 2013年 『注解樂學拾零』, 國立國樂院

李樹健 1984年 『韓國中世社會史硏究』, 一潮閣

李純根 1983年 「高麗初 鄕吏制의 成立과 實施」 『김철준화갑기념사학논총』, 知識産業社

李龍範 1966年 「麗代의 僞曆에 對하여」 『震檀學報』 29·30合

------- 1977年 「胡僧 襪囉의 高麗往復」 『歷史學報』 75·76合 : 1989年 『韓滿交流史硏
        究』, 同和出版公社

------- 1974年 「고려와 발해」 『韓國史』 4, 국사편찬위원회

李佑成 1961年 「麗代의 百姓考」 『歷史學報』 14 : 1991年 『韓國中世社會硏究』, 일조각

李殷晟 1978年 『韓國의 册曆』, 電波科學社

李仁在 2005年 「禪師 兢讓의 生涯와 大藏經」 『韓國史硏究』 131

李在範 1997年 「高麗太祖의 訓要十條에 대한 再檢討」 『成大史林』 12·13

------- 2005年 「弓裔政權의 鐵圓定都 時期와 專制的 國家經營」 『史學硏究』 80

------- 2007年 『후삼국시대 궁예정권연구』, 혜안

------- 2010年 『高麗 建國期의 社會動向硏究』, 景仁文化社

李貞信 1984年 「弓裔政權의 成立과 變遷」 『鄭在覺博士古稀記念東洋學論集』

------- 2004年 『고려시대의 정치변동과 대외정책』, 景仁文化社

李貞薰 2007年a 『高麗前期 政治制度의 硏究』, 慧眼

------- 2007年b 「高麗前期의 內侍와 國政運營」 『韓國史硏究』 139

李鍾明 1968年 「高麗에 來投한 渤海人考」 『白山學報』 4

李宗峯 2001年 『韓國中世 度量衡制의 硏究』, 혜안

-------- 2003年「羅末麗初 梁州의 動向과 金仁訓」『지역과 역사』13

李鍾旭 1981年「高麗初 940年代의 王位繼承戰과 그 政治的 性格」『高麗光宗의 硏究』, 一潮閣

李智冠 2004年『校勘譯注歷代高僧碑文』高麗編, 再版1刷, 가산불교문화연구원

李鎭漢 2012年「高麗太祖代 對中國海上航路와 外交·貿易」『韓國中世史硏究』33

李泰鎭 1972年「高麗 宰府의 成立」『歷史學報』56

-------- 1977年「金致陽亂의 性格」『韓國史硏究』17

李海濬 1990年「新安島嶼地方의 歷史文化的 性格」『島嶼文化』7

-------- 2012年「壯節公申崇謙의 願刹과 朝鮮時代의 墳庵」『壯節公申崇謙將軍의 活動과 春川遺蹟地의 再照明』

이현모 2003年「羅末麗初 晉州地域의 豪族과 그 動向」『歷史敎育論集』30

이현정 2011年「高麗時代의 毬庭에 관한 硏究」『歷史學報』212

李亨雨 1993年「古昌地方을 둘러싼 麗·濟兩國의 角逐樣相」『嶠南史學』1

李孝珩 2000年「高麗時代 渤海遺民 後裔의 社會的 地位」『白山學報』55

-------- 2002年「高麗史所載 渤海關係記事의 檢討」『地域과 歷史』11

-------- 2004年「渤海遺民史硏究」, 釜山大學校博士學位論文

임상선 1999年『渤海의 支配勢力硏究』, 新書苑

장상렬 1988年「高麗王宮-滿月臺 建築에 쓴 測度基準」『考古民俗論文集』11

蔣尙勳 1996年「高麗太祖의 西京政策」『高麗太祖의 國家京營』(洪承基 編), 서울대출판부

張東翼 1982年「金傅의 册尙父誥에 대한 檢討」『歷史敎育論集』3

-------- 1991年「危素의 神光·普光寺 碑文에 대한 檢討」『慶北大論文集』51

-------- 1999年「新資料를 통해 본 忠宣王의 在元活動」『歷史敎育論集』23·24合

-------- 2000年『宋代麗史資料集錄』, 서울대出版部

-------- 2004年『日本古中世高麗資料硏究』, 서울대出版部

-------- 2008年「高麗時代의 假子」『韓國中世史硏究』25

-------- 2009年a『高麗時代對外關係史綜合年表』, 東北亞歷史財團

-------- 2009年b「高麗時代의 景靈殿」『歷史敎育論集』43

-------- 2010年a「高麗史의 編纂過程에서의 事實의 改書」『退溪學과 韓國文化』46

-------- 2010年b『蒙古帝國時期의 北東アジア三國』, 京都大學博士學位論文

-------- 2012年a「高麗初期의 官階에 대한 새로운 接近」『歷史敎育論集』47

------- 2012年b「高麗前期의 曆日」『한국중세사연구』 33

------- 2013年「13世紀前半 崔氏政權期의 宰相」『역사교육논집』 51

------- 2014年「高麗史에서의 朔日」『역사교육논집』 52

장영희 2009年「高麗世系, 編年通錄의 敍事性 硏究」『漢文學報』 21

全基雄 1987年「羅末麗初의 地方社會와 知州諸軍事」『慶南史學』 4

------- 1996年『羅末麗初의 政治社會와 文人知識人層』, 혜안

------- 2010年a「三國遺事所載 眞聖女王居陀知條 說話의 檢討」『韓國民族文化』 38

------- 2010年b『新羅의 滅亡과 景文王家』, 혜안

鄭景鉉 1990年「高麗太祖의 一利川戰役」『한국사연구』 68

鄭求福 1981年「李齊賢의 歷史意識」『震檀學報』 51

------- 1993年「高麗初期의 三國史 編撰에 대한 一考」『國史館論叢』 45

------- 1994年「고려의 避諱法에 관한 연구」『이기백고희기념한국사학논총』 상, 一潮閣

정룡해 1988年「高麗石塔의 變遷에 관한 硏究」『考古民俗論文集』 11

鄭善溶 2009年「高麗太祖의 親新羅政策樹立과 그 性格」『한국중세사연구』 27

정성권 2012年「開泰寺 石造三尊佛立像의 造成背景 再考」『白山學報』 92

鄭良謨 1992年「高麗陶瓷銘文의 性格」『高麗陶瓷銘文』, 國立中央博物館

鄭演植 2011年「王建誕生의 落星說話와 開城天文臺」『한국중세사연구』 30

------- 2012年a「作帝建說話의 새로운 解釋」『한국사연구』 158

------- 2012年b「居陀知說話의 새로운 解釋」『東方學志』 160

鄭恩雨 2010年「高靈의 美術과 開浦洞 磨崖菩薩坐像」『高靈文化史大系』 4

------- 2013年「高麗 靑銅王建像의 彫刻的 特徵과 意義」『한국중세사연구』 37

丁仲煥 1963年「高麗王室의 先代世系說話에 대하여」『東亞論叢』 1, 東亞大學

정찬영 1989年「滿月臺 遺蹟에 대하여」『朝鮮考古硏究』 70 : 1989-1

朝鮮總督府中樞院 1932年『朝鮮史』 2, 3-1編

曺永祿 1999年「唐末五代 閩越 雪峰門徒의 吳越進出과 東國僧 靈照」『역사학보』 162

趙榮濟 1982年「高麗初期의 鄕吏制度에 대한 一考察」『釜山史學』 6

趙仁成 1993年a「弓裔의 勢力形成과 建國」『震檀學報』 75

------- 1993年b「高麗前期 軍制의 崩壞」『韓國史』 13, 國史編纂委員會

------- 2007年『태봉의 궁예정권』, 푸른역사

좌용주·이종익 2003年「白頭山의 火山噴出에 대한 硏究」『지질학회지』 39-3

周炅美 2006年「吳越王 錢弘俶의 佛舍利信仰과 莊嚴」『歷史와 境界』 61

진복규 2008年「羅末麗初의 碑額書風」『美術史學報』30

秦弘燮 1992年『韓國美術史資料集成』1, 一志社

蔡尙植 1982年「淨土寺址 法鏡大師碑陰記의 分析」『韓國史研究』36

蔡雄錫 1988年「高麗前期 貨幣流通의 基盤」『韓國文化』9

------- 2009年『高麗史刑法志譯註』, 新書苑

崔德煥 2012年「993年 高麗-契丹間葛藤 및 女眞問題」『歷史와 現實』85

崔柄憲 1978年「新羅末 金海地方의 豪族勢力과 禪宗」『韓國史論』4, 서울대 국사학과

최성은 2002年「羅末麗初 中部地域의 石佛彫刻에 대한 考察」『歷史와 現實』44

崔淳雨 1954年『高麗靑磁』, 을유문화사

崔延植 2013年「高麗時代 高僧의 僧碑와 門徒」『韓國中世史研究』35

崔永鎬 2001年「高麗時代 寺院手工業의 發展基盤과 그 運營」『國史館論叢』95

------- 2002年「13세기 강화경판고려대장경의 각성사업과 海印寺」『韓國中世史研究』13

崔貞煥 2006年『譯註高麗史百官志』, 경인문화사

崔鍾奭 2008年「高麗初期의 官階 授與樣相과 光宗代 文散階 導入의 背景」『역사와 현실』
          67

------- 2012年「高麗史世家編目設定의 文化史的 含意分析」『韓國史研究』159

秋萬鎬 1988年「羅末麗初의 桐裏山門」『先覺國師 道詵의 新研究』, 영암군

忠淸大學 博物館 2006年『忠州崇善寺址 試掘 및 1~4次 發掘調査報告書』

平山申氏表忠齋宗中 編 2006年『大丘表忠祠事蹟』, 譜文社

河炫綱 1967年「高麗 西京考」『歷史學報』35·36合

------- 1988年『韓國中世史의 研究』, 一潮閣

韓國佛教全書編纂委員會 編 1982年『韓國佛教全書』, 東國大出版部

韓國歷史研究會 編 1996年『譯註羅末麗初金石文』, 혜안

----------- 編 2002年『高麗의 皇都開京』, 創作과 批評社

韓圭哲 1984年「高麗에 來投·來往한 契丹人」『韓國史研究』47

------- 1994年『渤海의 對外關係史』, 新書苑

------- 1996年「渤海國의 住民構成」『韓國史學報』1

------- 1997年「渤海遺民의 高麗投化」『釜山史學』33

韓基汶 1998年『高麗寺院의 構造와 機能』, 民族社

------- 2001年「高麗時代 開京現聖寺의 創建과 神印宗」『歷史教育論集』26

------- 2008年「高麗時代 開京奉恩寺의 創建과 太祖眞殿」『韓國史學報』33

-------- 2013年「高麗時代 寺院轉藏儀禮의 成立과 性格」『韓國中世史研究』35

韓甫植 1987年『韓國曆年大典』, 嶺南大出版部

韓永愚 1981年『朝鮮前期史學史研究』, 서울대출판부

韓政洙 2009年「고려중기 지식인층의 시간 이해」『한국사상과 문화』47

-------- 2010年「고려초의 국제관계와 年號紀年에 대한 재검토」『역사학보』208

韓正勳 2011年「高麗前期의 양계의 교통로와 運送圈域」『한국사연구』141

許仁旭 2003年「高麗世系에 나타난 新羅系說話와『編年通錄』의 編纂意圖」『史叢』56

-------- 2008年a「高麗의 歷史繼承에 대한 거란의 認識變化와 領土問題」『한국중세사연구』24

-------- 2008年b「高麗 成宗代 契丹의 1次侵入과 境界設定」『全北史學』33

-------- 2013年「高麗 光宗代 後周와의 外交研究」『全北史學』43

許興植 1984年『韓國金石全文』中世上, 亞細亞文化社

-------- 1986年『高麗佛敎史研究』, 一潮閣

洪承基 2001年『高麗社會經濟史研究』, 一潮閣

洪承基 編 1996年「高麗太祖의 西京政策」『高麗太祖의 國家京營』, 서울대출판부

洪元基 2001年『高麗前期의 軍制研究』, 慧眼

洪潤植 1994年「佛敎行事의 盛行」『韓國史』16, 國史編纂委員會

黃善榮 1986年「高麗始定田柴科의 再檢討」『釜山史學』10

-------- 1987年「高麗統一期의 황산·탄현에 대하여」『釜山史學』13

-------- 1988年『高麗初期의 王權研究』, 東亞大學出版部

-------- 2002年『羅末麗初의 政治制度史研究』, 國學資料院

黃壽永 1968年「崇巖寺聖住寺事蹟」『考古美術』9~9

-------- 1972年「新羅 黃龍寺九層塔趾」『考古美術』116

-------- 1983年「寫經의 歷史」『佛敎美術』7, 東國大

황희경 2001年「高麗 長吏의 職制와 그 變遷」『全北史學』24

日本語

加唐興三郎 1992年『日本陰陽曆日對照表』, 株式會社ニットー

高井康行 1994年「遼の燕雲十六州支配と藩鎭體制」『早稻田大學大學院文學研究科紀要』
　　　別册21, 哲學·史學編

谷口義介 1985年 「春秋時代の籍田儀禮と公田助法」『史林』68-1

菊竹淳一 2005年 「高麗時代の裸形男子倚像」『デアルテ』21, 九州藝術學會

菊池英夫 1988年 「邊境都市としての燕雲十六州研究序説」『中世都市の歴史的研究』, 刀水
　　　　書房

今西　龍 1970年 『高麗史研究』, 國書刊行會

-------- 1974年 『高麗及李朝史研究』, 國書刊行會

旗田　巍 1972年 『韓國中世社會史研究』, 法政大學出版部

吉本道雅 1988年 「史記述春秋經典小考」『史林』71-6

-------- 1990年 「春秋齊覇考」『史林』73-2

那波利貞 1955年 「唐代に於ける國忌行香に就いて」『史窓』8

楠山春樹 1987年 「呂氏春秋の形成」『早稻田大學大學院文學研究科紀要』33, 哲學・史
　　　　學編

内務省地理局 編纂 1973年 『三綜政覽』, 藝林舍

内田正男 1994年 『日本暦日原典』, 雄山閣出版

大谷光男 1976年 『古代の暦日』, 雄山閣出版

-------- 1977年 「高麗史の日食記事について」『東洋學術研究』16-1, 2

-------- 1991年 「高麗朝および高麗史の暦日について」『朝鮮學報』141

對外關係史綜合年表編輯委員會 編 1998年 『對外關係史綜合年表』, 吉川弘文館

東京帝國大學 1922年 『日本史料』第1・2編

藤田亮策 1958年 「朝鮮の年號と紀年」『東洋學報』41-2・3 : 1963年『朝鮮學論考』, 笠井
　　　　出版印刷社

-------- 1959年 「高麗鐘の銘文」『朝鮮學報』14

坪井良平 1974年 『朝鮮鐘』, 角川書店, 1974

礪波　護・杉山正明 等編 2006年 『中國歷史研究入門』, 名古屋大學出版會

末松保和 1974年 「正豊峻豊等の年號」『高麗及李朝史研究』, 國書刊行會

木下禮仁 1979年 「三國遺事金傅大王條にみえる册尙父誥についての一考察」『朝鮮學報』
　　　　93

武田幸男 1966年 「高麗時代の官階」『朝鮮學報』41

武田和哉 1994年 「遼朝の蕭姓と國舅族の構造」『立命館文學』537

文化財保護委員會 編 1964年 『燒失文化財』美術工藝編, 便利堂

尾崎　康 2001年 「宋元版について」『漢籍整理と研究』10

白石晶子 1964年「三佛齊の宋に對する朝貢貿易について」『お茶の水史學』7

寺本建三 1991年「射覆考」『史迹美術』61-4(614號)

山崎覺士 2002年「未完の海上國家」-吳越國の試み-『古代文化』54

森　克己 1975年『續日宋貿易の研究』, 國書刊行會

森平雅彥 等 2011年以來「櫟翁稗說譯註」『年譜朝鮮學』14以來

三品彰英 1974年『三國遺事考證』上, 塙書房

上谷浩一 2008年「董卓事蹟考」『東方學』106

石上英一 1982年「日本古代10世紀の外交」『日本古代史講座』7, 學生社

石井正敏 2000年「日本・高麗關係に關する一考察」『アジア史における法と國家』, 中央
　　　大學

小川裕人 1937年「靺鞨史研究に關する諸問題」『東洋史研究』2-5

松本保宣 2001年「唐宣宗朝の聽政」『東洋學報』83-3

松田光次 1985年「遼と南唐との關係について」『東洋史苑』24・25合.

藪內　清 1969年『中國の天文曆法』, 平凡社

-------- 1989年『隋唐曆法史の研究』增訂版, 臨川書店, 1989.

藪內　清 編 1963年『中國中世科學技術史の研究』, 角川書店

-------- 1967年『宋元時代の科學技術史』, 京都大學人文科學研究所

矢木　毅 2009年『高麗官僚制度研究』, 京都大學學術出版會

御手洗　勝 1971年「神農と蚩尤」『東方學』41

影山輝國 2003年「漢代避諱に關する若干の問題について」『東洋文化研究所紀要』144

奧村周司 1979年「高麗における八關會的秩序と國際環境」『朝鮮史研究會論文集』16

奧平昌洪 1938年『東亞錢志』, 岩波書店

王　　建 1997年『史諱辭典』, 汲古書院

宇生健一 1965年「五代の巡檢使に就いて」『東方學』29

宇野伸浩 1995年「遼朝皇族の通婚關係にみられう交換婚」『史滴』17

原田種成 1965年『貞觀政要の研究』, 吉川弘文館

原田弘道 1980年「羅漢講式考」『駒澤大學佛教學部論集』11

栗原圭介 1994年「天子諸侯の宗廟祭祀と四時との槪念」『大東文化大學漢學會誌』33

栗原朋信 1945年「木主考」『中國古代史研究』2, 吉川弘文館

依田千百子 1991年『朝鮮神話傳承の研究』, 瑠璃書房

二宮啓任 1958年「高麗朝の上元燃燈會について」『朝鮮學報』12

伊藤宏明 1997年「唐末五代における都校について」『名古屋大學東洋史研究報告』21

Evelyn Mccune 著・齊藤襄治 譯 1963年『朝鮮美術圖史』, 美術出版社

日野開三郎 1980年『東洋史學論集』2, 三一書房

田邊 淳 1994年「呂氏春秋における覇者像」『國學院中國學會報』40

前田 興 1982年 「岡山市西大寺觀音院の朝鮮鐘に關する一、二の考察」『史迹と美術』
　　　　52-10(通卷530)

田中整治 1975年「南唐と吳越との關係」『史流』16

井本 進・長谷川一郎 1956年「中國・朝鮮及び日本の流星古記錄」『科學史研究』37

諸橋轍次 1968年『大漢和辭典』1～12, 大修館書店

--------- 1976年『諸橋轍次著作集』1～10, 大修館書店

齊藤國治 1995年『日本・中國・朝鮮古代の時刻制度』, 雄山閣出版

齋藤 忠 1996年『北朝鮮考古學の新發見』, 雄山閣出版

朝鮮總督府 編 1916年『大正五年度古蹟調査報告』

--------- 編 1919年『大正八年度古蹟調査報告』咸鏡南道咸興郡に於ける高麗時代の古
　　　　城址

佐藤武敏 1997年『司馬遷の研究』, 汲古書院

周藤吉之 1969年「南宋の李燾と續資治通鑑長編の成立」『宋代史研究』, 東洋文庫

--------- 1980年『高麗朝官僚制の研究』, 法政大學出版局

中島志郎 1999年「羅末麗初の王師・國師について」『佛敎史學研究』42-5

中西 亮 1987年「北朝鮮古文化財の現狀」『史迹と美術』57-9(通卷579)

重田定一 1910年「高麗の舊都」『歷史地理』16-6

中村榮孝 1969年「高麗史節要の印刷と傳存」『日鮮關係史の研究』下, 吉川弘文館

池內 宏 1913年「高麗太祖の薨後に於ける王位繼承上の一悲劇」『史林』3-2 : 1979年
　　　　『滿鮮史研究』中世第2册, 吉川弘文館(3版)

--------- 1919年「高麗時代の古城址」『東京帝國大學文學部紀要』3

--------- 1920年「高麗太祖의 經略」『滿鮮地理歷史研究報告』7 : 1979年『滿鮮史研究』
　　　　中世第2册, 吉川弘文館(3版)

--------- 1934年「高麗成宗朝に於ける女眞及び契丹との關係」『滿鮮地理歷史研究報告』5 :
　　　　1979年『滿鮮史研究』中世第2册, 吉川弘文館(3版)

池田 溫 1991年「東亞年號管見」『東方學』82

川口卯橘 1926年a「傳說の都開城と其古蹟名勝」『朝鮮史學』5

--------- 1926年b 「史蹟探査旅行記」『朝鮮史學』6

淺香幸雄 1942年 「朝鮮開城の歴史地理」『地理學』10-12

淸木場東 1972年 「五代の知州に就いて」『東方學』45

秋田成明 1942年 「雩祭について」『支那學』特別號, 小島・本田二博士還暦記念

秋浦秀雄 1933年 「高麗光宗朝に於ける國際事情を檢覈す」『靑丘學叢』12

澤本光弘 2008年 「契丹における渤海人と東丹國」『遼金西夏研究の現在』1, 東京外國語
　　　　大學 アジア・アフリカ言語文化研究所

板野長八 1975年 「圖讖と儒教の成立」『史學雜誌』84-2, 3

坪井良平 1974年 『朝鮮鐘』, 角川書店

編者不明 編 『日鮮關係史料』(筆寫本)

戸崎哲彦 1989年 「唐代における太廟制度の變遷」『彦根論叢』262・263

--------- 1990年 「唐諸帝號攷」『彦根論叢』264・266

--------- 1991年 「古代中國の君主號と尊號」『彦根論叢』269

河上　洋 1989年 「渤海の交通路と五京」『史林』72-6

--------- 1993年 「遼五京の外交的機能」『東洋史研究』52-2

和田　淸 1955年 「定安國に就いて」『東亞史研究』, 東洋文庫

中國語

景蜀慧 2007年 『魏晉詩人與政治』, 中華書局

陶希聖 編校 1973年 『中國政治制度史』, 啓業書局

寧志新 1996年 「兩唐書職官志招討使考」『歷史研究』1996-2

倪其心 1987年 『校勘學大綱』, 北京大學出版社

汪受寬 1995年 『謚法研究』, 上海古籍出版社

魏志江 1996年 「遼史高麗傳考證」『文獻季刊』1996-2

劉后濱 2001年 「唐代中書門下體制下的三省機構與職權」『歷史研究』2001~2

殷善培 2008年a 『讖緯思想研究』中國學術思想研究輯刊 初編21, 花木蘭文化出版社

--------- 2008年b 『讖緯中的宇宙秩序』中國學術思想研究輯刊 初編22, 花木蘭文化出版社

李崇智 2001年 『中國年號考』, 中華書局

李治亭 編 2003年 『東北通史』, 中州古籍出版社

張亮采 1958年 『補遼史交聘表』, 中華書局出版

張金龍 1995年 「領軍將軍與北魏政治」『中國史研究』, 1995~1

鄭廣銘 1992年 「試破宋太宗卽位大赦詔書之謎」『歷史研究』 1992-2

周德良 2008年 『白虎通讖緯思想之歷史研究』 中國學術思想研究輯刊 初編23, 花木蘭文
　　　　化出版社

周玉茹 2008年 「唐代內尼稽考」『佛學研究』 2008~1?

陳　述　輯校 1981年 『全遼文』, 中華書局

陳　垣 1958年 『增補二十史朔閏表』, 藝文印書館

-------- 2004年 『史諱擧例』, 中華書局

馮家昇 1959年 「遼史初校」, 『遼史證誤三種』, 中華書局出版

何燦浩 2004年 「吳越國方鎭體制的解體與集權政治」『歷史研究』 2004-3

胡　適 1944年 「兩漢人臨文不諱考」『圖書季刊』 新5-1 :『胡適全集』 13, 安徽敎育出版社,
　　　　2003 所收

洪金富 2004年 『遼宋夏金元五朝日曆』, 中央研究院歷史語言研究所

黃震云 1999年 『遼代文史新探』, 中國社會科學出版社

黑龍江省文物考古研究所編 2009年 『渤海上京城』, 文物出版社

注釋索引

執筆後記

筆者는 처음 高麗時代의 政治制度史를 研究하려고 하였으나 어떻게 하다가 보니 本業은 오랫동안 밀쳐두고 外國의 資料에 수록되어 있는 高麗王朝에 관련된 資料를 收集·整理하게 되어 마치 文獻學者로 變身한 것처럼 보이게 되었다. 하나의 册子가 마무리될 때마다 本業으로 돌아가자고 거듭 다짐을 하였지만, 이런 저런 事緣으로 인해 研究室을 지키지[留守] 못한 時日이 많아 계속 資料의 整理에 머물고 있었다.

그러다가 2009年 年末 第4次로 京都大學에 들어가게 되었는데, 언제나 日本에서 부딪치게 되는 경제적인 어려움으로 인해 京都盆地의 外廓에 居處를 마련하게 되었다. 平素 運動이라고는 飮酒와 喫煙 밖에 하지 않았던 筆者에게는 自轉車를 탈 수 있는 좋은 機會였다. 또 都市의 한가운데서 成長했기에 늘 田園生活을 해보고 싶다던 貧妻에게도 좋은 環境을 마련해 주었다고 생각하기도 하였으나 實際는 이웃이 없는 山間에 安置시킨 셈이 되고 말았다.

居處가 學校에서 멀리 떨어져 있기에 每日 일찍 出勤하여야 했고, 늦게 돌아와서 그날 貸出한 책을 읽고서 明日의 作業에 對備하지 않으면 歲月과 經費의 浪費에 지나지 않던 그런 날의 連續이었다. 그러다가 2010年 2月 初旬의 어느 눈비가 내리던 날 登校하다가 自轉車가 顚覆되어 왼쪽 무릎의 靭帶 1個가 切斷된 負傷을 입게 되었다. 이후 목발을 집고서 멀리 히에이잔[比叡山]만 하염없이 바라보다가, 契丹軍에 의해 消盡되었다던 七代實錄의 復元作業을 試圖해 보고자 하였다.

이의 捷徑을 찾기 위해 인터넷이 잘 連結되지 않던 山間地域이었지만, 어떻게 하여 同學 金光哲敎授에게 接續하였다. 그 결과 이미 發行된『國譯高麗史』의 第1册을 擔當했던 注釋者의 原稿狀態의 電算資料를 얻을 수가 있게 된 惠澤을 附與받았다(現在 刊行된 册子의 內容과는 약간 다른 것임). 이 데이터는 이 册子의 基本 틀[典型]이 되기에 筆者가 金光哲敎授에게 큰 빚을 지게 된 셈인데, 이 자리를 빌려 다시 한번 感謝의 人事를 드린다. 또 注釋者는 同學 金甲童敎授, 筆者의 博士過程 先輩인 全基雄敎授인데, 이들에게도 感謝의 人事를 드린다. 또한 이 册子의 터전이 될 수 있도록 지금까지 고려시대사를 연구해 오신 수많은 先·後輩 學者들의 勞苦에 대해 깊은 감사의 말씀을 드린다.

그리고 이 册의 執筆이 본격적으로 시작된 2011年 以來 이후 3年間에 걸쳐 經費를 支援해준 韓國硏究財團[著述3年支援], 日本에서 聲援을 내려주셨던 京都大學 夫馬進·杉山正明·金文京敎授, 學習院大學 鶴間和幸敎授에게 저의 妻와 함께 인사를 올린다. 또 어디서나 筆者와 함께 서있는 南仁國敎授, 어려운 句節을 注釋해준 東洋大學 姜求律敎授, 地名을 注釋하는데 助言을 내려준 同學 金明鎭敎授, 날짜[日辰]를 再點檢한 慶北大學 講師 李志淑, 멀리서 校正作業에 動員된 華城市 禮堂中學 敎師 辛晟愛, 그 동안 英文抄錄을 많이 해준 慶北大學 硏究敎授 姜美瓊 등에게도 감사의 인사를 드린다.

또 수많은 아름다운 별들이 우리의 곁을 떠나 모두가 슬퍼할 때, 복잡한 原稿를 맡아 산뜻하게 간행하여 주신 景仁文化社의 여러분, 組版을 담당하면서 다양한 形態를 지니고 있는 史實들을 版形의 按配에 의해 쉽사리 파악할 수 있게 하여 주신 편집부 직원에게도 감사의 인사를 드린다.

2014년 5월 10일 琴湖江邊에서 張東翼 올림.

張東翼

略歷

1951年 慶尙北道 漆谷郡 北三邑 出生

1974年 慶北大學校 師範大學 歷史科 卒業

1992年 釜山大學博士(文學)

2010年 京都大學博士(文學, 論文)

1999・2003・2009年 京都大學 招聘教授(各1年)

2006年 慶北大學校 學生處長(1年)

2012年 國史編纂委員會 委員(3年)

現在, 慶北大學校 師範大學 歷史科 教授

著書

『高麗後期外交史研究』(一潮閣, 1992), 『元代麗史資料集錄』(서울대출판부, 1997), 『宋代麗史資料集錄』(서울대출판부, 2000), 『日本古中世高麗資料研究』(서울대출판부, 2004), 『高麗時代對外關係史綜合年表』(東北亞歷史財團, 2009), 『モンゴル帝國時期の北東アジア三國』(2010).

e-mail : dichang@knu.ac.kr. mobile phone : 010-3802-5354.

高麗史世家初期篇補遺 2

초판 인쇄 | 2014년 8월 22일
초판 발행 | 2014년 8월 29일

저   자 | 장동익
발 행 인 | 한정희
발 행 처 | 경인문화사
등록번호 | 제10-18호(1973년 11월 8일)
주   소 | 서울특별시 마포구 마포동 324-3
전   화 | 718-4831~2
팩   스 | 703-9711
홈페이지 | http://kyungin.mkstudy.com
이 메 일 | kyunginp@chol.com

ISBN   978-89-499-1040-6 93910
값 40,000원